Atlas Mondial des Mangroves

Mark Spalding, Mami Kainuma
et Lorna Collins

Traduction française par
Estelle Harris

Cette publication a été d'abord fondée par l'Organisation Internationale des Bois Tropicaux (OIBT) à travers le
Projet PD 276/04 Rev.2 (F). Le projet a été mis en oeuvre par l'International Society for Mangrove Ecosystems
(ISME). Outre l'OIBT, les partenaires du projet ont inclus la Food and Agriculture Organization of the United
Nations (FAO), l'UNEP-World Conservation Monitoring Centre (WCMC), l'UNESCO-Man and the Biosphere
Programme (MAB), et l'UNU-Institute for Water, Environment and Health (INWEH) avec l'importante
collaboration de The Nature Conservancy (TNC), qui ont tous procuré des matériaux et des données. Le
Gouvernement Japonais et l'USA State Department ont soutenu financièrement ce projet par le biais de l'OIBT.

Les désignations d'entités géographiques dans cet atlas, et la présentation de l'ouvrage, ne font l'objet d'aucune
expression de quelque opinion que ce soit de la part des organismes partenaires concernant le statut légal de
quelque pays, territoire ou région, ou de ses autorités, y compris la délimitation de ses frontières ou limites.

ISBN : 978-4-906584-14-7

Mise en page par FiSH Books (version anglaise), et Design One (version française).
Couverture mise au point par Andrew Corbett
Illustration de fond © Earth Observatory/NASA; mangrove
Photo de la première de couverture © Luiz C. Marigo/Peter Arnold/Still Pictures.
Photo de la quatrième de couverture © Mark Spalding and Takayuki Tsuji

World Atlas of Mangroves/ Mark Spalding, Mami Kainuma et Lorna Collins
Traduit par Estelle Harris

Cet ouvrage a été imprimé à Kuala Lumpur, Malaisie par City Reprographic Services.
No. 2, Jalan Vivekananda, Brickfields, 50470 Kuala Lumpur, Malaysia.
Tel : 603-2274 2276. Fax : 603-2272 5851. Email : cityrepro@yahoo.co.uk

Les encres utilisées sont d'origine végétale.

Organismes partenaires

 L'Organisation Internationale des Bois Tropicaux, OIBT (Internationnal Tropical Timber Organization, ITTO), est un organisme intergouvernemental promouvant la conservation et la gestion durable, l'utilisation et le commerce des ressources forestières tropicales. Ses 60 membres représentent environ 80% des forêts tropicales du monde et 90% du commerce mondial de bois tropical. L'OIBT développe des documents sur les politiques internationales pour promouvoir une gestion durable de la forêt et la conservation de la forêt et assiste les pays membres pour adapter ces mesures aux circonstances locales pour les mettre en œuvre sur le terrain par le biais de projets. En outre, l'OIBT collecte, analyse et diffuse des données sur la production et le commerce du bois tropical et finance des projets et d'autres actions ayant pour objectif de développer les industries à l'échelle de communautés ou industrielle. Tous les projets sont financés par des contributions volontaires, la plupart provenant de pays membres consommateurs. Depuis ses débuts en 1987, l'OIBT a financé 900 projets, pré-projets et autres activités évaluées à plus de 330 millions de $US. Les principaux donneteurs sont les gouvernements du Japon, de la Suisse et des Etats-Unis. **www.itto.int**

 La Société Internationale pour les Écosystèmes de Mangroves (International Society for Mangroves Ecosystems, ISME) a été fondée en août 1990. Son siège est situé à Okinawa, Japon. La Société a été enregistrée comme organisme à but non lucratif. Les statuts stipulent qu'ISME collecte, évalue et diffuse les informations sur les écosystèmes de mangroves, et promeut la coopération internationale. ISME a conduit ses activités au niveau global à travers la mise en application des connaissances, la formation et l'éducation, et les échanges d'informations. En 2009, les membres d'ISME comportaient 38 institutions et plus de 1000 membres spécialistes appartenant à 90 pays. **www.mangrove.or.jp**

 L'Organisation des Nations Unies pour l'Alimentation et l'Agriculture (Food and Agriculture Organization, FAO) est l'une des plus grandes agences spécialisées du système des Nations Unies et l'agence principale pour l'agriculture, la forêt, la pêche et le développement rural. Le Département de la Forêt aide les nations à gérer les forêts de manière durable. L'approche de l'organisme repose sur un équilibre entre des objectifs sociaux, économiques et environnementaux, pour que les générations actuelles puissent profiter des ressources forestières planétaires tout en les préservant pour les besoins des générations futures. **www.fao.org**

 Le Programme des Nations Unies pour l'Environnement - Centre Mondial de Surveillance pour la Conservation (United Nations Environmental Programme World Conservation Monitoring Centre (UNEP-WCMC) est la branche de l'UNEP de soutien à l'évaluation de la biodiversité et aux politiques en termes de biodiversité. Le Centre est opérationnel depuis plus de 25 ans, procurant des produits et services objectifs et scientifiquement rigoureux pour aider les décideurs à reconnaître la valeur de la biodiversité et à mettre en application ces connaissances dans toutes leurs activités. L'activité principale du Centre est de collecter des données relatives à la biodiversité et sa conservation, en interprétant et analysant les données pour établir des évaluations et des analyses des mesures politiques, et de rendre les résultats disponibles aux décideurs nationaux et internationaux, ainsi qu'aux entreprises. **www.unep-wcmc.org**

 L'Organisation des Nations Unies pour l'Éducation, la Science et la Culture (United Nations Educational, Scientific and Cultural Organization, UNESCO) fonctionne comme un laboratoire à idées qui aide à trouver des accords universels sur des problématiques d'éthiques émergeantes. L'organisme partage et diffuse l'information et la connaissance et aide les États membres à construire leurs capacités institutionnelles et humaines dans différents domaines. Le Programme "l'Homme et la Biosphère" (Man and the Biosphere, MAB), vise à fournir des bases scientifiques interdisciplinaires permettant d'apporter les réponses appropriées aux problèmes de développement durable des populations et de gestion des ressources naturelles. Le MAB s'appuie sur le réseau mondial des Réserves de Biosphère pour véhiculer et partager la connaissance, la recherche et la surveillance continue, l'éducation et la formation, et les prises de décisions participatives. **www.unesco.org/mab**

 L'Université des Nations Unies – Réseau International pour l'Eau, l'Environnement et la Santé (United Nations University Institute for Water, Environment and Health, UNU-INWEH) contribue à résoudre les défis planétaires de la ressource en eau par des recherches appliquées, par le renforcement des capacités et par des conseils sur les mesures réglementaires. C'est un membre des organismes universitaires des Nations Unies, soutenu par le gouvernement du Canada. Un programme spécifique se concentre sur l'intégration de la science côtière et de la gestion. Il a pour objectif d'appuyer les prises de décisions, en particulier dans les pays en développement, par la recherche scientifique, et le renforcement des capacités humaines et institutionnelles. Les activités se concentrent particulièrement sur les récifs coralliens et sur les mangroves. **www.inweh.unu.edu**

 La Nature Conservancy est un important organisme de Conservation oeuvrant à travers le monde pour la protection de terres importantes d'un point de vue écologique et pour celle de l'eau pour la nature et les hommes. The Conservancy emploie plus de 700 scientifiques, et utilise la science pour guider son travail et construire des actions de conservation efficaces. Avec plus d'un million de membres, la Nature Conservancy travaille dans plus de 30 pays. Avec ses partenaires, elle a aidé à protéger plus de 480 000 kilomètres carrés de terres et plus de 8000 kilomètres de rivières, et elle dirige en même temps plus de 100 projets de conservation marine. **www.nature.org**

Autres Organisations et Pays contributeurs

Les objectifs de Japan's Official Development Assistance (ODA) sont de contribuer à la paix et au développement de la communauté internationale. Le Japon a utilisé son ODA pour soutenir activement un certain nombre d'activités/de problèmes dont le développement des ressources humaines ainsi que des problèmes globaux comme ceux concernant l'environnement et l'eau, qui sont des problématiques importantes sur lesquelles il convient de se pencher pour que la communauté internationale dans son ensemble parvienne à un développement durable. Ce projet d'Atlas des Mangoves a été possible grâce à une subvention de l'ODA accordée par le Gouvernement du Japon, par le biais de l'OIBT. **www.mofa.go.jp**

Le "Département de l'État" des États-Unis (The U.S. Department of State) soutient un éventail de projets de soutien dans le monde, en particulier par le biais de l' « Agence des États-Unis pour le Développement International » (US Agency for International Development). Le Département conduit une planification stratégique, opérationnelle et performante de l'assistance des États-Unis à l'étranger en se concentrant sur la mobilisation de ressources en accord avec les priorités des mesures mises en œuvre ; développe et défend les demandes de budget d'assistance à l'étranger et alloue un fond d'assistance à l'étranger nommé USAID pour les besoins urgents et les opportunités nouvelles et pour assurer des investissements durables à long terme ; et promeut une bonne intendance des fonds d'assistance à l'étranger en renforçant la surveillance, la comptabilité, et la transparence. Le « Département de l'État » est un sponsor à long-terme du travail de l'OIBT et a procuré des fonds pour permettre la publication de cette version traduite de l'Atlas. **http://www.state.gov/**

สถาบันสิ่งแวดล้อมไทย
Thailand Environment Institute

Fondé en mai 1993 sur l'idée que le partenariat est l'approche la plus efficace pour avoir un mode de vie plus durable, le Thailand Environment Institute (TEI) défend une approche participative du partage de la responsabilité environnementale. Ce n'est qu'en exploitant nos forces collectives que nous pourrons espérer avoir tous une vie meilleure. **www.tei.or.th**

TOKIO MARINE NICHIDO

Tokio Marine and Nichido Fire Insurance est une importante compagnie d'assurance au Japon, hors assurance des personnes. Elle a été établie en août 1879, et était alors la première entreprise japonaise d'assurance de biens. Cette année est le 130ième anniversaire de la fondation. En 1999, nous avons lancé un projet de reforestation des mangroves dans des zones centrée dans des pays du Sud-Est

asiatique comme l'un de nos projets commémoratifs en l'honneur de notre 120ième anniversaire. ISME a soutenu notre projet d'un point de vue technique. Nous avons déclaré notre intention de continuer ce projet de reforestation des mangroves sur 100 ans. Lors de la dernière décennie, nous avons planté 5000 hectares de forêts. **www.tokiomarine-nichido.co.jp/en/index.html**

L'Université du Ryukyus a été établie en 1950 avec le soutien du Gouvernement Militaire des États-Unis des îles du Ryukyu. Elle est devenue une université nationale du Japon en 1972. L'université a conduit des recherches particulières et une éducation fondée sur les caractéristiques spécifiques, géologiques et historiques, d'Okinawa, comme les sciences marines, l'agriculture tropicale et les études portant sur Okinawa. Elle a promu des échanges académiques avec des pays/zones de l'Asie et du Pacifique. L'université comporte sept facultés (Droit et Lettres, Sciences Touristiques et Management Industriel, Éducation, Science, Médecine, Ingénierie et Agriculture) et huit écoles universitaires. **www.u-ryukyu.ac.jp/en**

Le Tropical Biosphere Research Center (TBRC) de l'Université du Ryukyus a été établi en 1994 par l'union du Sesoko Marine Science Center et de l'Institut de Recherche en agriculture tropicale d'Iriomote. En 2009, le TBRC a fusionné avec le Centre de Biosciences Moléculaires. L'objectif principal du centre est de promouvoir la recherche à grande échelle sur la diversité des biotes tropicaux et subtropicaux et de promouvoir la recherche à l'échelle moléculaire dans les domaines des sciences naturelles et biomédicales, et la biotechnologie. Le TBRC a accueilli plus de 10000 scientifiques par an pour promouvoir les collaborations dans le domaine de la recherche. **www.u-ryukyu.ac.jp/tbrc**

Wetlands International est un organisme mondial indépendant, à but non lucratif, qui oeuvre à soutenir et à restaurer des zones humides et leurs ressources. Situés principalement dans les pays en développement, nous avons 20 bureaux sur tous les continents et des projets dans plus de 100 pays. Notre siège social est situé à Ede, Pays-Bas. Nous travaillons depuis des régions côtières jusqu'aux zones humides de haute montagne, à l'échelle du bassin versant, d'une rivière et dans des projets globaux portant sur des problèmes environnementaux de la biodiversité et de la pauvreté. Cela implique des recherches, l'accroissement des compétences, la mise en place de projets fondés sur la participation des populations locales, la défense du droit et l'influence des politiques locales et internationales. **www.wetlands.org**

L'assistance des organismes de soutien et pays listés dans cette page est hautement appréciée. Cependant, les vues et opinions exprimées dans cet Atlas ne reflètent pas nécessairement les vues et/ou opinions des pays et organismes de soutien.

Table des matières

Liste des tableaux, des encarts et des cartes

Tableaux

Encarts

Cartes

Remerciements

De nombreuses personnes et organisations nous ont généreusement apporté leurs conseils, leur soutien et leur contribution dans la réalisation de cet Atlas Mondial des Mangroves. Dans les paragraphes suivants nous voudrions remercier tous ceux qui ont contribué à l'Atlas. Cependant, dans un projet aussi vaste, inévitablement, certaines personnes ayant contribué ne seront pas mentionnées, et nous nous en excusons maintes fois par avance. Ce projet a été rendu possible principalement grâce à une subvention du Gouvernement Japonais par le biais de l'OIBT (ITTO en anglais). Nous remercions particulièrement M. Emmanuel Ze Meka (Directeur Exécutif de l'OIBT) et le Dr. Manoel Sobral Filho (ancien Directeur Exécutif de l'OIBT) pour leur généreux soutien tout au long du projet.

La réalisation de l'Atlas a aussi été rendue possible par les contributions (financière et par le travail) des organisations partenaires impliquées dans ce projet. Les partenaires du projet sont : l'Organisation Internationale des Bois Tropicaux (OIBT ou ITTO), la Société Internationale pour les Écosystèmes de Mangroves (ISME), l'Organisation des Nations Unies pour l'Alimentation et l'Agriculture (FAO), le Programme des Nations Unies pour l'Environnement – Centre Mondial de Surveillance pour la Conservation (UNEP-WCMC), le Programme sur l'Homme et la Biosphère de l'Organisation des Nations Unies pour l'Éducation, la Science et la Culture (UNESCO-MAB), l'Université des Nations Unies – Réseau International pour l'Eau, l'Environnement et la Santé (UNU-INWEH) et The Nature Conservancy (TNC).

Autres Organismes et Pays contributeurs : le Ministère Japonais des Affaires Etrangères (MOFA), l'Institue Thaïlandais pour l'Environnement (TEI), le Tokio Marine and Nichido Fire Insurance, L'Université du Ryukyus (UR), le Centre Tropical de Receherche sur la Biosphère (UR), et Wetlands International (WI).

Comités de pilotage du projet: Takuo Sato (MOFA), Taira Iwasaki, Chiho Horiuchi, et Tokuko Nabeshima (ancien représentant de MOFA), Steve Johnson (ITTO), Ambassador Noboru Nakahira (ISME), Shigeyuki Baba (ISME), Nozomi Oshiro (ISME), Mami Kainuma (ISME, Coordinatrice du Projet), Mette Loyche Wilkie (FAO), Serena Fortuna (précédemment de la FAO), Jon Hutton (UNEP-WCMC), Tim Johnson (UNEP-WMCM), Emily Corcoran (précédemment à l'UNEP-WCMC), Kristian Teleki (précédemment à l'UNEP-WCMC), Nicola Barnard (UNEP-WCMC), Miguel Clüsener-Godt (UNESCO-MAB), Zafar Adeel (UNU-INWEH), Hanneke van Lavieren (UNU-INWEH) et Kumiko Tsukamoto (anciennement à l'UNU).

Membres du conseil technique interne à ISME: Salif Diop, Sanit Aksornkoae, François Blasco, Chan Hung Tuck et Christopher Gordon.

Équipe de production des cartes et de cartographes: FAO: John Latham, Renato Cumani, Ilaria Rosati, Luigi Simeone, Simona Castelli, Adam Gerrand, Reuben Sessa, Paolo Prosperi; UNEP-WCMC: Simon Blyth, Soumitri Das, Lucy Fish, Tiago Duque-Estrada, Corinna Ravilious.

Personnes ayant aidé à l'élaboration des cartes: Samoa américaines (Troy Curry, *American Samoa Government Department of Commerce*), Barbade (Sean Carrington, *Professeur, University of the West Indies*), Belize (George Hanson, *Forest Department*), Bermudes (Joseph Furbert, *Government of Bermuda*), îles Caïmans (Mat Cottam, *Department of the Environment*), Costa Rica (Juan Bravo, *Programa Humedales de Costa Rica, Uso y conservación Escuela de Ciencias Ambientales, Universidad Nacional*), Le Salvador (*Centro Internacional de Agricultura (CIAT), Programa de las Naciones Unidas para el Medio Ambiente (PNUMA)*), Guinée (*the Guinea Current Large Marine Ecosystem Project (GCLME)*), Guinée-Bissau (*UICN, Institute of Biodiversity and Protected Areas (IBAP), the Department of Geographical Information of the Office of Coastal Planning*), Guatemala (*Instituo Nacional de Bosques, Guatemala*), Honduras (Ricardo Lezama, *Director C.I.E.F, Corporación Hondureña de Desarrollo Forestal*), Indonésie (Listya Kusumawardhani, *Ancien Directeur de l'Inventaire et des Statistiques Forestières, Ministère de l'Écologie*), Jamaïque (Owen Evelyn, *National Project Manager, Forestry Department*), Japon (Shigeyuki Baba, *Professor, University of the Ryukyus, ISME Executive Secretary*), Toyohiko Miyagi, *Professor, Tohoku Gakuin University* and Ayako Saito, *Tohoku Gakuin University*), île Maurice (Seemadre Appanah Paupiah, *Forestry Service*), Mexique (Alberto Sandoval Uribe, *Gerente de Geomática, Coordinación General de Planeación e Información*), Myanmar (H.E. Brigadier General Thein Aung, *Minister, Ministry of Forestry* and Maung Than, *Deputy Director, Remote Sensing and GIS Section Forest Department*), Nouvelle-Calédonie (Van Duong Dang), Nouvelle-Zélande (Dave Loubser), Nigeria (*Nigerian Conservation Foundation (NCF), Nigeria Federal Ministry of Environment University of Lagos in Nigeria*), Pakistan (Faisal Mueen Qamer *GIS Manager, World Wide Fund for Nature–Pakistan*), Panama (Ricardo Brown-Salazar), les Seychelles (Justin Prosper, *G.I.S Unit, Policy Planning and Services Division, Ministry of Environment and Natural Resources*), quelques territoires des US Trust (Lisa Fischer et Zhanfeng Liu, *Forest Health Monitoring, USDA Forest Service*), îles Wallis et Futuna (Jacques Fourmy, *Directeur, Service d'État de l'agriculture, de la forêt et de la pêche*). Les données des pays et régions suivantes ont été obtenues avec la contribution des organismes suivants: Égypte, Érythrée, Oman, Arabie-Saoudite, Somalie, Soudan, Yémen (Africover data de la FAO); Micronésie (États Fédérés de), Palaos, Antigua-et-Barbuda, Aruba, Bahamas, République Dominicaine, Grenade, Guatemala, Haïti, Porto Rico, Sainte Lucie, Saint Vincent et les Grenadines, Trinité-et-Tobago, les îles Vierges des États-Unis (TNC, en particulier Timothy Boucher pour les îles du Pacifique); et les pays d'Afrique de l'Ouest, du Centre et de l'Est (UNEP-WCMC).

Validation des cartes (*pays de validation: affiliation*): Sanit Aksornkoae (*Thaïlande: Président du Thailand Environment Institute (TEI), Thaïlande, Trésorier de l'ISME*), John Altamirano (*Philippines: Dept of Global Agricultural Sciences, The University of Tokyo, Japan*), François Blasco (*UAE, Bangladesh, Inde, Vanuatu: ex Directeur du Laboratoire d'Écologie Terrestre; CNRS/Université Paul Sabatier, Toulouse (France) et Vice Président de l'ISME*), Chan Hung Tuck (*Malaisie et Thaïlande, ex Directeur de la Division Recherche et Gestion, Forest Research Institute de Malaisie (FRIM), Vice Président de l'ISME*), Barry Clough (*Vietnam: Lecturer, Conseiller, Collège d'Agriculture et de Biologie Appliquée, Université de Cantho, Vietnam*), Joseph Donnegan (*Guam, Micronésie: USDA Forest Service, Forest Inventory and Analysis USA*), Lanalezza Morvenna A. Esteban (*Philippines: Project Management and Project Development, Coffey International Development, Pasig City, Philippines, membre de Philippines Association for Marine Scientists (PAMS)*), François Fromard (*Mayotte, Guyane Française: EcoLab-Laboratoire d'écologie fonctionnelle; UMR (CNRS-UPS-INPT), France*), Maria Carolina Hazin (*Brésil: Technical adviser, Ministère de l'Environnement, Esplanada dos Ministérios, Brésil*), Rocio Malleux Hernani (*Pérou: (FRA Nacional Correspondent) Coordenadora del Centro de Información, Instituto Nacional de Recursos Naturales (INRENA) (Gouvernement du Pérou), El Paloma, San Isidro, Pérou*), Daniel Imbert (*Guadeloupe, Martinique: Maître de Conférences, Université Antilles-Guyane, Laboratoire de biologie et physiologie végétales, Faculté des sciences, Pointe à Pitre, France*), Luiz Drude de Lacerda (*Nord-Ouest du Brésil : Atlas des mangroves du Nord Est du Brésil: Professeur, Instituto de Ciêcias do Mar, Universidade Federal do Cearà, Meireles, Fortaleza, CE, Brésil*), Junemie Hazel L. Lebata-Ramos (*Philippines: Stock Enhancement Program, SEAFDEC Aquaculture Department, Philippines*), Jurgenne Primavera (*Philippines: Scientist Emeritus, Aquaculture Department of the Southeast Asian Fisheries Development Center (SEAFDEC/AQD),Philippines*), Rene Rollon (*Philippines: Assistant Professor, Institute of Environmental Science and Meteorology, University of the Philippines Diliman*), Severino Salmo (*Philippines: Adjunct Faculty, Central Luzon State University, Nueva Ecija, Philippines and the Unviversity of Queensland, Australia*), Maning Sambale (*Philippines: Coffey International Development, Pasig City, Philippines*), Pakistan Space and Upper Atmosphere Research Commission (SUPARCO) (*Pakistan*), Phuong Vu Tan (*Vietnam: Research Centre for Forest Ecology and Environment (RCFEE) Hanoi, Vietnam*), Kim Hooi Tan (*Singapour: Senior Researcher, Centre for Coastal and Marine Environment, Maritime Institute of Malaysia*), Roy R. 'Robin' Lewis III (*USA: Professional Wetland Scientist, President, Lewis Environmental Services, Inc. FL, USA*).

Appui cartographique: ESRI Mapping Center, Google Earth.

Relecture du texte (chapitres revus/pays/région: affiliation): Sanit Aksornkoae (*Chapitre 1, Thaïlande*), Shigeyuki Baba (*Introduction, Asie du Sud, Asie Orientale, Kiribati, Samoa, Palaos, Tonga, Tuvalu*), Salomao Bandeira (*Afrique de l'Est: Department of Biological Sciences, Universidade Eduardo Mondlane, Maputo, Mozambique*), Mohammad Basyuni (*Indonésie: University of the Ryukyus*), François Blasco (*Introduction, Parties 1, 2, Asie du Sud*), Juan E. Bezaury Creel (*Mexique: TNC-Amérique Latine*), Adoté Blim Blivi

(*Togo: Centre de Gestion Intégrée du Littoral et de l'Environnement (CGILE), Université de Lomé, Togo*), Chan Hung Tuck (*Moyen-Orient, Asie du Sud, Malaisie, Afrique de l'Ouest*), Barry Clough (*Australie*), Salif Diop (*Introduction, Parties 1, 2, Afrique de l'Est, Afrique de l'Ouest: Senior Environmental Affairs Officer, Division of Early Warning and Assessment (DEWA), UNEP, Kenya, et Président de l'ISME*), Norman Duke (*Australie: University of Queensland, Centre for Marine Studies*), Joanna Ellison (*îles du Pacifique: University of Tasmania, School of Geography and Environmental Studies*), Nasser Galal (*Égypte: Director, Nature Conservation Training Center, EEAA, MSEA, Sharm EL Sheikh*), Wooi-Khoon Gong (*Brunéi, Cambodge, Singapour, Timor oriental: Retired Professor, University Sains, Malaisie*), Christopher Gordon (*Afrique de l'Ouest: Professor Department of Zoology, University of Ghana, Ghana*), Ahmed K. Hegazy (*Égypte: Head of Ecology Division, Professor, Conservation & Applied Ecology, Botany Department, Faculty of Science, Cairo University*), Steve Johnson (*Introduction, Parties 1, 2, Amérique du Sud, Afrique de l'Est: OIBT*), Rahanna Juman (*Trinité-et-Tobago : Environmental Research Programme, Institute of Marine Affairs*), James Kairo (*Afrique de l'Est: Deputy Director, Oceanographic Research Institute, Afrique du Sud*), Luiz Drude de Lacerda (*Brésil*), Ronald Loughland (*Moyen-Orient, en particulier le Golfe Arabique: Directeur, Centre of Environmental Research à Abu Dhabi, Emirates Heritage Club, Kuwait Institute for Scientific Research*), Maung Maung Than (*Myanmar: Forest researcher, Forest Resource Environment Development and Conservation Association (FREDA)*), Gordon Maxwell (*Chine, Nouvelle-Zélande: Professeur Caritas Bianchi College of Careers, Hong Kong et Directeur, Ecosystem Research Centre, Nouvelle-Zélande*), Jin Eong Ong (*Asie du Sud-Est, Asie Orientale, Afrique de l'Ouest: Research Scientist, Penang, Malaisie*), Jurgenne Primavera (*Philippines*), Michael Schleyer (*Afrique de l'Est: Deputy Director, Oceanographic Research Institute, Afrique du Sud*), Tomoo Shoji (*Oman: Muscat Liaison Representative Office, Mitsubishi Corporation, Ex-JICA Expert and Ex-Environmental Adviser to the Ministry of Environment and Climate Affairs, Oman*), San Tha Tun (*Myanmar: University of Pathein*), Joseph Tangah (*Malaysia: Senior Research Officer, Conservation Section, Forest Research Centre, Sabah Forestry Department, Malaysia*), Colin Trainor (*Timor oriental: Charles Darwin University, Australie*), Takayuki Tsuji (*Brésil: Senior Researcher, ISME, et Action for Mangrove Reforestation (ACTMANG)*), Eugene Turner (*USA: Coastal Ecology Institute, Louisiana State University*), Giovanni Ulloa-Delgado (*Colombie: Adviser, Autonomous Regional Corporation for the Sinús and San Jorges Valleys–CVS*), Hanneke Van Lavieren (*Introduction, Parties 1, 2, 3, Afrique de l'Est, Amérique du Sud: UNU-INWEH*), Mette Loyche Wilkie (*Amérique du Nord et du Centre, Moyen-Orient: FAO*).

Personnes ayant contribué aux études de cas (*Encarts-affiliations dans le texte*): Eric L. Gilman, Joanna Ellison, Norman Duke and Colin Field (Encart 2.1), Abdullah Al-Habshi, Peter Saenger et François Blasco (Encart 5.1), Kandasamy Kathiresan (Encart 6.1), Maharaj Vijay Reddy (Encart 6.2), Laurence G. Kirton et Badruddin, Badruddin Nada (Encart 7.1), Jin Eong Ong (Encart 7.2), Yoav Bashan, Luz E. de-Bashan et Gerardo Toledo (Encart 11.1), Heliodor Sánchez (Encart 12.1), François Fromard et Christophe Proisy (Encart 12.2), Simon Longonje Ngomba et Dave Raffaelli (Encart 13.1).

Personnes ayant contribué par leurs photos: Taibou Ba (UICN - coordinateur scientifique au Centre de Suivi Écologique), Shigeyuki Baba (ISME), Subhendu Bandyopadhyay (Divisional Forest Officer, Directorate of Forest, Government of West Bengal, Inde), François Blasco (ISME), Miguel Clüsener-Godt (UNESCO-MAB), Giotto Castelli, Emily Corcoran, Christopher Gordon, Jean-François Hellio and Nicolas van Ingen (photographes des espaces naturels, France), Lucy W. Keith (Chercheur, Wildlife Trust, St Petersburg, Floride, USA), Jacques André Ndione (Centre de Suivi Écologique), Mami Kainuma (ISME), Ulf Mehlig (Federal University of Para, Bragança campus, Brésil), Toyohiko Miyagi (Tohoku Gakuin University), Daisuke Nakamura (anciennement à ISME), Ron Schaasberg (Photographe, Canada), Peter Scheren (Project Manager UNEP/GEF WIO-LaB Project), Takuma Suzuki (Sizuoka Prefectural Government, Japon), Kate Spalding, Mark Spalding (TNC), Richard Spalding, Arona Soumare (Conservation Director, Western African Marine Ecoregion, WWF-WAMER, Dakar, Sénégal), Seiji Suda (Action for Mangrove Reforestation (ACTMANG)), Jugal Tiwari (Centre for Desert and Ocean (Kutch, Gujarat, Inde)), Takayuki Tsuji (ISME et ACTMANG), Koichi Tsuruda (ACTMANG), Giovanni Ulloa-Delgado, Hanneke van Lavieren et Sumie Watanabe (anciennement à ISME).

Personnes ayant contribué aux tracés des cartes: Nyoman Suryadiputra *(Wetlands International, Indonésie),* Triana *(line drawing artist, Wetlands International, Indonésie),* Marcel Silvius *(Wetlands International),* Juliet Williamson *(line drawing artist, the Royal Botanic Gardens, Kew).*

Personnes ayant contribué aux cartes de distribution des espèces: Équipe de la Liste Rouge de l'UICN: Norman Duke, Joanna Ellison, Edwino S. Fernando, Wim Giesen, Kandasamy Kathiresan, Nico Eric Koedam, Toyohiko Miyagi, Vien Ngoc Nam, Jin Eong Ong, Januel R. Peras, Jurgenne Primavera, Severino G. Salmo III, Sukristijono Sukardjo, Yamin Wang, Jean Wan-Hong Yong. Les personnes suivantes du Global Marine Species Assessment ont soutenu le développement des cartes de distribution des espèces (en plus des noms mentionnés ci-dessus): Kent Carpenter, Suzanne Livingstone, Beth Polidoro, Jonnell Sanciangco et James Robertson (TNC).

Personnes ayant contribué aux statistiques nationales: David Flater *(XTide program),* Dean Pentcheff *(tidal range information through XTide program, WWW Tide/Current Predictor).*

Personnes ayant apporté leur soutien logistique, technique et moral: Mami Kainuma *(Coordinatrice du Projet),* Mark Spalding *(TNC),* Lorna Collins *(TNC),* Marta Vannucci *(ancienne Vice-Présidente de l'ISME),* Mark Steyaert *(ancien Vice-Président de l'ISME),* Nozomi Oshiro *(ISME),* Kazuyo Hirose *(Senior geologist, Nikko Exploration and Development Co., Ltd),* Ryoko Miyagawa *(ISME),* Yumi Nakao *(ISME),* Eriko Tamaki *(ISME),* Kazuyo Horikiri *(ISME),* Miki Miyagi *(anciennement à ISME),* Mike Hearty and Michael Cohen *(Sonoma State University).*

Earthscan: Rob West, Tim Hardwick, Claire Lamont, Alison Kuznets et Camille Bramall.

Professeur Shigeyuki Baba
Secrétaire Exécutif
ISME
Janvier 2010

Pour la production de la version française, nous remercions particulièrement les personnes suivantes pour leur contribution :

Le "Département de l'État" des États-Unis (The U.S. Department of State) a procuré des fonds pour permettre la publication de cette version traduite de l'Atlas.

François Fromard *(ECOLAB- Toulouse ; Écologie et Dynamique des Mangroves de Guyane Française),* Lionel Loubersac *(IFREMER/ Institut Français de Recherche pour l'Exploitation de la Mer ; Brest, Nouvelle-Calédonie et Polynésie ; Évolution des Mangroves du Pacifique),* Cyril Marchand *(IRD/Institut de Recherche pour le Développement - Montpellier et Nouvelle-Calédonie ; Adaptation des Mangroves aux contaminants),* Christophe Proisy *(IRD/ Institut de Recherches pour le Développement ; Outils de Télédétection, en particulier les Radars, pour la cartographie et l'étude de l'Évolution des mangroves)* and Salif Diop *(Senior Environmental Affairs Officer, Division of Early Warning and Assessment (DEWA), UNEP, Kenya, et Président de l'ISME).*

Une partie des critiques de la version originale de l'Atlas Mondial des Mangroves a été inclue sur le plat verso avec la permission généreuse de Spinger Science+Business Media for Human Ecology 38(6)2010 pour la citation de Farid Dahdouh-Guebas et la Commonwealth Forestry Association for International Forestry Review 12(3)303-305 2010 pour celle écrite par Eberhard F. Bruenig

Estelle Harris *(English Home)* pour la production des cartes en français et la traduction du texte de l'Atlas et François Blasco *(ex-Directeur du Laboratoire d'Écologie Terrestre ; CNRS/Université Paul Sabatier, Toulouse, France, et Vice-Président de l'ISME)* pour son dévouement et son soutien dans la relecture complète de l'ouvrage. Debra Butt et Bill Pearson *(Design One)* pour la mise en page de la version française.

Professeur Shigeyuki Baba
Secrétaire Exécutif
ISME
Décembre 2010

Avant Propos

Les forêts de palétuviers occupent environ 15 millions d'hectares sur les littoraux tropicaux et subtropicaux de la planète. Bien qu'elles ne représentent que 1% de la surface totale des forêts tropicales, les mangroves sont des écosystèmes hautement productifs, riches en biodiversité, accueillant une diversité d'espèces végétales qui procurent des habitats importants pour une faune foisonnante, comprenant des mammifères, des oiseaux, des reptiles, des poissons et des mollusques. Elles contribuent aux moyens d'existence des populations, localement et globalement, en leur procurant des ressources forestières comme le bois de construction, le bois de feu et le matériel pour les toits de chaume, ainsi que des produits non ligneux. Les mangroves sont aussi reconnues comme étant une ceinture verte et un puits à carbone importants qui protègent les littoraux contre les désastres naturels tels que les tsunamis, les cyclones et l'érosion résultant de l'élévation du niveau des mers, en particulier dans les petits pays insulaires.

Malgré leur importance, les étendues de mangroves ont décliné de manière alarmante à travers le monde, depuis de nombreuses années. C'est pourquoi l'Organisation Internationale des Bois Tropicaux (ITTO en anglais) a, depuis ses débuts, voici plus de deux décennies, soutenu la conservation, l'utilisation responsable et le commerce de ressources de mangroves gérées durablement, dans les pays tropicaux membres.

L'OIBT (ITTO) travaille avec la Société Internationale pour les Écosystèmes de Mangroves (ISME) depuis le début des années 1990 afin de mettre en œuvre différents projets globaux pour promouvoir la conservation, l'utilisation durable et la gestion des mangroves. L'une de ces activités a été la publication de la première édition du *World Mangrove Atlas* en 1997 par l'OIBT et ISME, en collaboration avec le Centre Mondial de Surveillance pour la Conservation (WCMC). L'atlas représentait une synthèse remarquable de l'information disponible décrivant la distribution globale des mangroves. Au cours des 13 années qui ont suivi cette édition, les avancées de la télédétection et des technologies de cartographie ont permis d'obtenir des données beaucoup plus précises et des mises à jour des mangroves de la planète.

L'OIBT a par conséquent accepté, avec le soutien du gouvernement du Japon, par le biais d'une généreuse subvention, d'être la principale organisation de financement pour la production de cette seconde édition du *World Atlas of Mangroves* par le projet PD276/04 Rev.2(F), à nouveau en proche partenariat avec ISME. Cette seconde édition de l'atlas a aussi bénéficié de la collaboration étendue d'un consortium de partenaires dévoués dont l'Organisation des Nations Unies pour l'Alimentation et l'Agriculture (FAO), le Programme sur l'Homme et la Biosphère de l'Organisation des Nations Unies pour l'Éducation, la Science et la Culture (UNESCO-MAB), le Programme des Nations Unies pour l'Environnement (UNEP-WCMC) et l'Université des Nations Unies – Réseau International pour l'Eau, l'Environnement et la Santé (UNU-INWEH). En outre, The Nature Conservancy (TNC), par le biais de l'auteur principal le Dr Mark Spalding, a joué un rôle important dans la production de cet Atlas. L'OIBT remercie aussi les nombreuses autres personnes ayant contribué à cet ouvrage, dont les experts des mangroves de par le monde, trop nombreux pour les nommer ici. Ils ont apporté leur concours pour produire un atlas précis dans le temps imparti.

L'année de publication tombe à point nommé puisqu'il s'agit de l'Année Internationale de la Biodiversité, qui fait suite à plusieurs désastres naturels majeurs (dont le tsunami de l'Océan Indien de 2004 et le cyclone Nargis au Myanmar il y a un an et demi). Ils ont rappelé à la communauté planétaire l'importance des mangroves dans le maintien d'écosystèmes côtiers en bon état et résilients. Les recherches récentes montrant que les mangroves ont des niveaux de productivité primaire de biomasse plus élevés que ceux de la plupart des autres forêts tropicales ou tempérées indique le potentiel des mangroves pour agir en tant que puits de carbone pour atténuer le changement climatique et pour apporter de nouvelles sources de revenus potentiels. Toutes ces fonctions variées des mangroves sont détaillées dans cet atlas.

Je félicite tous ceux qui ont été impliqués dans la production de cette belle publication et je remercie encore une fois les nombreux partenaires de l'OIBT d'avoir permis la réalisation de ce projet. Des années durant, cet atlas servira de fondement pour guider la conservation, l'utilisation durable et la gestion de nos uniques écosystèmes de mangroves planétaires.

M. Emmanuel Ze Meka
Directeur Exécutif
Janvier 2010

Préface

La première édition du *World Mangrove Atlas*, financée par l'Organisation Internationale des Bois Tropicaux (ITTO), a été publiée en 1997 par la Société Internationale pour les Écosystèmes de Mangroves (ISME) en collaboration avec le World Monitoring Conservation Centre - Programme des Nations Unies pour l'Environnement (UNEP-WCMC). Cette seconde édition, intitulée Atlas Mondial des Mangroves, marque un remarquable pas en avant à l'initiative de l'ISME.

La compilation de cet atlas, qui a débuté en juillet 2005 dans le cadre du projet de l'ITTO PD276/04 Rev.2(F), a été le projet d'un consortium de partenaires compétents: OIBT, ISME, l'Organisation des Nations Unies pour l'Alimentation et l'Agriculture (FAO), le Programme sur l'Homme et la Biosphère de l'Organisation des Nations Unies pour l'Éducation, la Science et la Culture (UNESCO-MAB), le World Monitoring Conservation Center - Programme des Nations Unies pour l'Environnement (UNEP-WCMC), l'Université des Nations Unies – Réseau International pour l'Eau, l'Environnement et la Santé (UNU-INWEH) en étroite collaboration avec The Nature Conservancy (TNC). Les fonds pour le projet de l'OIBT ont été accordés par le Gouvernement Japonais. Sans cet apport le projet n'aurait pu être mené à bien.

Ce nouvel atlas représente une somme de travail impressionnante. Il rassemble des informations mises à jour sur les mangroves du monde, dont des cartes de leur distribution, beaucoup plus à jour que les données de l'édition de 1997, avec des cartes produites avec la généreuse collaboration des Systèmes Globaux d'Observation de la Terre (GTOS)/FAO et l'UNEP-WCMC. Earthscan a sympathiquement accepté la responsabilité de publier ce beau livre.

Les origines de cet atlas reposent sur l'idée de l'ISME et de l'OIBT de présenter, à un public aussi large que possible, les informations portant sur la distribution et le statut actuel des écosystèmes de mangroves dans notre environnement naturel de plus en plus menacé et changeant. Le travail présenté dans cet Atlas améliorera la compréhension des dynamiques et de la distribution des espèces de palétuviers dans des conditions très diverses, dont beaucoup sont le résultat des activités humaines. Il renforcera la nécessité de remédier à la mauvaise gestion et aux abus subis par les écosystèmes de mangroves.

L'unique et large consortium qui a été mis en place pour produire cet atlas est un modèle de collaboration pour faire avancer la cause de la gestion durable, de la préservation et du développement des forêts de palétuviers. Grâce à l'étroite coopération continue et fructueuse avec l'OIBT, ISME continue de servir comme un porte-drapeau en se dédiant sans but lucratif à la science pour la conservation, l'utilisation durable et la promotion des effets des mangroves sur l'atténuation du changement climatique de par le monde.

Mes remerciements vont en particulier aux auteurs principaux de cet atlas: l'auteur principal/éditeur, le Dr Mark Spalding, la coordinatrice du projet Dr Mami Kainuma, qui a été déterminante et constante dans le soutien du projet, et Lorna Collins, assistante du Dr Spalding. Beaucoup d'autres collaborateurs, dont des experts sur les mangroves de par le monde, ont participé au projet (en particulier pour les études de cas) et ont contribué à rendre cet atlas plus instructif et plus précis.

J'en profite pour souligner le rôle important et impressionnant joué depuis de nombreuses années par le secrétariat de l'ISME, sous la direction dynamique de Professeur Shigeyuki Baba, et de sa secrétaire, Nozomi Oshiro. Je voudrais les remercier personnellement pour leur travail difficile et pour leur dévouement total à la réalisation de cet atlas. Enfin, je voudrais féliciter tous les experts, nationaux et internationaux, les membres de l'ISME ainsi que les partenaires, dont l'engagement et la contribution ont rendu possible cette impressionnante seconde édition.

La valeur de l'information de cet atlas est incalculable. J'espère et crois fermement que cela sera démontré à travers les actions que nous menons pour gérer et restaurer l'intégrité de l'environnement de nos mangroves. En ce début du 21ième siècle et plus que jamais, l'humanité a été confrontée et a commencé à porter une attention sérieuse à la dégradation rapide de l'environnement planétaire. Mon espoir sincère est que ce que nous apprenons en lisant cet atlas nous incitera tous à agir avec sagesse et efficacité, et à adopter des politiques de gestion visant à restaurer nos écosystèmes de mangroves riches en ressources. En tant que Président de l'ISME, je vous souhaite à tous une très agréable lecture de cet Atlas Mondial des Mangroves.

Professeur Dr. E. Salif Diop
Président de l'ISME
Membre de l'Académie Nationale des Sciences et Techniques du Sénégal
Membre de l'Académie Africaine des Sciences
Janvier 2010

Acronymes et abréviations

Les surfaces données dans cet ouvrage sont exprimées en kilomètres carrés. Par endroits, comme pour les petits pays, où les surfaces sont inférieures à 1 kilomètre carré, nous utilisons les hectares (ha) comme alternative à l'utilisation de nombres décimaux. 1 kilomètre carré = 100ha. Nous noterons qu'en plus des acronymes listés ici, un certain nombre d'acronymes sont utilisés pour les différents types d'aires protégées présentées sur les cartes. Ces derniers sont présentés dans la légende des cartes au chapitre 3.

AOI	Area of Interest
APO	Atlantique-Pacifique Oriental
BA	Biomasse Aérienne
BS	Biomasse Souterraine
CGIAR	Groupe Consultatif pour la Recherche Agricole Internationale
CO_2	Dioxyde de carbone
COD	Carbone Organique Dissous
DLMB	Digital Landmass Blanking
DMA	Defense Mapping Agency (actuellement la National Geospatial-Intelligence Agency
DOC	Département du Commerce
EAU	Émirats Arabes Unis
FAO	Organisation des Nations Unies pour l'Alimentation et l'Agriculture
GEF	Global Environment Facility
GLCN	Global Land Cover Network
GTOS	Système Global d'Observation Terrestre
IAN	Îles Andaman et Nicobar
INWEH	Institute for Water, Environment and Health
IPC	Indice des Priùx à la Consommation
IPO	Indo-Pacifique Occidental
ISME	Société Internationale pour les Écosystèmes de Mangroves
JICA	Japan International Cooperation Agency
JODC	Japan Oceanographic Data Center
MAB	Programme « l'Homme et la Biosphère » (de l'UNESCO)
MMP	Mangrove Management Project
MNE	Modèle Numérique d'Élévation
NASA	National Aeronautics and Space Administration
NCCOS	National Centers for Coastal Ocean Science
NGDC	National Geophysical Data Center
NOAA	National Oceanic and Atmospheric Administration

NOS	National Ocean Service
NRC	Division Environnement, Changement Climatique et Bioénergie (de la FAO)
OIBT	Organisation Internationale des Bois Tropicaux
ONG	Organisation Non-Gouvernementale
PIB	Produit Intérieur Brut
PPN	Productivité Primaire Nette
REDD	Reducing Emissions from Deforestation and Forest Degradation policy
SIG	Système d'Information Géographique
SRTM	Shuttle Radar Topography Mission
TEI	Thailand Environment Institute
Tg	Téragramme (égal à 1012 grammes, ou 106 mégagrammes ou tonnes)
TNC	The Nature Conservancy
UICN	Union Internationale pour la Conservation de la Nature
UNEP	Programme des Nations Unies pour l'Environnement
UNESCO	Organisation des Nations Unies pour l'Éducation, la Science, la Culture
UNU	Université des Nations Unies
WCMC	Centre Mondial de Surveillance pour la Conservation
WDPA	Base de Données Mondiale des Aires Protégées
WVS	World Vector Shoreline
WWF	World Wide Fund for Nature (Fonds Mondial pour la Nature)
ZI	Zone d'Intérêt

Introduction

Les mangroves sont des écosystèmes forestiers tropicaux et subtropicaux remarquables pour de multiples raisons. Un petit nombre d'espèces arborescentes leur confère une forte productivité primaire en dépit de conditions environnementales très contraignantes dans la zone de balancement des marées. Les spécialistes ont pu démontrer un ensemble surprenant d'intérêts écologiques et économiques dont bénéficient les sociétés humaines à travers le monde.

Ce travail est construit sur le modèle du premier Atlas Mondial des Mangroves publié en 1997. Les progrès considérables qu'il comporte sont dus en particulier aux efforts et au professionnalisme des cartographes de la FAO (Organisation des Nations Unies pour l'Alimentation et l'Agriculture) et du Programme des Nations Unies pour l'Environnement - Centre de Surveillance de la Conservation de la Nature (UNEP-WCMC). De nouvelles cartes des mangroves ont ainsi été élaborées dans des zones couvrant environ 59% de la surface du globe. Grâce à ces documents cartographiques originaux et à l'exploitation de nombreuses bases de données nous avons pu accéder à une couverture récente et fiable de 98,6% des mangroves du globe. Le texte a nécessité l'exploitation de 1400 références bibliographiques. Il fournit une synthèse de la distribution et de la situation des mangroves dans le monde.

Actuellement, les mangroves sont réparties dans 123 pays et territoires, et couvrent 152 000 km² (l'équivalent de la moitié de la superficie des Philippines ou le quart de celle de Madagascar). À l'échelle planétaire cette superficie paraît modeste. Elles sont pour la plupart restreintes aux zones tropicales et subtropicales avec quelques exceptions situées sous climats tempérés à hivers peu rigoureux. Les plus vastes et les plus diversifiées se trouvent sur les littoraux les plus humides, dans les grands deltas et estuaires tropicaux. En effet, les plus grandes étendues de mangroves d'un seul tenant se trouvent dans les Sundarbans, le Delta du Niger et les littoraux deltaïques complexes du nord du Brésil et de la Papouasie méridionale. Ces quatre ensembles renferment environ 16,5% des mangroves du globe.

Au total 73 espèces et hybrides de mangroves sont recensés dans ce volume. Nous présentons leurs cartes de distribution biogéographique. Elles se répartissent presque exclusivement entre le domaine Indo-Pacifique Occidental, groupant 62 espèces, et le domaine Atlantique-Pacifique Oriental qui comprend une douzaine d'espèces seulement (l'une étant commune aux deux domaines). Dans le domaine Indo-Pacifique Occidental le pic de diversité du Sud-Est asiatique a retenu l'attention de nombreux chercheurs. Il existe deux autres centres de diversité moins étendus, dans la Baie du Bengale et au sud de l'Amérique centrale. En tout, sept provinces biogéographiques sont décrites.

Des recherches récentes conduites à travers le monde ont montré que les niveaux de productivité primaire dans les mangroves sont plus élevés que ceux des autres forêts tropicales et tempérées. Leur biomasse sur pied peut aussi être très élevée, même dans les forêts de petites tailles, en raison de l'importance de leur biomasse souterraine. En outre, les sols des mangroves étant très riches en matières organiques stockent des quantités considérables de dioxyde de carbone. Cela signifie que les écosystèmes de mangroves, malgré leur faible représentation territoriale à l'échelle mondiale, jouent probablement un rôle important dans les bilans globaux de carbone et dans les processus susceptibles d'atténuer les changements climatiques planétaires. Dans le cadre de ce travail, des estimations préliminaires indiquent que la biomasse aérienne totale des mangroves du monde équivaudrait à plus de 3700Tg de carbone, tandis que la séquestration de la matière organique directement dans les sédiments des mangroves pourrait être de l'ordre de 14 à 17Tg de carbone par an.

Cet ouvrage souligne aussi une caractéristique tout à fait remarquable des mangroves qui est l'ampleur de leur utilisation par les populations locales. Pays par pays, nous indiquons les usages très répandus pour le bois d'œuvre, le bois de feu, le charbon et l'industrie de la pêche. Progressivement, les habitants et les décideurs ont pris la mesure des bénéfices indirects que procurent les mangroves pour la protection des populations et des littoraux contre les tempêtes tropicales, les tsunamis, l'érosion etc. Il semble avéré que les mangroves ont réduit l'impact du tsunami de l'Océan Indien (26 décembre 2004), sur un certain nombre de sites de la Baie du Bengale. Des reboisements en palétuviers et la restauration des mangroves sont de plus en plus nombreux pour protéger les populations sur les littoraux les plus exposés.

Les travaux de la FAO ont montré par le passé que la disparition des mangroves a été considérable et ininterrompue. Quelques 35 600 kilomètres carrés ont disparu entre 1980 et 2005. Bien que nous ne connaissions pas les surfaces initiales couvertes par les mangroves, tout porte à croire qu'elles dépassaient 200 000 kilomètres carrés et que les activités humaines en ont détruit plus de 50 000 kilomètres carrés, soit environ le quart de la mangrove originelle. Les taux de disparition annuelle ont certes diminué de 1,04% dans les années 1980 à 0,66% entre 2000 et 2005. Néanmoins ce taux de déforestation demeure trois à cinq fois plus élevé que celui des déboisements globaux. Les mangroves disparaissent rapidement.

Les causes majeures de leur disparition sont leur conversion directe à l'aquaculture, à l'agriculture ou aux aménagements urbains. Les zones côtières sont typiquement densément peuplées et la pression foncière y est souvent forte. Même là où les mangroves subsistent, elles sont souvent dégradées par la surexploitation. Ainsi, le delta du Niger n'aurait perdu que 3% de ses mangroves entre 1986 et 2003 ; mais de telles statistiques masquent probablement une étendue beaucoup plus importante de la dégradation à la suite de pollutions pétrolières et d'autres impacts, durant la même période.

Plus récemment les inquiétudes relatives au réchauffement climatique ont fait naître la crainte de nouvelles menaces pour les mangroves, liées à l'élévation du niveau des océans. Dans une certaine mesure, les mangroves pourraient « supporter » de faibles relèvements du niveau moyen des marées, grâce à l'accumulation de sédiments et de matières organiques dans leurs sols. Cependant, il apparaît d'ores et déjà que cela sera insuffisant dans de nombreuses régions. Les mangroves pourraient aussi en théorie se déplacer vers l'intérieur des terres si le niveau des océans venait à monter. Mais une telle migration entrera probablement en compétition avec les aménagements humains existants, qui devront être à leur tour être protégés par des travaux d'ingénierie côtière. Cela conduira globalement à la régression des mangroves.

Le taux de disparition des mangroves n'est pas simplement le résultat de décisions locales, dictées par les lois du marché, la demande industrielle, l'accroissement démographique et la pauvreté. Dans de nombreux pays, le sort des mangroves est aussi déterminé par des décisions politiques de haut niveau. Aux Philippines, un encouragement de l'aquaculture à l'échelle de l'État remontant aux années 1950, a entraîné des pertes massives. À l'opposé, en Malaisie, la plupart des mangroves sont possessions de l'État. Bien qu'il y ait eu là aussi des disparitions, des zones importantes sont des réserves forestières, gérées pour l'exploitation du bois et la production de charbon, avec des bénéfices concomitants pour l'industrie de la pêche. La tendance des mangroves à s'étendre ou à réduire leur surface peut être inversée rapidement et de manière assez spectaculaire. Les lois mettant en place les normes aquacoles ou régissant la qualité de l'eau et la réduction de la pollution ont beaucoup changé les modalités de développement de l'aquaculture dans de nombreux pays. De nouvelles mesures politiques et projets ont conduit à la plantation de mangroves aux Philippines. Ailleurs, des mesures d'atténuation ont conduit à une compensation des pertes par des reboisements et par la restauration – par exemple, en Floride (USA) et en Australie.

De nombreux pays, comme le Mexique, le Belize, la Tanzanie et le Mozambique, ont établi une protection légale générale des mangroves, en contrôlant les activités destructrices par le biais de systèmes stricts de permis d'exploitation. Une protection spécifique est généralement mise en place dans des zones de gestion renforcée ou des aires protégées. 1200 aires protégées contenant des mangroves ont été mises en place dans le monde à des fins de conservation. La taille de ces aires va de minuscules vestiges à d'immenses aires protégées comprenant des mangroves et des écosystèmes marins adjacents, comme dans le Parc National Gunung Lorenz en Indonésie et dans la Réserve de Biosphère du Río Plátano au Honduras. Globalement, environ un quart des mangroves de la planète sont dans des aires protégées conçues à des fins de conservation. Ce taux de protection est élevé en comparaison à d'autres habitats ; mais compte tenu des fortes pressions exercées sur les mangroves (et, à des degrés divers, même sur les mangroves « protégées »), il est devenu impératif d'établir un régime de gestion clair commun à toutes les mangroves du monde.

Les mangroves sont donc des écosystèmes intéressants et uniques. Elles jouent aussi des rôles importants pour les sociétés humaines. Les statistiques présentées dans cet ouvrage relatives aux valeurs économiques attribuées aux mangroves sont assez remarquables, se situant généralement entre 2000US$ et 9000US$ par hectare et par an. Sur le long-terme, de tels rapports, sont plus avantageux que presque toutes les autres formes d'utilisations du sol – agriculture, aquaculture ou même aménagement urbain. D'autres avantages, non-monétaires, sont plus difficilement quantifiables. On sait cependant qu'elles jouent un rôle socio-économique important en procurant du travail, de la nourriture, du bois d'œuvre, du combustible, souvent en dehors des circuits économiques conventionnels. Dans le futur, elles pourraient constituer un élément crucial de réponse aux défis du changement climatique.

Rien ne peut justifier de laisser disparaître les mangroves ; il existe au contraire de puissants arguments pour investir dans leur restauration. Le défi pour les acteurs des milieux forestier, de la pêche ou de l'environnement est souvent simplement celui de la communication : de s'assurer que les sphères politique et publique sont parfaitement informées de la valeur des mangroves et des conséquences de leur disparition. Confortées par ces connaissances, les mesures politiques doivent changer pour que le taux de disparition des mangroves cesse d'augmenter, et que cette tendance soit à terme inversée.

Les écosystèmes de mangroves

Dans la zone de balancement des marées les conditions environnementales sont rigoureuses, soumises à la fois aux caprices de la terre et de la mer, aux puissantes tempêtes et aux fortes pluies, à des salinités élevées, aux sécheresses, aux déplacements sédimentaires et aux inondations. Ce sont donc des milieux particulièrement exposés mais ils sont riches. Et les espèces qui parviennent à s'y développer sont grandement récompensées. C'est la frange de la planète où les mondes de la terre, des eaux douces et océaniques se rencontrent, où les amplitudes écologiques d'espèces très diverses se chevauchent. Lors de chaque marée haute, des crustacés et des poissons viennent se nourrir dans ces espaces qui quelques heures auparavant étaient livrés aux insectes et aux oiseaux. Ici aussi, des poissons d'eau douce cohabitent avec des poissons de mer, pendant que d'autres espèces en font leur habitat permanent.

Les mangroves sont certainement les colonisateurs les plus spectaculaires de la zone intertidale : arbres et arbustes ont gagné sur la mer. Ces espèces se sont adaptées aux défis physiologiques et physiques induits par des salinités variables, des sols gorgés d'eau, des sédiments superficiels fins et instables, des dynamiques sans cesse changeantes des littoraux.

Le terme « mangrove » fait à la fois référence aux arbres et aux communautés qu'elles constituent, allant de simples alignements d'arbres chétifs bordant le désert, à des forêts fragmentées en d'innombrables îlots entrecoupés de bras de mer et de chenaux dans les systèmes deltaïques. Situées en milieu tropical et dans quelques régions tempérées chaudes, les meilleures conditions pour leur développement sont réunies sur les côtes abritées où la pluviométrie élevée et les apports d'eau douce diluent l'eau de mer. Quelques espèces résistent à des salinités beaucoup plus élevées, d'autres à une immersion quasi-permanente de leur système racinaire dans l'eau de mer.

Ce chapitre concerne le milieu naturel des mangroves. Nous aborderons les définitions et les caractéristiques uniques des mangroves elles-mêmes. Puis nous aborderons de manière un peu plus détaillée les particularités de leurs habitats. Il sera ensuite question de la distribution des mangroves et de leur étendue dans le monde, de leur biogéographie et de leur biodiversité spécifique. Enfin une approche écologique plus détaillée sera proposée par l'analyse de la structure des mangroves et des paramètres de leur productivité et de biomasse. Cette approche sera complétée par un examen du large éventail d'espèces qui forment ces écosystèmes et de leur place par rapport à d'autres systèmes côtiers.

Les espèces végétales des mangroves

Les mangroves sont des arbres, des arbustes, des buissons, quelques fougères et un palmier, qui se développent habituellement dans la zone de balancement des marées ou dans sa périphérie immédiate et qui se sont adaptés pour survivre dans ces milieux. Ils ont plusieurs origines évolutives. Dans cette niche écologique aux conditions rigoureuses plusieurs espèces ont développé des adaptations convergentes dans leur morphologie, leur physiologie et dans leurs stratégies reproductives.

Cet ouvrage prend en compte 73 espèces et hybrides appartenant au groupe des «authentiques» mangroves. Toutes ces espèces se sont adaptées à cet environnement et ne se

Les mangroves comprennent une grande diversité d'espèces végétales dont des fougères du genre *Acrostichum* (en haut à droite), une espèce de palmier (*Nypa fruticans*, au milieu à droite) et plusieurs arbustes, même si les arbres prédominent dans la plupart des mangroves (*Rhizophora*, en bas à droite, et *Sonneratia*, à gauche).

Photo Mark Spalding (haut), Shigeyuki Baba (milieu), Mark Spalding (gauche), Lucy W. Keith (en bas à droite)

Tableau 1.1 *Les 73 espèces et hybrides de palétuviers dans le monde, subdivisés en deux flores, l'Indo-Pacifique Occidental l'Atlantique-Pacifique Oriental (*Acrostichum aureum *est inclus dans les deux listes)*

ESPÈCES DE L'INDO-PACIFIQUE OCCIDENTAL

FAMILLE	ESPÈCES	FAMILLE	ESPÈCES
Acanthaceae	*Acanthus ebracteatus*	**Rhizophoraceae**	***Bruguiera cylindrica***
	Acanthus ilicifolius		***Bruguiera exaristata***
Arecaceae	*Nypa fruticans*		***Bruguiera gymnorhiza***
Avicenniaceae	***Avicennia alba***		***Bruguiera hainesii***
	Avicennia integra		***Bruguiera parviflora***
	Avicennia marina		***Bruguiera sexangula***
	Avicennia officinalis		*Bruguiera x rhynchopetala*
	Avicennia rumphiana		***Ceriops australis***
Bignoniaceae	*Dolichandrone spathacea*		***Ceriops decandra***
Bombacaceae	*Camptostemon philippinense*		***Ceriops tagal***
	Camptostemon schultzii		***Kandelia candel***
Caesalpiniaceae	*Cynometra iripa*		***Kandelia obovata***
Combretaceae	***Lumnitzera littorea***		***Rhizophora apiculata***
	Lumnitzera racemosa		***Rhizophora mucronata***
	Lumnitzera x rosea		***Rhizophora samoensis****
Ebenaceae	*Diospyros littorea*		***Rhizophora stylosa***
Euphorbiaceae	*Excoecaria agallocha*		*Rhizophora x lamarckii*
	Excoecaria indica		*Rhizophora x neocaledonica*
Lythraceae	*Pemphis acidula*		*Rhizophora x selala*
Meliaceae	*Aglaia cucullata*	Rubiaceae	*Scyphiphora hydrophyllacea*
	Xylocarpus granatum	**Sonneratiaceae**	***Sonneratia alba***
	Xylocarpus moluccensis		***Sonneratia apetala***
Myrsinaceae	*Aegiceras corniculatum*		***Sonneratia caseolaris***
	Aegiceras floridum		***Sonneratia griffithii***
Myrtaceae	*Osbornia octodonta*		***Sonneratia lanceolata***
Plumbaginaceae	*Aegialitis annulata*		***Sonneratia ovata***
	Aegialitis rotundifolia		*Sonneratia x gulngai*
Pteridaceae	*Acrostichum aureum*		*Sonneratia x hainanensis*
	Acrostichum danaeifolium		*Sonneratia x urama*
	Acrostichum speciosum	Sterculiaceae	*Heritiera fomes*
			Heritiera globosa
			Heritiera littoralis

ESPÈCES DE L'ATLANTIQUE - PACIFIQUE ORIENTAL

FAMILLE	ESPÈCES	FAMILLE	ESPÈCES
Avicenniaceae	***Avicennia bicolor***	**Pellicieraceae**	***Pelliciera rhizophorae***
	Avicennia germinans	Pteridaceae	*Acrostichum aureum*
	Avicennia schaueriana	**Rhizophoraceae**	***Rhizophora mangle****
Bignoniaceae	*Tabebuia palustris*		***Rhizophora racemosa***
Caesalpiniaceae	*Mora oleifera*		*Rhizophora x harrisonii***
Combretaceae	***Conocarpus erectus***		
	Laguncularia racemosa		

Notes : Les espèces considérées ici comme « centrales » apparaissent en gras. Cette liste est une mise à jour de celle publiée par Spalding *et al.* (1997), à partir des travaux de Duke (1992). Elle suit largement les révisions faites sur cette même liste par le même auteur (Duke, 2006 ; Duke *et al.*, 1998a), avec des données nouvelles et l'aide du même auteur.
* *Rhizophora mangle/samoensis* – voir les notes en Annexe 1 sur les différentes approches pour classer ces espèces.
** *Rhizophora* x *harrisonii* est considérée comme un hybride par Duke et d'autres auteurs (Beentje et Bandeira, 2007), mais de nombreux auteurs travaillant localement la considèrent comme une espèce distincte et ailleurs dans ce livre nous la nommons simplement *R. harrisonii* (sans le « x »).

trouvent quasiment jamais ailleurs. Cette liste est assez large et globale. Il se peut qu'elle ne soit pas approuvée par certains auteurs.

Ces dernières illustrent parfaitement les mangroves et sont dominantes presque partout. Les autres espèces sont rarement aussi abondantes et se trouvent plus généralement dans les zones de transition, aux contacts avec les forêts inondées par des eaux douces, et aux limites avec les forêts de plaine et autres communautés.

Adaptation à leur niche écologique

L'environnement physique des mangroves est caractérisé par des inondations régulières et une salinité variable. Les sols varient de types tourbeux profonds à des sédiments sableux assez superficiels, mais la plupart sont anaérobies, quelques millimètres sous la surface du sol. Les mangroves ont un certain nombre de traits caractéristiques induits par leur adaptation à ces milieux.

Tolérance à la salinité

Certaines mangroves ont une tolérance à la salinité légèrement supérieure à celle des végétaux de terres fermes, émergées, non salées (les glycophytes) mais la plupart excrètent le sel pour survivre. Généralement, elles excluent activement le sel de leurs tissus, par un procédé physique de type ultra-filtration au niveau de l'endoderme racinaire. La plupart ont développé des mécanismes plus avancés pour se débarrasser du sel absorbé. Certaines espèces le déposent dans l'écorce de leurs tiges et de leurs racines, tandis que des espèces caducifoliées comme les *Xylocarpus* et *Excoecaria agallocha* rejettent le sel dans leurs feuilles sénescentes. Les espèces des genres *Aegialitis*, *Aegiceras* et *Avicennia* excrètent activement le sel par leurs feuilles grâce à des glandes spécialisées, laissant parfois apparaître des cristaux de sel à la surface des limbes.

L'aération racinaire

Le transport de l'oxygène jusqu'aux racines dans les sols inondés et anaérobies est un défi important que beaucoup de mangroves ont résolu par le développement de racines aériennes :

- **Les racines échasses** sont des supports faisant penser à des rameaux en formes d'arceaux qui partent du tronc pour atteindre le sol un peu plus loin. Dans certains cas, des racines aériennes secondaires arquées viennent étayer les racines elles-mêmes. Le genre *Rhizophora* est typique de ce groupe ; mais les genres *Bruguiera* et *Ceriops* ont aussi parfois des racines échasses.
- **Les pneumatophores** sont des excroissances aériennes qui se développent vers le haut à partir des racines souterraines pour émerger hors de l'eau. Ils se sont développés sur plusieurs espèces de mangroves non apparentées – notamment *Avicennia* et *Sonneratia*. Les formes les plus anciennes ont typiquement des pneumatophores étroits comparables à des crayons. Les plus récentes ont un épaississement secondaire leur permettant d'être de grande taille et coniques.
- **Les racines « genouillées »** sont des protubérances arrondies qui, comme les pneumatophores, sortent de terre en se développant vers le haut à partir des racines souterraines. Chez *Bruguiera* et *Ceriops*, elles sont le résultat d'une croissance primaire arquée.

S'établir sur la zone intertidale est un défi considérable pour toute espèce végétale qui doit doivent s'adapter pour croître sur des sédiments gorgés d'eau en permanence, et avoir des racines et des feuilles inférieures supportant les immersions régulières par l'eau de mer ou saumâtre.

Photo Mark Spalding

Les racines ont besoin d'air. Dans les sols gorgés d'eau ces apports peuvent être faibles. Les espèces de palétuviers ont donc développé de remarquables formations racinaires pour avoir accès à l'air libre (à marée basse) : les racines échasses (*Rhizophora*, en haut à gauche), les pneumatophores ou racines faisant penser à des crayons (*Sonneratia*, en haut à droite), les racines « genouillées » (*Bruguiera*, en bas à gauche), et des contreforts larges, sinueux et étroits (*Heritiera*, en bas à droite).

Photos Takayuki Tsuji (en haut à gauche), Shigeyuki Baba (en haut à droite), Mami Kainuma (en bas à gauche et à droite).

De nombreux palétuviers produisent des graines et des fruits en grand nombre pour augmenter leurs chances de survie dans leur environnement rigoureux. Chez quelques espèces, le développement de la nouvelle plantule commence alors qu'elle est encore attachée à la plante-mère (viviparie). Noter le développement de longues propagules (jeunes plantules) chez les espèces de *Rhizophora* (en haut, au milieu et en bas), *Bruguiera*, *Ceriops* et *Kandelia*.

Photo Mark Spalding

Plusieurs espèces, notamment celles du genre *Avicennia*, excrètent activement du sel par leurs feuilles qui peuvent comporter des dépôts de sel cristallisé pendant les périodes sèches.

Photo Takayuki Tsuji

Des lenticelles sur les racines aériennes de *Rhizophora*. Ces petites perforations permettent les échanges gazeux, mais ils sont bloqués quand la racine est immergée.

Photo Mark Spalding

● **Les contreforts** sont communs chez de nombreux arbres tropicaux. Ils ont un rôle important de soutien structural, particulièrement sur sols superficiels. Chez certaines mangroves comme *Xylocarpus granatum* et *Heritiera*, de telles extensions à la base des troncs ont des prolongements en forme de contreforts sinueux et plats qui courent à la surface du sol.

Dans tous les cas d'abondantes lenticelles (pores permettant les échanges gazeux) à la surface des racines aériennes sont reliées en un système d'aérenchyme très dense disposé en nid d'abeille, à travers lesquels l'air peut diffuser. De telles cavités remplies d'air peuvent représenter plus de 50% du volume racinaire total. La diffusion naturelle peut être aussi favorisée par le « débit

en masse » : quand elles sont submergées, les lenticelles se ferment, l'oxygène est alors utilisé par la plante et le dioxyde de carbone est facilement dissout dans l'eau de mer. Cela conduit à réduire la pression dans les racines de telle sorte que quand la marée descend et les lenticelles s'ouvrent, l'air est absorbé par les racines.

Propagation

L'établissement de jeunes plants de mangrove dans un substrat instable, régulièrement balayé par les marées, représente un défi évolutif de première importance. Toutes les mangroves utilisent l'eau et le mouvement des marées comme moyen de propagation sexuée. Cinq principales familles de mangroves ont développé une forme de **viviparité** dans laquelle les arbres fertiles relâchent de jeunes pousses au lieu de libérer des simples graines ou fruits. Alors qu'elle est rare chez les plantes continentales, la viviparité est aussi observée chez les plantes aquatiques submergées, comme les herbiers marins. Les Rhizophoracées ont développé ce mécanisme dans son mode le plus avancé : l'embryon se développe à l'extérieur du tégument puis hors du fruit tout en restant attaché à la plante-mère, de telle sorte que la propagule relâché est un jeune plant plutôt qu'une graine, et peut atteindre 1 m de long chez certaines espèces. Dans d'autres groupes comme *Aegiceras*, *Avicennia*, *Nypa* et *Pelliciera*, la crypto-viviparité existe : l'embryon sort du tégument de la graine, mais reste caché dans le fruit, avant l'abscission.

Les propagules vivipares n'ont pas la longévité des graines, mais la plupart des espèces peuvent flotter et rester en vie quelques temps. Les propagules d'*Avicennia marina* ne peuvent flotter que quelques jours, alors que celles d'*A. germinans* ne coulent jamais. Il a été montré que les propagules de *Rhizophora harrisonii* sont viables plus d'un an en eau saline. Malgré tout, la plupart des propagules se déposent près de la plante-mère et les dispersions sur de grandes distances, d'une génération à l'autre, sont rares (Duke *et al.*, 1998b). Il semble que l'investissement parental à produire des propagules moins nombreuses et de plus grande taille facilite l'enracinement et l'établissement rapide des plantules en pleine croissance, ce qui représente une adaptation importante pour qu'elles ne soient ni délogées ni déracinées par l'hydrodynamique lors des marées.

Parmi les mangroves, il existe une diversité considérable dans leur capacité à survivre à différentes conditions du milieu. Certaines, comme les *Ceriops* spp. et *Excoecaria agallocha*, sont moins bien adaptées à l'inondation prolongée et vivent sur les parties hautes de la zone intertidale (espace physique situé entre les plus basses et les plus hautes marées). En revanche, quelques espèces comme *Rhizophora mangle* aux Caraïbes semblent pouvoir survivre dans ou près de sites soumis à l'inondation permanente. De la même façon, il existe des différences dans la tolérance à la salinité. Certaines espèces ne survivent pas à des concentrations salines proches de celles de l'eau de mer et se situent généralement dans les parties les moins salées, en amont des estuaires. Il s'agit par exemple d'espèces telles que *Bruguiera sexangula*, *Heritiera fomes*, *Nypa fruticans* et *Sonneratia caseolaris*. Par contre, les espèces les plus halo-résistantes, comme *Avicennia germinans, A. marina* et les *Ceriops*, peuvent même survivre là où l'aridité et l'évaporation engendrent périodiquement des niveaux de salinité beaucoup plus élevés que celui de l'eau de mer. Cependant, dans les conditions les plus difficiles, même ces espèces ont une croissance très lente et conservent un port rabougri. Le long des côtes les plus arides les mangroves sont souvent localisées là où elles peuvent bénéficier d'apports d'eau douce provenant de nappes phréatiques.

La partie ci-dessus repose en grande partie sur le travail de Tomlinson (1986), Spalding (2004), Hogarth (2007).

L'environnement des mangroves

Les habitats construits par les palétuviers portent différentes terminologies, il s'agit tantôt de forêts de mangroves, tantôt de marais ou d'autres communautés. Le terme « mangal » a été utilisé par certains auteurs. Adaptées à l'estran, elles se développent dans un environnement spatial restreint, limité d'un côté par des conditions de salinité et d'inondation des plus difficiles, et de l'autre par l'aridité ou la compétitivité importante avec d'autres habitats nombreux en régions tropicales.

Les mangroves se développent bien sur les rivages où l'eau de mer est diluée par une pluviosité régulière et abondante, par les apports d'eau douce des cours d'eau et par les infiltrations provenant de nappes phréatiques. Quand les conditions sont favorables, les mangroves peuvent former des forêts très étendues, avec des canopées pouvant mesurer plus de 30m de hauteur. À l'opposé, quand les conditions sont plus arides ou salines, un petit nombre d'espèces peut survivre formant des peuplements **nains** ou **buissonnants**, dans lesquels les ligneux atteignent rarement 3m de hauteur.

Les plus grandes forêts de palétuviers présentent différents types de structures, certaines parties étant dominées par quelques espèces. Ces forêts sont subdivisées par les nombreux chenaux du système hydrographique et successivement inondées et exondées lors de l'alternance des marées. La structure et la physionomie de la forêt est souvent influencée par la position des arbres par rapport au chenal. Dans les régions sèches en particulier, des arbres de grande taille peuvent par exemple border les chenaux et laisser place à des arbustes vers l'intérieur des terres, sur de grands espaces, là où les conditions deviennent arides ou hyper-salines.

Les mangroves les plus étendues se trouvent dans les grands **deltas** tropicaux où les gigantesques dépôts sédimentaires d'origines continentale et marine ont créé de nouvelles étendues de terres soumises aux influences des marées. Les mangroves colonisent rapidement ces milieux et peuvent y former de larges communautés. Il s'agit notamment des vastes étendues des Sundarbans dans le Ganges, des deltas du Niger et de l'Orénoque, et des zones aujourd'hui plus dégradées comme celles des deltas de l'Irrawaddy et du Mékong, ou bien encore des systèmes deltaïques plus complexes du nord du Brésil et de Papouasie méridionale, dans lesquels de multiples cours d'eau ont formé une frange sédimentaire deltaïque continue.

Les **estuaires** se sont formés là où la mer a inondé le cours inférieur d'une ancienne vallée fluviale, comme la Gambie en Afrique de l'Ouest et le fleuve Daintree en Australie. Le processus de sédimentation auquel succède la colonisation par les mangroves est très répandu dans les estuaires, et parfois la distinction entre estuaires et deltas devient floue. La plupart des estuaires et des deltas sont alimentés en eaux toute l'année. Quand le volume d'eau douce est suffisant, les cours supérieurs peuvent être soumis à l'influence de la marée mais n'être constitués que d'eau douce, les mangroves laissant alors place à des forêts fluviales inondées comme celles de l'Amazone et celles d'autres régions humides d'Afrique de l'Ouest et d'Afrique centrale. À l'opposé, certains estuaires présentent des caractéristiques saisonnières très tranchées avec un faible apport d'eau douce en saison sèche et une évaporation intense qui créent des conditions de salinité plus élevées en amont de l'estuaire qu'en aval. De tels « estuaires inversés » sont communs dans les régions arides d'Australie septentrionale et occidentale.

Le long des côtes fortement affectées par la puissance des vagues, des **lagunes côtières** se forment, souvent derrière des bancs de sable ou des cordons sableux. Dans ces lagunes côtières, l'impact de la houle est minime. Dans les régions les plus humides, la salinité peut être beaucoup plus basse que celle de l'océan. Ces sites protégés constituent des conditions optimales pour les mangroves. Des systèmes lagunaires quasi-continus longent sur plusieurs centaines de kilomètres, certaines parties du littoral en Amérique centrale et en Afrique centrale, avec d'immenses étendues de mangroves le long des côtes formant parfois des systèmes deltaïques ou estuariens à l'intérieur même de la lagune. En quelques endroits, comme en Afrique du Sud, de petits estuaires et des lagunes sont séparés de la mer par l'accumulation de sédiments due à la dérive littorale, occasionnellement, le temps d'une saison ou parfois même de manière très prolongée. Il peut y avoir alors une perte totale de l'influence de la marée conduisant soit à une hyper-salinisation, soit à des inondations prolongées par de l'eau douce. Ces deux cas de figures entraînent des conditions dans lesquelles les mangroves survivent difficilement.

Les mangroves se développent aussi abondement le long de **côtes ouvertes** là où l'énergie de la houle est suffisamment faible rendant possible les accumulations sédimentaires. Ces zones comprennent les baies, les mers

Dans les tropiques humides, les deltas couvrent de grandes étendues largement recouvertes de mangroves. Le vaste complexe de cours d'eau et de chenaux qui s'étendent du Sénégal au Liberia représente l'une des zones les plus étendues de mangroves dans le monde, connue sous le nom de Rivières du Sud.

Photo Jean-François Hellio et Nicolas Van Ingen

Il arrive que les mangroves pénètrent longuement à l'intérieur des terres, comme cette forêt de Rhizophora le long du fleuve Kraburi, à Ranong, en Thaïlande.

Photo Shigeyuki Baba

intérieures et les substrats littoraux peu profonds, aplanis, partout où l'énergie de la houle très atténuée assure aux sédiments une stabilité relative, momentanée ou durable. Ces mangroves trouvent leur extension maximale sur la zone sédimentaire mobile entre l'Amazone et de l'Orénoque en Amérique du Sud. Il arrive aussi que les récifs coralliens forment des protections côtières réduisant l'action de la houle dans les régions tropicales. De vastes étendues de mangroves se développent ainsi le long des rivages coralliens de l'Indo-Pacifique Occidental et des Caraïbes, et autour d'îles comme les Palaos et ailleurs comme dans la Grande Barrière de Corail ou la Barrière du Belize et les lagons de Nouvelle-Calédonie.

Il est rare que les mangroves se trouvent à l'intérieur des terres, sans aucun lien direct ou régulier avec la mer. Dans de nombreuses régions arides d'Australie Occidentale et dans quelques petites îles des Caraïbes, les mangroves bordent des étangs salins. Il a été montré que certaines de ces mangroves ont un lien indirect avec l'océan par des eaux souterraines ou par des phénomènes d'inondations occasionnelles. D'autres n'ont aucun lien avec la mer. Celles qui se trouvent autour du lac Enriquillo en République Dominicaine sont éloignés de l'océan, à 40m en dessous du niveau de la mer. L'origine des mangroves sur des sites exceptionnels est incertaine, mais il semblerait qu'une partie d'entre-elles soit très âgée. Une petite mangrove poussant sur pentes entre 24 et 37 mètres au-dessus du niveau de la mer sur l'île Christmas semble avoir survécu depuis l'époque où elle se trouvait encore au niveau de la mer, soit la dernière période interglaciaire, il y a 120 000 ans (Woodroffe, 1988).

A des échelles locales, plusieurs termes en Anglais sont communément utilisés pour décrire les mangroves de manière plus fine. Leur terminologie peut être utile comme moyen de description de situations particulières mais permet rarement, voire jamais, l'établissement d'un système de classification :

- Les « Fringing mangroves » occupent la frange littorale et riveraine, formant des bandes assez étroites le long du littoral, d'une lagune, ou sur la partie la plus pentue des chenaux estuariens ou deltaïques.

- Les « Basin mangroves » ou mangroves lagunaires sont des formations plus étendues, généralement situées dans des dépressions peu profondes, loin du rivage. Elles ne sont pas soumises à la houle et ne peuvent être inondées que de manière très occasionnelle.
- Les « Overwash mangroves» forment des taches sur des îles ou de petits promontoires entièrement recouverts par les marées hautes, ce qui a pour effet de limiter l'accumulation de litière. Elles sont assez communes dans les Caraïbes.

La partie ci-dessus repose en grande partie sur les travaux de Lugo et Snedaker (1974), Thomas (1984), Twilley (1995), Twilley et al. (1996) et Hogarth (2007).

La distribution des mangroves

Les cartes de cet atlas proviennent de la compilation numérique la plus détaillée existant à l'heure actuelle, rassemblée sur la Carte 1.1. À la différence de compilations plus anciennes, il y a une cohérence importante entre données sources, et avec la plupart des zones cartographiées par télédétection satellitaire entre 1999 et 2003 (voir Chapitre 3). Cela permet de calculer de manière assez précise la superficie couverte actuellement par les mangroves et permet aussi de comparer la distribution des mangroves et leur étendue selon les zones (voir Tableau 1.2).

La superficie totale de mangroves à l'aube du troisième millénaire dépassait à peine les 150 000 kilomètres carrés[1]. Ce chiffre fait apparaître leur déclin considérable par rapport aux surfaces originelles en raison des différentes formes d'actions anthropiques (voir Chapitre 2). Cependant, même avant ces pertes, les mangroves étaient un habitat assez rare à l'échelle de la planète. Actuellement elles représentent moins de 1% des forêts tropicales du monde, et moins de 0,4% des superficies forestières totales soit 39 520 000 kilomètres carrés (FAO, 2006). Les superficies totales de forêts et les statistiques propres aux mangroves sont disponibles, par pays, en annexe 3.

Alors que nous n'avons aucun moyen fiable pour déterminer l'extension originelle des mangroves, nous pouvons supposer qu'elle dépassait certainement 200 000 kilomètres carrés. Comme les pertes se sont étendues à la plupart des régions, les cartes actuelles donnent tout de même une bonne indication de la distribution et de l'abondance relatives par le passé, à quelques exceptions. Autour de Java en Indonésie, les pertes ont été si étendues que même les cartes actuelles les plus précises ne permettent pas de mettre en évidence que les mangroves furent abondantes sur cette île, dans le passé.

Les mangroves sont principalement des formations végétales tropicales. Bien qu'elles soient largement distribuées à l'intérieur de ces limites latitudinales, leur distribution fait apparaître des variations géographiques considérables. Les mangroves les plus étendues se trouvent le long des littoraux les plus humides d'Amérique du Sud det du Centre, d'Afrique de l'Ouest

Tableau 1.2 *Résumé des surfaces de mangroves. Les régions sont celles définies dans les chapitres de cet ouvrage.*

Région	Superficie (km²)	% de la superficie totale
Afrique de l'Est et du Sud	7 917	5,2%
Moyen-Orient	624	0,4%
Asie du Sud	10 344	6,8%
Asie du Sud-Est	51 049	33,5%
Asie Orientale	215	0,1%
Australasie	10 171	6,7%
Océan Pacifique	5 717	3,8%
Amérique du Nord et du Centre	22 402	14,7%
Amérique du Sud	23 882	15,7%
Afrique de l'Ouest et du Centre	20 040	13,2%
Total	**152 361**	

---

1 Ce chiffre représente la somme d'estimations surfaciques nationales – la majorité découle de nos cartes, mais certaines surfaces ont été tirées d'autres sources. Voir le chapitre 3 pour une explication de cette approche.

À leurs limites biogéographiques les mangroves sont des formations arbustives basses et discontinues, surtout dans de nombreuses régions arides, comme ici, sur le littoral septentrional du Pacifique, au Mexique.

Photo Mark Spalding

Les forêts de palétuviers entre Belém et São Luís au Brésil sont l'un des systèmes continus de mangroves les plus vastes au monde. Les conditions d'humidité permettent le développement de certains arbres jusqu'à 40m de hauteur.

Photo Takayuki Tsuji

et centrale, le long d'une grande courbe partant du nord-est de l'Inde, couvrant le Sud-Est asiatique insulaire jusqu'au nord de l'Australie. À l'opposé, les régions arides, dont une grande partie de l'Australie, de l'Asie du Sud, le Moyen-Orient et certaines zones d'Afrique de l'Est, portent encore des mangroves constituées de formations éparses et non de grandes forêts.

En regardant de plus près les tendances géographiques, les plus grands gisements, s'étendant souvent sur plusieurs dizaines de kilomètres à l'intérieur des terres, se trouvent sur les côtes deltaïques humides. Le plus connu d'entre eux est la forêt des Sundarbans qui est à cheval entre l'Inde et le Bangladesh et s'étend jusqu'à 85km à l'intérieur des terres. Plusieurs autres forêts ont une superficie totale comparable à celle des Sundarbans (voir Tableau 1.3). Dans ces zones, et dans d'autres, moins vastes mais tout de même significatives, comme celles des deltas du Golfe de Papouasie et du Système Récifal Mésoaméricain, les mangroves, en plus d'être vastes, présentent des systèmes très développés avec des canopées très hautes et une biomasse importante.

D'un point de vue politique, les mangroves sont réparties dans 123 pays et territoires (voir l'annexe 3 pour les statistiques par pays). Malgré cette large répartition, plus des deux tiers des mangroves se situent seulement 12 pays (voir Tableau 1.4). L'Indonésie est en tête des statistiques, avec plus de 20% des mangroves du monde, et ce malgré les pertes massives dans certaines régions situées à l'ouest du pays. Il est clair que les décisions politiques et de gestion qui seront prises dans tous ces pays, auront un impact majeur sur l'importance future des mangroves dans le monde.

La carte du monde montre aussi très clairement les limites de distribution des mangroves. Les limites latitudinales sont bien connues : les mangroves sont principalement des arbres tropicaux et seules quelques espèces se sont adaptées pour vivre dans des zones à climat tempérés chaud. Des obstacles et des ruptures sont aussi à noter dans la distribution. Parmi ces derniers, le plus significatif est celui des masses continentales d'Afrique et des Amériques. Dans les deux cas, les mangroves sont incapables de passer du rivage oriental au littoral occidental du continent, ou inversement, stoppées par le relief ou par des conditions de températures plus basses le long des côtes. Une autre barrière d'importance est l'Océan Pacifique oriental, où la pleine mer sépare les mangroves des îles du Pacifique de celles des Amériques sur une distance de plus de 7000km.

Même à des échelles plus précises, les ruptures majeures dans la distribution des mangroves sont notables, notamment au niveau des îles du Pacifique occidental et de l'Océan Indien central. Les mangroves des Bermudes et des îles Galápagos sont respectivement à plus de 1300km et presque 1000km de leurs plus proches voisines. Elles hébergent tout de même respectivement 3 et 4 espèces de palétuviers, et de nombreuses communautés associées.

L'influence que peut avoir un tel isolement sur la distribution et sur l'évolution de certaines espèces est détaillée plus loin, dans la section suivante.

Tableau 1.3 *Les plus grandes étendues de mangroves quasiment d'un seul tenant*

Étendue de mangrove	Description	Superficie (km²)	Part de la superficie totale
Nord du Brésil	Entre Belem et Sao Luis, près d'étendues contiguë	6 516	4,3%
Sundarbans	Formation deltaïque contiguë en Inde et au Bangladesh, s'étendant jusqu'à 85km à l'intérieur des terres	6 502	4,3%
Papua méridionale	Littoral deltaïque continu (135 à 139°E) sans influence humaine importante	5 345	3,5%
Littoral à mangroves d'Afrique de l'Ouest (Les Rivières du Sud)	Il y a quelques petites interruptions mais les mangroves sont presque continues sur plus de 1000km de littoral du sud du Sénégal au centre de la Sierra Leone	7 887	5,2%
Delta du Niger	Mangroves deltaïques contigues, le complexe adjacent Cross River Rio del Rey rajoute quelques 1500km²	6 642	4,4%
Orénoque et Golfe de Paria	Systèmes deltaïques de la côte orientale du Venezuela	2 799	1,8%

Note : Les superficies sont approximatives, ces régions n'ayant pas de frontières préalablement acceptées, et beaucoup de mangroves continuent de s'étendre en formations plus discontinues, mais toujours étendues, dans les régions voisines.

Tableau 1.4 *Les 12 pays comportant la plus grande superficie de mangroves dans le monde, représentant ensemble plus de 68% des mangroves du monde. Les meilleures estimations pour chaque pays sont présentées en Annexe 3.*

Pays	Superficie de mangroves (km²)	Part de la superficie globale
Indonésie	31 894	20,9%
Brésil	13 000	8,5%
Australie	9 910	6,5%
Mexique	7 701	5,0%
Nigeria	7 356	4,8%
Malaisie	7 097	4,7%
Myanmar	5 029	3,3%
Bangladesh	4 951	3,2%
Cuba	4 944	3,2%
Inde	4 326	2,8%
Papouasie-Nouvelle-Guinée	4 265	2,8%
Colombie	4 079	2,7%

l'Australie, couvrant seulement 1000 kilomètres carrés de mangroves ; *Heritiera globosa* sur les côtes occidentales de Bornéo ; et quatre autres espèces restreintes aux littoraux d'Amérique centrale, dont *Tabebuia palustris*, dont la répartition ne couvre que 2300 kilomètres carrés environ de mangroves.

Les mêmes cartes de répartition ont été compilées dans la Carte 1.2 pour montrer la diversité des espèces de mangroves dans plusieurs régions du globe. La carte montre clairement que le centre principal de biodiversité se trouve en Asie du Sud et du Sud-Est, mais elle fait apparaître aussi des centres secondaires de diversité à l'ouest de l'Océan Indien et au sud de l'Amérique centrale. La diminution rapide de la diversité en s'éloignant des tropiques apparaît clairement.

Domaines floristiques et anomalie de la diversité

L'une des particularités les plus nettes et largement reconnues de la distribution des mangroves est que les espèces appartiennent à un ou deux domaines floristiques : l'Indo-Pacifique Occidental (IPO pour

Carte 1.1 Distribution globale des mangroves

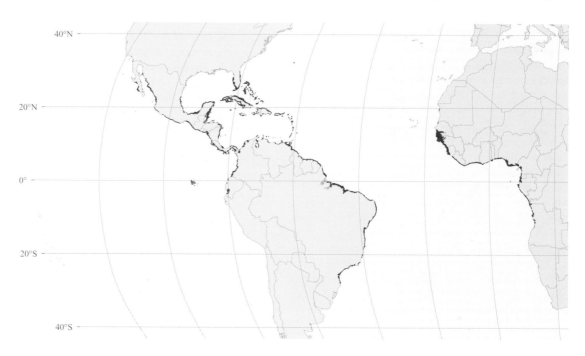

Particularités biogéographiques

En annexe 1 sont présentées les cartes de répartition de toutes les espèces de mangroves. Elles ont été compilées par les auteurs, puis corrigées et améliorées par des spécialistes, en s'appuyant sur une analyse approfondie de la littérature et en correspondant (GMSA, 2008). Ces cartes montrent que la grande majorité des espèces de mangroves ont des aires de répartition très étendues, comme par exemple *Avicennia marina*, qui s'étend depuis l'Afrique du Sud jusqu'au nord de la Mer Rouge et à l'est, dans les îles du Pacifique, ou *Rhizophora mangle*, qui couvre tout l'ouest de l'Afrique, l'Amérique du Sud, le nord du Mexique et la Floride. Seules quelques espèces ont des aires de répartition assez restreintes, notamment *Avicennia integra*, limitée à une petite partie du nord de

Indo-Pacifique Occidental), ou groupe oriental, qui s'étend de l'Afrique de l'Est en allant vers l'Est, jusqu'aux îles du Pacifique central, et l'Atlantique-Pacifique Oriental (APO), ou groupe occidental, comprenant les Amériques, l'Afrique de l'Ouest et centrale. Il n'y a pratiquement pas de chevauchement entre ces deux domaines, avec seulement la fougère *Acrostichum aureum* commune aux deux régions (le cas plus complexe de *Rhizophora mangle/R. samoensis* est discuté en annexe 1).

Ces deux domaines ont des centres de diversité propres, bien qu'une des indications frappantes de la carte soit la différence remarquable en terme d'abondance de diversité spécifique. L'IPO a 62 espèces et hybrides reconnus qui lui sont propres, la plupart des aires se chevauchant ou étant restreintes à un centre de diversité de la mangrove qui s'étire du nord de l'Australie à la

Fruits *de Conocarpus erectus* (à gauche), caractéristique du domaine Atlantique-Pacifique Oriental (APO), répandus dans toute l'Amérique et en Afrique occidentale. Les fruits *de Sonneratia alba* (à droite) qui a une distribution encore plus large dans le domaine Indo-Pacifique Occidental, depuis l'Afrique de l'Est jusqu'au centre de l'Océan Pacifique.

Photo Takayuki Tsuji (à gauche) et Mark Spalding (à droite)

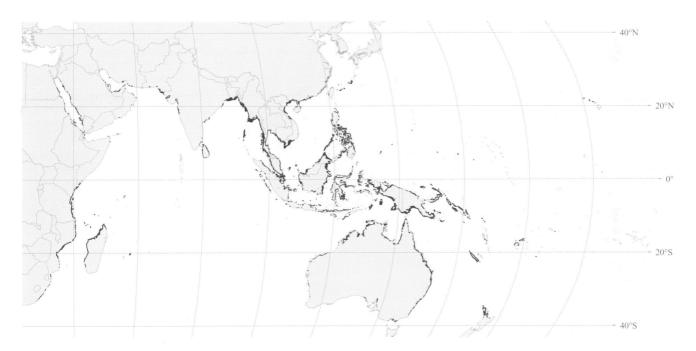

Nouvelle-Guinée, en passant par l'Asie du Sud-Est insulaire, et à l'ouest jusqu'à la Baie du Bengale. À l'opposé, l'APO ne compte que 12 espèces et hybrides, dont quatre restreintes aux côtes d'Amérique centrale et de Colombie.

Cette séparation en deux domaines majeurs, et la diversité spécifique beaucoup plus importante dans le domaine oriental, reflètent la répartition des taxa dans les eaux marines peu profondes, comprenant les coraux, les poissons coralliens et les herbiers marins (Spalding *et al.*, 2001, 2003). Cependant, à la différence des taxa, il n'y a pas de différence marquée dans l'étendue de l'habitat – l'IPO et l'APO représentent respectivement 57% et 43% de la superficie totale de mangroves.

Pour comprendre les origines de ces différences floristiques et la diversité importante du centre de l'IPO; il convient de revenir aux origines de la mangrove et aux processus d'évolution et d'extinction.

Origines évolutives

Compte-tenu de la diversité de leurs origines taxonomiques, les mangroves ont pu évoluer de manière indépendante 15 fois (Ricklefs et Latham, 1994). Il est donc assez probable qu'il n'y ait pas eu qu'un centre d'origine et de dispersion. Cependant il convient de souligner l'importance actuelle de l'Asie du Sud-Est dans l'émergence et le maintien de plusieurs espèces. Les premières occurrences de nombreuses espèces de palétuviers sous forme fossile remontent au début du Tertiaire, il y a 60 millions d'années, et la plupart d'entre elles sont issues des côtes de la Téthys, incluant l'actuelle Asie du Sud-Est, mais aussi des régions de la Méditerranée actuelle (Ellison *et al.*, 1999 ; Ricklefs *et al.*, 2006). Certaines régions du Sud-Est asiatique présentent encore des conditions semblables à celles de la Tethys, avec de larges plates-formes continentales et des eaux chaudes, conditions idéales au développement des mangroves. L'existence de telles conditions sur de nombreuses îles a favorisé la colonisation indépendante par de nouveaux taxons, des habitats favorables aux mangroves, et la différenciation des espèces déjà en place par la spéciation sympatrique (Ricklefs and Latham, 1994 ; Ricklefs *et al.*, 2006).

Les extinctions, aussi, ont joué un rôle dans la mise en place des distributions actuelles. Les épreuves climatiques comme celle des glaciations du Pléistocène caractérisées par une baisse du niveau des mers et de la température des océans, ainsi que par une aridité accrue dans certaines régions, ont réduit de façon importante les zones favorables aux mangroves, conduisant à des extinctions locales et régionales. Les fossiles montrent que *Nypa* et *Kandelia* étaient autrefois présentes dans l'actuelle région

Subdivisions biogéographiques

Plusieurs auteurs proposent des subdivisions biogéographiques des deux domaines décrits ci-dessus. Nous suivons ici d'une manière générale la classification conçue par Duke (1992), en proposant une subdivision supplémentaire donnant ainsi sept provinces :

1 L'*Amérique de l'Ouest* – l'isthme de Panamá est une véritable barrière empêchant les dispersions vers l'Est, et bien que la plupart des espèces d'Amérique de l'Est soient aussi présentes à l'ouest, 3 espèces sont restreintes à ces côtes : *Avicennia bicolor*, *Mora oleifera* et *Tabebuia palustris*.

2 L'*Amérique de l'Est* – seule *Avicennia schaueriana* est propre à cette région.

Carte 1.2 Diversité spécifique dans les mangroves du monde. Les couleurs indiquent le nombre potentiel d'espèces répertoriées pour chaque localisation, bien qu'il soit important de préciser que dans les zones de plus forte diversité, il est très rare de trouver toutes les espèces régionales en un même site. L'Annexe 1 présente les cartes de distribution par espèce dont cette carte est issue. L'Annexe 2 donne une liste d'espèces par pays.

Note : Pour montrer le plus clairement possible les changements de diversité à chaque extrémité du spectre de diversité les classes de diversité n'ont pas un intervalle régulier.

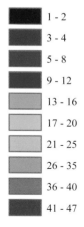

■	1 - 2
■	3 - 4
■	5 - 8
■	9 - 12
■	13 - 16
■	17 - 20
■	21 - 25
■	26 - 35
■	36 - 40
■	41 - 47

AEP, dont elles sont aujourd'hui absentes, alors que *Pelliciera* était largement répandue dans la Téthys, tandis qu'elle est maintenant restreinte aux Amériques (Ellison *et al.*, 1999).

Enfin vient s'ajouter aux données historiques de l'évolution et des extinctions des espèces le rôle de leur possibilité de maintien. L'Asie du Sud-Est a offert aux mangroves un refuge stable et des conditions favorables d'une importance décisive, permettant à des espèces qui auraient pu se développer ailleurs de s'y installer et d'y survivre (Woodroffe et Grindrod, 1991). À une échelle plus réduite, il semble que les eaux du Pacifique et de l'Atlantique autour de l'isthme de Panama aient pu offrir un refuge similaire à des espèces de l'actuelle APO, dans les temps géologiques.

3 L'*Afrique de l'Ouest et centrale* – sans espèce de palétuvier propre, et un faible nombre d'espèces, l'Afrique de l'Ouest se distingue largement par son isolement, bien qu'ayant, bien sûr, un éventail unique d'espèces associées aux mangroves. Même si l'Océan Atlantique représente à l'heure actuelle une barrière considérable aux flux génétiques, des études génétiques suggèrent que les liens entre les populations sud-américaine et ouest-africaine d'*Avicennia germinans* sont plus étroits que ceux des individus conspécifiques nord-américains (Triest, 2008).

4 L'*Afrique de l'Est* – sur la côte du sud de l'Afrique les conditions climatiques froides au sud et arides au sud-ouest du continent constituent une barrière insurmontable pour la dispersion des palétuviers. Les mangroves de l'Afrique de l'Est sont d'abord un sous-ensemble d'espèces rencontrées plus à l'Est dans

l'Océan Indien. La vaste étendue de l'ouest de l'Océan Indien et le littoral très aride du Moyen-Orient sont considérés comme autant des barrières importantes empêchant la dispersion (Triest, 2008).

5   L'*Indo-Andaman* – concerne la partie nord-ouest de la région « Indo-Malaise » décrite par Duke, avec pour centre la Baie du Bengale et la Mer d'Andaman. Bien qu'elle soit maintenant ouverte, il y a une barrière historique autour du détroit de Malacca. Plusieurs espèces sont restreintes à cette région (*Aegialitis rotundifolia, Heritiera fomes, Sonneratia apetala, S. griffithii*), alors que beaucoup d'espèces d'Asie du Sud-Est n'ont pas réussi à l'atteindre.

Salomon, au Vanuatu et en Nouvelle-Calédonie ; mais plus au nord et à l'est le nombre d'espèces décroît assez rapidement.

La partie ci-dessus repose en grande partie sur le travail de Duke (1992), (1984), Duke et al. (1998b) et Ricklefs and Latham (1994).

L'écologie des mangroves

Les forêts de palétuviers et la distribution des espèces qui les constituent ne sont jamais homogènes. Chaque espèce a des préférences écologiques qui lui sont propres. Les écosystèmes ont une dynamique, influencée par les conditions locales de l'environnement physique et chimique. Les espèces des mangroves ont la capacité

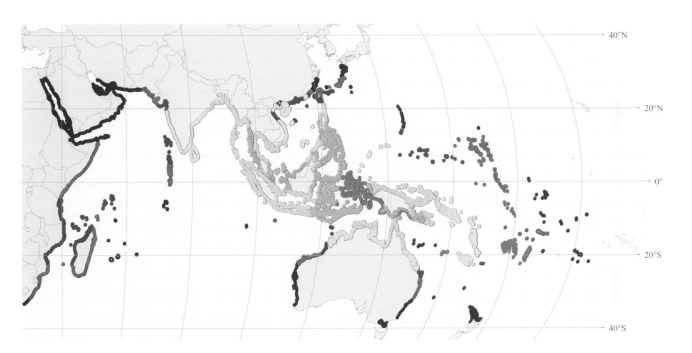

6   L'*Asie du Sud-Est* – couvre les parties méridionale et orientale de la région Indo-Malaise décrite par Duke. Cette région présente le centre de diversité pour la plupart des espèces de l'IPO. Certaines espèces se trouvent exclusivement dans cette région (*Aegiceras floridum, Avicennia rumphiana, Camptostemon philippinense, Heritiera globosa, Sonneratia ovata*).

7   L'*Australasie* – bien que cette région soit maintenant contiguë avec le reste de l'Asie du Sud-Est insulaire, la répartition des espèces et les études génétiques montrent clairement qu'il y a eu dans l'histoire une barrière pour la dispersion, couvrant globalement le nord et l'ouest de l'Australie, et la Nouvelle-Guinée (Duke, 1992 ; Triest, 2008). Plusieurs espèces sont uniques à cette région (*Aegialitis annulata, Avicennia integra, Bruguiera exaristata, Camptostemon schultzii, Ceriops australis, Diospyros littorea*). En allant du côté des îles du Pacifique, la diversité reste élevée aux îles

d'influencer directement l'écosystème et de façonner l'environnement physique. Les forêts de palétuviers, très productives, peuvent constituer d'importantes réserves de biomasse, subvenir aux besoins de communautés complexes et exporter des nutriments vers des écosystèmes limitrophes terrestres et océaniques. Même les mangroves clairsemées des littoraux arides peuvent être des habitats importants pour les espèces côtières et continentales, influençant le mouvement des eaux côtières et les flux sédimentaires.

Pour approfondir la question de la distribution des mangroves, il est par conséquent important de ne pas simplement considérer la seule distribution des habitats et des plantes, mais de comprendre aussi les caractéristiques et les phénomènes représentatifs de cet écosystème. Il convient aussi de connaître les espèces dépendant des mangroves et de comprendre le rôle des mangroves par rapport aux autres écosystèmes côtiers.

Structure de l'écosystème et fonction : zonation et succession

De nombreuses communautés de palétuviers montrent une tendance à la zonation – une variation spatiale de leur structure et des espèces dominantes. De la même manière, beaucoup de communautés font apparaître un processus de succession – des changements d'espèces et de structure dans le temps. Néanmoins il est très difficile de comprendre ce genre d'observations à partir d'indicateurs plus généraux disponibles sur ces milieux. Les variations dans l'espace et dans le temps d'un ou de plusieurs facteurs ainsi que leurs gradients, dont la salinité, les inondations et le type de sédiments, déterminent la survie et le développement des espèces.

La zonation semble être le plus souvent corrélée aux variations topographiques et géomorphologiques, certaines espèces préférant de façon évidente les parties supérieures atteintes par la marée alors que d'autres sont plus adaptées à l'immersion prolongée. Cependant, la répartition des espèces demeure rarement constante d'un lieu à l'autre. Elle est en effet influencée par d'autres facteurs. La salinité, par exemple, est différemment influencée par la topographie côtière – en régions arides les parties hautes présentent souvent un niveau de salinité très élevé, mais dans les milieux estuariens humides les parties les plus hautes sont les moins chargées en sels. Ainsi par exemple *Ceriops tagal* et *Heritiera littoralis* sont deux espèces typiques des parties hautes, mais alors que le premier est adapté à des conditions arides et salines, le second ne survit pas dans des milieux très salins. La disponibilité, la nature et la stabilité des sédiments rajoutent à la complexité et ces paramètres ne suivent pas toujours des gradients simples. Alors que beaucoup d'espèces requièrent des sédiments meubles et argileux, *Pemphis acidula*, qui est aussi une espèce de palétuvier commune aux parties hautes de la mangrove, se développe souvent sur terrains rocheux ou sableux. Beaucoup d'auteurs produisent encore des zonations « typiques ». Bien qu'elles soient des descripteurs utiles, ces indications locales ne peuvent que rarement être extrapolées à des zones plus étendues. Une étude détaillée des mangroves brésiliennes, par exemple, propose 32 profils de zonations différents pour les sept espèces répertoriées le long des côtes (Schaeffer-Novelli *et al.*, 1990).

La succession temporelle est aussi variable ; elle a été largement décrite sur des dépôts sédimentaires récents. Dans les parties du delta de l'Orénoque progradant rapidement, par exemple, la végétation pionnière est constituée d'espèces herbacées et graminéennes des marécages salés, mais *Laguncularia racemosa* se développe avec cette végétation et lui apporte son ombrage. Un ou deux ans après, *Avicennia germinans* apparaît à son tour sous la canopée et dépasse en 5 à 10 ans *L. racemosa*. Enfin, les espèces *Rhizophora*, plus tolérantes à l'ombre des strates supérieures commencent à s'établir sous la canopée d'*Avicennia*. Elles peuvent utiliser les espaces délaissés par *A. germinans* qui disparaît naturellement (sénescence, ouragans, orages violents), créant ainsi une forêt plus diversifiée (Echezuría *et al.*, 2002). Il apparaît clairement, au niveau des deltas et d'autres zones de progradation rapide, que c'est ce procédé de succession qui influence le plus la zonation. Cependant, la puissante dynamique des processus et la géomorphologie côtière – l'érosion, les inondations, la sécheresse, les tempêtes ou des changements hydrologiques – interrompt souvent de telles successions en complexifiant l'évolution du paysage.

L'idée selon laquelle les mangroves produiraient des sols n'est plus partagée par tous les auteurs : la formation et la déposition des sédiments débutent et se poursuivent en l'absence des mangroves. Les palétuviers ne peuvent pas s'établir avant. Malgré tout, une fois installés, ils participent activement à lier et à consolider les sédiments, et à réduire l'action des facteurs érosifs. Des études détaillées sur les changements d'épaisseur des sédiments des mangroves ont révélé de nombreux phénomènes – les mangroves aident à retenir les sédiments dans des sols stables, ainsi que la matière organique, conduisant à une accrétion. Le relèvement du sol peut aussi être favorisé par le développement des racines superficielles. Dans une certaine mesure, le contenu minéral constituant le sol peut aussi s'accroître ou être compressé dans le temps. La décomposition de la matière organique peut aussi provoquer une diminution de l'épaisseur du sol. Chacun de ces phénomènes peut être différemment affecté par l'apport de sédiments, par le régime des marées et par la position du sol par rapport à l'estran (Cahoon *et al.*, 2006). À certains endroits l'accrétion en surface et l'expansion de sub-surface sont plus que suffisants pour suivre le rythme de l'élévation du niveau de la mer : dans certains sites des Caraïbes, le taux de sédimentation est supérieur à 4 mm par an (Cahoon et Lynch, 1997 ; McKee *et al.*, 2007). Beaucoup de sols tourbeux de mangroves font plusieurs mètres de profondeur, signe d'une accrétion verticale considérable sur de longues périodes. Certains lieux ont connu un relèvement suffisant du sol pour que des espèces continentales puissent s'implanter naturellement. De tels phénomènes seront de plus en plus importants pour faire face à l'élévation du niveau des mers liée au changement climatique

Voir Hogarth (2007), une référence supplémentaire à cette section.

Productivité et biomasse

Dans des conditions optimales, les mangroves sont parmi les écosystèmes les plus productifs de la planète. Leur biomasse sur pied est élevée, comparable à beaucoup d'autres forêts des zones tropicales humides (Alongi, 2009a). Ces propriétés aident à expliquer l'importance locale des mangroves par rapport aux écosystèmes limitrophes et les bénéfices qu'elles procurent aux espèces associées et aussi aux populations humaines. Elles permettent aussi de justifier la prise en considération beaucoup plus importante des mangroves par rapport à la dynamique globale du carbone dans les processus océaniques et atmosphériques.

Les mesures les plus communes de la biomasse sont faites à partir d'équations allométriques, à partir desquelles les mesures standard comme le diamètre ou la circonférence à hauteur de poitrine sont converties en estimation de biomasse. La plupart des estimations se concentrent sur la biomasse aérienne, mais quelques études ont aussi mis au point des équations allométriques pour la biomasse racinaire. Le tableau 1.5 présente des données extraites de ces études. Généralement 55 à 85% de la biomasse aérienne (BA) est contenue dans le tronc ligneux et les branches – une proportion qui augmente avec la taille de l'arbre. Par contre, les racines aériennes n'en représentent que 15 à 17%, et les feuilles une proportion plus faible encore. La plupart des études semblent montrer que la biomasse souterraine (BS) est élevée comparée à celle d'autres types de forêts ; généralement le ratio BA/BS se situe entre 2 et 3, alors que celui des forêts de terre ferme est souvent de 4 ou plus (Komiyama *et al.*, 2008 ; Lovelock, 2008). L'importance de cette biomasse racinaire permet d'assurer la stabilité des formations sur des substrats meubles et en conditions climatiques souvent tempétueuses ou cycloniques, à la fois en abaissant le centre de gravité et en procurant un meilleur ancrage (Komiyama *et al.*, 2008). D'autres études ont suggéré que les mesures élevées de BS étaient faussées par une forte mortalité racinaire exagérant les données de biomasse vivante réelle (Alongi, 2009a).

Estimation de la productivité des forêts de palétuviers. Le filet bleu est un collecteur surélevé utilisé pour recueillir la litière foliaire.

Photo Mami Kainuma

L'utilisation de telles études de terrain pour obtenir des valeurs moyennes globales est très difficile, notamment parce qu'à ce jour nous avons peu de connaissances sur la couverture globale pour chaque espèce de mangrove ou leur physionomie. Une estimation récente a suggéré qu'une estimation globale moyenne de la BA serait de l'ordre de 247,4 tonnes de matière sèche par hectare (Alongi, 2009a). En extrapolant, nos propres statistiques indiqueraient une BA pour l'ensemble des mangroves du monde de l'ordre de 3736 Tg en poids sec.

La productivité primaire nette (PPN) peut être définie comme la somme de deux données : le taux d'augmentation de la biomasse sur pied, ou accroissement, et le taux de perte de biomasse par la production de matière organique morte (litière dont les feuilles, les branches, les organes reproducteurs et même

Tableau 1.5 *Statistiques de biomasse – Les exemples sélectionnés illustrent les variations liées à l'espèce, au lieu, à la latitude et à la hauteur de la canopée.*

Région	Condition ou âge	Espèces	Biomasse Aérienne (BA) (Tonnes/ha)	Biomasse Souterraine (BS) (Tonnes/ha)	Hauteur de la canopée (m)	Surface Terrière (m²/ha)
Australie (27°S)	Forêt primaire	*Avicennia marina*	341	121	16,4	–
Australie (34°S)	Forêt primaire	*A. marina*	144,5	147,3	7	–
Indonésie (Est de Sumatra)	Zone de concession	*Bruguiera sexangula*	76-279	–	17-22	15-22
Indonésie (Est de Sumatra)	Zone de concession	*B. parviflora*	43-90	–	19-20	4-9
Indonésie (Halmahera)	Forêt primaire	*B. gymnorhiza*	407-436	111-181	22-26	36
Indonésie (Halmahera)	Forêt primaire	*Rhizophora apiculata*	217-357	99-196	15-21	19-25
Japon (Okinawa)	Forêt primaire	*B. gymnorhiza*	97,6		5,5	32,9
Kenya	Forêt primaire	*R. mucronata*	249	–	12	–
Malaisie (Matang)	>80	*R. apiculata* dominante	270-460	–	–	–
Afrique du Sud	–	*B. gymnorhiza, A. marina*	94,5	–	6	–
Sri Lanka	Fluviale	Forêt mélangée	57-85	–	4-5	13-20
Thaïlande (sud de Ranong)	Forêt primaire	*Rhizophora* spp	298,5	272,9	–	31,3
Thaïlande (sud de Pang-nga)	Forêt secondaire	Forêt mélangée	62,2	28	6,5	11,4
Guyane française	Côtière adulte	*Laguncularia, Avicennia, Rhizophora*	180-315	–	20-23	25-34
Guyane française	Stade pionnier	*Laguncularia*	31,5	–	3,5	13,7
Kenya	Forêt primaire	*Ceriops tagal*	40,1	–	3	–
Panama	Forêt primaire	*Rhizophora*	279,2	306,2	–	–
Porto Rico	–	*R. mangle*	62,9	64,4	7,5	–
USA (Floride)	–	*R. mangle, A. germinans* (frange)	56	–	4	13,54

Source Komiyama *et al.* (2008)

des arbres) ou par la consommation des herbivores. La plupart des études sur la PPN se concentrent sur les modifications du taux de biomasse associées à des études sur la production de litière, semblant ignorer la consommation par les herbivores ou le surplus de matière organique morte de la biomasse souterraine dû à la mortalité racinaire, généralement considérés comme n'ayant qu'une faible contribution. D'autres études ont tenté d'évaluer la PPN à partir de mesures comme l'absorption du rayonnement solaire par la canopée ou les taux de turnover foliaire. Quelques exemples sont proposés au tableau 1.6. L'étude plus large dont ce tableau est tiré suggère que les taux de PPN des forêts ayant des canopées d'une hauteur inférieure à 10m atteignent en moyenne 9,3 tonnes par hectare et par an. Ce tableau présente les données relatives à des forêts à canopées plus élevées (Komiyama *et al.*, 2008). Ces données sont certainement équivalentes aux estimations de productivité de beaucoup de forêts tropicales de terre ferme (Alongi, 2009a). Elles sont peut-être même plus élevées – une évaluation récente portant sur 39 sites forestiers de terre ferme a donné une valeur moyenne de seulement 6 tonnes par hectare et par an (Clark *et al.*, 2001).

0,5m, le stockage de carbone global des mangroves a été estimé à environ 5000 ± 400 TgC, mais d'autres études, supposant plus exacte une profondeur de sol de 1m, donnent des valeurs deux fois supérieures (Chmura *et al.*, 2003).

Les palétuviers ne sont pas, bien sûr, les seuls producteurs primaires de ces milieux. D'autres composantes biologiques y contribuent largement parmi lesquelles les épiphytes vasculaires, les algues, ainsi que les algues benthiques et le phytoplancton de la vase des mangroves et des cours d'eau associés. Ajouté à cela, de nombreuses forêts de palétuviers reçoivent des quantités considérables de matière organique allochtone, provenant d'autres écosystèmes maritimes ou transportées par les cours d'eau. Cette profusion de matière organique est d'une importance considérable, à la fois d'un point de vue écologique mais aussi d'un point de vue économique pour le secteur de la pêche notamment, qui tire partie d'une telle productivité. Une estimation a montré que 10% du total des PPN des mangroves demeurent incorporés dans les sédiments locaux, 50% sont consommés ou décomposés sur place et 30% sont exportés (10% ne sont pas pris en compte), (Duarte et Cebrián, 1996). Une

Tableau 1.6 *Statistiques de productivité des systèmes tropicaux de mangroves – les exemples sélectionnés illustrent les variations selon les taxa et la hauteur de la canopée*

Pays	Genre	Hauteur (m)	Croissance (tonnes/ ha/an)	Chute de litière (tonnes/ha/an)	PPN (tonnes/ ha/an)
Malaisie	*Rhizophora*	21	12,38	11,26	23,64
Sri Lanka	*Rhizophora*	3,5	4,3-6,8	4,4-6,2	8,7-13,0
Sri Lanka	*Avicennia*	3,5	1,4	3,74	5,14
Thaïlande	*Rhizophora*	11	20	6,7	26,7
Porto Rico	*Rhizophora*	8,6	3,07	9,49	12,56
Mexique	*Avicennia*	20	12,06	12,52	24,58
Mexique	*Rhizophora + Avicennia*	6	1,99	4,96	6,95

Source: Komiyama et al (2008)

Comme pour la biomasse, il existe un nombre très important d'études statistiques aux résultats variables portant sur la PPN, et le défi est considérable pour les extrapoler aux forêts de palétuviers du monde dans leur diversité. Une moyenne de 9,3 tonnes par hectare et par an (Komiyama *et al.*, 2008), ou de 11,13 tonnes par hectare et par an (Alongi, 2009a) suggérerait un total global de 140 à 168 Tg par an de PPN.

Peu d'études sont disponibles sur le stockage de carbone dans les sols des mangroves ; mais il semblerait qu'il soit assez significatif. Un travail sur le détroit d'Hinchinbrook, en Australie, a montré que les réserves de carbone, dans les 50 premiers centimètres de sédiments, sont 1,7 fois plus élevées que dans la biomasse vivante (Matsui, 1998). Des études de carottes sédimentaires du Belize, de l'Honduras et du Panamá ont montré une teneur en matière organique moyenne de 65% dans des carottes allant de 0,4m à 10m de profondeur. Les carottes les plus récentes ont été datées de 7 000 à 8 000 ans BP (McKee *et al.*, 2007). En considérant une profondeur de sol moyenne de seulement

étude plus récente a confirmé l'estimation de 10% de la PPN incorporée aux sédiments locaux, sur le long terme, mais a évalué les exportations de carbone organique dissous ou particulaire à seulement 10-15% de la PPN (Alongi, 2009a). Dans tous les cas, les niveaux globalement élevés de PPN et son recyclage rapide aident à expliquer pourquoi les mangroves sont si importantes pour le secteur de la pêche. Ils expliquent aussi comment il est possible d'y maintenir une exploitation forestière sur le long terme tout en préservant les fonctions de l'écosystème (voir Chapitre 2). Les niveaux élevés d'exportation de nutriments favorisent donc la productivité des écosystèmes aquatiques adjacents des eaux limitrophes, dont les systèmes benthique et pélagique et, dans certains cas, des systèmes d'une haute complexité comme les récifs coralliens.

Le cycle global du carbone

Etant donné leur biomasse et leur productivité élevées, un intérêt croissant est porté au rôle que les mangroves pourraient jouer dans le cycle global du carbone. Parce que leur couverture globale à l'échelle planétaire est modeste, les mangroves ne retiennent qu'une faible part du carbone des forêts du monde. Cependant, si on raisonne par unité de surface, les mangroves, particulièrement celles des régions tropicales humides, sont d'une importance considérable. Le chapitre suivant aborde de manière plus approfondie ce que cela implique par rapport au changement climatique.

En outre, les mangroves seraient d'importants acteurs de la séquestration du carbone et de son stockage dans des sédiments locaux et *ex situ*. Comme mentionné plus haut, environ 10% de la productivité des mangroves sont incorporés dans les sédiments locaux. D'autres études ont estimé que la matière organique dissoute ou particulaire provenant des mangroves représenterait 15% du carbone organique global accumulé dans les sédiments marins (Twilley *et al.*, 1992 ; Jennerjahn et Ittekkot, 2002 ; Alongi, 2009a). Il est probable qu'une proportion significative de ce carbone reste stable pendant plusieurs millénaires. Par conséquent, c'est un important puits de carbone.

De manière générale, il a été estimé que les angiospermes marins (y compris les halophytes des marais maritimes, les mangroves et les herbiers marins) représentent 48% du carbone organique total retenu dans les sédiments marins, soit quelques 117Tg par an. Cette contribution de la végétation côtière avait été oubliée dans des études antérieures portant sur les bilans globaux. De telles données d'entrée doublent pratiquement les précédentes estimations de la fonction de stockage du carbone par les sédiments marins. Ils deviennent alors des contributeurs importants dans les modèles globaux de flux de carbone (Duarte *et al.*, 2005 ; Alongi, 2009a).

Les mangroves contribueraient aussi largement aux teneurs en matières organiques des eaux océaniques. Alors que la majeure partie de la matière dissoute et particulaire est rapidement perdue dans les eaux côtières, le carbone organique dissous (COD) réfractaire est plus stable. Ce COD, dans les océans de la planète, est équivalent à l'ensemble de la masse du dioxyde de carbone atmosphérique (CO_2) et une récente étude au Brésil a suggéré que plus de 10% du COD des océans serait issu des mangroves (Dittmar *et al.*, 2006 ; Kristensen *et al.*, 2008).

Dynamique de l'écosystème

Comme dans tout écosystème, une forêt de palétuviers ne peut pas être définie et comprise en se penchant seulement sur les plantes composant sa structure élémentaire. Dans les mangroves, il existe des milliers d'autres espèces de plantes, d'animaux, de champignons et de bactéries qui concourent ensemble à la formation de l'écosystème complexe. Ces espèces interagissent de multiples manières, présentant des interdépendances complexes, des tendances à la prédation, au parasitisme et au commensalisme. Nous abordons ici brièvement les rôles fonctionnels de différentes espèces dans des écosystèmes de mangroves typiques, avant de nous pencher sur quelques groupes d'espèces majeurs.

Les végétaux de la mangrove sont les ingénieurs de l'écosystème, construisant et maintenant la structure physique de l'habitat ; ce sont aussi des **producteurs primaires** clés, même s'ils ne sont pas les seuls. Les épiphytes se développant sur les palétuviers sont largement répandus, particulièrement sous climats très humides. D'une grande importance, bien qu'elles soient plus énigmatiques, les algues ont un développement épiphytique sur les feuilles et les troncs, mais aussi sur les surfaces benthiques voisines et dans l'eau comme plancton. Les algues sont hautement productives et, en raison de leur structure simple, elles sont plus facilement assimilables dans les chaînes trophiques que des plantes supérieures.

L'**herbivorie** est un défi dans les mangroves. Les feuilles des palétuviers sont souvent protégées par une forte protection physique de cuticules cireuses épaisses ou à teneur en cellulose élevée, mais aussi par de nombreux métabolites secondaires, comme les tanins, qui les rendent inconsommables par beaucoup d'espèces. Beaucoup d'herbivores de petite taille, comme les crustacés et les mollusques, se nourrissent d'abord des fins voiles d'algues qui recouvrent les feuilles, le bois et les sédiments. Les feuilles des palétuviers, ainsi que les fleurs, les fruits et les propagules, sont aussi la cible de nombreux herbivores, dont des insectes, des mollusques et des crabes, ainsi que des mammifères herbivores de plus grandes tailles allant du rhinocéros de Java à l'extraordinaire singe de Bornéo, le nasique (voir Encart 7.2), jusqu'au tout petit rongeur des Grandes Antilles du genre hutia.

La chaîne trophique de la mangrove repose en grande partie sur les **détritus**. Les feuilles mortes, ainsi que les propagules viables, sont largement consommées par les crabes et les mollusques. Le rôle des crabes pour limiter les pertes en nutriments du système est particulièrement reconnu, à la fois par ingestion et par le transport de la litière de feuilles mortes dans leurs terriers (Alongi, 2009a). Les microorganismes du sol, dont des champignons, des bactéries, des protistes et leur microflore, sont aussi d'une grande importance pour le cycle des nutriments. Il a été montré que la croissance des arbres est grandement favorisée par la présence de bactéries fixatrices d'azote au niveau des racines (Kristensen *et al.*, 2008 ; Alongi, 2009b). En plus des bactéries, l'environnement benthique accueille une riche méiofaune, encore peu étudiée, riche en espèces de copépodes, nématodes, plathelminthes et d'autres groupes (Nagelkerken *et al.*, 2008).

La litière de feuilles ne dure pas longtemps dans les mangroves. Les gastéropodes (comme ces *Terebralia palustris*, en haut) consomment les feuilles *in situ*, et les crabes du genre *Uca* (en bas) les emportent souvent dans leurs terriers. Les bactéries et les champignons participent aussi à la biodégradation rapide et les sols de mangroves ont un taux élevé de matière organique.

Photo Shigueyuki Baba (en haut) et Mark Spalding (en bas)

Les champignons, même s'ils sont quasi-invisibles à l'œil nu, jouent un rôle important dans les processus de décomposition.

Photo Shigueyuki Baba

La prédation est très présente à tous les niveaux, comprenant de nombreux prédateurs parmi les crabes et les crevettes Pénéides, mais aussi la plupart de la faune ornithologique habitant les mangroves, jusqu'à deux des plus grands prédateurs – le tigre et le crocodile d'estuaire.

La structure physique des mangroves est le lieu de nombreuses interactions écologiques. Les racines et les branches sont rapidement colonisées par d'autres espèces – dans la zone de balancement des marées, les racines sont les seules surfaces solides procurant de précieux **supports** à de nombreux invertébrés benthiques, notamment des mollusques gastéropodes « brouteurs » et des bivalves et bernacles filtreurs. D'autres espèces marines trouvent dans la structure complexe des mangroves un **abri** contre les prédateurs. Elles se dispersent rapidement dans les eaux peu profondes à marée montante jusqu'aux sites où les grands prédateurs peuvent difficilement les atteindre. Plus haut, les branches des palétuviers forment un substrat émergé, stable, utilisé par des épiphytes, et sont un lieu de vie pour un grand nombre d'espèces des milieux continentaux, comprenant des insectes et des reptiles. Beaucoup d'espèces continentales et marines d'oiseaux se nourrissant dans les écosystèmes limitrophes utilisent les palétuviers pour **nicher** et pour leur **repos nocturne.**

Les végétaux de la mangrove eux-mêmes bénéficient de la complexité de l'écosystème. Les fourmis protègent de nombreux ligneux des insectes qui les consomment. Beaucoup d'espèces dépendent de la **pollinisation** par plusieurs espèces dont des abeilles, des chauves-souris et des oiseaux comme des colibris, des oiseaux-soleil, des consommateurs de miel. Un autre élément important des réseaux trophiques dans les mangroves est l'activité des **fouisseurs** comprenant de nombreuses espèces, notamment de crabes et de bivalves. Cela conduit à une forte hétérogénéité de l'habitat à petite échelle, à une oxygénation locale du sol, et favorise les flux dynamiques de nutriments dissous de la matrice du sol. Même s'ils ne sont pas souvent visibles depuis la surface, beaucoup de sols de mangroves sont connus comme étant truffés d'un réseau complexe de tunnels. Des expériences de suppression des crabes en Australie ont montré une augmentation significative des taux de sulfure et d'ammonium dans le sol et une diminution de la croissance des arbres (Hogarth, 2007).

Les liens de dépendance à la mangrove des différentes espèces est très variable. Certaines n'ont été observées que dans les mangroves, alors que d'autres en bénéficient de manière opportune, mais n'y vivent pas de façon permanente. Beaucoup d'espèces ne restent dans la mangrove qu'une partie de leur vie : les poissons et les crustacés sont attirés par l'abondante productivité et utilisent les abris formés par l'enchevêtrement des racines au moment de leur **reproduction** ou comme des zones favorables au développement des **stades larvaires et juvéniles.** Beaucoup d'oiseaux migrateurs hivernent dans les mangroves ou s'y reposent pendant leur migration.

La partie suivante donne plus de détails sur quelques espèces vivant dans les mangroves.

Espèces associées

Il n'y a jamais eu de tentative d'inventaire complet des espèces vivant dans les mangroves, mais le nombre de taxons en un endroit donné est souvent élevé. Lors d'une récente étude (Nagelkerken *et al.*, 2008) les auteurs ont fourni les nombres d'espèces les plus élevés recensés dans quelques régions ou quelques pays:

- Éponges 147 (Caraïbes) ;
- Copépodes 32 (Inde) et 14 (Brésil) ;
- Nématodes 107 (Malaisie) et 94 (Brésil) ;
- Mollusques gastéropodes 39 (Australie) ;
- Tarets 11 (Malaisie) ;
- Bivalves 29 (Colombie atlantique) ;
- Insectes herbivores 102 (Singapour) ;
- Poissons 130 (Sénégal) et au moins 600 (Indo-Pacifique Occidental) ;
- Oiseaux 184 (Queensland, Australie), 125 (Guinée-Bissau) et 94 (Surinam).

Dans certains cas, la répartition des espèces semble refléter celle des palétuviers, avec une diversité plus élevée dans les pays de l'IPO, en particulier en Asie du Sud-Est , mais ces tendances ne sont pas toujours claires. Ci-après est proposée une synthèse sommaire des principaux groupes taxonomiques qui caractérisent les mangroves.

Les mollusques

La mangrove compte de nombreux mollusques. Les escargots du genre *Terebralia* sont des détritivores majeurs, se nourrissant de feuilles mortes. Ils jouent un rôle très important dans la dégradation et l'incorporation de la litière foliaire dans la vase des mangroves. Les gastéropodes marins du genre *Littoraria*, qui vivent plus haut dans les palétuviers, sont communs et se nourrissent de végétaux et de champignons (Christensen, 1998).

Les mollusques filtreurs sont aussi communs et ont souvent une valeur commerciale considérable. Ils comprennent des huîtres et des moules de palétuviers qui se fixent sur le substrat consolidé des racines, mais aussi des espèces fouisseuses comme les coques de palétuviers (*Anadara*) et un certains nombres d'espèces de palourdes de palétuviers.

Les tarets (*Teredinidae*) comptent parmi les mollusques les plus étonnants de la mangrove. Ils se nourrissent des bois morts de palétuviers. Ce sont des bivalves à petites coquilles qui restent cachés dans les bois en décomposition. Ils hébergent des bactéries fixatrices d'azote dans leurs intestins.

Les crustacés

Les crabes et les crevettes pénéides comptent parmi les animaux dominants dans de nombreuses mangroves. Les crabes appartenant au genre *Sesarma* ont un rôle important dans la consommation de la litière foliaire, comme le font les crabes Ocipodidae des Amériques. Ils consomment de grandes quantités de matière végétale, et relâchent des particules « transformées », beaucoup plus petites et partiellement décomposées dans leurs fèces, qui deviennent alors disponibles pour d'autres organismes, dont de petits crabes et des mollusques. D'autres crabes tels que les espèces arboricoles consomment des tissus foliaires vivants. Des prédateurs plus actifs encore, comme le crabe de palétuviers, appartenant au genre *Scylla*, capturent d'autres crustacés, des mollusques et même des poissons.

Parmi les espèces les plus caractéristiques des mangroves, on peut citer les crabes violonistes du genre *Uca,* qui sont actifs sur les vasières à marée basse, souvent en grandes densités – atteignant 70 individus par mètre carré dans de nombreuses mangroves d'Asie du Sud-Est. À de telles densités, ils ingèrent quelques 500g de sol par mètre carré et par jour, ce qui produit un effet conséquent sur le contenu et sur la structure du sol. Les mâles de ce groupe ont une pince beaucoup plus grande que l'autre ; elle est utilisée pour adresser des signaux aux femelles et aux mâles rivaux, et dans certains cas pour se battre avec ces rivaux.

Les crevettes pénéides sont aussi souvent associées aux mangroves. Même si les adultes vivent généralement au large, les stades larvaires d'un grand nombre d'espèces se déplacent vers les côtes. Les juvéniles post-larvaires ont une préférence marquée pour les zones couvertes de végétation, dont les palétuviers, mais aussi les herbiers marins et les macroalgues. Ils se nourrissent d'une grande diversité de petits invertébrés, et de détritus. Quelques espèces vivent exclusivement dans les mangroves pendant ces phases, et pour beaucoup d'autres les mangroves représentent des lieux de densité maximale. Elles y trouvent suffisamment de protection parmi les racines de palétuviers et une réserve considérable de nourriture (Nagelkerken *et al.*, 2008).

Moins observés, les copépodes comprennent des crustacés de petite taille mais abondants, qui se nourrissent généralement de détritus ; des bernacles filtreurs, et des stomatopodes prédateurs et fouisseurs.

Les insectes

Les insectes sont majoritairement confinés aux zones émergées de la mangrove. Les herbivores, notamment les papillons de nuit et les chenilles consomment dans les mangroves une proportion beaucoup plus faible de la production que dans de nombreux milieux terrestres, généralement moins de 5% (Hogarth, 2007). Cependant, des cas exceptionnels d'infestation par des chenilles ont été recensés. On a observé des défoliations sévères causées par d'autres espèces, comme les fourmis champignonnistes en Amérique du Sud ou par des essaims de criquets migrateurs en Australie. Pour ce qui est du matériel végétatif mort, les termites sont actifs sur les parties émergées des plantes où ils consomment rapidement le bois mort.

Les fourmis sont abondantes, et la plupart d'entre elles sont considérées comme des auxiliaires des plantes des mangroves, étant des prédateurs d'autres insectes, dont beaucoup d'espèces herbivores. Il a été montré que plusieurs espèces détectent rapidement les termites et les attaquent.

Pour les chercheurs travaillant sur le terrain et pour les populations habitant près des mangroves, les insectes piqueurs sont peut-être les insectes nuisibles les plus notoires de ces milieux. Les moustiques, les mouches des sables et les moucherons se nourrissent tous du sang de leurs hôtes, et sont souvent vecteurs de maladies. En l'absence d'humains, ils se nourrissent surtout de vertébrés terrestres. Cependant, certaines espèces ont été observées alors qu'elles se nourrissaient de périophtalmes.

Les fourmis constituent une part importante de la faune d'insectes des mangroves dans le monde. La plupart sont très utiles, comme ces fourmis vertes qui attaquent d'autres insectes comme les termites qui viennent sur leurs arbres.

Photo Mark Spalding

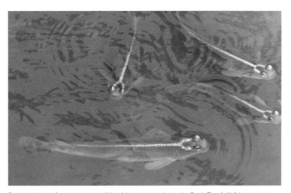

Des anableps à quatre yeux d'Amérique centrale et du Sud. En réalité leurs yeux sont divisés en deux parties, leur permettant de voir à la surface et dans l'eau. Ils se nourrissent d'insectes et d'autres invertébrés, ainsi que de petits poissons.

Photo Shigueyuki Baba

Les poissons

Les poissons sont abondants, tant en quantité qu'en diversité, avec une estimation de 600 espèces répertoriées dans les mangroves de l'IPO. Beaucoup viennent dans les mangroves pendant leurs stades juvéniles et la plupart se nourrissent de zooplancton. Des grandes carangues et des vivaneaux tendent à se nourrir de crustacés et de petits poissons. Quelques autres familles comprennent aussi des détritivores et des « brouteurs » d'algues. Le milieu de la mangrove procure un habitat riche en nourriture et un abri précieux. Un certain nombre d'espèces quittent la mangrove en grandissant, et par là les mangroves sont un soutien important aux communautés de poissons de mer, dont les poissons des récifs coralliens. Les racines toujours submergées de certaines mangroves des Caraïbes sont un abri important pour les poissons qui se nourrissent dans les herbiers marins et les récifs coralliens alentours.

Les périophtalmes sont des poissons amphibies caractéristiques et charismatiques de la région Indo-Pacifique. On les trouve principalement actifs à la surface de l'eau, s'accrochant aux racines des mangroves ou courant sur la vase – ils comptent des carnivores, des omnivores et des détritivores.

Les huîtres ont besoin d'un substrat dur pour se fixer. Elles peuvent être abondantes sur les racines de palétuviers. Ce sont d'impressionnants « filtreurs », qui jouent un rôle important dans l'extraction de la matière organique contenue dans l'eau.

Photo Mark Spalding

Les reptiles et les amphibiens

Des serpents aquatiques et terrestres ont été observés dans les mangroves. La plupart sont des visiteurs opportunistes, mais certains, comme le serpent «cat snake» australien (appartenant au genre *Boiga*), sont considérés comme typiques de l'habitat. Un certain nombre de lézards terrestres vivent aussi dans les mangroves, dont le varan des mangroves, qui peut mesurer jusqu'à 1m de long. Les plus gros reptiles sont les crocodiles – notamment les crocodiles américains et les caïmans communs en Amérique, les crocodiles nains du Nil et d'Afrique de l'Ouest, et les crocodiles d'estuaire, rencontrés d'Inde aux îles Fidji. Les plus grands atteignent les 7-8m de long. Les plus petits individus se nourrissent d'invertébrés et de poissons, les plus gros de grands mammifères et peuvent parfois attaquer des humains, Ils constituent alors une menace pour les populations vivant ou travaillant dans les mangroves.

Un certain nombre de tortues d'eau douce et marines se trouvent aussi parfois dans les mangroves. Elles comprennent les tortues terrapin des mangroves d'Asie du Centre et du Sud-Est, et la tortue dite « décorée » (painted terrapin) des Sundarbans. Plusieurs tortues marines sont régulièrement observées dans les mangroves, des tortues olivâtres ont par exemple été observées en train de se nourrir de propagules d'*Avicennia*.

Les salinités élevées et variables du milieu sont défavorables à la plupart des amphibiens, même si quelques espèces de grenouilles ont été répertoriées en lisière de mangrove et une espèce «mangeuse de crabesa» est plus largement observée en Asie du Sud-Est. Elle semble avoir développé des adaptations physiologiques lui permettant de survivre dans des conditions partiellement salines (Hogarth, 2007).

Les lézards, les serpents et les crocodiles sont des visiteurs et des résidents réguliers de la plupart des forêts de palétuviers. Ici un iguane vert se repose sur un *Avicennia* au Brésil.

Photo Takayuki Tsuji

Les oiseaux

Sans aucun doute, les vertébrés terrestres dominants dans les mangroves sont les oiseaux. La structure physique des palétuviers offre des abris pour se percher et nicher, et la vie abondante dans les mangroves, les vasières limitrophes et les marécages salés offre d'importantes réserves de nourriture. De nombreux passereaux de petite taille sont insectivores. Les aigrettes, les hérons et les martins pêcheurs se nourrissent dans les eaux peu profondes de poissons et de crustacés, pendant que les échassiers fouillent la vase à la recherche d'invertébrés. Les plus grands prédateurs comptent des rapaces, comme les faucons et les balbuzards, mais aussi des cigognes, des pélicans et des cormorans, qui prospectent de vastes territoires mais reviennent vers les mangroves pour se percher ou nicher. Même ces espèces qui ne se nourrissent pas dans les mangroves peuvent avoir une influence sur leur croissance, par exemple en déposant de grandes quantités de guano – dans le marais de Caroni à Trinidad, les arbres préférés de l'ibis rouge et des aigrettes pour se

Une grande diversité d'oiseaux se nourrissent, se reposent et nichent au sein des mangroves, dont les pélicans (en haut à droite), les cigognes et les spatules (en bas), et les aigrettes (par exemple l'aigrette neigeuse, en haut à droite). Beaucoup de ces oiseaux se nourrissent de poissons, de crustacés et d'insectes dans les mangroves.

Photos Mark Spalding (en haut à gauche et à droite), Toyohiko Miyagi (en bas)

percher sont les arbres les plus hauts et au feuillage le plus dense (Hogarth, 2007).

Les mangroves accueillent aussi des populations d'oiseaux en transit. Il s'agit de populations migratrices venues de l'hémisphère nord pour leur hivernage et d'oiseaux migrateurs qui y font étape. La réserve naturelle de Coppename Monding au Suriname accueille jusqu'à 1,2 million d'oiseaux migrateurs côtiers chaque année.

Les mammifères

Quelques mammifères sont des résidents permanents des forêts de palétuviers. Les primates herbivores qui se hasardent dans les mangroves incluent les singes hurleurs en Amérique du Sud, les colobes en Afrique de l'Ouest et plusieurs espèces en Asie du Sud-Est. Le plus connu d'entre eux est le nasique pour lequel les fruits et les feuilles des palétuviers constituent une part considérable du régime alimentaire (voir Encart 7.2). Les cervidés sont des visiteurs réguliers de certaines forêts, dont le cerf des Keys en Floride, et les axis et muntiac indiens (daims mouchetés et cerfs aboyeurs) dans les Sundarbans. Le bétail, notamment les chèvres et les chameaux, vont pâturer dans les mangroves dans des régions du Moyen-Orient, du Pakistan et d'Afrique de l'Est. Les singes hutias des Grandes Antilles font partie des herbivores de plus

Capucin à face blanche, au Costa Rica. Là où les mangroves sont en continuité avec des forêts continentales adjacentes, les primates s'y aventurent souvent pour s'y nourrir ou se reposer.

Photo Ron Schaasberg

Les tigres sont presque éteints à cause de la chasse et de la disparition de leurs habitats en Asie. Deux des populations de tigres les plus importantes et les mieux conservées sont observées dans les mangroves des Sundarbans et leurs alentours (ici, en Inde), et à Sumatra en Indonésie.

Photo Subhendu Bandyopadhyay

petites taille. L'un des herbivores les plus étonnants est peut-être le paresseux nain, une espèce fortement menacée qu'on ne trouve que sur une petite île au large du Panamá et n'a été observée que dans une petite mangrove à *Rhizophora* entourant cette île, se nourrissant de feuilles de palétuviers.

Les mammifères prédateurs sont aussi régulièrement présents, dont les loutres, les ratons crabiers, les chats de petite taille et les tigres. Comme leurs vastes territoires ont été réduits à cause de la chasse et de conversions de leur habitat, les tigres sont devenus de plus en plus rares ; mais les étendues de mangrove des Sundarbans et du sud de Sumatra comptent parmi les dernières forteresses des sous-espèces de tigres du Bengale et de Sumatra.

Les mammifères aquatiques sont aussi souvent observés dans les mangroves. Ils comprennent les lamantins et les dugongs, plusieurs espèces de dauphins, et l'hippopotame en Afrique de l'Ouest. Aucune de ces espèces ne se nourrit directement de la mangrove, mais elles bénéficient probablement de la fonction protectrice des chenaux de la mangrove et peut-être aussi de l'exportation de nutriments vers les écosystèmes limitrophes. Un certain nombre de chauve-souris sont connues pour se percher dans les mangroves.

La vie microscopique

En plus des groupes mentionnés ci-dessus, il existe de nombreux autres taxons qui ont souvent été oubliés malgré leur importance majeure. Ils comprennent des groupes zoologiques comme des copépodes, des nématodes et des turbellariés, mais aussi une riche diversité de champignons, de protistes, de bactéries, d'archaea et même de virus. Beaucoup de ces organismes jouent un rôle majeur dans les étapes finales de la décomposition, dont la dégradation de la litière de feuilles. Ils interviennent dans les processus très efficaces de recyclage des nutriments et de fixation de l'azote. Des études débutent montrant la grande dépendance des mangroves à l'égard de tels organismes pour libérer les nutriments au voisinage des racines, et permettre ainsi le développement des mangroves (Nagelkerken *et al.*, 2008 ; Alongi, 2009a).

La partie ci-dessus repose en grande partie sur le travail de Hogart (2007), Cannicci et al. (2008) et Nagelkerken et al. (2008).

Les écosystèmes limitrophes

L'écosystème des mangroves, inondé quotidiennement par les marées, est ouvert à la fois aux espèces terrestres et marines à différents moments de la journée. Les flux hydriques offrent une connectivité directe vers les eaux douces en amont et les écosystèmes situés au large. Plus que tout autre écosystème, les forêts de palétuviers ne sont pas isolées, mais forment plutôt un confluent, où se mêlent les écosystèmes marins, terrestres et d'eau douce. Il existe des flux d'énergie et des liens écologiques étroits entre les mangroves et un ou plusieurs complexes d'écosystèmes : des vasières, des marais salants et des marécages salés dans la zone intertidale. Plus en amont, le long des cours d'eau , les liens peuvent être importants avec des forêts de palmiers d'eau douce, des forêts inondées et des prairies. Vers le large, des liens se créent avec des herbiers marins et des récifs coralliens.

Les **marécages salés** sont définis comme étant des zones humides salines dominées par des plantes herbacées, des graminées et des buissons bas (Adam, 1990). Il ressort clairement d'une telle définition que la principale différence entre un marécage salé et une mangrove est la taille des plantes qui prédominent. Historiquement, un certain nombre d'auteurs ont affirmé que la distribution géographique des deux habitats était distincte : les marécages salés se trouvant dans les régions tempérées et polaires, il était suggéré qu'ils laissaient place aux mangroves dans les zones tropicales. Cependant cela est loin d'être le cas. Les marécages salés sont largement répandus en zone tropicale, en particulier dans les régions les plus arides où ils se développent en lisière saline des mangroves, vers l'intérieur des terres. Les limites entre les deux écosystèmes peuvent s'estomper de se déplacer dans le temps (Saintilan *et al.*, 2009).

Les **dépressions chargées en sels**, également connues comme près salés, « blanks », tannes ou sebkhas, sont des zones où l'aridité et la salinité sont si élevées que peu de plantes supérieures peuvent y survivre, voir aucune. Leur emplacement et leur étendue dépendent des régimes

Les marécages salés sont constitués d'un mélange d'espèces herbacées de buissons bas et de graminées. Ils sont souvent situés à côté des mangroves. Dans les régions arides comme en Basse Californie, les formations naines d'Avicennia (à gauche de l'image) se fondent de manière quasi-imperceptible dans le marécage salé.

Photo Mark Spalding

Dans les régions les plus sèches, les conditions à l'intérieur des terres sont trop rigoureuses même pour les plantes de marécages salés et les mangroves qui laissent place à de vastes dépressions salines, comme ici dans le sultanat d'Oman.

Photo Richard Spalding

Mangroves de la frange littorale et les récifs frangeants à Kiribati. Les récifs protègent les mangroves, procurant des conditions optimales à leur développement. Les mangroves jouent un rôle important de filtration des sédiments côtiers. De nombreuses espèces se déplacent d'un écosystème à l'autre.

Photo Mami Kainuma

Les herbiers marins sont constitués de plantes marines complètement submergées, que l'on trouve souvent dans des eaux peu profondes proches des mangroves, comme ici aux Bahamas.

Photo Mark Spalding

climatiques de la zone, et des régimes d'inondation. Mais, de manière générale ils se situent en amont des zones intertidales, loin des chenaux où le flux tidal abaisse le taux de salinité, et sur les parties supérieures des estuaires inversés. Certaines sont dominées par des dépôts salins ; mais en de nombreux endroits elles accueillent d'importantes communautés de bactéries et d'algues. Dans les régions les plus arides du globe il existe une transition rapide entre la mangrove, les marécages salés et les dépressions chargées de sel. Les trois systèmes sont considérés par un certain nombre d'auteurs comme n'en faisant qu'un.

Sous climats plus humides, en amont de la zone intertidale, une succession d'autres habitats apparaît comprenant les **forêts marécageuses d'eau douce** – celles-ci peuvent être dominées par des palmiers, comme en Afrique de l'Ouest et centrale où elles couvrent de grandes étendues – ou les forêts inondées sur sols tourbeux d'Asie du Sud-Est. Le long des systèmes estuariens plus vastes, bénéficiant d'apports hydriques continentaux abondants

toute l'année, les **forêts tidales d'eau douce** deviennent importantes – beaucoup ont des caractéristiques similaires à celles des mangroves, mais sans les adaptations aux teneurs élevées en sels. Dans quelques régions comme dans certaines parties du nord du Brésil et au Gabon, on observe une transition progressive entre les mangroves, les prairies inondées ou les savanes.

Les mangroves du large laissent souvent place à de larges **vasières** en-dessous du niveau moyen des marées. Généralement dépourvues de végétation, ce sont cependant des écosystèmes hautement productifs, transformant des détritus terrigènes et ceux dérivés de mangroves mais ayant aussi leur propre production à partir d'algues benthiques. Les vases meubles sont colonisées par de nombreux consommateurs « fouisseurs » et filtreurs – des mollusques et des groupes ressemblant à des vers – et sont un lieu d'alimentation pour de nombreux oiseaux, poissons et même des crustacés qui résident dans les mangroves.

Les **herbiers marins** sont constitués des seules plantes supérieures pouvant vivre en milieu marin complètement submergé. Nécessitant de la lumière et des sédiments assez stables, on ne les rencontre pas dans les systèmes deltaïques ou estuariens les plus dynamiques, fortement chargés en sédiments, mais ils sont plutôt communs dans les eaux au large des mangroves. Beaucoup d'espèces associées aux mangroves se retrouvent aussi dans les herbiers marins. Comme les mangroves, ces formations peuvent jouer un rôle fonctionnel important pour fixer les sédiments marins.

La répartition des **récifs coralliens**, comme celle des mangroves, est essentiellement tropicale. Mais à la différence des mangroves, les récifs coralliens sont très sensibles à des charges sédimentaires élevées et aux apports en nutriments. C'est pour cette raison, qu'il n'y a pas de récifs près des systèmes deltaïques et estuariens où les mangroves prospèrent. Le long des rivages plus secs et autour de certaines îles, les deux écosystèmes peuvent être assez intimement liés. Les récifs coralliens constituent une barrière de premier ordre à l'action des vagues et abritent des eaux côtières calmes où les mangroves peuvent se développer. En contrepartie, les mangroves retiennent les sédiments et les nutriments qui pourraient menacer la survie des récifs dans les eaux proches du rivage. À part de telles synergies physiques entre mangroves et récifs coralliens, il existe parfois des liens écologiques étroits entre ces formations – de nombreux poissons de récif et des invertébrés utilisent la mangrove comme nurserie lors de leurs phases juvéniles, avant de retourner vers le récif à l'âge adulte.

Ailleurs, au-delà des limites bien définies de ses habitats, l'influence des mangroves reste forte. Les vases benthiques meubles et leurs eaux qui y transitent sont aussi de riches écosystèmes, en particulier grâce à la productivité élevée des mangroves adjacentes. Les crevettes et d'autres espèces quittent les mangroves quand elles arrivent à maturité. Les nutriments des mangroves se retrouvent dans les eaux pélagiques lointaines, alimentant, à des niveaux encore peu quantifiés, de nombreux autres écosystèmes marins.

Résumé

Les mangroves sont des écosystèmes rares mais spectaculaires, à la limite entre terre et mer. Elles sont distribuées globalement sur une ceinture centrée sur les tropiques. Au total, elles ne couvrent que 150 000 kilomètres carrés, faisant d'elles un habitat assez rare. Malgré leur faible étendue, elles sont très importantes, en raison de leur forte biomasse et de leur productivité très élevée. Elles soutiennent des écosystèmes riches et variés, et sont souvent liées à des écosystèmes limitrophes par l'échange de nutriments et les déplacements d'espèces. En de nombreux lieux, les hommes sont intimement liés à la mangrove qui leur procure des bénéfices considérables par leur simple existence et grâce à leur productivité. Les interactions entre les humains et la mangrove font l'objet du chapitre suivant.

Références

Adam, P. (1990) *Saltmarsh Ecology*, Cambridge, Cambridge University Press

Alongi, D. M. (2009a) *The Energetics of Mangrove Forests*, Springer

Alongi, D. M. (2009b) 'Paradigm shifts in mangrove biology', in Perillo, G., Wolanski, E., Cahoon, D. and Brinson, M. (eds) *Coastal Wetlands: An Integrated Ecosystem Approach*, London, Elsevier

Beentje, H. and Bandeira, S. (2007) *Field Guide to the Mangrove Trees of Africa and Madagascar*, London, Kew Publishing

Cahoon, D. R. and Lynch, J. C. (1997) 'Vertical accretion and shallow subsidence in a mangrove forest of southwestern Florida, USA', *Mangroves and Salt Marshes*, vol 1, p173

Cahoon, D. R., Hensel, P. F., Spencer, T., Reed, D. J., McKee, K. and Saintilan, N. (2006) 'Coastal wetland vulnerability relative to sea-level rise: Wetland elevation trends and process controls', in Verhoeven, J. T. A., Beltman, B., Bobbink, R. and Whigham, D. F. (eds) *Wetlands and Natural Resource Management*, Berlin, Springer-Verlag

Cannicci, S., Burrows, D., Fratini, S., Smith III, T. J., Offenberg, J. and Dahdouh-Guebas, F. (2008) 'Faunal impact on vegetation structure and ecosystem function in mangrove forests: A review', *Aquatic Botany*, vol 89, pp186–200

Chmura, G. L., Anisfeld, S. C., Cahoon, D. R. and Lynch, J. C. (2003) 'Global carbon sequestration in tidal, saline wetland soils', *Global Biogeochemical Cycles*, vol 17, doi:10.1029/2002GB001917

Christensen, J. T. (1998) 'Diet', *Littoraria Hydrobiologia*, vol 378, pp235–236

Clark, D. A., Brown, S., Kicklighter, D. W., Chambers, J. Q., Thomlinson, J. R., Ni, J. and Holland, E. A. (2001) 'Net primary production in tropical forests: An evaluation and synthesis of existing field data', *Ecological Applications*, vol 11, pp371–384

Dittmar, T., Hertkorn, N., Kattner, G. and Lara, R. J. (2006) 'Mangroves, a major source of dissolved organic carbon to the oceans', *Global Biogeochemical Cycles*, vol 20, doi:10.1029/2005GB002570

Duarte, C. M. and Cebrián, J. (1996) 'The fate of marine autotrophic production', *Limnology and Oceanography*, vol 41, pp1758–1766

Duarte, C. M., Middelburg, J. J. and Caraco, N. (2005) 'Major role of marine vegetation on the oceanic carbon cycle', *Biogeosciences*, vol 2, pp1–8

Duke, N. C. (1992) 'Mangrove floristics and biogeography', in Robertson, A. I. and Alongi, D. M. (eds) *Tropical Mangrove Ecosystems*, Washington, DC, American Geophysical Union

Duke, N. C. (2006) *Australia's Mangroves: The Authoritative Guide to Australia's Mangrove Plants*, Brisbane, Australia, University of Queensland

Duke, N. C., Ball, M. C. and Ellison, J. C. (1998a) 'Factors influencing biodiversity and distributional gradients in mangroves', *Global Ecology and Biogeography Letters*, 7, pp27–47

Duke, N. C., Benzie, J. A. H., Goodall, J. A. and Ballment, E. R. (1998b) 'Genetic structure and evolution of species in the mangrove genus *Avicennia* (Avicenniaceae) in the Indo-West Pacific', *Evolution*, vol 52, pp1612–1626

Echezuría, H., Córdova, J., González, M., González, V., Méndez, J. and Yanes, C. (2002) 'Assessment of environmental changes in the Orinoco River delta', *Regional Environmental Change*, vol 3, pp20–35

Ellison, A. M., Farnsworth, E. J. and Merkt, R. E. (1999) 'Origins of mangrove ecosystems and the mangrove biodiversity anomaly', *Global Ecology and Biogeography*, vol 8, pp95–115

FAO (Food and Agriculture Organization of the United Nations) (2006) *Global Forest Resources Assessment 2005: Progress Towards Sustainable Forest Management*, Rome, Forestry Department, FAO

GMSA (Global Marine Species Assessment) (2008) *Mangrove Red-List Workshop Draft Results*, Batangas, Philippines, GMSA, IUCN (World Conservation Union) and Conservation International

Hogarth, P. J. (2007) *The Biology of Mangroves and Seagrasses: Second Edition*, Oxford, UK, Oxford University Press

Jennerjahn, T. and Ittekkot, V. (2002) 'Relevance of mangroves for the production and deposition of organic matter along tropical continental margins', *Naturwissenschaften*, vol 89, p23

Komiyama, A., Ong, J. E. and Poungparn, S. (2008) 'Allometry, biomass, and productivity of mangrove forests: A review', *Aquatic Botany*, vol 89, pp128–137

Kristensen, E., Bouillon, S., Dittmar, T. and Marchand, C. (2008) 'Organic carbon dynamics in mangrove ecosystems: A review', *Aquatic Botany*, vol 89, pp201–219

Lovelock, C. (2008) 'Soil respiration and belowground carbon allocation in mangrove forests', *Ecosystems*, vol 11, pp342–354

Lugo, A. E. and Snedaker, S. C. (1974) 'The ecology of mangroves', *Annual Review of Ecology and Systematics*, vol 5, pp39–64

Matsui, N. (1998) 'Estimated stocks of organic carbon in mangrove roots and sediments in Hinchinbrook Channel, Australia', *Mangroves and Salt Marshes*, vol 2, pp199–204

McKee, K. L., Cahoon, D. and Feller, I. C. (2007) 'Caribbean mangroves adjust to rising sea-level through biotic controls on soil elevation change', *Global Ecology and Biogeography*, vol 16, pp545–556

Nagelkerken, I., Blaber, S. J. M., Bouillon, S., Green, P., Haywood, M., Kirton, L. G., Meynecke, J.-O., Pawlik, J., Penrose, H. M., Sasekumar, A. and Somerfield, P. J. (2008) 'The habitat function of mangroves for terrestrial and marine fauna: A review', *Aquatic Botany*, vol 89, pp155–185

Ricklefs, R. E. and Latham, R. E. (1994) 'Global patterns of diversity in mangrove floras', in Ricklefs, R. E. and Schluter, D. (eds) *Species Diversity in Ecological Communities: Historical and Geographical Perspectives*, Chicago, IL, University of Chicago Press

Ricklefs, R. E., Schwarzbach, A. E. and Renner, S. S. (2006) 'Rate of lineage origin explains the diversity anomaly in the world's mangrove vegetation', *The American Naturalist*, vol 168, pp805–810

Saintilan, N., Rogers, K. and McKee, K. (2009) 'Salt marsh–mangrove interactions in Australasia and the Americas', in Perillo, G., Wolanski, E., Cahoon, D. and Brinson, M. (eds) *Coastal Wetlands: An Integrated Ecosystem Approach*, Amsterdam, Elsevier

Schaeffer-Novelli, Y., Cintron-Molero, G., Adaime, R. R. and Camargo, T. M. (1990) 'Variability of mangrove ecosystems along the Brazilian coast', *Estuaries*, vol 13, pp204–218

Spalding, M. D. (2004) 'Mangroves', in Burley, J., Evans, J. and Youngquist, J. (eds) *Encyclopedia of Forest Sciences*, California, Academic Press

Spalding, M. D., Blasco, F. and Field, C. D. (1997) *World Mangrove Atlas*, Okinawa, Japan, International Society for Mangrove Ecosystems

Spalding, M. D., Ravilious, C. and Green, E. P. (2001) *World Atlas of Coral Reefs*, Berkeley, CA, University of California Press

Spalding, M. D., Taylor, M. L., Ravilious, C., Short, F. T. and Green, E. P. (2003) 'Global overview: The distribution and status of seagrasses', in Green, E. P. and Short, F. T. (eds) *World Atlas of Seagrasses*, Berkeley, CA, University of California Press

Thom, B. G. (1984) 'Coastal landforms and geomorphic processes', in Snedaker, S. C. and Snedaker, J. G. (eds) *The Mangrove Ecosystem: Research Methods*, Paris, United Nations Educational, Scientific and Cultural Organization

Tomlinson, P. B. (1986) *The Botany of Mangroves*, Cambridge, UK, Cambridge University Press

Triest, L. (2008) 'Molecular ecology and biogeography of mangrove trees towards conceptual insights on gene flow and barriers: A review', *Aquatic Botany*, vol 89, pp138–154

Twilley, R. R. (1995) 'Properties of mangrove ecosystems related to the energy signature of coastal environments', in Hall, C. A. S. (ed) *Maximum Power: The Ideas and Applications of H. T. Odum*, Niwot, CO, University Press of Colorado

Twilley, R. R., Chen, R. H. and Hargis, T. (1992) 'Carbon sinks in mangroves and their implications to carbon budget of tropical coastal ecosystems', *Water, Air, and Soil Pollution*, vol 64, pp265–288

Twilley, R. R., Snedaker, S. C., Yáñez-Arancibia, A. and Medina, E. (1996) 'Biodiversity and ecosystem processes in tropical estuaries: Perspectives of mangrove ecosystem', in Mooney, H. A., Cushman, J. H., Medina, E., Sala, O. E. and Schulze, E. D. (eds) *Functional Roles of Biodiversity: A Global Perspective*, Chichester, UK, John Wiley

Woodroffe, C. D. (1988) 'Relict mangrove stand on last interglacial terrace, Christmas Island, Indian Ocean', *Journal of Tropical Ecology*, vol 4, p1

Woodroffe, C. D. and Grindrod, J. (1991) 'Mangrove biogeography: The role of quaternary environmental and sea-level change', *Journal of Biogeography*, vol 18, pp479–492

Les mangroves et les hommes

Dans le delta de l'Orénoque, au Venezuela, une ethnie connue sous le nom de Warao habite dans la mangrove ou ses alentours depuis 7000 ans. Leur nom signifie « peuple des pirogues » - le bateau est en effet le moyen de transport le plus adapté à leur lieu de vie. Ils vivent dans de petites maisons bâties sur pilotis parfois directement sur l'eau. L'horticulture est un peu pratiquée. Les poissons et les crabes constituent leurs principales sources de protéines. À de nombreux égards, les Warao sont un vrai « peuple des mangroves ».

Aujourd'hui, les hommes utilisent la mangrove de multiples façons. Les utilisations les plus répandues découlent de trois services essentiels de la mangrove – la production de bois, le soutien à l'industrie de la pêche, et la protection des littoraux contre les tempêtes et l'érosion. Malheureusement, souvent, ces ressources sont négligées par les acteurs de l'aménagement du territoire et parfois même par les populations qui en bénéficient directement. Beaucoup n'ont pas conscience des services indirects que procurent les mangroves.

Les zones côtières comptent parmi les régions les plus densément peuplées de la planète. La pression foncière et l'exploitation des ressources y sont considérables. C'est pour cela que les ont souvent subi des dégradations et des destructions. Entre 1980 et 2005, quelques 36 000 kilomètres carrés, soit 20% du total, ont disparu. Bien qu'il n'y ait pas de statistiques fiables, les pertes antérieures à 1980 étaient aussi élevées. La plupart des pertes ont été attribuées à la conversion des mangroves en terres agricoles, en bassins d'aquaculture, en aménagements urbains ou industriels. De plus petites surfaces ont été perdues en raison de l'exploitation forestière. À côté de ces pertes, de très grandes étendues toujours existantes ont été dégradées par des prélèvements excessifs de bois, par la surpêche, la pollution et le dépôt d'ordures.

Cependant des changements se préparent. L'échec de l'aquaculture, la chute du prix des crevettes, le déclin de la pêche industrielle maritime et des problèmes d'érosion côtière ont mis en exergue l'importance des mangroves. En outre, des estimations économiques ont montré que les mangroves, quand elles sont protégées et maintenues en bon état, constituent une ressource de grande valeur. De grandes étendues de mangroves sont désormais gérées durablement, d'autres ont été restaurées ou replantées. Les aires protégées permettent de maintenir les mangroves non plus à l'état d'écosystèmes dégradés mais comme des formations parfaitement intégrées et associées aux écosystèmes adjacents, et aux populations voisines.

Les hommes et la mangrove : une histoire

Le peuple Warao du delta de l'Orénoque n'est pas le seul à avoir été intimement lié dans son histoire à la mangrove. La richesse des mangroves a attiré des peuples de tous les continents pendant des millénaires. De l'Australie à la Floride, les « middens », tas de déchets domestiques, véritables amas de coquillages collectés dans la mangrove, témoignent de la relation proche entre les premières sociétés et les mangroves côtières. Sur la côte caribéenne de la Colombie, les premières céramiques des Amériques, vieilles d'environ 7000 ans, nous ont été léguées par des communautés qui parcouraient les mangroves à la recherche de coquillages.

Les écrits les plus anciens faisant référence aux mangroves remontent aux textes de l'un des amiraux d'Alexandre le Grand, Néarque, qui a navigué le long de la côte à l'ouest de l'Indus, en passant par le Golfe Persique jusqu'à l'Euphrate, entre 326 et 324 av. J.-C. Ses observations ont été reprises dans les longs textes de botanique du philosophe grec Théophraste à peu près à la même période. Les arbres y sont décrits comme « soutenus par des racines à la manière d'un polype ». Les feuilles et les fleurs décrites sont pour sûr des *Rhizophora*, et une description est faite de l'habitat avec son réseau complexe de criques (MacNae, 1968).

Les prélèvements de bois et la pêche dans les mangroves sont probablement aussi anciens que l'histoire des peuplements humains dans ces milieux. Mais avec la structuration des sociétés, les utilisations à grande échelle et industrielle de la mangrove se sont développées. Les recherches ont montré une utilisation considérable des *Avicennia* pendant la période romano-byzantine (400 à 900 av. J.-C). Par exemple dans les restes d'un fort à Abu Sha'ar, à 20 kilomètres au nord d'Hurghada en Égypte,

De nombreux peuples côtiers, comme ces pêcheurs du delta de l'Irrawaddy, vivent toujours selon des modes de vie plus ou moins traditionnels et dépendent beaucoup des mangroves pour se nourrir et pour prélever du bois d'œuvre et de chauffage.

Photo Shigeyuki Baba

Beaucoup de ceux qui dépendent des mangroves, comme ces enfants en Guinée-Bissau, vivent en dehors des grands circuits économiques et sont souvent oubliés dans les estimations économiques, l'aménagement centralisé et les décisions politiques.

Photo Giotto Castelli

de grandes poutres dont des troncs atteignent 40 centimètres de diamètre subsistent. Cela laisse penser que les dimensions des palétuviers étaient alors beaucoup plus grandes qu'aujourd'hui (Hegazy, 2003). L'une des utilisations « industrielles » les plus anciennes connues est le commerce vers plusieurs états arabes, de poteaux provenant des mangroves d'Afrique de l'Est. Cette activité date depuis 200 av. J.-C. et a perduré jusqu'aux années 1980. À la fin du 18ième siècle, d'autres utilisations étaient largement répandues. Par exemple, la sylviculture dans les Sundarbans et l'industrie du tannage du cuir au Brésil qui utilisait de grandes quantités d'écorces de palétuviers.

Les services de l'écosystème

La nature complexe des mangroves – leur productivité et leur biodiversité, leur rôle dans les phénomènes physiques côtiers, et, bien sûr, leurs liens étroits avec les écosystèmes voisins – va de pair avec les services qu'elles rendent aux populations humaines. Dans certaines sociétés traditionnelles, les hommes utilisent encore aujourd'hui la mangrove et vivent en son sein. Leur mode de vie est souvent construit sur un mode « durable ». Ils peuvent même faire partie intégrante de l'écologie et du fonctionnement de l'écosystème. Dans la plupart des cas, cependant, l'utilisation commerciale et l'intensification de l'utilisation de la mangrove ont changé la nature de cette relation. Dans le même temps, les activités humaines environnantes, sur terre et en mer, ont aussi beaucoup changé la perception qu'ont les hommes de l'importance des mangroves. Il est particulièrement important, pour l'avenir de ces écosystèmes et pour les sociétés humaines côtières, que les rôles et les avantages des mangroves soient correctement évalués et expliqués. Les bénéfices des mangroves sont abordés ci-après, avant de nous intéresser aux modes d'évaluation dans un certain nombre d'études économiques.

Le bois et les produits forestiers

Le bois. Bien qu'ils puissent atteindre 30m de hauteur ou plus dans des conditions optimales, les palétuviers sont souvent de petite taille. Leurs produits les plus répandus sont les poteaux, plutôt que des planches. Le bois dense de beaucoup d'espèces est recherché pour la construction, en particulier pour sa résistance aux attaques des termites. Il est aussi largement utilisé pour la construction de bateaux et pour la confection d'équipements de pêche traditionnels, comme les pièges, résistants à l'eau saumâtre. Il est fréquent que l'on n'ait pas le choix. Dans les régions arides et les pays densément peuplés, la mangrove représente souvent la seule source de bois disponible, soit parce que les terres limitrophes n'ont jamais été boisées, soit parce que les forêts ont été converties en terrains agricoles.

Une autre utilisation moins durable du bois de mangrove est la production de copeaux de bois et de pâte à papier. Ils sont utilisés pour la fabrication de panneaux d'agglomérés, et pour la production de rayonne dans l'industrie textile. De grandes étendues de mangroves dans la région Malaise de Bornéo et en Papua (Papouasie Indonésie), ont été décimées pour cette industrie.

Le bois combustible. Tout au long de ce livre, le binôme « bois combustible » est utilisé pour désigner le bois de chauffage et le charbon issu du bois de palétuvier. Ces deux usages sont largement répandus. Ils sont particulièrement importants dans les pays ayant peu de sources d'énergie alternatives et peu de surfaces boisées. Grâce à la densité du bois de palétuvier, le charbon qui en découle est d'excellente qualité, ce qui engendre dans certaines régions comme à Matang en Malaisie, une production commerciale à grande échelle.

Les tanins. L'écorce de plusieurs espèces de *Rhizophora* et *Bruguiera* est riche en tanins et a joué un rôle de grande importance dans la préparation du cuir. Une étude récente a décrit le procédé suivi au Guyana : les arbres les plus appropriés ont une écorce épaisse et sont généralement coupés avant le prélèvement de l'écorce. Environ 200kg d'écorce peuvent être extraits d'un arbre,

Bien que les arbres soient souvent prélevés quand ils sont encore de petite taille, le bois de palétuvier est dense et résistant aux moisissures. Les perches de palétuviers sont très recherchées pour la construction d'habitations, pour la confection de pièges à poissons et pour la construction de bateaux.

Photo Shigeyuki Baba

Le bois dense de palétuvier produit un excellent charbon, souvent produit à une échelle industrielle comme ici dans l'un des nombreux fours à charbon de la Réserve Forestière de Matang, en Malaisie.

Photo Mami Kainuma

et il faut environ 5,5kg d'écorce brute pour tanner une seule peau de bovin (Allan *et al.*, 2002). Les tanins synthétiques sont maintenant largement utilisés, mais une utilisation à petite échelle, comme au Guyana, perdure dans quelques régions. Les mêmes propriétés du tanin sont aussi utilisées par les pêcheurs pour nettoyer et allonger la durée de vie de leurs lignes et filets. Une teinture riche en tanins extraits de l'écorce de *Bruguiera* ou de *Rhizophora* est largement utilisée dans le Pacifique, plus particulièrement à Tonga, pour décorer l'étoffe traditionnelle avec l'écorce appelée « tapa ».

Toits de chaumes. Le palmier *Nypa* est largement utilisé à la manière du chaume dans la construction des habitations traditionnelles, les feuilles étant souvent tressées ensembles.

Nourriture. Quelques populations consomment les fruits de la mangrove, notamment ceux de *Sonneratia*, mais aussi d'*Avicennia*, de *Bruguiera* et de *Kandelia*. Dans la plupart des cas, une cuisson ou une macération sont nécessaires pour en extraire les tanins ou pour rendre les fruits consommables (Bandaranayake, 1998 ; Tan, 2001). Au Sri Lanka, la pulpe extraite des *Sonneratia* est utilisée pour préparer des boissons fruitées et des glaces (Jayatissa *et al.*, 2006). Les feuilles d'un certain nombre d'espèces sont aussi utilisées en infusion. L'utilisation la plus répandue est probablement celle des *Nypa*, dont les pédoncules floraux sont sectionnés pour recueillir une sève sucrée (0,5 à 1 litre par jour parfois pendant trois mois). Ce liquide peut être consommé directement, mais il est souvent fermenté pour produire une boisson alcoolisée ou du vinaigre à l'issu d'une fermentation plus longue. Du sucre peut aussi être obtenu à partir de la sève de *Nypa*. L'endosperme des fruits de *Nypa*, qui a l'aspect d'une gelée, est aussi consommé et même commercialisé (Ng et Sivasothi, 2001).

Le nectar de plusieurs espèces de palétuviers produit un miel excellent. Il est largement utilisé par les apiculteurs, et même commercialisé – par exemple à Cuba, en Tanzanie, au Bangladesh et au Vietnam. Quelques 40 000 ruches sont transportées dans les mangroves de Cuba pendant la floraison des *Avicennia*, produisant jusqu'à 2 700 tonnes de miel (Suman, 2003).

La chasse et le prélèvement d'animaux dans les mangroves sont aussi très répandus. La partie qui suit s'intéresse aux poissons et aux coquillages, mais les oiseaux d'eau sont aussi chassés en de nombreux endroits. Beaucoup plus restreinte, la collecte de larves d'insectes (« grubs ») est pratiquée dans le nord de l'Australie (Wightman, 2006).

Les feuilles de *Nypa* sont largement utilisées pour couvrir les toits de chaume, comme ici au Vietnam.

Photo Shigeyuki Baba

Des fruits de *Sonneratia* en vente sur un marché des Maldives, où ils sont utilisés pour produire un jus de fruit.

Photo Shigeyuki Baba

Le nectar de certaines espèces de la mangrove comme ces *Avicennia* est une source riche pour la production de miel alimentant l'apiculture de nombreuses régions.

Photo Takayuki Tsuji

Les crabes de palétuvier constituent un appoint alimentaire pour de nombreux peuples de mangroves ainsi que des cibles commerciales dans beaucoup de régions plus riches. Cela donne plus de valeur aux mangroves et procure des emplois.

Photo Takayuki Tsuji

Propriétés médicinales. Presque toutes les sociétés traditionnelles des zones côtières tropicales ont utilisé les feuilles, les fruits, les écorces ou d'autres produits de la mangrove pour la médecine traditionnelle. L'ensemble des utilisations est vaste. Elle comprend le traitement de troubles intestinaux, d'ulcères de l'estomac, d'hépatites, de tumeurs, de douleurs externes, d'hémorragies, de l'asthme, et l'utilisation comme contraceptif. Les espèces riches en tanins de la famille des Rhizophoracées sont particulièrement dédiées au traitement des troubles intestinaux, avec des propriétés astringentes pouvant avoir des effets remarquables et mesurables. De telles utilisations traditionnelles sont généralement abandonnées là où la médecine moderne est facilement accessible. Mais des études récentes ont débuté afin d'identifier un large éventail de métabolites complexes contenus dans les mangroves et dans les plantes des formations associées. Il semble probable que les recherches à venir permettront de trouver des composés nouveaux très utiles ou de nouvelles sources pour les composés existant en médecine, en cosmétique ou dans des applications agricoles (Bandaranayake, 1998 ; 2002).

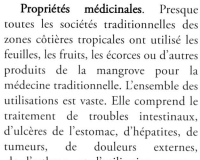

Fourrage. Les feuilles des palétuviers, chargées de sel et contenant beaucoup de tanins, n'ont pas une valeur nutritionnelle élevée. Cependant, dans les pays arides, notamment ceux du Moyen-Orient, ces feuilles constituent un complément alimentaire pour les chameaux et les chèvres. Certaines communautés ont des règles strictes d'usage de la mangrove comme pâture pour le bétail, afin de préserver des quantités suffisantes de fourrage dans les moments difficiles.

Industrie de la pêche

Les mangroves font partie des habitats les plus importants de la zone intertidale pour l'industrie de la pêche côtière et maritime. On estime que les espèces apparentées aux mangroves représentent 30% des poissons péchés et presque 100% des crevettes collectées dans les pays d'Asie du Sud-Est (Rönnbäck, 1999). Dans le Queensland, en Australie, les mangroves et les habitats associés, sont utiles à 75% des espèces commerciales de poissons (Manson *et al.*, 2005).

La structure tridimensionnelle de l'habitat, les vastes vasières intertidales, et les systèmes complexes de chenaux et de plans d'eau procurent des abris importants. En outre, la productivité primaire élevée de ces écosystèmes assure une source riche en nutriments. Au cœur des mangroves, les invertébrés ont une valeur notable – des mollusques comme les huîtres, les coques et les moules, les crabes et les crevettes sont collectés pour les besoins

Des pièges de grande taille sont construits dans de nombreux chenaux de par le monde comme ici à Batam, Indonésie.

Photo Mami Kainuma

locaux ou pour les marchés. La récolte des coques le long des côtes américaines du Pacifique fait vivre plusieurs milliers de petits pêcheurs. Dans certaines communautés, les horaires scolaires sont établis en tenant compte des marées pour permettre aux enfants d'aider leurs parents à la collecte (MacKenzie, 2001). L'un des ramassages les plus étonnants est celui des tarets, mollusques bivalves appartenant au genre *Teredo* qui sont consommés au Brésil. Parfois les arbres sont abattus et immergés dans l'eau saumâtre pour favoriser le développement de ces espèces (Lacerda, 2003).

La pêche est très répandue dans les chenaux, les lagons et les estuaires. Les espèces recherchées comprennent des mulets, anchois, vivaneaux, ainsi que les poissons-chats et les tilapias dans des eaux plus saumâtres. Les espèces plus rares ayant une valeur plus élevée comprennent les barramundis et les vivaneaux des mangroves du nord de l'Australie et du Sud-Est asiatique ainsi que le bonefish, la carangue pompaneau et le brochet de mer aux Caraïbes. Ces derniers sont recherchés par les pêcheurs amateurs et professionnels, même dans les lieux reculés.

Les pêcheurs ont recours à un large éventail de techniques. L'utilisation de filets et de pièges est commune. Dans certains pays, notamment au Sri Lanka et en Afrique de l'Ouest, la méthode de pêche dite « brush park » s'est développée : des branchages sont accumulés dans le lit de la lagune où ils demeurent pendant plusieurs semaines, le temps d'y attirer et de sédentariser les poissons dans ces refuges. Les captures se font ensuite avec des filets ou des pièges.

Des systèmes simples d'aquaculture se sont souvent développés dans les chenaux des mangroves. À Matang, en Malaisie, on pratique à la fois la culture des moules sous radeaux flottants et la culture en cage de plusieurs espèces de poissons (Alongi *et al.*, 2003 ; 2004).

Les mangroves confortent aussi la pêche maritime. La pêche des crevettes est l'une des principales activités économiques sur les littoraux à mangroves dans le nord de l'Australie, à Bornéo, au Mexique et dans les Guyanes. Les prises comprennent des espèces qui dépendent, ou bénéficient considérablement de la présence des mangroves grâce auxquelles les productions sont élevées. Les poissons du large fréquentent les mangroves de manière opportuniste, et quelques espèces en dépendent complètement. Généralement, les mangroves opèrent comme un espace nourricier pour les juvéniles, qui migrent vers le large dans des eaux plus profondes, ou dans des habitats voisins, à l'âge adulte.

Loisirs

Les mangroves ont souvent été fuies par les touristes en raison de leur accès difficile, des moustiques et des conditions anaérobies pouvant engendrer des odeurs nauséabondes. Bien sûr, ce n'est pas toujours le cas. Les mangroves s'ouvrent aux touristes dans de nombreux pays. Les promenades en bateau, facilitant leur accès, sont très prisées. Des passerelles en bois ont aussi été construites. Elles permettent d'accéder aux mangroves sans se soucier de la vase et de l'influence des marées. La pêche récréative et l'observation des oiseaux sont des utilisations plus spécifiques. Par endroits, le nombre de visiteurs est très important, avec par exemple les tours organisés pour observer des singes nasiques à Bornéo (voir Encart 7.2), pour visiter le marais de Caroni à Trinidad où des milliers d'ibis rouges reviennent tous les soirs, pour observer de nuit le plancton bio-luminescent à Porto Rico ou les lucioles en Malaisie (voir Encart 7.1). La lagune de Restinga au Venezuela et la réserve naturelle Dongchaigang en Chine ont reçu 60 000 visiteurs par an.

Les passerelles et les promenades en bateau sont un excellent moyen d'accès au monde des mangroves comme ici sur le fleuve Daintree, en Australie (haut), et sur la Loxahatchee, en Floride (bas).

Photo Mark Spalding

Biofiltration

La structure complexe des mangroves leur permet de limiter les mouvements de l'eau et de retenir les sédiments. Leur productivité élevée engendre un prélèvement de nutriments dans les eaux environnantes. Les palétuviers agissent ainsi comme un filtre extracteur pour les nutriments excédentaires et pour des polluants, notamment ceux issus des eaux usées et de l'aquaculture. Cette fonction a été évaluée dans plusieurs études – par exemple aux îles Fidji (Lal, 2003), au Panama (Lin et Dushoff, 2004) et en Chine (Tam, 2006). Bien sûr, de telles fonctions peuvent nécessiter de vastes étendues de mangrove. Pour le traitement des effluents d'aquaculture, les estimations montrent que 2 à 5ha de mangrove sont nécessaires par hectare d'aquaculture, des chiffres qui atteignent 22ha par hectare de bassins d'aquaculture intensive (Walters *et al.*, 2008).

Protection côtière

Les mangroves jouent un rôle important dans l'atténuation de la houle. Leur système racinaire complexe les aident à lier à et consolider les sédiments. Elles réduisent ainsi l'action des facteurs érosifs et constituent une zone tampon importante lors des tempêtes. Évidemment, ce ne sont pas des zones exemptes d'érosion, mais leur présence permet à la ligne de côte d'être stable ou progradante plutôt qu'une partie côtière exposée à l'érosion. Ainsi, par exemple, il apparaît que l'érosion qui affecte de vastes étendues dans le sud-ouest du Golfe de Thaïlande est stoppée là où la couverture de mangroves est importante (Thampanya *et al.*, 2006).

Les tempêtes majeures peuvent avoir des impacts considérables sur les populations côtières et sur les écosystèmes naturels. Les vents violents et les vagues allant de pair avec les cyclones tropicaux sont souvent exacerbés par des ras de marée qui peuvent relever le niveau de la mer de 5m ou plus au-dessus des niveaux normaux de la marée haute. Dans des cas extrêmes, les victimes sont nombreuses – en 2008, le cyclone Nargis au Myanmar a causé la mort d'environ 140 000 personnes. Les mangroves ne peuvent pas empêcher les dégâts dans les cas extrêmes, mais la présence de ces écrans épais et stables ainsi que l'effet d'amortisseur de la mangrove contre les vagues atténuent les dommages dus aux vagues, restreignent les déplacements de débris de grande taille et offrent une protection contre les inondations.

Une large et dense ceinture de mangroves le long de la côte offre une barrière très efficace contre les vagues et les impacts des tempêtes.

Photo Mami Kainuma

La protection côtière est l'un des arguments essentiels justifiant les efforts de plantations de palétuviers au Bangladesh, en Inde et aux Philippines. La construction de systèmes de protection côtière artificiels peuvent être coûteux et parfois moins efficaces qu'une ceinture de mangroves (Sathiratai et Barbier, 2001 ; Badola et Hussain, 2005 ; Walton *et al.*, 2006 ; Walters *et al.*, 2008).

A la suite du tsunami dévastateur à l'Est de l'Océan Indien en 2004, de nombreuses productions scientifiques ont insisté sur le rôle des mangroves dans l'atténuation des conséquences de tels événements. Avec pour origine

un séisme dont l'épicentre était situé près de la province d'Aceh au nord de Sumatra, en Indonésie, ce très puissant tsunami a généré des vagues atteignant 24m à Aceh et jusqu'à 30m à l'intérieur des terres. Ce tsunami a aussi frappé les côtes des îles Andaman et Nicobar, de Thaïlande, du Sri Lanka, de l'Inde et de Somalie, causant partout des dégâts considérables. Un certain nombre d'études ont montré que les zones côtières bordées de mangroves ont moins souffert de dommages. Il apparaît que les mangroves ont constitué une forme importante de protection pour les populations côtières de ces régions (Bambaradeniya *et al.*, 2005 ; Dahdouh-Guebas *et al.*, 2005 ; Danielsen *et al.*, 2005 ; Kathiresan et Rajendran, 2005 ; Braatz *et al.*, 2006 ; Tanaka *et al.*, 2007 ; voir Encart 6.1). D'autres chercheurs ont remis en question les affirmations de certaines de ces études et ont montré que l'élévation et la distance au rivage étaient des facteurs plus importants (Kerr *et al.*, 2006 ; Baird et Kerr, 2008). Bien qu'en certains endroits le rôle de protection des mangroves contre ces désastres ait pu être exagéré, il est clair que ces écosystèmes ont joué un rôle important en beaucoup d'endroits, en absorbant, en atténuant l'énergie des vagues, et en limitant les dégâts causés par les déplacements d'objets volumineux (Wolanski, 2006 ; Alongi, 2008). Les mangroves n'auraient jamais pu assurer une protection totale face à des vagues de 24m de hauteur. Mais ailleurs, il est quasi-certain que leur présence a sauvé des vies et des biens. Il est donc regrettable que de nombreuses zones parmi les plus touchées au sud et à l'est de l'Inde, au Sri Lanka et à Sumatra aient perdu tant de leur couverture de mangroves originelle, bien avant cet événement.

Réduction des émissions de carbone

La déforestation est un des facteurs majeurs d'émission de gaz à effet de serre : sa contribution était estimée à 20% des émissions annuelles de ces gaz dans les années 1990 (UNFCCC, 2009). Si la déforestation est maîtrisée, les augmentations prévues de dioxyde de carbone (CO_2) vont baisser. Les arguments sont de plus en plus nombreux en faveur de la mise en place d'un programme proposé par les Nations Unies pour la Réduction des Emissions issues de la Déforestation et de la Dégradation des forêts (REDD) (Martin, 2008). Ce programme réunit des moyens politiques, légaux et économiques pour encourager les pays à maintenir leur couverture forestière existante.

Le rôle des mangroves dans le cycle global du carbone a été en quelque sorte oublié, peut-être à cause de leur surface totale assez faible et de leur taille souvent réduite par rapport à celles des forêts tropicales humides. En réalité, leur rôle pourrait être d'une importance considérable. Leur biomasse est comparable à celle des forêts terrestres à canopée plus élevée, grâce à leur proportion plus importante de biomasse souterraine. Elles pourraient aussi jouer un rôle plus conséquent que d'autres forêts dans la séquestration du CO_2

Les mangroves possèdent une biomasse souterraine plus forte que celle des forêts de terre ferme. Elles séquestrent des volumes plus élevés de carbone dans leur matière vivante mais aussi dans leurs riches sols tourbeux qui peuvent faire plusieurs mètres de profondeur.

Photo Shigeyuki Baba

atmosphérique pour deux raisons, leur productivité est plus élevé et à leur capacité à stocker durablement le carbone dans leurs sols et potentiellement aussi au large des estuaires est reconnue (voir Chapitre 1 pour des précisions sur la biomasse et la productivité).

L'intérêt que nous avons à épargner les mangroves ne se limite pas aux émissions de CO_2 (argument principal défendu dans les discussions actuelles autour du REDD). Les mangroves sont plus efficaces que tout autre type de forêt dans la séquestration du CO_2 excédentaire. Elles devraient donc être prises en considération de manière spécifique, dans les discussions en cours. Les documents légaux internationaux et les mesures qui en résulteront, ainsi que les financements consécutifs destinés à éviter la déforestation, seront d'une importance capitale pour la conservation des mangroves et pour réduire les émissions de CO_2.

Estimation économique

De nombreuses études ont cherché à quantifier les divers bénéfices de la mangrove en termes financiers. Il existe naturellement plusieurs approches possibles. Dans le tableau 2.1 nous présentons un résumé de plusieurs approches aux méthodes claires et assez comparables. Les données statistiques se focalisent sur des usages durables, sur une seule année ou une année moyenne. La plupart des données sont récentes, mais certaines remontent à 1990. Par conséquent, les données tarifaires ont été converties aux valeurs équivalentes en 2007 à partir de l'Indice des Prix à la Consommation (IPC).

La valeur estimée des mangroves varie fortement en fonction des études et des localités, même pour des services ou des utilisations similaires. Cette variation peut être en grande partie expliquée par les différences économiques et sociales existant d'une localité à l'autre. Dans les mangroves productives, situées à proximité de centres densément peuplés où le niveau de vie est élevé, comme à Matang en Malaisie, à Santa Catarina au Brésil, ou à Terminos au Mexique, le rendement annuel des

pêcheries est généralement évalué à plus de 1 700 \$US par hectare. Ces données sont beaucoup plus faibles dans des zones où dominent une économie de subsistance et de petits marchés, comme aux îles Fidji, au Cambodge ou au Sri Lanka. D'autres variations dans les estimations issues de données de terrain sont influencées par la manière dont la ressource est gérée. Peu de pêcheries récoltent les produits au meilleur moment, quand le rendement économique est à son maximum (même quand ces chiffres sont connus). Les valeurs économiques faibles peuvent aussi résulter d'efforts moins importants ou d'une diminution des prises liée à la surexploitation.

Les valeurs du bois d'œuvre sont variables (et les prélèvements de bois ne sont pas toujours autorisés), mais sont généralement moins élevées que celles des pêcheries quel que soit le lieu (200 à 1 000 \$US). Les estimations de valeurs telles que la biofiltration et la protection côtière sont non seulement variables, mais sont aussi établies selon des méthodes de calcul très variables. Cela étant, les valeurs peuvent être élevées (de 50 à 5 000 \$US) et ne peuvent pas être ignorées. Les valeurs liées aux activités de loisir sont très dépendantes de l'ouverture au tourisme et de l'existence d'une population résidente ayant le temps et l'argent de participer à de telles activités. Ces valeurs sont aussi liées à d'autres facteurs tels que l'accessibilité, les infrastructures, la structure de la forêt et de l'habitat, et, bien sûr, la présence d'espèces attractives. Il serait inapproprié d'extrapoler des valeurs liées aux loisirs par hectare à la valeur économique potentielle à l'échelle régionale ou nationale.

Globalement, il semble qu'une valeur moyenne comprise entre 2000 et 9000 \$US par hectare et par an estimée par Wells *et al.* (2006) soit une bonne estimation pour les vastes zones de mangroves situées près de populations humaines. Ces valeurs sont moins réalistes pour les mangroves isolées comme celles d'Indonésie orientale, pour les systèmes à faible diversité des zones arides, ou pour les mangroves utilisées avant tout pour la subsistance dans les pays pauvres, où les valeurs monétaires deviennent assez triviales et où tout est déterminé par l'utilisation des mangroves par les populations qui en vivent.

Un certain nombre d'études ont cherché à situer les valeurs de la mangrove dans une échelle de temps plus longue, en utilisant différents taux de réduction pour estimer la perte de valeur dans le temps – les taux varient entre 3% et 15% de réduction de valeur annuelle dans les études que nous avons parcourues (une autre de ces approches a été d'utiliser la « Valeur Actuelle Nette » qui est la valeur annuelle divisée par le taux de réduction). La somme des valeurs sur une période de 10 à 20 ans est particulièrement intéressante si les comparaisons sont faites avec des utilisations alternatives des ressources, comme la coupe à blanc ou l'établissement de bassins d'aquaculture. De telles alternatives offrent en apparence des retours annuels très élevés pendant un an à quelques années, mais ils peuvent ensuite diminuer rapidement.

Tableau 2.1 *Exemples choisis d'évaluations économiques. Les valeurs ont été converties en valeurs équivalentes au $US (2007) en utilisant l'indice des prix à la consommation (IPC), la plupart se focalisent sur des valeurs d'usage ou matérielles*

Service ou valeur	Valeur économique ($US/ha/an)	Description	Lieu	Source
Total/valeur combinée	2060-9270	Valeur estimée des bénéfices découlant des produits et services procurés par les mangroves	Global	Wells et al (2006)
	4432-4488	Bois de mangrove combiné aux produits de la pêche	Thaïlande	Sathirathai and Barbier (2001)
	1972-2577	Estimation de la valeur économique potentielle des forêts de palétuviers protégées	Vietnam	Ratner et al (2004)
	106	Valeur agrégée de 400ha de forêt fondée sur des estimations des taux d'utilisation des villages	Thaïlande - village de Tha Po	Sathirathai and Barbier (2001)
	1176	Valeurs directes, indirectes et d'option	Indonésie - Berau	Wiryawan and Mous (2003)
	104	Ressources forestières autres que le bois	Sri Lanka	UNEP/GPA (2003)
	2859	Valeur d'option*	Sri Lanka	UNEP/GPA (2003)
	22 526	Valeur économique totale*	Côte occidentale de la Malaisie	Chong (2006)
	13 819	Valeur économique totale*	Sri Lanka	UNEP/GPA (2003)
Bois d'œuvre/combustible	10	Sylviculture	Fidji	Lal (2003)
	1093	Bois d'œuvre et pour la production de charbon	Mexique, Terminos	Cabrera et al (1998)
	235	Bois d'œuvre et bois combustible	Micronésie - Kosrae	Naylor and Drew (1998)
	538	Bois combustible et production "durable" de charbon	Cambodge (Koh Kong)	Bann (1997)
	64	Revenu des prélèvements "durables" de bois	Philippines - Visayas occidentales	Walton et al (2006)
	221	Bois	Matang, Malaisie	Sani bin Shaffie (2007)
Industries de la pêche	953-21 272	Estimations de la valeur commerciale des prélèvements de poissons soutenus par la présence de mangroves	Global	Rönnbäck (1999)
	159	Industrie de la pêche	Fidji	Lal (2003)
	2146	Industrie de la pêche	Mexique, Terminos	Cabrera et al (1998)
	609	Crabe et poisson	Micronésie - Kosrae	Naylor and Drew (1998)
	108	Bénéfices de la pêche non commerciale à l'échelle locale	Cambodge (Koh Kong)	Bann (1997)
	6826	Poisson et coquillages des zones riches en mangroves	Inde - Tamil Nadu	Kathiresan and Qasim (2005)
	491-2348	Bénéfices de l'industrie de la pêche, y compris aux zones environnantes	Philippines - Visayas occidentales	Walton et al (2006)
	1480	Prélèvements par les pêcheries	Matang, Malaisie	Sani bin Shaffie (2007)
	276	Élevage de coques et en cage	Matang, Malaisie	Sani bin Shaffie (2007)
	10 071	Crabes et mollusques des mangroves	Brésil - Santa Catarina	Tognella-de-Rosa et al (2006)
	39 750	Pêche liée aux mangroves	Mexique - Golfe de Californie	Aburto-Oropeza et al (2008)
Protection côtière	41	Protection contre les tempêtes	Cambodge (Koh Kong)	Bann (1997)
	4415	Protection et stabilisation du littoral	Thaïlande - village de Tha Po	Sathirathai and Barbier (2001)
	91	Protection contre les tempêtes et contrôle de l'érosion	Sri Lanka	UNEP/GPA (2003)
	1265	Protection et stabilisation du littoral	Égypte - Nabq	Spurgeon (2002)
Biofiltration	4124	Filtre à nutriments	Fidji	Lal (2003)
	1623	Biofiltration	Mexique, Terminos	Cabrera et al (1998)
	5168	Bénéfices en terme de traitement des polluants	Sri Lanka	UNEP/GPA (2003)
	5150	Traitement des eaux usées	Brésil - Santa Catarina	Tognella-de-Rosa et al (2006)
Biodiversité	1	Habitat d'importance pour les espèces menacées (coût accepté)	Mexique, Terminos	Cabrera et al (1998)
	21	Bénéfices découlant du maintien de la biodiversité	Sri Lanka	UNEP/GPA (2003)
Loisirs	152 100	Valeur en terme de loisir et d'éducation sur une base de 15$US par visiteur	Égypte - Parc National Ras Mohammed	Spurgeon (2002)
	44/visite	Prix pour une visite incluant un "tour de la jungle" des mangroves	Mexique	Lubowski et al (2001)
	2406	Loisir	Sri Lanka	UNEP/GPA (2003)
	43	Revenu du tourisme	Philippines - Visayas occidentales	Walton et al (2006)
Séquestration du carbone	85	Bénéfices de la séquestration du carbone	Sri Lanka	UNEP/GPA (2003)
Valeurs non matérielles	412	Valeur d'existence sur une durée de dix ans*	Indonésie - Berau	Wiryawan and Mous (2003)
	5151	Valeur de non-usage*	Sri Lanka	UNEP/GPA (2003)

Cf. Note page 31

Les évaluations économiques donnent des arguments très puissants en faveur de la gestion, la protection et la restauration des mangroves. Les mangroves sont importantes en raison de leur valeur intrinsèque. Elles ont souvent plus de valeur par unité de surface que les divers usages qui en sont faits tels que l'aquaculture (Walton *et al.*, 2006 ; Aburto-Oropeza *et al.*, 2008), l'agriculture et même le développement touristique (Rohorua et Lim, 2006).

Les impacts humains

Presque toutes les régions dans lesquelles se développent les mangroves ont subi des pertes nettes au cours des dernières décennies. C'est le résultat de l'activité humaine. En outre, de nombreuses mangroves ne sont plus dans leur état originel, la plupart présentent des signes d'altération de l'écosystème, résultat de l'exploitation du bois et du prélèvement de poissons et de coquillages.

Conversion à d'autres usages

Les transformations les plus considérables des mangroves dans le monde résultent de leur conversion en espaces urbains et industriels, en bassins d'aquaculture et en terrain agricoles.

Toute conversion des terres intertidales à d'autres usages doit prendre en compte, ou supprimer les inondations par l'eau de mer. Ce défi se complique encore par le fait que les sédiments de la mangrove se compactent après son déboisement et à la suite du drainage. Ainsi, le niveau moyen des sols s'abaisse. Les solutions nécessitent le recours à l'ingénierie pour relever le niveau des terres par le remblaiement (souvent avec des matériaux dragués au large), ou par la construction de digues pour se protéger de la mer. Ces deux méthodes ont un coût considérable. En même temps, le relèvement du niveau de la mer, qui ne cesse d'augmenter en liaison avec le changement climatique, exacerbera ces défis.

La perte des mangroves a eu de graves impacts sur les populations locales souvent pauvres, qui dépendaient de cet habitat pour le bois ou la pêche. Même là où il reste encore quelques mangroves, la productivité des pêcheries a souvent fortement diminué en raison de la pollution ou de la surexploitation halieutique. Un même nombre de pêcheurs dépendent d'un stock beaucoup plus réduit.

Notes* : les économistes de l'environnement mettent en évidence un certain nombre de classes de valeurs économiques. Les plus largement utilisées sont les *valeurs d'usage* ou *valeurs matérielles*, subdivisées en *valeur d'usage directe* (activités de pêche dans les mangroves, bois, miel, substances médicinales, loisir, biofiltration, etc.) et les *valeurs d'usage indirectes* (protection côtière, soutien de la pêche au large, séquestration du carbone, protection des écosystèmes adjacents, etc.), avec des *valeurs d'option* aussi parfois considérées (les valeurs qu'un individu place sur l'usage futur potentiel). Moins largement utilisées sont les *valeurs de non-usage* ou *valeurs non-matérielles*. Ces dernières comprennent les valeurs d'existence (valeurs centrées sur l'homme placées sur la valeur perçue par la simple existence de l'objet en question, parfois divisées en motifs de leg, bienfait et d'intendance) ; et aussi des *valeurs intrinsèques* (valeurs sous-jacentes fondées sur la supposition que l'objet évalué a une valeur intrinsèque, sans tenir compte de la valeur attribuée par l'homme). La somme de toutes ces valeurs est connue comme la *valeur économique totale*. Certaines estimations des valeurs de non-usage peuvent être en effet très élevées, et bien qu'elles aient une validité avérée, elles n'ont que peu d'influence dans les discussions économiques plus larges et ne sont donc pas largement considérées.

Urbanisation

Près des centres urbains, les mangroves sont parfois détruites par l'empiétement progressif et non planifié des populations. De telles mangroves sont souvent très dégradées avant même leur disparition. Dans les zones à forte pression foncière, la valeur très élevée des terrains à bâtir a souvent justifié la coupe des palétuviers. Les acteurs de l'aménagement du territoire ont souvent considéré les mangroves comme des espaces sans valeur, propices à la conversion directe en zones industrielles, à la construction de ports ou de marinas, ou à l'expansion de lotissements. Il est rare que les bénéfices réels des mangroves soient pris en compte, mais en de rares endroits tels qu'à Naha (Japon), Sydney (Australie) et Pasir Ris (Singapour), de petits îlots de mangroves sont maintenus pour leurs attraits. Ailleurs aussi des décisions sont prises en faveur du maintien de mangroves urbaines ou périurbaines pour leurs divers rôles de soutien de la pêche, de protection des côtes, ou même de réduction de la pollution.

Les mangroves sont situées sur des surfaces quasiment planes et basses, converties à la riziculture dans de nombreuses zones.

Photo Takayuki Tsuji

Les défrichements, ici pour créer des infrastructures touristiques aux Philippines, ont eu des impacts importants sur les mangroves, même éloignées des villes.

Photo Mark Spalding

L'agriculture

La conversion de la mangrove en terres agricoles peut difficilement être justifiée par des arguments économiques, compte tenu du coût assez élevé de la conversion et de la faiblesse des revenus agricoles potentiels. Cela étant, là où la pression des populations est forte et l'espace limité, de vastes étendues ont été converties en terres arables ou en pâturages. Les cultures de rente sont particulièrement attractives. Dans de nombreuses régions, sur tous les continents, les anciennes zones de mangroves ont été considérées comme idéales pour la riziculture en raison de leur topographie presque plane. Des risques induits par la conversion de la mangrove à l'agriculture existent, naturellement. Sur de vastes étendues en Afrique de l'Ouest, le drainage et l'assèchement de ces sols ont abouti à l'apparition de sols très acides, impossibles à cultiver. Au Guyana, de grandes parcelles de mangroves ont été converties à l'agriculture à cause de l'appauvrissement des sols de l'intérieur des terres. Bien que très productives, beaucoup de ces surfaces se situent au niveau ou en-dessous du niveau de la mer, nécessitant la construction et l'entretien coûteux des digues. Là où de telles conversions ont eu lieu dans le passé, les inondations et la salinisation des sols ont conduit à des pertes de productivité ou à l'abandon des terres.

La conversion des mangroves en terrains à bâtir ou agricoles demande des travaux d'ingérierie de grande ampleur. Comme le niveau des océans se relève autour du monde, le prix de l'entretien de ces terres basses va certainement s'accroître fortement.

Photo Mark Spalding

L'aquaculture

L'une des raisons premières de conversion dans les décennies passées a été le développement de l'aquaculture, en particulier la crevetticulture.

Les techniques de crevetticulture sont très variables. Les systèmes extensifs sont généralement construits dans la zone intertidale. Ils sont une cause majeure de la disparition des mangroves. Dans de tels systèmes, comprenant des bassins pouvant couvrir plusieurs hectares, les marées sont utilisées pour faciliter les échanges hydriques et le rejet des eaux usées. Ces systèmes dépendent généralement du stock naturel de larves de crevettes pénéides apportées par les marées ou ensemencées avec des larves sauvages. Ils constituent la forme d'aquaculture la plus commune dans de nombreux pays dont l'Indonésie, les Philippines ou le Bangladesh. Les systèmes d'aquaculture plus intensifs se situent souvent au-dessus du niveau des marées hautes : des pompes assurent le renouvellement de l'eau et les larves proviennent de nurseries spécialisées ou de fournisseurs intermédiaires. Ces systèmes intensifs sont hautement productifs mais dépendent de l'apport de nourriture extérieure, souvent préparée à partir de farines de poissons. Les productivités élevées sont possibles grâce au recours à des fongicides, des pesticides et des antibiotiques. Bien qu'ils n'aient pas nécessairement d'impact direct sur les mangroves, les flux d'eau sortant de ces bassins, chargés de produits chimiques et de nutriments, peuvent être très polluants, et avoir des impacts considérables sur les écosystèmes limitrophes et sur les pêcheries côtières (*Shrimps News International*, date inconnue).

De nombreux bassins d'aquaculture sont abandonnés quand les concentrations de germes pathogènes et de polluants dans les sédiments deviennent trop abondantes. Malheureusement, de telles zones ne peuvent pas être recolonisées par les mangroves, sauf à détruire les diguettes des bassins et en rétablissant ainsi les flux hydriques.

Dans beaucoup de zones aquacoles, les mangroves résiduelles sont considérées comme importantes pour leurs rôles d'épuration de l'eau, de protection contre l'érosion et pour l'apport de nouvelles larves de crevettes. La récolte de larves sauvages est une source importante d'emploi dans certaines régions, mais même ces prélèvements peuvent avoir un impact négatif. Dans la partie indienne des Sundarbans, de telles larves peuvent constituer seulement 0,25% de la prise, et la quasi-totalité de ce qui reste est rejeté à l'eau, souvent mort, réduisant de manière significative les stocks disponibles pour les pêcheries côtières (Sarkar and Bhattacharya, 2003).

La surexploitation forestière

Les mangroves bien gérées comme celles de Matang en Malaisie et les vastes étendues des Sundarbans, en Inde et au Bangladesh, ont des rendements élevés et durables. Ce sont des exceptions. Le plus souvent, les mangroves sont exploitées sans modalités précises de gestion. Dans une certaine mesure, ces situations peuvent aussi être durables à échelle réduite. Cependant, la diminution du stock peut engendrer des coûts économiques et sociaux par la baisse des rendements dans le temps. Des coûts écologiques peuvent aussi être générés, en particulier par l'abaissement de la productivité et parfois par des problèmes de substitutions d'espèces, certaines espèces étant plus recherchées que d'autres. On a souvent observé la colonisation rapide de trouées dans la mangrove par des fougères qui empêchent l'établissement des arbres. Dans certaines zones arides, notamment au Moyen-Orient, la consommation des feuilles des palétuviers par les chèvres et les chameaux peut représenter une autre forme de surexploitation, causant la dégradation et la dégénérescence des ligneux.

La forte valeur ajoutée des crevettes sur les marchés internationaux a engendré des défrichements massifs de mangroves autour du monde (ici dans la Province de Manabi en Équateur). Nombreuses sont les entreprises qui ont souffert des maladies et de la pollution ou bien de la volatilité des marché. Malheureusement les avantages et les services considérables que procuraient les mangroves originelles ont été perdus dans cette conversion.

Photos Takayuki Tsuji (à gauche) et Mark Spalding (à droite)

L'extraction du bois pour la production de charbon a détruit ces mangroves au Congo. Leur régénération naturelle peut prendre des décennies.

Photo Lucy W. Keith

La surexploitation halieutique

Comme nous l'avons montré ci-dessus, l'importance des mangroves pour les entreprises aquacoles est immense et constitue un argument essentiel en faveur du maintien de la couverture existante de palétuviers dans de nombreuses régions. Il est rare que la surexploitation halieutique affecte la forêt elle-même, bien que le piétinement par les pêcheurs puisse endommager les racines et empêcher la régénération. L'une des préoccupations majeures est la cascade d'effets engendrés par cette surexploitation, conduisant à une réduction des stocks et des pertes de revenus ou d'emplois. Dans de telles circonstances, les forêts de palétuviers elles-mêmes auront, aux yeux des communautés voisines, une valeur perçue comme étant plus faible, et seront dès lors moins à l'abri d'autres impacts humains. La surexploitation halieutique est un problème dans beaucoup de régions, à la fois localement pour l'écosystème, mais aussi pour les pêcheries maritimes dépendant des mangroves. Les captures annuelles cumulées de crevettes pénéides sauvages, dans tous les pays comportant des mangroves, montrent un pic au début des années 1980. Un déclin graduel s'en est suivi. On comptait 30% de captures en moins en 2006, par rapport à celles des années 1980. Il n'est pas possible de dissocier les crevettes ne dépendant pas des mangroves de ces données. Bien qu'elles soient minoritaires, il est raisonnable de supposer que cela indique une surexploitation croissante (Alongi, 2009).

La pollution

Les mangroves peuvent survivre à des niveaux de pollution qui seraient défavorables à d'autres écosystèmes comme les récifs coralliens. Les apports en nutriments peuvent même favoriser leur croissance. Leur capacité à assimiler les nutriments provenant des déchets humains a été considérée comme un atout supplémentaire des mangroves. Cela étant, des apports trop élevés en nutriments peuvent affecter l'écosystème, avec des impacts surtout notables sur les poissons et sur les pêcheries. La pollution par les hydrocarbures a causé la mort de mangroves – par exemple, au Panama et au Nigeria (Duke, 1996 ; Chindah *et al.*, 2007). Les causes de cette mortalité sont liées aux effets toxiques du pétrole ou à l'asphyxie physique des racines, ou à la combinaison des deux.

La sédimentation

Les mangroves se sont adaptées pour vivre dans de nombreux systèmes côtiers très dynamiques. Elles se développent fort bien dans des zones connaissant des déplacements d'alluvions et des accumulations sédimentaires, comme les systèmes deltaïques. Ce sont des colonisateurs très actifs de nouveaux dépôts sédimentaires comme l'illustrent la colonisation du delta de la Mahakam à Bornéo, ou les déplacements de vases le long de la côte en Guyane Française. Néanmoins, lorsqu'une accumulation très rapide de sédiments se produit, il arrive qu'elle ait des conséquences négatives. En 1998, l'ouragan Mitch a provoqué le transport de quantités massives de sédiments le long des côtes du Honduras, induisant localement des dépôts très élevés. Des études sur la côte du Pacifique ont montré que les zones où les accumulations sédimentaires pouvaient atteindre une quinzaine de centimètres ne présentaient pas de mortalité. Par contre, là où l'épaisseur de nouveaux sédiments était comprise entre 50 et 100 cm au-dessus du sol, il s'en est suivi une mortalité massive. Bien que la régénération de la mangrove y ait été observée, les changements d'une telle ampleur ont des conséquences notables sur la structure de la nouvelle forêt et sur le fonctionnement hydrique de l'écosystème (Cahoon et Hensel, 2002).

Les déchets solides peuvent être déversés où accumulés dans les mangroves. En plus des impacts possibles sur la santé des populations et sur l'esthétique, ils compromettent le fonctionnement des racines et peuvent tuer les arbres.

Photo Shigeyuki Baba

La modification du régime hydrique

Les apports réguliers d'eau douce et d'eau salée protègent les mangroves contre l'excès de sel dans le sol et dans l'environnement racinaire, contribuent au cycle des sédiments et assurent leur alimentation en nutriments.

L'ingénierie côtière – la construction de routes, le creusement de canaux, les digues ou d'autres infrastructures proches ou traversant les mangroves – est un problème bien particulier. Les routes, par exemple, sont souvent construites sur des vasières côtières dans les pays arides, causant l'assèchement et l'hypersalinisation de mangroves situées vers l'intérieur des terres. Au Guyana, une digue a été construite pour protéger des

Illustration de l'impact dramatique de la construction de routes sur les marais côtiers. Les vasières nues, sur la partie continentale de cette route, à Bragança, au Brésil, ont perdu toutes leurs mangroves à la suite de modifications des flux hydriques.

Photo Shigeyuki Baba

Encart 2.1 Les mangroves et les changements climatiques

Eric L. Gilman *(Global Biodiversity Information Facility et School of Geography and Environmental Studies, University of Tasmania)*, **Joanna Ellison** *(School of Geography and Environmental Studies, University of Tasmania)*, **Norman C. Duke** *(Centre for Marine Studies, University of Queensland, Australia) et* **Colin Field** *(University of Technology – Sydney, Australia) Technology – Sydney, Australia)*

Le changement climatique d'origine anthropique est actuellement considéré comme l'une des principales menaces pesant sur les écosystèmes naturels. Les activités humaines ont déjà entraîné d'importantes augmentations des concentrations atmosphériques de gaz à effet de serre, dont une augmentation de 35% des taux de dioxyde de carbone (CO_2) entre 1880 et 2005. Ces augmentations s'accélèrent et ont déjà causé des changements climatiques (IPCC, 2007). Les projections prévoient des changements considérables, dont un réchauffement, une augmentation du niveau des mers et des océans, des modifications du régime des précipitations, et une augmentation de la fréquence et de l'intensité des tempêtes. De ces conséquences, celle qui aura probablement l'effet le plus néfaste sur les mangroves est l'augmentation du niveau des mers et des océans.

Alors qu'il a été stable pendant deux millénaires, le niveau moyen des mers et des océans s'est relevé de 12 à 22cm au cours du 20ième siècle, cette tendance s'étant accélérée au cours des dernières décennies. Des projections récentes de ce relèvement donnent une élévation de 90 à 130cm supplémentaires d'ici la fin du 21ième siècle (Grinsted et al., 2009). De telles tendances varient bien sûr en fonction de situations régionales et locales*, alors que même pour une mangrove donnée, l'élévation du substrat est très dynamique, influencée in situ par plusieurs phénomènes biologiques et physiques (voir Chapitre 1). Une étude sur l'élévation des mangroves en réponse aux élévations relatives récentes du niveau des mers et océans (Cahoon et al., 2006) montre une variabilité considérable des réponses. Dans la plupart des cas, les tendances à l'accrétion sur le substrat des mangroves présentaient une corrélation positive avec l'élévation du niveau des mers et océans, et équivalaient à ces élévations ou les dépassaient. Cependant, presque partout, cette accrétion était contrebalancée par la subsidence du substrat plus profond, conduisant globalement à un abaissement du substrat. Sur ces sites, les sols des mangroves ne restaient pas stables, même dans les conditions actuelles de relèvement du niveau des mers (Cahoon et al., 2006 ; Gilman et al., 2008).

Quand le relèvement relatif de la mer est assez étendu, les mangroves peuvent parfois se déplacer vers l'intérieur des terres, avec des espèces migrant pour maintenir leur position optimale dans la zone de balancement des marées (voir Figure 2.1a) (Field, 1995 ; Duke et al., 1998 ; Ellison, 2003). Le taux d'élévation du niveau des mers pourrait, bien sûr, influencer de manière importante un tel phénomène, même en conditions naturelles. Les espèces vont être différemment affectées, les espèces caractéristiques des marges océaniques souffriront peut-être de pertes disproportionnées, alors que les espèces se développant plus rapidement pourront coloniser plus vite de nouveaux espaces. Cependant, la disponibilité de substrats adéquats sur les marges continentales sera toute aussi importante. À beaucoup d'endroits, de tels espaces ne seront pas disponibles, soit à cause de la géomorphologie des terres adjacentes ou à cause d'espaces anthropisés par la présence de l'aquaculture, l'agriculture, de systèmes

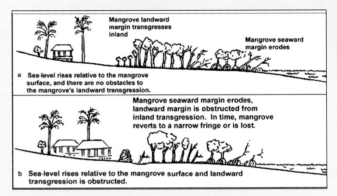

Figure 2.1 Réponses générales des mangroves à l'élévation relative du niveau des mers. « a » – sans barrières continentales, où les mangroves peuvent se déplacer vers l'intérieur des terres ; « b » – où des barrières empêchent de tels déplacements.

Source, adapté de Gilman et al. (2006)

urbains ou industriels, protégés par des digues ou d'autres structures. En de tels endroits, les zones humides de type mangroves seront restreintes à une frange de plus en plus rétrécie ou disparaîtront localement (voir Figure 2.1b).

À l'avenir, l'élévation relative du niveau des mers pourrait donc être l'une des principales menaces pesant sur les mangroves ; cependant, les conséquences vont être très variables, influencées, d'abord, par la vitesse des changements selon les zones, par les facteurs naturels influençant l'élévation, et, enfin, par la possibilité qu'a l'écosystème de migrer vers l'intérieur des terres, qui dépend principalement de l'occupation anthropique du sol.

De 1906 à 2005, la température moyenne de surface à l'échelle globale a augmenté de 0,74°C (± 0,18°C), avec une tendance accélérée. La plupart des modèles prédisent des élévations de 2 à 4°C dans les 100 prochaines années (IPCC, 2007). L'augmentation de la température de surface pourrait avoir différents impacts sur les mangroves :

- des modifications dans leur composition spécifique ;
- des modifications de la période de floraison et de fructification ;
- une augmentation de la productivité en-deçà d'un seuil de température à ne pas dépasser ;
- une expansion des mangroves à de plus hautes latitudes où leur distribution est limitée par la température (Field, 1995 ; Duke *et al.*, 1998 ; Ellison, 2003).

L'élévation des taux atmosphériques de CO_2 pourrait également augmenter la productivité et permettre une utilisation plus efficace de l'eau chez certaines espèces de palétuviers (Field, 1995 ; Ellison, 2000). Ceci pourrait favoriser la croissance des arbres quand le gain en carbone est limité par l'évaporation foliaire, mais pas quand il est limité par la salinité trop élevée du substrat. Il n'a pas été démontré qu'une élévation du taux de CO_2 puisse favoriser le développement palétuviers dans des milieux où les

Encart 2.1 Les mangroves et les changements climatiques (Suite)

Le relèvement du niveau des mers sera l'une des plus importantes menaces pesant sur les mangroves dans les décennies à venir, en particulier là où les mangroves ne peuvent pas se déplacer vers l'intérieur des terres à cause de l'utilisation anthropique des sols et à cause des protections mises en place par l'ingénierie côtière.

Photo Shigeyuki Baba

concentrations en sels sont supérieures à celles actuellement tolérées par ces espèces.

Les changements du régime des précipitations et les changements concomitants de l'aridité dus aux changements climatiques auront aussi des conséquences sur la croissance, la composition en espèces et la distribution des mangroves (Field, 1995 ; Duke et al., 1998 ; Ellison, 2000). Les augmentations nettes de précipitations sont prédites globalement, mais elles toucheront principalement les latitudes plus élevées. Beaucoup de régions subtropicales connaîtront des diminutions selon les prédictions. Des diminutions sont déjà constatées en Afrique de l'Ouest, en Asie du Sud, au sud de l'Amérique du Nord et en Amérique centrale, et dans certaines régions d'Australie (IPCC, 2007). Une augmentation des précipitations pourrait favoriser la croissance et la biodiversité, et augmenter la surface des mangroves par la colonisation de zones préalablement non boisées de la frange continentale. Par contre, une diminution des précipitations conduira

probablement à une diminution de la productivité et de la diversité, et à une perte de mangroves au profit de surfaces côtières hyper-salées et dénudées (Field, 1995 ; Ellison, 2000). Dans de nombreuses régions cela sera exacerbé par les augmentations des besoins humains en eau douce, venant réduire le débit des cours d'eau.

Les augmentations prévues du niveau et de la fréquence des phénomènes extrêmes de montées des eaux (Woodworth and Blackman, 2004) et de la fréquence et de l'intensité des tempêtes résultant du changement climatique global pourraient aussi altérer la distribution et la santé des mangroves. Les récifs coralliens, qui constituent souvent une protection au large, permettant d'avoir des conditions calmes sur le littoral, sont connus pour être particulièrement vulnérables aux élévations des concentrations en CO_2 et aux changements de température (Kleypas, 1999 ; Wilkinson, 2008).

En réalité, les réponses des mangroves et des autres zones humides côtières au changement climatique seront complexes – certaines zones pourraient connaître une expansion et une croissance plus importante des palétuviers, mais les pertes dues aux tempêtes, à l'accroissement de la salinité et, plus particulièrement, à la montée relative du niveau des mers pourraient venir contrecarrer ces influences positives, entraînant des pertes nettes de mangroves dans de nombreuses régions. Axer les recherches au niveau local, en développant en particulier les relevés de terrain détaillés et la surveillance continue, permettra d'améliorer notre compréhension de ces impacts et nous aidera à distinguer les influences liées aux conditions locales de celles dues aux changements globaux. Il est aussi important de mieux préparer nos réponses aux conséquences du changement climatique sur les mangroves, par des mesures de gestion côtière facilitant la migration des mangroves parallèlement à l'élévation du niveau des mers, et permettant de comprendre les conséquences de ces changements littoraux.

Note : * L'influence de l'élévation du niveau des mers est très variable et le terme « élévation relative du niveau des mers » est utilisé pour décrire une élévation du niveau de la mer relative aux zones continentales proches, mesurée à partir d'un marégraphe relié à un repère fixe. Une telle mesure ne prend pas seulement en compte les changements eustatiques « globaux » du relèvement des océans, mais aussi les changements locaux provenant des mouvements tectoniques, de la subsidence côtière et des phénomènes océanographiques, comme El Niño.

---

zones côtières récemment défrichées contre les inondations. Ici, les mangroves ont été épargnées sur la façade océanique car elles sont considérées comme un rempart important pour la protection côtière. Malheureusement, dans bien des cas, l'ingénierie côtière a conduit au creusement de nouveaux canaux et à réunir le système naturel de drainage en un petit nombre de chenaux, privant certains espaces couverts de mangroves des apports naturels d'eau douce. Cela aboutit inévitablement à leur dégénérescence et à leur disparition.

L'une des menaces en augmentation constante est la réduction du débit d'eau douce aux embouchures. Dans la plupart des cas, ces changements sont dus à la construction de barrages et à l'utilisation croissante de l'eau douce pour l'irrigation. C'est le cas, par exemple dans le delta du Zambèze au Mozambique et dans celui de l'Indus au Pakistan. Dans ce dernier cas, le débit au niveau de l'embouchure a été réduit de 90% et le fleuve

ne s'écoule plus jusqu'à la mer que deux mois par an. Cela a conduit à des pertes de mangroves, à la diminution de la diversité (*Avicennia* devenant dominante), ainsi qu'à l'aggravation de l'érosion côtière en raison de la réduction des apports sédimentaires.

Les changements dans le temps

Les mangroves sont des milieux dynamiques par nature. Leur surface peut diminuer, à cause de l'érosion et des dégâts causés par les tempêtes, ou s'étendre sur de nouvelles zones sédimentaires. De telles modifications sont insignifiantes par rapport aux changements causés par l'homme.

Les évaluations les plus détaillées des changements observés dans les mangroves ont été établies par la FAO (2007). Cette étude recoupe le présent travail et, même si nous avons dû revoir les surfaces estimées pour un certain nombre de pays, l'estimation globale de ce travail

(152 308 kilomètres carrés en 2005) est très proche de la nôtre. Lorsqu'on essaie d'expliquer les variations des chiffres obtenus par les uns et par les autres sur la surface des mangroves, on s'aperçoit combien il est difficile de savoir ce qui revient d'une part au changement spatial réel sur le terrain et d'autre part ce qui découle des variations liées aux différents modes de cartographie (voir Chapitre 3). Dans son travail de 2007, la FAO a estimé la couverture totale à partir de plus de 2900 sources différentes et jeux de données, et finalement a obtenu ses données à partir de 900 estimations nationales. Après avoir validé la fiabilité et la compatibilité de ces données, il a été possible, pour la plupart des pays, d'utiliser plusieurs sources de données pour produire une tendance générale dans les changements des surfaces de mangroves dans le temps. Un résumé en est présenté dans le Tableau 2.2.

Ces données font apparaître qu'en 25 ans, les mangroves ont subi des pertes dramatiques dans toutes les régions du monde autres que l'Australie, avec quatre régions montrant des pertes de plus de 20%. Une analyse plus poussée montre que la plupart de ces pertes ont eu lieu durant les premières années de la période étudiée, avec des pertes annuelles moyennes d'environ 1,04% dans les années 1980, 0,72% dans les années 1990, et baissent jusqu'à 0,66% par an dans les 5 dernières années de l'étude. Ces estimations sont plus faibles que celle de Duke *et al.* (2007) s'élevant à 1 à 2% par an, et que celle de Valiela *et al.* (2001) donnant 2,07% par an.

La diminution de ce taux de déforestation n'est pas rassurante pour autant car les mangroves sont des peuplements aux dimensions modestes. En effet, ces taux de disparition des mangroves sont trois à quatre fois plus élevés que les pertes forestières globales qui étaient estimées à 0,22% par an dans les années 1990, et ont chuté à 0,18% par an entre 2000 et 2005 (FAO, 2006).

Cette étude de la FAO (2007) représente l'évaluation globale la plus détaillée jamais entreprise sur les changements des surfaces en mangroves dans le temps. Compte tenu des défis liés à la variabilité des données provenant de sources si différentes, il est intéressant de se pencher sur les pertes mesurées à des échelles locales. Ces études ont l'avantage de présenter des valeurs pour lesquelles les problèmes inhérents à la variabilité des données ont été corrigés. Certaines études se fondent même sur des séries temporelles compilées en utilisant des méthodes compatibles pour chaque période. Certaines d'entre elles sont présentées dans le Tableau 2.3.

Les statistiques nationales de la FAO (2007, non présentées), ainsi que les autres données illustrées par le Tableau 2.3, montrent l'importance d'observer les tendances de chaque région à une échelle plus précise. Certains pays sont très éloignés des tendances régionales. Par exemple, le Pakistan, le Honduras, la République Démocratique du Congo, le Vietnam, la Sierra Leone et le Salvador avaient tous perdu, en 2005, 40% de leur couverture de 1980 (FAO, 2007). À l'opposé plusieurs pays ont connu des baisses inférieures à 1% au cours de la même période. Certains de ces pays ou régions sont très importants par l'étendue de leurs mangroves comme l'Australie, le Bangladesh, Cuba, le Surinam, Brunéi Darussalam, les îles Turques-et-Caïques et la Guyane Française.

Enfin, il est important de souligner que parallèlement aux disparitions de mangroves, beaucoup de ces peuplements ont été fortement dégradés. Dans les Sundarbans, quelques 78% des mangroves avaient des canopées denses et fermées en 1959 ; cette proportion n'était plus que de 0,2% en 1996 (Siddiqi, 2002). Dans le delta du Niger, bien que nous ne disposions d'aucune statistique, la pollution et les modifications du régime hydrique ont aussi dégradé de vastes étendues.

La volonté politique, la réglementation et les mesures de gestion sont largement développées au niveau des Nations. Les variations considérables entre pays dans l'évolution des mangroves peuvent être directement

Tableau 2.2 *Estimation du déclin des surfaces des mangroves par région, depuis 1980 d'après la FAO (2007)*

	Surface de mangroves (km²)				Changements surfaciques 1980-2005	Changement annuel
	1980	**1990**	**2000**	**2005**		
Afrique de l'Est	9 460	9 251	8 904	8 716	7,87%	0,31%
Moyen-Orient	739	670	618	613	17,00%	0,68%
Asie du Sud	12 893	11 433	10 912	10 898	15,47%	0,62%
Asie du Sud-Est	63 893	55 191	50 021	46 989	26,46%	1,06%
Asie Orientale	350	291	238	233	33,40%	1,34%
Australasie	14 860	14 810	14 790	14 770	0,61%	0,02%
Océan Pacifique	6 954	6 095	5 328	4 955	28,75%	1,15%
Amérique du Nord et du Centre	29 508	25 922	23 520	22 627	23,32%	0,93%
Amérique du Sud	22 223	20 733	19 956	19 779	11,00%	0,44%
Afrique de l'Ouest et du Centre	27 060	24 854	23 112	22 728	16,01%	0,64%
Total	**187 940**	**169 250**	**157 399**	**152 308**	**18,96%**	**0,76%**

Note : les estimations surfaciques de mangroves sont différentes de celles présentées dans le tableau 1.2 et ne peuvent donc pas y être directement comparées.
Source : *FAO, 2007*

attribuées à l'application de telles mesures. Par exemple, les données de la FAO montrent que depuis 1980 l'Indonésie a perdu 31% de ses mangroves, alors que la Malaisie n'en a perdu que 16%. Cela peut s'expliquer par le réseau de réserves forestières nationales mis en place pour la gestion de la plupart des forêts malaises. En revanche, même si l'Indonésie a adopté des mesures pour une utilisation durable des mangroves, ces mesures ont été très peu suivies et la pression foncière côtière reste extrêmement forte.

La gestion des mangroves

Le plus ancien document légal connu ayant offert une protection partielle aux mangroves est un décret de 1760 du roi Joseph Ier du Portugal. Soucieux d'assurer un approvisionnement durable en écorce de palétuviers pour l'industrie du tannage dans une partie du Brésil, il statua par décret sur l'exclusivité de la coupe des palétuviers à des fins d'utilisation des tanins contenus dans l'écorce, s'assurant ainsi que le bois d'œuvre et de chauffage provenait d'espèces de moindre valeur.

Une sylviculture durable

De vastes forêts de palétuviers sont gérées de manière intensive en Asie. Les exemples les plus connus sont certainement ceux des Sundarbans au Bangladesh et en Inde, et de Matang en Malaisie. Dans le premier cas, des documents montrent une gestion de la forêt remontant à 1759, et une planification scientifique établie à la fin du 19ième siècle (Chowdhury and Ahmed, 1994 ; Saenger, 2003), tandis que la forêt de Matang a été gérée durablement depuis 1902 (Chan, 1996).

Ces forêts sont gérées dans un but commercial, avec des structures parfaitement opérationnelles de plantation (même si la régénération naturelle est aussi favorisée). Les éclaircies sont réalisées après plusieurs années afin de produire une première récolte, puis viendra la coupe finale. De tels cycles peuvent durer 30 ans ou plus. Ils nécessitent pour réussir de vastes étendues boisées et des mesures politiques et de gestion stables sur le long terme. Quand la gestion est intégrée et associée aux pêcheries locales, l'activité de sylviculture peut être très lucrative (voir Tableau 2.1).

Restauration et boisement

En de nombreux endroits du monde, des mangroves ont été plantées, ou leur développement a été favorisé par des nettoyages de sites. Des exemples sont donnés dans le Tableau 2.4. En général, le terme « restauration » est réservé aux zones où les mangroves réinvestissent des lieux où elles étaient anciennement établies. Le terme « boisement » est réservé aux autres zones, autrefois dépourvues de mangroves ou dont on ne connaît pas l'occupation du sol passée.

Les premiers projets de plantation de mangroves ont été mis en oeuvre pour assurer une ressource suffisante en bois d'œuvre et de chauffage (Walton *et al.*, 2006), ou pour la production de sucre, d'alcool et de chaumes pour toitures avec les *Nypa*, ou bien encore pour se protéger contre les typhons comme par exemple aux Philippines (Primavera and Esteban, 2008). Depuis les années 1980, les objectifs de ces plantations se sont considérablement élargis. On peut citer la protection des biens et des populations côtières contre les tempêtes tropicales, la lutte

Tableau 2.3 *Exemples choisis de déclins des mangroves*

Zone géographique	Perte	Période	Source
Australie	Environ 17%	Depuis l'arrivée des Européens	Duke (2006)
Équateur	20-30%	1977-2007	Shervette et al (2007)
Salvador	681ha/an	1990-1996	Gammage et al (2002)
Inde	40%	120 dernières années	ADB (2005)
Malaisie	111 046ha (16%)	1973-2000	Chong (2006)
Panama	124 000ha	1960-1993	Lacerda (1993, p123)
Thaïlande	50%	1961-1996	Vannucci (2004)
Vietnam - Tra Vinh	Diminution de 21 221ha à 12 797ha (dont 5784ha de plantations)	1965-2001	Thu et Populus (2007)
Inde - Godavari	3130ha	1986-2001	Ramasubramanian et al (2006)
US - Floride	Diminution de 260 000ha à 200 000ha	Until 2001	Lewis (2001)
Porto Rico	Diminution de 24 310ha à 6410ha	Until 2001	Lewis (2001)
Mexique	1-2,5% per annum	1976-2000	INE (2005)
Delta du Niger	Diminution de 703 800ha à 683 500ha	1986-2003	James et al (2007)
Mer des Andamans, Thaïlande	0,73% par an	1975-2005	Giri et al (2007)
Myanmar	Circa 1% par an	1975-2005	Giri et al (2007)
Bangladesh	+0,14% par an	1975-2005	Giri et al (2007)
Côte orientale de l'Inde	+0,04% par an	1975-2005	Giri et al (2007)
Sri Lanka	0,08% par an	1975-2005	Giri et al (2007)

La forêt de Matang en Malaisie pourrait être l'une des forêts tropicales les plus anciennement gérées dans le monde. Elle produit de grandes quantités de bois et de charbon, procure un site nourricier aux pêcheries et l'industrie touristique s'y développe.

Photo Mami Kainuma

contre l'érosion, la conservation de la biodiversité, les effets positifs sur l'aquaculture autant de bonnes raisons venant compenser en quelque sorte la disparition des mangroves en d'autres endroits sous la pression des promoteurs (Field, 1996 ; Walton *et al.*, 2006). Les mangroves sont aussi plantées pour leurs attraits esthétiques au Moyen-Orient (Saenger, 2003), et même comme source de fourrage pour le bétail (Sato *et al.*, 2005). Souvent, les avantages de ces plantations sont multiples. Près de décharges à Rio de Janeiro, les plantations de palétuviers ont embelli l'espace, réduit la pollution, et aidé au contrôle des insectes et des rongeurs car les mangroves constituent un habitat pour les oiseaux prédateurs de rongeurs (Lacerda, 2003). Généralement, même lorsque le projet de plantation n'a qu'un seul objectif avéré, on découvre d'autres retombées largement appréciées.

La restauration sur d'anciens bassins d'aquaculture peut être extrêmement difficile car il faut rétablir les régimes hydriques et des surfaces importantes soumises aux marées doivent être reconstituées. Ce site à Bali a été restauré grâce à la contribution de l'Agence Japonaise pour la Coopération Internationale au début des années 1990. C'est aujourd'hui une belle forêt.

Photo Shigeyuki Baba

Réhabilitation et boisement pour protéger les littoraux. En haut, pour protéger des réservoirs d'hydrocarbures à Fidji ; au centre, pour réduire l'érosion côtière provoquée par les mouvements des bateaux, dans le Jupiter Lagoon, en Floride; en bas, sur un récif corallien à Kiribati, où des élèves sont engagés dans un projet de protection des terres contre l'érosion et les cyclones.

Photos Mark Spalding (en haut et au milieu), Shigeyuki Baba (en bas)

Le boisement de nouvelles zones est aussi répandu. Sur les îles Marshall et en Polynésie Française, il semblerait que les mangroves aient été introduites par les premiers colonisateurs voici plusieurs siècles, mais la transplantation s'est répandue à d'autres régions depuis Hawaï jusqu'au Moyen-Orient.

Malgré l'amplitude écologique et la résistance des palétuviers qui peuvent rapidement coloniser des sédiments de la zone intertidale, certains projets de restauration ont échoué, souvent par manque de recherches et d'organisation – par exemple, en utilisant des espèces inadaptées au milieu ou à la zone propice dans l'espace intertidal (Primavera and Esteban, 2008 ; Samson and Rollon, 2008). Les efforts pour restaurer des bassins d'aquaculture abandonnés constituent un défi de taille en raison de l'ampleur des travaux d'ingénierie côtière qui s'y sont développés. Il est même arrivé que des mangroves restaurées ont été à leur tour dégradées ou supprimées au profit de programmes de développement côtier ou pour en extraire les ressources en bois.

Tableau 2.4 *Exemples de restauration de mangroves à travers le monde*

Zone géographique	Période	Statistiques	Notes	Source
Australie - Aéroport de Brisbane	Années 1970	11ha	Environ 50 000 plantes sur un canal de drainage, compensation partielle des pertes liées à la construction des pistes	Field (1996)
Bangladesh	1960-2001	148 500ha		Iftekhar et Islam (2004)
Bénin		>1 million de jeunes plants	Principalement à l'est ; mais 200 000 ont été plantés dans les lagunes du sud où le taux de survie était de 62%	Akambi (2003)
Brésil - sud et centre		10 000ha		Lacerda (2003)
Cuba	1984-1994	44 000ha		Suman (2003)
Inde - Andhra Pradesh	2007	100ha		Duvuru (2006)
Inde - Godavari	1986-2001	594ha		Ramasubramanian et al (2006)
Indonésie	1980-1992	48 923ha		Kunstadter (1999)
Pakistan	1985-2004	19 000ha	16 000ha de plantations plus 3000ha de régénération naturelle assistée	Qureshi (2004)
Philippines - projets à grande échelle	En 2007	44 000ha	Pertes assez élevées	Samson et Rollon (2008)
St Martin	2003-2005	575 jeunes plants		EPIC (2005)
Thaïlande - Pak Phanang Bay	1997	8ha	40% des jeunes plants ont survécu	Erftemeijer et Lewis (1999)
Thaïlande - Surat Thani	2001	800ha	Restauration des mangroves dans les bassins à crevettes abandonnés	Lewis (2001)
US - Hollywood, Floride	4 années	500ha	Restauration, pas de plantation requise	Lewis et Gilmore (2007)
Vietnam - zones méridionales	1975-1998	67 637ha		Hong (2004)

Modification du trait de côte

La migration des mangroves vers l'intérieur des terres est parfois encouragée, en réponse à une subsidence ou à l'élévation du niveau des mers. Cette évolution n'est pas toujours considérée comme une restauration ou un boisement. Ce phénomène peut, bien entendu, être naturel. Mais lorsque les mangroves arrivent au contact de périmètres habités, il y a fort à parier que ces terrains très convoités feront peu de place aux mangroves qui vont être restreintes à d'étroites franges intertidales (voir Encart 2.1.). Les propriétaires terriens cherchent à éviter l'inondation de leurs terrains ou leur colonisation par les palétuviers. On sous estime les coûts insoupçonnés engendrés par la perte de ces mangroves et les avantages de la migration des mangroves vers l'intérieur des terres. Dans de telles situations il peut être avantageux d'intervenir et d'apporter un soutien aux propriétaires privés.

Dans les marais maritimes des régions tempérées, les remises en eaux contrôlées d'anciennes terres agricoles et le rétablissement des communautés d'halophytes ont été saluées comme étant des moyens d'adaptation à l'élévation du niveau moyen des océans, avec un rapport coût-efficacité très intéressant. Cette pratique du recul du trait de côte (managed retreat) permet la création et le maintien d'un espace important pour la pérennité des pêcheries et pour la biodiversité. En outre, la végétation colonisatrice protège les côtes contre l'érosion à un coût bien plus faible que celui de la construction de murs de soutènement.

La restauration des flux hydriques

La diminution des apports d'eau douce arrivant jusqu'aux côtes et les modifications dans la circulation hydrique à la suite de travaux d'ingénierie côtière peuvent avoir des conséquences très négatives. La littérature scientifique spécialisée renferme un grand nombre d'exemples montrant comment les flux hydriques peuvent être restaurés, naturellement ou artificiellement, dans les cours d'eau et dans les zones humides. Ces méthodes peuvent permettre un rétablissement partiel ou total de l'écosystème tout en conservant les services procurés par les ouvrages antérieurs. Le Parc National du Diawling au Sénégal a été établi en grande partie pour sauvegarder l'habitat d'impressionnantes populations d'oiseaux, mais il a été mis en place trop tard – juste après la construction d'un barrage en amont qui a complètement bloqué les écoulements d'eau douce, entraînant une hyper salinisation des zones humides. Des étendues de mangrove ont disparu et un comptage des limicoles immédiatement après la mise en place de ce Parc National n'y a répertorié que trois oiseaux (individus). Dans ce cas, heureusement, des travaux immédiatement entrepris afin de rétablir un régime d'inondation ont conduit au rétablissement des mangroves, de savanes et de pêcheries importantes pour les populations locales.

Protection générique

Plusieurs pays, dont le Brésil, le Mexique, le Cambodge, le Salvador et la Tanzanie, ont mis en place des cadres légaux visant à la protection de toutes les mangroves de leurs territoires. Au Brésil, la loi fédérale protège toute la végétation côtière, et d'autres dispositions réglementaires restreignent le développement touristique et aquacole. Généralement, ces lois permettent la délivrance de permis d'exploitation qui peuvent favoriser une gestion durable, mais dans certains pays elles sont négligées et les dégradations perdurent. Ailleurs, les textes législatifs ont une visée plus précise. Par exemple, aux Philippines, les règles d'établissement de nouveaux bassins d'aquaculture sont strictes, et comportent des exigences relatives au maintien de mangroves le long du littoral.

En Australie et aux États-Unis d'Amérique, de sévères dispositions dans les plans d'urbanisme et les politiques locales visant à n'avoir « aucune perte nette » ont limité, par de fortes contraintes, d'éventuels futurs déboisements. En règle générale, les promoteurs ont l'obligation de « remplacer » les zones converties, en investissant ailleurs dans des projets de boisement ou de restauration des mangroves.

Au Kenya et en Malaisie, toutes les mangroves sont propriétés de l'État et sont gérées comme réserves forestières. Cela n'a pas empêché leur exploitation, mais représente un cadre de gestion qui a permis, en Malaisie, de favoriser la pratique d'une sylviculture durable.

Les aires protégées

Le mode de conservation le plus répandu est la mise en place d'aires protégées. Nous estimons les aires protégées comprenant des mangroves à 1200 de par le monde, sur une surface équivalente à 25% des mangroves existantes.

Des panneaux explicatifs posés le long des passerelles, peuvent aider les visiteurs à mieux comprendre les mangroves.

Photo Mami Kainuma

Ces mangroves sont représentées sur la Carte 2.1 et sur les cartes détaillées de cet atlas. Des données chiffrées du nombre de sites par pays et à l'échelle internationale sont disponibles en Annexe 3.

Carte 2.1 Aires protégées comportant des mangroves.

Ces sites vont de petites parcelles plantées de quelques arbres à de vastes forêts comme dans les Sundarbans. Leur gestion comporte un large éventail d'approches, de forêts gérées par une sylviculture « durable » à des réserves naturelles au sens strict. Certaines assurent un équilibre aux pêcheries, d'autres sont préservées pour leur bois. Beaucoup s'étendent sur d'autres habitats, vers l'intérieur des terres, vers la mer, ou sur les deux types de milieux.

Presque toutes les mangroves de Singapour ont été détruites, mais dans la Wetland Réserve de Sungey Buloh, une bonne diversité est préservée et le site est devenu une attraction populaire.

Photo Mami Kainuma

Une protection stricte contre toute forme d'emprise humaine peut avoir des résultats positifs, soit sous la forme d'utilisations qui ne touchent pas aux ligneux, comme le tourisme ou la protection de côtes, ou en stimulant la pêche dans les eaux des mangroves.

Photo Miguel Clüsener-Godt

La proportion d'aires protégées de mangroves est beaucoup plus élevée que la moyenne globale des écosystèmes terrestres qui n'est que de 13%, ou que celle des forêts (globalement 16%, mais 20% pour les forêts tropicales) (Chape *et al.*, 2008). Bien sûr, le fait d'être

En examinant la Carte 2.1, il apparaît que les aires protégées sont largement réparties sur de nombreux littoraux. On les trouve au Kenya, en Tanzanie, en Malaisie, en Australie, en Amérique centrale, en Floride (USA), sur la plupart des îles des Caraïbes, et sur une grande partie de la côte Atlantique d'Amérique du Sud. Néanmoins, des zones d'ombre subsistent – notamment sur les littoraux de la Mer Rouge, au Myanmar, aux îles Salomon, aux îles Fidji, en Afrique Occidentale et Centrale, particulièrement en Sierra Leone et au Nigeria.

Il y a urgence à compléter la panoplie des aires actuellement protégées pour s'assurer d'une conservation représentative et la plus large possible des espèces de palétuviers et des écosystèmes de mangroves. Des études complémentaires sont nécessaires pour évaluer l'efficacité des sites protégés existants, et pour savoir si la biodiversité de la mangrove y est suffisamment complète. Des arguments de poids nous poussent à avoir une approche plus globale des aires protégées. Il est maintenant admis que la mise en place de réseaux ou de systèmes d'aires protégées dans un même pays ou entre plusieurs pays accroît la résilience et assure une régénération bien plus rapide en réponse aux facteurs de dégradation extrêmes (McLeod and Salm, 2006). En traçant les limites des sites

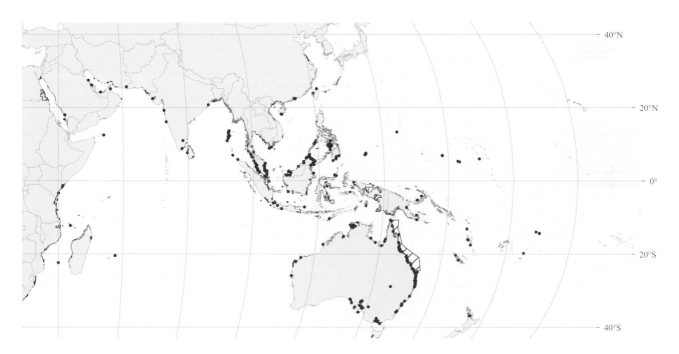

classé en « zone protégée » ne garantit pas une protection adéquate. Beaucoup d'aires protégées ne sont pas efficaces : certains « parcs » existent légalement sur le papier mais dans la pratique, l'application des textes sur le terrain est insuffisante pour assurer une réelle protection. Une protection si faible soit elle sur certains sites est souvent préférable à l'absence totale de protection, une aire protégée pouvant servir de point de départ à une gestion à efficacité croissante dans le temps (Spalding *et al.*, 2008).

protégés, il est important de prendre en considération aussi les écosystèmes limitrophes parfois fortement liés aux mangroves, ainsi que la situation du site et les facteurs pouvant influencer la survie et la productivité des mangroves. Parmi les aires protégées les plus efficaces on trouve celles qui intègrent dans leurs limites, d'une part un bassin versant dans lequel les écosystèmes sont bien gérés, et d'autre part un bassin versant faisant partie de la zone protégée elle-même. Les exemples du Parc National Lorentz en Indonésie et la Réserve de la Biosphère Río Plátano en Honduras en sont des illustrations.

Protection internationale

La protection d'une zone dans le cadre d'une Convention Internationale est souvent considérée comme une manière de renforcer la protection nationale. Trois accords de rang international ont une portée globale et méritent une mention spéciale :

1 La **Convention du Patrimoine Mondial** (World Heritage Convention ; Convention qui concernant le Patrimoine Mondial Culturel et Naturel, adoptée à Paris en 1972) vise à apprécier et à sauvegarder les biens et les sites d'importance universelle, dont la valeur est « tellement exceptionnelle qu'elle transcende les frontières nationales et qu'elle présente le même caractère inestimable pour les générations actuelles et futures de l'ensemble de l'humanité. À ce titre, la protection permanente de ce patrimoine est de la plus haute importance pour la communauté internationale toute entière ».

Fin 2008, 31 sites comportant des mangroves, répartis dans 18 pays, étaient listés au Patrimoine Mondial. Pour au moins 20 d'entre eux, la mangrove a compté parmi les facteurs décisifs de leur reconnaissance. Parmi eux figurent les Sundarbans (Inde et Bangladesh), la zone tropicale humide du Queensland (Australie), le Réseau de Réserves du Récif de la Barrière du Belize, le Parc National Lorentz en Indonésie, et le Parc National des Everglades aux États-Unis d'Amérique.

2 La **Convention de Ramsar** (Convention sur les Zones Humides d'importance internationale, particulièrement comme habitats des limicoles, adoptée à Ramsar, Iran, en 1971) sert de cadre à l'action nationale et à la coopération internationale pour la conservation et l'utilisation rationnelle des zones humides et de leurs ressources. Cette convention, par plusieurs aspects, a une approche plus globale que celle du Patrimoine Mondial et cherche à construire et à maintenir un réseau international des zones humides. Chaque membre s'engage à continuer de désigner des zones humides propres à son territoire, selon certains critères définissant leur « importance internationale ». Cet engagement a encouragé les États membres à produire un inventaire aussi complet que possible des zones humides de leurs pays pour produire une liste détaillée de sites potentiellement éligibles dans le cadre de la Convention. En outre, par le biais de la Convention, des organismes publics, des organisations non-gouvernementales (ONG) et des partenaires internationaux ont pu exercer une certaine pression sur les États pour préserver les sites d'importance.

Début 2009, 159 parties contractantes ont été dénombrées, et plus de 1800 sites étaient désignés Ramsar. Les mangroves sont largement représentées dans cette liste, présentes dans 215 sites (dans 65 pays et territoires en 2009), et figurant le plus souvent parmi les principaux habitats du site. La plupart des sites Ramsar sont aussi protégés au niveau national mais certains, notamment en Afrique de l'Ouest et centrale, ne le sont pas.

3 Le **Programme sur l'Homme et la Biosphère de l'UNESCO** (MAB pour « Man and the Biosphere ») est une approche différente. Il ne s'agit pas d'une convention légale, mais plutôt d'un projet coopératif. Les sites identifiés ont une fonction de conservation accompagnée d'objectifs économiques et scientifiques. Ces sites sont généralement délimités en prenant pour centre la zone où la protection doit être maximale, avec ensuite des zones tampons et de transition où résident les populations humaines et où l'utilisation durable des ressources est d'une importance primordiale. Ils sont souvent considérés comme un moyen d'encourager les communautés locales à mieux gérer leurs ressources par la mise en place de systèmes de gestion formels, confortés par des conclusions et par des conseils émanant d'études scientifiques, par une reconnaissance internationale, et par des échanges d'idées et de ressources avec d'autres réserves de la biosphère à travers le monde. Fin 2008, on comptait 501 sites répartis dans 105 pays, dont 34 sites (dans 21 pays) comprenaient des mangroves.

Le classement des sites sous ces conventions internationales offre un prestige considérable, mais nécessite un certain niveau de soutien et de collaboration. Une telle désignation donne au site une aura internationale, ce qui va de pair avec un droit de regard et une pression accrue pour parvenir à sa bonne gestion. Les différents partenaires ou les ONG nationales ou internationales ont en effet exercé une pression sur les États n'ayant pas maintenu et protégé leurs sites. Et les États ayant eu des difficultés ont pu s'adresser aux partenaires internationaux pour obtenir des conseils, un soutien technique ou même financier.

Le rôle de l'implication des populations

L'implication des populations locales est primordiale pour une bonne gestion des mangroves et des ressources naturelles. Les communautés vivant en périphérie des mangroves en sont souvent les principales bénéficiaires, et ce sont bien souvent ces communautés qui souffrent le plus de la conversion des mangroves à d'autres utilisations comme l'aquaculture. Ces mêmes communautés sont aussi celles qui prennent position en faveur de la protection des mangroves. Dans le golfe de Fonseca en Honduras, les conflits entre les pêcheurs et les producteurs de crevettes étaient fréquents et tendus. Finalement, à la fin des années 1990, des efforts ont été faits pour contrôler l'expansion de cette industrie et pour mettre en place une réglementation visant à protéger les mangroves restantes et à réduire la pollution. Ces mesures ont permis d'assurer un meilleur avenir aux pêcheurs locaux et de réduire les tensions.

Cependant, des problèmes peuvent résulter de règlementations interdisant l'accès des communautés locales aux ressources naturelles. La mise en place d'une aire protégée a en effet plus de chance de succès quand les communautés locales sont parties prenantes lors de l'élaboration du projet et participent au choix du site et de sa gestion. C'est d'autant plus vrai lorsque les bénéfices générés par le site (issus par exemples de la pêche, de la vente de bois ou du tourisme) demeurent au sein de la communauté locale.

Il est fréquent que les projets de restauration les plus réussis aient été ceux menés à l'initiative des communautés locales. Les meilleurs exemples sont à rechercher aux Philippines où les initiatives locales de plantation de mangroves pour la protection côtière ou pour la production de bois ont beaucoup mieux réussi que les projets gouvernementaux coûteux et mal conçus (Walton *et al.*, 2007 ; Primavera and Esteban, 2008).

Résumé

Les mangroves sont des écosystèmes extraordinaires, offrant de nombreux biens et services aux populations humaines, notamment des produits forestiers et aquacoles, et un service crucial de protection du littoral. De récentes études économiques ont montré que les mangroves sont des écosystèmes très intéressants en termes financiers, et que leur valeur sur le moyen ou long terme l'emporte pratiquement sur toutes les autres formes possibles d'utilisations du sol. De nouveaux arguments en faveur de la protection des mangroves voient le jour face au changement climatique, en raison de leur rôle dans le cycle global du carbone. Les mangroves renferment des quantités élevées de matière organique et séquestrent en outre du carbone dans leurs sédiments à des niveaux plus élevés que dans la plupart des autres écosystèmes.

Malheureusement, les avantages à préserver les mangroves ont souvent été sous-estimés. Les bénéfices indirects qu'elles procurent aux pêcheries et en matière de protection côtière n'ont pas été suffisamment soulignés. C'est parce que leur valeur réelle a souvent été sous-évaluée, que beaucoup de mangroves ont subi des dégradations rapides et qu'elles ont fini par disparaître. Cette tendance perdure. Les forêts de palétuviers, rares à l'échelle planétaire, disparaissent à des taux trois ou quatre fois supérieurs au taux moyen de régression de l'ensemble des forêts.

Beaucoup de progrès ont été accomplis dans le domaine de la gestion des mangroves pour leur conservation et leur gestion durable. Par exemple, le type de sylviculture en zone tropicale le plus ancien, actuellement en cours, est celui qui est appliqué aux mangroves. En outre, les communautés locales sont très impliquées dans les actions de plantations et de gestion. Il existe un réseau étendu d'aires protégées dans lesquelles la biodiversité est préservée tout en permettant des utilisations directes mais non destructrices du milieu, pour la pêche, le tourisme et les loisirs.

Le défi est devant nous. Les mangroves ont une valeur économique et écologique. Nous connaissons aussi les modalités de gestion les plus appropriées pour protéger leur avenir, comme le montrent de nombreux exemples d'interventions réussies de par le monde. Au même moment, ces écosystèmes disparaissent rapidement sur de nombreux littoraux. Les sociétés humaines connaîtront simultanément des pertes en matière de sécurité alimentaire, de protection côtière, de ressources en bois d'œuvre et de chauffage, des pertes d'emploi et des diminutions de salaire.

Renverser ce scénario demandera des efforts à plusieurs niveaux. L'un des efforts les plus importants est de mieux prendre en compte les mangroves dans les évaluations qui servent de supports décisionnels aux politiques publiques et à la gouvernance. Les bénéfices locaux et l'importance de l'écosystème pour la subsistance doivent être calculés au même titre que les paramètres pris en compte dans les calculs économiques relatifs à l'exploitation industrielle et commerciale. Il est primordial d'estimer les coûts écologiques, sociaux et financiers de la pollution, du déclin de la pêche et de l'érosion côtière résultant de la dégradation des mangroves. Parallèlement, il est urgent que les organismes publics, les médias et les gouvernements communiquent sur l'importance des mangroves. Le soutien et la conscience collective, publique et politique, sont les socles d'une gestion réussie et de la possibilité pour l'humanité d'arrêter ce déclin qui se poursuit depuis des décennies et d'inverser la tendance.

Références

Aburto-Oropeza, O., Ezcurra, E., Danemann, G., Valdez, V., Murray, J. and Sala, E. (2008) 'Mangroves in the Gulf of California increase fishery yields', *PNAS*, vol 105, pp10456–10459

ADB (Asian Development Bank) (2005) *India: Post Tsunami Recovery Plan, Preliminary Damage and Needs Assessment*, New Delhi, India, ADB, United Nations and World Bank

Akambi, L. (2003) 'Benin', in Macintosh, D. J. and Ashton, E. C. (eds) *Report on the Africa Regional Workshop on the Sustainable Management of Mangrove Forest Ecosystems*, Washington, DC, US, ISME/cenTER Aarhus

Allan, C., Williams, S. and Adrian, R. (2002) *The Socio-Economic Context of the Harvesting and Utilisation of Mangrove Vegetation*, Georgetown, Guyana Forestry Commission

Alongi, D. M. (2008) 'Mangrove forests: Resilience, protection from tsunamis, and responses to global climate change', *Estuarine, Coastal and Shelf Science*, vol 76, pp1–13

Alongi, D. M. (2009) *The Energetics of Mangrove Forests*, Springer

Alongi, D. M., Chong, V. C., Dixon, P., Sasekumar, A. and Tirendi, F. (2003) 'The influence of fish cage aquaculture on pelagic carbon flow and water chemistry in tidally dominated mangrove estuaries of peninsular Malaysia', *Marine Environmental Research*, vol 55, pp313–333

Alongi, D. M., Sasekumar, A., Chong, V. C., Pfitzner, J., Trott, L. A., Tirendi, F., Dixon, P. and Brunskill, G. J. (2004) 'Sediment accumulation and organic material flux in a managed mangrove ecosystem: Estimates of land–ocean–atmosphere exchange in peninsular Malaysia', *Marine Geology*, vol 208, pp383–402

Badola, R. and Hussain, S. A. (2005) 'Valuing ecosystem functions: An empirical study on the storm protection function of Bhitarkanika mangrove ecosystem, India', *Environmental Conservation*, vol 32, pp85–92

Baird, A. H. and Kerr, A. M. (2008) 'Landscape analysis and tsunami damage in Aceh: Comment on Iverson and Prasad (2007)', *Landscape Ecology*, vol 23, pp3–5

Bambaradeniya, C. N. B., Ekanayake, S. P., Perera, M. S. J., Rodrigo, R. K., Samarawickrama, V. A. M. P. K. and Asela, C. (2005) *A Report on the Terrestrial Assessment of Tsunami Impacts on the Coastal Environment in Rekawa, Ussangoda and Kalametiya (RUK) Area of Southern Sri Lanka*, Colombo, Sri Lanka, IUCN (World Conservation Union)

Bandaranayake, W. M. (1998) 'Traditional and medicinal uses of mangroves', *Mangroves and Salt Marshes*, vol 2, p133

Bandaranayake, W. M. (2002) 'Bioactivities, bioactive compounds and chemical constituents of mangrove plants', *Wetlands Ecology and Management*, vol 10, p421

Bann, C. (1997) *An Economic Analysis of Alternative Mangrove Management Strategies in Koh Kong Province, Cambodia, Research Reports*, Ottawa, International Development Research Centre and Economy and Environment Programme for Southeast Asia

Braatz, S., Fortuna, S., Broadhead, J. and Leslie, R. (2006) 'Coastal protection in the aftermath of the Indian Ocean tsunami: What role for forests and trees?', in *Proceedings of the Regional Technical Workshop*, Khao Lak, Thailand, 28–31 August 2006, FAO

Cabrera, M. A., Seijo, J. C., Euan, J. and Perez, E. (1998) 'Economic values of ecological services from a mangrove ecosystem', *Intercoast Network*, vol 32, pp1–2

Cahoon, D. R. and Hensel, P. (2002) *Hurricane Mitch: A Regional Perspective on Mangrove Damage, Recovery and Sustainability, USGS Open File Report 03-183*, Lafayette, LA, United States Geological Society

Cahoon, D. R., Hensel, P. F., Spencer, T., Reed, D. J. L., McKee, K. and Saintilan, N. (2006) 'Coastal wetland vulnerability to relative sea-level rise: Wetland elevation trends and process controls', in Verhoeven, J. T. A., Beltman, B., Bobbink, R. and Whigham, D. F. (eds) *Wetlands and Natural Resource Management*, Berlin, Springer-Verlag, pp271–292

Chan, H. T. (1996) 'Mangrove reforestation in Peninsular Malaysia: A case study of Matang', in Field, C. (ed) *Restoration of Mangrove Ecosystems*, Okinawa, Japan, ISME

Chape, S., Spalding, M. and Jenkins, M. (eds) (2008) *The World's Protected Areas: Status, Values, and Prospects in the Twenty-First Century*, Berkeley, CA, University of California Press

Chindah, A. C., Braide, S. A., Amakiri, J. and Onokurhefe, J. (2007) 'Effect of crude oil on the development of mangrove (*Rhizophora mangle* L.) seedlings from Niger Delta, Nigeria', *Revista Científica UDO Agrícola*, vol 7, pp181–194

Chong, V. C. (2006) 'Sustainable utilization and management of mangrove ecosystems of Malaysia', *Aquatic Ecosystem Health and Management*, vol 9, pp249–260

Chowdhury, R. and Ahmed, I. (1994) 'History of forest management', in Hussain, Z and Acharya, G. (eds) *Mangroves of the Sundarbans, Vol 2: Bangladesh*, Gland, Switzerland, IUCN Wetlands Program

Dahdouh-Guebas, F., Jayatissa, L. P., Di Nitto, D., Bosire, J. O., Lo Seen, D. and Koedam, N. (2005) 'How effective were mangroves as a defence against the recent tsunami?', *Current Biology*, vol 15, p443

Danielsen, F., Sorensen, M. K., Olwig, M. F., Selvam, V., Parish, F., Burgess, N. D., Hiraishi, T., Karunagaran, V. M., Rasmussen, M. S., Hansen, L. B., Quarto, A. and Suryadiputra, N. (2005) 'The Asian tsunami: A protective role for coastal vegetation', *Science*, vol 310, p643

Duke, N. C. (1996) 'Mangrove reforestation in Panama: An evaluation of planting in areas deforested by a large oil spill', in Field, C. (ed) *Restoration of Mangrove Ecosystems*, Okinawa, Japan, International Society for Mangrove Ecosystems

Duke, N. C. (2006) *Australia's Mangroves: The Authoritative Guide to Australia's Mangrove Plants*, Brisbane, Australia, University of Queensland

Duke, N. C., Ball, M. C. and Ellison, J. C. (1998) 'Factors influencing biodiversity and distributional gradients in mangroves', *Global Ecology and Biogeography Letters*, vol 7, pp27–47

Duke, N. C., Meynecke, J. O., Dittmann, S., Ellison, A. M., Anger, K., Berger, U., Cannicci, S., Diele, K., Ewel, K. C., Field, C. D., Koedam, N., Lee, S. Y., Marchand, C., Nordhaus, I. and Dahdough-Guebas, F. (2007) 'A world without mangroves?', *Science*, vol 317, pp41–42

Duvuru, N. (2006) 'Field study presentation: Use of coastal shelterbelts along the east coast of India', in Braatz, S., Fortuna, S., Broadhead, J. and Leslie, R. (eds) *Coastal Protection in the Aftermath of the Indian Ocean Tsunami: What Role for Forests and Trees? Proceedings of the Regional Technical Workshop*, Khao Lak, Thailand, 28–31 August 2006, FAO Regional Office for Asia and the Pacific

Ellison, J. (2000) 'How South Pacific mangroves may respond to predicted climate change and sea level rise', in Gillespie, A. and Burns, W. (eds) *Climate Change in the South Pacific: Impacts and Responses in Australia, New Zealand and Small Island States*, Dordrecht, Netherlands, Kluwer Academic Publishers

Ellison, J. (2003) 'How South Pacific mangroves may respond to predicted climate change and sea-level rise', in Gillespie, A. and Burns, W. C. G. (eds) *Climate Change in the South Pacific: Impacts and Responses in Australia, New Zealand, and Small Island States*, Dordrecht, Springer, pp289–301

EPIC (Environmental Protection in the Caribbean) (2005) *Mangrove Restoration*, EPIC, www.epicislands.org/mangroves%20restoration.htm, accessed 28 June 2007

Erftemeijer, P. L. A. and Lewis, R. R. (1999) 'Planting mangroves on intertidal mudflats: Habitat restoration or habitat conversion?', *ECOTONE-VIII Seminar Enhancing Coastal Ecosystem Restoration for the 21st Century*, Ranong and Phuket

FAO (Food and Agriculture Organization of the United Nations) (2006) *Global Forest Resources Assessment 2005: Progress Towards Sustainable Forest Management*, Rome, Forestry Department, FAO

FAO (2007) *The World's Mangroves 1980–2005: A Thematic Study Prepared in the Framework of the Global Forest Resources Assessment 2005, FAO Forestry Paper 153*, Rome, Forestry Department, FAO

Field, C. D. (1995) 'Impact of expected climate change on mangroves', *Hydrobiologia*, vol 295, p75

Field, C. D. (1996) *Restoration of Mangrove Ecosystems*, Okinawa, Japan, International Society for Mangrove Ecosystems

Gammage, S., Benitez, M. and Machada, M. (2002) 'An entitlement approach to the challenges of mangrove management in El Salvador', *Ambio*, vol 31, pp285–294

Gilman, E. H., Van Lavieren, J., Ellison, V., Jungblut, L., Wilson, F., Areki, G., Brighouse, J., Bungitak, E., Dus, Henry, M., Sauni, I., Kilman, M., Matthews, E., Teariki-Ruatu, N., Tukia, S. and Yuknavage, K. (2006) *Pacific Island Mangroves in a Changing Climate and Rising Sea*, Nairobi, Kenya, United Nations Environment Programme and Regional Seas Programme

Gilman, E. L., Ellison, J., Duke, N. C. and Field, C. (2008) 'Threats to mangroves from climate change and adaptation options: A review', *Aquatic Botany*, vol 89, pp237–250

Giri, C., Zhu, Z., Tieszen, L. L., Singh, A., Gillette, S. and Kelmelis, J. A. (2007) 'Mangrove forest distributions and dynamics (1975–2005) of the tsunami-affected region of Asia', *Journal of Biogeography*, vol 35, pp519–528

Grinsted, A., Moore, J. C. and Jevrejeva, S. (2009) 'Reconstructing sea level from paleo and projected temperatures 200 to 2100AD'. *Climate Dynamics*, doi: 10.1007/s00382-008-0507-2

Hegazy, A. K. (2003) *Mangroves in Egypt*, Cairo, Egypt, Ministry of Agriculture and Land Reclamation, Ministry of State for Environment, and the Food and Agriculture Organization of the United Nations

Hong, P. N. (2004) 'Mangrove forests in Vietnam: Current status and challenges', in Bhandari, B., Kashio, M. and Nakamura, R. (eds) *Mangroves in Southeast Asia: Status Issues and Challenges*, Tokyo, Ramsar Center Japan/Institute for Global Environmental Strategies

Iftekhar, M. S. and Islam, M. R. (2004) 'Managing mangroves in Bangladesh: A strategy analysis', *Journal of Coastal Conservation*, vol 10, pp139–146

INE (Instituto Nacional de Ecología) (2005) *Evaluación Preliminar de las Tasas de Pérdida de Superficie de Manglar en México*, Mexico City, INE

IPCC (Intergovernmental Panel on Climate Change) (2007) *Climate Change 2007: Synthesis Report. Contribution of Working Groups I, II and III to the Fourth Assessment Report of the Intergovernmental Panel on Climate Change*, Geneva, IPCC

James, G., Adegoke, J., Saba, E., Nwilo, P. and Akinyede, J. (2007) 'Satellite-based assessment of extent and changes in the mangrove ecosystem of the Niger Delta', *Marine Geodesy*, vol 30, pp249–267

Jayatissa, L. P., Hettiarachi, S. and Dahdough-Guebas, F. (2006) 'An attempt to recover economic losses from decadal changes in two lagoon systems of Sri Lanka through a newly patented mangrove product', *Environment, Development and Sustainability*, vol 8, pp585–595

Kathiresan, K. and Qasim, S. Z. (2005) *Biodiversity of Mangrove Ecosystems*, New Delhi, India, Hindustan Publishing Corporation

Kathiresan, K. and Rajendran, N. (2005) 'Coastal mangrove forests mitigated tsunami', *Estuarine, Coastal and Shelf Science*, vol 65, pp601–606

Kerr, A. M., Baird, A. H. and Campbell, S. J. (2006) 'Comments on "Coastal mangrove forests mitigated tsunami" by K. Kathiresan and N. Rajendran [Estuar. Coast. Shelf Sci. 65 (2005) 601–606]', *Estuarine, Coastal and Shelf Science*, vol 67, pp539–541

Kleypas, J. A. et al (1999) 'Geochemical consequences of increased atmospheric carbon dioxide on coral reefs', *Science*, vol 284, pp118–120

Kunstadter, P. (1999) *Proceedings of Symposium on Significance of Mangrove Ecosystems for Coastal People*, Okinawa, Japan, ISME

Lacerda, L. D. (1993) *Conservation and Sustainable Utilization of Mangrove Forests in Latin America and Africa Regions: Part I – Latin America*, Okinawa, Japan, International Society for Mangrove Ecosystems

Lacerda, L. D. (2003) 'Brazil', in Macintosh, D. J. and Ashton, E. C. (eds) *Report on the Central and South America Regional Workshop on the Sustainable Management of Mangrove Forest Ecosystems*, Washington, DC, ISME/cenTER Aarhus

Lal, P. (2003) 'Economic valuation of mangroves and decision-making in the Pacific', *Ocean & Coastal Management*, vol 46, p823

Lewis, R. R. (2001) 'Mangrove restoration – costs and benefits of successful ecological restoration', *Mangrove Valuation Workshop, Universiti Sains Malaysia, Penang, 4–8 April 2001*, Penang, Malaysia, Beijer International Institute of Ecological Economics, Stockholm, Sweden

Lewis, R. R. and Gilmore, R. G. (2007) 'Important considerations to achieve successful mangrove forest restoration with optimum fish habitat', *Bulletin of Marine Science*, vol 80, pp823–837

Lin, B. B. and Dushoff, J. (2004) 'Mangrove filtration of anthropogenic nutrients in the Rio Coco Solo, Panama', *Management of Environmental Quality: An International Journal*, vol 15, p131

Lubowski, R. N., Barton, D. N. and Dixon, J. (2001) *The Economics of Managing a Marine Park in Cancun*, Mexico, EEDP

Mackenzie, C. L. (2001) 'The fisheries for mangrove cockles, *Anadara* spp., from Mexico to Peru, with descriptions of their habitats and biology, the fishermen's lives, and the effects of shrimp farming', *Marine Fisheries Review*, vol 63, pp1–39

Macnae, W. (1968) 'A general account of the fauna and flora of mangrove swamps and forests of the Indo-West-Pacific region', *Advances in Marine Biology*, vol 6, pp73–270

Manson, F. J., Loneragan, N. R., Skilleter, G. A. and Phinn, S. R. (2005) 'An evaluation of the evidence for linkages between mangroves and fisheries: A synthesis of the literature and identification of research directions', *Oceanography and Marine Biology: An Annual Review*, vol 43, pp483–513

Martin, R. (2008) 'Deforestation, land-use change and REDD', *Unasylva*, vol 230, pp3–11

McLeod, E. and Salm, R. V. (2006) *Managing Mangroves for Resilience to Climate Change*, Gland, Switzerland, IUCN

Naylor, R. L. and Drew, M. (1998) 'Valuing mangrove resources in Kosrae, Micronesia', *Environment and Development Economics*, vol 3, pp471–490

Ng, P. K. L. and Sivasothi, N. (2001) *A Guide to Mangroves of Singapore. Volume 1: The Ecosystem and Plant Diversity; Volume 2: Animal Diversity*, Singapore, Singapore Science Centre, sponsored by British Petroleum

Primavera, J. H. and Esteban, J. M. A. (2008) 'A review of mangrove rehabilitation in the Philippines – successes, failures and future prospects', *Wetlands Ecology and Management*, vol 16, pp345–358

Quereshi, M. T. (2004) 'Conflicting interests in the use of mangrove resources in Pakistan', in Vannucci, M. (ed) *Mangrove Management and Conservation: Present and Future*, New York, US, United Nations University Press

Ramasubramanian, R., Gnanappazham, L., Ravishankar, T. and Navamuniyammal, M. (2006) 'Mangroves of Godavari – analysis through remote sensing approach', *Wetlands Ecology and Management*, vol 14, p29

Ratner, B. D., Ha, D. T., Kosal, M., Nissapa, A. and Chanphengxay, S. (2004) *Undervalued and Overlooked: Sustaining Rural Livelihoods through Better Governance of Wetlands*, Penang, Malaysia, WorldFish Center

Rohorua, H. and Lim, S. (2006) 'An inter-sectoral economic model for optimal sustainable mangrove use in the small island economy of Tonga', in *Proceedings of New Zealand Agricultural and Resource Economics Society Ltd Annual Conference 2006*, New Zealand

Rönnbäck, P. (1999) 'The ecological basis for economic value of seafood production supported by mangrove ecosystems', *Ecological Economics*, vol 29, pp235–252

Saenger, P. (2003) *Mangrove Ecology, Silviculture and Conservation*, Dordrecht, Netherlands, Kluwer Academic Publishers

Samson, M. S. and Rollon, R. N. (2008) 'Growth performance of planted mangroves in the Philippines: Revisiting forest management strategies', *Ambio*, vol 37, pp234–240

Sani bin Shaffie, A. (2007) 'The management of Matang Mangrove Forest, Perak, Malaysia', Workshop presentation from The Matang Experience and Case Studies, UNEP–GEF South China Sea Project, June 2007, Forestry Department of Perak

Sarkar, S. K. and Bhattacharya, A. K. (2003) 'Conservation of biodiversity of the coastal resources of Sundarbans, Northeast India: An integrated approach through environmental education', *Marine Pollution Bulletin*, vol 47, pp260–264

Sathirathai, S. and Barbier, E. B. (2001) 'Valuing mangrove conservation in Southern Thailand', *Contemporary Economic Policy*, vol 19, pp109–122

Sato, G., Fisseha, A., Gebrekiros, S., Karim, H. A., Negassi, S., Fischer, M., Yemane, E., Teclemariam, J. and Riley, R. (2005) 'A novel approach to growing mangroves on the coastal mud flats of Eritrea with the potential for relieving regional poverty and hunger', *Wetlands*, vol 25, pp776–779

Shervette, V. R., Aguirre, W. E., Blacio, E., Cevallos, R., Gonzalez, M., Pozo, F. and Gelwick, F. (2007) 'Fish communities of a disturbed mangrove wetland and an adjacent tidal river in Palmar, Ecuador', *Estuarine, Coastal and Shelf Science*, vol 72, p115

Shrimp News International (undated) 'About shrimp farming', www.shrimpnews.com, accessed 11 March 2009

Siddiqi, N. A. (2002) 'Mangroves of Bangladesh Sundarbans and accretion areas', in Lacerda, L. D. (ed) *Mangrove Ecosystems: Function and Management*, Berlin, Springer

Spalding, M., Fish, L. and Wood, L. (2008) 'Towards representative protection of the world's coasts and oceans – progress, gaps and opportunities', *Conservation Letters*, vol 1, pp217–226

Spurgeon, J. (2002) *Rehabilitation, Conservation and Sustainable Utilization of Mangroves in Egypt: Socio-Economic Assessment and Economic Valuation of Egypt's Mangroves*, Cairo, FAO

Suman, D. (2003) 'Can you eat a mangrove? Balancing conservation and management on mangrove ecosystems in Cuba', *Tulane Environmental Law Journal*, vol 16, pp619–652

Tam, N. (2006) 'Pollution studies on mangroves in Hong Kong and mainland China', in Wolanski, E. (ed) *The Environment in Asia Pacific Harbours*, Netherlands, Springer

Tan, R. (2001) *Mangrove and Wetland Wildlife at Sungei Buloh Wetlands Reserve*, www.naturia.per.sg/buloh/index.htm, accessed February 2009

Tanaka, N., Sasaki, Y., Mowjood, M. I. M., Jinadasa, K. B. S. N. and Homchuen, S. (2007) 'Coastal vegetation structures and their functions in tsunami protection: Experience of the recent Indian Ocean tsunami', *Landscape and Ecological Engineering*, vol 3, pp33–45

Thampanya, U., Vermaat, J. E., Sinsakul, S. and Panapitukkul, N. (2006) 'Coastal erosion and mangrove progradation of southern Thailand', *Estuarine, Coastal and Shelf Science*, vol 68, pp75–85

Thu, P. M. and Populus, J. (2007) 'Status and changes of mangrove forest in Mekong Delta: Case study in Tra Vinh, Vietnam', *Estuarine, Coastal and Shelf Science*, vol 71, p98

Tognella-de-Rosa, M. M. P., Cunha, S. R., Soares, M. L. G., Schaeffer-Novelli, Y. and Lugli, D. O. (2006) 'Mangrove evaluation – an essay', *Journal of Coastal Research*, vol SI39, pp1219–1224

UNEP/GPA (United Nations Environment Programme/Global Programme of Action) (2003) *The Economic Valuation of Alternative Uses of Mangrove Forests in Sri Lanka*, The Hague, UNEP, Global Programme of Action for the Protection of the Marine Environment from Landbased Activities, GPA Coordination Office

UNFCCC (United Nations Framework Convention on Climate Change) (2009) *Fact Sheet: Reducing Emissions from Deforestation in Developing Countries: Approaches to Stimulate Action*, Montreal, UNFCCC

Valiela, I., Bowen, J. L. and York, J. K. (2001) 'Mangrove forests: One of the world's threatened major tropical environments', *BioScience*, vol 51, p807

Vannucci, M. (2004) *Mangrove Management and Conservation: Present and Future*, Tokoyo, United Nations University Press

Walters, B. B., Rönnbäck, P., Kovacs, J. M., Crona, B., Hussain, S. A., Badola, R., Primavera, J. H., Barbier, E. and Dahdough-Guebas, F. (2008) 'Ethnobiology, socio-economics and management of mangrove forests: A review', *Aquatic Botany*, vol 89, pp220–236

Walton, M. E. M., Samonte, G., Primavera, J. H., Edwards-Jones, G. and Levay, L. (2006) 'Are mangroves worth replanting? The direct economic benefits of a community-based reforestation project', *Environmental Conservation*, vol 33, pp335–343

Walton, M. E., Le Vay, L., Lebata, J. H., Binas, J. and Primavera, J. H. (2007) 'Assessment of the effectiveness of mangrove rehabilitation using exploited and non-exploited indicator species', *Biological Conservation*, vol 138, p180

Wells, S., Ravilious, C. and Corcoran, E. (2006) *In the Front Line: Shoreline Protection and Other Ecosystem Services from Mangroves and Coral Reefs*, Cambridge, UK, UNEP World Conservation Monitoring Centre

Wightman, G. (2006) *Mangroves of the Northern Territory, Australia: Identification and Traditional Use*, Department of Natural Resources and Environment and the Arts

Wilkinson, C. (2008) *Status of Coral Reefs of the World: 2008*, Townsville, Australia, Global Coral Reef Monitoring Network and Reef and Rainforest Research Centre

Wiryawan, B. and Mous, P. J. (2003) *Report on a Rapid Ecological Assessment of the Derawan Islands, Berau District, East Kalimantan, Indonesia,* Bali, Indonesia, The Nature Conservancy

Wolanski, E. (2006) 'Synthesis of the protective functions of coastal forests and trees against natural hazards', in Braatz, S., Fortuna, S., Broadhead, J. and Leslie, R. (eds) *Coastal Protection in the Aftermath of the Indian Ocean Tsunami: What Role for Forests and Trees? Proceedings of the Regional Technical Workshop, Khao Lak, Thailand, 28–31 August 2006*, Khao Lak, Thailand, FAO Regional Office for Asia and the Pacific

Woodworth, P. L. and Blackman, D. L. (2004) 'Evidence for systematic changes in extreme high waters since the mid-1970s', *Journal of Climate*, vol 17, pp1190–1197

Cartographie des mangroves 3

Les cartes publiées dans l'*Atlas Mondial des Mangroves* (*World Mangrove Atlas* sous son titre original) en 1997 (Spalding *et al.* 1997) ont été élaborées à partir des premières cartes numériques représentant les mangroves de manière détaillée. À ce moment-là seuls quelques pays exploitaient l'imagerie satellitaire pour cartographier les ressources naturelles dont les mangroves, mais les coûts de telles analyses à l'échelle globale étaient encore prohibitifs. La carte mondiale était donc obtenue en combinant la « meilleure » information disponible, allant d'images à haute résolution géométrique, provenant de données récentes de télédétection à des esquisses établies par des experts à main levée à partir de cartes topographiques.

Douze ans plus tard, le paysage technologique a changé profondément, et cet ouvrage a été réalisé à partir de données ayant des résolutions satisfaisantes couvrant toutes les régions du monde où l'on trouve des mangroves. Deux partenaires, la FAO (Organisation des Nations Unies pour l'Alimentation et l'Agriculture), et le Programme des Nations Unies pour l'Environnement - World Conservation Monitoring Centre (UNEP-WCMC), ont mené le travail cartographique. Ils ont mis au point de toutes nouvelles cartes à partir d'images Landsat couvrant une partie ou tout le territoire de 55 pays et territoires (représentant 57% des mangroves du monde). Parallèlement à ce travail, d'autres sources ont été exploitées pour dresser les cartes, dont la plupart sont issues de données de télédétection spatiale ayant des résolutions similaires. La carte mondiale combinant ces travaux comporte des données de résolutions et de dates d'acquisition cohérentes pour 98,6% de la couverture totale des mangroves. Ce jeu de données permet d'établir des comparaisons géographiques et d'évaluer les changements potentiels dans le temps.

Ce chapitre décrit brièvement le travail de cartographie de la FAO et de l'UNEP-WCMC et résume les travaux issus d'autres sources. Il comporte aussi des estimations plus détaillées des surfaces de mangrove. Il est possible d'obtenir de plus amples informations sur les jeux de données utilisées pour chaque pays, en particulier sur les procédés de cartographie ou sur les statistiques de couverture spatiale, en s'appuyant sur les références bibliographiques.

Les approches par la télédétection

Les forêts de palétuviers sont assez faciles à distinguer des occupations du sol limitrophes continentales et océaniques, depuis l'espace. La télédétection est ainsi bien adaptée à leur cartographie. Elles sont composées d'un nombre restreint d'espèces végétales et ont souvent une réflectance caractéristique leur conférant des signatures spectrales « propres ». Elles sont aussi caractérisées par d'autres particularités non spectrales, leur situation à très basse altitude, la proximité du littoral, et leur disposition de part et d'autre de chenaux réticulés. De telles connaissances peuvent être utilisées par des spécialistes de l'analyse des d'images satellitaires pour confirmer ou affiner l'identification de ces écosystèmes à partir des données de télédétection.

Cependant, la cartographie des mangroves présente un certain nombre de difficultés. Beaucoup de mangroves sont étroites ou sont morcelées en taches de petites tailles et lorsqu'elles sont entrecoupées par d'autres formations, des terrains nus ou à des plans d'eau, elles n'apparaissent pas, parfois, sur les enregistrements à basse résolution. Ailleurs, les mangroves peuvent se fondre plus subtilement à d'autres types de forêts, comme les forêts inondées d'eau douce, qui ont des caractéristiques très similaires.

Le travail actuel

La collecte de données dans le cadre de ce travail s'est faite à différents niveaux. À travers son travail d'évaluation des ressources forestières (FAO, 2007), la FAO, en collaboration avec l'UNEP-WCMC, a identifié des cartes des mangroves de plusieurs pays existant à des échelles détaillées. Parallèlement, l'UNEP-WCMC a entrepris un travail cartographique pour produire de nouvelles cartes à partir d'images Landsat pour un certain nombre de pays pour lesquels les données existantes étaient insuffisantes. Ce travail a été effectué par classification automatique à la résolution de l'imagerie (voir ci-dessous). La FAO a travaillé en priorité à cartographier les zones de la carte mondiale pour lesquelles les données de l'Atlas de 1997 étaient plus anciennes et de résolution plus basse. Ces pays prioritaires ont aussi été cartographiés avec des images Landsat, mais avec une méthode plus rapide et des données de plus basse résolution (voir ci-dessous). D'autres jeux de données issus de travaux de la FAO ont aussi été utilisés. Ils ont permis de combler les petites zones pour lesquelles les données manquaient.

Les cartes de l'UNEP-WCMC

Par Corinna Ravilious et Simon Blyth

Pays cartographiés : l'Angola, le Bénin, le Cameroun, le Congo, la Côte d'Ivoire, la République Démocratique du Congo, le Salvador, la Guinée Équatoriale, le Gabon, la Gambie, le Ghana, la Guinée, la Guinée-Bissau, l'Honduras (côte Pacifique), le Liberia, la Mauritanie, le Nicaragua, le Nigeria, la Papouasie-Nouvelle-Guinée, São Tomé et Príncipe, le Sénégal, la Sierra Leone, le Togo, le Vietnam (24 pays).

L'UNEP-WCMC (World Conservation Monitoring Center) a élaboré de nouvelles cartes haute résolution des mangroves pour cet atlas et pour une publication annexe (Corcoran *et al.*, 2007) à partir d'imageries Landsat (Thematic Mapper 5 et 7 ETM+) acquises principalement de 1999 à 2001. Les images ont été utilisées à leur pleine résolution spatiale de 30 m dans le cadre d'une classification automatique, comme décrit ci-après.

Correction des images. Les images ont été prétraitées pour être corrélées le plus justement possible d'un point de vue spatial, spectral et radiométrique. Les corrections ont pour objet d'atténuer les effets atmosphériques afin d'obtenir une image la plus proche possible de la réflectance au sol. Ces corrections atmosphériques améliorent beaucoup la précision de la classification. Toutes les images ont été corrigées par une technique s'appuyant sur la méthode COST (Chavez, 1996).

Interprétation visuelle. Les images ont été recadrées et découpées pour ne retenir que les zones d'intérêt (ZI ou AOIs= Areas Of Interest), en supprimant manuellement toute zone dépourvue de mangroves selon nos connaissances. L'identification des mangroves étant plus ou moins précise selon les images, il était important d'inclure aux ZI toute zone comportant potentiellement des mangroves. Les images résultantes ne comprenaient que des ZI dans les bandes 5, 4 et 3, leur combinaison étant jugée optimale pour identifier les mangroves.

Classification non supervisée. En l'absence de données supplémentaires provenant de l'utilisateur ou issues de campagnes de terrain, une classification préliminaire non supervisée à 20 classes a été lancée, suffisante pour discriminer les mangroves des autres types de végétation, même lorsque les parcelles sont de petites taille. Sur les images des bandes 5, 4 et 3, les mangroves apparaissent en vert très foncé.

Résultats. Les résultats de la classification non supervisée sont variables. Certaines confusions entre les classes peuvent exister. Une approche détaillée permet de déterminer les signatures spectrales spécifiques aux mangroves (voir Fgure 3.1). À ce stade, il était aussi important de comparer visuellement l'image satellite d'origine à l'image obtenue par cette classification préliminaire.

Mise au point. Une mise au point des images ainsi classifiées a été réalisée d'après le contexte pour éliminer les erreurs occasionnelles des pixels autrement considérés comme « bien classés ». Ces corrections ont été faites manuellement. À ce stade, les images couvrant des zones adjacentes ont aussi été étudiées pour s'assurer de la cohérence de l'ensemble et pour résoudre les problèmes de continuité rencontrés sur certaines zones. Pour les zones de grande incertitude, la carte globale des mangroves de l'UNEP-WCMC de Spalding *et al.* (1997) a aussi été utilisée comme aide visuelle, ainsi que des données provenant de modèles numériques de terrain (Shuttle Radar Topography Mission, SRTM) pour éliminer les zones trop élevées, situées largement au-dessus de la zone de balancement des marées. Les classes correspondant aux mangroves ont finalement été filtrées pour extraire une carte provisoire des mangroves. L'une des faiblesses de ces données est l'absence de procédure formelle pour extraire les nuages. Les images sélectionnées avaient bien sûr une couverture nuageuse minimale. Des révisions seraient néanmoins nécessaires par endroits pour s'assurer que les nuages, et leurs ombres, n'ont pas été confondus avec des mangroves. Et pour s'assurer aussi que dans les zones couvertes par des nuages la présence éventuelle de mangroves a été renseignée par d'autres sources.

Apports extérieurs. Nos correspondants au Nigeria, en Guinée-Bissau et en Mauritanie ont apporté leur concours et permis d'atteindre un certain niveau de confiance dans l'interprétation des produits spatiaux. Cependant, des retours d'autres pays nous permettraient d'affiner la base de données.

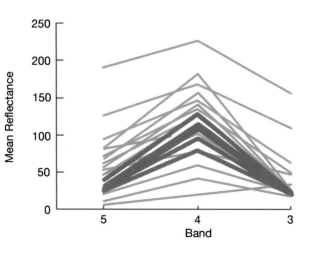

Signature means for example 20-class classification

Class 1
Class 2
Class 3
Class 4
Class 5
Class 6
Class 7
Class 8
Class 9
Class 1
Class 1
Class 1
Class 1
Class 1
Class 1
Class 1
Class 1
Class 1
Class 1
Class 2

Figure 3.1 *Exemple de valeurs spectrales moyennes pour une image Landsat segmentée en 20 classes.* Les signatures spectrales en rouge représentent les mangroves. Sur la composition colorée des bandes 543, la signature correspondant aux mangroves est obtenue par la combinaison des valeurs spectrales obtenues dans les bandes 5, 4 et 3. Les valeurs spectrales de la bande 5 doivent être comprises entre 25 et 45, entre 80 et 130 pour la bande 4, et entre 20 et 30 pour la bande 3.

Source Corcoran et al., 2007

Les cartes de la FAO

Par Ilaria Rosati, Paulo Prosperi et John Latham

Pays et régions cartographiés : les Bahamas, le Bangladesh, le Brésil, la Chine, la Colombie, Cuba, l'Équateur, la Guyane Française, la Guadeloupe, la Martinique et Mayotte (France), Guam, le Guyana, l'Inde, Madagascar, la Malaisie, le Pakistan, les Palaos, le Pérou, les Philippines, le Qatar, Saint-Christophe-et-Niévès, Sainte Lucie, Singapour, les îles Salomon, le Suriname, la Thaïlande, les Émirats Arabes Unis, les États-Unis, Vanuatu, le Venezuela (31 pays et régions).

L'établissement des nouvelles cartes par le Département des Forêts de la FAO a été conduit par la Division de l'Environnement, des Changements Climatiques et de la Bioénergie (NRC), qui a acquis une expérience considérable dans l'analyse des données de télédétection et dans la cartographie. Le projet a aussi été soutenu par le Réseau mondial sur la couverture végétale (Global Land Cover Network – GLCN) et par le Système Global d'Observation Terrestre (GTOS). De nouvelles cartes ont été élaborées à partir de 400 images satellitaires Landsat ETM+, acquises de 1999 à 2003.

L'approche adoptée a été l'interprétation visuelle. Le logiciel Geovis (mis au point par la FAO) a été utilisé pour traiter et interpréter les images. Pour chaque image, des combinaisons de bandes passantes ont été sélectionnées pour mettre en évidence les mangroves à l'écran. Les zones de mangroves ont ensuite été numérisées pour obtenir une couche vectorielle à l'échelle choisie (1/250 000). La Figure 3.2 montre un exemple de ce travail en Thaïlande – là, comme dans beaucoup d'endroits, les mangroves se distinguent assez bien des autres écosystèmes terrestres et marins. Cette phase cartographique préliminaire a pris environ cinq mois. Une étape supplémentaire de vérification et de correction a été nécessaire compte-tenu de l'ampleur des zones cartographiées, la forte variabilité des conditions locales et le manque de données de terrain. En télédétection, l'interprétation de départ est généralement suivie d'une validation sur le terrain pour minimiser les erreurs d'interprétation et affiner ainsi la couverture cartographique initiale. Dans un projet d'une si grande ampleur géographique, cependant, un programme de relevés de terrain détaillés aurait été bien trop coûteux. Pour résoudre ce problème, la FAO a travaillé avec d'autres partenaires : ISME (International Society for Mangrove Ecosystems), l'Organisation Internationale des Bois Tropicaux (International Tropical Timber Organization – ITTO) et l'UNEP-WCMC. Cette coopération a permis d'identifier et de contacter un grand nombre d'experts nationaux et internationaux ayant des connaissances de terrain détaillées en des lieux bien précis. Pour faciliter ce travail, les données (images, interprétations, requêtes, …) ont été « organisées » en utilisant le logiciel Dynamic Atlas, permettant de les rendre visibles et lisibles pour la procédure de validation, même auprès d'utilisateurs peu familiers avec les logiciels de cartographie et de télédétection. Ce même logiciel a permis de noter les corrections et les remarques.

De cette manière, la plupart des cartes nationales ont été corrigées et commentées en externe. Il a ainsi été possible de corriger certaines erreurs et de confirmer l'occupation du sol de certaines zones sur lesquelles pesait une incertitude. Tout aussi rassurants ont été les conclusions de certains correcteurs, ne suggérant aucune rectification et considérant les niveaux de précision des cartes comme élevés. D'une manière générale, les corrections demandées étaient minimes et les cartes ont été finalisées assez rapidement.

Outre l'élaboration de nouvelles cartes, la FAO a considérablement contribué à trouver et obtenir des cartes d'autres sources, comme précisé ci-après.

Autres sources

Le travail décrit ci-dessus nous a permis de cartographier 55 pays et plus de 86 000 kilomètres carrés de mangroves à travers le monde, soit environ 57% de leur superficie globale. Pour beaucoup de pays restants, dont de grandes nations de mangroves, nous avons pu obtenir des cartes récentes des mangroves à travers d'autres sources, généralement au 1/ 250 000, ou plus précises. Ces sources sont notamment :

- *Des sources alternatives de la FAO* (6 pays). Des données préparées au sein de la FAO à travers une multitude de projets ont été utilisées pour combler des insuffisances dans la base de données. Ces données concernaient une grande partie du littoral occidental de la Mer Rouge provenant du jeu de données Africover (FAO, 2003).

- *The Nature Conservancy – TNC* (14 pays et territoires). Les antennes de terrain de The Nature Conservancy dans les Caraïbes, en Amérique centrale et dans le Pacifique disposent de nombreuses données issues de Systèmes d'Information Géographique (SIG). Elles nous ont procuré des informations, dont un travail récent réalisé à partir de données de télédétection (par exemple aux Palaos, aux Grenadines et en Micronésie),

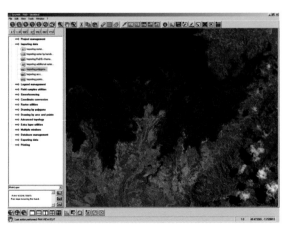

Figure 3.2 *Une image d'écran obtenue à partir du logiciel Geovis utilisé par les experts chargés des vérifications. La scène montre une zone de mangroves en Thaïlande, et l'ébauche de contour (en mauve) du polygone représentant la mangrove dessiné par le personnel de la FAO.*

ainsi que des données de sources externes qui avaient été filtrées ou modifiées (par exemple des données de Geocover sur de vastes zones des Caraïbes). Dans certains cas, des chevauchements existaient sur des zones déjà cartographiées par les institutions partenaires. Dans ce cas, les deux cartes ont été comparées et c'est la source la plus fiable qui a été utilisée. Parfois nous avons préféré une combinaison des deux.

- *Données nationales* (20 pays/territoires). Des cartes ont été obtenues à partir de différentes sources au niveau national. Beaucoup d'entre elles ont été obtenues par la FAO dans le cadre de son travail d'Évaluation des Ressources Forestières Mondiales (FAO, 2006, 2007), qui a permis de remonter jusqu'à l'origine des données et à l'identification des personnes à contacter dans ce domaine. L'UNEP-WCMC a joué un rôle majeur dans la collecte et la préparation de ces données. D'autres informations ont été directement fournies à plusieurs de nos partenaires (ISME, TNC, UNEP-WCMC et la FAO). Nous avons tenté d'obtenir des descriptions détaillées de ces jeux de données, notamment la date d'acquisition, la source, la résolution et les méthodes d'obtention. Quand ces informations sont disponibles, elles sont annotées dans les références cartographiques. De nombreuses données (par exemple pour le Mozambique, la Tanzanie, le Myanmar et la Nouvelle-Zélande) semblent avoir été obtenues à partir d'images Landsat dont la date d'acquisition est similaire à celle des images utilisées par la FAO et l'UNEP-WCMC. Elles se prêtent donc bien à l'élaboration des cartes[1]. D'autres proviennent d'images aériennes de plus haute résolution (Japon et les Bermudes).

Dans l'ensemble, ce que nous désignons « Autres sources » couvre plus de 63 000 kilomètres carrés. Les 32 pays et territoires restants représentent une surface totale de 2000 kilomètres carrés de mangroves. Ils n'ont pas été considérés comme prioritaires dans le travail de cartographie, soit parce qu'ils ne comprennent qu'une faible surface de mangroves, soit parce que les données publiées dans le *World Mangrove Atlas* de 1997 (Spalding *et al.*, 1997) ont été considérées comme étant toujours d'actualité, n'ayant probablement pas connu de changement majeur.

Pour 14 petits pays et territoires parmi les 32 précédemment cités, aucune donnée cartographique n'était disponible : le Territoire Britannique de l'Océan Indien, la Polynésie Française, Kiribati, le Koweït, les Maldives, les îles Marshall, Nauru, Niue, les îles Mariannes du Nord, Samoa, le Timor oriental, Tokelau, Tuvalu et les îles Wallis et Futuna. Pour 10 d'entre eux, nous avons pu obtenir des estimations des surfaces de mangroves provenant d'autres sources (voir ci-dessous).

Les prochains travaux devraient comporter parmi ses priorités l'obtention de données pour ces régions non cartographiées, et l'amélioration des jeux de données antérieurs. La couverture de mangroves totale pour ces

pays étant faible, elle ne modifiera pas beaucoup les statistiques globales ou régionales. Cependant, les mangroves de plusieurs de ces pays ont une importance non négligeable, d'un point de vue biogéographique mais aussi parfois pour des raisons culturelles ou économiques. Des descriptions de toutes ces zones sont dans tous les cas disponibles dans cet ouvrage.

Statistiques sur les surfaces des mangroves

Nous donnons dans l'Annexe 3 les meilleures estimations disponibles des surfaces de mangroves par pays. Elles ont été obtenues principalement à partir des données cartographiées dans cet Atlas. Cette information sur la présence de mangroves – en un lieu, un pays, ou globalement – est importante pour de nombreuses études écologiques, pour des estimations économiques, pour des évaluations des impacts humains, et pour le développement de politiques de gestion des zones côtières, y compris pour la pêche et la sylviculture. Le rôle important que les mangroves pourraient jouer dans les cycles globaux du carbone et dans sa séquestration est désormais mis en avant, mais là encore, la quantification d'un tel rôle dépendra de la précision des mesures de la superficie couverte.

Compte-tenu de leur importance, il est impératif de comprendre la précision et la fiabilité des estimations des surfaces couvertes. Avant ce travail, les estimations les plus récentes et les plus détaillées des superficies de mangroves étaient celles de la FAO dans l'Évaluation des Ressources Forestières Mondiales (FAO, 2007). Ce travail a rassemblé plus de 900 estimations nationales des surfaces de mangroves issues de nombreuses enquêtes et estimations. Un examen critique des sources, de la résolution et des méthodes employées pour établir ces statistiques a conduit à sélectionner une à plusieurs estimations considérées comme étant les plus fiables, pour chaque pays. À partir de ces estimations, la FAO a pu établir des extrapolations et en déduire les modifications dans le temps. Dans la plupart des cas, nous avons remarqué que les estimations issues de nos cartes étaient proches des meilleures estimations identifiées par la FAO (dans quelques cas, les statistiques, provenant des mêmes sources, sont identiques). Quand nos données obtenues à partir de nos cartes étaient trop différentes des meilleures estimations de la FAO, nous avons étudié en détail la fiabilité des deux sources.

En révisant les données de la FAO parallèlement aux données préparées dans le cadre de ce travail, nous avons trouvé que dans la plupart des cas, nos cartes paraissaient donner les estimations les plus fiables. La précision d'une grande partie des cartes de cet atlas a été vérifiée par des méthodes décrites ci-dessus, dans ce chapitre. Dans le cas des jeux de données ayant d'autres origines externes, leur production, souvent le fait d'experts locaux de la cartographie des ressources naturelles avec une excellente connaissance du terrain donne des niveaux de précision similaires ou meilleurs. Il en découle que ces données sont celles qu'il convient d'utiliser pour les statistiques concernant les surfaces Les cartes elles-mêmes peuvent être revues et remises en question s'il subsiste des interrogations ou des doutes sur la précision des estimations. Par contre, pour beaucoup d'autres estimations, les méthodes ne sont que très partiellement décrites, ce qui ne permet pas leur validation.

Malgré la fiabilité globale des cartes, nous avons préféré reprendre les estimations de surfaces de l'Evaluation des Ressources Forestières Mondiales de la FAO pour 20 pays pour lesquels nous considérons que nos cartes sont moins précises. Ce sont principalement de petits pays pour lesquels nos sources de données étaient anciennes ou de basse résolution. Nos cartes procurent tout de même une information utile sur les zones de mangroves de ces pays, mais les surfaces calculées sont généralement exagérées à cause de la basse résolution des données sources. Nous avons aussi pu utiliser les données de la FAO pour fournir des estimations de surfaces de 10 des 14 petits pays pour lesquels nous n'avons pas de données cartographiques. Enfin, nous avons utilisé d'autres données pour les deux grands pays que sont l'Australie et le Mexique. Dans ces cas, les nouvelles évaluations gouvernementales détaillées étaient sensiblement différentes des estimations fournies par les experts par la FAO et par les estimations obtenues à partir de nos cartes (bien que ces cartes elles-mêmes soient issues de sources gouvernementales). Nous n'avons pas pu obtenir les données cartographiques à partir desquelles ces nouvelles estimations ont été obtenues, mais compte-tenu de la fiabilité des sources, nous avons malgré tout utilisé ces nouvelles estimations (CONABIO, 2009 ; Ruíz-Luna *et al.*, 2008 ; Wilkes, 2008).

Les statistiques portant sur les surfaces résumées dans le Chapitre 1 sont par conséquent issues d'une combinaison de nouvelles cartes (pour 87% de notre superficie totale des mangroves), de la FAO (FAO, 2007), et de sources distinctes pour le Mexique et l'Australie. La même information est disponible dans les statistiques nationales présentées en Annexe 3, avec d'autres sources considérées comme cohérentes. Il peut arriver qu'une autre source ait été utilisée, ou que de plus amples informations sur les surfaces soient nécessaires. Dans ce cas, des précisions sont disponibles dans la partie présentant les références cartographiques du pays concerné.

Les cartes obtenues

Par Luigi Simeone et John Latham

Le travail décrit dans ce chapitre a conduit à la production de cartes couvrant un ou plusieurs pays, en partie ou dans leur intégralité. Pour de nombreuses zones, plusieurs cartes étaient disponibles. Pour élaborer une carte globale, il a été nécessaire de sélectionner et de combiner des données de plusieurs sources. Les données disponibles ont d'abord été révisées par les auteurs et par des agents de la FAO, et ce sont les données provenant des meilleures sources qui ont ensuite été compilées pour produire un jeu des cartes les plus exactes possibles par pays. Ces dernières ont été utilisées pour générer les statistiques des surfaces données ci-dessus, et, bien sûr, ont constitué la base des cartes finales publiées dans ce volume.

Les cartes finales ont été élaborées pour rendre compte du contexte géographique dans lequel se développent les mangroves. Après une large consultation, il a été décidé de conserver plusieurs « strates » de données géographiques générales telles que la topographie, les zones habitées, les cours d'eau et les lacs, et d'autres traits distinctifs de la géographie côtière, ainsi que les aires protégées. Ces dernières ont été filtrées pour ne conserver que les aires protégées comportant des mangroves.

Des annotations sur les caractéristiques géographiques ont été portées sur les cartes par les auteurs et des membres de la FAO. Une attention particulière a été portée pour ne pas omettre de mentionner sur les cartes les noms des lieux cités dans le texte. Les grands centres urbains et d'autres caractéristiques géographiques (terrestres et marines) ont aussi été indiqués, notamment les rivières, les îles, de petites mers et de grandes baies, des péninsules et des éléments terrestres proéminents. Les aires protégées ont été systématiquement nommées.

Une base de données géographiques a été ensuite définie et construite, à partir de laquelle les cartes finales ont été produites. Les cinq cartes régionales et 57 cartes détaillées ont été élaborées par la FAO. Elles ont été produites avec le système d'information géographique (SIG) ArcView d'Esri. Parmi ces cartes détaillées, 31 cartons représentent à une échelle plus précise, des zones ayant une importance ou un intérêt particulier. De plus amples détails sur les sources des informations utilisées pour générer ces cartes sont disponibles dans la suite de ce chapitre.

Les mangroves

Les sources de chacune des cartes de chaque pays sont résumées dans les Références à la fin de chaque chapitre. Pour plus de lisibilité, les mangroves ont été dessinées avec un trait fin. Ce trait élargit les mangroves, rendant ainsi les plus petits polygones visibles, mais aussi donne l'impression d'exagérer les surfaces réelles de mangroves. D'une manière générale, afin de rendre le plus lisibles possible les cartes imprimées, les mangroves ont été dessinées avec un trait dont l'épaisseur est de 0,2 point (0,07mm), de 0,4 point en quelques endroits où les surfaces de mangroves sont très restreintes (par exemple la Mer Rouge, le Golfe d'Aden, la Chine orientale et Taïwan), et jusqu'à 0,7 point pour les mangroves du Japon. Les sources des cartes sont détaillées à la fin de chaque chapitre.

Les sources topographiques

Les données bathymétriques sont extraites d'ETOPO1, un produit disponible auprès du centre national de données géophysiques (National Geophysical Data Center – NGDC) de la NOAA (National Oceanic and Atmospheric Administration). Le jeu de données

Légende

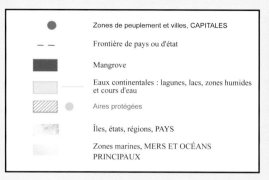

○ Zones de peuplement et villes, CAPITALES

– – Frontière de pays ou d'état

▬ Mangrove

▭ Eaux continentales : lagunes, lacs, zones humides et cours d'eau

▨ ○ Aires protégées

Îles, états, régions, PAYS

Zones marines, MERS ET OCÉANS PRINCIPAUX

Aires protégées des cartes

Pour éviter de surcharger les cartes, nous avons évité les répétitions. Quand une île et une baie font partie d'aires protégées ayant le même nom (ou une dénomination proche), nous avons simplement ajouté la désignation de l'aire protégée. De la même manière, la plupart des aires protégées à l'échelle internationale le sont aussi au niveau national, nous listons donc simplement les différentes désignations du site. Il est à noter que les limites présentées sont toujours celles déterminées au niveau national, qui diffèrent parfois des limites des sites internationaux.

Tableau 3.1 *Légende des cartes. Liste des acronymes et des abréviations employés pour les aires protégées.*

AACons	Autre Aire de Conservation	RFoP	Réserve Forestière de Protection
AGFFS	Aire de Gestion de la Faune et de la Flore Sauvages	RFP	Réserve de Forêt Primaire
AGMU	Aire de Gestion Multi-Usages	RFSp	Réserve Faunique Spéciale
AHIa	Aire d'Habitat Ichtyologique A	RM	Réserve Marine
AHIb	Aire d'Habitat Ichtyologique B	RMNa	Réserve Marine Nationale
AP	Aire Protégée	RMSp	Réserve Marine Spéciale
APE	Aire de Protection Environnementale	RN	Réserve Naturelle
APFF	Aire de Protection de la Flore et de la Faune	RNa	Réserve Nationale
APFF	Aire de protection de la Faune et la Flore	RNFFS	Refuge National de Faune et Flore Sauvages
APGR	Aire Protégée de Gestion des Ressources	RNPr	Réserve Naturelle Privée
ARE	Aire Récréative d'État	RNR	Réserve Naturelle Récréative
BiotP	Biotope Protégé	RNRE	Réserve Nationale de Recherche Estuarienne
EFM	États Fédérés de Micronésie	RNS	Réserve Naturelle Stricte
FCôtP	Forêt Côtière de Protection	ROrn	Réserve Ornithologique
FoCw	Forêt du Commonwealth	RP	Réserve de Pêche
FoP	Forêt Protégée	RPriv	Réserve Privée
MN	Monument Naturel	RSc	Réserve Scénique
MNa	Monument National	S	Sanctuaire
PCons	Parc de Conservation	SEPA	Aire d'Environnement Protégé d'État
PE	Parc d'État	SEPA	Aire de Protection Environnementale d'État
PM	Parc Marin	SFaun	Sanctuaire Faunique
PMCôt	Parc Marin et Côtier	SFFS	Sanctuaire de Faune et Flore Sauvages
PMN	Parc Marin National	SG	Rivière
PN	Parc National	SISR	Site d'Intérêt Scientifique Remarquable
PNat	Parc Naturel	SM	Sanctuaire Marin
PNatN	Parc Naturel National	SMNa	Sanctuaire Marin National
PNR	Parc Naturel Régional	SOrn	Sanctuaire Ornithologique
PNRéc	Parc Naturel Récréatif	UCN	Unité de Conservation Naturelle
PP	Parc Provincial	ZC	Zone de Conservation
PR	Parc Récréatif	ZMP	Zone Marine Protégée
PTMP	Paysage Terrestre ou Marin Protégé	ZN	Zone Naturelle
RA	Réserve Aquatique	ZRp	Zone de Repeuplement
RB(N)	Réserve de Biosphère (National)		
RBio	Réserve Biologique	**Désignations internationales (voir chapitre 2)**	
RC	Réserve de chasse		
RE	Réserve Ecologique	Ramsar	Zones humides d'importance internationale
RefFFS	Refuge de Faune et Flore Sauvages	Patrimoine Mondial ou CPM	Site du Patrimoine Mondial
RésFFS	Réserve de Faune et Flore Sauvages		Convention du Patrimoine Mondial
RExt	Réserve Extractive	UNESCO-MAB	Organisation des Nations Unies pour l'Éducation, la Science et la Culture - Réserve de Biosphère
RFo	Réserve Forestière		
RFoM	Réserve Forestière à Mangrove		

bathymétriques utilisé pour compiler ETOPO1 Global Relief Model (Modèle d'Elévation Global) a été obtenu auprès de plusieurs organismes : le Centre Japonais de Données Océanographiques (JODC), le NGDC, le Programme Caspien pour l'Environnement (CEP) et la Commission Scientifique de la Méditerranée. Des détails sur la méthodologie et les sources sont disponibles sur www.ngdc.noaa.gov/mgg/global/global/html.

Les littoraux ont été extraits du World Vector Shoreline (WVS), un fichier de données numériques au 1/250 000 (la plus haute résolution disponible) qui contient la couverture littorale mondiale et les frontières internationales. Le WVS est un produit de la National Geospatial-Intelligence Agency (précédemment la Defense Mapping Agency, ou DMA). La principale source pour produire le WVS est le jeu de données DLMB (Digital Landmass Blanking) de la DMA, qui a découlé des Joint Operations Graphics et des graphes nautiques côtiers produit par la DMA (voir http://shoreline.noaa.gov/data/datasheets/wvs.html).

Les eaux continentales sont issues de la combinaison de deux jeux de données issus de la base de données VMap0_GlobalRivers. De manière occasionnelle, certaines données ont été éditées et corrigées conformément à d'autres données plus détaillées.

La topographie est produite par la mission de cartographie de la topographie du globe (Shuttle Radar Topographic Mission - SRTM) et distribuée sur le portail du Groupe Consultatif de la Recherche Internationale en Agriculture (CGIAR, voir http://srtm.csi.cgiar.org/index.asp). Le SRTM est un modèle numérique d'élévation (MNE) global à 90m de résolution, produit à partir d'images radar collectées par la navette de la NASA (National Aeronautics and Space Administration). Les cartes résultantes présentent un dégradé de couleurs en fonction de l'altitude. La méthodologie développée pour produire le fond topographique a nécessité la mise en œuvre de techniques d'analyses spatiales pour la correction d'imprécisions mineures qui peuvent figurer dans les données sources, ainsi que pour des opérations de fusion requises pour la production de la carte finale.

Aires protégées

Seuls les sites connus comportant des mangroves sont représentés. La liste a été élaborée par l'auteur principal. Les zones, représentées par des polygones pour la plupart des sites, et par des points pour les autres, ont été fournies par l'UNEP-WCMC. Elles ont été tirées de la base de données mondiale sur les aires protégées (voir www.wdpa.org).[2] Les nombres totaux de sites par pays sont listés en Annexe 3.

Notes

1   Des données additionnelles ont été fournies pour six pays d'Afrique de l'Ouest. Elles ont été aussi préparées à partir d'images Landsat (Bos *et al.*, 2006). Cependant, elles étaient très similaires aux données déjà disponibles à l'UNEP-WCMC, à tel point que nous ne savons pas quelle source est la plus fiable.

2   La base de données mondiale sur les aires protégées (World Database on Protected Areas – WDPA) est un projet conjoint de l'UNEP et de l'UICN, produit par l'UNEP-WCM et l'UICN WCPA. Les données utilisées dans cet atlas sont tirées d'une version procurée le 21 janvier 2008. Merci de contacter protectedareas@unep-wcmc.org pour plus d'informations.

Références

Bos, D., Grigoras, I. and Ndiaye, A. (2006) *Land Cover and Avian Biodiversity in Rice Fields and Mangroves of West Africa*, Veenwouden, Netherlands and Dakar, Senegal, Altenburg and Wymenga, and Wetlands International

Chavez, P. (1996) 'Image-based atmospheric corrections revisited and revised', *Photogrammetric Engineering and Remote Sensing*, vol 62, pp1025–1036

CONABIO (Comisión Nacional para el Conocimiento y Uso de la Biodiversidad) (2009) *Manglares de México: Extensión y distribución*, Mexico City, CONABIO

Corcoran, E., Ravilious, C. and Skuja, M. (2007) *Mangroves of Western and Central Africa*, Cambridge, UK, UNEP–Regional Seas Programme/UNEP–WCMC

FAO (Food and Agriculture Organization of the United Nations) (2003) *Africover: Multipurpose Africover Databases on Environmental Resources (MADE)*, www.africover.org, accessed 5 May 2009

FAO (2006) *Global Forest Resources Assessment 2005: Progress towards Sustainable Forest Management*, Rome, Forestry Department, FAO

FAO (2007) *The World's Mangroves 1980–2005: A Thematic Study Prepared in the Framework of the Global Forest Resources Assessment 2005, FAO Forestry Paper 153*, Rome, FAO

Ruíz-Luna, A., Acosta-Velázquez, J. and Berlanga-Robles, C. A. (2008) 'On the reliability of the data of the extent of mangroves: A case study in Mexico', *Ocean & Coastal Management*, vol 51, pp342–351

Spalding, M. D., Blasco, F. and Field, C. D. (1997) *World Mangrove Atlas*, Okinawa, International Society for Mangrove Ecosystems

Wilkes, K. (2008) *Mangrove Forests of Australia*, Canberra, Australian Government, Bureau of Rural Sciences

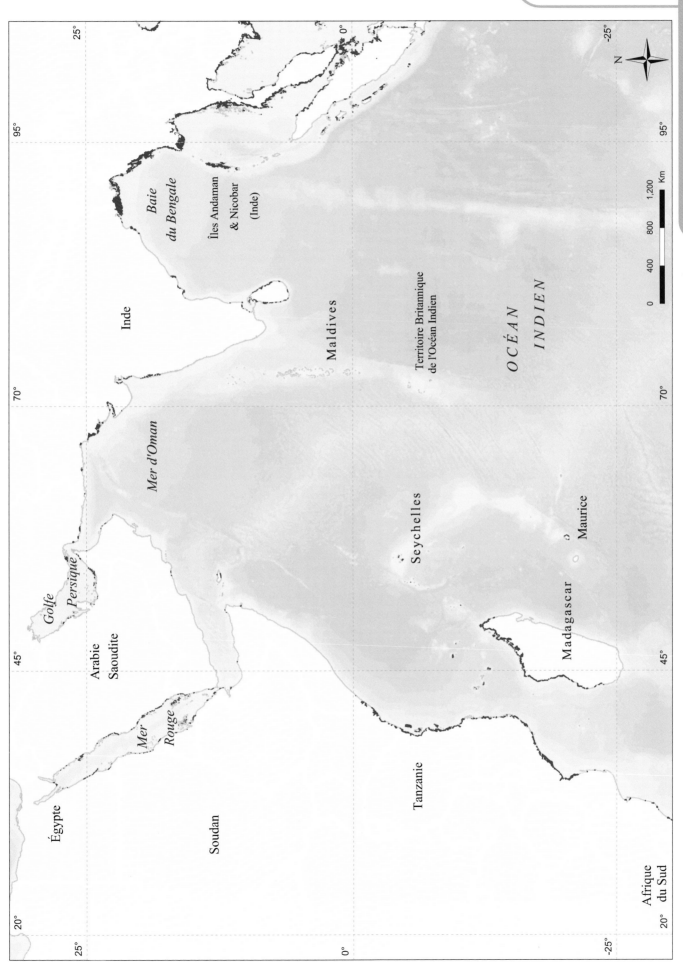

Km
0   400   800   1,200

Égypte

Soudan

Arabie
Saoudite

Golfe
Persique

Mer
Rouge

Mer d'Oman

Inde

Baie
du Bengale

Îles Andaman
& Nicobar
(Inde)

Maldives

Tanzanie

Seychelles

Territoire Britannique
de l'Océan Indien

OCÉAN   INDIEN

Madagascar

Maurice

Afrique
du Sud

20°   25°   45°   70°   95°

20°   -25°   0°   25°   -25°   0°   45°   70°   95°

Les flamants roses se nourrissent dans les eaux côtières peu profondes derrières les *Avicennia* dans le Sultanat d'Oman (Chapitre 5).

Photo Richard Spalding

L'Afrique de l'Est et du Sud

4

L'Afrique de l'Est est une région comportant de nombreuses mangroves, géographiquement distinctes et isolées des riches flores d'Asie du Sud et du Sud-Est par la vaste étendue de l'Océan Indien et par les côtes arides et dénudées du Moyen-Orient. Les mangroves longent tout le littoral et les rivages occidentaux de Madagascar, avec une distribution plus clairsemée sur les petits archipels du large. Les formations les plus étendues et diversifiées se trouvent le long du littoral légèrement plus humide de la Tanzanie, du nord et du centre du Mozambique, notamment au niveau des deltas très vastes et productifs des fleuves Rufiji et Zambèze.

Les mangroves ont connu moins de pertes dans cette région qu'ailleurs, avec un déclin de seulement 8% de 1980 à 2005. Malgré cela, l'exploitation est importante et les statistiques de pays comme le Kenya ou Madagascar, qui en apparence présentent des surfaces stables, masquent très certainement des niveaux élevés de dégradation, avec des arbres de plus en plus clairsemés et chétifs, résultat de la surexploitation. Les mangroves sont converties à d'autres utilisations dans certaines zones, avec le développement de la riziculture, des marais salants et des bassins d'élevage de crevettes. Cependant ces conversions, et notamment le développement de la crevetticulture, n'ont pas encore l'importance qu'elles ont en Asie.

La protection des mangroves est variable, mais elle reste généralement convenable. Au Kenya et en Tanzanie, les mangroves sont en théorie toutes protégées par les législations portant sur leur utilisation et leur récolte qui datent du début du 19ième siècle. La Tanzanie et le Kenya ont aussi connu des projets de restauration à petite échelle. Des zones assez étendues font aussi partie de réseaux d'aires protégées.

L'archipel des Comores : les Comores et Mayotte Cartes 4.2 et 4.3

L'archipel des Comores comprend la petite nation des Comores et le territoire français de Mayotte. Toutes les îles sont d'origine volcanique, et Mayotte, qui est la plus vieille géologiquement, est entourée d'un récif protégeant son littoral.

Aux Comores, les mangroves sont présentes sur la côte méridionale de Mohéli, où elles couvrent 90ha, avec quelques parcelles sur La Grande Comore et à Anjouan. Malgré leur étendue limitée, sept espèces de palétuviers sont représentées. Les menaces sont nombreuses : les îles sont densément peuplées, et le développement de villages

et des infrastructures a entraîné des pertes. L'érosion reste un problème de taille qui pourrait s'amplifier à cause de la dégradation des récifs coralliens et de l'extraction de sable sur les zones côtières. Le phénomène d'érosion pourrait aussi être accéléré par la diminution des surfaces de mangroves (DGE, 2000).

Mayotte renferme des mangroves plus étendues bordant beaucoup de ses baies peu profondes, notamment à Iloni et au niveau des baies de Bouéni et Longoni. L'exploitation y est probablement moins forte

Les mangroves se développent souvent au voisinage des récifs coralliens en Afrique de l'Est et beaucoup de poissons se déplacent d'un écosystème à l'autre, avec ici des vivaneaux dans une forêt de *Rhizophora* à marée haute.

Photo Mark Spalding

que dans les Comores mais certaines activités ont causé des dégradations, dont des reconversions illégales, des rejets d'ordures et des pertes dues à l'urbanisation, comprenant la construction de routes et d'infrastructures portuaires (Perez, 2005).

Aux Comores, un permis est nécessaire pour exploiter les mangroves depuis 1932, mais cette disposition n'a pas empêché certaines pertes (DGE, 2000). Un parc marin a été créé le long de toute la partie côtière de Mohéli et sur des îles du large. Par contre, même si Mayotte comporte de nombreuses aires protégées, les mangroves ont été quelque peu négligées.

Europa Cartes 4.3

Europa est une petite île de 30 kilomètres carrés située dans le détroit du Mozambique. C'est l'une de ces îles dites « *îles éparses* » administrées par la France dans des zones isolées autour de Madagascar, mais elle est la seule comportant des mangroves. L'île s'étend sur le pourtour d'un lagon de 900ha, dont 700ha de mangroves environ – quatre espèces sont présentes mais elles n'ont pas été déterminées. L'île est inhabitée mise à part une présence militaire. C'est une réserve naturelle (Gargominy, 2003).

Le Kenya Cartes 4.1

Les mangroves s'étendent le long d'une grande partie des côtes kenyanes. Elles sont le plus souvent disposées en formations étroites sur la frange littorale, mais peuvent constituer de plus vastes forêts dans les criques et dans les estuaires. Malgré des conditions quelque peu arides, les mangroves les plus étendues se situent dans le nord, le long du système de cours d'eaux et de baies de l'archipel de Lamu et sur les côtes avoisinantes. De grandes forêts de palétuviers se trouvent aussi au niveau du delta du fleuve Tana, dont les seuls bosquets d'*Heritiera littoralis*, ainsi que des formations plus diversifiées dominées par *Avicennia marina* mais aussi *Rhizophora mucronata*, *Ceriops tagal*, *Bruguiera gymnorhiza*, *Xylocarpus granatum* et *Sonneratia alba* (Bouillon, 2004). Même s'ils sont rares, certains des plus gros animaux africains, comme les éléphants, les buffles, les hippopotames et les crocodiles, ont été observés dans le delta de la Tana. Des mangroves moins étendues bordent le seul fleuve permanent du Kenya, le Galana (ou Sabaki). La baie de Gazi, au sud du pays, comporte une forêt de palétuviers sur sa frange littorale, à proximité d'herbiers marins et de récifs coralliens (Dahdouh-Guebas *et al.*, 2004). Plusieurs peuplements de mangroves se développent loin des principaux cours d'eau du Kenya. Leur présence s'explique probablement par des arrivées souterraines d'eaux douces provenant de la nappe phréatique, abaissant ainsi la salinité de nombreuses baies, même pendant la saison sèche (Ruwa, 1993).

La pêche côtière dans les eaux d'Afrique de l'Est est une part importante de l'infrastructure sociale et économique.

Photo Mark Spalding

Les mangroves sont certainement d'une grande importance pour la pêche côtière. Cela n'a pas fait l'objet d'études particulières. Les huîtres et les crabes de palétuviers sont des produits typiques de ces prélèvements. Parmi les autres utilisations pour lesquelles nous disposons de documents, citons l'extraction de tanins et de colorants, la médecine traditionnelle, et même la combustion de jeunes pousses vertes d'*Avicennia* comme répulsif contre les moustiques (Dahdouh-Guebas *et al.*, 2000). Il existe quelques activités touristiques, avec par exemple une passerelle en bois longue de 300m dans la baie de Gazi. C'est une source de revenus importants pour une communauté locale (Van Lavieren, 2008).

La principale utilisation des mangroves est certainement la production de bois d'œuvre et de combustible. Les documents d'archive montrent qu'il existait déjà au 9ième siècle un commerce de perches de palétuviers vers le Moyen-Orient. Environ 483 000 perches étaient exportées annuellement depuis Lamu au début du 20ième siècle, atteignant les 700 000 dans les années 1950. En 1951, un rapport a établi que les mangroves de Lamu étaient dégradées, et des efforts ont été faits pour une meilleure gestion de la ressource. Ces initiatives n'ont malheureusement pas vraiment réussi dans la pratique. Les coupes ont été fortement réduites suite à l'interdiction d'exporter en 1982, mais la consommation locale de bois n'a cessé d'augmenter, notamment pour la construction de logements et comme combustible. Les permis d'exploitation de la mangrove sont accordés sans démarche ou critères précis (Kairo, 2003). À cela viennent s'ajouter des prélèvements illégaux. De fait, même si la surface totale de mangroves n'a que faiblement baissé, ces forêts sont maintenant dégradées presque partout. Les arbres de petite taille dominent, ce qui représente peu de bois exploitable (Dahdouh-Guebas *et al.*, 2000 ; Kairo, 2003 ; Dahdouh-Guebas *et al.*, 2004 ; Obade *et al.*, 2004).

Les mangroves ont aussi souffert de coupes à blanc et de la pollution liées à l'urbanisation et au tourisme côtier. Les marées noires sont devenues un problème à part entière autour de Mombasa. Les mangroves ont aussi été coupées pour mettre en place des marais salants et des bassins d'aquaculture près de Ngomeni (baie d'Ungwana) (Ruwa, 1993 ; Taylor *et al.*, 2003). Plus récemment, une décision très inquiétante a approuvé la plantation de 20 000ha de cane à sucre dans le delta du Tana, ce qui conduira à des pertes considérables de mangroves, avec des impacts conséquents sur les populations locales et sur les pêcheries (Gross, 2008).

Toutes les mangroves ont été déclarées forêts d'état en 1932. Elles sont maintenant gérées par les offices locaux de la forêt, qui sont responsables de la protection de la forêt et de la délivrance des permis d'exploitation, même si ces mesures n'ont pas enrayé les dégradations (Kairo, 2003). Des projets de reforestation ou de réhabilitation ont été entrepris, notamment dans la baie de Gazi (Crona and Rönnbäck, 2007) et à Mida Creek à l'extrémité méridionale du Parc Marin National de Watamu (Van Lavieren, 2008). Les aires protégées sont étendues au Kenya et un certain nombre de sites comportent des mangroves dont deux qui ont été déclarées Réserves de Biosphère par l'UNESCO. Notons cependant que la protection des zones de Lamu et du delta de la Tana reste minimale.

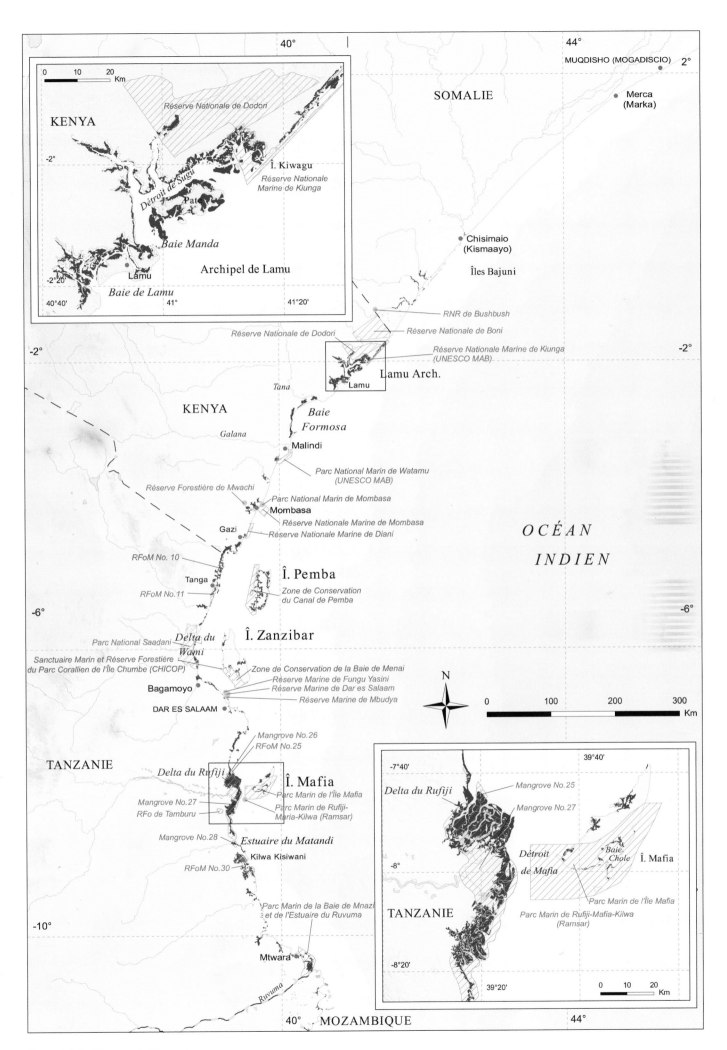

Carte 4.1 Le Kenya et la Tanzanie

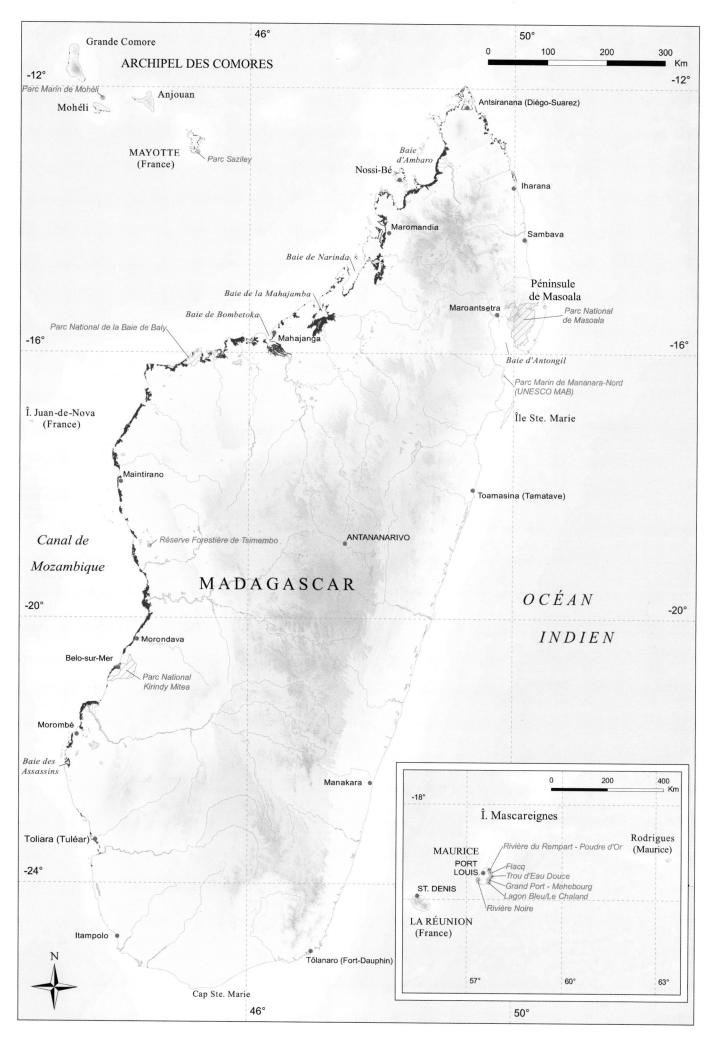

Carte 4.2 Madagascar

Madagascar Carte 4.2

Les mangroves s'étendent tout le long du littoral occidental de Madagascar. Les plus grandes forêts sont situées au nord et au centre où le climat est plus humide. Les formations les plus étendues bordent la côte nord-ouest où se trouvent de nombreuses baies, dont le delta et la baie de la Mahajamba. Là prédominent *Avicennia marina*, *Xylocarpus granatum* et *Rhizophora mucronata*. Ils atteignent 20m de hauteur. Cependant, même ici, on observe une transition progressive à l'intérieur des terres, vers des arrière-mangroves et des tannes hyper salés où les palétuviers deviennent chétifs parmi les halophytes des marécages salés ou font place à des étendues de marais salants (Rasolofoharinoro *et al.*, 1998). Dans le sud-ouest de l'île, la saison sèche peut durer sept à neuf mois et les mangroves sont plus clairsemées.

Elles atteignent rarement 6m de hauteur, même si un bosquet de l'estuaire de l'Onilahy renferme des *Avicennia* et des *Xylocarpus* atteignant environ 10m (Frontier-Madagascar, 2003). D'importantes mangroves de la frange littorale et d'estuaire se trouvant sur la côte Est de la péninsule de Masaoala et près de Maroantsetra se dégradent rapidement (Taylor *et al.*, 2003).

Madagascar compte au moins huit espèces de palétuviers, hôtes d'une importante biodiversité, dont de rares oiseaux endémiques comme le héron de Madagascar, l'aigle pêcheur de Madagascar, et deux autres espèces qui vivent quasi-exclusivement dans les mangroves – la sarcelle de Bernier et l'ibis sacré de Madagascar (BirdLife International, 2009). Une étude détaillée portant sur les poissons des mangroves près de Tuléar a répertorié 60 espèces de poissons juvéniles, dont 44 ont une importance commerciale. Malgré leur proximité, il existe peu de liens entre ces espèces et la faune des récifs voisins (Laroche *et al.*, 1997).

Concernant l'utilisation par l'homme, elle est très répandue dans ces mangroves. Des études menées dans la baie d'Ambaro, la baie des Assassins et près de Morondava font état de bois de construction, de poteaux pour les habitations, de clôtures, de construction de bateaux et de pièges à poisson. Le bois de chauffe est important pour cuisiner et pour le conditionnement du poisson vendu sur les marchés (cuit ou fumé). Les crabes, les crevettes et des coquillages sont pêchés et collectés, et les coquilles sont parfois calcinées pour produire de la chaux qui, mélangée à du sable produit un ciment utilisé dans la construction (Rasolofo, 1997 ; Dave, 2006).

La surexploitation forestière est une cause de dégradation dans de nombreuses régions côtières, en particulier près des centres urbains comme Tuléar (Toliara). La diminution des apports d'eau douce en raison des prélèvements en amont, pour l'irrigation, et les barrages, constituent aussi des problèmes en certains endroits. La déforestation à l'intérieur des terres a aussi provoqué des phénomènes d'accélération de la

sédimentation côtière, qui ont pu contribuer à la disparition de mangroves (Taylor *et al.*, 2003 ; BirdLife International, 2009). Les étendues de mangroves de la baie de la Mahajamba sont en déclin : la couverture dense a chuté de 294 kilomètres carrés à 110 kilomètres carrés de 1986 à 1995, et d'autres zones ont été complètement déboisées. La cause principale est la diminution des apports d'eau douce, mais certaines parties ont aussi été converties en bassins de crevetticulture (Rasolofoharinoro *et al.*, 1998). La surpêche est également un problème en bien des endroits, et la chasse a entraîné des pertes dans les populations de sarcelles endémiques et de l'ibis sacré.

Quelques aires protégées comportent des mangroves, avec une reconnaissance internationale, comme la Réserve de la Biosphère de Mananara-Nord.

Les îles Mascareignes : l'île Maurice et La Réunion Carte 4.2

Les îles Mascareignes comprennent le Département français de La Réunion, et la République de Maurice qui administre l'île Rodrigues. Seule l'île Maurice a des mangroves naturelles, qui étaient autrefois abondantes sur la côte Est, protégées par des récifs coralliens et bénéficiant d'apports d'eau douce. Quatre espèces ont été répertoriées. *Rhizophora mucronata* prédomine tandis qu'*Avicennia* n'a pas été observée. Ces mangroves sont considérées comme importantes pour la pêche côtière et pour la protection du littoral de cette région sujette aux cyclones. La Réunion n'a pas de peuplements de mangroves à proprement parler, même si quelques sujets de *Pemphis acidula* ont été répertoriés.

La surface originelle de mangroves à Maurice a été estimée à 2000ha, mais de vastes zones ont été perdues, entraînant une réduction de 30% des surfaces entre 1987 et 1994. Cela est lié aux prélèvements trop importants de bois d'œuvre et de chauffage, et au déboisement pour le développement résidentiel et la construction d'hôtels (Jagtap, 1993 ; MoE and NDU, 2006).

La situation préoccupante des mangroves a conduit à des efforts croissants pour les rétablir, avec la plantation de 200 000 jeunes plants de *Rhizophora mucronata* entre 1998 et 2003 avec un taux de survie estimé à 70% (MoE

L'Afrique de l'Est est assez éloignée des centres de diversité des mangroves de la Baie du Bengale et d'Asie du Sud-Est, mais elle abrite tout de même une grande diversité d'espèces comme *Ceriops tagal* (à gauche) et *Lumnitzera racemosa* (à droite).

Photo Mark Spalding

and NDU, 2006). La même espèce a aussi été plantée dans plusieurs baies de l'île Rodrigues même s'il n'est pas certain que cette espèce ait existé à l'état spontané ici.

Le Mozambique Carte 4.3

Le littoral du Mozambique est riche en mangroves. Sur la frontière avec la Tanzanie, de nombreuses mangroves se sont développées sur le delta du Ruvuma. Près de là, la côte est abritée par des récifs coralliens et par l'archipel des Quirimbas. Elle comporte d'importantes formations de mangrove sur la frange littorale et le long des cours d'eau, traversant en un endroit, sur 10km, le chenal qui sépare le continent de l'île Ibo. La côte centrale du golfe de Sofala, depuis Angoche jusqu'au fleuve Save, comprend 1900 kilomètres carrés de palétuviers, constituant la mangrove la plus étendue de la région. Ici la plaine côtière est légèrement en pente et les nombreux cours d'eau permettent la formation de forêts de palétuviers de delta et d'estuaire. Le delta du Meluli au sud d'Angoche, le delta du Zambèze et celui du Save comptent parmi les zones les plus remarquables. L'influence des marées est forte et les mangroves des berges du Zambèze et du Quelimane pénètrent jusqu'à 50km à l'intérieur des terres.

Plus au sud, elles sont plus discontinues même si certaines baies et estuaires en comportent de grandes étendues, en particulier dans les zones abritées par les caps Ponta São Sebastião et la Ponta de Barra exposés au nord, et par la baie de Maputo.

Toutes les espèces régionales sont représentées au Mozambique, même si trois d'entre elles, *Sonneratia alba*, *Pemphis acidula* et *Heritiera littoralis*, ont leur limite méridionale vers le centre du pays. Les mangroves du nord et du centre ont généralement une ceinture de *S. alba* en bord de mer, atteignant souvent 20m de hauteur. *P. acidula* occupe les franges côtières sableuses supérieures. En allant vers l'intérieur des terres, au niveau supérieur des estuaires, *Rhizophora mucronata* devient dominant sur de larges étendues et les arbres peuvent atteindre 30m de haut. *Ceriops tagal* est aussi largement répandu sur le delta du Zambèze. Plus au sud, *Avicennia* devient dominant, mais autour de la baie de Maputo se trouvent toujours des formations plus étendues de *Ceriops* et de *Bruguiera*, avec des *Rhizophora* bordant les cours d'eau et les chenaux. En de nombreux endroits plus au sud, les canopées atteignent rarement 4m de hauteur, mais une petite forêt de l'estuaire du Limpopo comporte des arbres de 27m de haut (Hughes and Hughes, 1992 ; de Boer, 2002 ; Fatoyinbo *et al.*, 2008 ; Ramsar, 2009).

Les mangroves du delta du Zambèze sont limitrophes avec d'importants écosystèmes d'eau douce et terrestres, dont la savane côtière inondée, les dunes côtières, les prairies, les marais d'eau douce, et le miombo (la forêt claire). De nombreuses espèces se déplacent d'un écosystème à l'autre. Les mangroves sont d'une importance considérable pour des espèces comme la grue d'eau, les pélicans au dos blancs et roses, et plusieurs espèces de cigognes. Parmi les 341 espèces de poissons répertoriées dans le delta et sur les rives de la rivière Sofala, 176 sont considérées comme estuariennes (Ramsar, 2009). Plus au sud, 114 espèces de poissons ont été répertoriées au niveau de l'estuaire de la Morrumbene bordé de mangroves (Hughes and Hughes, 1992).

Les mangroves sont importantes pour le bois et la pêche. Il existe un commerce historique de perches de palétuviers avec le Moyen-Orient, mais de moindre importance que pour le Kenya et la Tanzanie. Dans des zones situées plus au sud, la petite taille des palétuviers empêche leur utilisation pour la fabrication de perches, mais il existe tout de même une exploitation pour le bois d'œuvre, et une utilisation très répandue du bois de palétuvier comme combustible (de Boer, 2002). On estime que les activités de pêche étroitement liées aux mangroves contribuent à hauteur de 40% du produit intérieur brut du pays, notamment grâce à la production de crevettes, qui générait 55 millions par an ($US) à la fin des années 1990 (Fatoyinbo *et al.*, 2008).

D'après une étude, seulement 3% des mangroves ont disparu entre 1972 et 1990 (Barbosa *et al.*, 2001), mais un relevé cartographique national plus récent montre un déclin de 27% entre 1990 et 2001. De tels écarts peuvent en partie s'expliquer par les différences dans les techniques de cartographie utilisées, mais il est néanmoins certain que les pertes s'accélèrent (Fatoyinbo *et al.*, 2008). À une résolution plus fine, l'interprétation des tendances reste complexe. Autour de la zone urbaine de Maputo, par exemple, les premières pertes constatées étaient considérables, atteignant 40% de la couverture entre 1958 et 1991 (de Boer, 2002). Plus récemment, cependant, les surfaces en mangroves se sont accrues, dans les provinces de Maputo et d'Inhambane, grâce à la régénération naturelle et à la colonisation de dépôts sédimentaire récents, probablement favorisées au sud par la présence d'une mer plus chaude (Barbosa *et al.*, 2001 ; de Boer, 2002 ; Fatoyinbo *et al.*, 2008).

Les pertes ont été attribuées au développement urbain, industriel et touristique, ainsi qu'aux conversions à la riziculture et aux marais salants. Avec l'accroissement de la population côtière, ces pressions vont très probablement perdure. Une autre menace est la pollution : des déversements accidentels de pétrole sur le port de Maputo ont dégradé les mangroves. Le canal de Mozambique est caractérisé par un important trafic maritime qui présente un risque permanent.

Une autre menace importante vient des modifications du régime hydrique de l'eau douce. Le régime du fleuve Zambèze a été profondément altéré au cours du 20ième siècle par la construction de digues et de barrages pour la production d'hydroélectricité. Actuellement, le fleuve ne déborde que rarement pendant la saison humide, entraînant de graves conséquences pour les zones humides, dont des pertes de mangroves (Barbosa *et al.*, 2001 ; Ramsar, 2009).

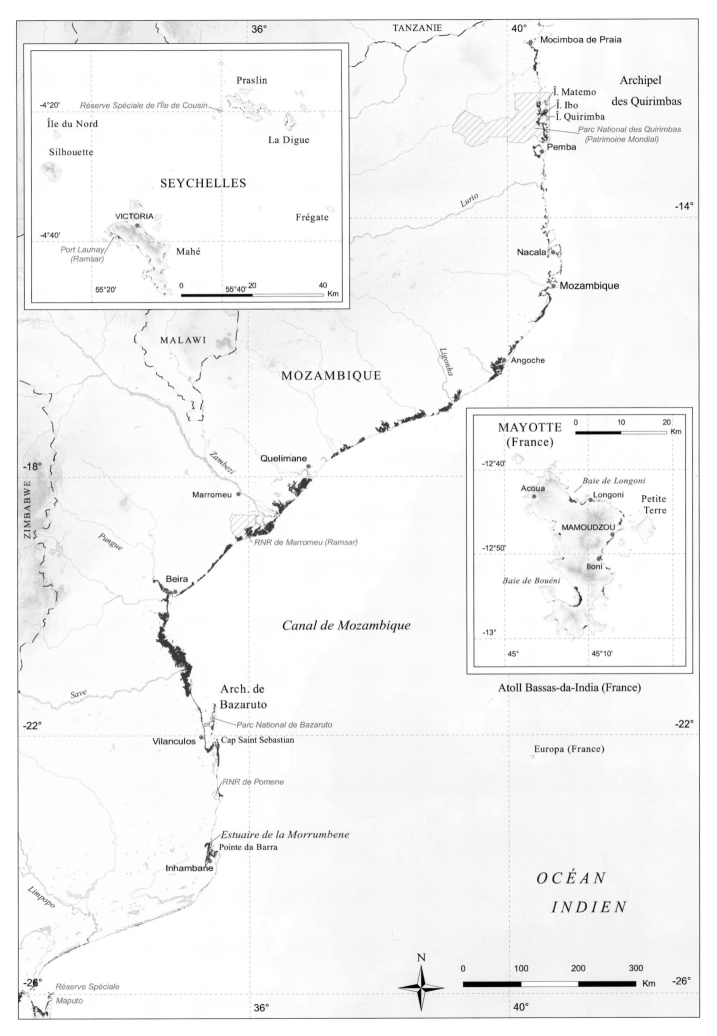

Carte 4.3 Le Mozambique

Certaines mangroves ont été incluses dans des aires protégées, et la région du delta du Zambèze a été déclarée site Ramsar. En outre, en 1998, une protection légale plus large a été octroyée aux mangroves et à d'autres ressources naturelles côtières sur les 100 premiers mètres de terre bordant le littoral, imposant un permis pour exploiter les mangroves (Barbosa *et al.*, 2001).

Les Seychelles Cartes 4.3 et 4.4

Les petites îles des Seychelles sont dispersées sur une vaste zone océanique. Les îles du nord situées sur le plateau des Seychelles sont d'origine continentale. Elles ont une altitude relativement élevée, possèdent une végétation dense et de petits cours d'eau permanents. Les mangroves sont répandues, notamment à Mahé, mais aussi à Praslin et à La Digue. La zone la plus importante se trouve autour de Port Launay où 20ha de mangroves comportent les 9 espèces « régionales » dans un environnement estuarien abrité permettant aux arbres d'atteindre des tailles considérables. Au sud du plateau des Seychelles se trouvent de nombreuses îles coralliennes et des atolls, mais, à l'exception des arbustes de *Pemphis acidula* poussant sur les plages, il n'y a pas de mangrove jusqu'au chapelet d'îles d'Aldabra situé tout à fait au sud. Là on trouve des mangroves à Astove, à Cosmoledo et, surtout, à Aldabra, où un vaste atoll surélevé porte environ 2000ha de mangroves (UNEP-WCMC, 2008). Ici aussi les neuf espèces ont été répertoriées. *P. acidula* constitue une partie importante de la végétation buissonnante terrestre. Aldabra est caractérisée par des tendances localisées à la zonation, mais la végétation y est aussi influencée par les caractéristiques pédologiques, avec des forêts de grande taille plus généralement sur le lagon intérieur nord où les sols sont plus riches, et des forêts basses et ouvertes ailleurs, avec des arbres atteignant 2,5m à 6m de haut (Macnae, 1971).

Les Seychelles sont riches en espèces endémiques et accueillent d'importantes populations d'oiseaux marins. Les rivières qui s'écoulent dans les mangroves de Port Launay constituent un refuge pour au moins une espèce de poissons, et probablement deux autres. Aldabra a plusieurs espèces et sous-espèces endémiques qui s'aventurent dans la mangrove, dont l'ibis sacré d'Aldabra, dont la survie dépend des mangroves, et les importantes populations de tortues géantes qui s'immiscent profondément dans les mangroves où elles consomment les feuilles tombées au sol, et trouvent parfois refuge sur les rhizophores ou sur les rochers à marée haute (Coblentz and van Vuren, 1987). D'importantes populations d'oiseaux marins dont les grandes frégates et les petites frégates ainsi que les fous à pieds rouges nichent dans les mangroves d'Aldabra (Skerrett, 1999).

Les pertes de mangroves ont été considérables, notamment le long de la côte Est de Mahé où de vastes zones ont été défrichées pour l'expansion urbaine. Les complexes touristiques et le développement côtier constituent toujours des menaces. La pollution et les décharges sont par endroits des problèmes non résolus. (Taylor *et al.*, 2003). Sur Aldabra, les chèvres sauvages sont connues pour leur impact négatif sur les palétuviers, mais les plans de chasse ont considérablement réduit leur nombre et ont peut-être conduit à leur élimination totale.

Les Seychelles comptent plusieurs aires protégées. Les plus grandes se trouvent à Port Launay et à Aldabra, la première étant un site Ramsar, la seconde un site du Patrimoine Mondial. Les progrès sont importants dans le domaine de la protection de l'environnement, avec une sensibilisation aux mangroves dans les écoles et des plans de développement de l'écotourisme (FAO, 2007).

La Somalie Cartes 4.1 et 5.3

Le littoral aride de la Somalie porte peu de mangroves. Sur la côte de l'Océan Indien, les seules grandes étendues de mangroves sont proches de la frontière avec le Kenya, où elles pénètrent à l'intérieur des terres le long des estuaires tidaux. On trouve aussi de petits bosquets de palétuviers sur quelques îles Bajuni. Face au Golfe d'Aden se trouvent des mangroves de lagon derrière une barrière d'îles près des villages côtiers d'Abo et de Caluula. Plus à l'ouest se trouvent quelques bosquets sur des îlots et en bordure de criques protégées. De plus larges formations se sont développées sur la frange littorale de l'île de Saada Din, près de la frontière avec Djibouti. Les mangroves de l'Océan Indien renferment plusieurs espèces. Dans celles du Golfe d'Aden prédomine *Avicennia marina*, même si l'on trouve aussi *Rhizophora mucronata* plus à l'ouest (PERSGA/SAP, 2004).

Le statut actuel de ces mangroves n'est pas clair. Plusieurs rapports expliquent que les mangroves étaient autrefois largement répandues et qu'en raison de leur surexploitation de vastes étendues ont disparu (Schleyer

L'isolement pendant des millions d'années a permis l'évolution de nombreuses espèces uniques aux Seychelles. À gauche, le gecko diurne est l'une des nombreuses espèces restreintes au nord des Seychelles. À droite, l'ibis sacré d'Aldabra, rencontré seulement dans les mangroves de l'atoll d'Aldabra, se distingue des espèces proches de Madagascar par ses yeux bleus pâles.

Photo Mark Spalding

and Baldwin, 1999 ; van der Elst and Salm, 1999). Il paraît probable que la surexploitation continue par le surpâturage et les prélèvements de bois d'œuvre et de chauffage, même si des études portant sur la côte du Golfe d'Aden suggèrent que de telles activités sont tout à fait durables et que les mangroves sont en bon état. (PERSGA/GEF, 2001). Le tsunami de 2004 a eu un fort impact sur les côtes centrales de l'Océan Indien, au niveau d'une zone déjà dépourvue de mangroves. Une menace de pollution pétrolière persiste aussi sur ces rivages.

L'instabilité politique et la guerre civile interdisent toute activité de recherche dans l'Est du pays, empêchant aussi les activités de conservation. Les estuaires et les îles Bajuni dans le sud-ouest font partie de la Réserve Récréative de Bushbush (ou Laag Badaana), une zone aussi listée dans les sites ornithologiques d'importance (BirdLife International, 2009), même si son statut légal n'est pas clair. Aucune gestion n'y a été entreprise. La côte du Golfe d'Aden reste plus stable politiquement et des progrès voient le jour pour soutenir les efforts de conservation avec la participation des communautés locales, dont la plantation de palétuviers (PERSGA/SAP, 2004).

L'Afrique du Sud Cartes 4.4

La côte orientale de l'Afrique du Sud est caractérisée par une forte houle, ce qui explique que les mangroves n'y soient présentes que dans les baies. Au nord de la Province KwaZulu-Natal, ces formations sont séparées les unes des autres. Elles incluent l'estuaire et la baie de Kosi ainsi que son complexe marécageux, l'estuaire de St Lucia, et l'estuaire Mhlathuze adjacent à la Richard's Bay, qui compte 650ha de mangroves, la plus grande formation du pays. Plus au sud, on trouve plusieurs petits estuaires. Tous ne comportent pas de mangroves. La plus grande de ces mangroves méridionales est une forêt de 150ha située dans l'estuaire du Mgazana, où domine *Rhizophora mucronata*. Ce littoral marque la limite méridionale des mangroves en Afrique. La baie de Kosi comporte encore une flore tropicale, avec trois espèces – *Ceriops tagal*, *Lumnitzera racemosa* et *Xylocarpus granatum* – qu'on ne trouve pas plus au sud. Les trois autres espèces – *Avicennia marina*, *Bruguiera gymnorhiza* et *Rhizophora mucronata* – se retrouvent à des latitudes tempérées grâce au courant chaud d'Agulhas. Dans les estuaires situés plus au nord, les arbres de ces espèces atteignent 6 à 9m de haut, mais leur taille est beaucoup plus réduite à des latitudes plus élevées. La formation la plus méridionale est un bosquet d'*Avicennia marina* situé dans l'estuaire du Nahoon (32°59'S) voisin d'East London (Hughes and Hughes, 1992 ; Adams *et al.*, 2005 ; Rajkaran *et al.*, 2009).

Un certain nombre d'estuaires d'Afrique du Sud sont « fermés », séparés de la mer par des bancs de sable la plus grande partie de l'année. Ils s'ouvrent pendant les périodes les plus humides, quand le débit des rivières devient important, ou quand les hautes mers ouvrent une brèche. Certains restent fermés pendant plusieurs années. Dans tous les cas, les mangroves des lagunes non tidales où la salinité est faible, peuvent être sujettes à des inondations

L'Afrique de l'Est est connue pour sa faune riche en grands mammifères, parmi lesquels nombreux sont ceux à s'aventurer dans les mangroves, grandes et petites. Les hippopotames sont assez communément observés dans les grands deltas comme ici à St Lucia, en Afrique du Sud.

Photo Mark Spalding

prolongées, causant des dégénérescences d'arbres et compromettant leur régénération (Schleyer *et al.*, 2000 ; Harrisson, 2004 ; Rajkaran *et al.*, 2009).

De nombreux peuplements de palétuviers, en particulier au nord, font partie d'aires protégées, qui incluent aussi les zones humides adjacentes, des forêts et des savanes. Ces mangroves accueillent de nombreux oiseaux. Des hippopotames et des crocodiles y sont régulièrement observés. D'autres visiteurs terrestres y sont présents comme les céphalophes bleus, le guib, le potamochère et la loutre à joues blanches du Cap.

Dans de nombreux estuaires situés plus au sud, les mangroves sont exploitées pour leur bois. Elles fournissent généralement des poteaux pour la construction, les clôtures, les pièges à poisson et le bois de chauffe (Rajkaran *et al.*, 2004 ; Adams *et al.*, 2005 ; Rajkaran and Adams, 2007). Même si la pêche commerciale est pratiquement inexistante dans les estuaires, la pêche de loisir et de subsistance s'est développée. Elle est favorisée par les fonctions des mangroves qui sont à la fois un habitat, une aire nourricière et une source de nutriments (Adams *et al.*, 2005). Le tourisme dans les mangroves est assez commun, dont l'observation ornithologique, les promenades en bateau et les parcours en pirogue.

Les mangroves ont été dégradées ou détruites dans certaines zones. L'une des plus grandes formations du pays se trouve dans la baie de Durban, où 200ha environ ont été dévolus au développement portuaire et industriel (Adams *et al.*, 2005). La « sur-utilisation » des mangroves est un problème partout où elles ne sont pas protégées. Ces écosystèmes semblent être particulièrement vulnérables lorsqu'ils ne forment que de petits

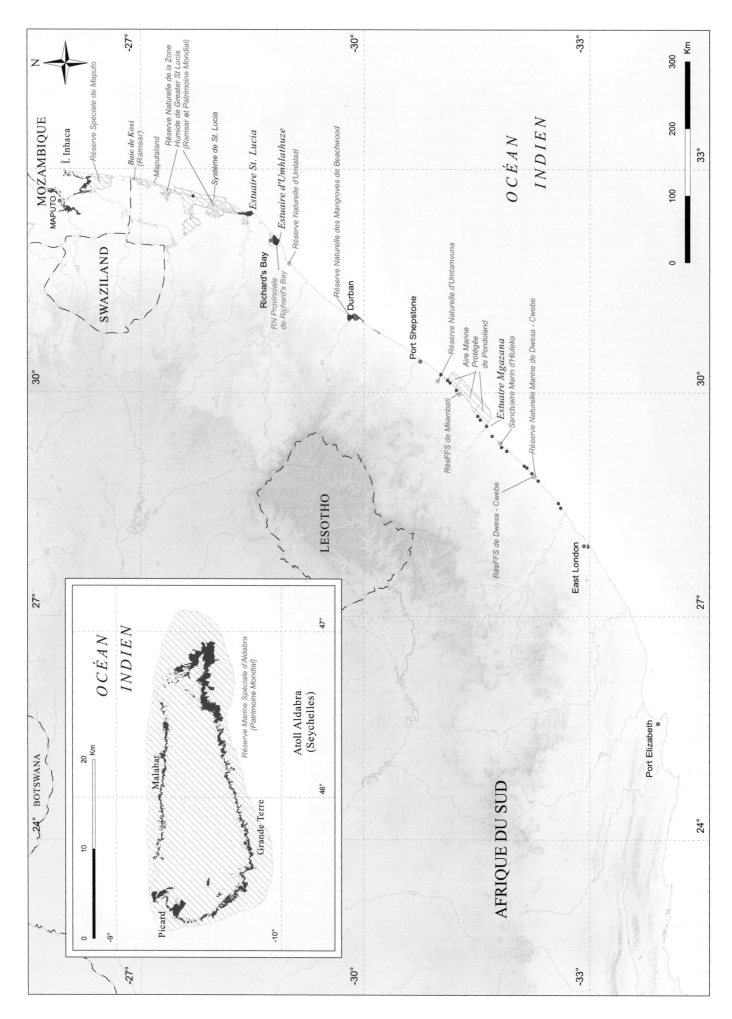

Carte 4.4 L'Afrique du Sud

peuplements (<1ha). Des disparitions totales de tels fragments ont été répertoriées dans une dizaine d'estuaires au moins. Les causes peuvent être multiples : l'érosion due aux fortes inondations, les prélèvements excessifs, les changements dans le régime hydrique à cause de la surexploitation, et des mortalités engendrées par l'ennoiement prolongé. Ces derniers cas sont liés à la fermeture fréquente et prolongée des estuaires, causée par des prélèvements d'eau douce excessifs en amont et l'amplification de la sédimentation (Adams *et al.*, 2005 ; Rajkaran *et al.*, 2009).

Malgré ces pertes, la surface totale de mangroves semble augmenter, en particulier au nord de la Province KwaZulu-Natal, où la surface totale est passée de 786ha à 1391ha entre 1982 et 2006. Des pertes totales dans certains estuaires ont été compensées par des augmentations conséquentes dans d'autres estuaires, notamment dans les zones reculées et les aires protégées. De tels gains ont pu être favorisés par l'envasement de certains estuaires, dont l'exemple peu commun est celui de l'estuaire du Mhlathuze. Ici, les travaux d'ingénierie côtière dans la zone portuaire de Richard's Bay ont conduit à la création d'une embouchure artificielle, permettant le développement de 200ha nouveaux de mangroves (Adams *et al.*, 2005 ; Rajkaran *et al.*, 2009).

Il existe des aires protégées comportant des mangroves, au niveau local, provincial ou national. Kosi Bay et St Lucia sont des sites Ramsar, et le site de St Lucia est aussi inscrit au Patrimoine Mondial.

La Tanzanie Cartes 4.1

Les mangroves de la Tanzanie sont significatives à l'échelle régionale, pas seulement par leur étendue, mais parce qu'elles ont été relativement bien protégées. Certaines sont très bien conservées et offrent une grande diversité de types, dans les criques très étendues et abritées près de Tanga, dans le nord, et autour des grandes îles de Pemba, de Zanzibar et de Mafia. Les formations estuariennes et deltaïques sont aussi importantes. Elles comprennent le delta du Wami et l'estuaire du Ruvu près de Bagamoyo dans le nord, où les mangroves laissent place à des marais d'eau douce, ainsi que l'estuaire du Matandu et l'embouchure du Ruvumu plus au sud. Le système de baies complexe de la province de Kilwa est bordé de grandes étendues de mangroves. La plus importante est celle du delta du Rufiji couvrant 480 kilomètres carrés sur une longueur de 70km de côte. C'est la plus vaste zone continue dans l'ouest de l'Océan Indien (Hughes and Hughes, 1992 ; Wang *et al.*, 2003). Le delta est très actif, avec un débit moyen de 900m³ d'eau par seconde (même si cette donnée est très variable en fonction de la saison ou de l'année). Les débits les plus forts sont ceux des chenaux septentrionaux où la salinité est plus élevée que dans les chenaux du sud. De nombreuses îles se sont formées à partir de limons d'origine continentale et de débris de mangroves (Mwalyosi, 1993 ; Wang *et al.*, 2003).

La plupart des forêts de grandes tailles renferment toutes les espèces de ces régions. Les espèces associées sont aussi nombreuses, mais elles n'ont pas été suffisamment répertoriées. En 2001, des relevés effectués dans le delta du Rufiji ont dénombré 40 000 oiseaux d'eau appartenant à 62 espèces. Les fonds marins sont tapissés d'herbiers marins procurant un habitat favorable à l'une des peu nombreuses populations de dugongs d'Afrique de l'Est. Ces mangroves et ces herbiers marins jouent un rôle très important dans la précipitation et la stabilisation des sédiments. Les récifs coralliens proches sont ainsi protégés de l'envasement et l'action des facteurs érosifs s'en trouve diminuée. Plus au nord, le Parc National de Saadani est l'un des « grands parcs récréatifs » de la région comprenant des espaces littoraux étendus, comme le delta du Wami, où l'on observe des hippopotames et des crocodiles dans les mangroves.

L'exportation de perches de palétuviers vers les États Arabes remonte à 200 av. J.-C. À la fin des années 1980, 70 à 80 boutres les transportaient depuis le delta du Rufiji. Une gestion plus active de ces ressources, dont le reboisement, remonte au moins à l'administration coloniale au début du 20ième siècle. Ce prélèvement perdure aujourd'hui, dans des zones où les mangroves ont un potentiel de régénération suffisant. Il y a encore quelques plantations, même si la régénération naturelle est considérée comme satisfaisante dans la plupart des zones (Semesi, 2000). Environ 33 000 personnes appartenant à la communauté autochtone des Nyagatwa habitent dans le delta du Rufiji, vivant de la pêche, de la vente de perches ou de l'agriculture, principalement la riziculture (Ramsar, 2009). L'apiculture est aussi une activité importante (Wang *et al.*, 2003). La pêche artisanale est la principale source de revenus dans les zones côtières de Tanzanie. Les prises peuvent être des crabes, des mollusques, et des poissons des chenaux de mangroves. La pêche est aussi pratiquée au large, mais là encore elle dépend bien souvent des mangroves. Une petite activité de pêche commerciale de crevettes est pratiquée en dehors des mangroves ; elle semble exercer des prélèvements excessifs sur la ressource – la flotte a doublé depuis 1988, mais les prises ont diminué de 50% (Guard *et al.*, 2000 ; Semesi, 2000 ; Whitney *et al.*, 2003).

La dégradation et les pertes de mangroves sont ici beaucoup plus faibles que dans bon nombre de pays. Les

Sonneratia alba est largement développée sur le front océanique des mangroves en Afrique de l'Est, comme ici à Zanzibar, en Tanzanie. Son bois est assez léger et ses pneumatophores (racines crayons) sont parfois utilisés comme flotteurs pour la pêche.

Photo Mark Spalding

plus grandes pertes ont eu lieu autour de Dar es Salaam, en raison de l'expansion urbaine et des conversions à l'agriculture. La surexploitation pour le bois d'œuvre et le combustible se poursuit. Les forêts actuelles sont considérées soit comme dégradées soit à risque (Whitney *et al.*, 2003). Des conversions ont encore lieu dans les régions centrales et méridionales du Rufiji et du Kilwa (Wang *et al.*, 2003). La création d'un élevage de crevettes de 100 kilomètres carrés dans le delta du Rufiji a été d'abord approuvée par le gouvernement, en 1996. Une enquête plus poussée a révélé qu'un tel projet entraînerait le déplacement de populations, détruirait une grande partie du delta et aurait des conséquences sévères sur les écosystèmes marins. En outre les fortes protestations ont considérablement retardé l'échéance, et ont abouti à un abandon du projet en 2001.

Dans l'ensemble, les surfaces de mangroves de Tanzanie, leur condition mise à part, sont restées stables entre 1990 et 2000 (Wang *et al.*, 2003). Toutes les mangroves sont protégées. Elles ont d'abord été déclarées Réserves Forestières de 1928 à 1932, avant de bénéficier par la suite d'une protection plus poussée grâce à d'autres mesures légales. Un projet de gestion des mangroves (Mangrove Management Project – MMP) a été initié en 1988. Avec un certain nombre d'autres initiatives côtières, il a aidé à réduire considérablement les déboisements pour leur conversion à l'agriculture ou à la production de sel. Il a aussi encouragé les replantations dans les zones dégradées. Le MMP a pour objectif d'améliorer leur protection et d'éveiller les consciences à l'importance des mangroves (Semesi, 2000 ; Whitney *et al.*, 2003). En plus de leur statut de Réserves Forestières, les mangroves du delta du Rufiji et de l'île Mafia font partie du site Ramsar Rufiji-Mafia-Kilwa.

Références

Adams, J., Colloty, B. and Bate, G. (2005) 'The distribution and state of mangroves along the coast of Transkei, Eastern Cape Province, South Africa', *Wetlands Ecology and Management*, vol 12, pp531–541

Barbosa, F., Cuambe, C. and Bandeira, S. (2001) 'Status and distribution of mangroves in Mozambique', *South African Journal of Botany*, vol 67, pp393–398

BirdLife International (2009) *Data Zone, Species Factsheets*, www.birdlife.org, accessed 1 February 2009

Bouillon, S. (2004) *Fieldwork Carried out in the Tana River Delta, Kenya*, Brussels, Vrije Universiteit Brussel, Laboratory of Analytical and Environmental Chemistry, http://www.vub.ac.be/ANCH/CV/tana.html

Coblentz, B. and van Vuren, D. (1987) 'Effects of feral goats (*Capra hircus*) on Aldabra Atoll', *Atoll Research Bulletin*, vol 306, p6

Crona, B. I. and Rönnbäck, P. (2007) 'Community structure and temporal variability of juvenile fish assemblages in natural and replanted mangroves, *Sonneratia alba* Sm., of Gazi Bay, Kenya', *Estuarine, Coastal and Shelf Science*, vol 74, p44

Dahdough-Guebas, F., Mathenge, C., Kairo, J. G. and Koedam, N. (2000) 'Utilization of mangrove wood products around Milda Creek (Kenya) amongst subsistence and commercial users', *Economic Botany*, vol 54, pp513–527

Dahdough-Guebas, F., van Pottelbergh, I., Kairo, J. G., Cannicci, S. and Koedam, N. (2004) 'Human-impacted mangroves in Gazi (Kenya): Predicting future vegetation based on retrospective remote sensing, social surveys and tree distribution', *Marine Ecology Progress Series*, vol 272, pp77–92

Dave, R. (2006) 'Mangrove ecosystems of southwest Madagascar: An ecological, human impact, and subsistence value assessment', *Tropical Resources Bulletin*, vol 25, pp7–13

de Boer, W. F. (2002) 'The rise and fall of the mangrove forests in Maputo Bay, Mozambique', *Wetlands Ecology and Management*, vol 10, pp313–322

DGE (Direction Générale de l'Environnement) (2000) Stratégie Nationale et Plan D'Action pour la Conservation de la Diversité Biologique en République Fédérale Islamique des Comores. Ministère de la Production et de l'Environnement, Moroni, DGE

DOS (Department of Overseas Surveys) (1978a) *Aldabra Island East 1:25,000 Series Y852*, 3rd edition, Southampton, Department of Overseas Surveys

DOS (1978b) *Aldabra Island West 1:25,000 Series Y852*, 3rd edition, Southampton, Department of Overseas Surveys

FAO (Food and Agriculture Organization of the United Nations) (2007) *Mangroves of Africa 1980–2005: Country Reports, Forest Resources Assessment Working Paper No 135*, Rome, FAO

Fatoyinbo, T. E., Simard, M., Washington-Allen, R. A. and Shugart, H. H. (2008) 'Landscape-scale extent, height, biomass, and carbon estimation of Mozambique's mangrove forests with Landsat ETM+ and Shuttle Radar Topography Mission elevation data', *Journal of Geophysical Research*, vol 113, doi:10.1029/2007JG000551

Forestry Service (2004) *Mangroves around Mauritius*, Port Louis, Forestry Service

Frontier-Madagascar (2003) *Mangrove Biodiversity Survey South of the Onilahy River: Lavadanora, Lovokampy and Mangoro Systems, Frontier-Madagascar Environmental Research Report 9*, London, UK and Toliara, Madagascar, Society for Environmental Exploration, UK and the Institute of Marine Sciences, University of Toliara, Madagascar

Gargominy, O. (ed) (2003) *Biodiversité et Conservation dans les Collectivités Françaises d'Outre-Mer*, Paris, Comité Français pour l'UICN

Gross, M. (2008) 'Kenya's conservation challenge', *Current Biology*, vol 18, ppR576–R577

Guard, M., Mmochi, A. J. and Horrill, C. (2000) 'Tanzania', in Sheppard, C. (ed) *Seas at the Millennium: An Environmental Evaluation*, The Netherlands, Elsevier Science Ltd

Gunlach, E. R. and Murday, M. (1987) *Coastal Sensitivity Atlas of Mauritius for Oil Spill Response*, Port Louis, Ministry of Housing, Lands and Environment Mauritius

Harrison, T. D. (2004) 'Physico-chemical characteristics of South African estuaries in relation to the zoogeography of the region', *Estuarine, Coastal and Shelf Science*, vol 61, pp73–87

Hughes, R. H. and Hughes, J. S. (1992) *A Directory of African Wetlands*, Gland, Switzerland; Nairobi, Kenya; and Cambridge, UK, IUCN (World Conservation Union), United Nations Environment Programme and World Conservation Monitoring Centre

Jagtap, T. G. (1993) 'Studies on littoral and sublittoral macrophytes around the Mauritius coast', *Atoll Research Bulletin*, vol 382, pp1–23

Kairo, J. G. (2003) 'Kenya', in Macintosh, D. J. and Ashton, E. C. (eds) *Report on the Africa Regional Workshop on the Sustainable Management of Mangrove Forest Ecosystems*, Washington, DC, ISME/cenTER Aarhus

Laroche, J., Baran, E. and Rasoanandrasana, N. B. (1997) 'Temporal patterns in a fish assemblage of a semiarid mangrove zone in Madagascar', *Journal of Fish Biology*, vol 51, pp3–20

MacNae, W. (1971) 'Mangroves on Aldabra', *Philosophical Transactions of the Royal Society of London. Series B, Biological Sciences*, vol 260, pp237–247

MOE and NDU (Ministry of Environment and National Development Unit) (2006) *Convention on Biological Diversity, Third National Report for the Republic of Mauritius*, Port Louis, Mauritius, Ministry of Environment and National Development Unit, in collaboration with the UNEP/GEF

Mwalyosi, R. B. B. (1993) 'Management of the Rufiji Delta as a wetland', in Kamukala G. L.. and Crafter, S. A. (eds) *Wetlands of Tanzania: Proceedings of a Seminar on Wetlands in Tanzania, Morogoro Tanzania 27–29 November 1991*, Gland, Switzerland, IUCN Wetlands Programme

Obade, P. T., Dahdough-Guebas, F., Koedam, N., de Wulf, R. and Tack, J. (2004) 'GIS-based integration of interdisciplinary ecological data to detect land-cover changes in creek mangroves at Gazi Bay, Kenya', *Western Indian Ocean Journal of Marine Science*, vol 3, pp11–27

Perez, R. (2005) *Etat des lieux de l'environnement et du développement durable à Mayotte*, http://mayotte.lesverts.fr/

PERSGA/GEF (2001) *Strategic Action Programme for the Red Sea and Gulf of Aden: Vol 2. Country Reports*, Washington, DC, and Jeddah, PERSGA and the International Bank for Reconstruction and Development

PERSGA/SAP (2004) *Implementation of the Strategic Action Programme (SAP) for the Red Sea and Gulf of Aden*, Washington, DC, and Jeddah, PERSGA, Jeddah and the International Bank for Reconstruction and Development

Rajkaran, A. and Adams, J. (2007) 'Mangrove litter production and organic carbon pools in the Mngazana Estuary, South Africa', *African Journal of Aquatic Science*, vol 32, pp17–25

Rajkaran, A., Adams, J. and Preez, D. D. (2004) 'A method for monitoring mangrove harvesting at the Mngazana estuary, South Africa', *African Journal of Aquatic Science*, vol 29, pp57–65

Rajkaran, A., Adam, J. and Taylor, R. (2009) 'Present State of Mangroves in the Small estuaries of (Mlalazi to Mtamyuna) Kwa-Zulu Natal, South Africa', *Southern Forests,* vol 71, pp 287–296

Ramsar (2009) *Ramsar Sites Information Service*, www.wetlands.org/rsis/, accessed 3 February 2009

Rasolofo, M. V. (1997) 'Use of mangroves by traditional fishermen in Madagascar', *Mangroves and Salt Marshes*, vol 1, pp243–253

Rasolofoharinoro, M., Blasco, F., Bellan, M. F., Aizpuru, M., Guaquelin, T. and Denis, J. (1998) 'A remote sensing based methodology for mangrove studies in Madagascar', *International Journal of Remote Sensing*, vol 19, pp1873–1886

Ruwa, R. K. (1993) 'Mangroves of Kenya', in Diop, E. S. (ed) *Conservation and Sustainable Utilization of Mangrove Forests in Latin America and Africa Regions. Part II – Africa*, Okinawa, Japan, International Society for Mangrove Ecosystems

Schleyer, M. and Baldwin, R. (1999) *Biodiversity Assessment of the Northern Somali Coast East of Berbera*, Unpublished report prepared for IUCN Eastern Africa Programme and Somali Natural Resources Management Programme

Schleyer, M. H., Beckley, L. E., Fennessy, S. T., Fielding, P. J., Govender, A., Mann, B. Q., Robertson, W. D., Tomalin, B. J. and Elst, R. P. V. D. (2000) 'South Africa', in Sheppard, C. (ed) *Seas at the Millennium: An Environmental Evaluation*, The Netherlands, Elsevier Science Ltd

Semesi, A. (2000) 'Mangroves of Tanzania', in Ngusaru, A. S. (ed) *The Present State of Knowledge of Marine Science in Tanzania: Synthesis Report*, Dar es Salaam, Tanzania, Tanzania Coastal Management Partnership Support Unit and the Science and Technical Working Group

Skerrett, A. (1999) 'Birds of Aldabra', *Bulletin of the African Bird Club*, vol 6, p2

Steinke, T. (1999) 'Mangroves in South African estuaries', in Allanson, B. R. and Baird, D. (eds) *Estuaries of South Africa*, Cambridge, UK, Cambridge University Press

Taylor, M., Ravilious, C. and Green, E. P. (2003) *Mangroves of East Africa*, Cambridge, UK, UNEP World Conservation Monitoring Centre

UK Hydrographic Office (1978) *Comoros Islands. 1:300,000: British Admiralty Chart*, Southampton, UK, UK Hydrographic Office

UNEP-WCMC (United Nations Environment Programme – World Conservation Monitoring Centre) (2008) *World Heritage Sites*, www.unep-wcmc.org/sites/wh/index.html, accessed 15 August 2008

Van der Elst, R. and Salm, R. V. (1999) *Overview of the Biodiversity of the Somali Coastal and Marine Environment*, Unpublished report prepared for IUCN Eastern Africa Programme and Somali Natural Resources Management Programme

Van Lavieren, H. (2008) 'Review comments on draft text for *World Atlas of Mangroves*', Sent to M. Spalding

Wang, Y., Bonynge, G., Nugranad, J. and Traber, M. (2003) 'Remote sensing of mangrove change along the Tanzania coast', *Marine Geodesy*, vol 26, pp1–14

Whitney, A., Bayer, T., Daffa, J., Mahika, C. and Tobey, J. (2003) *Tanzania State of the Coast Report 2003: The National ICM Strategy and Prospects for Poverty Reduction*, Dar es Salaam, Tanzania Coastal Management Partnership

Cartes

Les Comores. Les cartes sont identiques à celles utilisées dans l'atlas de 1997 (*World Mangrove Atlas*) et proviennent de l'UK Geographic Office (1978). Une estimation plus récente de la surface de la FAO (2007) a été utilisée. Elle se fonde sur des sources multiples, dont des cartes d'occupation du sol datant de 1987 et sur des interprétations plus récentes d'experts.

Mayotte. De nouvelles données ont été préparées par la FAO à partir d'images Landsat.

Le Kenya. Les cartes ont été procurées à l'UNEP-WCMC pour être publiées dans Taylor *et al.* (2003). Elles sont fondées sur les relevés de terrain du Kenya Wildlife Service de juillet à août 1992 et ont été fournies par Harrison Onganda, Institut de Recherche Marine et de la Pêche du Kenya et par son programme de Centre de Données Océanographiques Nationales du Kenya.

Madagascar. De nouvelles données ont été préparées par la FAO à partir d'images Landsat.

Île Maurice. La carte combine des données de type points et de polygones du Service des Forêts (2004) et de Gunlach et Murday (1987). Les données précédentes ont été préparées au 1:250 000. Les dernières sont des données de type points et, bien qu'anciennes, font référence à d'autres surfaces de mangroves de plus petites tailles.

Le Mozambique. Les données cartographiées ont été généreusement procurées par Temilola E. Fatoyinbo (cf. Fatoyinbo *et al.*, 2008) et découlent d'images Landsat de 1999 (1 image), 2000 (4 images), 2001 (10 images) et 2002 (1 image).

Les Seychelles. Les données pour Aldabra proviennent de deux cartes DOS (1978a, 1978b), qui ont elles-mêmes été mises au point à partir de photographies aériennes en juin 1960. Les données de végétations d'Aldabra ont été annotées sur ces cartes par R.N. Jenkin. Bien que les données datent, les changements en termes d'étendue de mangrove sur cet atoll ont probablement été mineurs. Les données pour le nord des Seychelles ont été fournies à la FAO par Justin Prosper, Policy Planning and Service Division, Ministry of Environment, Natural Resources and Transport. Ce sont des cartes haute-résolution préparées à partir d'ortho-photos prises de 1988 à 1999 à une résolution submétrique. Elles ont bénéficié de nombreuses vérifications sur le terrain.

La Somalie. Les données proviennent d'Africover (FAO, 2003) qui identifie la végétation à partir d'images de télédétection à une échelle moyenne au 1:200 000.

L'Afrique du Sud. Plusieurs localisations identifiées par des points ont été spécifiées à partir d'une simple carte montrant les estuaires d'Afrique du Sud comportant des mangroves (Steinke, 1999). Là où elles étaient clairement visibles sur des images Landsat, elles ont été converties en polygones par numérisation à l'écran à l'UNEP-WCMC.

La Tanzanie. Les données ont été transmises par l'Eastern African Coastal Database and Atlas Project : Tanzania, 2001, avec des données supplémentaires pour Zanzibar, Mafia et l'île Pemba procurées par l'Institut des Sciences Marines. Pour le littoral continental, ce sont les cartes préparées par le Laboratoire de Télédétection Terrestre ; University of Rhode Island (Wang *et al.*, 2003). Elles ont été préparées à partir d'images Landsat ETM+ de 2000, avec d'importantes vérifications terrain.

Le Moyen-Orient

5

La région est dominée par des littoraux comptant parmi les plus arides au monde. On y trouve quelques cours d'eau permanents (aucun dans la Mer Rouge) et les flux d'eau douce temporaires sont limités à quelques jours par an presque partout. Les mangroves constituent généralement des formations lagunaires ou de la frange littorale ou riveraine. Elles se développent souvent sur de vastes éventails alluviaux situés aux embouchures des cours d'eau intermittents, ou *wadis*, et dans des criques tidales étroites connues sous le nom de *khors* (*khwars*). Bien que quatre espèces soient répertoriées, seule *Avicennia marina* est assez largement répandue, se développant généralement avec un port arbustif in de petits bosquets qui entrent souvent en contact à l'intérieur des terres avec des étendues sableuses ou des marécages salés, connus dans la région sous le nom de *sabkhas*.

Malgré leur petite taille, la faible diversité et leur dispersion, la présence des mangroves dans cette région est d'une importance considérable d'un point de vue écologique. Les palétuviers sont pratiquement les seuls arbres du paysage aride du désert, attirant les oiseaux et offrant un peu de fourrage au bétail.

Ces vastes régions côtières sont restées peu peuplées. Les peuples nomades comme les Bédouins ont une petite activité de pêche. Leurs chèvres et leurs chameaux consomment les feuilles de palétuviers, et par endroits ces peuples utilisent leur bois. De telles utilisations ne sont pas toujours durables, mais certaines communautés ont recours à des principes traditionnels, préconisant de n'utiliser les mangroves qu'à la saison sèche ou à des moments de sécheresse extrême (Spurgeon, 2002). Plus récemment, le développement côtier a eu des impacts considérables sur les mangroves, en particulier dans les nations pétrolières. Elles bénéficient de l'activité touristique dans la Mer Rouge.

Le Bahreïn Carte 5.2

l'État du Bahreïn est composé de 40 petites îles. Les mangroves n'y ont probablement jamais été abondantes, mais aujourd'hui la seule zone où elles subsistent est une étendue d'*Avicennia marina* près de Ras Sanad au niveau de Tubli Bay sur la côte nord-est. Bien qu'elles soient dégradées, 45 espèces d'oiseaux d'eaux ont été répertoriées dans ces mangroves et dans les vasières et les marécages salés adjacents. Elles contribuent certainement au maintien des populations de crevettes qui ont une importance commerciale (Fuller, 2005 ; Ramsar, 2009).

La conversion des terres a réduit la surface totale de Tubli Bay de 2500ha à 1300ha en 2006. De nouvelles pressions se sont exercées, malgré la protection officielle de cette baie depuis 1976, dont la vente de zones océaniques peu profondes pour des usages privés, les conversions de terres, les décharges illégales, la pollution par les eaux usées, et la sédimentation (Fuller, 2005). L'ensemble de la baie a obtenu le statut Ramsar en 1997, mais il n'est pas certain que cette mesure ait amélioré le niveau de protection. Des projets ont été élaborés en 1999 pour la création d'un institut des zones humides situé à Ras Sanad, pour promouvoir la prise de conscience du public et encourager la recherche scientifique sur les habitats marins, dont les mangroves. Ils n'ont pas encore été mis en œuvre (PCPMREW, 2006).

Djibouti Carte 5.3

A Djibouti, les mangroves sont largement répandues, même si leur distribution est discontinue. Les plus grandes formations se situent au nord, notamment dans la grande baie derrière Ras Siyyan, dominée par *Avicennia marina*, avec quelques *Rhizophora mucronata*. Des systèmes lagunaires complexes un peu plus au sud, à Khor Angar et Godoria, ont des surfaces assez étendues de *R. mucronata*. Godoria pourrait encore renfermer des *Ceriops tagal* et des *Bruguiera gymnorhiza*. Certaines formations de petite taille s'étirent sur quelques kilomètres, sur une largeur oscillant entre 50 et 300m. A Khor Angar elles ont une largeur de 800m, et les arbres atteignent de 9 à 13 mètres de hauteur. Les seules autres formations mixtes se situent aux Moucha. Il existe bien d'autres peuplements de mangroves, y compris près de la ville de Djibouti (PERGSA/ALECSO, 2003).

L'utilisation des mangroves pour la subsistance est assez répandue, en particulier parmi les populations nomades. Le bois de palétuvier est utilisé pour la construction et pour le chauffage. Les feuilles sont consommées par le bétail. Les villageois pratiquent la pêche et collectent des crustacés et des mollusques dans le système racinaire des palétuviers.

Presque partout les mangroves semblent être dégradées par des causes naturelles ou par les actions anthropiques. Les causes naturelles comprennent les invasions sableuses provenant des dunes et la sédimentation obstruant les chenaux et perturbant la libre circulation de l'eau. Ces causes ont été probablement exacerbées à la fois par le surpâturage des chameaux et par les prélèvements de bois d'œuvre et de chauffage. Les arbres morts sont infestés d'insectes et de microorganismes, notamment à Khor Angar, et leur éventuelle propagation à d'autres mangroves en mauvais état est préoccupante

Les chameaux broutent régulièrement des feuilles d'*Avicennia* au Moyen-Orient, et les conséquences peuvent être assez nuisibles pour les arbres. Ici un pâturage important a perturbé leur développement, avec un feuillage dense sur les branches les plus hautes hors de portée des chameaux.

Photo Seiji Suda

(PERSGA/ALECSO, 2004). L'importante pollution par les déchets domestiques et par les eaux usées cause aussi la dégradation des mangroves autour de la ville de Djibouti (PERSGA/ALECSO, 2003).

Certaines mangroves moins étendues ne reçoivent qu'une protection limitée, notamment autour des îles Moucha et au sud-est de la ville de Djibouti, au sein du site Ramsar Haramous-Loyada. Un petit bosquet près de la ville est en bon état parce qu'il se situe dans le périmètre du palais Présidentiel.

L'Égypte Carte 5.1

L'Égypte n'a que 500 à 600ha de mangroves, dispersées en petites formations le long de la Mer Rouge et au sud de la Péninsule du Sinaï. La plupart sont des mangroves de la frange littorale, protégées par des récifs coralliens au large ou par des lagunes. Souvent, elles se développent sur des substrats sableux ou graveleux, et mettent parfois à profit des anfractuosités rocheuses. Les palétuviers sont des *Avicennia marina*, mis à part quelques bosquets comportant aussi des *Rhizophora mucronata* dans le sud (Løyche Wilkie, 2002 ; Saenger, 2002 ; Hegazy, 2003).

Les mangroves du Sinaï sont les peuplements naturels les plus septentrionaux de l'ouest de l'Océan Indien, à une latitude de 28°12.5'N. Les principaux bosquets sont répartis de part et d'autre des dépôts alluviaux de Wadi Kid et d'Addaway dans une dépression lagunaire située derrière un plateau récifal peu profond. Il est probable qu'elles profitent occasionnellement d'apports d'eau douce et de remontées de la nappe phréatique. Leurs arbres atteignent 7m de haut. Il existe aussi un petit groupe de palétuviers dans un chenal peu profond à la pointe la plus méridionale de Ras Mohammed (Galal, 1999 ; PERSGA/ALECSO, 2004). Le long de la côte africaine, les bosquets de mangroves sont dispersés,

généralement sur des côtes abritées à l'ouest des îles, dans des baies plus profondes et autour d'embouchures de Wadi (cours d'eau intermittents) où des récifs assurent une protection supplémentaire. Quelques bosquets sont plus étendus, et les arbres ont une hauteur moyenne de 3m, les plus grands atteignant 6m. Les arbrisseaux de plus petite taille sont généralement situés sur la marge continentale, difficilement atteinte par les marées, où le broutage par les chameaux a des conséquences sur la morphologie des palétuviers.

Une formation en bon état, située sur l'île d'Abu Minqar, à l'Est d'Hurghaba, couvre 29ha. Les arbustes ont une hauteur moyenne de 4,3m (Saleh, 2007). Au sud de 23°Nord, certaines formations importantes se sont développées dans les parties les plus abritées. La distribution de *Rhizophora mucronata* commence ici à Marsa Shaab, où ces palétuviers forment une frange côtière derrière laquelle apparaissent des fourrés à *Avicennia marina*. La hauteur moyenne des arbres est de 6m (Galal, 2002 ; Saenger, 2002 ; PERSGA/ALECSO, 2004). Les données sur les espèces associées sont rares, mais 80 espèces de crustacés dont 43 crabes ont été répertoriées dans ces mangroves. Les mangroves elles mêmes sont souvent en contact avec des marécages salés et les échassiers y sont bien représentés.

L'Égypte est aussi le lieu où ont été découverts des fossiles de mangroves des plus intéressants. Le plus vieux, dans l'oasis Bahariya, à environ 300km au sud-ouest du

Un petit peuplement d'*Avicennia marina* dans le Parc National Ras Mohammed. L'Égypte est l'un des pays les plus septentrionaux de la Mer Rouge, visité par de nombreux touristes.

Photo Mark Spalding

Caire, date du Crétacé Supérieur. Il appartenait à une espèce de fougère arborescente disparue, *Weichselia reticulata*. Cette ancienne mangrove était l'habitat de reptiles, de tortues et de plusieurs dinosaures, dont le gigantesque sauropode *Paralititan*, le deuxième plus grand animal terrestre connu ayant existé, qui pouvait certainement peser jusqu'à 100 tonnes (Smith *et al.*, 2001). A l'ouest du Caire, la dépression de Fayum a eu jadis une végétation côtière appartenant à la Téthys. Elle renferme des preuves témoignant de l'existence ancienne

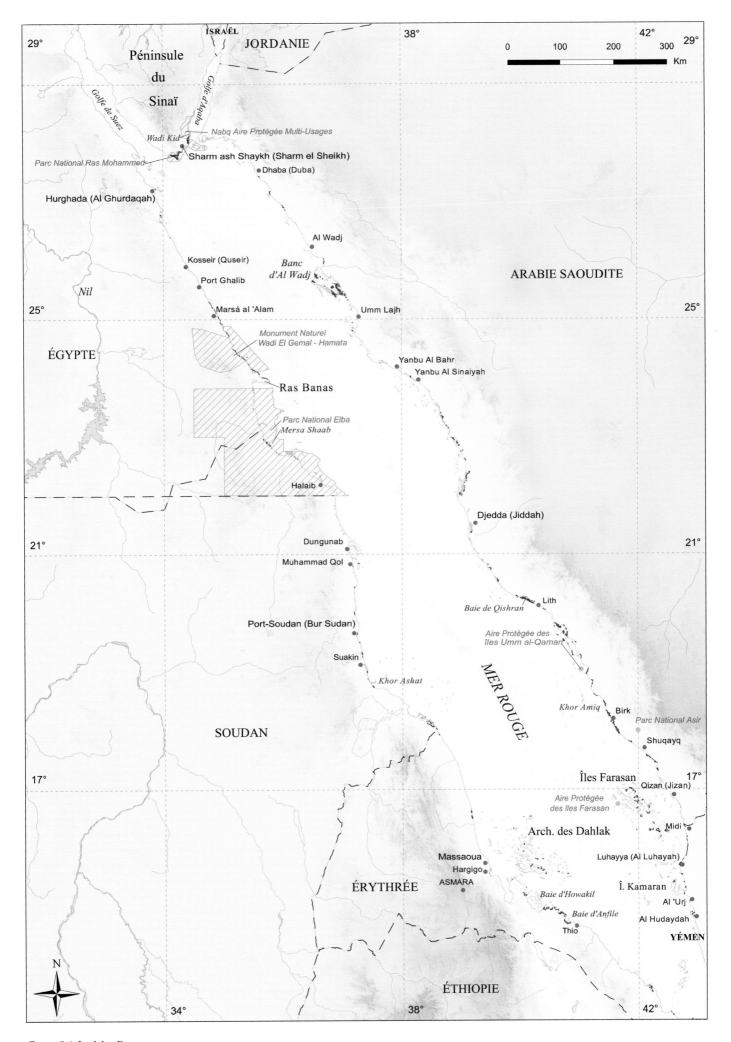

Carte 5.1 La Mer Rouge

d'une riche flore de palétuviers dont des pneumatophores et des spécimens d'espèces proches de *Nypa* datant du début de l'Oligocène. Outre cette flore on a aussi trouvé des restes de nombreux animaux comme des ancêtres des baleines et des siréniens, ainsi que des crocodiles et des espèces terrestres dont les premières espèces d'éléphants et de plusieurs primates (Greb *et al.*, 2008).

Traditionnellement, les forêts de palétuviers étaient occasionnellement des zones de pâturage pour les chèvres et les chameaux, et une source de bois de chauffage, notamment chez les Bédouins. Plus récemment, les mangroves de la Péninsule du Sinaï sont devenues une destination touristique populaire (Spurgeon, 2002). Des perturbations du régime hydrique à cause de la construction de routes, ainsi que des pertes directes dues au développement côtier, ont eu lieu dans le passé. D'autres impacts environnementaux posent problème comme l'accumulation de déchets solides et la pollution chimique, dont les rejets d'hydrocarbures. La coupe illégale de palétuviers pour le fourrage, le bois de construction ou de chauffage continue dans certaines zones méridionales.

Depuis le milieu des années 1990, toutes les mangroves du pays sont protégées, et plus récemment, les efforts de conservation se sont accrus grâce à l'implication des communautés locales pour évoluer vers des pratiques durables. Même si la mise en application est difficile, le succès a été grand dans le Sinaï, où les discussions avec les groupes de Bédouins ont conduit à une réduction de leur utilisation des palétuviers, et à leur plus grande implication dans l'industrie touristique (Cabahug, 2002 ; Spurgeon, 2002). La collecte de bois de chauffage issu de palétuviers est maintenant restreinte au matériel mort. Les déchets ont aussi été régulièrement ramassés dans les mangroves du Sinaï (PERSGA/ALECSO, 2004).

Toutes les mangroves du Sinaï et de vastes zones au sud du pays, font partie d'aires protégées. En dehors de ces sites, la gestion est minime bien que la législation impose une étude d'impacts environnementaux pour tout projet qui pourrait dégrader le littoral, et que des instruments légaux permettent à l'Agence Égyptienne de l'Environnement et à son Secteur de Conservation de la Nature de préserver efficacement ces zones (Galal, 2002).

L'Érythrée Cartes 5.1 et 5.3

Les mangroves de l'Érythrée sont dispersées sur 15% du littoral, dont l'archipel des Dahlak. Les peuplements naturels sont principalement restreints aux baies, ou *mersas*, notamment dans le centre et dans le sud du pays, dont plusieurs formations autour des baies d'Howakil et d'Anfile. On trouve aussi quelques peuplements plus rares au nord, mais des formations assez conséquentes se trouvent à Mersa Berissa et Mersa Mubarec. Ce sont généralement des mangroves formant des franges étroites, pouvant atteindre 100m vers l'intérieur des terres, le long des estuaires et des cours d'eau (ECMIB, 2007 ; FAO, 2007a). *Avicennia marina* prédomine, ses arbres pouvant atteindre 10m. *Rhizophora mucronata* est aussi bien

présent, notamment dans le nord. *Ceriops tagal* a été répertorié sur l'île Museri au sud de l'archipel des Dhalak, seul endroit de la Mer Rouge où cette espèce a été observée (Ministry of Marine Resources, 1998). Bien que parfois listée, *Bruguiera gymnorhiza* ne figure pas sur les inventaires (Ministry of Marine Resources, 1998). De nombreuses espèces d'oiseaux ont été observées dans ces mangroves, dont le héron Goliath, le pélican gris, le balbuzard pêcheur, le pluvier crabier et un huîtrier Eurasien.

Un azuré du Seyal sur des fleurs *d'Avicennia marina* en Érythrée. Bien que la diversité des palétuviers soit très faible au Moyen-Orient, les mangroves constituent, dans le contexte régional, un refuge pour la faune sauvage, en marge du désert.

Photo Jugal Tiwari

Les mangroves sont une source importante de fourrage pour le bétail et ont un rôle important pour la pêche maritime. Des utilisations sont aussi connues dans la médecine traditionnelle. Bien que les informations sur l'impact des populations humaines soient rares, la pauvreté extrême, ainsi qu'une série de sécheresses, ont certainement contribué à la dégradation des mangroves due au surpâturage.

Un projet de boisement quelque peu original a été entrepris dès la fin des années 1980. Le projet Manzanar a pour objet de planter des palétuviers dans des zones non boisées par le passé pour produire du fourrage pour le bétail. Fondé sur l'hypothèse que les mangroves sont limitées en nutriments, le projet a eu recours à des techniques de plantation intensives dans des enceintes clôturées (protégées des poissons herbivores côté mer et des autres animaux sur la face continentale) et les jeunes plants de palétuviers sont placés à côté d'un sac diffusant lentement des engrais (urée et phosphate). Les niveaux globaux de fertilisation sont estimés à 3 tonnes par hectare (Sato *et al.*, 2005). Des inquiétudes sont nées à cause du manque de rigueur scientifique de ce projet, les avantages n'étant pas ceux escomptés, et les impacts sur les écosystèmes limitrophes et la pêche étant ignorés (Pearce, 2003). En outre, la fertilisation n'est certainement pas indispensable compte tenu des niveaux très élevés de nutriments des eaux littorales érythréennes. Entre

600 000 et 800 000 jeunes plants et propagules ont été vraisemblablement plantés. L'une des plus grandes parcelles mesure 100m de large sur 7km de long, le long du littoral, près d'Hirgigo. Les feuilles et les fruits desséchés d'*Avicennia* sont utilisés comme fourrage, bien que d'autres apports alimentaires soient aussi nécessaires (Sato *et al.*, 2005). Les stocks de poisson dans les eaux limitrophes semblent augmenter (Martell, 2005).

Bien qu'il y ait eu des projets d'aires marines protégées, aucun n'a encore abouti.

L'Iran Carte 5.2

En Iran, les mangroves se trouvent sur les littoraux des Golfes Persique (ou Arabique) et d'Oman. *Avicennia marina* (connue localement sous le nom d'*harra*) est la seule espèce rencontrée dans le Golfe Arabique/Persique. Elle est parfois associée à *Rhizophora mucronata* (*chandal*) sur le Golfe d'Oman. Les forêts d'*A. marina* sont denses et mesurent de 3 à 6m de hauteur. La formation la plus septentrionale couvre 15ha dans l'Aire Protégée de Mond, dans la Province de Bushehr (Mehrabian *et al.*, 2009). La mangrove la plus vaste s'étend dans le détroit de Khouran, qui se situe entre l'île de Qeshm et le continent. Ici, un important réseau de 1000 kilomètres carrés de criques, de vasières, de mangroves et d'îles comprend environ 6800ha d'*A.marina* de petite taille. Plus à l'Est, se trouvent aussi de vastes zones humides sur le rivage continental du détroit d'Hormuz. Une série de cinq deltas contigus s'étirent sur 70km de côte à l'Est de Bandar Abbas, où environ 300ha de mangroves sont dispersés dans un réseau de zones humides fait d'estuaires, de plages, de marécages salés et de vasières. Le long du littoral oriental du détroit d'Hormuz, 40km de zones humides dont 900ha de mangroves sont situés autour des deltas de Rud-e-Gaz et Rud-e-Hara. Plus à l'Est, les mangroves ont une distribution clairsemée, restreinte à de petites baies, à des criques et à des lagunes côtières (Ramsar, 2009).

Les grands espaces de zones humides sont importants pour les oiseaux aquatiques, dont le pélican frisé, la barge rousse, l'huîtrier pie, le goéland leucophée, les flamants roses, les hérons et les canards, ainsi que des rapaces comme le pygargue à queue blanche et les busards des roseaux. Les mangroves et estuaires de la Baie de Govater sur la frontière pakistanaise comportent une population importante de crocodiles des marais (Ramsar, 2009).

La plupart des zones côtières sont peu peuplées, mais il y a tout de même une activité de pêche dans les mangroves, principalement pour la subsistance. Les feuilles de palétuviers sont souvent consommées par les chameaux, et le bois est coupé pour le chauffage et pour le transformer en charbon. L'élevage de crevettes s'est développé au-dessus des zones humides du nord du détroit d'Hormuz et de la Baie de Govater. Les promenades en bateau et l'observation des oiseaux dans les mangroves et leurs alentours sont aussi proposées aux touristes.

Les conditions écologiques des mangroves sont globalement bonnes, même si quelques zones ont été dégradées par des prélèvements excessifs de bois et par le développement de l'aquaculture. Certaines pollutions sont liées à l'activité portuaire de Bandar Abbas. Le risque de marées noires de grande ampleur est extrêmement élevé, le détroit d'Hormuz étant caractérisé par un trafic très important de pétroliers transportant entre 20 et 40% de l'approvisionnement mondial annuel.

L'importance de la protection des mangroves a été reconnue et le pays compte désormais quatre sites Ramsar (la Convention Ramsar a été élaborée et adoptée dans la ville de Ramsar au nord de l'Iran). Certains de ces sites sont aussi protégés par la législation nationale sur les aires protégées, comme le sont beaucoup d'autres sites de la côte du Golfe d'Oman. Des efforts de reboisement à petite échelle ont été constatés. En 2002, un projet de conservation de la Baie de Govater a été mis en œuvre, impliquant les communautés locales dans la conservation et la restauration des mangroves.

Le Koweït Carte 5.2

Les mangroves ne se développent pas spontanément au Koweït, peut-être à cause des températures trop basses en hiver, aggravées par des conditions arides et par l'absence de propagules. Les tentatives de plantation de mangroves au Koweït depuis les années 1960 se sont finalement soldées par le succès d'essais conduits en 1992. Des propagules d'*Avicennia marina* du Bahreïn et des Émirats Arabes Unis (EAU) ont été plantés au niveau de la baie Sulaibikhat au sud de la baie du Koweït. Sept ans plus tard, les plantules provenant du Bahreïn avaient atteint des hauteurs proches de celles des arbres porte graines (environ 2,5m), et en cinq ans les mangroves venant des EAU avaient une hauteur moyenne de 2,9m (Abo El-Nil, 2001). En 2002-2003, de nouvelles plantations expérimentales ont été menées, dont l'introduction d'*Avicennia germinans* de Floride. Depuis 2006, de nouvelles graines d'*A. marina* des EAU ont été plantées sur des îles artificielles du Khor Kiran tout au sud du Koweït, et elles semblent bien s'établir (Laughland, 2008). Il paraît probable que la plantation de mangroves devienne partie intégrante d'une politique nationale plus large de développement de couvertures végétales dans le pays (Bhat *et al.*, 2003 ; Bhat and Suleiman, 2004). Il n'est pas certain que les effets potentiels de l'introduction d'espèces américaines non endémiques (*A.germinans*) aient été évalués, et qu'une telle introduction ne constitue pas une menace pour les espèces endémiques.

Oman Cartes 5.2 et 5.3

Malgré la longueur de son littoral, le Sultanat d'Oman ne compte que quelques formations mono-spécifiques d'*Avicennia marina*, dans des criques tidales, abritées, ou *khors* (*khawrs*). Parmi les plus importantes figurent celles de Khawr Kalba (enjambant la frontière avec les Émirats Arabes Unis), Khawr Shinas et Khawr Liwa au nord du pays. S'ensuit une interruption de plus de 200km avant qu'apparaissent les peuplements de Qurum, près de Mascate, qui couvrent 74ha au cœur d'une zone

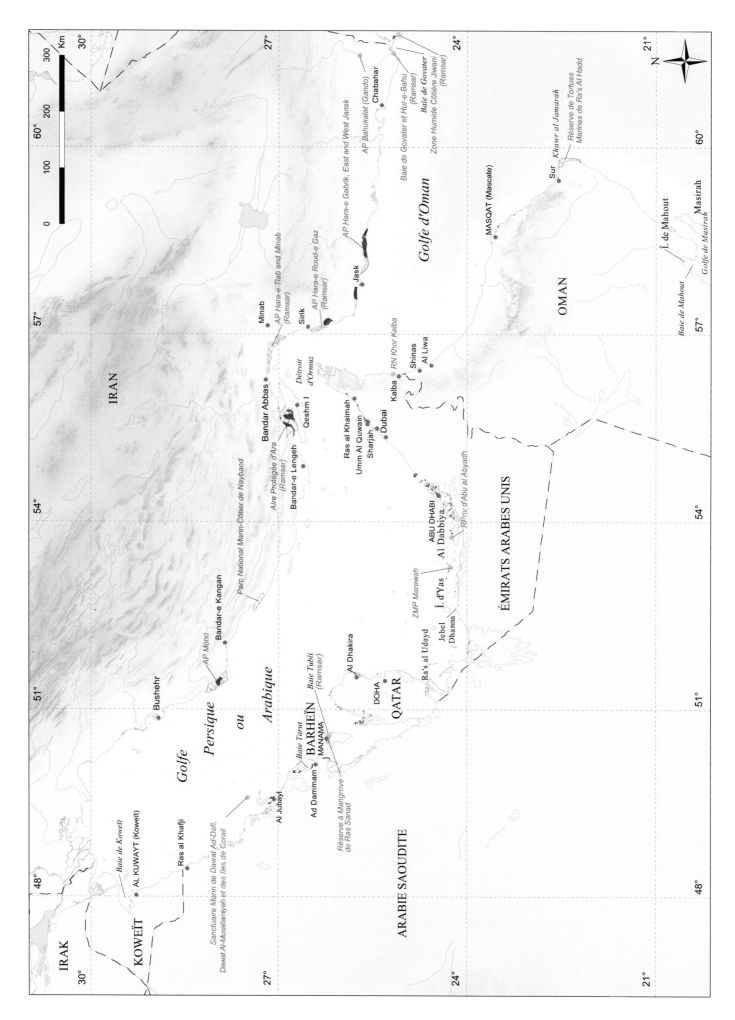

Carte 5.2 Le Golfe Arabique/Persique et le Golfe d'Oman

urbanisée. La plus grande formation du pays (162ha) se trouve sur la côte de la Mer d'Oman, sur les pourtours de l'île de Mahout dans le golfe de Masirah, où les arbres les plus grands en bordure de mer atteignent 8m de haut (Fouda and Ali-Muharrami, 1995 ; 1996). Enfin, de petites mangroves dégradées se développent dans plusieurs *khawrs* de la province de Dofar, au sud-ouest du pays.

Dans les *khors* septentrionaux, les mangroves se situent souvent à côté de marécages salés, de vasières et d'herbiers marins, avec des surfaces salées, nues du côté continental. Des inventaires à travers le pays ont permis de lister 54 espèces de poissons associés aux mangroves, 31 crustacés, 51 mollusques et 200 oiseaux (Fouda and Ali-Muharrami, 1996). À Khawr Kalba et Liwa, de rares sous-espèces de martins-chasseurs à collier blanc ont été observées (Richardson, date inconnue), ainsi que des espèces de tortues marines dans des zones limitrophes où elles viennent se nourrir ou pondre (Baldwin, date inconnue).

Des témoignages du passé montrent l'existence d'une activité de pêche remontant à 7000 ans aux abords de Qurum. Aujourd'hui, les mangroves favorisent la présence de poissons et de crustacés importants commercialement – 25 des 30 espèces de poissons de la région de Khawr Liwa sont destinés à la vente ou à l'alimentation, dont beaucoup à des phases juvéniles. L'une des principales entreprises de pêche de crevettes du pays se trouve dans la baie de Mahout. Elle pourrait être liée à la présence des mangroves. Dans le passé, des mangroves ont disparu en raison de prélèvements excessifs, et il est probable que les palétuviers soient toujours exploités pour le fourrage et le bois de chauffe, bien que la richesse croissante du pays ait certainement réduit cette dépendance. L'épandage de déchets solides est toujours un problème.

L'importance des mangroves est de plus en plus reconnue et leur réhabilitation est en cours dans certaines zones, à la fois grâce à la régénération naturelle et à des projets de reforestation. En collaboration avec l'Agence Japonaise de Coopération Internationale, une pépinière a été mise en place à proximité des mangroves de Qurum en 2000, puis d'autres pépinières ont été établies par le Ministère de l'Environnement et du Climat à Sur et à Salalah en 2002. Des plantations de palétuviers sont en cours en de nombreux lieux où les mangroves existaient autrefois (Nizwa.Net, date inconnue ; Shoji, 2008). La plantation de palétuviers sur la côte de Khawr Mughsayl Salalah est gérée pour permettre son utilisation fourragère. Quelques petites zones font partie d'aires protégées.

L'une des plus grandes formations de mangroves à Oman est celle de Qurum, dans le périmètre urbain de la capitale. Elle est protégée en Réserve Naturelle. Une pépinière de palétuviers y a été créée pour subvenir aux besoins des projets de réhabilitation ailleurs dans le pays.

Photo Kate Spalding

Le Qatar Carte 5.2

Les mangroves du Qatar sont principalement situées dans la partie nord-est du pays. Des arbres dispersés et des formations arbustives basses, d'une hauteur moyenne de 2 à 3m, couvrent une vaste zone de baies côtières et de criques autour d'Al Dhakira. Plusieurs tentatives de plantations de palétuviers ont été faites, les plus réussies étant celles situées le long de criques protégées de la côte Est, la côte ouest étant caractérisée par une salinité de l'eau plus élevée (CBD, 2004). Les mangroves sont très peu exploitées par les hommes au Qatar, bien qu'il existe une activité de pêche artisanale et que les plaisanciers naviguent à proximité des mangroves. Comme dans d'autres pays du Moyen-Orient, le bétail consomme les feuilles de palétuviers, mais la pression est faible (Scott, 1995). La pollution pétrolière représente une menace potentielle importante. Le développement côtier vient aussi ébranler les mangroves. Le déversement de déchets

Bien qu'elles n'aient souvent qu'un port arbustif, les mangroves sont hautement valorisées dans une grande partie du Moyen-Orient, comme source de verdure et de fourrage, et de plus en plus pour leur fonction scénique ou esthétique. Nombreuses sont celles qui ont été protégées, comme ces mangroves du Qatar.

Photo Miguel Clüsener-Godt

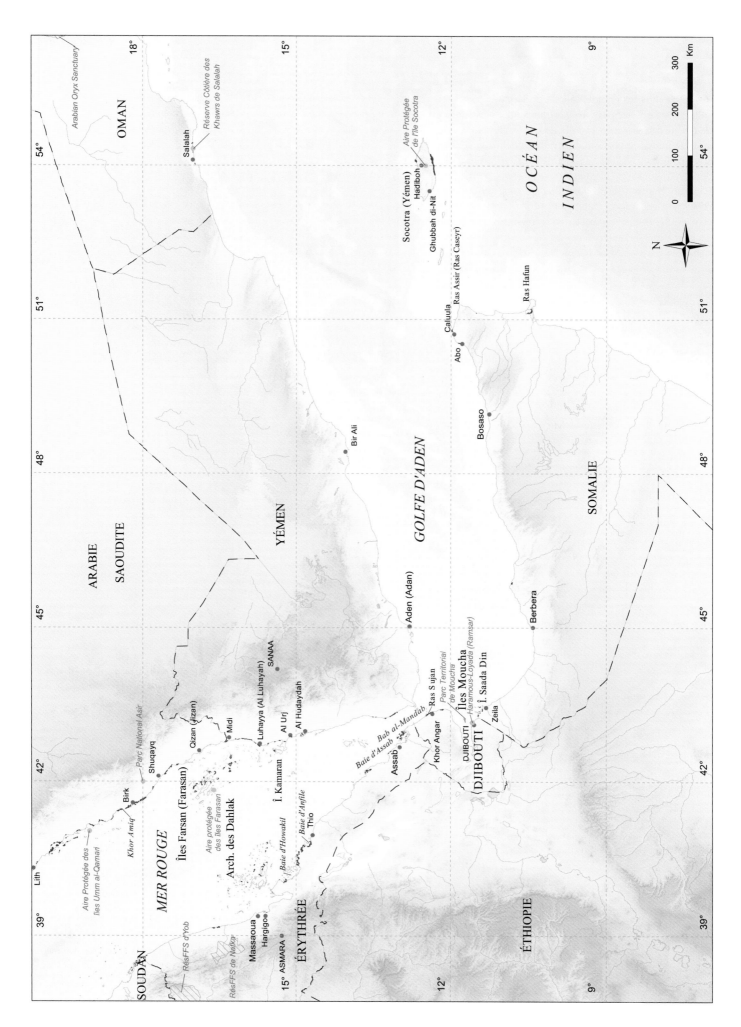

Carte 5.3 Le Golfe d'Aden

solides et liquides dans les forêts de palétuviers est en augmentation, tout comme le développement côtier (Hegazy, 1998).

Il n'y a aucune aire protégée côtière d'importance dans le pays, bien qu'il y ait un projet de mise en place d'une Réserve de la Biosphère pour protéger des zones terrestres et marines près d'Al Dhakira (CBD, 2004). Qatar Petroleum a aussi entrepris un programme de conservation pour protéger les mangroves du Qatar.

L'Arabie Saoudite Cartes 5.1 et 5.2

Les mangroves d'Arabie Saoudite sont dispersées le long des côtes de la Mer Rouge et du Golfe Arabique (Persique). Le long de la côte du Golfe Arabique, *Avicennia marina* apparaît en petits bosquets, notamment dans des baies comme celles de Tarut et au nord de Jubail. Certains arbres atteignent une hauteur de 8, mais la plupart ne mesurent que 3 à 4m. La salinité élevée et la forte pression exercée par les chameaux limitent le développement de ces mangroves (Kogo and Tsuruda, 1996).

Le long de la côte de la Mer Rouge, la limite de distribution septentrionale d'*A. marina* se situe à Sharm Subeir (27°25'N), au sud de Duba. De nombreux peuplements se sont développés dans les systèmes complexes d'îles, de baies et d'eaux peu profondes près d'Al Wadj au sud d'Umm-Lajh. Des formations importantes, dont certaines comprennent *Rhizophora mucronata*, se trouvent sur les îles de la baie de Qishran au nord d'Al Lith, malgré la présence actuelle de bassins d'aquaculture de crevettes. Au sud d'Al-Lith, les mangroves sont plus répandues, les plus importantes se trouvant à Khor Amiq, Shuqaiq et au sud de Jizan. Au large, les îles Farasan comportent de nombreuses mangroves, dont la plus grande formation à *R. mucronata* du pays. D'une manière générale, les hauteurs moyennes des palétuviers augmentent vers le sud, atteignant 5 à 7m. Ici, le plateau s'élargit. Il porte un substrat meuble. Les précipitations y sont légèrement plus élevées (PERSGA/ALECSO, 2004). Les mangroves du littoral de la Mer Rouge procurent un habitat à de nombreuses espèces d'oiseaux. Celles proches d'Asir Tihama, au nord de Jizan, sont connues comme lieu d'hivernage de limicoles comme la bargette de Térek, le chevalier gambette et le courlis corlieu. Le pluvier crabier est aussi un résident. Récemment une population isolée de martins-chasseurs à collier blanc a été découverte dans ces mangroves.

Sur les lisières continentales des mangroves, les chameaux viennent brouter les palétuviers, exerçant encore par endroits une forte pression. Certaines mangroves favorisent aussi l'industrie de la pêche. Celles proches de la baie de Tarut, où s'exerce une importante activité de pêche de crevettes au large, sont particulièrement importantes. L'observation des oiseaux des mangroves s'est aussi développée, par exemple à Shuqaiq et à Al Birk.

Le surpâturage a affecté les mangroves du sud de la Mer Rouge, mais des pertes bien plus importantes sont survenues à cause de reconversions des terres en zones urbaines ou industrielles sur les deux rives. Les mangroves, les herbiers marins et les marécages salés de la baie de Tarut ont été fortement dégradés pour les développements urbain et industriel. Une nouvelle retenue d'eau construite sur l'île Farasan a provoqué l'assèchement d'un bosquet de palétuviers, entraînant une mortalité massive.

La pollution pétrolière est très répandue. C'est une forte menace dans le Golfe Arabique. Les mangroves ont souffert des dégâts causés par les déversements de pétrole pendant la première guerre du Golfe en 1991. Une étude sur le système complexe de baies au nord de Jubail a montré que 50% des mangroves ont été affectées par ces déversements d'hydrocarbures, dont 30% ont été tuées presque instantanément. Depuis, elles se sont reconstituées. La bioturbation et la bonne circulation de l'eau le long des chenaux tidaux ont permis l'établissement des premières plantules dans les deux ans après le déversement. On ne perçoit maintenant pratiquement aucun indice de dégradation, bien que les marécages salés limitrophes soient toujours fortement dégradés (Barth, 2001). Les déversements pétroliers répétés restent une menace à travers la région. La baie de Tarut possède les installations pétrolières comptant parmi les plus importantes au monde.

Le développement des bassins d'aquaculture de crevettes a été considérable le long du littoral méridional de la Mer Rouge. Entre 1999 et 2008, 2 500ha de bassins ont été construits à Al-Lith par la National Prawn Company (NPC), avec des projets de construction sur une surface de 3 400ha dans un avenir proche (NPC, 2009). La plupart de ces équipements ont été construits sur des vasières et des *sabkhas* juste derrière les mangroves. Des efforts de maintien et de conservation des mangroves bordant les bassins ont en effet été constatés.

Quatre zones protégées seulement contiennent des mangroves. Un certain nombre de tentatives de plantations de palétuviers conduites sur des échelles réduites sont à signaler. Une collaboration entre la Commission Nationale de Conservation de la Faune et la Flore Sauvages (National Commission for Wildlife Conservation and Development – NCWCD) et l'Agence de Coopération Internationale du Japon (Japan International Cooperation Agency – JICA) a connu quelques succès aux îles Farasan, dans le cadre d'un projet de Réhabilitation des Mangroves et de Protection des Zones Humides. Les compagnies pétrolières ont soutenu d'autres projets de restauration dans la baie de Tarut. Des plantations expérimentales d'espèces introduites ont été menées sur la côte nord du Golfe à Ras al Khafji au cours des années 1990 (Kogo and Tsuruda, 1996).

Le Soudan Carte 5.1

Les mangroves sont présentes sur la quasi-totalité du littoral du Soudan, généralement dans des criques et des anses tidales, et sur des îlots près du rivage. Des inventaires ont signalé autrefois la présence de *Rhizophora mucronata* au nord et de *Bruguiera gymnorhiza* au sud de Suakin, mais aucune de ces espèces n'a été répertoriée depuis les années 1960. La seule espèce actuellement observée est *Avicennia marina*. Depuis Halaib sur la frontière entre le Soudan et l'Égypte jusqu'à Dungunab, on dénombre un certain nombre de criques, ou *mersas*, dans lesquelles se développent des formations denses de palétuviers de petite taille. Plus au sud de Port Soudan on ne trouve que quelques bosquets. Cependant, cette frange étroite le long de Mersa Arakiyai bénéficie de suintements d'eau douce et de sédiments sablonneux fins, favorisant la croissance d'*A. marina* atteignant 10m de hauteur. Entre Port Soudan et Suakin, plusieurs anses s'enfoncent dans les terres. Une végétation de marécages salés du côté continental, et de mangroves denses s'y développe. Au sud de Suakin, de vastes plaines tidales sont caractérisées par un substrat alluvial riche et par des écoulements d'eau douce légèrement plus élevés. Les mangroves y forment une ceinture semi-continue le long du littoral. On en trouve d'importantes étendues sur les deltas des *wadis* Quawb et Ashat où elles atteignent en moyenne une hauteur de 3 à 5m, et jusqu'à 8m par endroits (PERSGA/ALECSO, 2004).

De nombreux villages côtiers dépendent de la pêche qui bénéficie de la présence des mangroves. À Dungonab et à Mohammed Qol, l'ostréiculture est pratiquée depuis longtemps, procurant un revenu important aux populations locales (PERSGA/ALECSO, 2004).

Ici comme ailleurs, les conditions très contraignantes de ces eaux côtières rendent les mangroves très sensibles aux impacts humains. Le surpâturage par les chameaux les a considérablement dégradées en de nombreux endroits. Entre Port Soudan et Suakin, le développement côtier représente une menace considérable. Depuis l'an 2000 la construction de la Red Sea Free Zone, un grand centre industriel et commercial situé au sud de Port Soudan fait peser de nouvelles menaces sur ces écosystèmes. Des projets sont également élaborés pour établir des élevages de crevettes à Halut, au nord de Port Soudan. Les mangroves denses du sud ont souffert du surpâturage et de coupes pour prélever du bois de construction et de chauffage. Même le peuplement relativement bien conservé d'Ashat a souffert d'une mortalité de grande ampleur et les palétuviers en survie présentent des signes de mortalité dans les houppiers et dans les branches périphériques. Il est possible que cela soit dû à la redistribution des sédiments modifiant les flux hydriques (PERSGA/ALECSO, 2004).

Certaines mangroves ont été considérées d'importance internationale par BirdLife International et dans des rapports de la Convention Ramsar. Néanmoins, les efforts pour les préserver sont pratiquement inexistants dans ce pays où aucune mangrove n'est protégée.

Les Émirats Arabes Unis Carte 5.2

Les mangroves sont dispersées sur la plupart du territoire des Émirats, notamment à l'abri des îles, dans des lagunes côtières et dans les chenaux proches d'Abu Dhabi, et au nord à Umm Al Quwain, Ras al Khaimah et sur le littoral du Golfe d'Oman à Khor Kalba. On trouve très peu de mangroves à l'ouest de Jebel Dhanna, les eaux peu profondes étant trop chargées en sel. *Avicennia marina* est la seule espèce endémique. Des fragments de charbon datant de 2500 et 400 ans av. J-C. semblent indiquer que des Rhizophoracées étaient autrefois présentes dans le Golfe. Il est possible qu'il s'agisse de bois importé issu du commerce maritime (Environment Agency, 2006). La plupart des mangroves sont de petite taille. Leur hauteur moyenne est de 2m à Al Dabbiya et légèrement supérieure à 3m à Umm al Quwain et Khor Kalba (Environment Agency, 2006 ; Habshi *et al.*, 2007). L'encart 5.1 décrit plus précisément les mangroves des Émirats Arabes Unis.

Les mangroves des Émirats Arabes Unis sont de véritables nurseries pour de nombreuses espèces de poissons et de crustacés, dont certains sont commercialisés. Certaines espèces d'oiseaux cherchent leur nourriture dans les mangroves et le pluvier crabier se nourrit des crabes inféodés aux *Avicennia*. En l'absence des forêts de palétuviers, de vastes régions seraient ici totalement dépourvues d'arbre. Elles sont donc d'une grande importance, comme par exemple à Khor Kalba, où se trouvent presque toute la population arabique d'engoulevents de Sykes et une sous-espèce unique de martins-chasseurs à collier blanc (Richardson, date inconnue).

Le pâturage dans les mangroves fait partie des usages traditionnels, ainsi que les prélèvements de bois d'œuvre et combustible. Les mangroves proches d'Abu Dhabi ont aussi été utilisées pendant des siècles pour la production de miel (Environment Agency, 2006). Le développement de l'aquaculture dans les zones côtières s'est fait de pair avec le maintien ou la plantation d'*Avicennia marina* autour des exploitations, les mangroves pouvant se nourrir des effluents aquacoles.

Les impacts de l'homme vont de coupes pour la production de charbon à l'utilisation comme fourrage. La plus grande menace actuelle est la conversion rapide des mangroves en espaces urbanisés ou en infrastructures portuaires. Ce développement côtier est particulièrement important autour d'Abu Dhabi. Le pétrole et d'autres pollutions sont une menace sur le long terme. Bien que les mangroves montrent une certaine capacité à se régénérer à la suite de déversements d'hydrocarbures, la faune et la flore sauvages associées sont souvent dévastées lors de ces pollutions (Environment Agency, 2006). Outre le développement côtier, les véhicules tout terrain pourraient aussi constituer une menace. À Khor Kalba, ils sont utilisés pour tirer des filets de pêche sur la plage, mais leur présence menace la stabilité de toute la pointe côtière, et, de fait, la lagune voisine (Richardson, date inconnue).

Des mangroves ont été plantées en plusieurs endroits du pays, dans le cadre de programmes de boisement initiés par le Ministère de l'Agriculture et de la Pêche à Abu Dhabi, en 1972. Les plantations le long des rivages les plus exposés ont connu des pertes importantes. Ailleurs, les palétuviers se sont bien développés, avec une augmentation de la biodiversité dans le temps. La plus grande plantation est celle de l'île d'Al Sammaliah, proche de la ville d'Abu Dhabi, où 800ha environ d'*Avicennia marina* ont été plantés par le club Emirates Heritage depuis 1966 ; *Rhizophora mucronata* y a été introduite et se développe bien (Laughland, 2008). Des travaux de restauration et de recherche sur les mangroves ont été soutenus par l'industrie du gaz et du pétrole.

Bien qu'aucune aire protégée ne soit listée sous une convention internationale, quelques mangroves font partie de réserves privées (la lagune et l'île d'Umm al-Qaiwan, les îles d'Al Sammaliah et d'Abu al Abyadh) ou de réserves nationales comme Marawah et Khor Kalba. En 2008, le Conseil d'Aménagement Urbain (Urban Planning Council) d'Abu Dhabi a annoncé la création de cinq réserves au nord-est d'Abu-Dhabi comprenant chacune plusieurs centaines d'hectares de palétuviers, ce qui représente une part importante des mangroves d'Abu Dhabi. Ces sites sont intégrés dans une zone tampon protégée comprenant des habitats en eaux peu profondes et des criques tidales. Des directives de gestion sont en cours d'élaboration (Laughland, 2008).

Le Yémen Carte 5.3

Les mangroves sont largement répandues le long de la côte yéménite de la Mer Rouge, dans des criques, ou khors, ou formant des communautés presque continues sur la frange littorale, ou encore dans quelques parties insulaires abritées, proches du rivage, comme au nord de l'île Kamaran. Les plus étendues se trouvent au nord, où les mangroves s'étirent sur des dizaines de kilomètres sur la frange littorale, le long de côtes ouvertes, entre Midi et Al Luhayah. Au sud d'Al Luhayah, les mangroves sont plus clairsemées et de taille plus réduite. Entre Al Hudaydah et Bab al Mandab, la topographie et l'aridité accrue ne permettent que le développement de peuplements dispersés et assez étroits (PERSGA/ALECSO, 2004). Les mangroves sont quasiment absentes de la côte yéménite du Golfe d'Aden, si ce n'est l'extraordinaire exception de la petite formation d'*Avicennia marina* maintenue dans le cratère du volcan éteint Karif Sharan près de Bir Ali – ces mangroves ne sont pas seulement éloignées de plusieurs centaines de kilomètres des mangroves les plus proches, mais elles sont aussi isolées de la mer par le périmètre important du cratère. Leur présence en cet endroit reste inexpliquée. L'île de Socotra compte aussi 294ha d'*A. marina*, le site le plus important étant une forêt lagunaire dense de Ghubbah di-Nit sur la côte du sud-ouest. D'autres mangroves, principalement dans des zones lagunaires, ont disparu ou sont très dégradées (Klaus and Turner, 2004).

La plupart des mangroves sont mono-spécifiques, avec pour seule espèce *A. marina*, bien que *Rhizophora mucronata* soit présente sur l'île de Kamaran et près d'Al-Hudaydah. Les formations d'*A. marina* sont habituellement chétives et n'atteignent que 2m de hauteur, bien que des palétuviers puissent atteindre 5m et 11m, selon des données collectées sur un site situé à Al-Urj. Sur l'île de Kamaran, *R. mucronata* peut atteindre 9m. La plupart des formations sont étroites, leur largeur variant entre 50m à 300m (PERSGA/ALECSO, 2004).

La pêche est importante pour de nombreux villages côtiers. Il semble que de nombreuses prises, comme les crevettes de la Mer Rouge, soient favorisées par la présence des mangroves qui leur procurent nutriments et protection. Les chameaux et les chèvres pâturent dans les forêts de palétuviers. Cela a contribué à la dégradation de la plupart des mangroves. La surconsommation par des animaux et les prélèvements de bois sont probablement les principaux facteurs expliquant la disparition d'une formation importante de palétuviers sur la côte septentrionale de l'île de Socotra (Klaus and Turner, 2004). L'élevage des crevettes s'est quelque peu développé au nord de la Mer Rouge, ce qui pourrait à l'avenir représenter une menace pour les mangroves. Plus au sud, les palétuviers semblent atteints par une maladie connue sous le nom de «mortalité des cimes » (« top-dying ») qui détruit les branches supérieures et celles situées en périphérie des frondaisons, et peut même causer la mort des arbres. Ce problème pourrait être lié à la diminution des flux hydriques conduisant au déplacement de bancs de sable qui peuvent fermer les passes des lagunes ou *khors* (PERSGA/ALECSO, 2004).

La conservation des mangroves n'a pas été vraiment été prise en considération au Yémen. Même si les mangroves de Socotra sont officiellement protégées, il n'est pas certain que des mesures de protection soient effectives sur le terrain.

Les conditions arides du Moyen-Orient aboutissent à des sédiments hyper salés formant des étendues connues sous les noms de « salt pans » ou de « sabkhas », voisines de nombreuses mangroves. Sur de tels sédiments, même les espèces des marécages salés ne peuvent survivre.

Photo Richard Spalding

Encart 5.1. Les mangroves uniques des Émirats Arabes Unis

Abdullah Al-Habshi *(Abu Dhabi Offshore Oil Operations (ADCO), Abu Dhabi, EAU)*, **Peter Saenger** *(Centre for Coastal Management, School of Environmental Science and Management, Southern Cross University, Lismore, Australia)* et **François Blasco** *(Ex Directeur du Laboratoire d'Écologie Terrestre, CNRS/Université Paul Sabatier, Toulouse, France, et vice-président de l'ISME)*

Les mangroves du Golfe Arabique sont situées dans cinq pays : l'Iran, l'Arabie Saoudite, le Bahreïn, le Qatar et les Émirats Arabes Unis (EAU), avec quelques plantations supplémentaires au Koweït. Elles se développent dans des conditions d'aridité extrême, à la limite de leur extension biogéographique. Les mangroves spontanées sont mono-spécifiques, (*Avicennia marina*, voir la Figure 5.1). Plusieurs autres espèces de palétuviers ont été introduites. La version originale de l'*Atlas Mondial des Mangroves* (1997) ne couvrait qu'une partie de ces mangroves, toute la zone n'ayant pas encore été cartographiée. La petite taille de chaque peuplement représente en effet un défi cartographique, même en utilisant des images Landsat ou SPOT de 20 à 30m de résolution. Un symposium sur la conservation des mangroves (Symposium on Conservation of Mangal Ecosystems), tenu à Al-Ain, EAU, en 1996, a permis de produire un aperçu plus précis du statut écologique régional et des plantations potentielles d'*A. marina*. Les analyses les plus détaillées des mangroves des EAU sont celles de Saenger *et al.* (2004) et Al-Habshi (2005).

Dans le Golfe, la plantation de palétuvier est considérée comme un moyen d'embellir et de « verdir » cet environnement aride. Au cours des années 1970, H.H.Sheikh Zayed bin Sultan al Nahyan, ancien Président des EAU, a initié de vastes plantations sur plusieurs îles et autour de Dubaï (voir Figure 5.2). Bien qu'*A. marina* soit la principale espèce plantée, il y a eu des tentatives de plantation d'espèces exotiques (par exemple *Rhizophora mucronata*, *Bruguiera gymnorhiza*, *Conocarpus erectus* et *Avicennia officinalis*).

Les conditions environnementales des EAU sont extrêmes, avec une température de l'air basse (minimum absolu de 0°C à -5°C en février), des températures de l'eau de mer basses en hiver (environ 10°C), des précipitations très faibles (moyenne annuelle < 70mm à Abu Dhabi, avec 12 mois consécutivement secs), une salinité de l'eau très élevée (35-50 ppm), et des sols pauvres dominés par des sables fins, blanc.

Des « fringing mangroves » (cf. partie 1) peuvent être observées à Abu-Dahbi et sur des îles environnantes. Elles font environ 100m de large et 4 à 6m de haut sur le front marin, et 1m de haut sur leur partie continentale. Les arbres les plus hauts n'excèdent pas 8,5m. Bien que les conditions de développement soient des plus rigoureuses, ces mangroves présentent un étonnant niveau de biomasse et de productivité primaire. La production de litières a été estimée à 7,4-8,5 tonnes par hectare et par an pour les formations les plus hautes, et à 5,1-6,9 tonnes par hectare pour les formations à port buissonnant. La biomasse sur pied va de 78-110 tonnes par hectare dans les mangroves denses à 14-65 tonnes par hectare dans les mangroves ouvertes (Saito *et al.*, 2003). Compte-tenu de la superficie totale des mangroves d'environ 4000ha dans les EAU et 2500ha dans l'Émirat d'Abu-Dhabi, les contributions respectives annuelles de ces communautés à la matière organique côtière étaient respectivement d'environ 25 000 et 17 000 tonnes, des quantités très significatives dans une région où la productivité primaire est si limitée.

La position taxonomique d'*Avicennia marina* dans le Golfe doit être approfondie. Dodd *et al.* (1999) ont estimé que ces populations ont été génétiquement isolées il y a au moins 100 000 ans, à la fois d'un point de vue climatique et géographique. Cela a probablement permis une différentiation génétique des populations « piégées » dans le régime hydrique hyper-salin du Golfe. Une telle différentiation génétique a été démontrée (Maguire *et al.*, 2000). Elle pourrait expliquer l'adaptation de ces peuplements aux conditions d'aridité et de salinité extrêmes.

La principale menace pesant sur les mangroves dans cette région du globe est la pollution par les hydrocarbures. Ces écosystèmes peuvent aussi subir les conséquences négatives des transformations hydrologiques, tout comme le remblaiement, le dragage des chenaux et des voies navigables, les constructions sur l'estran, une obstruction tidale et l'extraction d'eaux souterraines. Quelques cas d'enfouissement par du sable et de mortalité de palétuviers ont été observés. Sur le long terme, il conviendra de s'intéresser aux menaces liées au réchauffement climatique et au relèvement possible du niveau moyen des océans.

Figure 5.1 Une plantation d'*Avicennia marina* près d'Abu Dhabi (EAU) et *Cistance tubulosa* (Orobanchaceae) en fleurs.

Source: François Blasco

Figure 5.2 Plantation âgée de neuf ans, Al Samaliah (Abu Dhabi)

Source: François Blasco

Références

Abbott (1995) *Coral Reefs of Bahrain (Arabian Gulf)*, Unpublished report prepared for ReefBase and the World Conservation Monitoring Centre, including sketch map showing mangroves at 1:350,000

Abo El-Nil, M. M. (2001) 'Growth and establishment of mangrove (*Avicennia marina*) on the coastlines of Kuwait', *Wetlands Ecology and Management*, vol 9, p421

Al-Habshi, A. (2005) *Characterisation of UAE Arid Mangrove Ecosystems Using Remote Sensing*, DPhil thesis, University Paul Sabatier, Toulouse, France

Baldwin, R. (undated) *Mangroves: Arabian Sea Forests*, Arabian Wildlife, www.arabianwildlife.com/current/mangrove.html, accessed 24 July 2008

Barratt, L., Dawson-Shepherd, A. and Ormond, R. (1987) *Marine Conservation Survey: I Distribution of Habitats and Species along the Yemen Arab Republic Coastline*, Gland, Switzerland, IUCN, World Conservation Union for the Red Sea and Gulf of Aden Environment Programme

Barth, H.-J. (2001) *The Coastal Ecosystems 10 Years after the 1991 Gulf War Oil Spill*, Regensburg, Germany, University of Regensburg

Bhat, N. R. and Suleiman, M. K. (2004) 'Classification of soils supporting mangrove plantation in Kuwait', *Archives of Agronomy and Soil Science*, vol 50, p535

Bhat, N., Al-Nasser, A., Suleiman, M. and Al-Mulla, L. (2003) *Growing Mangroves for Enrichment of Kuwait's Coastline (Guidelines and Recommendations)*, Kuwait, Kuwait Institute for Scientific Research

Cabahug, D. M. (2002) *Community-Based Mangrove Rehabilitation and Ecotourism Development and Management in the Red Sea Coast, Egypt*, Cairo, FAO

CBD (Convention on Biological Diversity) (2004) *National Biodiversity Strategy and Action Plan – Qatar*, CBD

Dodd S. R., Blasco, F., Rafii, Z. A. and Torquebiau, E. (1999) 'Mangroves of the United Arab Emirates: Ecotypic diversity in cuticular waxes at the bioclimatic extreme', *Aquatic Botany*, vol 63, pp291–304

ECMIB (Eritrea Coastal, Marine and Islands Biodiversity Project) (2007) *Eritrea – Red Sea Marine Coastal Biodiversity*, www.eritrearedsea.org/, accessed 23 July 2008

Environment Agency (2006) *Marine and Coastal Environment Sector Paper*, Abu Dhabi, United Arab Emirates, Environment Agency – Abu Dhabi

FAO (Food and Agriculture Organization of the United Nations) (2003) *Africover: Multipurpose Africover Databases on Environmental Resources (MADE)*, www.africover.org, accessed 5 May 2009

FAO (2007a) Mangroves of Africa 1980–2005: Country reports. *Forest Resources Assessment Working Paper No. 135*, Rome, FAO

FAO (2007b) Mangroves of Asia 1980–2005: Country reports, *Forest Resources Assessment Working Paper No. 136*, Rome, FAO

Forgiarini, G. and Cesar, J. (1987) *Végétation et Ressources Pastorales: 1:250,000*, France, Institut d'Elevage et de Médecine Vétérinaire des Pay Tropicaux

Fouda, M. M. and Ali-Muharrami, M. (1995) 'An initial assessment of mangrove resources and human activities at Mahout Island, Arabian Sea, Oman', *Hydrobiologia*, vol 295, pp353–362

Fouda, M. M. and Ali-Muharrami, M. (1996) 'Significance of mangroves in the arid environment of the Sultanate of Oman', *Agricultural Research (Oman)*, vol 1, pp41–49

Fuller, S. (2005) *Towards a Bahrain: First Report to the Convention on Biological Diversity*, Kingdom of Bahrain

Galal, N. (1999) *Studies on the Coastal Ecology and Management of Nabq Protected Area, South Sinai*, York, UK, University of York

Galal, N. (2002) *Mangrove Conservation, Rehabilitation and Management in Egypt: Mangrove Information and Knowledge in Egypt*, Cairo, FAO

Greb, S. F., DiMichele, W. A. and Gastaldo, R. A. (2008) 'Evolution and importance of wetlands in earth history', in Greb, S. F. and DiMichele, W. A. (ed) *Wetlands Through Time*, Boulder, CO, Geological Society of America

Habshi, A. A., Youssef, T., Aizpuru, M. and Blasco, F. (2007) 'New mangrove ecosystem data along the UAE coast using remote sensing', *Aquatic Ecosystem Health & Management*, vol 10, pp301–319

Hegazy, A. K. (1998) 'Perspectives on survival, phenology, litter fall and decomposition, and caloric content of *Avicennia marina* in the Arabian Gulf region', *Journal of Arid Environments*, vol 40, pp417–429

Hegazy, A. K. (2003) *Mangroves in Egypt*, Cairo, Egypt, Ministry of Agriculture and Land Reclamation, Ministry of State for Environment, and the Food and Agriculture Organization of the United Nations

IUCN (World Conservation Union) (1986) *Oman Coastal Zone Management Plan: Greater Capital Area*, Gland, Switzerland, Prepared for Ministry of Commerce and Industry, Muscat, Oman by IUCN

IUCN (1988a) *Oman Coastal Zone Management Plan: Dhofar: Vol 2. Resource Atlas*, Gland, Switzerland, Prepared for Ministry of Commerce and Industry, Muscat, Oman by IUCN

IUCN (1988b) *Oman Coastal Zone Management Plan: Quriyat to Ra's al Hadd*, Gland, Switzerland, Prepared for Ministry of Commerce and Industry, Muscat, Oman by IUCN

Klaus, R. and Turner, J. R. (2004) 'The marine biotopes of the Socotra Archipelago', *Fauna of Arabia*, vol 20, pp45–115

Kogo, M. and Tsuruda, K. (1996) 'Species selection for mangrove planting: A case study of Ras al Khafji, Saudi Arabia', in Field, C. (ed) *Restoration of Mangrove Ecosystems*, Okinawa, Japan, ISME

Laughland, R. (2008) 'Review comments on draft text for *World Atlas of Mangroves*', Sent to M. Spalding

Løyche Wilkie, M. (2002) *Conservation and Rehabilitation of the Mangroves of Egypt*, Cairo, Egypt, Ministry of Agriculture and Land Reclamation, Ministry of State for Environment, and the Food and Agriculture Organization of the United Nations

Maguire, T. L., Saenger, P., Baverstock, P. and Henry, R. (2000) 'Microsatellite analysis of genetic structure in the mangrove species *Avicennia marina* (Forsk.) Vierh. (Avicenniaceae)', *Molecular Evolution*, vol 9, pp1853–1862

Martell, P. (2005) 'Mangrove project creates fish, fire and hope in Eritrean desert', AFP News, http://afp.google.com/article/ALeqM5ja9pehF0S9XTEWUtNQgLQuyA4h6g, accessed 10 July 2009

Mehrabian, A., Naqinezhad, A., Mahiny, A. S. and Mostafavi, H. (2009) 'Vegetation mapping of Mond Protected area of Bushehr Province (South-west Iran)', *Journal of Integrative Plant Biology*, vol 51, pp251–260

MEPA (Meteorology and Environmental Protection Administration) (1987) *Arabian Gulf. Saudi Arabia: An Assessment of Biotopes and Coastal Zone Management Requirements for the Arabian Gulf*, Jeddah, Saudi Arabia, MEPA

MEPA and IUCN (1984) *Red Sea. Saudi Arabia: An Analysis of Coastal and Marine Habitats of the Red Sea. Part 1*, Jeddah, Saudi Arabia and Gland, Switzerland, MEPA and IUCN

MEPA and IUCN (1985) *Distribution of Habitats and Species along the Southern Red Sea Coast of Saudi Arabia*, Jeddah, Saudi Arabia and Gland, Switzerland, MEPA and IUCN

Ministry of Marine Resources (1998) *Mangrove Vegetation in Eritrea: The Basis of Present Knowledge*, Eritrea, Resources and Environment Division, Ministry of Marine Resources

Mobayen, S. and Tregubov, V. (1970) *Carte de la Végétation naturelle de l'Iran: 1:2,500,000*, Iran, Centre National Cartographique de l'Iran

Nizwa.Net (undated) *Oman's Mangrove Forests Get a Facelift*, www.nizwa.net/env/mangrove/mangrove.html, accessed 24 July 2008

NPC (National Prawn Company) (2009) *The Leaders in Desert Coastal Aquaculture*, NPC, www.robian.com.sa/home.html, accessed 28 July 2009

PCPMREW (Public Commission for the Protection of Marine Resources, Environment and Wildlife) (2006) *Bahrain First National Report to the Convention on Biological Diversity*, Kingdom of Bahrain, PCPMREW

Pearce, F. (2003) 'Mangrove plantations pose threat to coral reefs', *New Scientist*, vol 178, p11

PERSGA/ALECSO (2003) *Survey of Habitats in Djibouti and Plans for their Protection*, PERSGA Technical Series No 5, Jeddah, PERSGA

PERSGA/ALECSO (2004) *Status of Mangroves in the Red Sea and Gulf of Aden*, PERSGA Technical Series No 11, Jeddah, PERSGA

Ramsar (2009) *Ramsar Sites Information Service*, www.wetlands.org/rsis/, accessed 3 February 2009

RGS (1978) *Socotra 1:125,000*, London, Royal Geographical Society

Richardson, C. (undated) *Khor Kalba: Can It Survive?*, Arabian Wildlife, www.arabianwildlife.com/current/mangrove. html, accessed 24 July 2008

Saenger, P. (2002) *Ecological Assessment of Mangroves in Egypt*, Cairo, Egypt, Ministry of Agriculture and Land Reclamation, Ministry of State for Environment, and the Food and Agriculture Organization of the United Nations

Saenger P., Blasco, F., Youssef, A. M., Loughland, R. A., Auda, Y. and Aizpuru, M. (2004) 'Mangroves of the United Arab Emirates, with particular emphasis to those of Abu Dhabi', in *Marine Atlas of Abu-Dhabi*, Abu-Dhabi, Emirates Heritage Club Abu-Dhabi, Chapter 4, pp58–93

Saito, H., Bellan, M. F., Aizpuru, M. and Blasco, F. (2003) 'Mangrove research and coastal ecosystem studies with SPOT4 and TERRA Aster, in the Arabian Sea', *International Journal of Remote Sensing*, vol 24, no 1, pp4073–4092

Saleh, M. A. (2007) 'Assessment of mangrove vegetation on Abu Minqar Island of the Red Sea', *Journal of Arid Environments*, vol 68, pp331–336

Sato, G., Fisseha, A., Gebrekiros, S., Karim, H. A., Negassi, S., Fischer, M., Yemane, E., Teclemariam, J. and Riley, R. (2005) 'A novel approach to growing mangroves on the coastal mud flats of Eritrea with the potential for relieving regional poverty and hunger', *Wetlands*, vol 25, pp776–779

Scott, D. A. (1995) *A Directory of Wetlands in the Middle East*, Gland, Switzerland, and Slimbridge, UK, IUCN and IWRB

Shoji, T. (2008) 'Review comments on draft text for *World Atlas of Mangroves*', Sent to M. Spalding

Smith, J. B., Lamanna, M. C., Lacovara, K. J., Dodson, P., Smith, J. R., Poole, J. C., Giegengack, R. and Attia, Y. (2001) 'A giant Sauropod dinosaur from an Upper Cretaceous mangrove deposit in Egypt', *Science*, vol 292, pp1704–1706

Spalding, M. D., Blasco, F. and Field, C. D. (1997) *World Mangrove Atlas*, Okinawa, Japan, International Society for Mangrove Ecosystems

Spurgeon, J. (2002) *Rehabilitation, Conservation and Sustainable Utilization of Mangroves in Egypt: Socio-Economic Assessment and Economic Valuation of Egypt's Mangroves*, Cairo, FAO

Cartes

Le Bahreïn. Les mangroves présentées sur la carte sont issues des travaux d'Abbott (1995). Ce ne sont que des localisations approximatives des mangroves d'alors. En outre, l'étendue septentrionale a disparu (observation sur Google Earth) et n'a donc pas été prise en compte dans le calcul des surfaces.

Djibouti. Les données proviennent de Forgiarini et Cesar (1987), une carte imprimée au 1:250 000. Les données d'origine sont une image satellitaire Landsat MSS de 1985.

L'Égypte. Pour la plupart du littoral de la mer Rouge, les données sont issues d'Africover (FAO, 2003), qui identifie la végétation à partir de données de télédétection à une échelle moyenne correspondant au 1:200 000. Elles donnent une bonne information de la localisation mais pourraient exagérer la surface totale estimée. Nous avons préféré la surface estimée à partir de relevés de terrain décrits par Hegazy (2003). Les données présentées sur la carte pour la Péninsule du Sinaï proviennent des travaux de Spalding et al (1997), mais exagèrent de manière considérable la surface totale.

Des données plus récentes et précises ont été envoyées par le Ministère de l'Agriculture (Ministry of Agriculture and Land Reclamation - MALR) à l'OIBT après la publication de la version anglaise de l'Atlas. La nouvelle surface est de 7 km² en 2006. Les nouvelles données se fondent sur l'analyse d'images satellitaire (à partir de numérisations d'images Landsat 7, de données de GPS différentiel, et d'images Quickbird) ainsi que des relevés de terrain (MALR (2009) 'Assessment and Management of Mangrove Forest in Egypt for Sustainable Utilization and Development' ITTO: PD 63/01 Rev. 2 (F),

Ministry of Agriculture and Land Reclamation.

L'Érythrée. Les données sont une combinaison d'informations provenant d'Africover (FAO, 2003) avec des surfaces supplémentaires issues de Spalding et al (1997). Ces dernières ont été préparées pour cette source à basse résolution (1:1 000 000) en utilisant ensuite des photos aériennes et des connaissances détaillées du terrain de Chris Hillman et Liz Ross.

L'Iran. Les données générales pour l'ensemble du littoral proviennent de Mobayen and Tregubov (1970). Elles sont considérées comme étant de faible précision, paraissant exagérer de manière importante les surfaces de mangroves par endroits, mais ne couvrent pas les mangroves des rivages septentrionaux et orientaux du détroit d'Hormuz. D'autres détails ont été ajoutés en ce qui concerne l'île Qeshm d'une carte à haute résolution non référencée procurée au Centre de Surveillance de la Conservation de la Nature (UNPE-WCMC) par M. Khosravi, Département de l'Environnement, pour Spalding *et al.* (1997).

Le Koweït. Pas de données cartographiées.

Oman. Les mangroves ont été annotées sur une carte au 1:1 000 000 de l'UICN (1986, 1988a, 1988b). Ces sources font un relevé des mangroves par points ou polygones sur des cartes au 1:312 500. Deux petites surfaces supplémentaires provenant de la FAO ont été ajoutées. Ces cartes ne couvrent approximativement que la moitié du littoral entre la frontière avec le Yémen et le centre de la baie de Sawqirah, et de Ras ad Daffah à Sarimah. D'importantes mangroves non cartographiées incluent deux zones dans le nord et des étendues plus importantes, dont la plus grande du pays, près de l'île Mahawt, au centre du pays, sur la mer d'Oman.

Le Qatar. Il s'agit de nouvelles données préparées par la FAO à partir d'images Landsat.

L'Arabie Saoudite. Les cartes ont été préparées pour la mer Rouge par MEPA et l'UICN (1984, 1985) qui cartographient les mangroves au 1:250 000, et pour le Golfe par MEPA (1987), qui n'identifient que de simples sections linéaires du littoral comme étant pourvues de mangroves (1:2 000 000). Le littoral du Golfe est caractérisé par de très importantes exagérations, de vastes étendues ayant été converties en zones urbanisées et industrielles. Des surfaces supplémentaires de mangroves pour les îles Farasan ont été ajoutées à partir de données de la FAO pour le Yémen. L'estimation des surfaces est celle de la FAO (2007b); mais cette source date de 1985 et pourrait être peu précise.

Le Soudan. Les données proviennent d'Africover (FAO, 2003), qui identifie la végétation à partir de données de télédétection à une échelle moyenne au 1:200 000.

Les Émirats Arabes Unis. Il s'agit de nouvelles données préparées par la FAO à partir d'images Landsat.

Le Yémen. Les données de l'ancienne République Arabe du Yémen (le Nord du Yémen) sont celles de Barratt *et al.* (1987), comprenant quatre cartes couvrant le littoral au 1:500 000, établies à partir de relevés de terrain. Ces données ont été combinées à des données de la FAO, qui ne comprennent que le nord du Yémen. Les données pour Socotra proviennent du RGS (1978), bien que nous pensions qu'elles ne sont pas précises.

L'Asie du Sud

6

Les mangroves, bien que discontinues, sont largement distribuées en Asie du Sud. L'aridité du Pakistan et du nord-ouest de l'Inde en font un environnement aux conditions rigoureuses : la diversité y est faible et les arbres généralement chétifs. L'immense Delta de l'Indus se distinguait autrefois pour ses vastes étendues de mangroves, mais aujourd'hui, ses grands affluents ont été si abondamment sollicités que le fleuve ne se déverse dans la mer que deux mois par an et beaucoup de ses mangroves sont dégradées ou ont disparu. Plus au sud, les conditions sont plus humides et les apports fluviaux sont plus constants, mais les mangroves dans leur grande partie restent limitées aux lagunes protégées. Les mangroves deltaïques deviennent importantes le long de la côte orientale de l'Inde et au nord de la Baie du Bengale, où les Sundarbans forment l'une des forêts de palétuviers parmi les plus grandes du monde.

Presque toutes les mangroves de cette région ont été influencées par l'homme. Leur valeur pour leur bois est largement reconnue, depuis les petites formations de *Bruguiera* aux Maldives jusqu'aux vastes espaces de production forestière des Sundarbans. Ailleurs, les mangroves ont souvent été surexploitées. De grandes étendues ont disparu ou ont été converties à l'aquaculture ou à l'agriculture. Les inquiétudes actuelles portant sur les conséquences possibles de la disparition des mangroves conduisent à des actions positives. Les plantations de palétuviers au Bangladesh sont les plus vastes au monde. De grandes surfaces ont aussi été plantées en Inde et au Pakistan. De nombreuses mangroves sont situées dans des aires protégées.

Le Bangladesh Carte 6.1

La plupart des mangroves du Bangladesh sont situées à l'ouest de la division de Khulna, où elles représentent quelques 62% des Sundarbans. Trois grandes rivières s'y déversent, le delta du Gange, le Brahmapoutre et la Meghna. La partie indienne des Sundarbans fait partie de la même forêt. Ensemble elles forment l'une des plus grandes étendues de mangroves d'un seul tenant au monde – plus de 6500km^2 sur nos cartes. La superficie totale dépasse 9400km^2, si on prend en compte les cours d'eau, les petites zones inondées et d'autres habitats (Giri *et al.*, 2007a). Au cours des siècles, la trajectoire générale des cours d'eau s'est déplacée vers l'Est en raison d'une subsidence dans la partie orientale du delta. À l'ouest, l'influence marine est donc plus forte et la salinité accrue.

La dénomination « Sundarbans » (dont la traduction littérale est « belles forêts ») découle probablement d'une espèce, *Heritiera fomes* (localement nommée *sundari*), qui domine la flore locale, soit sous forme de peuplements mono-spécifiques, soit associée à d'autres espèces qui comptent parmi les plus importantes comme *Excoecaria agallocha*. *Xylocarpus moluccensis, Bruguiera gymnorhiza, Ceriops decandra, Avicennia officinalis* et *Sonneratia apetala*. Une grande partie des Sundarbans a été exploitée et gérée depuis plus de 120 ans. Les descriptions de son écologie et de sa biodiversité sont donc celles d'un système géré par l'homme. La hauteur des canopées atteint 5 à 15m en moyenne, avec des arbres pouvant mesurer jusqu'à 25-30m (FAO, 2007). La faune des Sundarbans est diversifiée, comprenant 315 espèces d'oiseaux (Ramsar, 2009), 120 poissons, 42 mammifères, 35 reptiles et 8 amphibiens (Iftekhar and Islam, 2004). Les mammifères présents sont notamment les axis et muntiac indiens (daims mouchetés et cerfs aboyeurs), les macaques, les chaus ou chats des marais, les chats viverrins et le dauphin du Gange. La population de tigres, comprenant aussi celle de la partie indienne des Sundarbans, est probablement la plus importante au monde, avec plusieurs centaines d'individus. Les reptiles observés vont du batagur, tortue géante de rivière (ou terrapin de palétuvier), une espèce menacée, aux crocodiles estuariens, en passant par les tortues marines olivâtres, qui pondent le long de la côte. Les requins du Gange, en voie de disparition, fréquentent les rivières et les chenaux. Le pygargue de Pallas et le grébifoulque d'Asie comptent parmi les oiseaux menacés (Ramsar, 2009).

Une autre vaste zone de mangroves existait autrefois dans les Chokoria Sundarbans, à l'embouchure du fleuve Matamuhari, mais cette mangrove a maintenant presque entièrement disparu. De plus petites formations se trouvent toujours le long du Naf sur la frontière avec le Myanmar et autour d'îles proches du rivage.

Aujourd'hui, cependant, presque toutes les mangroves éloignées des Sundarbans ont été plantées, les plus étendues étant situées près des côtes et sur des îles où l'accrétion sédimentaire est forte. Les premières plantations, remontant à 1966, ont été entreprises pour limiter les effets des cyclones. Les autres avantages de la présence des mangroves ont été reconnus, comme la production de bois, la conservation, la création d'emplois et la mise en valeur des terres. Cela a encouragé à boiser davantage (Siddiqi, 2002 ; MWR, 2006). Une étude assez détaillée a estimé à 1485km^2 la surface plantée entre 1960 et 2001. Quelques 27% de ces plantations ont disparu à cause de l'érosion et 12% à cause de l'empiètement par

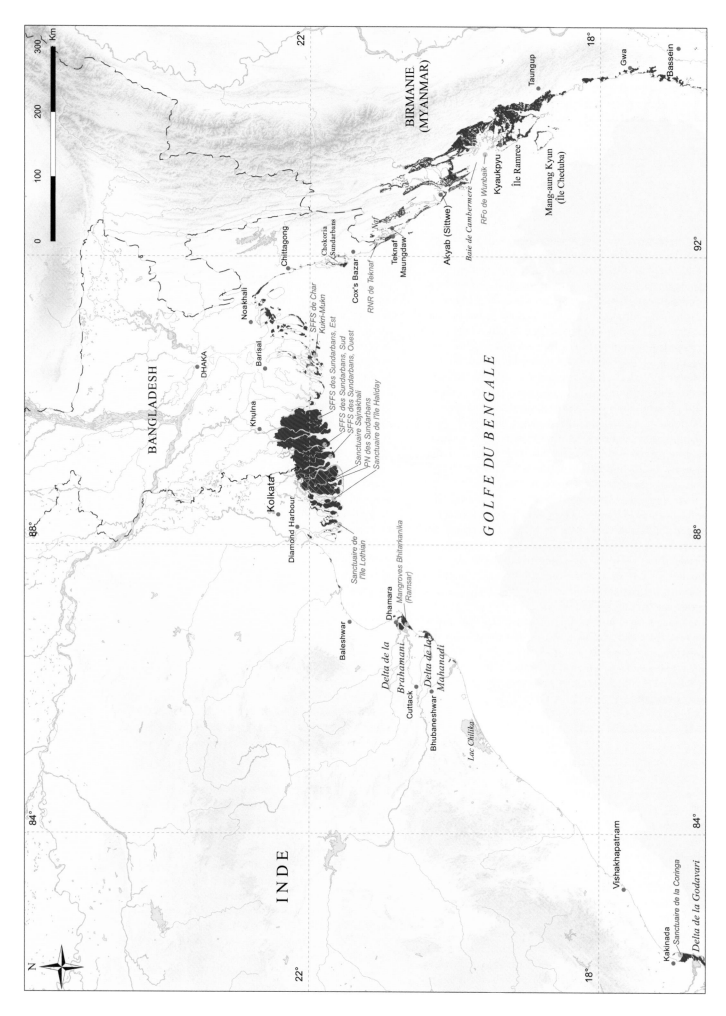

Carte 6.1 Le nord du Golfe du Bengale

d'autres usages, mais la superficie restante de 900km² n'en reste pas moins la plus grande plantation au monde (Iftekhar and Islam, 2004). Dans le cadre de ces plantations, des essais ont été menés avec plusieurs espèces, mais les travaux les plus récents, dans l'Est, n'utilisent que des *Sonneratia apetala* et quelques *Avicennia officinalis* (Siddiqi, 2002).

La source de revenu d'environ 4 millions de personnes au Bangladesh repose sur la présence de mangroves. Les Sundarbans sont la seule réserve de bois d'importance de ce pays pauvre et densément peuplé. Des espèces comme *Heritiera*, *Xylocarpus* et *Bruguiera* produisent toutes un bois de grande valeur, utilisé pour la construction, les bateaux, les meubles et d'autres produits. *Nypa* est utilisée pour couvrir les toits. D'autres espèces sont utilisées pour la production de papier journal et d'allumettes, et l'usage local comme bois combustible est très répandu (Siddiqi, 2002 ; Ramsar, 2009). La pêche est certainement tout aussi importante, avec une activité de pêche artisanale liée aux mangroves représentant près de 95% des prélèvements marins depuis le milieu des années 1980, et une activité de pêche commerciale au large, notamment de crevettes, aussi très dépendante des mangroves. Une grande partie de l'activité aquacole du pays dépend aussi du fretin pêché. Le déclin des prélèvements des pêcheurs artisanaux depuis le milieu des années 1980 pourrait bien être lié à la disparition de mangroves (Islam and Haque, 2004). La production de miel est elle aussi importante, avec une estimation de 185 tonnes produites chaque année (Siddiqi, 2002).

Le littoral du Bangladesh est très dynamique, avec l'émersion de vastes étendues nouvellement formées par les apports sédimentaires annuels (Iftekhar and Islam, 2004). Mais l'intensité de l'érosion se fait aussi sentir. À travers les Sundarbans, y compris en Inde, les estimations ont montré que les pertes par érosion et les gains par accrétion se sont pratiquement équilibrés de 1970 à 1990, mais entre 1990 et 2000 les pertes par érosion (4151ha) ont largement dépassé les gains par accrétion (seulement 592ha). Ce phénomène est probablement lié à la diminution d'apport de sédiments due à la construction de barrages en amont (Giri *et al.*, 2007a).

Le Bangladesh a particulièrement souffert des cyclones tropicaux. Environ 140 000 personnes ont été tuées par un cyclone en 1991. En novembre 2007, le cyclone Sidr a fait 3500 victimes. Ce bilan causé par le cyclone le plus récent a été considéré comme relativement bas compte tenu de l'intensité de la dépression, en grande partie grâce à l'évacuation de 2,7 millions de personnes habitant dans les zones les plus vulnérables. Sidr est passé juste au-dessus la partie orientale des Sundarbans et les mangroves ont à l'évidence joué un rôle de tampon, en protégeant les zones peuplées limitrophes.

Malheureusement, selon les estimations, le cyclone a tout de même causé une défoliation généralisée et des déracinements. Les dommages ont touché entre 5 et 25% des mangroves de la partie Bangladeshi des Sundarbans. La réhabilitation de ces mangroves pourrait être entravée par les activités humaines, dont l'extraction de bois et le

Dans les Sundarbans, les tigres peuvent présenter une menace pour les populations locales, mais comme ils sont en voie de disparition, la solution retenue a été de capturer les animaux qui pourraient poser problème pour les relâcher loin des habitations.

Photo Subhendu Bandyopadhyay

braconnage par certains des milliers d'habitants qui dépendaient autrefois de ces mangroves et qui ont perdu leur habitation et leur source de revenus (Anon, 2007).

La surface couverte par les mangroves des Sundarbans est restée relativement constante depuis au moins les années 1970 (Giri *et al.*, 2007a). Cependant, de vastes étendues ont été dégradées. Les volumes de bois d'oeuvre sur pied, ont connu un déclin marqué depuis 1959 (Iftekhar et Islam, 2004), et la fermeture de la canopée s'est progressivement ralentie. En 1959, 78% des forêts avaient une fermeture du couvert supérieure à 70%, mais ce taux de fermeture a chuté à 0,2% en 1996 (Siddiqi, 2002). Le manque de gestion et d'application du cadre réglementaire a sans aucun doute favorisé cette dégradation. Cependant, l'un des facteurs majeurs de cette dégradation est une maladie dite « mortalité de la cime » (« top-dying ») qui touche les arbres dominants appartenant à *Heritiera fomes*. Les symptômes débutent par la mortalité de la cime et des branches périphériques, et se concluent souvent par la mort de l'arbre. En 1995, 200km² d'*H. fomes*, soit 20 millions d'arbres, étaient atteints (Siddiqi, 2002), et plus récemment une étude a estimé à 20% la proportion de mangroves disparues (Blasco, comm. pers., 2007). La situation de cette espèce endémique, et son évolution, deviennent inquiétantes (Siddiqi, 2002 ; GMSA, 2008). La cause exacte de cette maladie est inconnue, mais *Heritiera fomes* ne supporte pas une salinité élevée. Les pertes pourraient donc être liées à la fois aux réductions d'apports d'eau douce et à la montée du niveau de la mer, qui ont entraîné une augmentation de la salinité dans les régions méridionales et occidentales (Hoque *et al.*, 2006).

Hors des Sundarbans, la plus grande menace pesant sur les mangroves est leur conversion à l'aquaculture des crevettes. À l'origine, les Chokoria Sundarbans couvraient 182km² selon les estimations. En 1903, 75km² ont été classés en Réserve Forestière de mangroves. Malgré cela, ces mangroves ont progressivement disparu, des parcelles ayant été cédées pour l'installation d'habitations et pour des élevages de crevettes. En 1995 et 1996, la dernière parcelle a été attribuée. Aujourd'hui, la quasi-totalité de cette zone a été déboisée pour la mise en place d'élevages de crevettes, pour la construction d'habitations et pour l'extraction du sel. Il n'en subsiste plus que quelques bois résiduels. (Hossain *et al.*, 2001 ; Siddiqi, 2002).

Ces pertes importantes ont entraîné un fort déclin de la pêche des crevettes, artisanale et commerciale au large. De nombreux littoraux se sont retrouvés exposés à l'érosion et aux cyclones (Islam and Haque, 2004). Malheureusement, les Chokoria n'ont tiré que peu de bénéfices des bassins crevetticulture. La productivité ne représentait à peu près que la moitié de la moyenne nationale à cause de l'hyper-salinité. La région a subi une perte nette d'emplois (Siddiqi, 2002).

Les efforts de conservation au Bangladesh ont porté principalement sur les Sundarbans. L'intégralité de la forêt est placée en réserve. Elle est gérée avec des pratiques de production durables, tout en permettant un épanouissement de la faune sauvage. De vastes parties situées au sud des Sundarbans font partie de trois sanctuaires de la faune et la flore sauvages compris dans un site classé au Patrimoine Mondial. L'ensemble de la forêt est également un site Ramsar. Ailleurs dans le pays, deux autres sanctuaires de la faune et la flore sauvages comportent des mangroves.

L'Inde

Les mangroves, bien que présentes par intermittence, sont largement répandues le long du littoral indien. Nous décrirons d'abord les formations de mangroves de trois régions distinctes : le littoral occidental (dont les petites îles océaniques Lakshadweep), le littoral oriental, et les îles Andaman et Nicobar, avant d'examiner les activités humaines et leurs impacts sur les mangroves du pays.

Les conditions arides du Gujarat, au nord-ouest de l'Inde, sont optimales pour la mise en place de salines à échelle industrielle. Elles sont parfois localisées à côté des mangroves, mais ont aussi supplanté les mangroves dans certaines zones.

Photo Shigeyuki Baba

La côte occidentale et les Lakshadweep
Cartes 6.2 et 6.3

Environ 23% des mangroves indiennes se situent le long de la côte ouest du pays. Les plus étendues se trouvent dans l'État du Gujarat, limitrophe du Pakistan. Nous sommes ici en bordure du désert. Les précipitations sont faibles (400-900mm par an) et un petit nombre de cours d'eau sont permanents. Les mangroves sont généralement dispersées. Les palétuviers sont chétifs ou dégradés. Seulement 20% ont des canopées denses et mesurent plus de 5m de haut. La diminution de leur surface et leur dégradation a conduit à une baisse de la diversité. La plupart sont aujourd'hui dominées par *Avicennia marina*, avec quelques *Rhizophora mucronata*. Les plus étendues sont celles de Kori Creek dans le Rann of Kutch (Rann of Kachchh), attenant au delta de l'Indus du Pakistan voisin. Ailleurs, notamment au niveau des golfes du Kachchh et du Khambhat, de vastes étendues de mangroves ont disparu et celles qui perdurent sont très dégradées, à l'exception de quelques aires protégées (Hirway and Goswami, 2004).

Plus au sud, la topographie assez accidentée a empêché la formation de systèmes deltaïques étendus, et les mangroves ne se sont développées que dans de petits

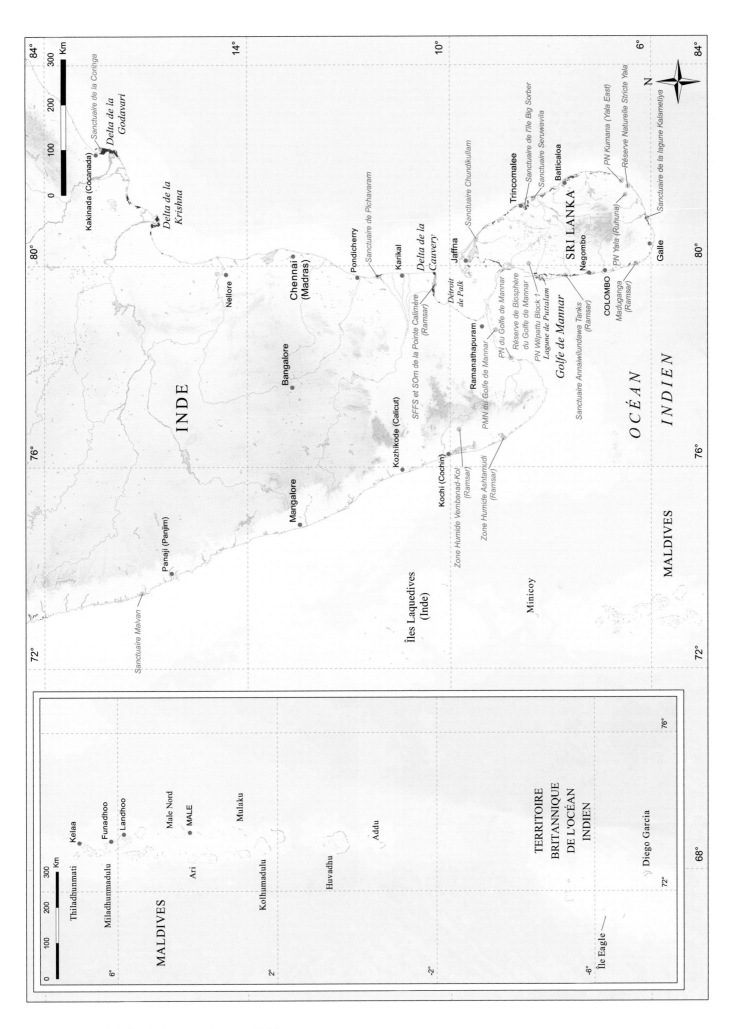

Carte 6.2 Le sud de l'Inde, le Sri Lanka et les Maldives

Excoecaria agallocha se trouve généralement sur les zones les plus élevées des forêts de palétuviers. C'est l'une des nombreuses espèces dont la répartition s'étend du Golfe du Bengale à travers tout le Sud-Est asiatique.

Photo Mark Spalding

estuaires et dans les lagunes côtières. De vastes étendues de mangroves autour de la ville de Mumbai (Bombay) ont laissé place en quelques siècles à des périmètres totalement transformés, et celles qui restent sont sévèrement dégradées. Il existe de nombreuses autres petites formations, dont l'estuaire du Mandovi au nord de Panaji à Goa (Balasubramanian and Khan, 2002). Les espèces dominantes à Goa sont *Rhizophora mucronata*, *Sonneratia alba* et *Avicennia officinalis* (Selvam, 2003 ; Kathiresan and Qasim, 2005). Les Lakshadweep sont de petites îles coralliennes et des atolls – la seule mangrove répertoriée, au sud de l'île de Minicoy, comprend 500m² de *Bruguiera cylindrica* (Jagtap and Nagle, 2007).

La côte orientale Cartes 6.1 et 6.2

La côte orientale de l'Inde est dominée par une plaine littorale comportant de vastes formations deltaïques caractérisées par d'importantes arrivées d'eau douce et de grandes quantités d'apports sédimentaires, vers le nord en particulier. Ce littoral comprend 59% des mangroves indiennes, qui comprenaient à l'origine des forêts denses et diversifiées.

Tout à fait au nord, l'une des plus vastes forêts de palétuviers au monde, les Sundarbans, s'étend de part et d'autre de la frontière avec le Bangladesh. Sa partie indienne représente 38% de sa surface totale. Bien que les précipitations soient élevées, les cours d'eau courent dans leur majorité vers l'Est. Seul l'Hooghly s'écoule abondamment dans la partie indienne des Sundarbans. Par conséquent, les niveaux de salinité sont élevés. Le long du littoral se trouvent *Avicennia marina*, *A. alba* et *Bruguiera cylindrica*, ainsi que *B. gymnorhiza*, *Ceriops decandra* et *Rhizophora mucronata* plus en amont. L'espèce régionale caractéristique, *Heritiera fomes*, ainsi qu'*Excoecaria agallocha* et *Sonneratia caseolaris,* se cantonnent aux zones proches des cours d'eau, où la salinité est réduite. Comme dans les Sundarbans du Bangladesh, la faune est riche et diversifiée, comprenant par exemple un nombre important de tigres du Bengale, une espèce menacée. Une description plus complète des Sundarbans est faite dans le chapitre sur le Bangladesh.

Plus au sud se développent d'autres mangroves importantes, notamment dans les deltas de la Brahamani, de la Mahanadi, de la Godavari et de la Krishna. Le vaste delta de la Cauvery ne comporte plus que quelques mangroves autour de Pichavaram au nord et de Muthupet au sud (Selvam, 2003).

Ces formations deltaïques sont dominées par *Avicennia marina*, *A. alba*, *Aegialitis rotundifolia*, *Bruguiera cylindrica*, *B. parviflora*, *Sonneratia apetala*, *Ceriops tagal* et *C. decandra*. L'une des formations les plus vastes et les plus diversifiées du pays est celle des

---

Encart 6.1 Protection côtière contre les tsunamis par les mangroves et autres végétations le long du littoral sud-est de l'Inde

Kandasamy Kathiresan (*Centre of Advanced Study in Marine Biology, Annamalai University, Parangipettai, Inde*)

Le 26 décembre 2004, un important tremblement de terre au large de la côte nord-ouest de Sumatra a généré l'un des tsunamis les plus destructeurs de l'histoire, affectant les littoraux de l'Océan Indien. Près de l'épicentre à Sumatra, le Tsunami a déferlé vers l'intérieur des terres en une vague de 24m de haut, atteignant 30m par endroits. Des vagues moins hautes mais somme toute imposantes ont touché les littoraux des îles Andaman et Nicobar, de la Thaïlande, du Myanmar, du Sri Lanka, du sud-est de l'Inde et de la Somalie. Selon les estimations, 330 000 personnes ont été tuées, et 1,5 million déplacées.

Une estimation sur 18 villages de pêcheurs répartis sur 25km de littoral de la côte sud-est de l'Inde (latitude 11°26-30'N ; longitude 79°45-48'E) a été menée peu de temps après le tsunami (Kathiresan and Rajendran, 2005). La localisation des villages allait de 0,1km à 2,5km du rivage, et leur élévation variait de 0,5 à 4m au-dessus du niveau moyen de l'océan. L'étude comportait deux formations de mangroves, l'une à Pichavaram de 11 km² comportant une végétation naturelle de mangroves, et l'autre située dans l'estuaire de la Vellar ayant été plantée 15 ans auparavant.

Dans la zone d'étude, les pertes en vies humaines allaient de 0 à 110 pour mille habitants (voir Tableau 6.1). Des 323 morts, 53% étaient des femmes, 27% des enfants, et 20% des hommes. Les causes de mortalité peuvent être en partie attribuées aux buissons épineux Prosopis spp., qui ont provoqué des blessures.

Figure 6.1 Appontement endommagé et mangrove intacte dans l'estuaire de la Vellar après le tsunami

Source Kandasamy Kathiresan

D'importantes pertes en vies humaines ont été répertoriées dans 6 villages (numéros 3, 9, 11, 13, 16 et 17), avec 55 à 110 personnes décédées. Ces villages étaient localisés à proximité quasi-immédiate du rivage (0,1 à 0,4km). L'habitat côtier était une côte sableuse de

Encart 6.1 Protection côtière contre les tsunamis par les mangroves et autres végétations le long du littoral sud-est de l'Inde (Suite)

faible élévation avec une très faible pente et quasiment dépourvue de végétation. Ces villages ont subi toute l'ampleur du tsunami. Les pertes matérielles per capita vont de 178$US à 1000$US.

Trois villages n'ont pas connu de pertes humaines et dans quatre autres villages la mortalité était faible, avec 4 à 11 décès. De ces villages, les numéros 7, 12, 14, 15 et 18 étaient éloignés d'1 à 2,5km du rivage, sur des sites surélevées présentant une topographie pentue, à l'arrière des mangroves. L'environnement physique de ces villages a atténué l'impact des vagues du tsunami. Bien que les villages 8 et 10 soient localisés à moins d'1km de la mer, ils ont connu peu de décès, parce qu'ils étaient implantés sur des dunes sableuses légèrement surélevées avec une végétation plantée de *Casuarina* et de palmiers.

Dans l'estuaire de la Vellar, l'impact du tsunami et la capacité des mangroves à dissiper l'énergie des vagues étaient évidents. Un embarcadère a été détruit, alors que les mangroves adjacentes n'ont quasiment pas été perturbées (voir Figure 6.1). L'atténuation du tsunami par la végétation côtière et par les systèmes naturels de dunes a aussi été largement montrée par d'autres études (Dahdouh-Guebas et al., 2005 ; Danielsen et al., 2005 ; Harakunarak and Aksornkoae, 2005 ; Braatz et al., 2006 ; Tanaka et al., 2007). En contrepartie, l'importance de la seule végétation a été remise en question par Kerr et al. (2006), qui ont ré-analysé les données ci-après et ont conclu que la distance par rapport à l'océan et l'élévation étaient les facteurs les plus importants pour déterminer les pertes de vies humaines et les pertes matérielles. Bien qu'ils soulignent la surestimation du rôle de la végétation côtière, ils se sont abstenus d'avancer que la végétation n'est pas en mesure d'atténuer les dommages causés par le tsunami.

En conclusion, il est désormais largement accepté que la restauration des mangroves, des forêts côtières et des dunes peut aider à atténuer les impacts des tsunamis, des tempêtes côtières et du relèvement du niveau des mers. Ils ne garantissent pas une protection totale face aux plus forts de ces épisodes. La localisation des villages à des distances plus importantes du rivage et sur des terrains plus élevés est aussi d'une grande importance.

Tableau 6.1 *Impact du tsunami de 2004, en nombre de victimes et sur les biens, dans 18 villages de pêcheurs situés le long du littoral sud-est de l'Inde*

Village de pêcheur (numéro)	Habitations humaines		Habitat côtier	Surface (ha)	Nombre de victimes		Pertes de propriétés humaines per capita ($US)
	Distance à la mer (km)	Hauteur par rapport au niveau moyen de l'océan (m)			Total	Nombre/1000 individus	
1	0,3	2,0	Littoral sableux avec dunes intermédiaires	0,5	7	16	511
2	0,3	3,0	Littoral sableux avec dunes intermédiaires	0,9	25	12	244
3	0,4	0,8	Littoral sableux bas avec dunes basses	0,1	93	72	333
4	0,4	2,0	Littoral sableux avec dunes intermédiaires	0,3	43	24	267
5	0,7	1,0	Littoral sableux avec protection dunaire	0,4	28	19	244
6	0,7	3,3	Littoral sableux avec dunes intermédiaires	0,2	12	14	444
7	2,0	2,0	Littoral argileux à mangroves denses	10	Pas de victimes	0	18
8	1,0	4,0	Littoral sableux élevé avec protection dunaire	11	Pas de victimes	0	378
9	0,2	0,5	Littoral sableux bas avec dunes basses	0,5	9	55	1000
10	0,4	4,0	Haut littoral sableux avec dunes intermédiaires	15	2	4	289
11	0,1	0,8	Littoral sableux bas	0,2	55	96	956
12	1,0	1,0	Littoral argilo-sableux à mangroves buissonnantes	2,0	5	11	222
13	0,1	0,5	Littoral sableux bas	0,8	11	55	489
14	2,5	2,0	Littoral argileux à mangroves denses	10	Pas de victimes	0	44
15	2,5	1,0	Littoral argileux à mangroves denses	2,0	5	10	44
16	0,2	0,5	Littoral sableux bas	0,3	4	80	267
17	0,2	0,5	Littoral sableux bas	0,1	19	110	178
18	2,0	1,0	Littoral argileux à mangroves denses	10	5	5	9

mangroves de Bhitarkanika sur le delta de la Brahamani. Cette zone est l'habitat d'une importante population adulte de crocodiles estuariens (10% des adultes mesurent plus de 6m de long), la plage voisine comporte l'une des plus grandes colonies de tortues olivâtres au moment de la ponte. 174 espèces d'oiseaux ont été répertoriées, dont 11 espèces de hérons regroupant 20 000 individus (Behera, 2006 ; Ramsar, 2009). Mise à part Bhitarkanika, les mangroves ont connu des pertes importantes en superficie ou en diversité au cours des décennies passées, avec la disparition d'espèces comme *Xylocarpus* et *Kandelia* de Pichavaram, et de forts déclins d'espèces comme *Excoecaria agallocha* et *Lumnitzera racemosa* dans la Godavari. À leur place, *A. marina* est devenue dominante, ainsi qu'*Acanthus ilicifolius* et des *Suaeda*, des sous-arbrisseaux de marécages salés, tolérant des salinités très élevées (Selvam, 2003 ; Singh, 2003).

Les îles Andaman et Nicobar Carte 7.7

Elles constituent un groupe de plusieurs centaines d'îles qui s'étirent en longueur au nord de Sumatra. Peu peuplées et caractérisées par des précipitations élevées, elles sont richement boisées. Les mangroves les plus vastes et les plus diversifiées sont situées dans le groupe des Andaman, alors que les îles Nicobar sont mieux préservées et dans une certaine mesure inexplorées (Balasubramanian and Khan, 2002). Les mangroves longent la quasi totalité du littoral des îles principales. Leurs canopées peuvent atteindre jusqu'à 25m de hauteur. Les espèces dominantes comprennent *Rhizophora apiculata*, *R. mucronata* et *Ceriops tagal*, ainsi qu'*Heritiera littoralis*, *Excoecaria agallocha*, *Acrostichum* spp. et *Nypa fruticans*, plus en amont ou sur des terrains légèrement plus élevés. Jusqu'à une époque récente, les mangroves des îles Andaman et Nicobar étaient restées intactes, mais cette situation est en train de changer assez rapidement.

Les hommes et les mangroves

Les mangroves sont largement utilisées à travers le pays. De vastes zones sont gérées durablement pour la production de bois, pour la construction de bateaux, pour confectionner des pièges à poisson, ainsi que pour la production de bois de feu et de charbon. Il existe aussi probablement une activité d'extraction de tanins destinés à l'industrie du cuir et à la protection des filets de pêche. Dans les régions les plus arides comme le Gujarat, les chameaux et les chèvres, et même les buffles et les moutons, se nourrissent régulièrement de feuilles de palétuviers. Le miel est aussi un produit important; l'apiculture emploie environ 2000 personnes dans la partie indienne des Sundarbans, avec une production annuelle de 111 tonnes, représentant 90% de la production indienne de miel naturel. Les techniques traditionnelles d'aquaculture sont pratiquées depuis des siècles en Inde, bénéficiant généralement d'apports larvaires et nutritifs provenant des mangroves voisines. La collecte des larves de crevettes destinées à l'aquaculture est une pratique bien moins durable. Dans les Sundarbans et dans l'Hooghly, ces larves ne représentent que 0,25% des prélèvements totaux ce qui signifie que le reliquat, c'est à dire des petits poissons et des crustacés, est abandonné sur les berges, causant des déclins dans d'autres activités de la pêche côtière (Sakar and Bhattacharya, 2003). Certaines espèces de palétuviers sont encore utilisées en médecine traditionnelle. Des recherches visant à trouver de nouveaux usages possibles sont en cours, comme par exemple de potentielles propriétés antibactériennes, comme insectifuges ou encore en infusions (Balasubramanian and Khan, 2002 ; Bandaranyake, 2002 ; Kathiresan and Qasim, 2005).

En Inde, les disparitions de vastes étendues de mangroves remontent à plus d'un siècle, avec un pic de disparition dans les années 1960 jusqu'au milieu des années 1990. Plus récemment, les surfaces nettes en mangroves semblent s'être stabilisées, bien que ces statistiques cachent une réalité bien plus fluctuante de pertes et de gains à l'échelle locale (Hirway and Goswami, 2004 ; Giri *et al.*, 2007b). Les pertes peuvent être largement attribuées aux conversions à l'agriculture, à l'aquaculture et au développement urbain ou industriel. D'autres pertes et dégradations peuvent être attribuées à la surexploitation et aux modifications des débits des cours d'eau et à la construction de retenues pour faire face aux besoins d'irrigation. Par endroits, l'aquaculture n'a été permise que dans les marécages salés ; dans les arrière-mangroves, mais certains de ces emplacements ont été touchés par la pollution. Dans les Sundarbans, toute nouvelle construction de bassins d'aquaculture est désormais interdite à moins de 500 mètres du plus haut niveau de la marée haute. (Mitra, 2000). Des pertes ont aussi été provoquées par la construction de marais salants dans le Gujarat (Balasubramanian and Khan, 2002 ; Ramasubramanian *et al.*, 2006). Les impacts urbains et industriels ont conduit à des pertes et à des dégradations de mangroves autrefois étendues dans le golfe de Khambat. La pollution urbaine affecte désormais les Sundarbans (en particulier en aval de Kolkata). Comme au Bangladesh, la diminution des apports d'eau douce dans les Sundarbans pourrait en partie expliquer la maladie de « la mortalité des cimes » observée chez *Heritiera fomes*, une espèce autrefois largement répandue.

Dans de nombreux cas, plusieurs causes sont à l'origine des dégradations et des pertes. Par exemple, dans le Gujarat, le surpâturage et l'extraction du bois non raisonnée sur de vastes surfaces, combinés à la pollution et à l'augmentation de la salinité, ont probablement conduit à la perte de mangroves à travers cet État. Les conséquences sont la réduction de la capacité de la régénération naturelle, la prédominance de plus en plus marquée d'*Avicennia*, et par endroits, la disparition complète des mangroves (Hirway and Goswami, 2004).

Des causes naturelles ont aussi affecté les mangroves, particulièrement dans la Baie du Bengale, régulièrement balayée par des tempêtes tropicales. Le tsunami de 2004, dans l'Océan Indien, a eu des conséquences très localisées dans le sud-est de l'Inde (voir Encart 6.1), notamment dans le delta de la Cauvery (Kathiresan and Rajendran, 2005 ; Baranidharan, 2006). Ses impacts ont été encore plus dramatiques sur les îles Andaman et Nicobar (voir Encart 6.2). La subsidence au sud des Andamans a atteint 1m, causant des inondations très répandues et permanentes, et la perte des mangroves situées en périphérie sur des espaces considérables (Chatterjee, 2006).

L'Inde a une longue tradition de gestion des forêts de palétuviers. Beaucoup de mangroves sont actuellement gérées durablement en Réserves Forestières avec des cycles de coupes régulés. D'autres mangroves sont situées dans de vastes systèmes d'aires protégées où les prélèvements sont généralement très limités. Par endroits, par exemple à Pichavaram et dans la Godavari, les surfaces des mangroves ont augmenté de manière conséquente, grâce à des programmes de restauration, à la régénération naturelle et à la colonisation de sédiments récents (Ramasubramanian *et al.*, 2006). Dans le Gujarat, les nouvelles mangroves sont aussi le résultat de plantations et de leur rétablissement naturel – 150km² ont été plantés

de 1983 à 2000, dans deux aires protégées. Ailleurs les pertes ont largement continué (Hirway and Goswami, 2004).

En 1979, le gouvernement indien a mis en place un Comité National des Mangroves (National Mangrove Committee), faisant partie du Ministère de l'Environnement et des Forêts (Ministry of Environment and Forests). En 1990, ce comité a décidé de préserver de

---

Encart 6.2 Les mangroves des îles Andaman et Nicobar après le tsunami

Maharaj Vijay Reddy *(School of Services Management, Bournemouth University, Poole, Dorset, RU)*

Les îles Andaman et Nicobar (IAN) en Inde regroupent 572 îles, couvrant une superficie totale de mangroves de 96 600 ha, représentant un cinquième de la superficie totale de mangroves en Inde (EJF, 2006), seulement dépassées en superficie par les mangroves des Sundarbans, et possédant les mêmes niveaux de diversité.

Sur presque toutes les îles Andaman et Nicobar, le tsunami de l'Océan Indien de 2004 a causé d'importants dommages, impactant les mangroves mais aussi les cocoteraies et les forêts longeant les plages. Selon une estimation du Ministère de l'Environnement et des Forêts, l'habitat côtier le plus touché a été celui des mangroves, avec la disparition de 4000ha et 8000ha gravement endommagés (EJF, 2006). Il a été établi que les tremblements de terre continus de forte intensité ont causé la subsidence du groupe d'îles de Nicobar et le soulèvement de certaines îles du groupe des Andaman de presque 1m.

La subsidence a entraîné un déplacement des marées hautes vers l'intérieur des terres, inondant les plaines portant des terres agricoles, des habitations, des mangroves et des forêts littorales. Pour les mangroves, cela a prolongé les périodes d'ennoiement, empêchant la respiration racinaire et entraînant une mortalité massive très étendue (voir la Figure 6.2). Les zones les plus touchées concernent la partie Est de Middle Andaman Island, la baie de Rangat, l'Est de Long Island, le nord de Baratang Island et la baie de Shoal.

Le soulèvement, ou le relèvement des terres, au contraire, a conduit à un assèchement des mangroves le long des criques et dans les marais du nord des Andaman et des îles Interview (voir Figure 6.3). Dans certaines parties, le soulèvement a entraîné la formation de vastes vasières qui obstruent les embouchures des baies et des criques, comme celles de Jackson, de Dugong, de Bumila et de West Bay sur South Andaman Island. L'assèchement de vastes étendues de mangroves aura des effets négatifs sur la reproduction de la faune des criques, comme les crocodiles et les poissons (Andrews and Vaughan, 2005).

Outre ces mouvements tectoniques, le tsunami a eu des conséquences directes dramatiques. Dans la zone de la Réserve de Biosphère de Galathea sur la Grande île Nicobar, et dans toute la zone de la baie du Sud, les vagues du tsunami ont déferlé jusqu'à près d'1,5km à l'intérieur des terres, détruisant de vastes habitats côtiers, dont des plages et des mangroves (voir Figure 6.4). La végétation dense des mangroves des îles Katchal, Trinket et Kamorta de Nicobar a été très endommagée, certaines parties ayant été englouties par la mer. Certains rapports insistent sur les changements importants dans la diversité de la faune et de la flore, étant donné que le flux d'eau de mer atteignant les criques a changé. Les mangroves et les coraux sont menacés. Les impacts négatifs d'un point de vue environnemental et écologique sont aussi notables sur toutes les côtes des Andaman du Sud, du Centre et du Nord, et dans les îles Nicobar Centrales (Reddy, 2006).

Des efforts de surveillance et de réhabilitation des mangroves endommagées et détruites ont été mis en place (Andrews and Sankaran, 2002). Ces activités ont pour objectif d'établir un « bouclier biologique » assurant une protection contre les futures tempêtes et les autres risques naturels. Un projet de création d'un institut de recherche sur les mangroves est en cours.

Figure 6.2 Impact du tsunami et mangroves détruites sur South Andaman Island

Source Maharaj Vijay Reddy

Figure 6.3 Soulèvement à l'intérieur des terres et mangroves mortes sur Interview Island

Source Maharaj Vijay Reddy

Figure 6.4 La baie de Galathea après le tsunami

Source Maharaj Vijay Reddy

manière intensive et de gérer prioritairement 32 zones de mangroves dans le pays. Les plans de gestion ont été établis pour ces territoires, avec des budgets disponibles pour leur boisement, la régénération des mangroves et leur protection (Kathiresan and Rajendran, 2003). La fondation M.S.Swaminathan pour la recherche (M.S.Swaminathan Research Fundation) à Chennai (Madras) a mené à bien un certain nombre de projets, en collaboration avec des communautés locales, dans le Tamil Nadu, l'Andra Pradesh et l'Orissa, le long de la côte orientale de l'Inde. Toute extraction de bois de palétuvier a été interdite sur les îles Andaman et Nicobar en 1987 (Kumar, 2000), bien que l'application de cette mesure soit difficile sur le terrain. Certains sites ont reçu une distinction internationale, comme le Parc National des Sundarbans, classé au Patrimoine Mondial, et quatre autres sites Ramsar.

Les Maldives et le Territoire Britannique de l'Océan Indien Carte 6.2

Les Maldives sont la plus grande partie d'une chaîne d'atolls coralliens et d'îles associées qui suivent la chaîne sous-marine des îles Chagos-Laccadive. L'archipel indien des Lakshadweep (ou Laccadive) s'étend plus au nord. L'archipel des Chagos, au Sud, est un territoire maritime du Royaume-Uni (Territoire Britannique de l'Océan Indien). Les îles sont de petites formations coralliennes basses, sans eau douce de surface. De petits bosquets de palétuviers sont situés sur des rivages abrités et dans des dépressions continentales, en particulier là où la nappe phréatique est proche de la surface, où le sol est riche en matière organique. Les plus grandes formations se trouvent principalement au nord, notamment sur les îles de Kelai, de Farukolhu et de Landhoo. Beaucoup comportent plusieurs espèces, notamment *Rhizophora mucronata*, *Sonneratia caseolaris*, *Bruguiera cylindrica*, *B. gymnorhiza*, *Ceriops tagal* et *Lumnitzera racemosa*. *Pemphis acidula* est plus répandue dans les parties sableuses et parmi la végétation supra-tidale. Généralement, les mangroves forment des forêts denses et basses avec des arbres mesurant jusqu'à 5m, pouvant atteindre 12m par endroits (*B. gymnorhiza*), et jusqu'à 16m (*S. caseolaris*) (Shafiu, 2002).

Aux Maldives, le bois est une ressource rare et les palétuviers sont traditionnellement utilisés dans la construction de bateaux et d'habitations. Les mangroves ont fait l'objet d'une gestion soignée. Les fruits de *Bruguiera cylindrica* et de *Sonneratia caseolaris* sont consommés et l'écorce des *Bruguiera* est occasionnellement utilisée en médecine traditionnelle. Les lignes de pêche sont parfois teintées avec les tanins extraits des palétuviers. Bien qu'aucune mangrove des Maldives ne se situe dans une aire protégée, toutes les plantes croissant spontanément sont actuellement protégées aux Maldives. Un permis gouvernemental est requis pour leur extraction. Cela a encouragé de nouvelles plantations de palétuviers (qui peuvent être des propriétés privées, ce qui permet leur utilisation), notamment avec les espèces *S. caseolaris* et *B. cylindrica* (Shafiu, 2002).

Le Territoire Britannique de l'Océan Indien a une seule mangrove continentale de *Lumnitzera racemosa* au cœur de l'île Eagle, sur le banc de Great Chagos. En 2006, des propagules d'*Avicennia* en cours de germination ont été observées sur les rivages de l'île Eagle. Ces observations suggèrent que d'autres espèces peuvent s'établir et que c'est le manque de zones propices à leur implantation, plus que l'isolement, qui restreint le développement des mangroves dans ces atolls (Hillman, 2007).

Le Pakistan Carte 6.3

Le littoral du Pakistan est aride, caractérisé par de faibles précipitations, tombant principalement pendant la mousson (d'avril à septembre). Le delta de l'Indus abrite les mangroves les plus vastes, et bien qu'elles soient moins étendues qu'auparavant, 820km² ont été répertoriés en 2003 (Ramsar, 2009). *Avicennia marina* représente 95% des arbres, avec aussi *Rhizophora mucronata*, *Ceriops tagal* et *Aegiceras corniculatum* en petites formations localisées sur des sites plus élevés, à l'écart des fortes influences des marées. Dans la plupart des mangroves, les arbres sont de petite taille. *Avicennia* atteint 9m de hauteur lorsqu'une bonne circulation de l'eau est possible (Mahmood and Mohammad, 2004 ; UICN Pakistan, 2005).

A l'ouest de l'Indus, dans la province du Balouchistan, on ne compte que trois autres mangroves. Miani Hor est la plus grande (34km²) ; il s'agit d'un long système lagunaire. Plus à l'ouest se trouve la baie de Kalmat Khor. Jiwani forme la moitié orientale de la Baie de Govater (Gwatar) sur la frontière avec l'Iran. Miani Hor renferme un petit peuplement monospécifique de *Rhizophora mucronata* parmi lequel quelques arbustes de *Ceriops tagal* sont dispersés. Mais dans l'ensemble l'espèce dominante est *Avicennia marina* (Rasool *et al.*, 2002 ; UICN Pakistan, 2005). On a recensé un grand nombre d'oiseaux aquatiques dans le delta de l'Indus, dont des pélicans frisés et les grands flamants roses. Plus de 60 000 migrateurs y sont dénombrés chaque année (Ramsar, 2009). Miani Hor est aussi une zone importante pour les limicoles.

Les mangroves des Maldives, même si leur superficie totale n'est pas très grande, peuvent présenter des formations denses, dans des baies bien abritées ou dans des dépressions continentales.

Photo Shigeyuki Baba

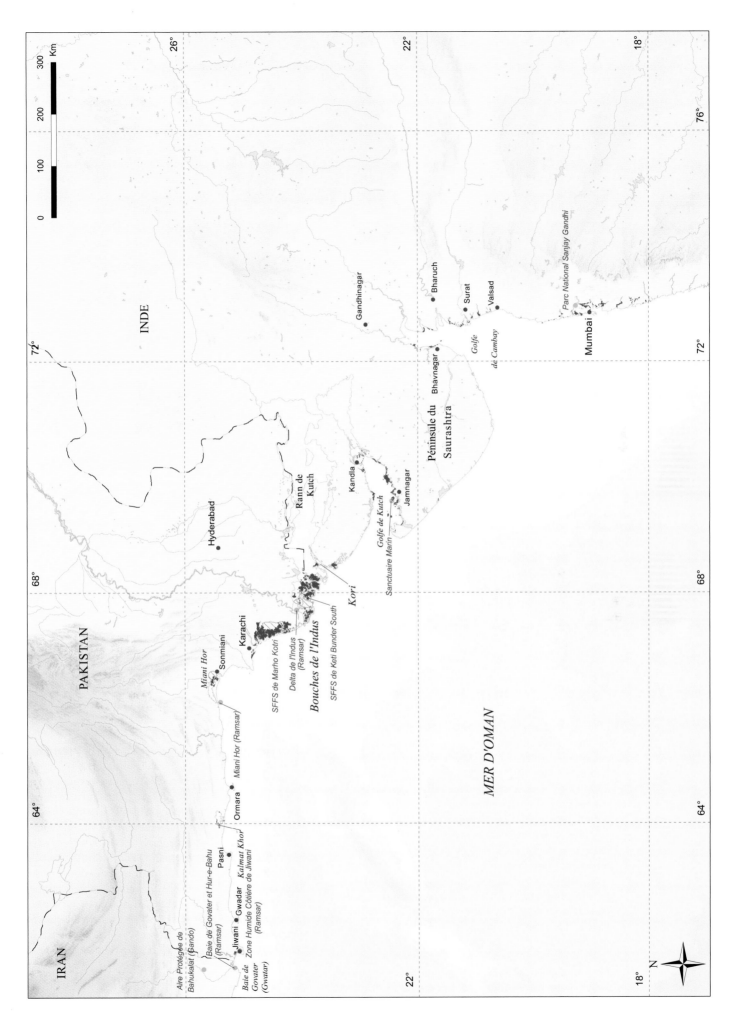

Carte 6.3 Le Pakistan et le nord-ouest de l'Inde

Les mangroves sont d'une importance considérable pour la pêche artisanale, commerciale et d'exportation. Dans le delta de l'Indus, il semblerait que 80% des espèces commerciales utilisent la mangrove durant une partie de leur cycle biologique. La valeur des exportations de crevettes provenant de cette région, était estimée, en 1997, à 100 millions de $US, auxquels s'ajoutent 3 millions de $US provenant des crabes de palétuviers. Les activités de pêche de poissons, bien que moins lucratives, génèrent des volumes beaucoup plus élevés, qui ont atteint les 231 000 tonnes en 1997, contre seulement 28 000 tonnes de crevettes (Mahmood et Mohammad, 2004). Les estimations varient, mais il paraît probable que 100 000 personnes environ vivent de la pêche dans ce delta (UICN Pakistan, 2005).

Les palétuviers sont utilisés pour leur bois et comme combustible. Ces usages sont certainement en diminution, les populations urbaines ayant recours à d'autres carburants. En outre, de nombreux villages du delta de l'Indus ont dû se déplacer loin des mangroves en raison du déclin des approvisionnements en eau douce. L'utilisation fourragère est aussi largement répandue, avec une estimation de 6000 chameaux et 3200 buffles pâturant dans les marécages salés et les mangroves du delta de l'Indus en 2004. Toutes espèces confondues ils ont consommé environ 67 millions de kilogrammes de feuilles de palétuviers (Mahmood et Mohammad, 2004).

Le delta de l'Indus est l'un des deltas les plus menacés au monde en raison des prélèvements d'eau douce en amont, pour l'irrigation de 180 000km^2 de terres agricoles. Les écoulements d'eau douce en-dessous du barrage de Kotri, près de Hyderabad, ont diminué de 90%, avec des déclins du même ordre dans les apports sédimentaires. Au début du 21ième siècle, les écoulements fluviaux dans le delta actif n'étaient maintenus que deux mois par an. Les intrusions d'eaux salées pénètrent jusqu'à 80km à l'intérieur des terres, ce qui a considérablement affecté les mangroves et les terres agricoles. Le littoral est aussi caractérisé par une forte érosion. La subsidence et la montée du niveau des océans vont probablement accentuer ce phénomène. Il s'avère extrêmement difficile de renverser cette tendance à cause de la forte incitation politique mettant l'accent sur la production agricole. Il s'y ajoute la diminution des précipitations moyennes au cours des dernières années dans le bassin versant de l'Indus (Inam *et al.*, 2003 ; Qureshi, 2004 ; Giosan *et al.*, 2006). Toujours dans le delta de l'Indus, la disparition des mangroves est largement due à leur conversion en terrains agricoles, aux activités industrielles et portuaires. La pollution est une autre menace, en partie par les eaux usées non retraitées et par les décharges industrielles fortement chargées en métaux lourds.

A côté de ces pressions, des mangroves dégradées et déboisées ont été replantées ou restaurées à travers des projets datant de 1985, conduits notamment par le Sindh Forest Department, avec le soutien de l'Union Internationale pour la Conservation de la Nature (UICN), le Programme des Nations Unies pour l'Environnement (UNEP), l'Organisation des Nations Unies pour l'Education, la Science et la Culture (UNESCO) et la Banque Mondiale. Quelques 160km^2 de mangroves ont ainsi été plantés, notamment avec *Rhizophora mucronata* et *Avicennia marina*, dont le taux de survie est d'environ 80%. En outre, 30km^2 d'*A. marina* ont été établis avec une régénération naturelle assistée (Qureshi, 1996 ; Mahmood and Mohammad, 2004 ; Qureshi, 2004). À plus petite échelle, une plantation a aussi été entreprise à Miani Hor, avec la participation de la population locale (Rasool *et al.*, 2002).

La majeure partie du delta de l'Indus a été déclarée forêt protégée en 1927. Cependant, la protection réelle est minime. Le pâturage et d'autres activités perdurent. Il existe aussi des sanctuaires mieux protégés. Les plus vastes mangroves du pays sont situées au sein de trois sites Ramsar qui leur confèrent un statut internationalement reconnu.

Le Sri Lanka Carte 6.2

Les mangroves du Sri Lanka sont des formations qui se limitent aux pourtours des estuaires et des lagunes côtières. Bien qu'elles aient été plus répandues par le passé, elles n'ont probablement jamais été très abondantes en raison de marées dont les amplitudes sont faibles et de l'exposition des côtes à l'énergie des vagues. Des formations de la frange littorale plus ouvertes se situent au nord-ouest du pays, autour du golfe de Mannar et de la baie de Palk, où le plateau continental est plus large et le littoral moins exposé. Cependant, les conditions arides y prévalent et beaucoup de ces mangroves reculent au profit de plaines côtières hyper-salées (Rajasuriya and Premaratne, 2000).

Le pic de diversité se situe dans les régions bénéficiant de précipitations « intermédiaires » (comme les lagunes de Chilaw et de Negombo) dans la partie centrale de la côte occidentale. Cette côte est le seul endroit où *Bruguiera cylindrica* s'est bien développée. La zonation n'est pas claire. On notera cependant que les ceintures situées du côté océanique sont généralement dominées par des *Rhizophora* et des *Avicennia*, alors que les espèces de *Ceriops*, de *Bruguiera*, d'*Excoecaria* et d'*Aegiceras* sont plus généralement localisées dans les eaux abritées, du côté du continent (Umali *et al.*, 1986 ; Jayatissa *et al.*, 2002).

Les palétuviers sont largement utilisés pour leur bois, la production de perches et le combustible. En outre, le nombre de pêcheurs en activité dans les lagunes du Sri Lanka a été estimé à 120 000. Le « Brush park fishing » est une technique de pêche qui requiert la construction de parcs délimités par des amoncellements de branchages denses (souvent issues de palétuviers) dans la lagune. Pendant plusieurs semaines, ils sont colonisés par des poissons à la recherche d'un abri. Ils sont ensuite pêchés soit par des pièges, soit à l'aide de filets qui se referment au moment où les branchages sont retirés. Une étude portant sur cette activité a estimé les rendements moyens à plus de 12 tonnes par hectare et par an. Pour maintenir cette activité de pêche tout en préservant une ressource suffisante de branches et de piquets, des pêcheurs de la lagune de Negombo ont mis au point des techniques de sylviculture simples et durables appliquées aux mangroves bordant le plan d'eau (Costa and Wijeyaratne, 1994 ; Ranasinghe, 2002). Une utilisation récente et plus originale des mangroves est l'extraction de la pulpe des fruits de la « pomme de palétuvier » *Sonneratia caseolaris*, qui est utilisée dans la production de jus de fruits et de glaces, et qui fait l'objet de projets de développement pour une gamme de produits diététiques et écologiques (Jayatissa *et al.*, 2006).

Le tsunami de l'Océan Indien de 2004 a été fortement ressenti le long de la côte sud-est, est et nord-est du Sri Lanka. Une étude conduite sur les littoraux du sud-est a montré que les mangroves naturelles avaient bien résisté. Les arbres situés en front de mer ont été très endommagés, mais ils ont protégé les arbres situés à l'intérieur des terres, dont la plupart ont survécu. Ils ont à leur tour apporté une protection aux terres adjacentes (Bambaradeniya *et al.*, 2005). Dans les secteurs les plus touchés, les mangroves elles même ont beaucoup souffert. Il semble évident que les mangroves secondaires et les types dégradés aient été plus atteints que les formations ayant atteint leur maturité (Dahdouh-Guebas *et al.*, 2005). Au-delà des conséquences directes du tsunami sur les mangroves, les déplacements de sédiments et la forte érosion ont entraîné l'ouverture de passes dans les bancs de sable aux embouchures de nombreux estuaires, entraînant des modifications du niveau des eaux et de la salinité. Certains auteurs ont insisté sur le rôle que les mangroves ont pu jouer dans la protection des populations locales et dans la réduction du nombre de victimes, mais il est difficile de dissocier d'autres facteurs comme la distance à la mer, l'élévation et les types d'habitations (Bambaradeniya *et al.*, 2005 ; Dahdouh *et al.*, 2005 ; UNEP, 2005).

De vastes étendues de mangroves ont disparu au profit des terrains agricoles, pendant qu'ailleurs leur utilisation pour le bois de chauffe s'intensifiait, parfois exacerbée par l'arrivée de réfugiés, ce qui a conduit à des dégradations supplémentaires ou à leur disparition. Ces pertes ont entraîné une baisse des rendements de la pêche (Ranasinghe, 2002). Les conversions des mangroves pour l'élevage de crevettes ont commencé dans les années 1980 et elles se sont maintenant étendues à la plupart des estuaires et des lagunes. Les mangroves ne subsistent plus

Un pêcheur vérifiant un grand piège à poisson dans les mangroves de Maduganga, l'une des plus vastes mangroves du Sri Lanka (site Ramsar).

Photo Emily Corcoran

que sur une étroite frange littorale. Elles subissent de plein fouet la pollution par les eaux rejetées des bassins d'aquaculture. Les pertes estimées à 3000ha à cause de la conversion à l'aquaculture dans la région de Puttalam ont entraîné une chute des captures des poissons de 60% par unité d'effort conduisant à un arrêt de l'activité des deux tiers des 28 000 pêcheurs selon les estimations (WRM, 2002). Pour tenter de rétablir l'équilibre, une petite fédération de pêcheurs a été créée (Small Fishers Federation) afin d'éduquer, former et sensibiliser les éleveurs de crevettes et les hommes politiques (Nugent, 2003).

Le tourisme international est important au Sri Lanka. Il accentue les pressions foncières sur le littoral. L'écotourisme est limité, mais à Muthurajawela par exemple, dans la région de Negombo, des passerelles permettant de circuler à travers la mangrove ont été construites, et des promenades en bateau sont proposées, attirant 1200 à 1500 visiteurs par mois. Il existe un certain nombre de zones protégées, dont deux sites Ramsar. L'un d'eux, Maduganga, renferme l'une des plus vastes mangroves restée pratiquement dans son état originel, couvrant environ 1,4km² (Ramsar, 2009).

Références

Andrews. H. and Sankaran, V. (2002) *Sustainable Management of Protected Areas in the Andaman and Nicobar Islands*, New Delhi, Uthra Print Communications

Andrews, H. V. and Vaughan, A. (2005) *Ecological Impact Assessment in the Andaman Islands after the 2004 Tsunami, including Observations in the Nicobar Islands*, Report, May 2005, New Delhi and Tamil Nadu, Wildlife Trust of India, New Delhi and Madras Crocodile Bank Trust

Anon (2007) 'Hurricane Sidr: Sundarbans' fate hinges on well-being of Sidr survivors', *Bangladesh News*, Sunday, 9 December 2007

Balasubramanian, T. and Khan, M. A. (eds) (2002) *Mangroves of India: State-of-the-art Report*, Tamil Nadu, India, Environmental Information System CentreBambaradeniya, C. N. B., Ekanayake, S. P., Perera, M. S. J.,

Rodrigo, R. K., Samarawickrama, V. A. M. P. K. and Asela, C. (2005) *Report on the Terrestrial Assessment of Tsunami Impacts on the Coastal Environment in Rekawa, Ussangoda and Kalametiya (RUK) Area of Southern Sri Lanka*, Colombo, Sri Lanka, IUCN (World Conservation Union)

Bandaranayake, W. M. (2002) 'Bioactivities, bioactive compounds and chemical constituents of mangrove plants', *Wetlands Ecology and Management*, vol 10, p421

Baranidharan, K. (2006) *Ecological Impact to the Mangroves and Shelterbelts of Coastal Tamilnadu as a Result of Tsunami December 2004*, New Delhi, India, Wetlands International of South Asia

Behera, C. (2006) 'Bhitarkanika – mangrove vegetation', in Behera, C. (ed) *Status of Biology, Ecology, Migration and Mortality of Olive Ridley Sea Turtles Found Along Orissa Coast, India - A Resumé*, Goa, India, National Institute of Oceanography

Braatz, S., Fortuna, S., Broadhead, J. and Leslie, R. (2006) 'Coastal protection in the aftermath of the Indian Ocean tsunami: What role for forests and trees?', in *Proceedings of the Regional Technical Workshop, Khao Lak, Thailand*, 28–31 August 2006, FAO

Chatterjee, B. (2006) *Satellite Based Monitoring of the Changes in Mangroves in South Eastern Coast and South Andaman Islands of India – A Tsunami Related Study*, Masters Thesis, Enschede, the Netherlands, International Institute for Geo-Information Science and Earth Observation

Costa, H. H. and Wijeyaratne, M. J. S. (1994) 'Utilization of mangrove species in brushpark construction and their effects on Negombo Estuary fishery (Sri Lanka)', *Journal of Applied Ichthyology*, vol 10, pp96–103

Dahdouh-Guebas, F., Jayatissa, L. P., Di Nitto, D., Bosire, J. O., Lo Seen, D. and Koedam, N. (2005) 'How effective were mangroves as a defence against the recent tsunami?', *Current Biology*, vol 15, p443

Danielsen, F., Sørensen, M. K., Olwig, M. F., Selvam, V., Parish, F., Burgess, N. D., Hiraishi, T., Karunagaran, V. M., Rasmussen, M. S., Hansen, L. B., Quarto, A. and Suryadiputra, N. (2005) 'The Asian tsunami: A protective role for coastal vegetation', *Science*, vol 310, p643

EJF (Environmental Justice Foundation) (2006) *Mangroves: Nature's Defence against Tsunamis: A Report on the Impact of Mangrove Loss and Shrimp Farm Development on Coastal Defences*, London, EJF

FAO (Food and Agriculture Organization of the United Nations) (2007) *Mangroves of Asia 1980–2005: Country Reports*, Forest Resources Assessment Working Paper No 136, Rome, FAO

Giosan, L., Constantinescu, S., Clift, P. D., Tabrez, A. R., Danish, M. and Inam, A. (2006) 'Recent morphodynamics of the Indus delta shore and shelf', *Continental Shelf Research*, vol 26, p1668

Giri, C., Pengra, B., Zhu, Z., Singh, A. and Tieszen, L. L. (2007a) 'Monitoring mangrove forest dynamics of the Sundarbans in Bangladesh and India using multi-temporal satellite data from 1973 to 2000', *Estuarine, Coastal and Shelf Science*, vol 73, p91

Giri, C., Zhu, Z., Tieszen, L. L., Singh, A., Gillette, S. and Kelmelis, J. A. (2007b) 'Mangrove forest distributions and dynamics (1975–2005) of the tsunami-affected region of Asia', *Journal of Biogeography*, Pre-publication edition, p10

GMSA (Global Marine Species Assessment) (2008) *Mangrove Red-List Workshop Draft Results*, Batangas, Philippines, GMSA, IUCN (World Conservation Union) and Conservation International

Harakunarak, A. and Aksornkoae, S. (2005) *Life-Saving Belts: Post-Tsunami Reassessment of Mangrove Ecosystem Values and Management in Thailand*, Nonthaburi, Thailand, Thailand Environment Institute

Hillman, J. (2007) *Report on the State of the Environment of Eagle Island, Chagos Archipelago*, Cambridge, UK, Chagos Ecological Restoration Project 2006, Fauna and Flora International

Hirway, I. and Goswami, S. (2004) *Valuation of Mangroves in Gujarat*, Ahmedabad, India, Centre for Development Alternatives and Gujarat Ecology Commission

Hoque, M. A., Sarkar, M. S. K. A., Khan, S. A. K. U., Moral, M. A. H. and Khurram, A. K. M. (2006) 'Present status of salinity rise in Sundarbans area and its effect on sundari (*Heritiera fomes*) species', *Research Journal of Agriculture and Biological Sciences*, vol 2, pp115–121

Hossain, M. S., Lin, C. K. and Hussain, M. Z. (2001) 'Goodbye Chakaria Sunderban: The oldest mangrove forest', *The Society of Wetland Scientists Bulletin*, vol 18, p19

Iftekhar, M. S. and Islam, M. R. (2004) 'Managing mangroves in Bangladesh: A strategy analysis', *Journal of Coastal Conservation*, vol 10, pp139–146

Inam, A., Khan, T. M. A., Tabrez, A. R., Amjad, S., Danish, M. and Tabrez, S. M. (2003) 'Natural and man-made stresses on the stability of Indus deltaic eco-region', in *Proceedings of the 5th International Conference on Asian Marine Geology*, Bangkok, Thailand

Islam, M. S. and Haque, M. (2004) 'The mangrove-based coastal and nearshore fisheries of Bangladesh: Ecology, exploitation and management', *Reviews in Fish Biology and Fisheries*, vol 14, pp153–180

IUCN Pakistan (2005) *Mangroves of Pakistan – Status and Management*, Pakistan, IUCN Pakistan

Jagtap, T. G. and Nagle, V. L. (2007) 'Response and adaptability of mangrove habitats from the Indian subcontinent to changing climate', *AMBIO: A Journal of the Human Environment*, vol 36, p328

Jayatissa, L. P., Dahdouh, G. and Koedam, N. (2002) 'A review of the floral composition and distribution of mangroves in Sri Lanka', *Botanical Journal of the Linnean Society*, vol 138, pp29–43

Jayatissa, L. P., Hettiarachi, S. and Dahdouh-Guebas, F. (2006) 'An attempt to recover economic losses from decadal changes in two lagoon systems of Sri Lanka through a newly patented mangrove product', *Environment, Development and Sustainability*, vol 8, pp585–595

Kathiresan, K. and Qasim, S. Z. (2005) *Biodiversity of Mangrove Ecosystems*, New Delhi, India, Hindustan Publishing Corporation

Kathiresan, K. and Rajendran, N. (2003) 'Conservation and management of mangrove ecosystem in India', *Seshaiyana: ENVIS Newsletter on Estuaries, Mangroves, Coral Reefs and Lagoons*, vol 11, pp1–4

Kathiresan, K. and Rajendran, N. (2005) 'Coastal mangrove forests mitigated tsunami', *Estuarine, Coastal and Shelf Science*, vol 65, pp601–606

Kerr, A. M., Baird, A. H. and Campbell, S. J. (2006) 'Comments on "Coastal mangrove forests mitigated tsunami" by K. Kathiresan and N. Rajendran [*Estuar. Coast. Shelf Sci.* 65 (2005) 601–606]', *Estuarine, Coastal and Shelf Science*, vol 67, pp539–541

Kumar, R. (2000) 'Conservation and management of mangroves in India, with special reference to the State of Goa and the Middle Andaman Islands', *Unasylva*, vol 51, pp41–47

Legg, C. and Jewell, N. (1995) *A 1:50,000 Scale Forest Map of Sri Lanka: The Basis for a National Forest GIS*, Colombo, ODA Forest Mapping and Planting Project, Forest Department

Mahmood, N. and Mohammad, Q. (2004) *The Indus Delta Mangrove Ecosystem and RRIDM (Rehabilitation and Replanting of the Indus Delta Mangroves) Activities*, IUCN Pakistan Research Papers, Karachi

Mitra, A. (2000) 'The northwest coast of the Bay of Bengal and Deltaic Sundarbans', in Sheppard, C. (ed) *Seas at the Millennium: An Environmental Evaluation*, The Netherlands, Elsevier Science Ltd

Mueen, F. (2009) Email comments on GIS mapping work undertaken by WWF Pakistan on the country's mangroves, Sent to M. Spalding

MWR (Ministry of Water Resources) (2006) *Coastal Development Strategy*, Dhaka, Bangladesh, Ministry of Water Resources, Government of the People's Republic of Bangladesh

Nugent, S. S. (2003) 'Mangrove alchemy: Turning green into gold', *PERC Reports*, vol 21, pp10–13

Qureshi, M. T. (1996) 'Restoration of mangroves in Pakistan', in Field, C. (ed) *Restoration of Mangrove Ecosystems*, Okinawa, Japan, ISME

Qureshi, M. T. (2004) 'Conflicting interests in the use of mangrove resources in Pakistan', in Vannucci, M. (ed) *Mangrove Management and Conservation: Present and Future*, New York, NY, United Nations University Press

Rajasuriya, A. and Premaratne, A. (2000) 'Sri Lanka', in Sheppard, C. (ed) *Seas at the Millennium: An Environmental Evaluation*, The Netherlands, Elsevier Science Ltd

Ramasubramanian, R., Gnanappazham, L., Ravishankar, T. and Navamuniyammal, M. (2006) 'Mangroves of Godavari – analysis through remote sensing approach', *Wetlands Ecology and Management*, vol 14, p29

Ramsar (2009) *Ramsar Sites Information Service*, www.wetlands.org/rsis/, accessed 2 February 2009

Ranashinghe, D. M. S. H. K. (2002) *Effective Management for Biodiversity Conservation in Sri Lankan Coastal Wetlands: Demand and Other Socio-Economic Impacts on Mangrove Resources Use in Mutharjawela and Negombo Lagoon in Sri Lanka*, Nugegoda, Sri Lanka, Department of Forestry & Environmental Science, University of Sri Jayewardenepura,

Rasool, F., Tunio, S., Hasnain, S. A. and Ahmad, E. (2002) 'Mangrove conservation along the coast of Sonmiani, Balochistan, Pakistan', *Trees: Structure and Function*, vol 16, pp213–217

Reddy, M. V. (2006) *Impact of the Tsunami on Tourism Industry and Ecosystem: The Andaman and Nicobar Islands, India*, Man and Biosphere – South–South Cooperation Publication Series, Paris, UNESCO Publications

Sarkar, S. K. and Bhattacharya, A. K. (2003) 'Conservation of biodiversity of the coastal resources of Sundarbans, northeast India: An integrated approach through environmental education', *Marine Pollution Bulletin*, vol 47, pp260–264

Selvam, V. (2003) 'Environmental classification of mangrove wetlands of India', *Current Science*, vol 84, pp757–765

Shafiu, M. (2002) 'The mangroves of the Maldives Islands', in Lacerda, L. D. (ed) *Mangrove Ecosystems: Function and Management*, Berlin, Springer

Siddiqi, N. A. (2002) 'Mangroves of Bangladesh Sundarbans and accretion areas', in Lacerda, L. D. (ed) *Mangrove Ecosystems: Function and Management*, Berlin, Springer

Singh, V. P. (2003) 'Biodiversity, community pattern and status of Indian mangroves', in Alsharhan, A. S., Wood, W. W., Goudie, A. S., Fowler, A. and Abdellatif, E. M. (eds) *Desertification in the Third Millennium*, Lisse, The Netherlands, Swets and Zeitlinger

Tanaka, N., Sasaki, Y., Mowjood, M. I. M., Jinadasa, K. B. S. N. and Homchuen, S. (2007) 'Coastal vegetation structures and their functions in tsunami protection: Experience of the recent Indian Ocean tsunami', *Landscape and Ecological Engineering*, vol 3, pp33–45

Umali, R. M., Zamora, P. M., Gotera, R. R., Jara, R. S., Camacho, A. S. and Vannucci, M. (1986) *Mangroves of Asia and the Pacific: Status and Management*, Manila, the Philippines, UNESCO/UNDP

UNEP (United Nations Environment Programme) (2005) *After the Tsunami: Rapid Environmental Assessment, National Rapid Environmental Assessment – Sri Lanka*, Nairobi, UNEP

WRM (World Rainforest Movement) (2002) *Mangroves: Local Livelihood vs Corporate Profit*, Montevideo, Uruguay and Moreton-in-Marsh, UK, WRM

Cartes

Le Bangladesh. De nouvelles données ont été préparées par la FAO à partir d'images Landsat. Depuis que ces images ont été prises (1999–2001), de vastes étendues ont été affectées par la progression rapide de la maladie dite du « *top-dying* » (mortalité des cimes), et par les dégâts causés par le cyclone Sidr en 2007. Il en résulte que la carte et les statistiques des surfaces pourraient exagérer la surface actuelle de mangroves.

L'Inde. De nouvelles données ont été préparées par la FAO à partir d'images Landsat. Malheureusement, aucune donnée n'a été produite pour les îles Nicobar et aucune donnée n'était disponible, pas même dans le World Mangrove Atlas de 1997.

Les Maldives. Aucune carte des mangroves n'a été trouvée. Les annotations sur la carte sont fondées sur les noms d'atolls plutôt que sur les régions administratives, qui sont différentes et subdivisent souvent ces atolls.

Le Pakistan. De nouvelles données ont été préparées par la FAO à partir d'images Landsat. La surface estimée est considérablement plus faible que les mesures procurées à la FAO (2007) par l'Institut Forestier du Pakistan, mais elle est en accord avec les estimations données à Ramsar. Un travail plus récent du Fonds Mondial pour la Nature (WWF), réalisé à partir de données de télédétection de haute résolution du Pakistan, en 2009, suggère une surface totale plus faible de 670km². Pour la cohérence des sources et des approches cartographiques, nous avons utilisé nos propres données.

Le Sri Lanka. Les données nous ont été aimablement procurées (pour le World Mangrove Atlas de 1997) par l'Overseas Development Administration du Royaume-Uni, dans le cadre d'un projet de cartographie forestière et de plantations du Département des Forêts au Sri Lanka, à partir d'images Landsat TM, incorporées à une carte au 1:50 000. La plupart des images sources datent de 1992, avec des analyses et des relevés de terrain datant de 1994. Des détails sur ces jeux de données sont disponibles dans Legg and Jewell (1995).

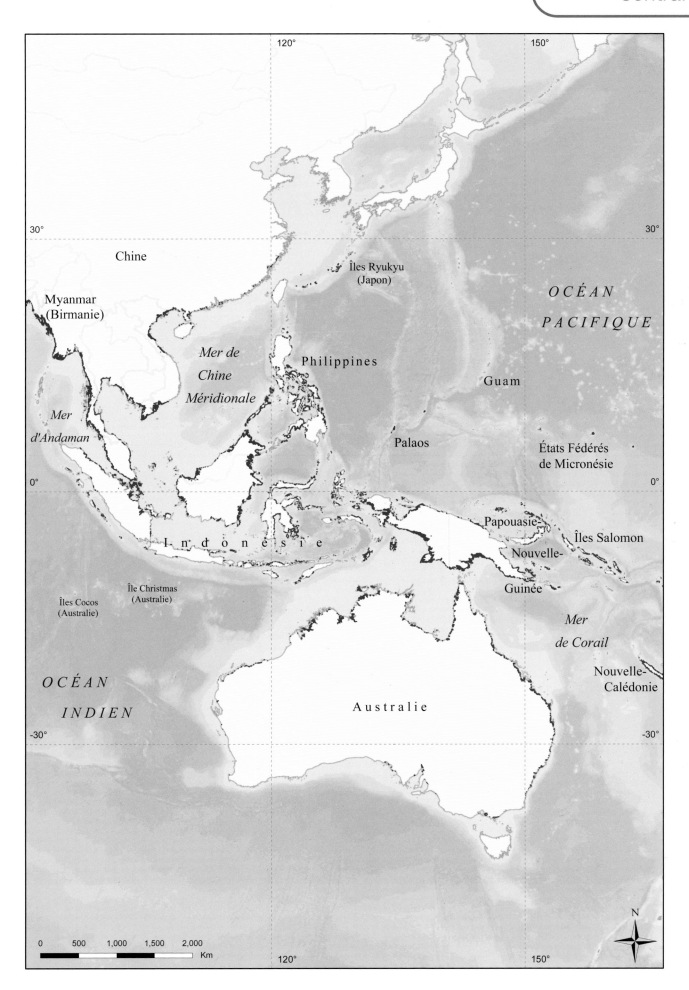

Chine

Îles Ryukyu
(Japon)

Myanmar
(Birmanie)

OCÉAN

PACIFIQUE

*Mer de
Chine
Méridionale*

Philippines

Guam

*Mer
d'Andaman*

Palaos

États Fédérés
de Micronésie

Indonésie

Papouasie

Îles Salomon

Nouvelle-

Île Christmas
(Australie)

Guinée

Îles Cocos
(Australie)

*Mer
de Corail*

Nouvelle-
Calédonie

OCÉAN

INDIEN

Australie

0   500   1,000   1,500   2,000

Km

N

Fleurs de *Barringtonia racemosa*, espèce très souvent associée aux mangroves, répandue dans le Sud-Est asiatique et au nord-est de l'Australie. Bien que cette espèce ne soit pas classée parmi les espèces de palétuviers par la plupart des auteurs, on la rencontre souvent aux côtés des mangroves en eau douce ou légèrement saumâtre en amont des estuaires, où l'arbre atteint généralement une hauteur proche de 10m. Les fleurs ne s'ouvrent que la nuit.

Photo Mami Kainuma

Le Sud-Est asiatique

7

La superficie des mangroves du Sud-Est asiatique correspond approximativement au tiers des mangroves du monde. C'est plus qu'aucune autre région, en raison de ses conditions climatiques optimales et de l'étendue de son littoral. Cette région est presque partout humide, avec des précipitations élevées toute l'année ou concentrées sur une saison. De nombreux cours d'eau nourrissent de vastes deltas actifs, apportant l'eau douce et les sédiments. Ces grands deltas vont de l'Irrawaddy au Myanmar jusqu'au Mékong au Vietnam et jusqu'aux vastes étendues deltaïques du sud de Papoua (Papouasie Indonésienne). La région est aussi le centre de diversité des palétuviers du monde, avec 51 espèces soit 71% du total général.

Les mangroves ont longtemps été une source de bois et un lieu important pour les pêcheries. De nombreuses zones sont passées à des modèles d'exploitation commerciale. Les prélèvements de bois dans la forêt de Matang en Malaisie ont été gérés durablement depuis plus de 100 ans, tout en permettant le maintien d'une industrie riche de la pêche dans les chenaux et les eaux côtières adjacentes. Il existe un contraste marqué entre de telles forêts et les autres mangroves régionales souvent dégradées ou amenées à disparaître. Alors que les bassins piscicoles étaient traditionnellement construits le long des mangroves, les élevages de crevettes se substituent souvent aux mangroves. Depuis les années 1970, ce développement aquacole a décimé de vastes espaces, dans le Golfe de Thaïlande, au Vietnam, à Java, à Kalimantan et aux Philippines. Les avantages de cette industrie ont souvent été de courte durée en raison d'une mauvaise gestion, conduisant à l'abandon des bassins atteints par la pollution ou par des maladies, laissant sur place des bassins salins non productifs et une industrie de la pêche détériorée. Même loin des centres urbains, les mangroves ont été livrées à l'industrie internationale du bois. C'est ainsi que de vastes forêts ont été coupées à blanc pour l'industrie des agglomérés de bois dans la partie Malaise de Bornéo et en Papoua (Papouasie indonésienne).

Contrairement à d'autres régions, le rythme de disparition des mangroves a légèrement diminué au cours des 25 dernières années (FAO, 2007), mais il reste élevé. Cependant, la prise de conscience de l'importance des mangroves va grandissant, et un vaste réseau d'aires protégées se développe dans plusieurs pays, ce qui pourrait conduire à une diminution du taux de disparition des mangroves dans un avenir proche.

Brunéi Darussalam Carte 7.2

Comparé aux pays voisins, Brunéi est un petit pays. Cependant, il reste important par ses vastes forêts de palétuviers bien conservées, notamment le long de la partie sud-ouest de la baie de Brunéi, où les mangroves voisines appartenant à la Malaisie ont été dégradées par l'industrie des agglomérés. Le pays compte bien d'autres mangroves de plus petite taille, y compris à proximité de secteurs urbanisés. Les mangroves de la baie de Brunéi présentent une zonation particulière, avec comme espèces dominantes *Avicennia marina* et *Sonneratia alba* côté mer, puis une forêt de *Rhizophora*, mêlées à d'autres espèces. En amont des estuaires, les palétuviers situés au contact de l'eau sont principalement des *Nypa fruticans* derrière lesquels se développent *Heritiera littoralis* et *Excoecaria agallocha*. Ensuite, il est fréquent de trouver des forêts inondées sur sols tourbeux, au contact des mangroves. La faune associée comprend des poissons et des crevettes en abondance et commercialisés. Ces forêts hébergent aussi une large population de nasiques, ainsi que d'autres primates comme les langurs argentés, les macaques crabiers et l'inhabituel colugo ou lémur volant (ARCBC, 2006).

Un rideau de propagules de *Ceriops tagal*. Le Sud–Est asiatique comprend un tiers des mangroves du monde que l'on trouve dans les denses forêts de la région.

Photo Mami Kainuma

Le bois de palétuvier est toujours utilisé à petite échelle pour produire des perches. On a largement recours aux *Nypa* pour le tressage des palmes destiné aux toits de chaume. On en extrait la sève et ses fruits sont consommés. Les autres usages traditionnels comme l'extraction des tanins et l'exploitation du bois pour le chauffage sont désormais rares. Les mangroves soutiennent surtout les activités de pêche. Une étude a estimé les captures de crevettes sauvages à 90kg par hectare (ARCBC, 2006). L'aquaculture est limitée et elle ne se trouve qu'au voisinage des mangroves (ASEAN-SEAFDEC, date inconnue). A l'avenir, l'expansion urbaine constitue une menace potentielle pour les mangroves. Le risque de marée noire est indéniable compte tenu du nombre important de supertankers amarrés dans la baie de Brunéi.

La plupart des mangroves sont protégées d'une manière ou d'une autre au sein de réserves forestières, avec des contrôles stricts des usages et prélèvements. L'une des plus importantes, Pulau Serilong, contient des forêts climaciques de *Rhizophora apiculata* et de *Xylocarpus granatum*, certains *Rhizophora apiculata* atteignant 30m de haut et 60cm de diamètre (Kashio, 2004). Ce site est protégé et peut être visité grâce à ses 2km de passerelles.

Le Cambodge Cartes 7.10 et 7.11

Le littoral du Cambodge comporte d'assez vastes mangroves, en particulier au nord-ouest de la baie de Koh Kong, où se trouvent de grandes forêts estuariennes, comportant une grande diversité d'espèces et de grandes étendues dans lesquelles les palétuviers dépassent 15 mètres de hauteur. Sur leur front océanique, ces forêts sont dominées par *Rhizophora apiculata*, formant une bande étroite, suivie d'un mélange complexe d'espèces (Bann, 1997). Plus au sud se trouvent des mangroves arbustives dominées par *R. apiculata* avec quelques *Bruguiera gymnorhiza*. Des formations estuariennes sont situées dans la baie de Kampong Som. Plus au sud des formations estuariennes et deltaïques plus petites sont bien représentées autour de Kampot. Au large, en particulier dans les plus grandes baies, des herbiers marins tapissent les fonds. On y a observé des dugongs et de nombreuses espèces de dauphins, dont le dauphin de l'Irrawaddy.

Les palétuviers sont traditionnellement utilisés comme combustible, notamment pour la production de charbon, ainsi que comme source de nourriture, pour la pêche et comme matériaux de construction. Les crevettes et les crabes sauvages sont particulièrement présents bien que la sur-pêche et les baisses de rendement prévalent (Bann, 1997). Pendant les conflits qui ont touché le pays jusqu'au début des années 1990, beaucoup de mangroves, dont les vastes étendues autour de Koh Kong, sont restées à l'écart de tout développement. Depuis les années 1990, les pressions ont augmenté avec l'accroissement de la population qui a commencé à exploiter les mangroves. De vastes étendues ont été illégalement déboisées pour la production de charbon, la Thaïlande étant un importateur important. Les investissements et marchés thaïlandais ont aussi favorisé la conversion des mangroves à la crevetticulture, en particulier près de la frontière. Beaucoup de mangroves ont été mal gérées et ont souffert d'échecs dramatiques liés aux maladies ou à la pollution. Elles ont dû être abandonnées (Bann, 1997 ; Sour, 2004 ; Torell *et al.*, 2004).

Même s'il est illégal d'abattre les palétuviers depuis 1994, pour protéger les activités de pêche, la mise en application de cette mesure est limitée. De grands périmètres de mangroves font partie de quatre aires protégées le long de la côte, mais la production illégale de charbon y a continué, malgré les efforts considérables, dont la destruction répétée des fours à palétuviers par le Département de l'Environnement (Torell *et al.*, 2004). Des projets plus efficaces pour réduire les dégradations dans la Province de Koh Kong (dont le Sanctuaire de la Flore et de la Faune Sauvages de Peam Krasop) et autour du Parc National de Ream ont mis en place et responsabilisé des comités de gestion villageois chargés d'identifier les problèmes de sylviculture et de pêcheries. Ces comités sont devenus de plus en plus performants pour réduire la surexploitation halieutique et pour réduire la production illégale de charbon (Ratner *et al.*, 2004 ; Nong and Marschke, 2006). Une partie de Peam Krasop est protégée en tant que site Ramsar.

L'Indonésie

En traversant le centre de diversité des palétuviers, avec des littoraux faisant face à l'Océan Indien et au Pacifique, avec aussi ses nombreuses mers semi-fermées et ses bassins, l'Indonésie est l'une des principales nations à mangroves au monde. Elles couvrent ici plus de 30 000km², ce qui représente 21% de leur superficie globale. Elles sont situées le long de toutes les côtes, en formations de la frange littorale, lagunaires ou deltaïques. Leur croissance est favorisée par de fortes précipitations et par la présence de nombreux deltas et estuaires. En de nombreux endroits, les mangroves sont intimement liées aux écosystèmes voisins, comprenant, vers l'intérieur des terres, des forêts sur sols tourbeux, des forêts marécageuses d'eau douce, des forêts de basse altitude sur terre ferme, et, vers le large, de vastes herbiers marins et récifs coralliens.

Les impacts humains ont été considérables, en particulier à l'ouest et au centre du pays. De vastes territoires ont été déboisés pour installer des bassins d'aquaculture. Des mangroves plus éloignées des zones densément peuplées ont été défrichées pour leur bois et la production de pâte à papier, pour l'industrie des agglomérés de bois et pour produire de la rayonne. Compte-tenu de l'importance du pays et des variations géographiques considérables dans les conditions écologiques et le statut des mangroves, cette section a été subdivisée en unités géographiques.

Sumatra et Java Cartes 7.1 et 7.6

Montagneuses et volcaniques, ces deux grandes îles sont caractérisées par une topographie accidentée, avec d'étroits plateaux côtiers sur les rivages occidentaux et méridionaux, et des plaines côtières plus larges à l'est et au nord. Cette topographie combinée à des modifications dans l'utilisation du sol et la disparition sur de vastes surfaces de la couverture forestière originelle, a entraîné des dépôts sédimentaires de grande ampleur, et une progradation rapide de nombreux cours d'eau. Le delta du Solo, sur la côte septentrionale de Java, reçoit annuellement 19 millions de tonnes de sédiments. Sa progression annuelle a atteint 70m (Woodroffe, 2005).

La pêche dans les mangroves et aux alentours est une activité particulièrement importante dans le Sud-Est asiatique. Elle procure nourriture et revenus à des millions de pêcheurs artisanaux, et elle est déterminante pour la pêche industrielle.

Photo Shigeyuki Baba

Le Sud-Est asiatique se situe au cœur de la diversité des mangroves. Plusieurs espèces sont propres à cette région, et la plupart des espèces de l'Indo-Pacifique Occidental ont une distribution centrée sur cette partie du monde. Dans le sens des aiguilles d'une montre depuis en haut à gauche : *Bruguiera gymnorhiza, Sonneratia alba, Rhizophora stylosa, Rhizophora apiculata.*

Photo Mami Kainuma (à gauche, en haut et en bas) et Mark Spalding (à droite, en haut et en bas)

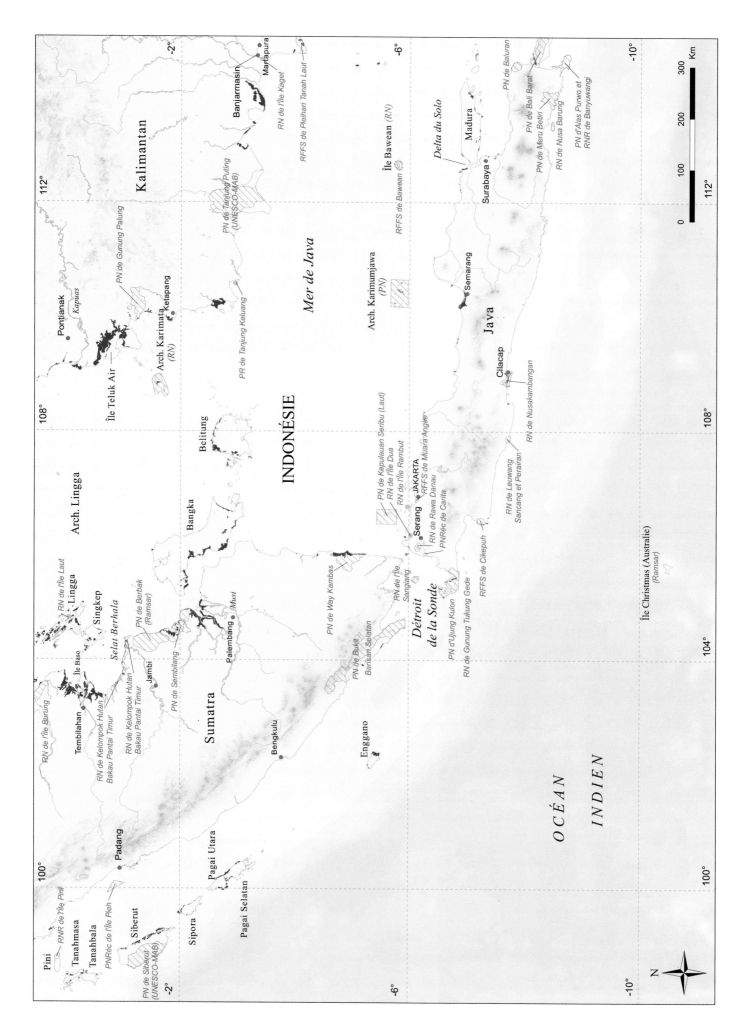

Carte 7.1 Le sud de Sumatra et Java

De belles mangroves sont toujours présentes sur la côte orientale de Sumatra, face au Détroit de Malacca et à la Mer de Java. Elles sont alimentées par de nombreux cours d'eau comprenant le Tanjung Datuk et le Tanjung Bakung sur la côte située à l'Est de Tembilahan, caractérisée par une accrétion rapide, où les mangroves couvrent 65 000ha (ARCBC, 2006). Plus au sud, d'importants peuplements sont compris dans le Parc National de Sembilang, à l'embouchure du fleuve Simpangalangan, s'étendant jusqu'à 65km à l'intérieur des terres le long de la Musi, tout près de Palembang (Tomascik *et al.*, 1997). De grands espaces de mangroves se trouvent toujours sur les archipels de Riau et Lingga. Le long de la côte ouest, d'importantes mangroves se trouvent également sur l'estuaire du Tomak, autour d'Air-Hadji et au large des îles Mentawai (Kunzmann, 2000). La seule mangrove de taille notable à Java est celle de Segara Anakan, un système lagunaire estuarien à l'ouest de Cilacap sur la côte méridionale, sur lequel ont porté de nombreuses études. Quelques 26 espèces primaires de palétuviers ont été répertoriées, dominées par *Rhizophora apiculata*, *R. mucronata* et *Bruguiera gymnorhiza*, avec également des *Avicennia* sur le front marin et des *Ceriops* sur la partie continentale (Tomascik *et al.*, 1997 ; Soegiarto, 2000). À l'ouest de Java se trouvent aussi de petites surfaces de mangroves protégées, au sein du Parc National d'Ujung Kulon. On en trouve encore dans l'Est, à l'arrière de la baie de Grajagan dans le Parc National d'Alas Purwo.

Les mangroves les plus étendues abritent une grande biodiversité, dont des populations d'oiseaux importantes à l'échelle planétaire, comme le tantale blanc, le pélican à bec tacheté, les anhingas roux et plusieurs espèces d'oiseaux marins. La dernière population d'un oiseau endémique de Java, le coucal noirou, se trouve dans la mangrove de Segara Anakan. L'une des seules listes détaillées des mammifères présents dans les mangroves est celle établie pour la mangrove de Sembilang au sud de Sumatra. Elle comporte cinq espèces de petits félins, trois espèces de singes, des cerfs, des chevrotains, des martres, des civettes et deux espèces de dauphins dans les eaux proches du rivage (Tomascik *et al.*, 1997). Ces forêts, ainsi que les forêts tropicales humides limitrophes, représentent probablement le dernier habitat pour le tigre de Sumatra, régulièrement présent dans les mangroves (Giesen *et al.*, 2006). De manière similaire, le rhinocéros de Java, autrefois répandu dans tout le Sud-Est asiatique, n'habite plus qu'au sud-ouest de Java, et il est connu pour se nourrir occasionnellement des feuilles de palétuviers.

Cette région est sujette depuis longtemps à une activité tectonique dramatique. On se souvient du tsunami de l'Océan Indien de 2004 et des tremblements de terre qui ont suivi, sur les îles Mentawai. Au nord de Sumatra, le tsunami a atteint 30m de hauteur. Il a été très destructeur. La couverture de mangroves originelle avait déjà été convertie en périmètres urbanisés et en bassins d'aquaculture pour l'élevage de crevettes. Même si elles avaient subsisté, les mangroves n'auraient ici apporté qu'une infime, si ce n'est aucune protection face à un phénomène d'une telle violence. Il semble cependant que plus au sud, les mangroves aient procuré une protection localement. Les impacts de cet événement sur le long

terme sont étroitement liés aux conséquences du soulèvement et à la subsidence côtière. Le substrat de nombreuses mangroves s'est soit soulevé soit enfoncé. Ainsi, de grandes parties des îles de Nias et Simeulue ont été soulevées, de 2m par endroits, mais la côte orientale de Nias s'est enfoncée. Ce phénomène a été exacerbé par les impacts directs des tremblements de terre, qui ont frappé des sédiments meubles, entraînant l'apparition et l'enfoncement de terres côtières (Stone, 2006).

Une plantule de *Rhizophora* commence à se développer dans les eaux abritées près de Batam, dans les îles Riau, à l'Est de la côte de Sumatra.

Photo Mami Kainuma

Les utilisations traditionnelles de la mangrove sont le prélèvement de produits forestiers et les activités de pêche, dont l'une des plus importantes est celle des crevettes. Selon les estimations, les mangroves contribuent davantage à la pêche maritime par unité de surface que les gains potentiellement dégagés par leur éventuelle conversion en bassins d'aquaculture (Whitten *et al.*, 1997). Des projets de restauration et de développement de pratiques sylvicoles durables sont en cours d'application à Sumatra, notamment au nord-est de Tembilahan, où 23 000ha de mangroves faisant partie d'une concession sont exploités pour la production de charbon et d'agglomérés de bois, avec en parallèle une régénération naturelle et des reboisements, fondés sur un cycle de 30 ans (Soemodihardjo *et al.*, 1996).

Malgré leur valeur, de nombreuses mangroves ont disparu. Sur la côte occidentale de Sumatra, la surexploitation a conduit à la substitution des systèmes complexes de mangroves par des parcelles dégradées, souvent dominées par *Nypa*. La construction de bassins d'aquaculture traditionnels, ou *tambak*, pour l'élevage du chanos (milk-fish), des tilapias, des mulets et des crevettes, remonte à plusieurs siècles, mais les conversions récentes destinées aux élevages des crevettes se sont faites à une toute autre échelle. À Java, 90% des mangroves ont été converties à l'agriculture et à l'aquaculture depuis 1980 (Tomascik *et al.*, 1977). Comme cette tendance perdure, certaines mangroves représentées sur la carte ont maintenant une taille exagérée. De telles conversions ont conduit à l'effondrement de captures de produits sauvages, de crevettes, de crabes et de poissons (Kunzmann, 2000). Les menaces indirectes constituent elles-aussi un problème, notamment pour les mangroves protégées de Segara Anakan à Java, menacées par les polluants agricoles, la pollution pétrolière des raffineries voisines et par la sur-sédimentation qui envahit des parties du système lagunaire (Mantra, 1986 ; Yuwono *et al.*, 2007).

Un certain nombre de ces mangroves font partie d'aires protégées, comme par exemple le Parc National de Berbak, qui est l'un des deux seuls sites Ramsar du pays. D'autres mangroves, moins étendues, sont par exemple situées au sein du site d'Ujung Kulong, listé au Patrimoine Mondial, et dans la Réserve de Biosphère du Parc National de Siberut. Des efforts incessants tentent de réhabiliter certaines mangroves de Java, dont 30km^2 de peuplements dégradés près de Cilacap et plus de 100km^2 au nord de la côte occidentale de Java (Soegiarto, 2000).

Kalimantan Carte 7.2

Bornéo, la troisième île au monde par sa superficie, reçoit des précipitations élevées toute l'année. Elle était à l'origine très boisée. De vastes zones des plaines côtières sont maintenant converties en terrains agricoles, et, de plus en plus, en plantations de palmiers à huile. Kalimantan, la partie indonésienne de Bornéo, couvre les deux tiers de l'île, dont les littoraux méridionaux et la plupart de la côte orientale, caractérisés par des plaines côtières étendues et de nombreux cours d'eau importants, dont certains sont tidaux jusqu'à 100km à l'intérieur des terres (MacKinnon *et al.*, 1997).

Les mangroves étaient à l'origine largement répandues, sur de vastes systèmes deltaïques où les *Nypa* pouvaient pénétrer loin à l'intérieur des terres le long des estuaires. Les formations actuelles sont riches en espèces, avec des tendances claires à la zonation. *Avicennia marina* et *A. alba* dominent généralement sur le front côtier, tandis que *Sonneratia alba* et *S. caseolaris* sont situées sur des sédiments plus argileux. Plus haut dans la zone de balancement des marées, *Rhizophora mucronata*, puis *R. apiculata*, sont communes, avec aussi quatre espèces de *Bruguiera*. Plus haut encore, en particulier sur des terrains plus saumâtres, le genre *Xylocarpus* est commun. Les forêts bien développées ont souvent des canopées de 25m de hauteur. Les espèces associées aux mangroves sont abondantes. Elles comprennent un certain nombre de vertébrés : des oiseaux comme la brève des palétuviers et le gobe-mouches bleu des mangroves, des reptiles comme le crocodile marin et le varan des mangroves, et des primates dont le langur argenté et le nasique. Ce dernier ne vit qu'à Bornéo et se nourrit en particulier des jeunes feuilles de *Rhizophora* et *Sonneratia* (voir Encart 7.2).

Les mangroves les plus vastes sont situées à l'Est de Kalimantan, notamment dans la partie deltaïque située entre les cours d'eau Sesayap et Kayan, sur le delta de la Berau et sur celui de la Mahakam. D'autres mangroves importantes se trouvent sur la côte occidentale au niveau du système deltaïque et estuarien derrière l'île Teluk Air. De ces mangroves, celles du delta de la Berau au nord, constituent peut-être actuellement le système le plus étendu. Il comprend une grande diversité d'espèces, dont de vastes étendues de *Nypa* dans les arrière-mangroves et sur les parties hautes des estuaires (Bengen *et al.*, 2003). La décision a été prise de protéger cette zone située à proximité immédiate d'autres habitats marins très diversifiés et importants, dont les récifs coralliens, les herbiers marins, les îles coralliennes et les eaux profondes habitées par une faune riche en cétacés (Wiryawan and Mous, 2003).

Les mangroves demeurent une ressource importante. Les crabes de palétuviers, les crevettes, une grande variété de mollusques et de nombreux poissons – notamment chanos, mulet et barramundi – sont pêchés pour le commerce mais aussi pour la subsistance. Les entreprises commerciales de pêche de crevettes sont particulièrement développées. Le bois combustible et le bois d'œuvre, dont les bois de construction de plates-formes de pêche, ont été largement prélevés pendant de nombreuses années. *Nypa* est utilisée pour couvrir les toits, pour son fourrage et pour la production de sucre et d'alcool (MacKinnon *et al.*, 1997 ; Bengen *et al.*, 2003). Une étude portant sur les mangroves de la Berau a estimé leur valeur directe à 295,78 \$US par hectare et par an, et leur valeur indirecte à 726,26 \$US par hectare et par an, avec des valeurs optionnelles et d'existence respectivement estimées à 15 \$US et 358,46 \$US (Wiryawan and Mous, 2003). Environ 90% des mangroves de Kalimantan sont maintenant allouées à des concessions forestières. Ces dernières sont utilisées pour la production d'agglomérés et de pâte à papier. Une partie est prélevée selon une méthode en bandes, épargnant des ceintures d'arbres en bon état pour favoriser la régénération. Malheureusement, bien qu'il y ait eu quelques autres interventions visant à encourager la repousse (comme le reboisement ou la destruction des *Acrostichum*), le développement de cycles forestiers longs a été découragé en raison du nombre élevé de concessions allouées à court-terme (MacKinnon *et al.*, 1997).

Plus de 65% des mangroves originelles de Kalimantan ont probablement été perdues. En une vingtaine d'années, 70% des mangroves autrefois très étendues sur le delta de la Mahakam ont été converties en *tambak* (Blasco *et al.*, 2001 ; Hoanh *et al.*, 2006). À la fin des années 1990, les mangroves de la Berau étaient converties au rythme de 50ha par jour (Wiryawan and Mous, 2003). Les données de télédétection montrent des conversions similaires sur de vastes mangroves à des fins d'aquaculture dans les deltas de la Sesayap et du Kayan. Dans la baie de Balikpapan, les plus grandes menaces proviennent de la conversion des mangroves pour élargir les périmètres urbanisés ou agrandir les terrains agricoles (Helminuddin, 2004). Les changements sont rapides et perdurent de telle sorte que les cartes présentées dans cet ouvrage comportent déjà des surestimations dans certains deltas. Comme l'agriculture et les plantations de palmiers à huile ont détruit les forêts de basse altitude, beaucoup de mangroves ont perdu leurs connections écologiques avec les systèmes d'eau douce ou terrestres adjacents. D'importants puits de gaz et champs pétroliers sont exploités au nord-est et au large du delta de la Mahakam, entraînant des pertes de palétuviers dues à la prospection et à la construction d'infrastructures, auxquelles s'ajoutent l'installation de populations nouvelles et des risques de déversements d'hydrocarbures.

Les efforts de conservation sont restés minimes et seules quelques mangroves font partie d'aires protégées. Le Parc National de Tanjung Puting a été reconnu Réserve de Biosphère par l'UNESCO.

Sulawesi et Nusa Tenggara Cartes 7.3, 7.4 et 7.5

Le centre et l'Est de l'Indonésie comprennent un ensemble complexe d'îles situées sur des fonds océaniques profonds. Sulawesi (Les Célèbes), la plus grande, présente une zone montagneuse en son centre et des littoraux étirés sur ses quatre longues péninsules. Au sud se trouvent les

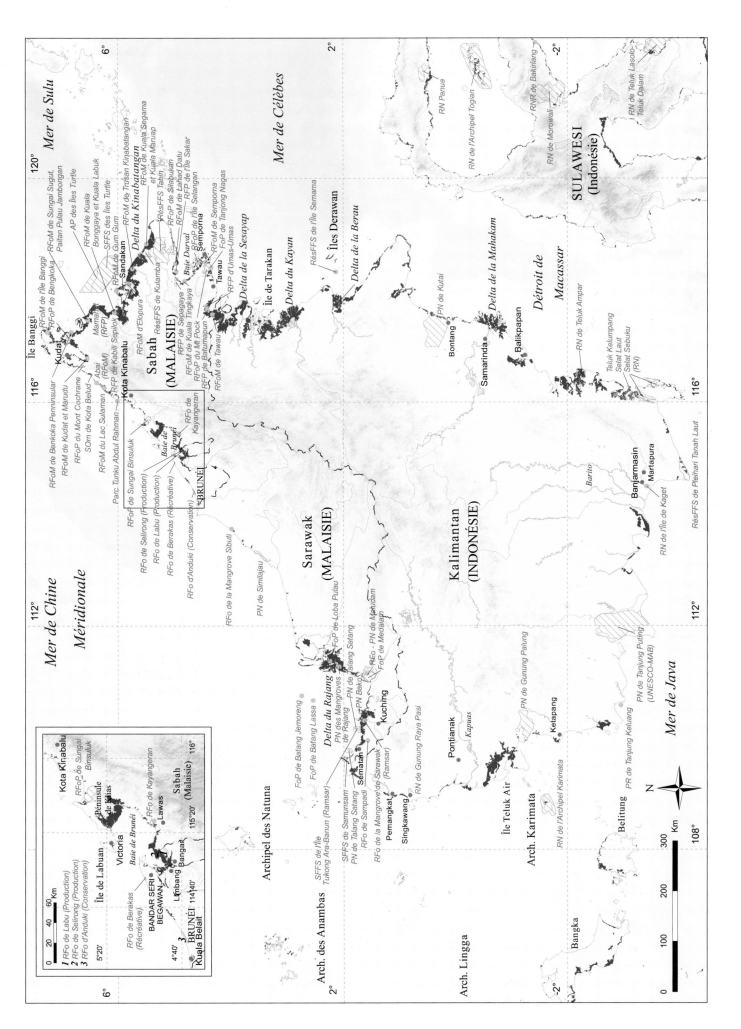

Carte 7.2 Bornéo

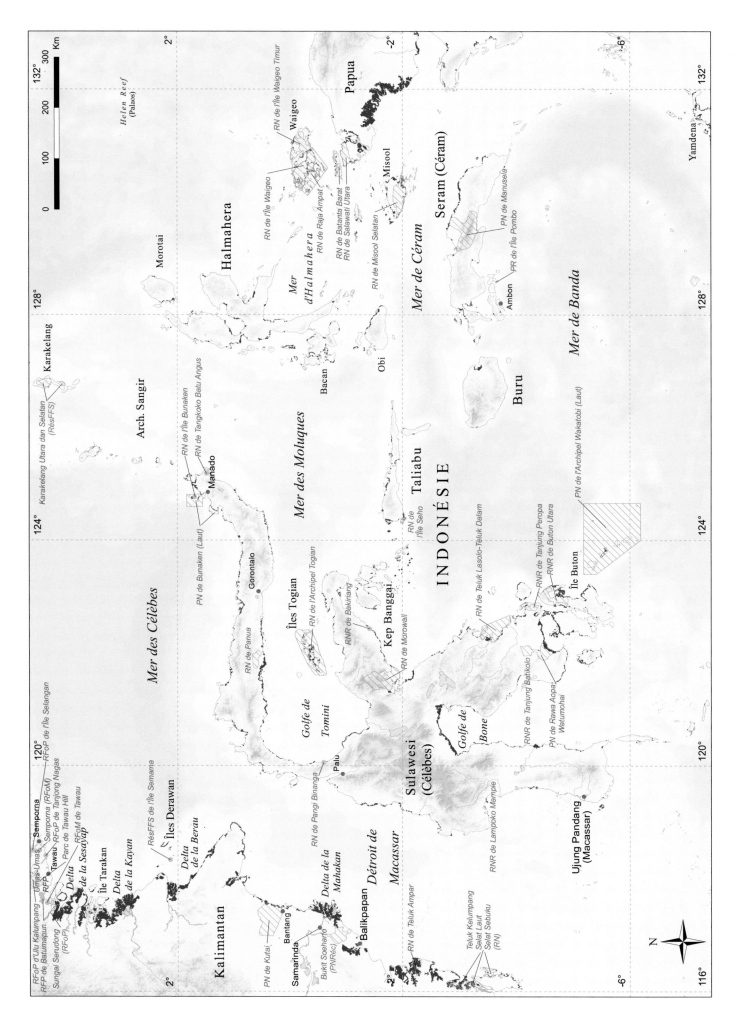

Carte 7.3 Sulawesi

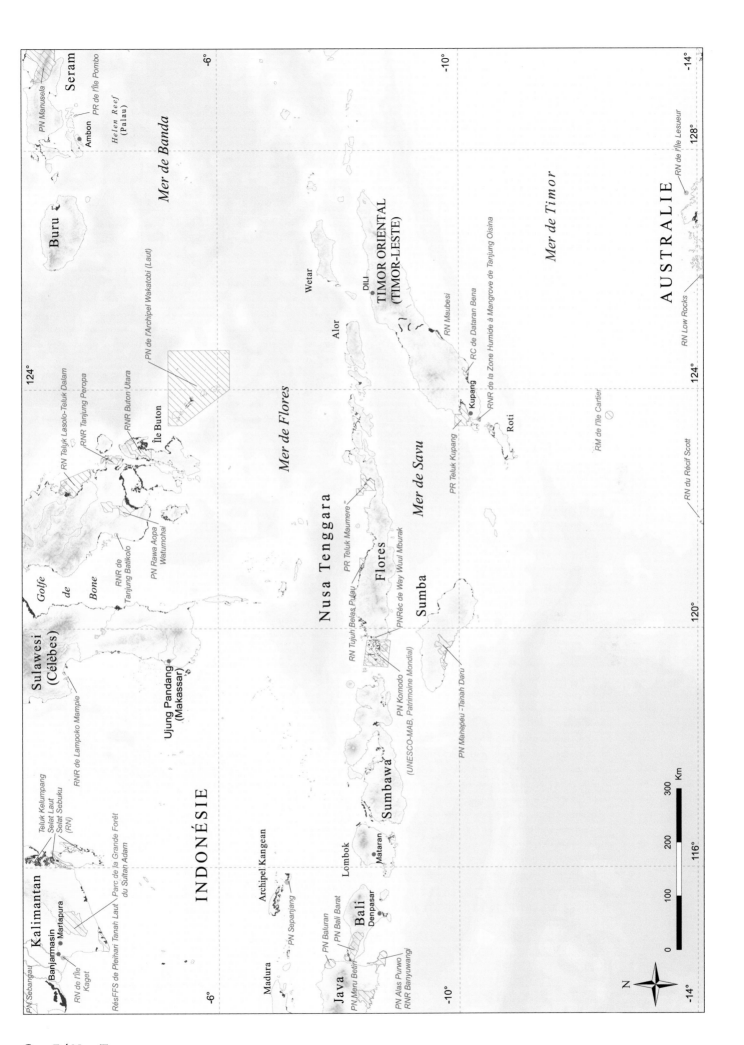

Carte 7.4 Nusa Tenggara

îles de Nusa Tenggara (îles Lesser Sunda ou Petites îles de la Sonde) d'origine volcanique relativement récente et sur lesquelles un volcanisme très actif persiste. À l'Est de Sulawesi et de Nusa Tenggara se trouvent les îles Maluku, ou Moluques.

Sur les Petites îles de la Sonde les mangroves sont peu développées en raison de leur relief montagneux et de conditions assez arides. Il y existe néanmoins des formations notables, en particulier sur la frange littorale de certaines petites îles, sur le pourtour du Parc National de Komodo, sur la côte septentrionale de Flores, et au nord de Roti. Les mangroves des Moluques sont plus abondantes mais peu connues.

La région se trouve en plein cœur du centre de diversité des palétuviers, avec des formations particulièrement diversifiées sur les îles Aru, les îles Kai et Yamdena. Sur les îles Aru, les mangroves très étendues longent des réseaux complexes de chenaux étroits qui séparent les différentes îles, *Rhizophora stylosa* étant dominante sur l'île Wokam. On trouve aussi d'importantes formations à *Bruguiera* atteignant 25m de hauteur (Monk *et al.*, 1997). Autour d'Ambon et des îles adjacentes, la diversité est généralement moins élevée et *Sonneratia alba* est dominante.

Sur de nombreuses îles, les mangroves sont une source importante de bois de construction et de combustible. Les crabes de palétuviers sont une ressource importante pour les pêcheurs, et les mangroves favorisent la présence d'espèces pêchées au large. Sur les îles les plus petites et reculées, les faibles densités de population, et les règles de propriété et de gestion traditionnelles des ressources marines et côtières, ont aidé à maintenir les systèmes naturels, bien que l'accroissement de la population et l'immigration exercent probablement une pression de plus en plus forte par endroits (Supriyadi and Wouthuyzen, 2003).

La dégradation et la disparition de mangroves se sont produites sur les îles les plus grandes et les plus développées. De vastes étendues ont été perdues le long de la côte de Lombok, pour le prélèvement de bois d'œuvre et de combustible, et pour le développement touristique le long du littoral méridional de Bali (Monk *et al.*, 1997). À Sulawesi, le développement côtier a supplanté les mangroves – par exemple autour de Manado et de Tasik Ria. Cela a affecté la formation des plages et exacerbé les problèmes d'érosion, conduisant à la nécessité de construire par endroits des protections en bordure d'océan (Adeel and King, 2002). Au sud de Sulawesi, la superficie totale de mangroves est passée de 672 à 343km² de 1983 à 1998 (Amri, 2005). Des estimations antérieures donnaient une superficie originelle de 1100km² (Nurkin, 1994). Depuis l'an 2000, des efforts ont été faits dans cette région pour rétablir les mangroves – ils ont été plus ou moins efficaces, et mieux réussis là où les populations locales sont devenues propriétaires des mangroves et ont bénéficié de leurs ressources (Amri, 2005).

Un certain nombre d'aires protégées comportent des mangroves au sein de ces îles, dont le Parc National de Komodo, qui a reçu des distinctions internationales en étant listé au Patrimoine Mondial et en devenant une Réserve de Biosphère de l'UNESCO. Cependant, la couverture totale de ces sites ne représente toujours qu'une petite proportion des zones de mangroves, et le chevauchement entre aires protégées et concessions forestières inquiète.

Papoua (Papouasie Indonésienne) Carte 7.5

Papoua (Papouasie indonésienne) représente la moitié occidentale de la très grande île de Nouvelle-Guinée. Avec une population estimée à seulement 2,2 millions d'habitants, cette région renferme l'un des plus importants paysages quasi-naturel du Sud-Est asiatique, dominé par de hautes montagnes, de grands cours d'eau et de grandes étendues de forêts. Le littoral septentrional est tectoniquement actif, et est connu pour se soulever, alors que la côte méridionale serait en subsidence (Ellison, 2005).

Les mangroves sont abondantes et forment l'une des plus vastes formations continues au monde. Des débits fluviaux volumineux et constants, souvent riches en sédiments, favorisent l'expansion des mangroves, en particulier le long des côtes sud et ouest. Elles comprennent 5300km² de formations deltaïques continues longeant la côte méridionale sur plus de 400km, où une succession de cours d'eau importants, dont l'Ajkwa, le Lorenz et le Digul, forment de vaste chenaux grâce auxquels les mangroves pénètrent jusqu'à 30km à l'intérieur des terres. Plus au nord, la baie de Bintuni comporte 2500km² de mangroves continues. Ici les canopées formées de houppiers étroits atteignent 25 à 40 mètres de hauteur.

Papua fait partie du centre de diversité des mangroves et comporte des éléments des flores australienne et indo-malaise. Il existe une division floristique apparente, certaines espèces n'étant connues que sur les rivages septentrionaux, et d'autres seulement sur les côtes méridionales. Cela constitue probablement une discontinuité historique, semblable dans une certaine mesure à celle observée pour la flore terrestre, mais qui n'est plus activement maintenue (Duke, 1992 ; Triest, 2008).

Certains auteurs ont décrit des types de zonations, mais qui restent très variables. Une étude détaillée portant sur les estuaires de l'Ajkwae et du Tpoeka voisin, sur la côte méridionale, a permis l'identification d'un certain nombre de ceintures végétales, comportant de petites communautés pionnières d'*Avicennia* et de *Sonneratia caseolaris* sur des dépôts sédimentaires récents, plusieurs espèces de *Rhizophora* dominant le front de mer et les terrains les moins élevés, suivies vers l'intérieur des terres par des peuplements très étendus de *Bruguiera cylindrica*, *B. parviflora* et *Xylocarpus moluccensis*. *Nypa fruticans* devient dominant dans les parties les plus élevées des estuaires (Ellison, 2005).

De telles forêts, à la fois vastes et conservées dans leur état quasi-primitif, hébergent un large éventail d'espèces animales. Elles ont été peu étudiées. 95 espèces de mollusques et 80 espèces de crustacés ont été répertoriées en Papua. Beaucoup d'autres non recensées doivent y être hébergées. Parmi les vertébrés qui utilisent les mangroves on trouve des wallabies, des possums et des oiseaux

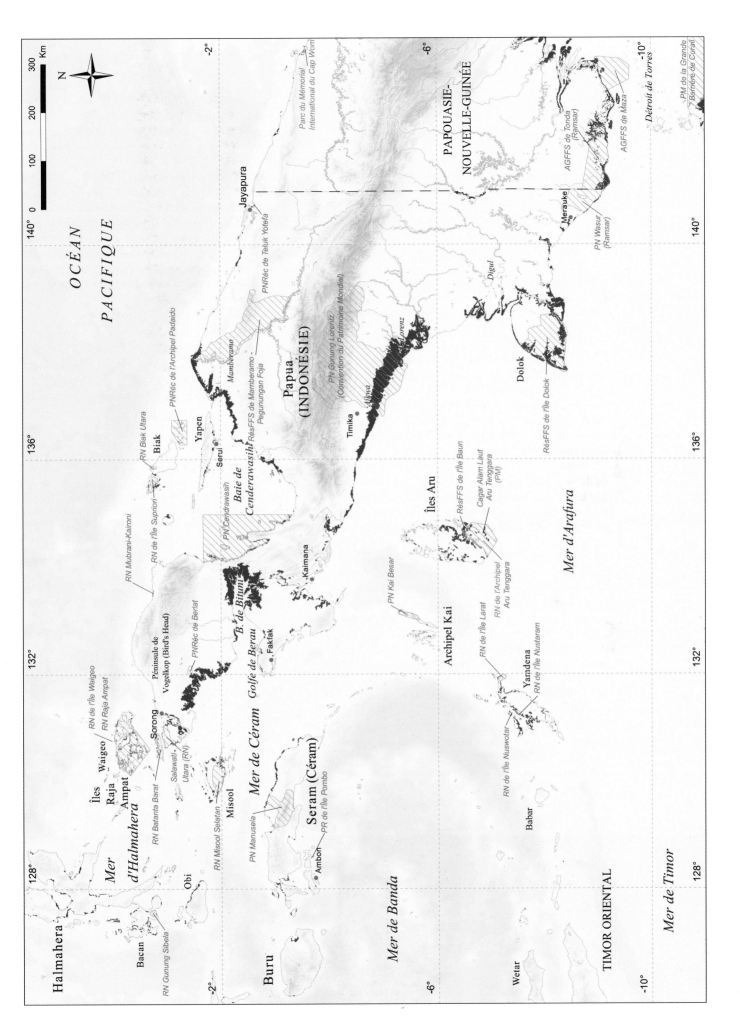

Carte 7.5 Papua (Indonésie)

comme la canaroie semipalmée et le casoar, ainsi que des espèces marines comme le crocodile marin, le barramundi et l'« archer fish » (toxotidae). Parmi les invertébrés marins se trouvent des espèces d'importance commerciale comme la crevette banane.

Une mortalité importante a été observée localement. On pense que ce phénomène est dû soit à la foudre soit à la sécheresse. La régénération est bonne. Cependant, une étude a montré qu'un rétablissement complet jusqu'à la maturité pouvait prendre de 300 à 400 ans (Alongi, 2007). Bien que l'alluvionnement soit très actif le long de vastes étendues de la côte méridionale, il paraît aussi évident que l'histoire géologique récente de ce littoral apporte la preuve de phases de subsidence. Les mangroves deltaïques pourraient bien être en train de se déplacer progressivement vers l'intérieur des terres (Ellison, 2005).

Une étude sur le coût-bénéfice des mangroves de la baie de Bituni en 1991 a estimé leur valeur annuelle, pour leurs usages traditionnels non commerciaux, à 10 millions de $US, la pêche commerciale à 35 millions de $US, et les coupes sélectives à 20 millions de $US. De telles valeurs dépassent largement toutes les estimations de revenus qui pourraient être potentiellement dégagés de coupes rases (Ruitenbeek, 2005).

Les impacts de l'homme sont limités en Papua, bien qu'ils soient plus élevés sur certaines petites îles faisant face à la Mer de Timor. Ils s'accroissent rapidement. Les mangroves de la baie de Bintuni ont déjà été très touchées par des abattages destinés à la production d'agglomérés de bois. Quelques 1200km² de mangroves font maintenant partie d'une réserve naturelle (Giesen *et al.*, 2006), mais ailleurs, le tronçonnage continue. Plus à l'Est, la côte marécageuse rend l'extraction conventionnelle à grande échelle plus difficile, mais les industriels paient la main d'oeuvre locale pour extraire les grumes et les faire flotter sur les cours d'eau jusqu'aux voies navigables (Elmslie, 2002). Les concessions forestières couvrent environ les deux tiers du territoire. Cette exploitation des forêts fait monter des mouvements sociaux. La déforestation épuise les ressources naturelles et affecte l'approvisionnement en eau douce et en poissons. L'extraction minière a aussi de nombreuses conséquences : l'exploitation de la grande mine de Freeport près de Timika a pollué les cours d'eau de l'intérieur des terres, et la pollution se déverse sur la côte où les taux d'accumulation de cuivre dans l'estuaire de l'Ajkwa ont

été multipliés par 40 (Elmslie, 2002). Sur la baie de Bintuni, l'extraction et la liquéfaction de gaz aura aussi des conséquences sur les mangroves dont certains peuplements ont déjà été remplacés par des infrastructures.

La Papua a un certain nombre d'aires protégées très vastes. Plusieurs d'entre elles, dont le Gunung Lorenz et les parcs nationaux de Wasur, s'étendent sur la totalité des bassins versants et dans les eaux marines du large. Les mangroves situées dans ces zones couvrent 5500km². Seuls les secteurs de Wasur et de Bintuni sont décrits comme étant activement gérés (Giesen *et al.*, 2006). Gunung Lorenz a été listé au Patrimoine Mondial et Wasur est un site Ramsar.

La Malaisie

La Malaisie comprend une partie orientale et l'autre péninsulaire, séparées par la Mer de Chine Méridionale. Presque partout, le climat est chaud et humide, avec des précipitations élevées. Par endroits les mangroves sont, ou étaient, étendues. Nous décrivons les deux régions séparément. Ensuite nous abordons des points communs de l'utilisation par les populations humaines et de gestion.

La Malaisie péninsulaire Carte 7.6

Malgré son long trait de côte, la Malaisie péninsulaire ne comporte que 18% des mangroves du pays, dont 90% se trouvent le long de la côte occidentale plus abritée, faisant face au Détroit de Malacca (Chong, 2006). Malgré les pertes considérables de ces dernières années, les mangroves actuelles comportent de vastes formations diversifiées : l'estuaire de la Merbok et le système insulaire deltaïque situé à Matang dans le nord, les îles deltaïques de Klang à l'ouest de Kuala Lumpur, et les vastes formations estuariennes de l'État de Johor dans le sud. La forêt de Matang est la plus grande mangrove intacte en Malaisie péninsulaire, couvrant près de 500km² et s'étirant sur plus de 50km du littoral dans l'État de Perak. Le long de la côte orientale, bordant la Mer de Chine Méridionale, les mangroves sont généralement peu étendues et restreintes aux embouchures de fleuves, où elles s'étendent généralement sur 0,5 à 1km vers l'intérieur des terres (Ibrahim *et al.*, 2000). Les mangroves sont aussi assez communes sur un certain nombre d'îles situées au large comme l'île Tioman (Latiff *et al.*, 1999).

La Réserve Forestière de Matang a été gérée durablement pendant plus de 100 ans. Ici du bois de *Rhizophora* est prélevé (à gauche) pour produire du charbon, qui est emballé pour les marchés et pour l'exportation (au centre), mais il est aussi utilisé pour produire plusieurs produits dérivés (à droite).

Photos Daisuke Nakamura (à gauche) et Mami Kainuma

Encart 7.1 Écotourisme pour l'observation des lucioles, en Malaisie

Laurence G. Kirion et **Badruddin Nada** *(Centre de Biodiversité de la Forêt Tropicale, Institut de Recherche Forestière de Malaisie – Forest Research Institute Malaysia, Kepong, Selangor, Malaisie)*

La petite ville côtière de Kuala Selangor en Malaisie péninsulaire est connue pour une forme peu commune d'écotourisme : l'observation des lucioles la nuit, le long du cours inférieur du Selangor. Cette popularité peut être attribuée au comportement de la luciole *Pteroptyx tener* (voir Figure 7.1), dont les populations se rassemblent en si grand nombre sur les arbres longeant les berges du cours d'eau, que leurs parades nocturnes ont été comparées aux lumières clignotantes de nombreux arbres de Noël (voir Figure 7.2). Les insectes ajoutent au spectacle en s'illuminant de manière synchronisée, chronométrant la durée de la lumière émise par leurs organes lumineux pour faire coïncider leurs émissions (Buck and Buck, 1976).

Figure 7.1 La luciole *Pteroptyx tener*, ici sur de la mousse. Elles se rassemblent en grands nombres sur des arbres de Sonneratia caseolaris surplombant les bords de la rivière

Source Laurence G. Kirton et Baddrudin Nada

Figure 7.2 Rassemblements en masse de lucioles sur *Sonneratia caseolaris* le long des berges du Selangor

Source Laurence G. Kirton et Baddrudin Nada

Les lucioles sont fortement associées aux palétuviers *Sonneratia caseolaris* (Sonneratiaceae), connus localement sous le nom de *berembang*, qui surplombent les berges des rivières aux endroits où la salinité est faible. Les lucioles adultes se rassemblent sur ces arbres pour leurs parades et de leur accouplement. Le cycle de vie de la luciole a lieu un peu plus vers l'intérieur des terres sur le lit majeur des cours

d'eau, parmi des bosquets de sagoutiers (*Metroxylon* spp.) et dans la végétation ripicole spontanée (Nada and Kirton, 2004). Les œufs sont pondus dans des fentes de retrait des sols, et l'éclosion libère les larves au bout de 15 à 20 jours. Elles vivent sur le sol et consomment des escargots, en particulier *Cyclotropis carinata*, en utilisant leurs mandibules acérées pour injecter une toxine et des sucs digestifs dans les tissus tendres de l'escargot. La larve de la luciole se développe pendant plusieurs mois. Elle mue en grandissant, et finit par passer à un stade de pupe inactive qui repose dans un petit trou creusé dans le sol argileux. L'émergence de la luciole adulte a lieu 9 à 12 jours plus tard. Les adultes ne semblent vivre que quelques semaines. Malgré leur courte vie, la population de lucioles adultes est suffisante pour soutenir l'industrie de l'écotourisme tout au long de l'année, étant donné qu'elles se reproduisent toute l'année.

Les lucioles vivent dans les mangroves en amont du Selangor entre Kampung Pangkalan Ladang et Tanjung Labak (voir Figure 7.3). De courtes promenades en bateau pour observer les lucioles sont proposées à l'office de tourisme de Kampung Kuantan et au niveau d'un petit complexe touristique à Bukit Belimbing. L'écotourisme procure une source supplémentaire de revenu à de nombreux villageois de Kampung Kuantan.

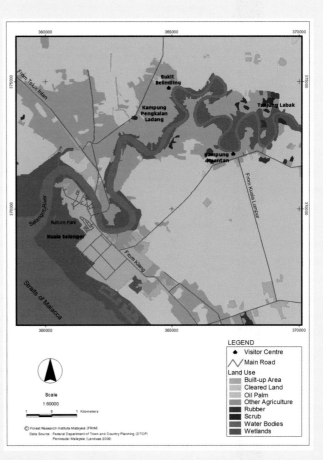

Figure 7.3 : Carte de Kuala Selangor et du cours inférieur du Selangor, montrant l'espace de vie des lucioles

Source Forest Research Institute Malaysia (FRIM))

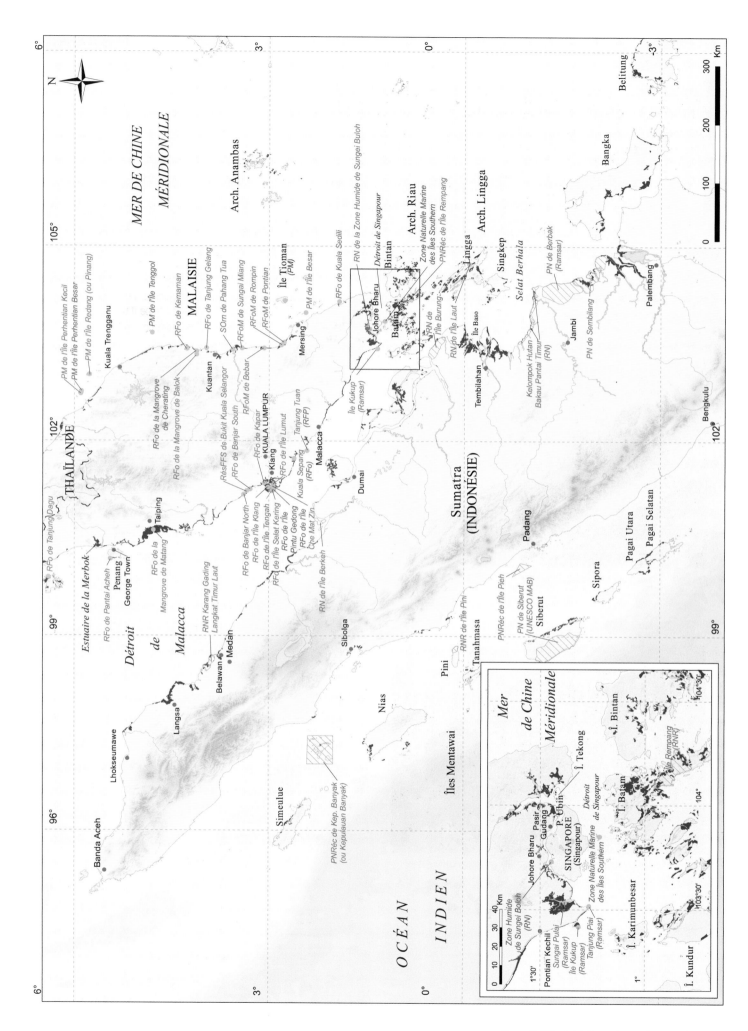

Carte 7.6 La Malaisie péninsulaire et Sumatra

De nombreuses années de sylviculture ont fortement altéré la structure naturelle de vastes forêts aménagées comme celle de Matang, dominées par des espèces cultivées de *Rhizophora apiculata* et *R. mucronata*. Ces forêts ont tout de même une importance considérable pour la biodiversité. Elles comportent des placeaux restés naturels et des régénérations naturelles d'espèces telles qu'*Avicennia alba* sur le front marin. Les canopées mesurent généralement moins de 20m, avec une hauteur moyenne d'environ 10m (Chan, 1996 ; Alongi *et al.*, 2004). L'estuaire de la Merbok fait probablement partie des mangroves comptant parmi les plus diversifiées au monde, avec 30 espèces authentiques de palétuviers répertoriées (Ong, 2003). De 75 000 à 180 000 limicoles migrateurs hivernent à Matang. Les résidents comprennent les brèves des palétuviers, le gobe-mouche bleu des mangroves, le chanos, et le marabout chevelu, et des mammifères comme le macaque crabier, la chauve-souris frugivore, et la chauve-souris des cavernes (cave bat), toutes deux se nourrissant du pollen et du nectar des *Sonneratia* (Othman *et al.*, 2004). Quelques 138 espèces de poissons ont été listées dans les chenaux marins et estuariens autour de Matang (Chong, 2007).

La Malaisie orientale Carte 7.2

La Malaisie orientale s'étend sur une grande partie du nord et du nord-ouest de Bornéo. Elle est divisée en deux états. Le Sabah, au nord, comprend 59% des mangroves du pays, et le Sarrawak, à l'ouest, 23% (Chong, 2006). Historiquement, les vastes étendues de mangroves ont dû constituer une transition vers des forêts sur sols tourbeux, riches et diversifiées, mais ces dernières ont été largement converties en terres agricoles. Au Sabah, les mangroves sont abondantes le long d'une majeure partie du trait de côte, surtout près de grandes baies comme la baie de Brunéi et sur le long du littoral nord-est. Au Sarawak, les plus grandes formations sont situées au sud, autour d'estuaires et de deltas. L'amplitude des marées peut atteindre 6m et l'influence tidale est ressentie à 150km en amont de l'estuaire du Rajang. Cette côte est aussi en accrétion – le delta du Rajang s'est étendu en moyenne de 8m par an à la fin de l'Holocène. Ce phénomène s'est fortement accentué ces dernières années et actuellement, 80 millions de tonnes de sédiments sont transportées jusqu'au delta chaque année, avec des taux d'accrétion pouvant atteindre annuellement 50m (Woodroffe, 2005). La forêt de palétuviers de Sematan à l'ouest de l'État est l'une des moins altérées, avec une grande diversité d'espèces de palétuviers, dominée par *Xylocarpus granatum*, *Rhizophora apiculata* et *Ceriops tagal*, et de grands étendues de *Nypa* en amont. Des arbres d'une hauteur de 30m ont été répertoriés. De fortes densités de plantules et de jeunes pousses y sont décrites (Macintosh and Ashton, 2002).

La zonation en Malaisie orientale fait apparaître des peuplements d'*Avicennia-Sonneratia* sur sédiments meubles situés du côté océanique, auxquels succèdent vers l'intérieur des terres des ceintures plus imposantes de *Rhizophora-Bruguiera*, et des colonies de *Nypa* devenant dominantes dès que les apports d'eau douce ont une influence déterminante sur le milieu (Oakley *et al.*, 2000). Les mangroves les plus vastes et les mieux préservées de la Malaisie orientale hébergent une biodiversité importante, en particulier là où elles côtoient d'autres forêts de plaine, hébergeant par exemple des populations de primates comme le nasique endémique de Bornéo (voir Encart 7.2) et le langur à coiffe.

Les hommes et les mangroves

La plupart des grandes mangroves de Malaisie sont classées en réserves forestières, dont 70% sont gérées par les Départements Nationaux des Forêts (State Forestry Departments) pour la production de perches et de charbon. La mise en réserve de la forêt de Matang a commencé en 1902, faisant de cette forêt l'un des exemples les plus anciens et les plus réussis de pratiques forestières durables dans les tropiques. Le système de prélèvement à Matang favorise la coupe de petits lots, suivie d'un mélange de régénération naturelle et de plantation manuelle. À Matang, et dans l'estuaire de la Merbok au nord, une rotation de 30 ans est respectée (Chan, 1996 ; Ong *et al.*, 2001 ; Alongi *et al.*, 2004).

En Malaisie orientale, l'utilisation des mangroves s'est faite sur un mode beaucoup moins durable et de vastes étendues ont été abattues pour la production d'agglomérés de bois au Sarawak et au Sabah. Une seule fabrique d'agglomérés au Sarawak a défriché 150km² de mangroves en 25 ans, tandis qu'au Sabah, en 15 ans, 700km² ont été défrichés par deux entreprises (Chong, 2006). De telles pratiques ont été stoppées à la fin des années 1980, bien qu'elles aient continué dans les mangroves de Kalimantan, en Indonésie.

Les pêcheries au voisinage des mangroves sont d'une importance considérable, avec partout des pêches très répandues de poissons, de crevettes et de mollusques. La pêche des crevettes au chalut est pratiquée dans plusieurs régions, au large de la côte nord-est du Sabah et en Malaisie péninsulaire où 90% des prises (46 000 tonnes) proviennent du large de la côte occidentale. Le cycle larvaire de la plupart des stocks de crevettes s'accomplit dans les mangroves (Chong, 2007). À Matang comme ailleurs, les activités qui reposent sur les mangroves incluent les prélèvements de crabes de palétuviers, la culture de coques dans les vasières et la culture de moules sous des radeaux. L'aquaculture en cages flottantes de bars, mérous et d'autres espèces est aussi en plein développement dans de nombreux estuaires (Alongi *et al.*, 2004). Des activités similaires se retrouvent près de l'estuaire de la Merbok, où on pratique une pêche au *pompang* (filet sac), pratique qui consiste à placer un filet au milieu du courant entre deux piquets faits en troncs de cocotiers pour piéger des brèmes de mer, des crevettes et des encornets. Une importante pêche à l'anchois (*Stolephorus*) est aussi pratiquée dans l'estuaire de la Merbok, employant 800 pêcheurs disposant de quelques 40 bateaux et d'une industrie de transformation sur le rivage (Ong *et al.*, 2001).

Le tourisme est en développement croissant dans la majeure partie du pays. Un tel développement sur le littoral peut présenter une menace pour les mangroves. Un certain nombre d'équipements ont été installés à Matang, dont un musée, un bateau de croisière et des passerelles. Les tours en bateau dans les mangroves sont très populaires pour observer les singes, notamment le nasique au Sabah et les parades nocturnes spectaculaires de lucioles à Selangor (voir Encarts 7.1 et 7.2). La prise de conscience de l'importance des mangroves s'accroît dans tout le pays. On comprend de plus en plus le rôle des mangroves pour filtrer les eaux puisqu'elles retiennent les sédiments et les polluants. Les récifs coralliens et les herbiers marins en bénéficient également (Jakobsen *et al.*, 2007).

Les écosystèmes de mangroves procurent de nombreux services. De nombreuses études apportent des estimations sociales et économiques utiles (Bennett and Reynolds, 1993 ; Chan, 1996 ; Alongi *et al.*, 2004 ; Chong, 2006, 2007 ; Jakobsen *et al.*, 2007). Au milieu des années 1990, les activités de pêche et de sylviculture dans les - ou liées aux - mangroves procuraient de l'emploi à 12 500 personnes, et un revenu annuel de 42 millions de $US (Chan, 1996). On a estimé à 846 $US, par hectare et par an, la valeur des mangroves du littoral occidental de la Malaisie péninsulaire pour le seul secteur de la pêche, en 1999 (Chong, 2007). La sylviculture vient augmenter ces valeurs, et une estimation de tous les services rendus par les mangroves (valeurs directes et indirectes) en Malaisie péninsulaire donne 450 millions de dollars (valeurs de 1995), ou 5500$ par hectare (Chong, 2006).

Malgré leur valeur, de vastes étendues de mangroves ont disparu, notamment en Malaisie péninsulaire (Kedah et Selangor) et au Sarawak. De 1973 à 2000, environ 16% (111 046ha) des mangroves du pays ont été converties à d'autres usages, d'abord à l'agriculture (rizières, cocoteraies, cacao et palmiers à huile), mais aussi à l'aquaculture et au développement urbain (Chong, 2006). Les impacts de telles pertes sur la pêche, sur les ressources en bois et pour d'autres utilisations sont considérables. Ils ont été directement mesurés dans certaines zones. Par exemple, depuis les années 1950, 25% des pertes de mangroves ont été liées au développement de bassins d'aquaculture (crevettes). Au cours de la même période, le nombre de fours à charbon officiellement en fonctionnement est passé de 20 (produisant 10 000 tonnes de charbon) à 15 seulement, mais 13 de ces fours sont opérationnels à 30% de leur capacité, ce qui a affecté 600 emplois (Ong *et al.*, 2001). La baisse des captures de crevettes au large de la Malaisie péninsulaire depuis 1990 a aussi été attribuée aux disparitions de mangroves, ainsi qu'à la baisse de la qualité de l'eau dans les estuaires à mangroves (Chong, 2007).

L'érosion côtière inquiète de plus en plus dans certaines zones, dont certaines parties de la côte ouest de la Malaisie péninsulaire. Les pertes de mangroves associées à des niveaux d'envasement réduits, sont généralement les principaux facteurs incriminés. Dans certaines zones érodées, la ceinture protectrice de mangroves sur le front marin n'existe plus. Pour prévenir l'entrée d'eau de mer dans les terres agricoles adjacentes, de longues étendues de talus côtiers sont renforcées avec des revêtements rocheux.

La Malaisie a mis en place des méthodes de gestion de ses mangroves plus claires que la plupart des pays, les offices forestiers des États (State Forest Departments) ayant la juridiction et établissant les plans de gestion. En outre, la prise de conscience de l'importance des mangroves va croissante, notamment pour leur rôle dans la protection côtière, en particulier depuis le tsunami de 2004. Un programme national de réhabilitation est en cours. De très vastes périmètres sont compris dans des réserves forestières (non précisées sur les cartes), et des pratiques de sylviculture durables sont mises en œuvre dans nombre de ces réserves. Malheureusement, ces forêts ne sont pas sécurisées sur le long terme. En effet, des pressions de plus en plus fortes sont exercées pour la production de bois, les forêts de l'intérieur des terres s'épuisant rapidement (Tangah, 2004). D'autres aires protégées comportent des mangroves, et selon une source datant de 2002 (Macintosh and Ashton, 2002), environ 10% des mangroves de la Malaisie péninsulaire avaient un statut de conservation, principalement dans l'État de Johor. Une proportion similaire d'aires protégées, 9,5%, a été évaluée au Sarawak, mais seulement 1,2% au Sabah. De telles aires protégées sont décidées selon différentes juridictions nationales, d'État ou locales. Leur efficacité est variable. Certaines aires protégées ont été supprimées des listes officielles (Chong, 2006). En 2003, quatre nouveaux périmètres côtiers comprenant des mangroves ont été déclarés sites Ramsar : trois au sud de la Malaisie péninsulaire et un autre site important près de Kuching dans le Sarawak. En outre, un autre vaste site Ramsar a été proposé sur la côte nord-ouest du Sabah (Tangah, 2008).

Le Myanmar Carte 7.7

Le Myanmar (Birmanie) a un littoral long et très découpé, comprenant de nombreuses îles, des estuaires et de grands deltas. Les mangroves sont particulièrement abondantes dans trois régions géographiques: la partie nord de l'État de Rakhine face au Golfe du Bengale, notamment dans la baie de Combermere et derrière l'île de Rambye (Ramree), sur le delta de l'Irrawaddy, et au sud de la division de Thanintharyi bordant la mer des Andaman, notamment autour de l'archipel des Mergui (Myeik) et les eaux côtières alentours.

Le Myanmar est traversé par une transition biogéographique entre les groupes floristiques du Sud-Est asiatique et Indo-Andamane. Quelques 32 espèces de palétuviers ont été recensées dans ce pays. Elles appartiennent à ces deux groupes dont les représentants ont leurs limites de répartition dans le pays. Les formations les plus vastes de l'Irrawaddy sont particulièrement diversifiées, avec *Nypa* dans les parties les plus hautes du delta. *Heritiera fomes* était autrefois très répandu, formant de vastes et très hautes formations dans les régions du nord et du centre. On ne trouve que quelques études récentes ou publiées consacrées à la biodiversité. Elle est probablement considérable, avec de nombreux limicoles et des espèces menacées comme le

Encart 7.2 Primates herbivores des mangroves de Bornéo

Jin Eong Ong *(Chercheur sur les mangroves, Penang, Malaisie)*

Par leur apparence extraordinaire et leur lien étroit avec les mangroves, les singes proboscis ou nasiques sont devenus une attraction majeure de l'écotourisme tourné vers les mangroves à Bornéo. Dans une certaine mesure, ils sont devenus des symboles des mangroves au niveau international.

D'autres singes fréquentent les mangroves de Bornéo, comme le macaque à longue queue ou singe mangeur de crabe (*Macaca fascicularis*), et le semnopithèque *Presbytis cristatus* ; cependant, ces derniers ont une distribution plus large et ne sont pas aussi étroitement liés aux mangroves. Par contre, le nasique (*Nasalis larvatus*) est confiné aux mangroves et aux écosystèmes forestiers adjacents sur sols tourbeux. Il est endémique à Bornéo.

Les nasiques se nourrissent de feuilles, de fruits et de graines. Ils sont parmi les quelques grands herbivores capables de digérer des feuilles de palétuviers, qui contiennent de grandes concentrations de composés difficiles à ingérer comme la cellulose, les tanins et les phénols. Pour aider leur digestion, les nasiques possèdent de longs intestins, d'où leur gros ventre caractéristique.

Sans aucun doute, leur trait le plus caractéristique est leur nez : gros même chez les jeunes et les femelles, mais gonflé et pendant chez les très gros mâles. Ils sont connus pour améliorer la vocalisation, mais servent aussi probablement à la sélection sexuelle. Ils vivent généralement en groupes uni-mâles pouvant grouper jusqu'à 20 individus autour d'un mâle dominant, ou en groupes multi-mâles. Ces groupes s'unissent parfois pour former des bandes associées de manière plus lâche. Ils n'ont pas de territoire fixe, mais s'aventurent rarement à plus de 600m des rivières et ruisseaux et s'aventurent ou nagent régulièrement dans les chenaux ou pour rejoindre des îles.

Malheureusement, ces primates spectaculaires sont en voie de disparition. Ils renferment seulement quelques milliers d'individus et des populations en déclin rapide. Les menaces les plus importantes proviennent de la destruction continue des mangroves et des forêts sur sols tourbeux à cause de l'expansion de l'industrie du palmier à huile et de la crevetticulture qui ont décimé et fragmenté leur habitat.

Figure 7.4 Nasique mâle alpha

Source Jin Eong Ong

Figure 7.5 Mère nasique et son petit

Source Jin Eong Ong

marabout chevelu, la grue antigone, le bécasseau spatule et le terrapin des mangroves en voie de disparition.

Les mangroves disparaissent plus vite au Myanmar que dans tous les pays voisins. Quelques 3000km² ont été perdus de 1975 à 2005, presque intégralement à cause de la conversion à l'agriculture (Blasco *et al.*, 2001 ; Giri *et al.*, 2007). Le développement de l'élevage de crevettes exerce probablement une pression croissante sur ces mangroves (FAO, 2003). Les pertes ont été particulièrement étendues dans le delta de l'Irrawaddy, depuis les années 1940. Environ 24% des mangroves du delta avaient disparu en 1984 (Oo, 2004). Une étude plus récente a montré que 20% supplémentaires ont été perdus en 10 ans à partir de 1990 (Leimbruger *et al.*, 2005). Il existe toujours de vastes forêts de palétuviers, bien qu'elles aient aussi été dégradées par la surexploitation du bois d'œuvre et combustible. Les stocks autrefois abondants d'*Heritiera fomes* ont été réduits de 94 arbres à l'hectare en 1924 à seulement 9 arbres par hectare en 1991. 98% des arbres encore sur pied ont une circonférence inférieure à 9cm (Oo, 2004). En liaison avec les pertes de mangroves on a noté un déclin des pêcheries et une aggravation de l'érosion des berges (Oo, 2004).

La production et la vente de bois combustible et de charbon ont été interdites dans le delta de l'Irrawaddy

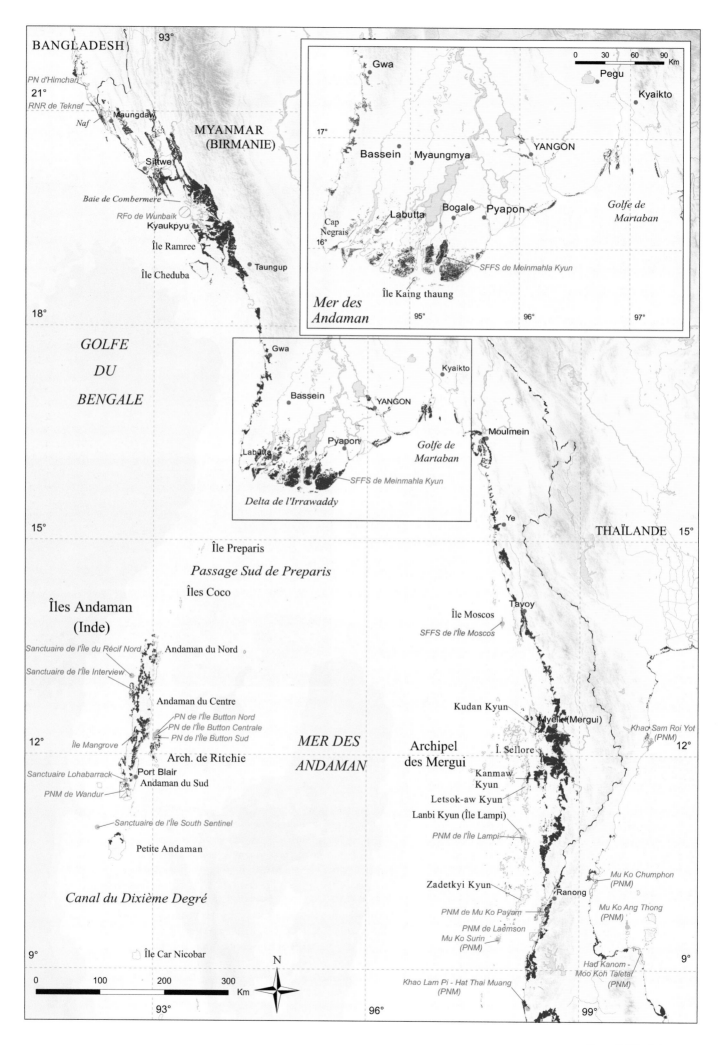

BANGLADESH

93°

PN d'Himchari
21°
RNR de Teknaf
Naf
Maungdaw

MYANMAR
(BIRMANIE)

Sittwe

Baie de Combermere
RFo de Wunbaik
Kyaukpyu
Île Ramree
Île Cheduba
Taungup

18°

GOLFE

DU

BENGALE

15°

Île Preparis
Passage Sud de Preparis
Îles Coco

Îles Andaman
(Inde)

Sanctuaire de l'Île du Récif Nord
Andaman du Nord
Sanctuaire de l'Île Interview
Andaman du Centre
PN de l'Île Button Nord
PN de l'Île Button Centrale
Île Mangrove
PN de l'Île Button Sud
12°
Arch. de Ritchie
Sanctuaire Lohabarrack
Port Blair
Andaman du Sud
PNM de Wandur
Sanctuaire de l'Île South Sentinel

Petite Andaman

Canal du Dixième Degré

9°
Île Car Nicobar
0   100   200   300
Km

N

93°

Gwa

Pegu

Kyaikto

17°

Bassein   Myaungmya

YANGON

Labutta   Bogale   Pyapon

Golfe de
Martaban

Cap
Negrais
16°

SFFS de Meinmahla Kyun

Île Kaing thaung

Mer des
Andaman
95°   96°   97°

0   30   60   90
Km

Gwa

Bassein

Kyaikto

YANGON

Labutta   Pyapon

SFFS de Meinmahla Kyun

Golfe de
Martaban

Moulmein

Delta de l'Irrawaddy

15°   THAÏLANDE   15°

Ye

Île Moscos
SFFS de l'Île Moscos

Tavoy

MER DES

ANDAMAN

Archipel
des Mergui

Kudan Kyun
Myeik (Mergui)
Khao Sam Roi Yot
(PNM)
Î. Sellore
12°
Kanmaw
Kyun
Letsok-aw Kyun
Lanbi Kyun (Île Lampi)
PNM de l'Île Lampi

Zadetkyi Kyun
Ranong
Mu Ko Chumphon
(PNM)
PNM de Mu Ko Payam
Mu Ko Ang Thong
(PNM)
PNM de Laemson
Mu Ko Surin
(PNM)

Had Kanom -
Moo Koh Taletat
(PNM)
9°
Khao Lam Pi - Hat Thai Muang
(PNM)
96°   99°

Carte 7.7 Le Myanmar

depuis 1993. Cette mesure semble pourtant n'avoir eu qu'un impact minime, si ce n'est aucun effet sur les pertes de mangroves (Oo, 2002). Notons le nombre croissant de projets de plantations de mangroves impliquant la participation de populations locales, soutenus par les services forestiers (Department of Forestry). Ces populations peuvent avoir un droit d'usage sur les mangroves pour une période pouvant aller jusqu'à 30 ans et être propriétaires de chaque arbre qu'elles ont planté. Afin de restaurer les mangroves du delta de l'Irrawaddy, des plantations expérimentales portant sur une douzaine d'espèces ont été entreprises depuis 1990. Quelques 500ha ont été plantés dans la réserve forestière de Pyindaye de 1999 à 2003 (Oo, 2002 ; Maung, 2004 ; San Tha Tun, 2007).

Le 2 mai 2008, le typhon Nargis, une tempête de catégorie 3/4, a touché le delta de l'Irrawaddy, entraînant d'importantes précipitations et un puissant ras de marée d'une hauteur supérieure à 4m par rapport au niveau moyen de l'océan. La tempête s'est déplacée vers l'Est à travers le delta et vers le nord-est à travers la capitale Yangon. Une crise humanitaire en a résulté, et plus de 100 000 personnes ont perdu leur vie. On ne sait pas jusqu'à quel point la disparition des mangroves dans le delta a pu amplifier les dégâts causés par la tempête. De nombreuses victimes vivaient pratiquement au niveau de la mer, sur des sites certainement occupés autrefois par des mangroves, les rendant très vulnérables à un tel désastre. Une ceinture de mangroves plus large aurait probablement atténué les impacts causés par le ras de marée et les pertes considérables dues aux déplacements des débris de grandes tailles.

Les Philippines Cartes 7.8 et 7.9

Les Philippines sont une grande nation faite d'archipels comprenant de nombreuses îles au développement social et économique très inégal. Il est difficile de décrire l'état naturel véritable des mangroves de ce pays, tant elles ont changé au cours du dernier siècle ou antérieurement. De très vastes étendues de mangroves ont été perdues. Presque toutes celles qui subsistent sont plus ou moins dégradées.

Dans les îles les plus septentrionales de Luçon et de Mindoro, les mangroves sont dévastées presque partout. Les pertes les plus importantes sont probablement celles du centre de Luçon, notamment dans la baie de Manille, où 99,8% des mangroves présentes en 1951 avaient disparu en 1994 (Primavera, 2000a). Le nom de Manille rappelle leur importance passée, ce nom étant dérivé du nom donné dans un dialecte local à *Scyphiphora hydrophyllacea*, autrefois abondante parmi d'autres espèces (Primavera and Agbayani, 1997). L'une des dernières formations près de Manille se trouve dans la baie de Pagbilao, où à peine plus d'1km² est protégé dans le cadre d'activités de recherches. Bien qu'elle soit de petite taille, cette mangrove renferme 25 espèces de palétuviers (Janssen and Padilla, 1999), et 128 espèces de poissons (Primavera, 2004 ; Primavera, 2008). Sur la côte Est de Luçon, les mangroves s'en sont un peu mieux sorties et il reste encore quelques formations du côté de la baie de Lamon et sur les îles Polillo.

Même si de vastes étendues de mangroves ont disparu dans le delta de l'Irrawaddy, au Myanmar, de grandes forêts de palétuviers existent toujours, dont de nouvelles plantations. La pêche reste une activité importante.

Photo Shigeyuki Baba

Les pertes ont aussi été très importantes sur les îles Visayan, 95% s'étant produites entre 1951 et 1994 (Primavera, 2000a). Quelques étendues plus importantes se trouvent encore notamment dans la baie de Bais au sud-est de Negros et autour d'Inabanga et de Candijay (Primavera, 2008) au nord-est de Bohol. Il existe aussi d'importants peuplements le long de la côte orientale de Samar, où elles forment une ceinture étroite sur la frange littorale, avec localement des formations plus étendues – par exemple, près de Gamay et dans la baie Matarinao. Les mangroves constituent une protection côtière importante sur ce littoral très exposé, où peu de ces écosystèmes ont été convertis en bassins d'aquaculture (Mendoza and Alura, 2001). Malgré les pertes globales, la diversité reste élevée par endroits, avec 23 espèces répertoriées sur un site de 21ha à Tangalan, au nord de Panay (Primavera, 2008), et 27 espèces dans les 70ha de mangroves de Bugtongbato-Naisud à Ibajay, dont 4 espèces d'*Avicennia* (*A. alba, A. officinalis, A. marina* et *A. rumphiana*) à proximité les unes des autres (Primavera *et al.*, 2004).

Les deux tiers des mangroves du pays se trouvent sur l'île méridionale de Mindanao, principalement au nord et à l'ouest de l'île (Primavera, 2000a). La plus grande étendue de mangroves d'un seul tenant répertoriée dans le pays (4000ha) se situe sur l'île de Siargao au large de la côte nord-est (Critical Ecosystem Partnership Fund, 2001).

Palawan comporte aussi de vastes étendues de mangroves, notamment dans des baies profondes comme celle d'Ulugan et celle de Malampaya. La baie d'Ulugan comporte peut-être la moitié des surfaces de mangroves de l'île, mais tous ces peuplements portent des marques de prélèvements et tous sont dominés par de petits arbres, 80-90% d'entre eux ayant un diamètre inférieur à 20cm à hauteur de poitrine. Les espèces dominantes sont *Rhizophora apiculata, R. mucronata* et *Bruguiera gymnorhiza* (UNESCO, 2002).

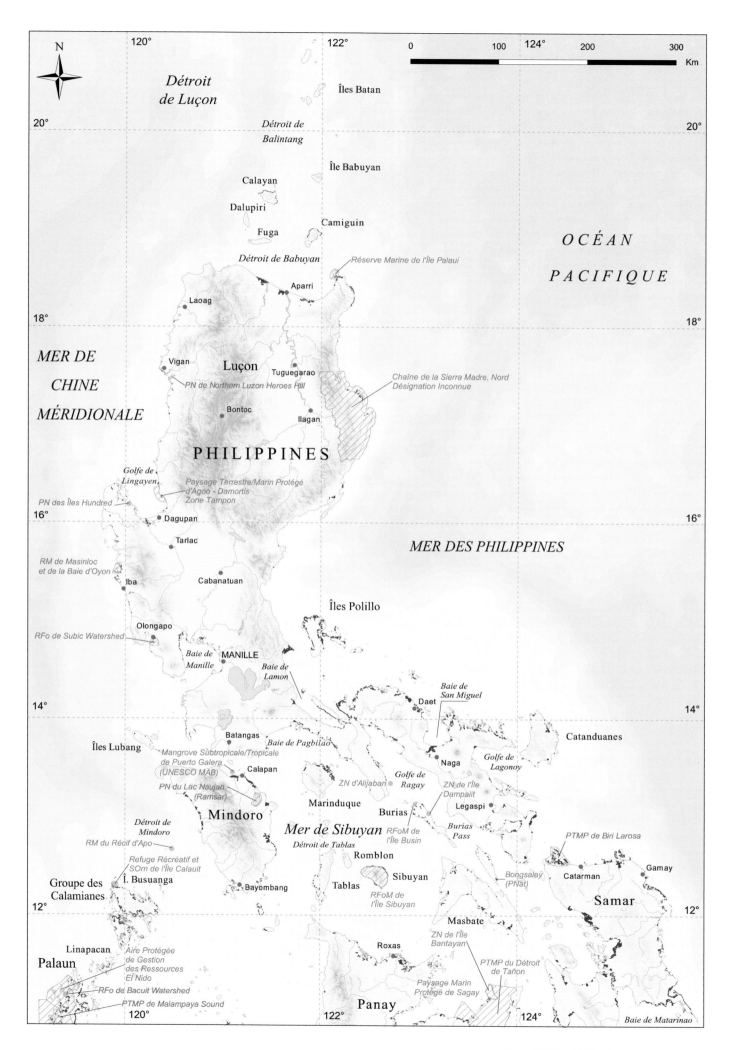

Carte 7.8 Les Philippines septentrionales

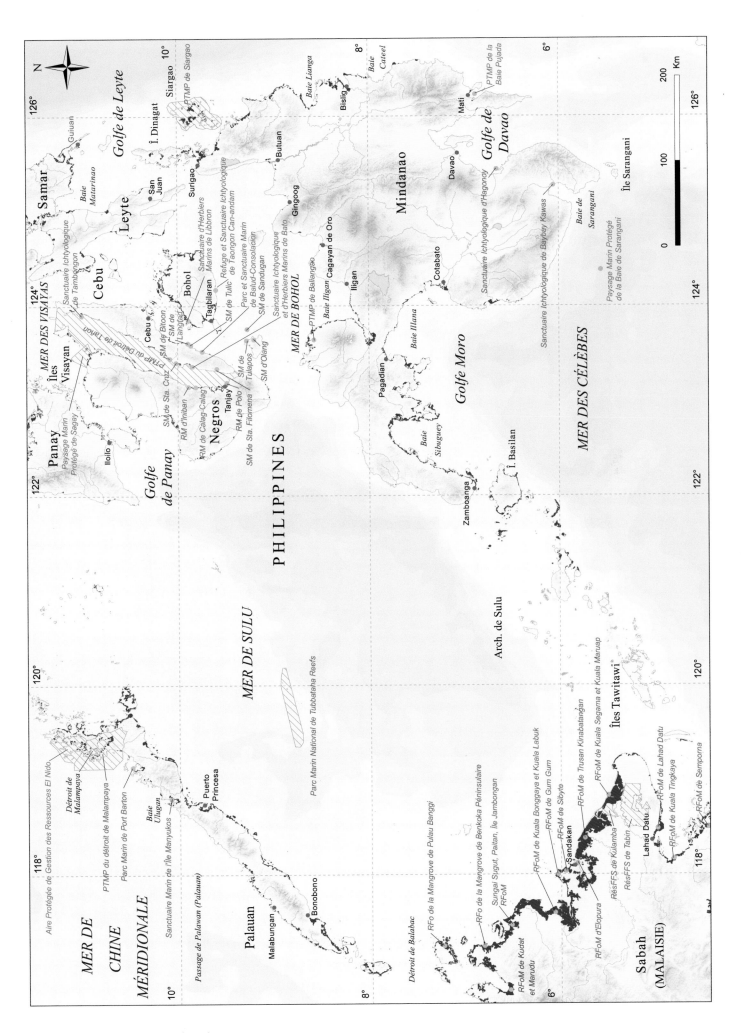

Carte 7.9 Les Philippines méridionales

La superficie totale des mangroves aux Philippines reste source de débats. Les premières études sur le sujet donnent une couverture originelle de 5000km². L'agence nationale de cartographie (National Mapping Agency – NAMRIA) donnait une surface de 3750km² en 1950, surface obtenue à partir de photographies aériennes. Les données de la même agence utilisées en 1997 dans le *World Mangrove Atlas* donnaient une superficie de seulement 1607km² en 1987, et de 1205km² en 1994 selon une source gouvernementale (FAO, 2007). Des estimations plus récentes, sont beaucoup plus élevées, NAMRIA avançant une surface de 2474km² en 2003 et notre carte répertoriant 2565km². L'origine de ces différences est incertaine. Il est possible que les surfaces aient récemment augmenté grâce à la recolonisation naturelle par les palétuviers ou grâce aux reboisements. Il est possible aussi que les méthodes employées dans les études récentes ou anciennes présentent des inexactitudes (par exemple, l'exclusion de parcelles trop petites ou de formations linéaires trop étroites, ou la prise en compte dans les calculs de forêts supra-tidales et d'espèces associées aux mangroves). Ce qui est clair, c'est que la superficie globale des mangroves a chuté considérablement par rapport à la couverture d'origine.

L'aquaculture a été le principal facteur de disparition de ces mangroves. Le soutien du gouvernement sous la forme de prêts a été une incitation majeure au développement de l'aquaculture dans les années 1950 et 1960. Une autre expansion de l'aquaculture, dans les années 1980 a été en partie encouragée par un décret de 1975 sur l'industrie de la pêche mandatant une politique

de développement de bassins piscicoles et prolongeant les permis aquacoles de 10 ans à 25 ans (Primavera, 2000a, 2004). Malheureusement, cette conversion rapide n'a quasiment pas été gérée – des étendues considérables de bassins d'aquaculture sont maintenant sous-productifs ou abandonnés, ne laissant ni les mangroves ni les retombées économiques attendues d'activités aquacoles bien gérées (Primavera, 2005). Un travail expérimental est en cours visant à développer de très prometteurs systèmes d'« aqua-sylviculture » à faible impact, comprenant de petits ensembles dans lesquels jusqu'à 80% de la couverture sont des mangroves. On y produit du chanos, des tilapias et des crabes de palétuvier. Pour l'instant, il n'y a malheureusement pas eu de développement commercial de ces méthodes (Primavera, 2000b).

L'utilisation intensive des mangroves a conduit à des dégradations de leur structure et de leurs fonctions écologiques. Dans les Visayas centrales, les forêts spontanées mais très utilisées ont des hauteurs de canopées deux fois moins élevées que celles des forêts non exploitées. Elles sont aussi beaucoup plus ouvertes, et il peut y avoir des augmentations significatives du nombre d'arbres sénescents suite à des prélèvements excessifs (Walters, 2005a, 2005b). Selon une étude réalisée sur Panay, les mangroves dégradées comportent moins de crabes et manquent cruellement de crabes de palétuviers atteignant des tailles commercialisables. Ces espèces redeviennent importantes quand les mangroves sont réhabilitées (Walton *et al.*, 2007). L'exploitation des mangroves et l'emploi de techniques de plantation inadaptées ont conduit à des modifications de la composition spécifique, comme sur l'île de Banacon au nord de Bohol, où la forêt naturelle est devenue une quasi-monoculture de *Rhizophora stylosa* (Walters, 2005b).

Les populations côtières sont denses aux Philippines. Elles sont étroitement dépendantes de la pêche. Certaines côtes ont été surexploitées et les rendements ont baissé.

Photo Mark Spalding

Les mangroves des Philippines ont été dégradées malgré une prise de conscience de plus en plus forte de l'intérêt de les préserver. Par exemple, les rendements des pêcheries liées aux mangroves au nord de Panay ont été estimés entre 0,5 et 2,5 tonnes par hectare et par an. Si on y ajoute un petit revenu provenant du tourisme et la valeur des prélèvements durables de bois, l'estimation de la valeur des utilisations directes se situe entre 564 et 2316

$US par hectare et par an. Ces rendements et ces valeurs sont au moins équivalents à ceux des bassins d'aquaculture. Ces chiffres ne prennent pas en compte le rôle des mangroves dans la protection côtière, bien que des enquêtes auprès des populations locales montrent que cette fonction soit perçue comme plus importante que toutes les autres (Walton *et al.*, 2006).

Les premiers projets de restauration des mangroves et de boisement remontent aux initiatives prises par des populations locales de Negros et de Bohol dans les années 1950 et 1960. Par la suite, les reboisements soutenus par le gouvernement, beaucoup plus étendus et plus onéreux, ont débuté dans les années 1980. En 2007, des projets à grande échelle avaient pour objectif de planter 44 000ha (Samson and Rollon, 2008), cependant un problème récurrent de ces projets a été le manque d'organisation et de protocoles de suivi. Les *Rhizophora* ont souvent été préférés à d'autres espèces, leurs propagules étant plus grandes et plus faciles à collecter, mais *Avicennia* ou *Sonneratia* auraient été plus appropriés. Les palétuviers ont souvent été plantés trop bas sur l'espace intertidal – parfois même sous le niveau le plus bas des marées– pour éviter des problèmes avec les propriétaires terriens, et aussi parfois pour éviter des travaux d'ingénierie nécessaires pour supprimer les bassins d'aquaculture abandonnés. Le fait de planter si bas a entraîné des échecs sur de nombreux sites (Primavera and Esteban, 2008 ; Samson and Rollon, 2008). Les projets de reboisement les plus réussis ont été ceux confiés aux populations locales, à plus petite échelle, comme celui de l'Aklan, cours d'eau du nord de Panay (Walton *et al.*, 2007), et sur certains sites à Bohol (Primavera and Esteban, 2008). Sur ces sites, les avantages des plantations tels qu'ils sont largement partagés par les locaux, incluent de nouvelles ressources en bois d'œuvre et en combustible, des prises plus élevées pour les activités de pêche et une fonction de protection côtière importante.

Désormais, des lois protégeant les mangroves existent, dont des restrictions sur le développement de l'aquaculture et l'obligation de maintenir des ceintures de végétation le long des bassins d'aquaculture, allant de 20m dans les estuaires abrités à 100m sur les rivages exposés aux typhons (Primavera *et al.*, 2004). Beaucoup de mangroves ont été protégées au sein de petites réserves, et aussi au sein de quelques vastes zones marines protégées. A la suite d'une étude du Comité National des Mangroves, 43 kilomètres de mangroves ont été protégés en tant que zones sauvages, et toutes les mangroves de Palawan (743 km²) ont été déclarées réserves forestières. Malheureusement, cette réglementation n'est que peu appliquée. Elle est même largement ignorée (Primavera, 2005).

Singapour Carte 7.6

Singapour se situe sur la pointe méridionale de la Péninsule Malaise. Des précipitations élevées toute l'année permettent aux mangroves de bien se développer. Elles couvraient autrefois 13% de l'île (75 km²). C'était des forêts denses aux grandes canopées. En 2001, leur couverture ne représentait que 0,5% de la superficie du pays (Ng and Sivasothi, 2001). Les mangroves restantes se trouvent au nords, notamment au large des îles Ubin et Tekong et autour de Sungei Buloh dans le nord-ouest. 31 espèces de palétuviers ont été répertoriées, dont une au moins a disparu : *Bruguiera sexangula* (Hsiang, 2000).

Les varans sont communs dans le Sud-Est asiatique. Ce varan aquatique a été photographié sur un sentier de la Réserve de la Zone Humide de la Sungei Buloh.

Photo Mami Kainuma

Les mangroves étaient surexploitées pour le bois combustible depuis le milieu du 19ième siècle. Au 20ième siècle, beaucoup de mangroves ont disparu pour laisser place à des usages industriels ou urbains, et aux bassins de crevetticulture. Aujourd'hui, le pays a une densité de plus de 6000 habitants par kilomètre carré, et ces bassins ont à leur tour été convertis en zones industrielles ou urbaines. De nouvelles terres ont aussi été créées sur les zones marines peu profondes. Depuis les années 1960, la superficie de Singapour est passée de 582 à 704 kilomètres carrés. Même les mangroves protégées n'ont pas été épargnées. La Réserve Naturelle de Pandan n'existe plus depuis 1962, et ses mangroves – autrefois parmi les plus vastes du pays – ont été converties en zones urbaines et industrielles. Outre ces conversions, des mangroves ont disparu par la conversion d'importants estuaires non urbanisés en retenues d'eau douce, protégées par des barrages à leurs embouchures.

Une mangrove adulte peu étendue mais assez diversifiée est protégée au sein de la Réserve de la Zone Humide Sungei Buloh, au nord-ouest du pays. Une passerelle a été mise en place pour faciliter l'accès du public. Le site aurait reçu 80 000 visiteurs en 1998 (Ng and Sivasothi, 2001). Presque toutes les autres mangroves ne sont pas protégées. Elles sont, par conséquent, menacées par le développement côtier (Hsiang, 2000).

La Thaïlande Carte 7.10

Le littoral thaïlandais s'étend principalement sur les côtes occidentales et septentrionales du Golfe de Thaïlande, à demi fermé et aux eaux peu profondes, mais présente également une façade moins étendue sur la Mer des Andaman.

Le littoral bordant la Mer des Andaman compte actuellement environ 80% des mangroves du pays, dont les forêts les plus vastes et les plus diversifiées. Ce littoral est particulièrement tortueux, avec de nombreuses baies et des îles au large. Les amplitudes des marées sont élevées, pouvant atteindre 3m. Sur certains sites on trouve encore ici des écosystèmes intacts, dont des forêts collinaires côtières, des mangroves, des vasières et des herbiers marins, ainsi que de vastes récifs coralliens frangeants. Quelques unes des plus grandes formations se situent près de Ranong autour de l'estuaire de la Kraburi, dans la baie de Phang Nga près de Phuket, dans l'estuaire de Krabi, et dans celui du Trang. Les espèces sont très diversifiées, avec notamment *Rhizophora mucronata, R. apiculata, Bruguiera cylindrica, B. parviflora, Ceriops spp., Xylocarpus granatum, Avicennia alba* et *A. officinalis*. Les forêts de Ranong ont été largement étudiées. Elles comportent de vieilles forêts avec des arbres centenaires de 60cm de diamètre, atteignant une hauteur de 30m (Aksornkoae, 2008). Cette côte comporte aussi une importante diversité d'espèces associées aux mangroves, dont 275 espèces de poissons (Tongnunui *et al.*, 2002). Quelques 221 espèces d'oiseaux ont été répertoriées dans l'estuaire de Krabi, dont des espèces menacées comme le grébifoulque d'Asie et l'aigrette de Chine. Les dugongs sont aussi observés le long de ce littoral.

Le Golfe de Thaïlande reçoit quantité de dépôts fluviaux. Les amplitudes des marées y sont faibles. Les mangroves étaient autrefois très répandues, mais de grandes étendues ont été converties à l'aquaculture et à des usages urbains et industriels (Aksornkoae, 2004). D'importantes mangroves subsistent dans le nord-est du pays, dans l'estuaire du Trat, où quelques 30 espèces de palétuviers ont été répertoriées (UNEP-SCS, 2004). En allant vers l'ouest, les paysages agricoles et aquacoles très développés dominent la majeure partie du littoral dans toute la Province de Chanthaburi et dans le complexe deltaïque longeant la côte septentrionale de la baie de Bangkok. Il subsiste ici et là quelques mangroves en franges étroites. Plus au sud, les mangroves sont abondantes dans les Provinces de Chumphon, Surat Thani, Nakhon Si Thammarat, Songkhla et Pattani

(Thampanya *et al.*, 2006). L'étendue continue la plus importante se situe dans l'Est de la baie de Pak Phanang, à Nakhon Si Thammarat, où une vaste forêt adulte dominée par *Avicennia alba, Rhizophora apiculata* et *Sonneratia caseolaris* est protégée depuis 1965 (Shinnaka *et al.*, 2007). Ces littoraux méridionaux sont très dynamiques. L'érosion nette globale atteint 10m par an. Certaines formes d'érosion pourraient être liées à une baisse des apports sédimentaires causée par des barrages sur les cours d'eau. Cependant, il a été montré que les mangroves ont un effet bénéfique sur la réduction de l'érosion. Au niveau de la baie de Pak Phanang, l'accrétion et l'expansion linéaire des mangroves ont été mesurées à 25 à 40m par an (Thampanya, 2006 ; Aksornkoae, 2008).

Une grande partie de la Thaïlande est sujette aux dépressions, et les typhons ont causé d'importantes inondations localisées comme par exemple près de Nakhon Si Thammarat lors du typhon Linda en 1997. La côte des Andaman a été sévèrement touchée par le tsunami de 2004 de l'Océan Indien bien qu'une estimation rapide réalisée peu de temps après n'ait répertorié qu'une superficie de 3km² de mangroves perturbées (UNEP, 2005). Les études postérieures ont confirmé la résilience remarquable de nombreuses mangroves. Là où la hauteur des vagues a atteint 8 à 10m, des palétuviers appartenant au genre *Rhyzophora* ont été détruits sur une frange extérieure de 50m, leurs troncs ayant été cassés net en un point situé juste au-dessus des rhizophores. Mais des vagues de même ampleur n'ont affecté que la frange la plus extérieure d'une formation d'*Avicennia*. Là où la hauteur des vagues a atteint 5 à 6m, *Rhizophora* a survécu sans trop de dommages. Il a été constaté que les palétuviers offriraient quelque protection à l'intérieur des terres face à d'éventuels tsunamis (Tanaka et al, 2007).

Les utilisations traditionnelles de la mangrove en Thaïlande comprennent la production de charbon et de bois de feu, et une utilisation du bois dans la confection du matériel de pêche et pour la construction d'habitations (en particulier pour les pilotis). L'écorce a été utilisée par le passé pour la production de tanins. Cette pratique est devenue rare. Plusieurs parties de plantes de mangroves ont été utilisées en homéopathie. C'est le cas d'*Acanthus ebracteatus* et d'*A. ilicifolius*, utilisées pour traiter les calculs rénaux. *Nypa fruticans* est utilisée dans plusieurs applications, comme la confection de toitures de chaume et de papier à cigarette. La pêche de mollusques, de crustacés comme les crabes de palétuviers, et de poissons comme les mulets, les bars et les chanos est très développée autour des mangroves. Une étude sur la baie de Pak Phanang a montré que l'abondance de poissons et leur diversité étaient beaucoup plus élevées le long des rivages orientaux boisés que le long des rivages occidentaux déboisés (Shinnaka *et al.*, 2007). Les mollusques ayant une importance commerciale sont prélevés dans les vasières face aux mangroves – par exemple, les importantes vasières de l'estuaire de la Mae Klong sont riches en coques (*Anadara*) et possèdent la plus importante population connue de palourdes *Solen*

Le long du littoral thaïlandais de la Mer des Andaman se trouve toujours des forêts étendues, avec de très grands arbres.

Photo Shigeyuki Baba

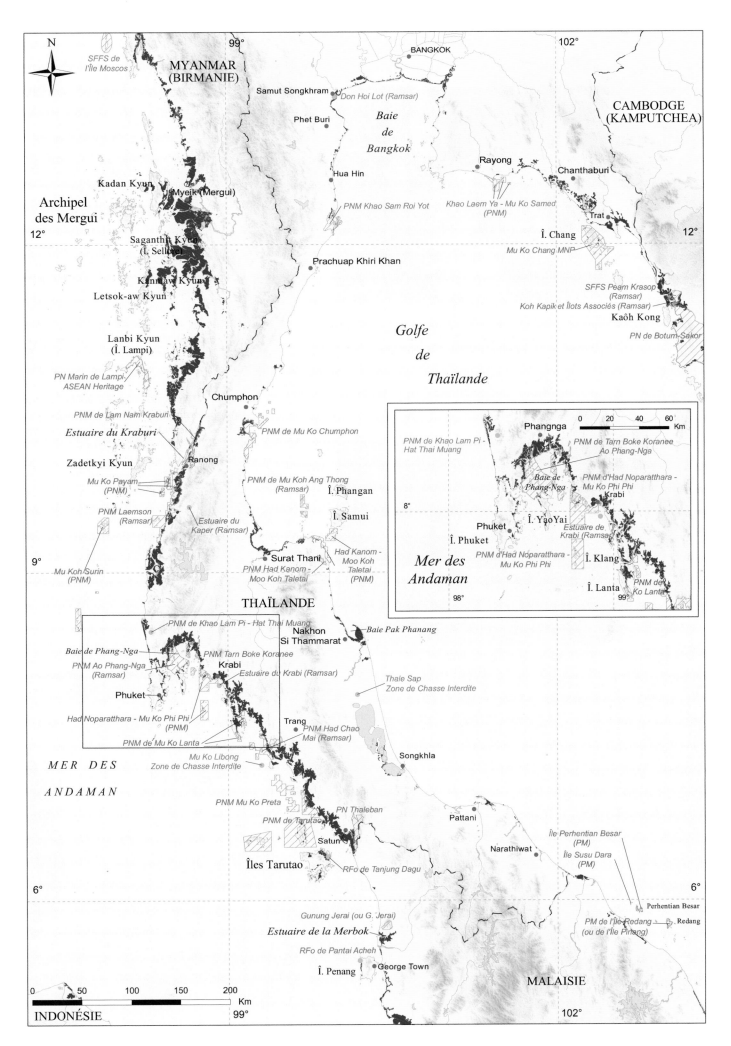

Une plantation forestière âgée de quinze ans à La-un, en Thaïlande. Il s'agit de *Rhizophora mucronata* et de *R. apiculata*.

Photo Shigeyuki Baba

regularis (appelée *hoi lot* en thaïlandais), qui est une endémique du Golfe de Thaïlande (Ramsar, 2009). L'aquaculture a depuis longtemps été pratiquée dans le périmètre des mangroves ; les méthodes traditionnelles ne requièrent qu'un défrichement partiel des forêts.

Bien que les estimations varient, il est probable que 50% des mangroves ont été perdues depuis les années 1960 (Aksornkoae, 2004 ; FAO, 2007). Cela est en

Enfants se rendant à l'école à travers les mangroves en Thaïlande. De nombreuses populations rurales des régions côtières dépendent du bateau pour leurs déplacements.

Photo Shigeyuki Baba

grande partie lié aux conversions à l'aquaculture, principalement à la crevetticulture, qui a conduit à la déforestation presque totale de vastes étendues, notamment le long du Golfe de Thaïlande (Barbier and Cox, 2004 ; Thampanya *et al.*, 2006). En huit ans, de 1987 à 1995, il a été estimé que 450 à 750km² de mangroves ont été converties à l'aquaculture, principalement en bassins d'élevages de crevettes (Aksornkoae, 2004). Le long de la côte des Andaman, les pertes de mangroves n'ont pas été aussi conséquentes. Bien qu'elles aient été considérables là aussi, en particulier autour de Phuket, de Ranong et au sud de Krabi. Depuis 1975, les défrichements de mangroves le long de la côte des Andaman ont porté sur environ 200km² convertis à l'agriculture, 170km² à l'aquaculture et 7km² au développement urbain (Giri *et al.*, 2007). Des données pour l'ensemble du pays ne sont pas disponibles. Une étude menée dans la Province de Surat Thani a montré que la perte commerciale nette des pêcheurs causée par le défrichement de 12km² de mangroves (c'était la perte annuelle moyenne dans cette Province au début des années 1990) était d'environ 100 000 $US (Sathirathai, 1997 ; Pagiola *et al.*, 2004).

Beaucoup de mangroves restantes ont été considérablement altérées par les prélèvements de bois d'œuvre et de combustible, entraînant une diminution de la biodiversité, de la hauteur des arbres et de la productivité (Aksornkoae, 2004). Cette dégradation est extrême dans les mangroves résiduelles de la partie supérieure du Golfe de Thaïlande, comme à Petchaburi et Samut Pakarn.

Reconnaissant l'importance d'une utilisation durable des écosystèmes de mangroves, le Cabinet Thaï a divisé les mangroves du pays en deux grandes catégories. Dans la première catégorie, dite de conservation, les autorisations de modifications et d'utilisation ne sont délivrées qu'au compte goutte, les permis en cours de validité de coupe, d'aquaculture ou d'exploitation minière peuvent ne pas être renouvelés ; les agences gouvernementales sont responsables de la restauration des forêts endommagées ou dégradées. La seconde catégorie, dite de développement, comprend des sites sur lesquels les mangroves ont été converties à d'autres usages. Cette situation peut perdurer. Mais ici certaines mangroves peuvent être restaurées, et doivent être obligatoirement restaurées dans les parties où les conversions étaient illégales (Aksornkoae, 2004). L'application de telles mesures représente naturellement un défi important. Les exemples d'implications des populations locales dans des projets de protection et de restauration des mangroves se multiplient (UNEP-SCS, 2004). Les cas où les communautés ont recours au système légal pour essayer d'empêcher de nouveaux défrichements sont nombreux (Sathirathai, 1997 ; Chotthong and Aksornkoae, 2006). Beaucoup de mangroves plus étendues le long de la Mer des Andaman bénéficient d'une protection plus élevée en une série de parcs marins nationaux et d'autres aires protégées. Les sites Ramsar contenant des mangroves sont au nombre de six. En 1997 les mangroves de Ranong, d'une superficie de 300km², ont été listées réserve de biosphère par l'UNESCO.

Le Timor oriental (Timor-Leste)

Carte 7.4

La moitié orientale de l'île de Timor, dans les petites îles de la Sonde, est devenue indépendante de l'Indonésie en 1999. Comme le pays est montagneux et relativement sec, les mangroves sont peu développées. Parmi les formations de quelque importance se trouvent celles de la frange littorale située à l'Est de Dili, à l'abri de récifs coralliens. La côte méridionale présente une large plaine côtière où la mer très agitée ne permet le développement de mangroves que dans les estuaires et dans les lagunes côtiers (FAO, 2007 ; Trainor, 2007 ; UC, date inconnue).

Le bois de palétuvier est largement utilisé comme combustible. Le rôle des mangroves dans le soutien des activités de pêche et pour la protection littorale n'a pas été étudié, mais il est certainement important. Des préoccupations sont nées sur la possible destruction ou dégradation des mangroves par une surexploitation et par les dépôts d'ordures, mais on ne connait pas la gravité de ces problèmes. Il existe bien un cadre légal de protection de l'environnement, comprenant des mesures spécifiques à la protection des mangroves, mais sa mise en application est minime (DES, 2007).

Le Vietnam Cartes 7.11 et 8.1

Le Vietnam présente un long littoral face à la Mer de Chine Méridionale, qui reçoit de nombreux cours d'eau et deux grands fleuves. Vers le nord, les conditions deviennent subtropicales et le nombre d'espèces diminue nettement avec l'élévation en latitude.

Le sud du Vietnam est dominé par la vaste plaine du Delta du Mékong (aussi connu localement comme Delta Cuu Long). Le Mékong se divise en neuf bras majeurs. Couvrant une superficie de 39 000km^2 et peuplés de 16,9 millions d'habitants, les paysages actuels du delta sont presqu'entièrement anthropisés, avec seulement quelques traces des forêts humides spontanées sur sols tourbeux, des forêts d'eau douce et des prairies inondées. Le delta comprend toujours les plus vastes mangroves du pays, mais seule une fraction de leur couverture originelle subsiste, dont seulement 25km^2 ont été décrits comme denses (Aizpuru et Blasco, 2002).

Plus au nord, la côte centrale est rocheuse, les fonds marins deviennent profonds et les mangroves ne sont présentes qu'en franges étroites le long de plusieurs petits estuaires (Hong, 2004b).

Au nord, le Delta du Song Hong (Fleuve Rouge) contient d'importantes mangroves, ainsi que des marécages salés et des vasières ouvertes, bien que des vents forts, des tempêtes et une forte houle restreignent leur développement. Les parties continentales de ce delta sont protégées des intrusions marines par des digues. Les mangroves ont été largement défrichées pour l'agriculture. Côté mer, elles ont été défrichées pour développer la crevetticulture. Cet estuaire connait une forte accrétion, gagnant sur la mer au rythme de 500 à 600m par an, avec une accrétion verticale atteignant 10cm par an. De nouvelles mangroves sont sans cesse en formation sur les côtes abritées des îles deltaïques. La Province de Quang Ninh, adjacente à la Chine, avait une superficie de mangroves estimée à 230km^2 en 1999, abritées au sein du littoral et sur des îles proches de ce littoral (Hong, 2004b).

Un certain nombre d'espèces de palétuviers ont leurs limites septentrionales le long de la côte centrale. La diversité globale diminue donc avec la latitude. Dans les formations naturelles du sud du pays, *Sonneratia alba* et *Avicennia alba* dominent les parties basses et les dépôts sédimentaires récents. *Rhizophora apiculata* devient dominante sur les sédiments plus stables, avec des arbres de 10 à 18m de hauteur presque partout. *Xylocarpus granatum* se positionne sur des terrains légèrement plus élevés, alors que *Nypa fruticans* et *Sonneratia caseolaris* sont observées dans des situations plus saumâtres (Hong, 2004a). Quelques 133 espèces de poissons et 130 espèces d'oiseaux ont été répertoriées dans les mangroves de Can Gio, au sud du pays. Au nord, plus de 150 espèces de poissons ont été listées dans la zone plus vaste du delta du Fleuve Rouge. Ces mêmes zones humides accueillent des populations importantes d'oiseaux résidents et migrateurs, et bien que la chasse ait affecté ces

De vastes zones d'anciennes mangroves de la péninsule de Ca Mau ont été reboisées avec des palétuviers. Elles sont maintenant une source importante de bois d'œuvre et combustible.

Photo Shigeyuki Baba

populations, les zones humides sont importantes pour les espèces menacées comme l'aigrette de Chine, la petite spatule et le chevalier tacheté (Ramsar, 2009).

La valeur des mangroves est bien connue au Vietnam. Elles contribuent considérablement au soutien des pêcheries et le bois y est traditionnellement prélevé, pour le bois d'œuvre, comme combustible, pour couvrir les toits de chaume et pour extraire les tanins. Les mangroves du delta du Fleuve Rouge sont aussi importantes pour la production commerciale de miel (Hong, 2004b). Elles ont été plantées face aux digues pour la protection contre l'érosion depuis de nombreuses années. Leur rôle dans la protection côtière, la stabilisation des sédiments et l'atténuation de l'impact des tempêtes est maintenant largement accepté.

La disparition des mangroves avait déjà bien commencé avant la guerre du Vietnam. Pendant la guerre, 1000km^2 de mangroves ont été détruits selon les estimations, notamment dans la Péninsule de Ca Mau, par épandage d'herbicides – le dénommé Agent Orange (Thu and Populus, 2007). La régénération naturelle ne s'est produite que dans les forêts de petite taille, dominées par *Avicennia officinalis* et *Ceriops decandra*, ainsi qu'*Acrostichum aureum* sur des partie hautes (Hong, 2004a). Après la guerre, des investissements considérables ont été faits pour des reboisements de palétuviers. Entre 1975 et 1998, 676km^2 ont été plantés dans le sud du pays selon les estimations, principalement avec des financements de l'État (Hong, 2004b), dont 206km^2 dans la Province de Can Gio près d'Ho Chi Minh. Dans certains cas, notamment au niveau de la réserve de biosphère de la Mangrove de Can Gio, les résultats d'un tel reboisement ont été spectaculaires, avec une augmentation importante du nombre d'espèces associées aux mangroves, dont des oiseaux et des poissons importants commercialement (Hong, 2004a).

Parallèlement aux reboisements, les pertes ont perduré à cause de la conversion de vastes zones de mangroves, dont des plantations, à la crevetticulture. De telles disparitions se sont même certainement accélérées, avec les plus forts taux de conversion sur de vastes étendues, au

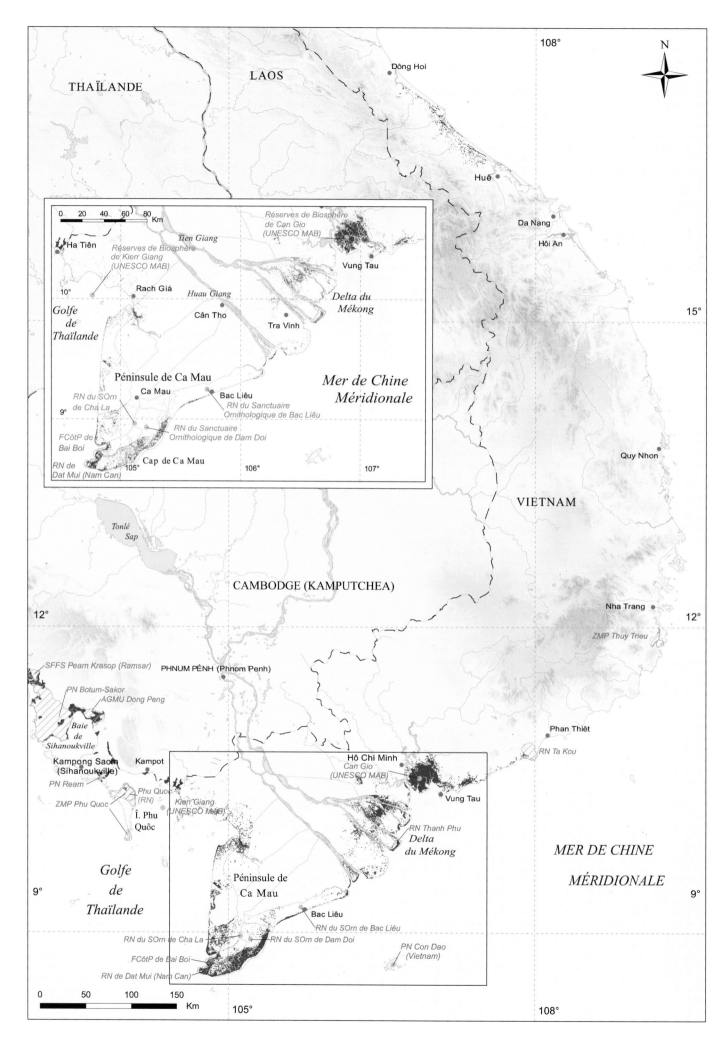

Carte 7.11 Le Cambodge et le sud du Vietnam

nord comme au sud du pays, enregistrés depuis le milieu des années 1990 (Hong, 2004b ; Thu and Populus, 2007). Dans le delta du Mékong, l'aquaculture est majoritairement extensive, reposant sur un ensemencement naturel en larves de crevettes, mais les niveaux d'intensification augmentent. En allant vers l'intérieur des terres, se développent des systèmes crevettes-rizières, le riz poussant pendant la saison humide, avec des bassins de crevettes saisonniers pendant la saison sèche. À la fin des années 1990, la crevetticulture rapportait 250 millions de \$US. Des études font apparaître le déclin de la productivité par unité de surface dans de nombreuses zones, en partie lié à une diminution du nombre de larves directement rattachée au déclin des mangroves, mais due aussi à la pollution et aux maladies qui se propagent dans de nombreux bassins (Torell and Salamanca, 2003). Des préoccupations sont aussi nées du déplacement forcé de populations, autrefois dépendantes des ressources côtières, loin de leurs régions d'origine, à cause du développement récent de l'aquaculture (Hong, 2004b).

Les reboisements et les pertes dues à l'aquaculture sont probablement équivalents, entraînant le maintien de la couverture actuelle de mangroves du pays, à un niveau comparable à celui des années passées. Les mesures centralisées ont certainement encouragé l'expansion de l'aquaculture, pendant que les communautés locales, les organisations non gouvernementales (ONG) et la communauté internationale soutenaient largement, de leur côté, les projets de reboisement (Kogo and Kogo, 2004). Plus récemment, le gouvernement s'est engagé à protéger les mangroves et à augmenter leurs surfaces (Binh, 2003). Un certain nombre de mangroves font désormais partie d'aires protégées, dont un site Ramsar sur le delta du Fleuve Rouge et quatre réserves de biosphères de l'UNESCO.

Références

Adeel, Z. and King, C. (2002) *Conserving Our Coastal Environment: A Summary of UNU's Research on Sustainable Management of the Coastal Hydrosphere in the Asia Pacific Region*, Tokyo, Japan, United Nations University Press

Aizpuru, M. and Blasco, F. (2002) 'Mangroves of the Irrawaddy and Mekong River Deltas', in Lacerda, L. D. (ed) *Mangrove Ecosystems: Function and Management*, Berlin, Springer

Aksornkoae, S. (2004) 'Sustainable use and conservation of mangrove forest resources with emphasis on policy and management practices in Thailand', in Vannucci, M. (ed) *Mangrove Management and Conservation: Present and Future*, New York, NY, United Nations University Press

Aksornkoae, S. (2008) 'Review comments on draft text for *World Atlas of Mangroves*', Sent to M. Spalding

Alongi, D. M. (2007) 'Mangrove forests of Papua', in Marshall, A. J. and Beehler, B. M. (eds) *The Ecology of Papua, Part Two*, Singapore, Periplus Editions (HK)

Alongi, D. M., Sasekumar, A., Chong, V. C., Pfitzner, J., Trott, L. A., Tirendi, F., Dixon, P. and Brunskill, G. J. (2004) 'Sediment accumulation and organic material flux in a managed mangrove ecosystem: Estimates of land–ocean–atmosphere exchange in peninsular Malaysia', *Marine Geology*, vol 208, pp383–402

Amri, A. (2005) 'Community participation in rehabilitation, conservation and management of mangroves: Lessons from coastal areas of South Sulawesi, Indonesia', *African Study Monographs*, Supplement 29, pp19–30

ARCBC (Asean Regional Centre for Biodiversity Conservation) (2006) *Wetlands of Southeast Asia*, www.arcbc.org.ph/wetlands, accessed 17 July 2008

ASEAN-SEAFDEC (undated) *Mangrove-Friendly Shrimp Culture: Country Profiles*, SEAFDEC Aquaculture Department, http://mangroveweb.seafdec.org.ph/html/country.htm, accessed 15 August 2007

Bann, C. (1997) *An Economic Analysis of Alternative Mangrove Management Strategies in Koh Kong Province, Cambodia*, Research Reports, Ottawa, International Development Research Centre and Economy and Environment Programme for Southeast Asia

Barbier, E. and Cox, M. (2004) 'An economic analysis of shrimp farm expansion and mangrove conversion in Thailand', *Land Economics*, vol 80, p389

Bengen, D. G., Taher, A., Wiryawan, B., Asbar, M. and Raharjo, A. (2003) 'Rapid ecological assessment of mangroves in Berau, East Kalimantan', in Wiryawan, B. and Mous, P. J. (eds) *Report on a Rapid Ecological Assessment of the Derawan Islands, Berau District, East Kalimantan, Indonesia*, Bali, Indonesia, The Nature Conservancy

Bennett, E. L. and Reynolds, C. J. (1993) 'The value of a mangrove area in Sarawak', *Biodiversity and Conservation*, vol 2, p359

Binh, N. N. (2003) 'The national policy to rehabilitate and develop 5 million hectares of forests and other issues on wetlands', in Torell, M., Salamanca, A. M. and Ratner, B. D. (eds) *Wetlands Management in Vietnam: Issues and Perspectives*, Penang, Malaysia, WorldFish Center

Blasco, F., Aizpuru, M. and Gers, C. (2001) 'Depletion of the mangroves of Continental Asia', *Wetlands Ecology and Management*, vol 9, p255

Buck, J. and Buck, E. (1976) 'Synchronous fireflies', *Scientific American*, vol 234, pp74–79, 82–85

Chan, H. T. (1996) 'Mangrove reforestation in Peninsular Malaysia: A case study of Matang', in Field, C. (ed) *Restoration of Mangrove Ecosystems*, Okinawa, Japan, ISME

Chong, V. C. (2006) 'Sustainable utilization and management of mangrove ecosystems of Malaysia', *Aquatic Ecosystem Health & Management*, vol 9, pp249–260

Chong, V. C. (2007) 'Mangroves-fisheries linkages – the Malaysian perspective', *Bulletin of Marine Science*, vol 80, pp755–772

Chotthong, B. and Aksornkoae, S. (2006) *Sustainable Community-Based Mangrove Rehabilitation in Thailand*, Nonthaburi, Thailand, Thailand Environment Institute

Critical Ecosystem Partnership Fund (2001) *Ecosystem Profile: The Philippines*, www.cepf.net/xp/cepf, accessed 19 December 2007

DES (Directorate for Environmental Services) (2007) *National Capacity Self Assessment NCSA: Final Report*, Dili, Timor-Leste, Directorate for Environmental Services, State Secretariat for Environmental Coordination Territorial Ordinance and Physical Development, Prepared for GEF and UNDP

Duke, N. C. (1992) 'Mangrove floristics and biogeography', in Robertson, A. I. and Alongi, D. M. (eds) *Tropical Mangrove Ecosystems*, Washington, DC, American Geophysical Union

Ellison, J. (2005) 'Holocene palynology and sea-level change in two estuaries in Southern Irian Jaya', *Palaeogeography, Palaeoclimatology, Palaeoecology*, vol 200, pp291–309

Elmslie, J. (2002) *Irian Jaya under the Gun: Indonesian Economic Development versus West Papuan Nationalism*, Honolulu, University of Hawaii Press

FAO (Food and Agriculture Organization of the United Nations) (2003) *Myanmar Aquaculture and Inland Fisheries*, Bangkok, FAO, Regional Office for Asia and the Pacific

FAO (2007) *Mangroves of Asia 1980–2005: Country reports, Forest Resources Assessment Working Paper No 136*, Rome, FAO

Fisheries Department and Shell (1992) *Coastal Environmental Sensitivity Mapping of Brunei Darussalam*, Brunei Darussalam, Fisheries Department, Ministry of Industry and Primary Resources and Brunei Shell Petroleum Company Sdn Bhd

Giesen, W., Wulffraat, S., Zieren, M. and Scholten, L. (2006) *Mangrove Guidebook for Southeast Asia*, Rome, FAO

Giri, C., Zhu, Z., Tieszen, L. L., Singh, A., Gillette, S. and Kelmelis, J. A. (2007) 'Mangrove forest distributions and dynamics (1975–2005) of the tsunami-affected region of Asia', *Journal of Biogeography*, Pre-publication edition, p10

Helminuddin, L. R. (2004) 'Coastal and marine resources in East Kalimantan – a case in Balikpapan Bay and Mahakam Delta', in Matsuda, Y., Yamamoto, T. and Shriver, A. L. (eds) *Proceedings of the Twelfth Biennial Conference of the International Institute of Fisheries Economics and Trade: What Are Responsible Fisheries?*, Tokyo, Japan, International Institute of Fisheries Economics and Trade

Hoanh, C. T., Tuong, T. P., Gowing, J. W. and Hardy, B. (2006) *Environment and Livelihoods on Tropical Coastal Zones: Managing Agriculture–Fishery–Aquaculture Conflicts*, Wallingford, UK, CAB International

Hong, P. N. (2004a) 'Effects of mangrove restoration and conservation on the biodiversity and environment in Can Gio District', in Vannucci, M. (ed) *Mangrove Management and Conservation: Present and Future*, New York, NY, United Nations University Press

Hong, P. N. (2004b) 'Mangrove forests in Vietnam: Current status and challenges', in Bhandari, B., Kashio, M. and Nakamura, R. (eds) *Mangroves in Southeast Asia: Status Issues and Challenges*, Tokyo, Ramsar Centre Japan/Institute for Global Environmental Strategies

Hsiang, L. L. (2000) 'Mangrove conservation in Singapore: A physical or a psychological impossibility?', *Biodiversity and Conservation*, vol 9, p309

Ibrahim, Z. Z., Arshad, A., Lee, S. C., Bujang, J. S., Law, A. T., Nik Mustapha, R. A., Abdullah, R. and Maged, M. M. (2000) 'East coast of peninsular Malaysia', in Sheppard, C. (ed) *Seas at the Millennium: An Environmental Evaluation*, The Netherlands, Elsevier Science Ltd

Jakobsen, F., Hartstein, N., Frachisse, J. and Golingi, T. (2007) 'Sabah Shoreline Management Plan (Borneo, Malaysia): Ecosystems and pollution', *Ocean and Coastal Management*, vol 20, pp84–102

Janssen, R. and Padilla, J. E. (1999) 'Preservation or conversion? Valuation and evaluation of a mangrove forest in the Philippines', *Environmental and Resource Economics*, vol 14, pp297–331

Kashio, M. (2004) 'Mangrove resources and management in Southeast Asia', in Bhandari, B., Kashio, M. and Nakamura, R. (eds) *Mangroves in Southeast Asia: Status Issues and Challenges*, Tokyo, Ramsar Centre Japan/Institute for Global Environmental Strategies

Kogo, M. and Kogo, K. (2004) 'Towards sustainable use and management for mangrove conservation in Viet Nam', in Vannucci, M. (ed) *Mangrove Management and Conservation: Present and Future*, Tokyo, United Nations University Press

Kunzmann, A. (2000) 'Marine ecosystems of western Sumatra', in Sheppard, C. (ed) *Seas at the Millennium: An Environmental Evaluation*, The Netherlands, Elsevier Science Ltd

Latiff, A., Hanum, I., Ibrahim, A., Goh, M. and Loo, A. (1999) 'On the vegetation and flora of Pulau Tioman, Peninsular Malaysia', *Raffles Bulletin of Zoology, Supplement*, vol 6, pp11–72

Leimgruber, P., Kelly, D. S., Steininger, M. K., Brunner, J., Müller, T. and Songer, M. (2005) 'Forest cover change patterns in Myanmar (Burma) 1990-2000', *Environmental Conservation*, vol 32, pp356–364

Macintosh, D. J. and Ashton, E. C. (2002) *Report on the South and Southeast Asia Regional Workshop on the Sustainable Management of Mangrove Forest Ecosystems*, Washington, DC, ISME/cenTER Aarhus

MacKinnon, K., Hatta, G., Halim, H. and Mangalik, A. (1997) *The Ecology of Kalimantan*, Oxford, UK, Oxford University Press

Mantra, I. B. (1986) 'Socio-economic problems of the Kampung Laut community in central Java', in Kunstadter, P., Bird, E. C. F. and Sabhasri, S. (eds) *Man in the Mangroves: The Socio-Economic Situation of Human Settlements in Mangrove Forests*, Tokyo, The United Nations University

Maung, W. (2004) 'Conservation and rehabilitation of the Ayeyarwady mangroves in Myanmar', in Bhandari, B., Kashio, M. and Nakamura, R. (eds) *Mangroves in Southeast Asia: Status Issues and Challenges*, Tokyo, Ramsar Centre Japan/Institute for Global Environmental Strategies

Mekong Secretariat (1991) *Reconnaissance Landuse Map of Cambodia: 1:500,000*, Bangkok, Mekong Secretariat

Mendoza, A. B. and Alura, D. P. (2001) 'Mangrove structure on the eastern coast of Samar Island, Philippines', in Scott, D. E., Mohtar, R. H. and Steinhardt, G. C. (eds) *Sustaining the Global Farm: Selected Papers from the 10th International Soil Conservation Organization Meeting*, 24–29 May 1999, Purdue University and the USDA-ARS National Soil Erosion Research Laboratory

Monk, K. A., De Fretes, Y. and Reksodiharjo-Lilley, G. (1997) *The Ecology of Nusa Tenggara and Maluku*, Oxford, UK, Oxford University Press

Nada, B. and Kirton, L. G. (2004) 'The secret life of fireflies: IRBM updates', *Integrated River Basin Management*, vol 3, pp2–4

Ng, P. K. L. and Sivasothi, N. (2001) *A Guide to Mangroves of Singapore. Volume 1: The Ecosystem and Plant Diversity; Volume 2: Animal Diversity*, Singapore Science Centre, sponsored by British Petroleum

Nong, K. and Marschke, M. (2006) 'Building networks of support for community-based coastal resource management in Cambodia', in Tyler, S. R. (ed) *Communities, Livelihoods and Natural Resources: Action Research and Policy Change in Asia*, Rugby, UK, Intermediate Technology Publications Ltd

Nurkin, B. (1994) 'Degradation of mangrove forests in south Sulawesi, Indonesia', *Hydrobiologia*, vol 285, pp271–276

Oakley, S., Pilcher, N. and Wood, E. (2000) 'Borneo', in Sheppard, C. (ed) *Seas at the Millennium: An Environmental Evaluation*, The Netherlands, Elsevier Science Ltd

Ong, J. E. (2003) 'Plants of the Merbok Mangroves, Kedah, Malaysia, and the urgent need for their conservation', *Folia Malaysiana*, vol 4, pp1–18

Ong, J. E., Gong, W. K., Alip, b. Rahim, Chan, H. C., Nor Haida, b. H., Kumaradevan, S., Wong, Y. P., Lee, L. C. and Chang, A. K. T. (2001) 'Carbon and nutrient fluxes and socio-economic studies in the Merbok Mangrove Estuary', in Talaue-McManus, L., Kremer, H. H. and Marshall Crossland, J. I. (eds) *SARCS/WOTRO/LOICZ: Biogeochemical and Human Dimensions of Coastal Functioning and Change in Southeast Asia. Final Report of the SARCS/WOTRO/LOICZ Project 1996–1999*, Texel, The Netherlands, LOICZ

Oo, N. (2002) 'Present state and problems of mangrove management in Myanmar', *Trees – Structure and Function*, vol 16, pp218–223

Oo, N. (2004) *Changes in Habitat Conditions and Conservation of Mangrove Ecosystem in Myanmar: A Case Study of Pyindaye Forest Reserve, Ayeyarwady Delta, Status Report for MAB Young Scientist Award 2004*, Yangon, Myanmar, Yangon University of Distance Education

Othman, J., Bennett, J. and Blamey, R. (2004) 'Environmental values and resource management options: A choice modelling experience in Malaysia', *Environment and Development Economics*, vol 9, pp803–824

Pagiola, S., Ritter, K. V. and Bishop, J. (2004) *Assessing the Economic Value of Ecosystem Conservation*, Washington DC, The World Bank

Primavera, J. H. (2000a) 'Development and conservation of Philippine mangroves: Institutional issues', *Ecological Economics*, vol 35, p91

Primavera, J. H. (2000b) 'Integrated mangrove – aquaculture systems in Asia', *Integrated Coastal Zone Management*, autumn 2000, pp121–128

Primavera, J. H. (2004) 'Philippine mangroves: Status, threats and sustainable development', in Vannucci, M. (ed) *Mangrove Management and Conservation: Present and Future*, Tokyo, United Nations University Press

Primavera, J. H. (2005) 'Mangroves, fishponds, and the quest for sustainability', *Science*, vol 310, pp57–59

Primavera, J. H. (2008) 'Review comments on draft text for *World Atlas of Mangroves*', Sent to M. Spalding

Primavera, J. H. and Agbayani, R. F. (1997) 'Comparative strategies in community-based mangrove rehabilitation programmes in the Philippines', in Hong, P. N., Ishwaran, N., San, H. T., Tri, N. H. and Tuan, M. S. (eds) *Proceedings of Ecotone V, Community Participation in Conservation, Sustainable Use and Rehabilitation of Mangroves in Southeast Asia*, Vietnam, UNESCO, Japanese Man and the Biosphere National Committee and Mangrove Ecosystem Research Centre

Primavera, J. H. and Esteban, J. M. A. (2008) 'A review of mangrove rehabilitation in the Philippines. Successes, failures and future prospects', *Wetlands Ecology and Management*, vol 16, pp345–358

Primavera, J. H., Sadaba, R., Labata, M. and Altamirano, J. (2004) *Handbook of Mangroves in the Philippines – Panay*, Tigbauan, Iloilo, the Philippines, Southeast Asian Fisheries Development Centre Aquaculture Department (SEAFDEC/AQD) and UNESCO Man and the Biosphere Project (MAB–IBSICA)

Ramsar (2009) *Ramsar Sites Information Service*, www.wetlands.org/rsis/, accessed 2 February 2009

Ratner, B. D., Ha, D. T., Kosal, M., Nissapa, A. and Chanphengxay, S. (2004) *Undervalued and Overlooked: Sustaining Rural Livelihoods through Better Governance of Wetlands*, Penang, Malaysia, WorldFish Center

Ruitenbeek, H. J. (2005) 'Evaluating Bintuni Bay: Some practical lessons in applied resource valuation', Paper presented to the Fifth Biannual EEPSEA Workshop, Ottawa, Canada, Economy and Environment Program for Southeast Asia, International Development Research Centre

Samson, M. S. and Rollon, R. N. (2008) 'Growth performance of planted mangroves in the Philippines: Revisiting forest management strategies', *Ambio*, vol 37, pp234–240

San Tha Tun (2007) 'General accounts on mangroves of Myanmar, University of Pathein', Sent to Mark D. Spalding

Sathirathai, S. (1997) *Economic Valuation of Mangroves and the Roles of Local Communities in the Conservation of Natural Resources: Case Study of Surat Thani, South of Thailand*, Ottawa, Canada, Economy and Environment Program for Southeast Asia, International Development Research Centre

Shinnaka, T., Sano, M., Ikejima, K., Tongnunui, P., Horinouchi, M. and Kurokura, H. (2007) 'Effects of mangrove deforestation on fish assemblage at Pak Phanang Bay, southern Thailand', *Fisheries Science*, 73, pp862–870

Soegiarto, A. (2000) 'Research and conservation of mangrove ecosystem in Indonesia', Paper presented to International Workshop on Asia-Pacific Cooperation on Research for Conservation of Mangroves, 26–30 March 2000, Okinawa, Japan, LandBase

Soemodihardjo, S., Wiroatmodjo, P., Mulia, F. and Harahap, M. K. (1996) 'Mangroves in Indonesia: A case study of Tembilahan, Sumatra', in Field, C. (ed) *Restoration of Mangrove Ecosystems*, Okinawa, Japan, ISME

Sour, K. (2004) 'Current status of mangroves in Cambodia', in Bhandari, B., Kashio, M. and Nakamura, R. (eds) *Mangroves in Southeast Asia: Status Issues and Challenges*, Tokyo, Ramsar Centre Japan/Institute for Global Environmental Strategies

Stone, R. (2006) 'The day the land tipped over', *Science*, vol 314, pp406–409

Supriyadi, I. H. and Wouthuyzen, S. (2003) 'Coastal management in Kotania Bay, West Ceram, Central Maluku – Indonesia', Paper presented at the Open Science Meeting of the Joint Working Committee for Scientific Cooperation between Indonesia and The Netherlands, September 2003, Jakarta

Tanaka, N., Sasaki, Y., Mowjood, M. I. M., Jinadasa, K. B. S. N. and Homchuen, S. (2007) 'Coastal vegetation structures and their functions in tsunami protection: Experience of the recent Indian Ocean tsunami', *Landscape and Ecological Engineering*, vol 3, pp33–45

Tangah, J. (2004) 'Conservation and wise use of mangroves in Sabah', in Bhandari, B., Kashio, M. and Nakamura, R. (eds) *Mangroves in Southeast Asia: Status Issues and Challenges*, Tokyo, Ramsar Centre Japan/Institute for Global Environmental Strategies

Tangah, J. (2008) 'Review comments on draft text for *World Atlas of Mangroves*', Sent to M. Spalding

Thampanya, U. (2006) *Mangroves and Sediment Dynamics along the Coasts of Southern Thailand*, The Netherlands, Wageningen University, UNESCO–IHE Institute for Water Education

Thampanya, U., Vermaat, J. E., Sinsakul, S. and Panapitukkul, N. (2006) 'Coastal erosion and mangrove progradation of southern Thailand', *Estuarine, Coastal and Shelf Science*, vol 68, pp75–85

Thu, P. M. and Populus, J. (2007) 'Status and changes of mangrove forest in Mekong Delta: Case study in Tra Vinh, Vietnam', *Estuarine, Coastal and Shelf Science*, vol 71, p98

Tomascik, T., Mah, A. J., Nontji, A. and Moosa, M. K. (1997) *The Ecology of the Indonesian Seas: Part Two*, Oxford, UK, Oxford University Press

Tongnunui, P., Ikejima, K., Yamane, T., Horinoughi, M., Medej, T., Sano, M., Kurokura, H. and Taniuchi, T. (2002) 'Fish fauna of the Sikao Creek mangrove estuary, Trang, Thailand', *Fisheries Science*, vol 68, pp10–17

Torell, M. and Salamanca, A. M. (2003) 'Wetlands management in Vietnam's Mekong Delta: An overview of the pressures and responses', in Torell, M., Salamanca, A. M. and Ratner, B. D. (eds) *Wetlands Management in Vietnam: Issues and Perspectives*, Penang, Malaysia, WorldFish Centre

Torell, M., Salamanca, A. M. and Ratner, B. D. (2004) *Wetlands Management in Cambodia: Socioeconomic, Ecological, and Policy Perspectives*, WorldFish Centre Technical Report 64, Penang Malaysia

Trainor, C. (2007) 'Mangroves of Timor-Leste', Comments sent to M. Spalding

Triest, L. (2008) 'Molecular ecology and biogeography of mangrove trees towards conceptual insights on gene flow and barriers: A review', *Aquatic Botany*, vol 89, pp138–154

UC (Univesidade de Coimbra) (undated) *Flora and Fauna: East Timor*, www.uc.pt/timor/florafauna.html#THE.FLORA, accessed 12 September 2007

UNEP (United Nations Environment Programme) (2005) *After the Tsunami: Rapid Environmental Assessment, National Rapid Environmental Assessment – Sri Lanka*, Nairobi, UNEP

UNEP-SCS (United Nations Environment Programme – South China Sea) (2004) *Trat Province Demonstration Site Summary Sheet*, Trat Province, Thailand, UNEP-SCS

UNESCO (United Nations Educational, Scientific and Cultural Organization) (2002) *An Ecological Assessment of Ulugan Bay, Palawan, Philippines*, Paris, UNESCO

Walters, B. B. (2005a) 'Ecological effects of small-scale cutting of Philippine mangrove forests', *Forest Ecology and Management*, vol 206, p331

Walters, B. B. (2005b) 'Patterns of local wood use and cutting of Philippine mangrove forests', *Economic Botany*, vol 59, p66

Walton, M. E. M., Samonte, G., Primavera, J. H., Edwards-Jones, G. and Levay, L. (2006) 'Are mangroves worth replanting? The direct economic benefits of a community-based reforestation project', *Environmental Conservation*, vol 33, pp335–343

Walton, M. E., Le Vay, L., Lebata, J. H., Binas, J. and Primavera, J. H. (2007) 'Assessment of the effectiveness of mangrove rehabilitation using exploited and non-exploited indicator species', *Biological Conservation*, vol 138, p180

Whitten, T., Damanik, S. J., Anwar, J. and Hisyam, N. (1997) *The Ecology of Sumatra*, Oxford, UK, Oxford University Press

Wiryawan, B. and Mous, P. J. (2003) *Report on a Rapid Ecological Assessment of the Derawan Islands, Berau District, East Kalimantan, Indonesia*, Bali, Indonesia, The Nature Conservancy

Woodroffe, C. D. (2005) 'Southeast Asian deltas', in Gupta, A. (ed) *Physical Geography of Southeast Asia*, Oxford, UK, Oxford University Press

Yuwono, E., Jennerjahn, T. C., Nordhaus, I., Riyanto, E. A., Sastranegara, M. H. and Pribadi, R. (2007) 'Ecological status of Segara Anakan, Indonesia: A mangrove-fringed lagoon affected by human activities', *Asian Journal of Water, Environment and Pollution*, vol 4, pp61–70

Cartes

Brunéi Darussalam. Les données proviennent d'une carte au 1:250 000 préparée par le Département de la Pêche et Shell (1992). Ces données sont anciennes mais il est probable que les mangroves ont subi peu de changements dans ce pays, comparés à ceux d'autres pays de la région.

Le Cambodge. Les données ont été numérisées pour le World Mangrove Atlas de 1997 à partir des travaux du Secrétariat du Mékong (1991), réalisés à partir d'images Landsat TM de 1988/1989 interprétées sans relevés de terrain. Ce jeu de données est ancien. Il donne une bonne indication sur la localisation des mangroves, mais il inclut d'autres écosystèmes comme les bassins aquacoles et exagère donc la surface totale des mangroves. C'est pourquoi l'estimation des surfaces de la FAO (2007) a été préférée.

L'Indonésie. Une carte détaillée de la couverture forestière a été aimablement procurée pour l'ensemble du pays par Listya Kusumawardhani, ancienne directrice de l'Inventaire et des Statistiques Forestiers, Ministère de la Forêt. Bien que nous n'ayons pas eu de détails supplémentaires, il est probable que ce jeu de données provienne de données forestières nationales au 1:250 000 mises à jour assez régulièrement. Nous pensons donc que la version remise à la FAO en 2006 a été probablement produite cette même année, et qu'elle a été produite à partir d'images Landsat de 2002/2003 (cf. www.dephut.go.id).

La Malaisie. De nouvelles données ont été préparées par la FAO à partir d'images Landsat.

Le Myanmar. Le Ministère de la Forêt a généreusement contribué à l'obtention des données qui découlent d'images Landsat acquises de 2000 à 2007 (Ayeyarwady Division, 2007 ; Mon State, 2000-2007 ; Rakhine State, 2005-2007 ; Tanintharyi Division, 2000-2006 ; et Yangon Division, 2001-2007), interprétées par la section de télédétection et des SIG. Les informations procurées au format GEOTIFF ont été extraites par la FAO qui s'est appuyée sur la légende. L'estimation des surfaces est légèrement plus élevée celle estimée par le Département de la Forêt (4616km²), la différence étant probablement due à des différences de projection, de superposition des pixels, ou à des interférences en bordure d'images et au niveau des forêts mixtes.

Les Philippines. De nouvelles données ont été préparées par la FAO à partir d'images Landsat. Malheureusement, les parties méridionales de Mindanao, dont le golfe de Davao, n'ont pas été incluses dans l'exercice cartographique. Des mangroves sont répertoriées dans ces zones, mais, comme dans le reste du pays, elles sont très dégradées et n'auraient probablement pas fait beaucoup varier les statistiques globales du pays.

Singapour. De nouvelles données ont été préparées par la FAO à partir d'images Landsat.

La Thaïlande. De nouvelles données ont été préparées par la FAO à partir d'images Landsat.

Le Timor oriental. Aucune donnée cartographique n'était disponible.

Le Vietnam. De nouvelles données ont été préparées par l'UNEP-WCMC à partir d'images Landsat. Celles-ci ont été modifiées par une technique de filtre majoritaire pour soustraire un grand nombre de pixels isolés considérés comme étant peu précis. Il a été suggéré qu'une grande partie des petits bosquets de mangroves situés à l'intérieur des terres au niveau du delta du Mékong sont probablement des forêts marécageuses (souvent dégradées) dominées par des *Melaleuca*. Il est possible de rencontrer de manière occasionnelle des palmiers *Nypa* le long de certains cours d'eau, à l'intérieur des terres, mais il se peut que la surface de mangroves soit exagérée (Barry Clough, pers comm, 3 février 2009). En outre, il se peut que cette carte sous-estime ailleurs la couverture en mangroves. La cartographie des mangroves de ce pays est problématique à cause de la distribution clairsemée des mangroves restantes et des étendues nouvellement reboisées. Aizpuru et Blasco (2002) donnent des statistiques pour plus de 2000km² de mangroves dans le delta du Mékong, plus de la moitié étant des reboisements et le reste étant très dégradé. Il est probable que notre estimation la plus faible ait exclu beaucoup de ces mangroves dégradées, et peut-être même des reboisements récents si les arbres étaient encore trop petits pour que leur réflectance permette de les identifier. Hong (2004b) cite une estimation de l'Inventaire Forestier du gouvernement et du Planning Institute donnant une surface de 1566km² en 1999, mais ne procure pas d'information sur le procédé d'obtention de cette surface. Sans information plus approfondie, nous avons retenu notre propre estimation surfacique.

L'Asie Orientale

8

Les littoraux de la Chine méridionale, de Taïwan et des îles du sud du Japon assurent la transition entre les eaux tropicales et tempérées. La distribution des mangroves est discontinue. Elle est marquée par un déclin de la diversité avec l'élévation en latitude. De 26 espèces sur l'île d'Hainan on passe à seulement une espèce, *Kandelia obovata*, sur l'île de Kyushu au Japon.

A l'exception de quelques îles japonaises, ces mangroves comptent parmi les plus altérées au monde, le développement côtier ayant conduit à des défrichements de mangroves excessifs et à la perte d'autres écosystèmes d'eau douce et terrestres. Il n'en reste plus que quelques fragments naturels, bien que les initiatives de protection et restauration des mangroves soient de plus en plus nombreuses.

La Chine Cartes 8.1 et 8.2

Les mangroves étaient autrefois largement répandues le long du littoral de la Chine méridionale, mais les deux tiers de la couverture originelle ont été perdus selon les estimations (Li and Lee, 1997). De nombreuses forêts encore en place ont été profondément modifiées. La plupart des mangroves forment actuellement une frange extérieure donnant sur des rizières, des bassins aquacoles, ou des zones urbaines et industrielles. Quelques formations plus importantes se situent dans les estuaires et deltas abrités de la Province de Guanxi et sur le littoral de la péninsule de Leizhou. Cette dernière comporte plus de 70km² de mangroves qui se sont développées sur de grandes étendues sédimentaires faiblement inclinées et dans des baies abritées (Li and Lee, 1997 ; Zou *et al.*, 2006). Dans ces mangroves, *Rhizophora stylosa* domine, en formations denses de 5 à 6m de hauteur (Ramsar, 2009). Des traits caractéristiques d'une zonation se dessinent probablement, comme par exemple à Shankou, avec des *Avicennia marina* d'assez petite taille et des *Agiceras corniculatum* au plus bas de la zone de balancement des marées, puis des *Rhizophora* et des *Bruguiera*, et enfin *Excoecaria agallocha* sur les parties les plus élevées (He *et al.*, 2007 ; Ramsar, 2009).

Au sud du continent, l'île d'Hainan a un climat plus chaud, favorable à la diversification des mangroves. Les arbres atteignent ici 15m de hauteur. Les mangroves les plus vastes sont dans l'estuaire Dongzhaigang (Quiongshan) et à Wenchang sur le littoral du nord-est, dans des baies estuariennes profondes. Plus à l'Est sur le continent, le marais de Mai Po dans Hong Kong comprend une importante mangrove, totalement intégrée dans un système complexe de bassins piscicoles ou *gei*

Les mangroves d'Iriomote, au Japon, sont populaires pour les activités de loisir, comme la pratique du canoë. En Chine, les réserves naturelles de Hainan et de Hong Kong reçoivent des dizaines de milliers de visiteurs chaque année.

Photo Shigeyuki Baba

wais. La frange extérieure de ces mangroves est naturelle. Dans les bassins piscicoles subsistent de vieux arbres reliques et quelques placettes de mangroves restaurées. La côte orientale du continent chinois étant soumise aux influences de courant côtier venant du nord de la Chine, les mangroves ne peuvent pas s'étendre plus au nord. Leur limite naturelle se situe vers 27°N, près de Fuding, au nord de la Province de Fujian. Au nord de cette région, des *Kandelia* avaient été plantés dans les années 1950, mais la plupart ont maintenant disparu à cause des impacts humains (Li and Lee, 1997).

En terme de diversité spécifique, l'île d'Hainan comporte une véritable flore tropicale, avec 26 espèces de palétuviers. Par contre, seules 12 espèces spontanées ont été répertoriées sur le continent, la plupart à l'ouest et au centre du pays. On assiste ensuite à une diminution assez rapide du nombre espèces le long de la côte au nord-est de Shouzhou, et enfin, les mangroves les plus septentrionales ne comprennent que des *Avicennia marina* et *Kandelia obovata*. Les oiseaux aquatiques utilisent beaucoup ces espaces, se nourrissant dans les bassins piscicoles et utilisant les hautes digues et les talus séparant les bassins pour se percher et pour se nourrir à

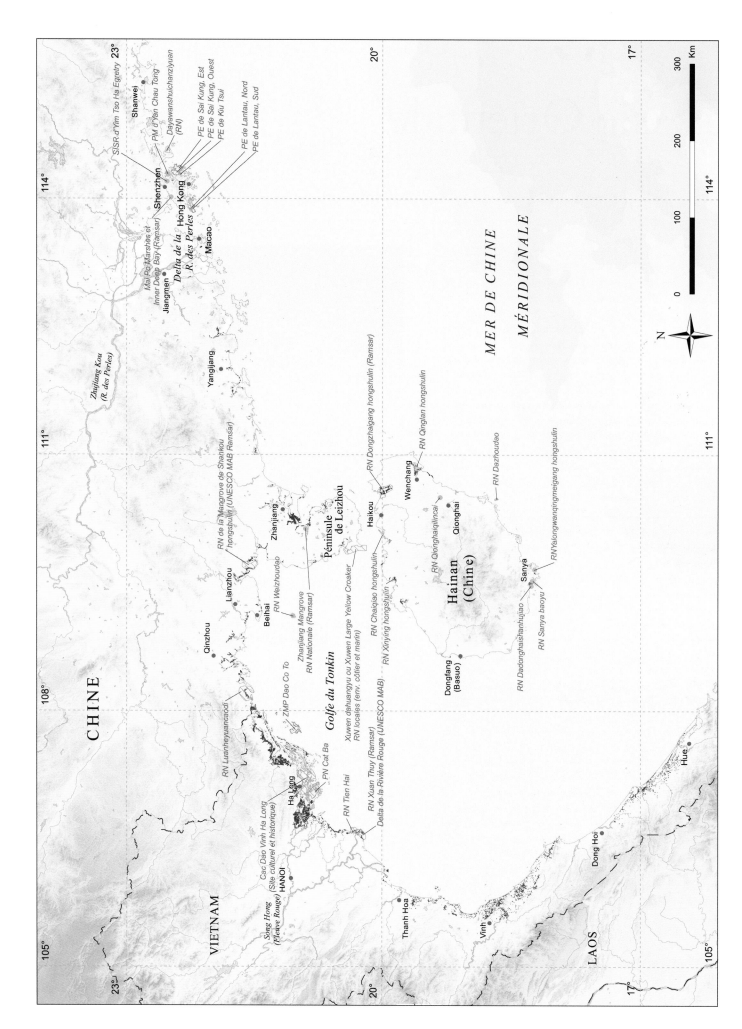

Carte 8.1 Le nord du Vietnam et la Chine méridionale

marée haute (WWF Hong Kong, 2006 ; Zou *et al.*, 2006 ; Ramsar, 2009). Quelques 380 espèces d'oiseaux ont été répertoriées dans les habitats complexes des marais de Mai Po, dont 110 espèces de limicoles en hiver, pour un total d'environ 54 000 oiseaux dont 22 espèces menacées. Les marais de Mai Po hébergent aussi *Parasesarma maipoensis*, une espèce de crabe, seulement rencontrée dans ces marais et à Macau (WWF Hong Kong, 2006 ; Ramsar, 2009). Quelques 132 espèces d'oiseaux et 95 espèces de poissons ont été observées dans la réserve naturelle de Shankou. Ce site est aussi fréquenté par le dauphin à bosse de l'Indo-Pacifique et par les dugongs. Un total de 118 espèces d'oiseaux ont été répertoriées à Quiongshan, Hainan (Ramsar, 2009).

L'importance des mangroves pour les populations en Chine a pendant longtemps été négligée. Les mangroves encore en place jouent certainement un rôle dans le soutien aux pêcheries et les mangroves en bordure des bassins aquacoles les plus extensifs ont très probablement un rôle crucial sur le repeuplement naturel, la stabilisation des sédiments et les prélèvements de nutriments. L'importance des mangroves pour la protection du littoral est maintenant de plus en plus reconnue (Chen *et al.*, 2004).

Certaines pertes de mangroves en Chine remontent à plusieurs siècles. Cependant, les changements les plus spectaculaires se sont produits au cours des 50 dernières années. Dans les années 1960 et 1970, les défrichements au profit des rizières ont probablement été l'une des principales causes. Pendant les années 1980 a eu lieu une nouvelle vague de conversions, à l'aquaculture cette fois, dont des conversions d'anciennes rizières devenues inexploitables à cause de leur salinité devenue trop élevée (Chen *et al.*, 2004 ; WWF Hong Kong, 2006). Plus récemment, les conversions ont été liées au développement urbain. L'accroissement démographique très rapide, le relèvement du niveau de vie et le développement de l'industrie à proximité des cours d'eau notamment au voisinage de la Rivière des Perles et à Xiamen donnent des exemples extrêmes d'un problème généralisé. À Xiamen, les mangroves autrefois vastes avaient déjà presque entièrement disparu à la fin des années 1980, mais une étude récente (Xue *et al.*, 2004) a montré une diminution de 88% des mangroves restantes en 8 ans, de 1987 à 1995. Ces changements ont occasionné la perte de presque toutes les mangroves des parties hautes dans la zone de balancement des marées, altérant l'équilibre entre espèces et les tendances à la zonation naturelle.

La pollution est un problème majeur sur de nombreuses côtes. Dans la région de la Rivière des Perles, d'importantes quantités d'eaux usées partiellement ou non traitées provenant des centres urbaines et des élevages de bétail ont créé une « zone morte » permanente, où l'eau est désoxygénée, l'un des plus vastes points d'eau polluée (Tam, 2006 ; WWF Hong Kong, 2006 ; Diaz and Rosenberg, 2008).

La plantation et la réhabilitation de mangroves sont devenues de plus en plus communes dans certaines régions de la Chine méridionale. C'est est en partie lié à la perception de plus en plus évidente de leur rôle dans la réduction de l'érosion, mais aussi à la chute du prix des crevettes (Chen *et al.*, 2004), et à des abandons de plus en plus nombreux des bassins d'aquaculture (Zou *et al.*, 2006). Plusieurs espèces ont été plantées, dont *Sonneratia caseolaris* en dehors de sa zone de distribution d'origine, en plusieurs endroits du continent. Cette espèce paraît s'étendre naturellement (Chen *et al.*, 2004 ; Ramsar, 2009), et pourrait entrer en compétition avec des espèces locales, ce qui est un sujet préoccupant. Cette espèce est activement défrichée dans les marais de Mai Po (WWF Hong Kong, 2006).

Compte-tenu de leur proximité avec de grands centres urbains, les quelques mangroves subsistant en Chine sont probablement parmi les plus visitées de la région. La réserve naturelle de Dongzhaigang sur l'île d'Hainan a reçu 60 000 visiteurs en 1997, et les initiatives de sensibilisation des populations locales à l'importance des mangroves sont de plus en plus nombreuses (Kelin, 1999). Depuis 2000, les marais de Mai Po à Hong Kong ont reçu environ 40 000 visiteurs par an, dont 11 000 étudiants (Ramsar, 2009).

La majorité des mangroves restantes font maintenant partie d'aires protégées dont quatre sites Ramsar. La protection est parfois trop concentrée sur les mangroves, sans se soucier des zones tampons pour les protéger de l'intense développement qui se poursuit sur la côte elle-même comme au large. Dans le même temps, les surfaces de mangroves non protégées diminuent rapidement (Li and Lee, 1997).

Taïwan Carte 8.2

Les mangroves étaient probablement autrefois répandues le long de la côte occidentale de Taïwan. Cette côte est aujourd'hui transformée en un paysage largement anthropisé, dominé par l'agriculture, l'aquaculture et les

Sonneratia alba est l'une des espèces tropicales les plus typiques d'Asie Orientale, restreinte à l'île d'Hainan et aux îles Yaeyama au sud du Japon.

Photo Mami Kainuma

Carte 8.2 La Chine orientale et Taïwan

zones urbaines. La côte ouest est dominée par des plages de sable battues par les vagues et par des rivages rocheux, non appropriés aux mangroves, bien que *Pemphis acidula* se développe par endroits (Hsueh and Lee, 2000). Les mangroves les plus septentrionales se situent à 25°10'N, avec 78ha de *Kandelia obovata* dans l'estuaire de Tanshui.

Kandelia obovata, proche de *Kandelia candel*, est largement restreinte à l'Asie Orientale et se développe dans les mangroves les plus septentrionales de la Chine et du Japon.

Photo Mami Kainuma

Elles sont entourées de zones principalement urbaines, mais elles sont désormais protégées. Cette mangrove est la plus grande mangrove de l'île. À une latitude proche, une formation de même ampleur a été défrichée lors de la construction du port de Keelung en 1920. *Avicennia marina* est aussi présente dans certaines mangroves du nord de l'île ; c'est l'espèce dominante dans le pays. En allant vers le sud depuis Putai, les eaux côtières sont beaucoup plus chaudes, grâce à l'influence tout au long de l'année d'une partie du courant de Kuroshio orienté à l'ouest, et d'autres espèces comme *Rhizophora stylosa* et *Lumnitzera racemosa* se développent (Huang *et al.*, 1998 ; Hsueh and Lee, 2000).

Il est difficile ici d'établir la surface de la couverture originelle des mangroves, mais les conversions à grande échelle dans la plupart des zones, dont la construction du port de Kaohsiung, au début du 20ième siècle, ont conduit à la disparition de deux espèces de l'ile, *Ceriops tagal* et *Bruiguiera gymnorhiza* (Hsueh and Lee, 2000). Les formations de Tanshui et de Sutsao font maintenant partie d'aires protégées, mais toutes les autres mangroves résiduelles ne bénéficient d'aucune protection (Hsueh and Lee, 2000).

Le Japon Carte 8.3

Les mangroves du Japon sont les plus septentrionales de la région biogéographique de l'Indo-Pacifique Occidental. Elles s'y développent grâce à l'influence constante du courant chaud de Kuroshio. Elles sont principalement situées le long du chapelet d'îles que constitue l'archipel Nansei, s'étendant vers le sud depuis la pointe méridionale de la grande île de Kyushu. Les mangroves les

plus septentrionales sont situées à 31°22.5'N près de la localité de Kiire, la partie la plus méridionale de la ville de Kagoshima. Les mangroves les plus étendues se trouvent sur les îles les plus méridionales, les îles Sakishima, et en particulier l'île d'Iriomote, où de vastes forêts aux essences diversifiées se sont formées dans des baies abritées et dans plusieurs estuaires, où des formations adultes atteignent généralement 5 à 8m de hauteur. Les îles voisines d'Ishigaki et de Miyako sont plus anthropisées, comprenant des villes et des espaces dévolus à l'agriculture, mais il y reste des mangroves dans plusieurs baies abritées et dans des estuaires. Près d'Okinawa et sur certaines îles du Ryukyu, le développement côtier a eu des conséquences néfastes, mais quelques mangroves subsistent, dont la petite forêt de Manko au milieu de la zone urbaine de Naha (Chapman, 1977 ; Miyawaki, 1986).

Alors que de nombreuses mangroves de l'Asie Orientale ont été profondément dégradées, l'île d'Iriomote au Japon comporte encore de vastes mangroves bien conservées, riches et diversifiées, dont celles présentées ci-dessous près de l'embouchure de l'Urauchi.

Photos Mami Kainuma

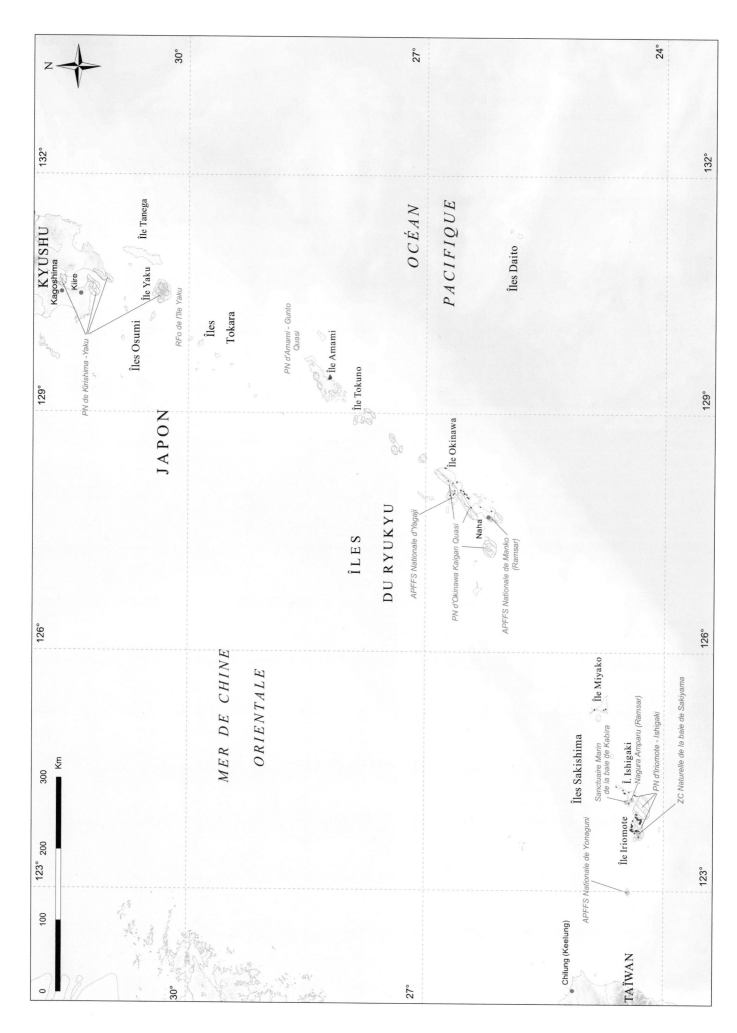

Carte 8.3 Le Japon

La diversité en espèces est plus élevée sur les îles Sakishima, où 11 espèces ont été répertoriées. Au nord, sur l'île d'Amami, les espèces présentes sont notamment *Kandelia obovata*, *Bruguiera gymnorhiza*, *Heritiera littoralis* et *Excoecaria agallocha*, mais seule *Kandelia* est représentée dans les îles les plus septentrionales (Chapman, 1977 ; Ministry of the Environment and Wetlands International Japan, date inconnue). Les mangroves sont le lieu de vie de nombreuses espèces animales, dont plusieurs oiseaux et un certain nombre d'espèces endémiques comme le crabe *Ryukyum yaeyamense*. Une espèce de poisson endémique, le Ryukyu ayu fish (*Plecoglossus altivelis ryukyuensis*), se reproduit dans les mangroves ; elle est éteinte sur les îles d'Okinawa, mais a été réintroduite avec succès sur l'île d'Amami. Malgré sa position en pleine zone urbanisée, la mangrove de Manko à Okinawa est un abri pour de nombreux oiseaux en migration et en hivernage, dont la spatule à face noire, le chevalier gambette, le courlis cendré d'orient et l'échasse blanche (Ministry of the Environment and Wetlands International Japan, date inconnue ; Ramsar, 2009).

Les prélèvements de bois de palétuviers pour la construction ou comme source de tanins ont maintenant cessé, mais les mangroves sont toujours aussi importantes dans le soutien des activités de pêche côtières. La prise de conscience de leur rôle dans la stabilisation du littoral a favorisé le plantation des berges de cours d'eau, et les plantations le long des routes côtières et d'autres infrastructures. Par endroits, notamment à Ishigaki et Iriomote, les mangroves sont aussi devenues d'importantes attractions touristiques (Miyawaki, 1986 ; Vannucci, 2002).

Les premières disparitions de mangroves au Japon étaient dues à une surexploitation du bois de palétuvier et à la production de tanin, mais les pertes les plus récentes sont liées à la conversion directe en zone urbaine, industrielle ou à la construction de routes (Miyawaki, 1986 ; Vannucci, 2002). L'une des préoccupations actuelles est la sédimentation très élevée sur l'île d'Okinawa, liée à une mauvaise utilisation du sol à l'intérieur des terres, qui pourrait aussi menacer les mangroves par endroits (Furukawa and Baba, 2000). L'érosion due aux vagues produites par le sillage des bateaux à moteur dans le cadre des activités d'écotourisme pourrait aussi dégrader les mangroves (Maxwell, 2009).

La plupart des mangroves existantes font désormais partie d'aires protégées, dont deux sites Ramsar, et de nombreux monuments naturels.

Références

Chapman, V. J. (ed) (1977) *Wet Coastal Ecosystems*, Amsterdam, Elsevier Scientific Publishing Company

Chen, Z., Wang, R. and Miao, Z. (2004) 'Introduction of *Sonneratia* species to Guangdong Province, China', in Vannucci, M. (ed) *Mangrove Management and Conservation: Present and Future*, New York, NY, United Nations University Press

Diaz, R. J. and Rosenberg, R. (2008) 'Spreading dead zones and consequences for marine ecosystems', *Science*, vol 321, pp926–929

Furakawa, K. and Baba, S. (2000) 'Effects of sea level rise on Asian mangrove forests', in Mimura, N. and Yokoki, H. (eds) *Proceedings of the APN/SURVAS/LOICZ Joint Conference on Coastal Impacts of Climate Change and Adaption in the Asia-Pacific Region*, 14–16 November 2000, Kobe, Japan

He, B., Lai, T., Fan, H., Wang, W. and Zheng, H. (2007) 'Comparison of flooding-tolerance in four mangrove species in a diurnal tidal zone in the Beibu Gulf', *Estuarine, Coastal and Shelf Science*, vol 74, p254

Hsueh, M. L. and Lee, H. H. (2000) 'Diversity and distribution of the mangrove forests in Taiwan', *Wetlands Ecology and Management*, vol 8, p233

Huang, S., Shih, J.-T. and Hsueh, M. L. (1998) *Mangroves of Taiwan*, Taiwan, Taiwan Endemic Species Research Institute

Kelin, C. (1999) *Management Plan of Dongzhaigang National Nature Reserve, Hainan, China*, Gland, Switzerland, Ramsar Secretariat

Li, M. S. and Lee, S. Y. (1997) 'Mangroves of China: A brief review', *Forest Ecology and Management*, vol 96, pp241–259

Maxwell, G. (2009) 'Review comments on draft text for *World Atlas of Mangroves*', Sent to M. Spalding

Ministry of the Environment and Wetlands International Japan (undated) *500 Important Wetlands in Japan*, Ministry of the Environment, accessed 18 August 2008

Miyagi, T., Hayashi, K., Saito, A. and Baba, S. (2004) *Survey of Mangrove Area Changes in Okinawa Islands for Monitoring Coastal Ecosystems by Sea-Level Rise*, ISME, Naha, Okinawa Prefecture Report, pp153

Miyawaki, A. (1986) 'Socio-economic aspects of mangrove vegetation in Japan', in Kunstadter, P., Bird, E. C. F. and Sabhasri, S. (eds) *Man in the Mangroves: The Socio-Economic Situation of Human Settlements in Mangrove Forests*, Tokyo, Japan, United Nations University Press

Ramsar (2009) *Ramsar Sites Information Service*, www.wetlands.org/rsis/, accessed 3 February 2009

Tam, N. (2006) 'Pollution studies on Mangroves in Hong Kong and Mainland China', in Wolanski, E. (ed) *The Environment in Asia Pacific Harbours*, Netherlands, Springer.

Vannucci, M. (2002) 'Indo-West Pacific mangroves', in Lacerda, L. D. (ed) *Mangrove Ecosystems: Function and Management*, Berlin, Springer

WWF Hong Kong (2006) *Management Plan for the Mai Po Nature Reserve*, Hong Kong, WWF Hong Kong

Xue, X., Hong, H. and Charles, A. T. (2004) 'Cumulative environmental impacts and integrated coastal management: The case of Xiamen, China', *Journal of Environmental Management*, vol 71, pp271–283

Zou, F., Yang, Q., Dahmer, T., Cai, J. and Zhang, W. (2006) 'Habitat use of waterbirds in coastal wetland on Leizhou Peninsula, China', *Waterbirds*, vol 29, p459

Cartes

La Chine et Taïwan. De nouvelles données ont été préparées par la FAO à partir d'images Landsat.

Le Japon. Des cartes originales ont été produites à partir de photos aériennes datant de 1993 à 2001 et vérifiées par une campagne de terrain étendue. Elles ont été publiées dans Miyagi *et al.* (2004). La surface totale citée dans cette référence est de 643,5ha. La même méthodologie a été utilisée pour interpréter 1977 photos aériennes, et la surface totale a ensuite été estimée à 540,1ha. Malheureusement, ces données ne couvrent que les îles d'Okinawa, de Miyako, d'Ishigaki et d'Iriomote (et leurs petites îles adjacentes). Les mangroves restantes couvrent environ 90ha supplémentaires, dont la plupart (71ha) sont sur l'île d'Amami. L'estimation surfacique finale est par conséquent fondée sur la carte plus 90ha, donnant une surface totale de 744ha, ou 7,44km^2 (S. Baba et M. Kainuma, pers comm, 14 mai 2009).

L'Australie et la Nouvelle-Zélande

9

L'Australie

L'Australie, île continent, est l'une des principales nations de mangroves au monde, avec 6,6% de la surface totale. Les mangroves les plus vastes se trouvent dans le nord le plus humide et au nord-est du pays. Ailleurs, les conditions arides prévalent et de nombreux peuplements de mangroves sont étroitement liés aux marécages salés et aux dépressions chargées en sel, considérés par beaucoup en Australie comme un seul continuum écologique (Wightman, 2006).

Quelques 40 espèces de palétuviers ont été répertoriées, avec une diminution rapide de la diversité en s'éloignant des tropiques. *Avicennia marina* s'étend loin dans la zone tempérée, formant des mangroves situées aux plus basses latitudes au monde, dans l'État du Victoria.

L'Australie a une population éparse, principalement concentrée dans les centres urbains. Dans leurs traditions, les peuples aborigènes autochtones utilisaient les mangroves pour se nourrir, pour prélever du bois et d'autres produits. De vastes zones le long de la côte nord du pays sont restées la propriété du peuple aborigène, ou elles lui ont été restituées. De nombreuses utilisations ancestrales ont été abandonnées, ou même oubliées. Dans un tout autre registre, les mangroves sont d'une importance considérable pour la pêche commerciale, dont la pêche des crevettes au large et pour la pêche récréative très répandue. Les pertes de mangroves ont été minimes et localisées, généralement liées à l'expansion urbaine et au développement de ports et de marinas.

Des efforts croissants sont mis en œuvre pour protéger les mangroves par des politiques largement répandues, par des cadres réglementaires, ainsi que par la mise en place d'un vaste système d'aires protégées.

La superficie totale de mangroves en Australie est donnée pour 9910km². Cette superficie est plus faible que les estimations obtenues par le passé, mais repose sur des conseils d'experts de chaque État. La diminution de la superficie par rapport aux estimations antérieures a été attribuée à une résolution plus fine des cartes plutôt qu'à une diminution réelle des surfaces sur le terrain (Wilkes, 2008). Compte-tenu de la taille et de la couverture étendue des mangroves de ce pays, les informations plus détaillées sont données pour chaque État ou Territoire.

Le Territoire du Nord Carte 9.1

Dans cette région peu peuplée, les mangroves sont intactes pour beaucoup d'entre elles et occupent les étendues les plus vastes connues en l'Australie. Le climat est caractérisé par une mousson, ce qui explique la grande variabilité saisonnière du débit des cours d'eau. Une

La pêche des crevettes au chalut est une industrie majeure, au large du Territoire du Nord et du Queensland, sur de vastes plateaux peu profonds. Bien qu'elles soient capturées au large, la plupart des crevettes débutent leur vie dans les mangroves.

Photo Mark Spalding

grande partie de la région est « macro-tidale », avec des amplitudes de marées pouvant atteindre 8m. Le littoral présente une faible houle et la géomorphologie est faiblement accidentée. Ces facteurs ont permis le développement de grandes forêts de palétuviers le long de 42% du littoral, pénétrant profondément à l'intérieur des terres le long des estuaires, en particulier dans les régions les plus humides, tout à fait au nord du pays et sur les îles du large. Certaines de ces forêts, parmi les plus grandes et les plus diversifiées, se trouvent près du port de Darwin, au voisinage immédiat de la capitale régionale. L'étendue des mangroves et leur diversité est plus faible dans le golfe de Carpentarie où les conditions sont plus arides et les amplitudes des marées plus faibles.

Le Territoire du Nord comprend 32 espèces de palétuviers, dont la seule mangrove endémique d'Australie : *Avicennia integra*. Cette espèce est confinée à une bande étroite du littoral nord de cette région où elle est généralement localisée dans les parties basses de la zone de balancement des marées, ou en position intermédiaire dans les estuaires. On trouve dans ces mangroves de nombreuses espèces associées. Une étude menée sur le port de Darwin a permis d'identifier 20 mammifères (dont 9 espèces de chauve-souris), 128 espèces d'oiseaux et 3000 espèces d'invertébrés. Parmi les oiseaux, plusieurs ne vivent que dans les mangroves, dont le zostérops à ventre jaune, le râle à ventre roux, le cassican des mangroves, le gérygone des mangroves, le miro des mangroves, le siffleur à bavette blanche et le siffleur à queue noire (golden whistler). Les reptiles sont aussi communs, dont le varan des mangroves qui a été introduit et trois espèces de serpents de type « serpent des milieux boueux », dont l'un, *Myron richardsonii*, est

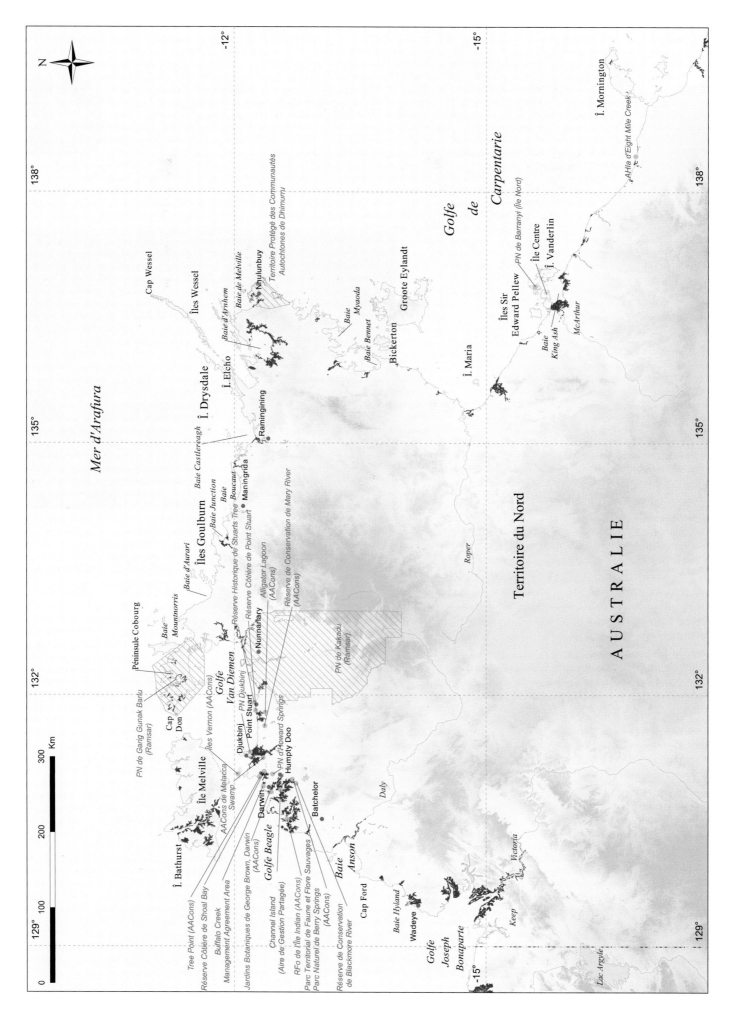

Carte 9.1 Le nord de l'Australie

Les conditions arides prédominent en Australie et la partie haute des zones de balancement des marées est souvent dominée par des arbres chétifs comme ces *Ceriops*.

Photo Mark Spalding

endémique (DIPE, 2002). Les crocodiles d'estuaires sont largement répandus et présentent un danger considérable pour les visiteurs et pour les chercheurs.

Tout le littoral oriental correspond à une façade océanique sujette aux cyclones tropicaux qui peuvent être lourds de conséquences. Certaines mangroves du Parc National Charles Darwin détruites lors du cyclone Tracey de 1974 ne se sont pas encore reconstituées. On a aussi connu des cas de défoliation totale de mangroves par des essaims de criquets, lors de périodes de stress.

Plus de 70% du littoral du Territoire du Nord est une terre aborigène, gérée par des comités locaux ou régionaux ou des conseils fonciers, parfois associés à la Commission des Parcs et de la Faune et la Flore Sauvages du Territoire du Nord (Northern Territory Parks and Wildlife Commission). Il est souvent nécessaire d'avoir la permission des propriétaires historiques pour pénétrer dans les mangroves. Les usages traditionnels de la mangrove sont toujours largement répandus chez les aborigènes. Selon les estimations, la mangrove procurait jusqu'à 80% de la nourriture des tribus Yolngu en terre d'Arnhem pendant la saison humide. Les fruits d'*Avicennia* et les hypocotyles de *Bruguiera* sont consommés, comme un certain nombre de larves d'insectes vivant dans le bois de différents palétuviers. Les mollusques, les crustacés et les poissons y sont souvent pêchés. Beaucoup d'espèces de palétuviers sont prélevées pour leur bois. Le bois tendre de *Camptostemon* et *Excoecaria* est utilisé pour la sculpture, et traditionnellement comme flotteurs utilisés avec les harpons, alors que *Bruguiera* et d'autres essences plus dures sont utilisées pour fabriquer des lances, des harpons et des flèches. Quantité de propriétés médicinales sont attribuées aux palétuviers, à partir de l'écorce, des feuilles et même des cendres de plusieurs espèces pour soigner les blessures de pastenagues, la teigne, les hémorragies, les dermatoses, la diarrhée, les maux de dents et bien d'autres affections. Malheureusement, une grande partie de ces connaissances ont déjà été perdues, et leur transmission aux nouvelles générations est bien compromise (Bird, 1986 ; Wightman, 2006).

Les mangroves contribuent considérablement aux rendements de la pêche commerciale. Les crevettes pêchées au nord constituent l'un des principaux produits de la pêche exportés par l'Australie, rapportant 70 millions de $AUS par an dans le golfe de Carpentarie et en Australie-Occidentale. Les crevettes bananes, qui représente entre 50 et 80% des prises, sont très dépendantes des mangroves qu'elles utilisent comme espaces de nourrissage (alors que les crevettes tigrées utilisent les herbiers marins, souvent adjacents aux mangroves) (CSIRO, 1998 ; AFMA, 2009). Les crabes de palétuviers et les poissons comme le barramundi contribuent de leur côté largement à l'économie. Ils sont très recherchés par les pêcheurs amateurs (DPIFM, 2005).

Des défrichements de mangroves ont eu lieu autour de la ville de Darwin, leurs sols ayant été convertis à d'autres usages. D'autres pertes ont été répertoriées au nord-est de la terre d'Arnhem, à Groote Eylandt et dans le golfe de Carpentarie, liées à l'extraction minière. Les excédents d'engrais agricoles parvenant jusqu'aux mangroves posent un problème par endroits comme dans le Daly Basin. Dans l'ensemble cependant, les mangroves du Territoire du Nord sont en bon état. À Darwin, les visiteurs peuvent y accéder grâce à deux passerelles. La plupart des mangroves aux alentours du port de Darwin sont des zones de conservation. Les aires protégées comprennent le Parc National de Kakadu (qui est aussi un site du Patrimoine Mondial) et le site Ramsar de la péninsule de Cobourg.

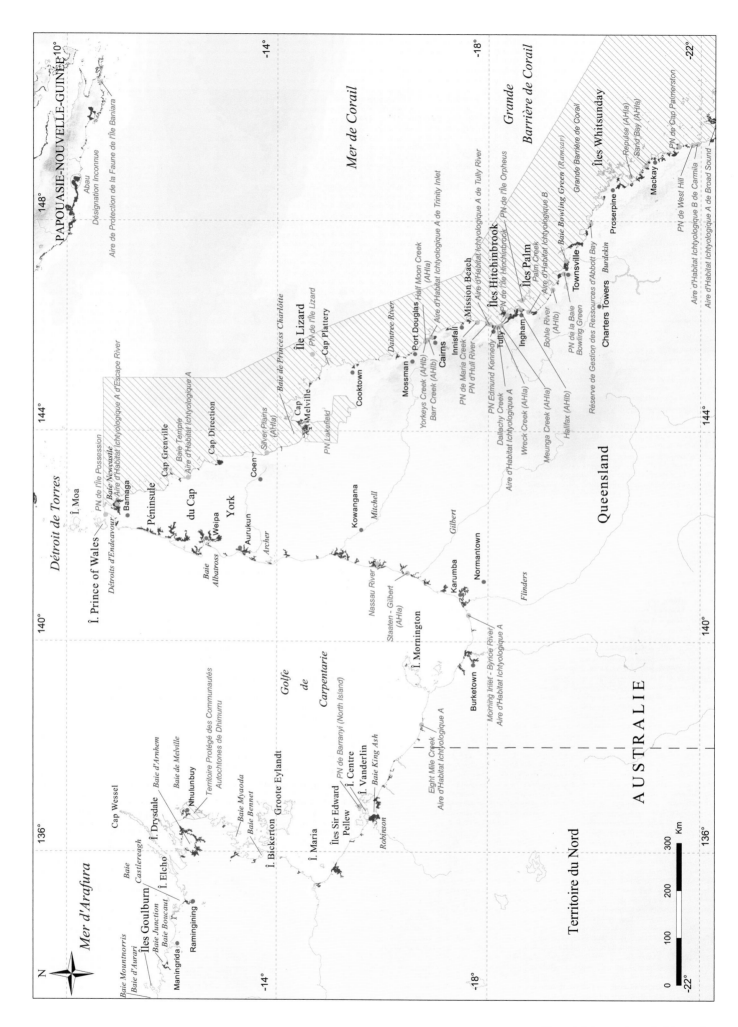

Carte 9.2 Le nord-est de l'Australie

Le Queensland Cartes 9.2 et 9.3

Le Queensland possède des étendues de mangroves sur 18% de son littoral. Cet État comprend 39 espèces de palétuviers. La diminution de la diversité spécifique avec la latitude est nette. L'Est du golfe de Carpentarie est assez sec. Sur ses vastes plaines tidales d'importantes mangroves ont pu se développer, notamment dans l'estuaire de la Flinders. La côte Pacifique du Cap York est caractérisée par un climat beaucoup plus humide et par de nombreux estuaires portant de grandes forêts de palétuviers dont la canopée peut atteindre une hauteur de 25m. On trouve d'importantes couvertures de mangroves dans la baie de Newcastle, ainsi qu'autour de la Daintree, où se trouve la flore de palétuviers la plus riche au monde, avec 31 espèces. Beaucoup d'espèces sont cantonnées dans les parties tropicales humides, et 10 espèces ont leur limite méridionale entre les fleuves Murray et Herbert près de l'île Hinchinbrook, à 18°-18°30'S. Plus au sud, les conditions deviennent plus sèches, mais la géomorphologie fait apparaître d'importants bas fonds côtiers portant des mangroves, comme dans la baie de Bowling Green et dans celle de l'estuaire du Fitzroy au sud. Au sud du Queensland, on passe à des conditions subtropicales. De larges étendues argileuses intertidales sont protégées par des îles sableuses, comme l'île Fraser (Kagari). Mais la diversité en espèces est faible. Sur le fleuve de Brisbane, dans la baie de Moreton, on ne compte que 6 espèces de palétuviers.

Le « Boyd's forest dragon », *Hypsilurus boydii* n'est présent que dans les forêts humides du Queensland. Il fréquente occasionnellement les mangroves.

Photo Mark Spalding

Le nord-est du Queensland est la seule région australienne possédant de vastes territoires soumis à des conditions tropicales humides. La diversité des palétuviers y est riche. On y trouve de très grands arbres comme ce *Sonneratia* dans l'estuaire de la Daintree.

Photo Mark Spalding

Même dans les régions les plus septentrionales, la composition en espèces est fortement influencée par la salinité. Dans les grands estuaires, sous les climats les plus humides, *Sonneratia*, *Avicennia marina* et même *Nypa fruticans* peuvent être dominants à proximité immédiate de l'eau, avec plusieurs espèces de *Rhizophora*, de *Bruguiera* et *Xylocarpus granatum* à des élévations intermédiaires, *Heritiera littoralis* se trouvant sur les parties les plus élevées. La diversité en espèces est très réduite dans les régions à forte salinité où les parties hautes de la mangrove sont généralement dominées par des *Ceriops* (Zann, 1995).

Les mangroves du Queensland abritent une faune riche. De nombreux oiseaux y sont observés, avec des « spécialistes » des mangroves comme le miro des mangroves, le siffleur à bavette blanche, le méliphage des mangroves et le martin-chasseur des mangroves (Lovelock, 1993). La souris aquatique, *Xeromys myoides*, autrefois appelée « faux rat d'eau » est un marsupial indigène hautement lié aux mangroves ; il suit la marée descendante à la recherche d'une grande variété d'invertébrés – il est peu connu mais il a été observé dans le Queensland, le Territoire du Nord et en Papouasie-Nouvelle-Guinée (Woinarski, 2006). Les chauves-souris frugivores forment parfois de grandes colonies venant se percher sur les palétuviers pendant la journée. Les crocodiles estuariens sont communs dans les régions septentrionales. On y trouve aussi un certain nombre de serpents terrestres et marins.

Comme dans le Territoire du Nord, les activités de pêche dans le Queensland dépendent beaucoup des mangroves (Manson *et al.*, 2005). Elles comprennent la pêche des crevettes et celle des crabes de palétuviers. Ces derniers sont prélevés en quantité équivalente par les pêcheurs amateurs et par les professionnels, soit environ 1000 tonnes par an le long de la côte Est, en 2004 (DEH, 2004). Le barramundi, une grande perche des eaux chaudes, est un poisson lié aux mangroves, très recherché par les pêcheurs amateurs et professionnels du nord de l'Australie. Dans le Queensland, ces activités de pêche sont désormais strictement contrôlées et les niveaux de capture semblent durables (Welch *et al.*, 2002).

Les cyclones dégradent régulièrement les mangroves au nord de l'Australie, or ces mêmes mangroves sont très importantes pour protéger les littoraux terrestres adjacents.

Photo Mark Spalding

Les habitats côtiers en général, mais les mangroves en particulier, jouent un rôle important dans la rétention des sédiments et des nutriments continentaux. Cela a pu contribuer à la protection de la Grande Barrière de Corail contre les dommages causés par les sédiments et par la pollution, à la suite de l'augmentation des conversions de terres à l'agriculture et aux pâturages (Alongi and McKinnon, 2005).

Les cyclones tropicaux peuvent affecter les mangroves dans tout le Queensland, même s'ils sont plus fréquents au nord, où certains littoraux sont touchés presque annuellement. D'autres dégâts d'origine climatique interviennent aussi, comme le violent orage de grêle de 1997 qui aurait gravement endommagé près de 150ha de mangroves dans la baie de Moreton.

Le développement du littoral a été considérable dans certaines parties du Queensland. Le nombre d'habitants augmente rapidement, notamment dans le sud-est. De grandes étendues ont été transformées par les constructions d'habitations, les marinas, les ports, le développement touristique et par la construction d'aéroports. L'aéroport de Brisbane, par exemple, a nécessité une conversion des terres, entraînant la perte de 850ha de mangroves (Duke *et al.*, 2003). Les polluants agricoles représentent aussi un problème par endroits – par exemple, l'herbicide diuron a notamment provoqué la mortalité des *Avicennia* dans des estuaires de la région de Mackay (Duke *et al.*, 2005).

Les habitants du Queensland ont pris conscience de l'importance des mangroves. Les défrichements sont interdits sans permis. De grands espaces ont été protégés grâce à un certain nombre d'initiatives politiques et de gestion au niveau de l'État, et aussi grâce à la création d'aires protégées. Les mangroves sont très fréquentées, en particulier par les pêcheurs amateurs, et par les promeneurs qui peuvent emprunter les nombreuses passerelles, ou opter pour une promenade en bateau, dont le kayak de mer et des bateaux plus importants sur la Daintree. L'État du Queensland comprend aussi 4 sites Ramsar et 3 sites du Patrimoine Mondial : la Grande Barrière de Corail, les Tropiques Humides du Queensland et l'île Fraser (Kagari).

La Nouvelle-Galles du Sud Cartes 9.3 et 9.4

Le littoral de la Nouvelle-Galles du Sud étant dominé par une forte houle, les mangroves sont confinées dans les baies et dans les estuaires. Le climat le long de ce littoral est plus frais et assez aride. De 6 espèces près de la frontière avec le Queensland, il ne reste plus que 2 espèces dans le sud. Ces mangroves peuvent toutefois former de grandes forêts, avec des *Avicennia marina* pouvant atteindre 16m dans les parties hautes d'estuaires où la salinité est réduite, comme sur le Hawkesbury.

Ces mangroves renferment une importante biodiversité. Les oiseaux terrestres comme les méliphages et les fauvettes sont souvent observés avec des échassiers, comme l'oedicnème bridé, le coulis corlieu, le chevalier aboyeur et la barge rousse. Parmi les invertébrés on trouve plusieurs espèces de crevettes importantes commercialement, des crabes de palétuviers et des huîtres. Sur la totalité des poissons pêchés dans cet État et valorisés commercialement, environ 60% en poids et 70% en valeur dépendent à un moment de leur vie des mangroves dans les estuaires (Harty, 1997).

Au cours des dernières décennies, les mangroves se sont considérablement développées autour de nombreux estuaires situées entre le Queensland et l'Australie-Méridionale. Les études les plus précises ont été conduites en Nouvelle-Galles du Sud. Selon un travail portant sur 20 estuaires d'Australie orientale, 14 ont perdu au moins

Les *Rhizophora* et plusieurs autres espèces ne sont présentes qu'au nord de la Nouvelle-Galles du Sud.

Photo Mark Spalding

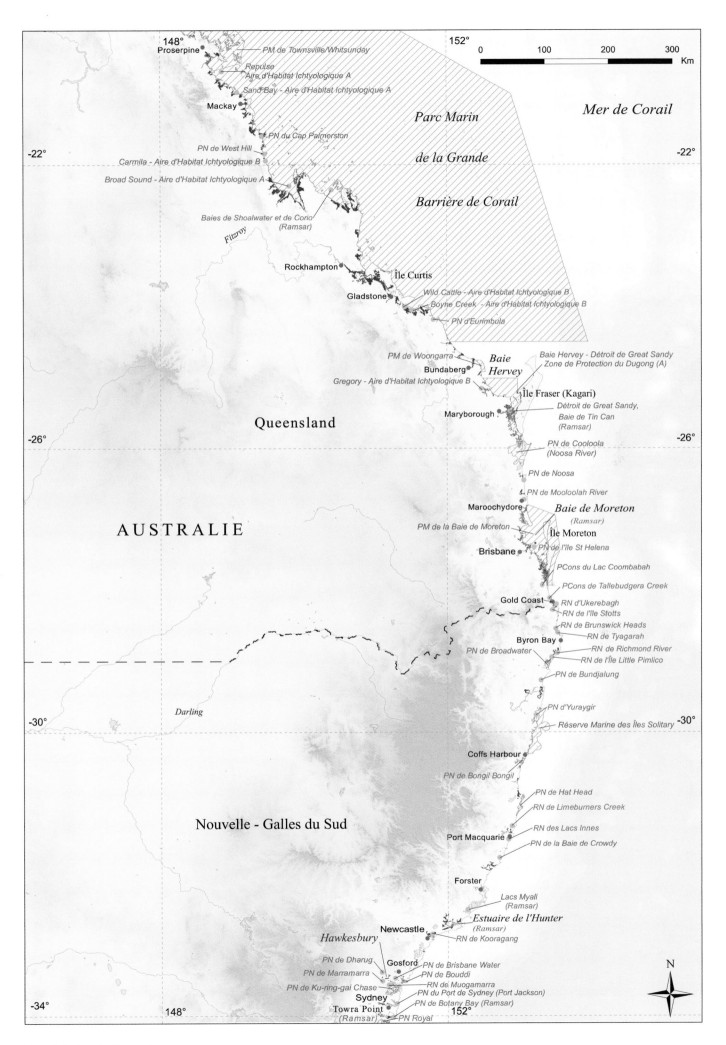

148°
Proserpine
PM de Townsville/Whitsunday
Repulse
Aire d'Habitat Ichtyologique A
Sand Bay - Aire d'Habitat Ichtyologique A
Mackay
PN du Cap Palmerston
PN de West Hill
Carmila - Aire d'Habitat Ichtyologique B
Broad Sound - Aire d'Habitat Ichtyologique A
Baies de Shoalwater et de Corio
(Ramsar)
Fitzroy
Rockhampton
Île Curtis
Gladstone
Wild Cattle - Aire d'Habitat Ichtyologique B
Boyne Creek - Aire d'Habitat Ichtyologique B
PN d'Eurimbula
152°
0   100   200   300
Km
Mer de Corail

Parc Marin

de la Grande

Barrière de Corail

-22°
-22°

PM de Woongarra
Bundaberg
Gregory - Aire d'Habitat Ichtyologique B
Baie
Hervey
Baie Hervey - Détroit de Great Sandy
Zone de Protection du Dugong (A)
Île Fraser (Kagari)
Maryborough
Détroit de Great Sandy,
Baie de Tin Can
(Ramsar)

Queensland

-26°
PN de Cooloola
(Noosa River)
PN de Noosa
PN de Mooloolah River
Maroochydore
Baie de Moreton
(Ramsar)
PM de la Baie de Moreton
Île Moreton
PN de l'île St Helena
Brisbane
PCons du Lac Coombabah
PCons de Tallebudgera Creek
Gold Coast
RN d'Ukerebagh
RN de l'île Stotts
RN de Brunswick Heads
Byron Bay
RN de Tyagarah
PN de Broadwater
RN de Richmond River
RN de l'Île Little Pimlico
PN de Bundjalung
-26°

AUSTRALIE

PN d'Yuraygir
Réserve Marine des Îles Solitary
-30°
Darling
Coffs Harbour
PN de Bongil Bongil
PN de Hat Head
RN de Limeburners Creek
RN des Lacs Innes
Port Macquarie
PN de la Baie de Crowdy
-30°

Nouvelle - Galles du Sud

Forster
Lacs Myall
(Ramsar)
Estuaire de l'Hunter
(Ramsar)
Newcastle
Hawkesbury
RN de Kooragang
PN de Dharug
Gosford
PN de Brisbane Water
PN de Marramarra
PN de Bouddi
RN de Muogamarra
PN de Ku-ring-gai Chase
PN du Port de Sydney (Port Jackson)
Sydney
PN de Botany Bay (Ramsar)
Towra Point
(Ramsar)
PN Royal
N
148°
152°
-34°

Carte 9.3 L'est de l'Australie

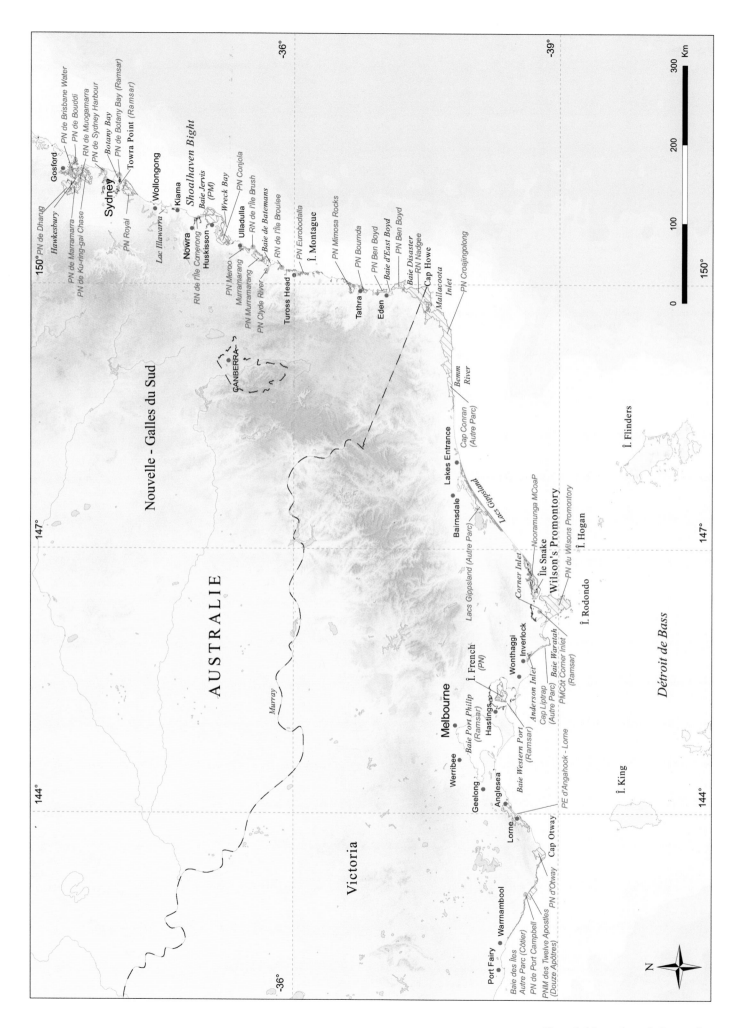

Carte 9.4 Le sud-est de l'Australie

30% de leurs marécages salés par incursion de la mangrove, principalement celle d'*Avicennia marina*. D'autres expansions de mangroves ont été observées sur d'anciens terrains agricoles et vers la mer. Ces changements ont été interprétés comme étant le résultat d'un accroissement de la sédimentation, accroissement engendré par des modifications de l'occupation du sol. D'autres analyses suggèrent une subsidence locale, des changements du régime des marées à la suite de travaux d'ingénierie côtière, une augmentation des précipitations à l'échelle décennale. Des températures plus élevées et un relèvement du niveau moyen de l'océan lié au changement climatique d'origine anthropique pourraient aussi jouer un rôle (Saintilan and Williams, 1999 ; Straw and Saintilan, 2006).

Par endroits, notamment autour de Sydney, le développement côtier a nécessité des défrichements de mangroves. Elles ont aussi subi des impacts indirects par la modification du régime hydrique et par une pollution plus forte provenant des engrais et des produits chimiques. Dans le même temps, le public s'est de plus en plus intéressé aux mangroves. Les passerelles sont désormais nombreuses ; des projets de plantation de palétuviers pour contrôler l'érosion ont été conduits par les populations locales ; les mangroves entrent en ligne de compte dans de nombreux plans d'aménagement des estuaires. La protection légale est aussi assez forte : les défrichements de palétuviers sont interdits sans permis, et un certain nombre de sites font partie d'aires protégées, dont deux sites Ramsar.

Le Victoria Carte 9.4

Les mangroves constituent un habitat rare dans cet État. Elles sont restreintes à des baies et à des estuaires de la côte centrale où *Avicennia marina* se développe en formations de petite taille (0,3 à 5m) dans des estuaires abrités, souvent à proximité immédiate des habitats de marécages salés. Ces mangroves sont les plus basses en latitude au monde, avec un peuplement situé à Corner Inlet, à 38°45'S.

Ces mangroves sont souvent proches de zones fortement peuplées. Elles ont été partiellement défrichées, affectées par des modifications du régime hydrologique et par la pollution, dont des marées noires dans la baie de Port Phillip.

Les mangroves de Corner Inlet sont protégées au sein du Parc National de Wilson's Promontory et du site Ramsar Corner Inlet. D'autres aires protégées et sites Ramsar comportant des mangroves figurent dans cet État.

L'Australie Méridionale Carte 9.5

Cet État est aride. Le débit des cours d'eau y est faible ou saisonnier ce qui favorise la formation d' « estuaires inversés », dans lesquels la salinité s'élève vers l'intérieur des terres. Seuls des *Avicennia marina* se sont développés près de marécages salés et d'herbiers marins immergés. Les mangroves de l'embouchure de la Murray auraient été plantées pendant les années 1960. Les seules mangroves importantes sont situées dans les baies profondes des golfes de St Vincent et Spencer. Par

endroits, certains arbres atteignent 8m. Quelques formations se sont aussi développées dans des baies plus abritées à l'ouest, mais la baie de Denial marque la limite occidentale.

Les mangroves autour d'Adelaïde et au nord des deux principaux golfes ont connu des dégradations et des défrichements dus au développement côtier, à l'eutrophisation liée aux rejets d'eaux usées et à la pollution chimique, dont un déversement pétrolier accidentel au nord du golfe de Spencer.

Malgré leur faible étendue, ces mangroves favorisent les pêcheries. La crevette royale occidentale utilise la mangrove comme un lieu nourricier pendant ses phases juvéniles et soutient une importante industrie de la pêche, en particulier au niveau du golfe de Spencer (Dixon and Sloan, 2007). Le merlan du roi George, qui représente près d'un tiers des prises commerciales de poissons dans cet État, est aussi très recherché par les pêcheurs amateurs. Il passe ses phases larvaires et juvéniles dans des eaux peu profondes dominées par les mangroves et par les herbiers marins (Dalgetty, date inconnue). Le maintien des stocks de ce poisson est une préoccupation importante qui a conduit à davantage d'efforts pour protéger et même restaurer les mangroves. Des passerelles d'accès au public ont été installées par endroits, et 28% environ des mangroves font partie d'aires protégées.

L'Australie Occidentale Cartes 9.6 et 9.7

Les mangroves sont inexistantes dans presque tout le sud et l'ouest de l'État, à l'exception d'une petite formation d'*Avicennia marina* dans l'estuaire de Leschenault près de Bunbury. Leur distribution est ensuite plus clairsemée dans les zones subtropicales arides, avec des formations mono-spécifiques par endroits, dont les îles Houtman Abrolhos et la baie de Shark. Le golfe d'Exmouth marque le début d'une flore plus diversifiée, avec des forêts particulièrement étendues au sud-est près de la baie de Giralia (WAPC, 2004). Le long du littoral du Grand Désert de Sable (Great Sandy Desert), il n'y a que quelques enclaves de palétuviers chétifs. Au nord-est de Broome, le climat devient semi-aride à sub-humide, et 19 espèces de palétuviers y sont répertoriées. Sur ce littoral tourmenté, où les marées sont très importantes (jusqu'à 10m d'amplitude), les mangroves couvrent de grandes

Avicennia marina se développant en conditions hyper-arides. Dans de nombreuses parties de l'Australie Occidentale, de nombreuses forêts côtières et estuariennes laissent place à des dépressions chargées en sel.

Photo Mark Spalding

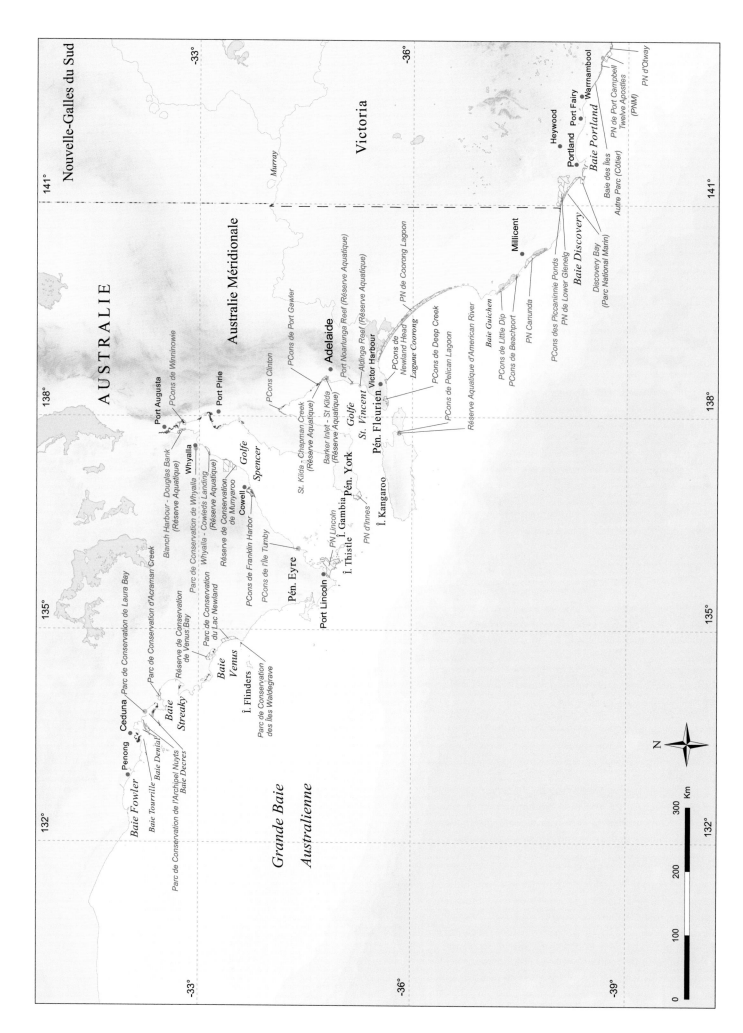

Carte 9.5 L'Australie méridionale

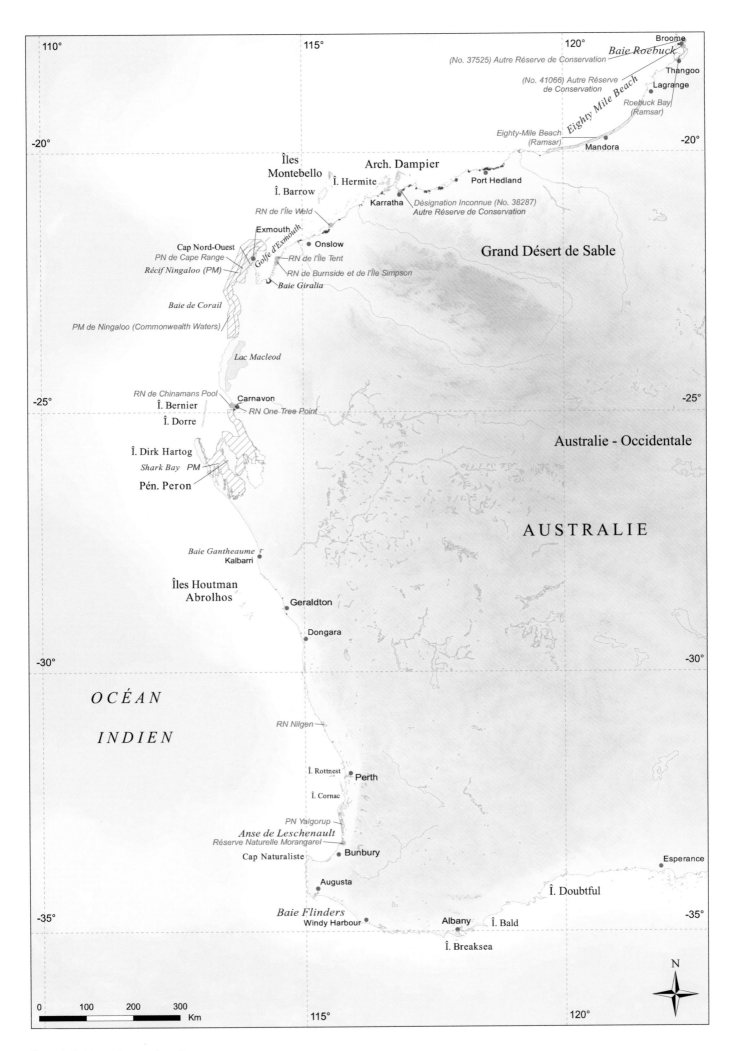

Carte 9.6 L'Australie occidentale

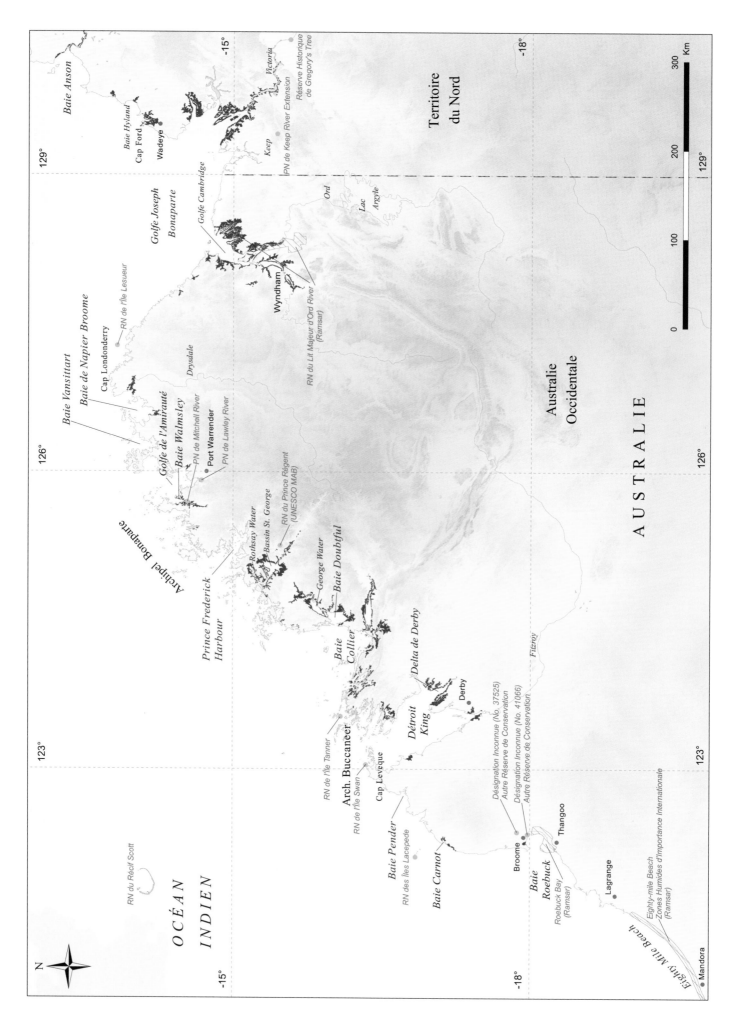

Carte 9.7 Le nord-ouest de l'Australie

surfaces, notamment dans le détroit de King, sur l'archipel Bonaparte et dans le golfe de Cambridge.

L'écosystème complexe du fleuve Ord comprend la flore de palétuviers la plus diversifiée de l'État (14 espèces ont été identifiées), le long de vasières côtières, de marécages salés et de plaines fluviales inondées. De vastes mangroves présentent ici une zonation claire. Le front marin est dominé par *Sonneratia alba*, *Avicennia marina* et *Aegiceras corniculatum*, auxquel fait suite, juste à l'arrière, *Bruguiera parviflora*. Suit une ceinture de *Rhizophora stylosa* atteignant 12 à 15m de hauteur. *A. marina*, *Ceriops tagal* et *Aegialitis annulata* dominent les parties les plus continentales, atteignant 4m et faisant souvent place, plus loin, à des marécages salés. Ce grand système fluvio-estuarien comporte une faune très diversifiée, dont des canards et des échassiers, des populations importantes de crocodiles estuariens ainsi que le poisson-scie d'eau douce qui est menacé (Ramsar, 2009).

Le nord de l'Australie Occidentale (ainsi que des parties voisines du Territoire du Nord) héberge une riche faune d'oiseaux liée aux mangroves. Beaucoup sont des espèces dépendantes de ces arbres et les mangroves constituent le seul habitat disponible dans cette région sèche. Il est considéré que l'isolement d'espèces dans des mangroves enclavées a favorisé la spéciation chez des espèces dites « spécialistes » des mangroves comme le râle à ventre roux, le siffleur à bavette blanche et le moucherolle sombre (Ford, 1982 ; Johnstone, 1990).

L'Australie Occidentale possède aussi des peuplements d'*Avicennia* à l'intérieur des terres, notamment autour du lac Macleod, un lac intérieur salin situé au nord de Carnarvon, et une plus petite surface dans les marécages salés de Mandora. Les mangroves du lac Macleod se trouvent à 15-20km de la mer. Elles couvrent 22,5ha, ce qui en fait probablement les plus vastes mangroves vivant à l'intérieur des terres, au monde (Ellison and Simmonds, 2003).

Dans cet État, la densité de population est très faible et reste concentrée dans les zones urbanisées du sud-ouest. De grands espaces situés le long des littoraux septentrionaux sont toujours en conditions écologiques quasi-naturelles, malgré des impacts locaux qui ont entraîné la formation de dépressions chargées en sel et la construction d'infrastructures portuaires pour l'exploitation de minerais, de pétrole et de gaz en développement constant. En certains points, de grandes étendues de vasières côtières ont été traversées par des routes, ce qui a détruit le régime d'inondation naturel.

Les mangroves n'ont été une priorité ni pour la recherche scientifique ni dans les politiques de conservation de l'État, peut-être à cause de leurs localisations généralement reculées. Une passerelle a été construite et des réhabilitations de mangroves sont en cours sur l'estuaire de Leschenault. De plus, 4 sites déclarés Ramsar comportent des mangroves, dont des surfaces importantes dans la baie de Roebuck, près de Broome et autour de la plaine inondable du fleuve Ord. De petites mangroves sont aussi situées dans le site du Patrimoine Mondial de la baie de Shark.

Les territoires insulaires australiens

L'Australie administre un certain nombre de petits territoires insulaires comprenant des mangroves spontanées. À l'est, les îles Lord Howe et Norfolk n'ont pas de véritables peuplements de mangroves, bien qu'*Avicennia marina* et *Aegiceras corniculatum* soient présents sur la première et *Excoecaria agallocha* sur la seconde. L'île Cocos comporte des *Pemphis acidula* et une population introduite de *Rhizophora apiculata*. Les seules formations importantes sont situées sur l'île Christmas où 6 espèces de palétuviers sont dénombrées. On trouve sur cette île une mangrove tout à fait exceptionnelle, implantée naturellement sur une terrasse surélevée à Hosnies Spring. Il s'agit d'une formation à *Bruguiera gymnorhiza* et *B. sexangula* dont certains atteignent 40m de haut. Les arbres (couvrant une surface de 0,33ha) poussent à 120m à l'intérieur des terres, sur une pente s'élevant de 24m à 37m au-dessus du niveau de la mer. Une théorie suggère que cette formation a perduré ici pendant 120 000 ans et qu'il s'agit d'une relique des mangroves côtières de la période interglaciaire (Woodroffe, 1988).

La Nouvelle-Zélande Carte 9.8

La Nouvelle-Zélande se situe à la limite méridionale de l'aire de distribution des mangroves et ne comporte qu'une seule espèce : *Avicennia marina*. Malgré cela, les mangroves sont largement étendues dans les estuaires et les baies abritées au nord de l'île du Nord, jusque dans les secteurs urbains d'Auckland. Celles situées dans les estuaires les plus septentrionaux peuvent former des canopées de plus de 4m de hauteur (May, 1999 ; Alfaro, 2006), et on trouve des mangroves très étendues près du port de Rangaunu et dans la baie des Îles. La hauteur des arbres diminue vers le sud et les mangroves les plus méridionales près du port d'Ohiwa atteignent difficilement 2m de hauteur (Osunkoya and Creese, 1997). L'origine de ces mangroves remonterait à 11 000 ans (Pocknall, 1989), les premières propagules ayant probablement traversé la Mer de Tasman par flottaison (Macnae, 1968).

Le peuple autochtone Maori a pour tradition de pêcher les mulets et de prélever les huîtres dans les mangroves. La pêche amateur et commerciale à petite échelle perdure aujourd'hui dans les mangroves et dans les périmètres voisins. Les prises sont en partie au moins dépendantes des mangroves.

Les pertes historiques de mangroves ont été causées par l'expansion agricole et urbaine, ainsi que par les rejets d'ordures (Taylor and Smith, 1997). Au cours des dernières décennies, les surfaces de mangroves ont augmenté dans beaucoup d'estuaires. Cela est en grande partie dû à l'arrivée croissante de sédiments dans les estuaires, en raison de modifications dans l'utilisation du sol sur les bassins versants. Cela a conduit à un mouvement contre la conservation des mangroves et même à l'arrachage des plantules (Maxwell, 2009). Les arguments en faveur de la limitation de l'expansion des mangroves sont fondés sur l'inquiétude de perdre certains

Carte 9.8 La Nouvelle-Zélande

avantages, comme les vues panoramiques et l'accès à la côte. Par ailleurs, on peut noter la régression d'autres écosystèmes naturels comme les marécages salés, à cause de l'expansion des mangroves.

Dans l'ensemble, la Nouvelle-Zélande maintient tout de même ses mangroves en excellente condition. Il y subsiste un intérêt pour les mangroves et les sentiers, les passerelles et les activités de kayak offrent des possibilités d'explorer ces habitats. Plusieurs mangroves font partie d'aires protégées, dont le site Ramsar Firth of Thames, un grand site renfermant des populations importantes d'oiseaux et un large éventail d'habitats, dont des eaux marines peu profondes, des herbiers marins, des dépressions chargées en sel, des marécages salés, des mangroves et des marécages d'eau douce.

Remerciements

Ce texte sur l'Australie repose essentiellement sur le travail de Norman Duke (2006). Nous remercions infiniment cet auteur de nous avoir permis d'utiliser abondamment son travail et de nous avoir apporté des informations complémentaires.

Références

AFMA 'Northern prawn fishery', Australian Fisheries Management Authority, www.afma.gov.au/fisheries/northern_trawl/northern_prawn/default.htm, accessed 13 November 2009

Alfaro, A. C. (2006) 'Benthic macro-invertebrate community composition within a mangrove/seagrass estuary in northern New Zealand', *Estuarine, Coastal and Shelf Science*, vol 66, p97

Alongi, D. M. and McKinnon, A. D. (2005) 'The cycling and fate of terrestrially-derived sediments and nutrients in the coastal zone of the Great Barrier Reef shelf', *Marine Pollution Bulletin*, vol 51, p239

Bird, E. C. F. (1986) 'Human interactions with Australian mangrove ecosystems', in Kunstadter, P., Bird, E. C. F. and Sabhasri, S. (eds) *Man in the Mangroves: The Socio-Economic Situation of Human Settlements in Mangrove Forests*, Tokyo, Japan, United Nations University Press

BRS (Bureau of Rural Sciences) (2003) *Australia's State of the Forests Report 2003*, Canberra, BRS, Department of Agriculture, Forestry and Fisheries

CSIRO (1998) 'Northern prawn fishery', Hobart, Australia, Commonwealth Scientific and Industrial Research Organization

Dalgetty, A. (undated) 'King George Whiting *Sillaginodes punctata* – information page', PIRSA Fisheries, www.pir.sa.gov.au/fisheries, accessed 20 June 2007

DEH (Department of the Environment and Heritage) (2004) *Assessment of the Queensland Mud Crab Fishery*, Canberra, Australia, DEH

DIPE (Department of Infrastructure, Planning and Environment) (2002) *Mangrove Management in the Northern Territory*, Northern Territory Government, DIPE

Dixon, C. and Sloan, S. (2007) *Draft Management Plan for the South Australian Spencer Gulf Prawn Fishery: Section 14 of the Fisheries (Management Committees) Regulations 1995*, Adelaide, Australia, Primary Industries and Resources South Australia

DPIFM (Department of Primary Industry, Fisheries and Mines) (2005) *Fishery Report No 82: Fishery Status Reports 2004*, Darwin, Australia, DPIFM

Duke, N. C. (2006) *Australia's Mangroves: The Authoritative Guide to Australia's Mangrove Plants*, Brisbane, Australia, University of Queensland

Duke, N. C., Lawn, P. T., Roelfsema, C. M., Zahmel, K. N., Pederson, D. K., Harris, C., Steggles, N. and Tack, C. (2003) *Assessing Historical Change in Coastal Environments: Port Curtis, Fitzroy and Moreton Bay Regions*, Report to the CRC for Coastal Zone Estuary and Waterway Management, July 2003, Brisbane, Historical Coastlines, Marine Botany Group, Centre for Marine Studies, University of Queensland

Duke, N. C., Bell, A. M., Pederson, D. K., Roelfsema, C. M. and Bengtson Nash, S. (2005) 'Herbicides implicated as the cause of severe mangrove dieback in the Mackay region, NE Australia: Consequences for marine plant habitats of the GBR World Heritage Area', *Marine Pollution Bulletin*, vol 51, p308

Ellison, J. and Simmonds, S. (2003) 'Structure and productivity of inland mangrove stands at Lake MacLeod, Western Australia', *Journal of the Royal Society of Western Australia*, vol 86, pp25–30

Ford, J. (1982) 'Origin, evolution and speciation of birds specialized to mangroves in Australia', *Emu*, vol 82, pp12–23

Gerrand, A. (2008) 'Review comments on draft text for *World Atlas of Mangroves*', Sent to M. Spalding

Harty, C. (1997) *Mangroves in New South Wales and Victoria*, St Kilda, Victoria, Australia, Vista Publications

Johnstone, R. E. (1990) *Mangroves and Mangrove Birds of Western Australia*, Western Australian Museum Special Publication Series, no 32

Lovelock, C. (1993) *Field Guide to the Mangroves of Queensland*, Townsville, Australia, Australian Institute of Marine Science

Macnae, W. (1968) 'A general account of the fauna and flora of mangrove swamps and forests of the Indo-West-Pacific region', *Advances in Marine Biology*, vol 6, pp73–270

Manson, F. J., Loneragan, N. R., Harch, B. D., Skilleter, G. A. and Williams, L. (2005) 'A broad-scale analysis of links between coastal fisheries production and mangrove extent: A case-study for northeastern Australia', *Fisheries Research*, vol 74, p69

Maxwell, G. (2009) 'Review comments on draft text for *World Atlas of Mangroves*', Sent to M. Spalding

May, J. D. (1999) 'Spatial variation in litter production by the mangrove *Avicennia marina* var. *australasica* in Rangaunu Harbour, Northland, New Zealand', *New Zealand Journal of Marine and Freshwater Research*, vol 33, pp163–172

Ministry of Environment (2004) *Mangrove Forests in New Zealand*, Aukland, Ministry of Environment

Osunkoya, O. and Creese, R. G. (1997) 'Population structure, spatial pattern and seedling establishment of the Grey Mangrove, *Avicennia marina* var. *australasica*, in New Zealand', *Australian Journal of Botany*, vol 45, pp707–725

Pocknall, D. T. (1989) 'Late Eocene to early Miocene vegetation and climate history of New Zealand', *Journal of the Royal Society of New Zealand*, vol 19, pp1–18

Ramsar (2009) *Ramsar Sites Information Service*, www.wetlands.org/rsis/, accessed 3 February 2009

Saintilan, N. and Williams, R. J. (1999) 'Mangrove transgression into saltmarsh environments in south-east Australia', *Global Ecology and Biogeography*, vol 8, pp117–124

Straw, P. and Saintilan, N. (2006) 'Loss of shorebird habitat as a result of mangrove incursion due to sea-level rise and urbanization', in Boere, G. C., Galbraith, C. A. and Stroud, D. A. (eds) *Waterbirds Around the World*, Edinburgh, UK, The Stationery Office

Taylor, R. and Smith, I. (1997) *The State of Our Waters: The State of New Zealand's Environment*, Wellington, GP Publications

WAPC (Western Australian Planning Commission) (2004) 'Part One: Ningaloo coast regional strategy', in WAPC (ed) *Ningaloo Coast Regional Strategy Carnarvon to Exmouth*, Perth, Australia, WAPC

Welch, D., Gribble, N. and Garrett, R. (2002) *Assessment of the Barramundi Fishery in Queensland – 2002, DPI Information Series QI02116*, Queensland, Department of Primary Industries and Fisheries

Wightman, G. (2006) *Mangroves of the Northern Territory, Australia: Identification and Traditional Use*, Darwin, Australia, Department of Natural Resources and Environment and the Arts.

Wilkes, K. (2008) *Mangrove Forests of Australia*, Canberra, Australian Government, Bureau of Rural Sciences

Wilkes, K. and Gerrand, A. (2008) *Australian Forest Profiles: Mangroves*, Canberra, Bureau of Rural Sciences

Woinarski, J. (2006) *False Water-Rat Water Mouse* Xeromys myoides: *Threatened Species of the Northern Territory*, Northern Territory Government

Woodroffe, C. D. (1988) 'Relict mangrove stand on last interglacial terrace, Christmas Island, Indian Ocean', *Journal of Tropical Ecology*, vol 4, p1

Zann, L. P. (1995) *State of the Marine Environment Report for Australia: The Marine Environment – Technical Annex: 1*, Canberra, Australia, Australian Government: Department of the Environment and Water Resources

Cartes

L'Australie. Les données ont été extraites de la Carte Forestière Nationale, qui a été fournie à la FAO sous la forme d'un graphique à haute résolution qui a ensuite été géoréférencé par la FAO. La source de cette carte est l'Inventaire Forestier National (National Forest Inventory – NFI) de 2003 (www.daff.gov.au/brs/forest-veg/nfi), qui est un jeu de données composites provenant de sources propres à chaque État, probablement assez récentes et précises. Malgré cela, la conversion de l'information des SIG à un fichier graphique puis à nouveau à un format SIG à la FAO aura conduit à la dégradation des données. Plus récemment, une importante réévaluation des estimations de surface des mangroves d'Australie a été faite. Par conséquent,

en 2003, l'Inventaire Forestier National a estimé à 7490km^2 la surface des mangroves (BRS, 2003). Notre carte (de la même source, mais dégradée) ne présente que 6216km^2. Par contraste, les estimations les plus récentes et les plus fiables de 2008 étaient de 9910km^2 (Gerrand, 2008 ; Wilkes, 2008 ; Wilkes and Gerrand, 2008), fondées sur de nouvelles estimations améliorées par État. L'augmentation apparente de surface est liée à des améliorations technologiques et à des résolutions plus fines des données de télédétection. Bien que notre carte ne soit pas très précise, il est probable qu'il soit difficile de distinguer une divergence d'avec la carte du NFI, à l'échelle utilisée pour l'impression de cet ouvrage.

La Nouvelle-Zélande. Les données sont celles du Ministère de l'Environnement (2004). Elles proviennent de la base de données de l'occupation du sol de Nouvelle-Zélande (New Zealand Land Cover Database Version 2, 2004). Les données sources d'origine sont des images Landsat 7 du circa 1999/2000.

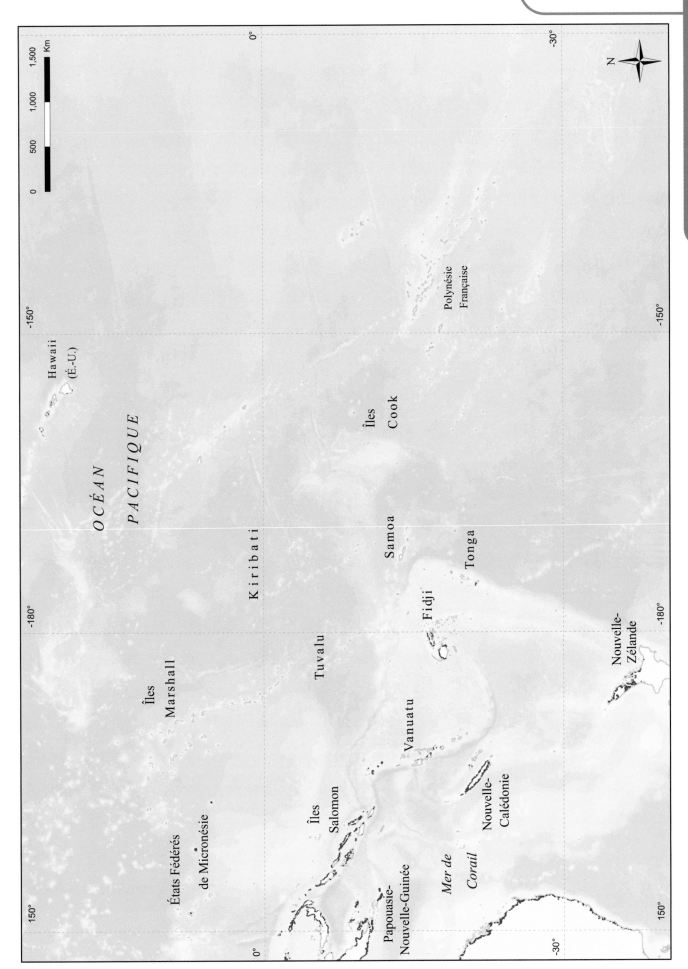

OCÉAN

PACIFIQUE

Hawaii
(É.-U.)

Îles
Marshall

États Fédérés
de Micronésie

Kiribati

Tuvalu

Samoa

Îles
Cook

Polynésie
Française

Fidji

Tonga

Vanuatu

Îles
Salomon

Papouasie-
Nouvelle-Guinée

Mer de
Corail

Nouvelle-
Calédonie

Nouvelle-
Zélande

N

Km

0   500   1,000   1,500

150°

-180°

-150°

0°

-30°

Rhizophora stylosa est l'un des genres très répandus dans les îles du Pacifique occidental, avec parfois un port buissonnant sur les sols sableux ou rocheux, mais formant de grands arbres quand les conditions sont favorables.

Photo Mami Kainuma

Les îles du Pacifique

10

Les îles du Pacifique sont réparties sur une immense surface océanique. Les flores des mangroves y sont très diversifiées. La Papouasie-Nouvelle-Guinée, à l'ouest, se situe au cœur du centre de diversité des mangroves, avec 43 espèces de palétuviers répertoriées dans des forêts très étendues, en particulier le long du golfe deltaïque de Papouasie. En s'en éloignant, la diversité décline rapidement. Les mangroves tendent à être plus développées sur les grandes îles hautes – les îles Salomon, Vanuatu, les Fidji et la Nouvelle-Calédonie. Les îles plus petites comprennent aussi des forêts de palétuviers, en particulier celles où le relief montagneux provoque des précipitations et des apports de sédiments. Par contre, les nombreuses îles calcaires basses offrent un environnement beaucoup plus difficile, sans eau douce de surface et pourvues de sols généralement pauvres. Malgré cela, des mangroves se sont développées sur certaines d'entre elles, celles qui possèdent des lagons abrités et des plans d'eaux saumâtres à l'intérieur des terres.

Dans le Pacifique, peut-être plus que partout ailleurs, les cultures humaines sont étroitement liées à leur environnement naturel, et les mangroves sont toujours très utilisées. La pêche est une activité vitale, pour le commerce et pour la subsistance. Les teintures extraites de l'écorce des palétuviers colorent toujours l'étoffe traditionnelle nommée « *tapus* », confectionnée dans toute la région. Les mangroves, connues pour leur valeur, ont été préservées par les peuples marins qui ont les premiers colonisé ces îles. Il est probable que certains aient amené des palétuviers avec eux – il est généralement accepté que *Rhizophora stylosa* a été introduite en Polynésie Française, *Bruguiera gymnorhiza* aux îles Marshall (Spenneman, 1998), et peut-être même *Nypa* en Micronésie orientale (Duke, 2008). Plus récemment, des mangroves ont été introduites dans la plupart des îles Hawaï (Smith, 1996).

Malgré leur valeur, il y a eu des pertes importantes de mangroves dont le taux de disparition s'accélère, notamment en Papouasie-Nouvelle-Guinée et sur les îles Salomon. Ces deux pays abritent toujours de vastes forêts de palétuviers naturelles, mais la situation est en train de changer. Dans la région, la conservation est un mélange de pratiques de gestion traditionnelles et de mesures légales. Ces mesures de protection dans leur ensemble ne concernent qu'une faible proportion de mangroves.

Les textes de ce chapitre, classés par pays, commencent par les principales nations à mangroves qui collectivement forment la sous-région de la Mélanésie. Puis suivent des sous-sections décrivant les mangroves de la Micronésie et de la Polynésie.

La Mélanésie

Les îles Fidji Carte 10.1

Les Fidji sont une vaste nation d'archipels possédant de riches ressources en mangroves, en particulier sur leurs plus grandes îles volcaniques. Les mangroves les plus étendues se situent le long des côtes sud-est et nord-ouest de Viti Levu. Les plus belles mangroves se trouvent sur les deltas des rivières Ba, Rewa et Nadi, et sur les rivages septentrionaux de Vanua Levu, en particulier le long du cours d'eau de Labasa. D'autres littoraux portent des mangroves moins étendues. La zonation peut être observée dans les grandes forêts. On y trouve *Rhizophora stylosa*, *R. samoensis* et *R. x selala* en bord de mer, et des espèces comme *Bruguiera gymnorhiza*, *Heritiera littoralis* et *Xylocarpus* vers l'intérieur des terres. Dans les estuaires, notamment sur les rivages sud-est exposés aux vents, la hauteur des canopées atteint 18m. Sur des rivages plus secs à l'abri du vent, *R. stylosa* prédomine et peut former des écosystèmes chétifs, laissant place à des vasières côtières hyper-salines par endroits (Scott, 1993 ; Ellison, 2004). De nombreuses espèces sont intimement liées aux mangroves. On trouve ici la limite orientale des populations de crocodiles d'estuaire. Les relations écologiques entre les mangroves et les nombreux récifs coralliens sont étroites.

De nombreuses îles du Pacifique, comme les Fidji, ont des montagnes volcaniques recevant des pluviométries élevées et générant d'importants sédiments favorisant la présence des mangroves sur le littoral.

Photo Mark Spalding

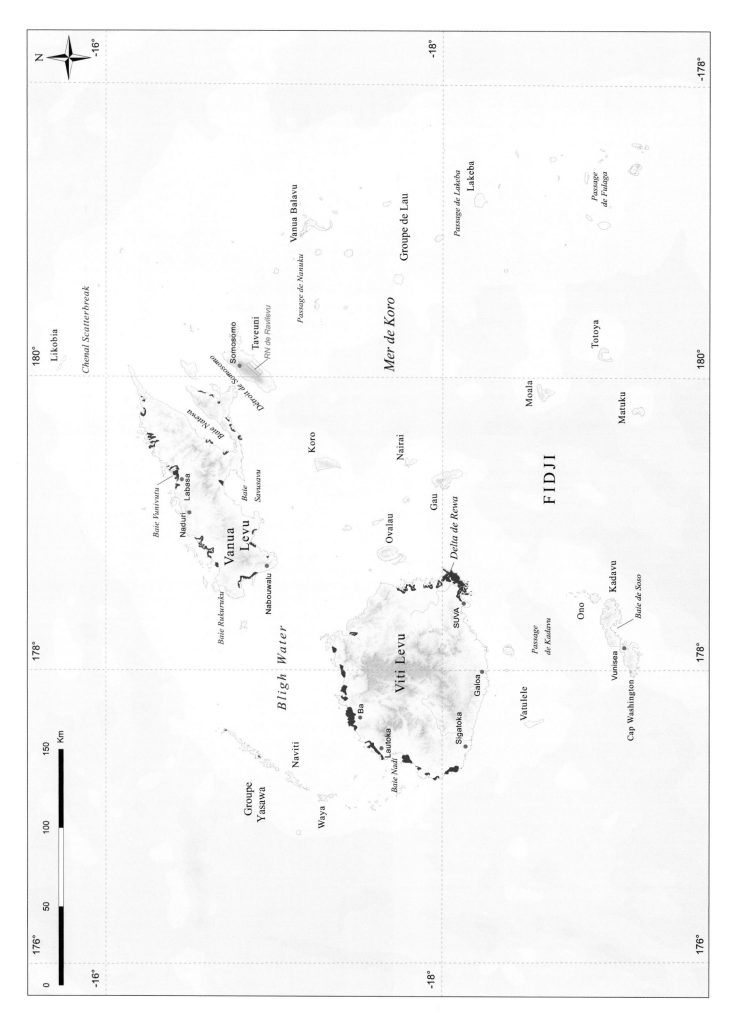

Carte 10.1 Les îles Fidji

Des coques de mangroves sur un marché des Fidji. Des espèces semblables sont collectées dans le monde, à la fois pour la consommation locale et pour les marchés commerciaux.

Photo Mark Spalding

Dans de nombreux villages côtiers des Fidji, les habitants pêchent du poisson, des crabes, des crevettes et récoltent des mollusques dans les mangroves – 60% du poisson des Fidji a une valeur commerciale et 83% des espèces de subsistance dépendent des mangroves à un stade de leur vie. Une utilisation médicinale est aussi faite des végétaux des mangroves (Ellison, 2004). Le bois de palétuvier est prélevé pour le bois de chauffe, le charbon et le bois d'œuvre, dont des prélèvements assez importants mais apparemment durables de bois combustible dans le delta de la Rewa (Senibulu, 2000). Il s'agit de l'un des premiers pays où il a été montré que les mangroves jouent un rôle dans l'absorption des nutriments des eaux usées (Nedwell, 1975). Elles jouent toujours un rôle important de biofiltration.

Les plus grandes menaces actuelles sont les conversions à l'agriculture, l'expansion urbaine et le développement touristique. Les décharges sauvages ont affecté les mangroves (URI, 2002 ; FAO, 2007) et des problèmes de pollution sont signalés près de Suva. L'exploitation forestière à l'intérieur des terres et l'altération des bassins versants créent des changements importants de la sédimentation côtière qui pourraient affecter les mangroves (FAO, 2007). La surexploitation halieutique et des stocks de bois posent aussi des problèmes par endroits (Ellison, 2004). Le *Plan de Développement Stratégique 2003-2005* des Fidji met en avant le changement climatique et la montée du niveau moyen des océans comme étant les deux questions majeures auxquelles le pays va être confronté. Les mangroves sont particulièrement concernées par cette question de la montée du niveau des mers, les développements urbains

et industriels le long du littoral ont en effet considérablement réduit les surfaces disponible pour un repli éventuel des mangroves vers l'intérieur des terres (Ellison, 2004).

Presque toutes les surfaces émergées et les eaux côtières des Fidji sont traditionnellement la propriété de clans, ou *mataqalis*, bien que la reconnaissance légale de ces pratiques ait varié dans le temps et ne soit pas claire. Pour les mangroves les plus vastes, la situation est encore plus confuse. Elles ont été déclarées réserves forestières, de 1933 à 1975, gérées par le Département des forêts (Forest Department). Ce classement a été reconsidéré en 1975 et les mangroves sont passées sous la juridiction de l'aménagement du territoire (Department of Lands and Survey). Il existe un *Plan de Gestion des Mangroves* qui n'a pas de statut légal, mais il constitue un cadre important pour les décideurs (Senibulu, 2000). Le gouvernement peut cependant autoriser la conversion des mangroves à d'autres usages ou leur donner la vocation de dépôts d'ordures. Il n'offre que rarement une compensation aux propriétaires (Lal, 2003). Des efforts de plantations de mangroves ont été faits dans plusieurs villages (URI, 2002). Pour leur conservation, les efforts directs restent limités. À notre connaissance, une seule réserve naturelle contient des mangroves.

La Nouvelle-Calédonie Carte 10.4

La principale île de la Nouvelle-Calédonie, la Grande Terre, est la plus grande masse de terres émergées du Pacifique, après la Nouvelle-Zélande et la Nouvelle-Guinée. Montagneuse et d'origine continentale, elle est entourée de la seconde plus longue barrière de corail au monde, qui protège un lagon calme. Les plus grandes mangroves sont des formations estuariennes et deltaïques, où les arbres ont généralement une hauteur de 8m. Les palétuviers ne mesurent jamais plus de 20m. Ils comprennent *Bruguiera gymnorhiza*, des *Rhizophora*, *Lumnitzera racemosa*, *Sonneratia alba*, ainsi qu'*Avicennia officinalis* située dans la partie la plus continentale de la mangrove. Les formations en franges ont généralement entre 2 et 5m de hauteur et sont dominées par des *Rhizophora*. Les tailles relativement basses des arbres sont le résultat d'une longue saison sèche (d'avril à décembre). Il est fréquent que les mangroves soient en contact avec les marécages salés plus continentaux ou avec des dépressions hypersalines durant toute l'année ou presque. De plus belles mangroves se situent aux embouchures des rivières Néhoué et Poya, et dans l'estuaire du Diahot tout à fait au nord de la Grande Terre où une large dépression forme de vastes vasières, bordées de mangroves à l'arrière desquelles s'étendent d'importantes surfaces salées quasiment nues. La côte orientale est pratiquement dépourvue de plaine côtière. Elle subit des conditions océaniques plus rigoureuses, ce qui explique pourquoi seules de petites mangroves peu diversifiées s'y développent, généralement aux embouchures et dans des baies abritées. Seules quelques petites mangroves se situent sur des îles du large, dont les îles de la Loyauté, mais elles sont absentes des bancs coralliens des îles Chesterfield situées loin, à l'ouest (Bird *et al.*, 1984 ; Scott, 1993 ; FAO, 2007).

La diversité biologique associée aux mangroves est considérable : 262 espèces de poissons appartenant à 64 familles ont été décrites dans les lagons à mangroves du sud-ouest (Thollot, 1996). Un certain nombre d'espèces sont consommées localement, notamment le crabe de palétuvier, des bivalves comme *Gefrarium tumidum* et *Anadara scapha* et plusieurs poissons, dont les mulets (IFRECOR, date inconnue). De ses origines artisanales, l'industrie du crabe de palétuvier a grandi pour devenir une activité commerciale importante. Sur une petite zone près de Voh, 100 tonnes de crabes sont prélevés chaque année, dont 75% sont destinés aux marchés commerciaux (Rocklin, 2006).

La plus grande menace pour les mangroves est peut-être le développement de l'urbanisation côtière, d'équipements touristiques, de ports et de marinas. Cela prévaut particulièrement dans le sud-ouest, près de Nouméa. Un autre impact anthropique très répandu le long du littoral de la Grande Terre est la sédimentation due aux activités minières. L'île produit presque 10% du nickel mondial, et les minerais sont extraits par des techniques à ciel ouvert. Ces activités ont conduit d'une part à des disparitions importantes de surfaces forestières à l'intérieur des terres sur les terrains les plus pentus, et d'autre part à des accumulations sédimentaires le long du littoral. Les mangroves ont bien colonisé ces nouvelles alluvions qui ont élargi certains deltas de 300 à 400m au cours des dernières années (Bird *et al.*, 1984 ; Spalding *et al.*, 2001).

Des efforts croissants sont faits pour éveiller les consciences à l'importance des mangroves, mais peu de sites bénéficient d'une protection officielle et il n'y a pas de site internationalement reconnu.

La Papouasie-Nouvelle-Guinée

Carte 10.2

La Papouasie-Nouvelle-Guinée est l'une des principales nations pour ses mangroves. Ce pays bénéficie de précipitations généralement élevées qui alimentent de nombreux cours d'eau. Il comporte 75% des mangroves du Pacifique. Les plus grandes formations, pénétrant généralement loin vers l'intérieur des terres, se trouvent près des littoraux deltaïques du golfe de Papouasie, dominés par les fleuves Fly, Kikori et Purari. Sur ce littoral très dynamique, les sites d'accrétion et d'érosion active sont nombreux. Une étude couvrant la période allant de 1973 à 2000 indique une tendance généralisée à l'érosion le long des côtes exposées, alors que les chenaux se remblaient ; les berges de cours d'eau tidaux ont gagné entre 3,7 à 7,4m par an pendant la même période. Par endroits la sédimentation verticale régulière dépasse 1cm par an (Walsh and Nittrouer, 2004). Les mangroves situées le long des fleuves et celles situées sur les deltas de la côte sud ont des canopées atteignant souvent 30m de hauteur, alors que les arbres des mangroves situées sur le littoral du sud-est n'atteignent généralement que 10 à 20m (Womersley, 1978). La côte nord comporte moins de grandes mangroves. Quelques unes atteignent de bonnes dimensions près des lacs Murik et dans les estuaires voisins des fleuves Sepik et Ramu. Les mangroves sont répandues sur toutes les îles situées au large, mais peu de publications les décrivent.

Le pays vient juste après l'Indonésie en terme de diversité spécifique : 43 espèces de palétuviers y sont répertoriées. Un certain nombre d'entre elles sont restreintes aux littoraux méridionaux, comme *Ceriops australis* et *Sonneratia lanceolata*. Dans les deltas méridionaux, une zonation particulière est observée avec *Sonneratia alba* et *Avicennia* sur la façade marine, puis une forêt de *Rhizophora*. La frange continentale est plus variable et fortement influencée par le substrat, avec *Bruguiera* sur sols sensiblement mieux drainés, ailleurs remplacé par *Xylocarpus*, *Heritiera*, *Lumnitzera* et parfois par des fourrés dans lesquels dominent *Ceriops* sur sols bien drainés. *Nypa fruticans* forme des peuplements très denses sur quelques cours d'eau recevant l'influence de la marée (Womersley, 1978).

Ces racines aériennes basses et « genouillées » de *Bruguiera*, créent un espace ouvert dans la matrice dense de *Rhizophora*. Les forêts mélangées avec des arbres de taille conséquente sont largement répandues sur les grandes îles du Pacifique.

Photo Mark Spalding

Quelques rapports traitent des espèces associées aux mangroves. En réalité, ce pays traverse aussi les centres de diversité des récifs coralliens et des herbiers marins, et la diversité marine est de fait élevée. Des études effectuées dans la baie de Kimbe ont montré que les poissons des récifs coralliens utilisent les mangroves, mais qu'il existe aussi une faune ichtyologique côtière qui relie divers habitats proches du rivage et estuariens, comme les mangroves, les bancs de sable, les herbiers marins et les cours d'eau. Les espèces caractéristiques comprennent les carangues des mangroves, les poissons archers et des périophtalmes (Sheaves, 2002).

Les mangroves sont largement utilisées, notamment pour le bois de construction, les barrières, les pièges à poisson, et pour le bois de chauffe. Ce dernier est utilisé pour un usage domestique, mais aussi par endroits pour sécher le coprah et les concombres de mer pour l'exportation. Les activités de pêche liées aux mangroves sont aussi d'une importance considérable, les prises habituelles comprenant les crevettes, les crabes, les mollusques et des poissons comme le barramundi. L'utilisation des palétuviers pour la production de tanins et pour leurs propriétés médicinales perdure également. Les taux de sédimentation sont élevés dans le golfe de Papouasie et se sont accrus à cause des activités minières à l'intérieur des terres (voir ci-dessous). À l'ouest de cette région,

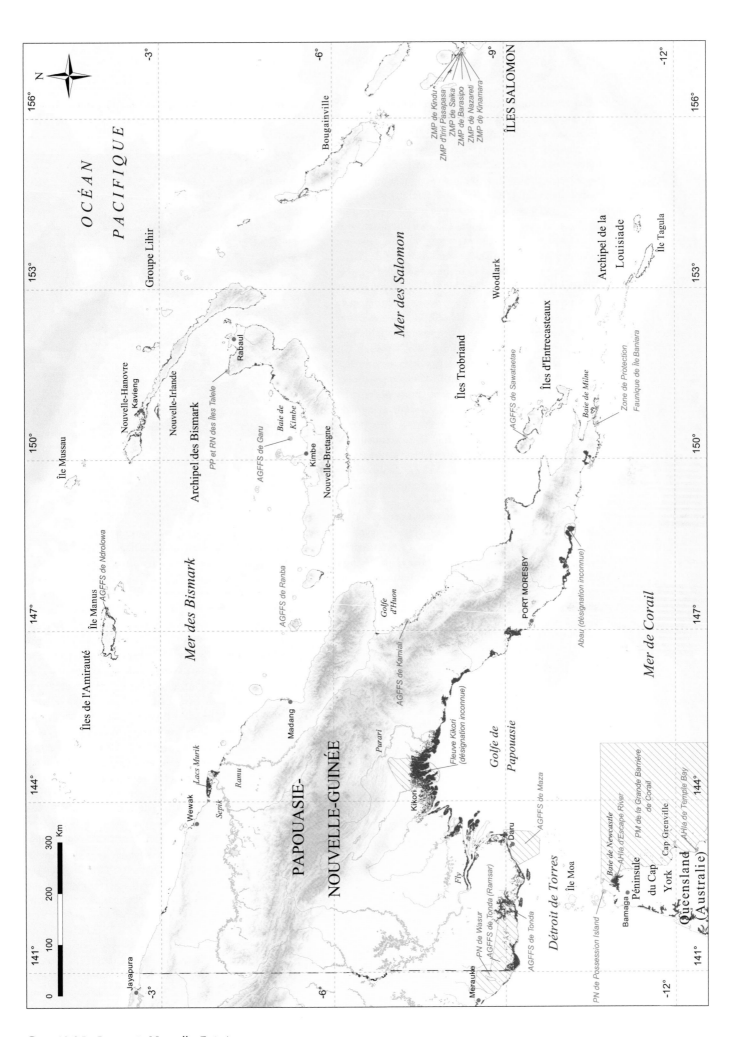

Carte 10.2 La Papouasie-Nouvelle-Guinée

les mangroves retiennent 2 à 20% de la charge sédimentaire selon les estimations (Walsh and Nittrouer, 2001).

Il ne fait aucun doute que des pressions importantes s'exercent localement sur ces mangroves. L'extraction minière, dont l'or et le cuivre, a conduit à la remobilisation massive de sédiments et au déversement de produits toxiques comme du cyanure, notamment dans le fleuve Fly. Cela a entraîné une perte de végétation ripicole en amont, conduisant à la mort de nombreux poissons et entraînant des impacts négatifs sur les moyens d'existence des populations. Aux embouchures de fleuve, l'impact le plus visible est l'augmentation de la charge sédimentaire. Il est aussi possible que des effets toxiques aient contaminé les mangroves et les activités de pêche qui leur sont liées (Hunnan *et al.*, 2001).

L'urbanisation, par exemple autour de Daru au sud-ouest et près de Port Moresby, a provoqué des défrichements de mangroves et a causé des impacts indirects dans les décharges et par le déversement d'eaux usées. La construction de routes a aussi eu des conséquences. Il semblerait que des pertes de mangroves soient assez conséquentes par endroits, comme dans la Province Centrale (au sud-est), mais dans l'ensemble le pays comporte toujours une très vaste couverture de mangroves. Jusqu'à présent, le tourisme et l'aquaculture n'ont pas exercé de pression supplémentaire importante dans ce pays (Keu, 2007).

Le lien étroit entre populations locales et ressources naturelles a probablement créé un certain degré de protection contre la surexploitation. Aujourd'hui plusieurs zones de gestion de la faune et de la flore sauvages sont en place, dans lesquelles les populations locales s'engagent à gérer les aires protégées de manière durable. L'Aire de Gestion de la Faune et de la Flore Sauvages de Tonda, au sud-ouest, a été déclarée site Ramsar.

Les îles Salomon Carte 10.3

Les mangroves sont largement répandues sur les îles Salomon, notamment sur le groupe des sept grandes îles volcaniques (et plusieurs petites îles), situées à l'ouest. Le développement de grandes forêts est souvent limité par l'absence de plateau continental suffisamment large en eaux peu profondes, mais les forêts de palétuviers positionnées sur la frange littorale sont communes, en particulier le long des côtes abritées par des récifs coralliens. Elles tendent à être dominées par des *Rhizophora apiculata* de petite taille. Lorsque les conditions écologiques deviennent optimales, notamment dans les estuaires, les canopées peuvent atteindre 25m et la flore de palétuviers devient plus diversifiée, comprenant des *Bruguiera, Nypa* et *Lumnitzera* (McKanzie *et al.*, 2006 ; FAO, 2007). Les mangroves sont aussi largement répandues sur les îles Santa Cruz à l'Est et autour de l'île de Rennell au Sud. Cette dernière comporte le plus grand lac intérieur des îles du Pacifique, formé à partir du lagon et du relèvement de l'atoll. Il est saumâtre, et on y trouve de petites mangroves. Peu d'études détaillées existent sur ces mangroves qui referment de nombreuses espèces associées. Les crocodiles d'estuaire et les varans y sont observés. L'une de ces espèces est endémique, *Varanus spinulosus*, répertoriée uniquement sur l'île de Santa Isabel.

Xylocarpus granatum, la mangrove « boulet de canon », a de gros fruits distinctifs, lourds, renfermant de grosses graines. Cette espèce est largement répandue à travers l'Indo-Pacifique Occidental, préférant les parties hautes des estuaires, dans la zone de balancement des marées.

Photo Mark Spalding

Les mangroves des îles Salomon sont largement utilisées, pour le bois de chauffage, le bois d'œuvre employé dans les constructions d'habitations, de bateaux et de pièges à poissons. *Nypa* est utilisé par endroit pour la confection de toits de chaume et le tressage des palmes. Les prélèvements directs de crabes et de coquillages sont des pratiques communes et la pêche maritime bénéficie amplement de la présence des mangroves (McKenzie *et al.*, 2006 ; FAO, 2007). Des efforts ont été accomplis pour stimuler les activités aquacoles et de repeuplement d'espèces aux îles Salomon. Des études récentes montrent que les juvéniles de bêches de mer (concombre de mer) relâchés dans les herbiers marins et dans les mangroves ont des taux de survie beaucoup plus élevés que ceux relâchés sur les récifs coralliens, faisant émerger la possibilité d'ensemencement avec ces espèces de grande valeur pour les récolter ensuite dans un but commercial (Dance *et al.*, 2003).

Bien que protégées légalement par l' « Acte d'Utilisation du Bois et des Ressources » (Resources and Timber Utilization Act), les mangroves de nombreuses îles souffrent de dégradations, de leur surexploitation ainsi que de l'urbanisation. Les coupes légales et illégales ont dévasté les forêts de l'intérieur des terres et n'ont pas épargné certaines mangroves. Comme toujours en pareil cas, l'érosion ainsi que la forte sédimentation ont affecté les zones côtières. Le premier projet de reboisement du pays avec des palétuviers a été effectué au lagon de Marovo sur l'île de Vangunu, pour tenter de restaurer les systèmes côtiers dégradés par les coupes répétées. Signalons l'existence de quelques aires protégées. East Rennell a été déclaré site du Patrimoine Mondial, bien qu'il ne bénéficie pas d'une protection légale nationale.

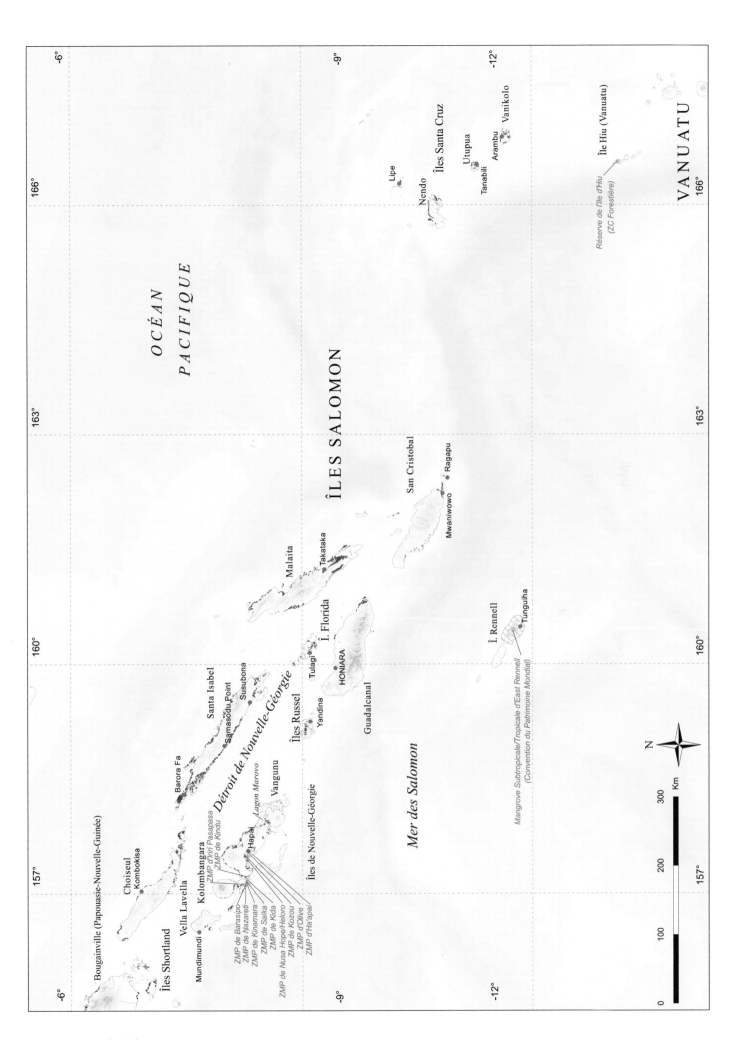

Carte 10.3 Les îles Salomon

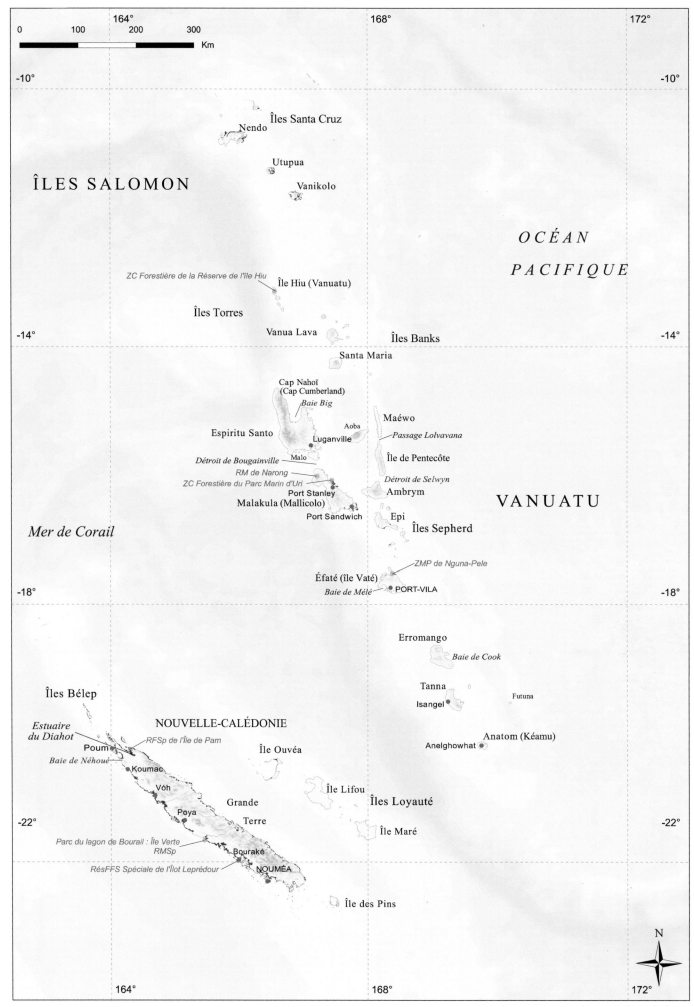

Carte 10.4 Le Vanuatu et la Nouvelle-Calédonie

Le Vanuatu Carte 10.4

Malgré leur superficie relativement grande et leurs littoraux étendus, les îles du Vanuatu ne comportent pas beaucoup de mangroves. Cela est en partie lié au fait que les rivages sont souvent pentus ou abrupts, mais aussi à l'activité volcanique et tectonique permanente. Des volcans y sont en éruption, certains rivages se soulèvent. En 1965 un violent tremblement de terre a entraîné le soulèvement, atteignant 6 mètres par endroits, sur une grande partie du littoral des îles de Malakula et Espiritu Santo. Les cyclones ont aussi affecté les mangroves. Les plus étendues se situent le long des côtes abritées, à l'est et au sud-est de Malakula, près de Port Stanley et de Port Sandwich, respectivement. Ces deux sites possèdent un ensemble estuarien complexe comprenant des vasières, des marécages salés et des chenaux plus profonds. Les grands traits de la zonation font apparaître du côté océanique une dominance d'*Avicennia* et quelques bosquets de *Sonneratia caseolaris*, puis une zone dominée par *Rhizophora mucronata* et *R. stylosa*, et *Ceriops tagal* à l'intérieur des terres. D'autres mangroves de belle taille sont situées sur Hiu, Éfaté, Emae et Épi. La diversité spécifique est assez élevée, avec 16 palétuviers et de nombreuses espèces associées. Le crocodile d'estuaire ne se trouve plus que sur Vanua Lava dans les îles Banks. Sa population est en déclin. Deux grandes chauves-souris dont une roussette blanche endémique et la roussette noire utilisent souvent dans les mangroves (Scott, 1993).

Les populations locales de Vanuatu dépendent beaucoup moins des produits de la pêche que d'autres peuples insulaires du Pacifique. La pression de la pêche est d'ailleurs faible, probablement durable (David and Cillaurren, 1992 ; Vuki *et al.*, 2000). Les crabes sont collectés pour la consommation des ménages et pour l'export à partir de la capitale Port Vila. Ici le rôle d'enrichissement des pêcheries commerciales par les écosystèmes de mangroves paraît limité. Par contre leur bois est amplement utilisé comme bois de chauffe. Cette utilisation aussi est considérée comme durable. De petits peuplements de palétuviers ont été perdus par l'extension de villages et de l'agriculture, notamment autour de Port Vila. Dans l'ensemble les dégâts causés aux mangroves sont probablement insignifiants (Scott, 1993).

Dans ce pays, la plupart des ressources terrestres et côtières sont sous concession coutumière, ce qui a créé des difficultés pour mettre en place une réglementation centralisée des coupes et des activités de pêche. On note de plus en plus d'efforts de gestion de ces ressources émanant des populations locales. Les aires protégées communautaires destinées à la conservation des forêts et à celle des ressources marines sont maintenant assez répandues, bien que peu soient répertoriées dans les rapports nationaux et internationaux. De tels sites protégés restreignent certaines activités, mais de nombreuses utilisations traditionnelles perdurent. Localement on assiste à la promotion d'activités touristiques.

La Micronésie

Les États Fédérés de la Micronésie Carte 10.5

Ce vaste archipel de quelques 600 îles s'étire sur 2900km d'est en ouest. Les mangroves sont inexistantes ou forment de très petits peuplements sur la plupart des atolls. Quelques mangroves sont assez étendues autour des grandes îles volcaniques de Yap, de Chuuk, de Pohnpei et de Kosrae. Leur couverture varie de 12% sur Yap à 30% sur Chuuk. Comme on pouvait s'y attendre, le nombre d'espèces décroît d'ouest en est. 14 espèces sont décrites sur Yap, 10 sur Pohnpei et Kosrae. Les arbres de 30m de hauteur sont communs, bien que des forêts chétives soient aussi répandues, en particulier dans la ceinture végétale la plus éloignée du plan d'eau (Lugo, 1990 ; Allen *et al.*, 2000).

À l'exception de Yap, les îles principales se situent hors de la ceinture d'action des typhons ce qui pourrait aider à expliquer la structure et la physionomie de nombreuses forêts qui atteignent de grands développements. Les hommes en ont extrait le bois d'œuvre et de combustible pendant des millénaires. Ils ont aussi bénéficié du rôle des mangroves dans le maintien de la ressource halieutique. Sur Kosrae, l'utilisation des mangroves pour le bois combustible, la collecte de crabes

de palétuvier et la pêche dépendant des mangroves a été estimée entre 660 000 $US et 1 million de $US (net) en 1996 (Naylor et Drew, 1998 ; Naylor *et al.*, 2002). La même étude a montré que le revenu des ménages s'est amélioré grâce aux services de la mangrove dans la limitation de l'érosion, la protection contre les inondations et les tempêtes, et grâce à la conservation des habitats de la faune et la flore sauvage.

La Réserve de Biosphère d'Utwe sur l'île de Kosrae comprend une zone centrale strictement protégée où la pêche est interdite, mais aussi une zone beaucoup plus grande où les activités humaines sont planifiées, gérées et durables.

Photo Miguel Clüsener-Godt

Les populations insulaires du Pacifique se nourrissent de fruits de mer qui sont une part très importante de leur régime alimentaire.

Photo Mami Kainuma

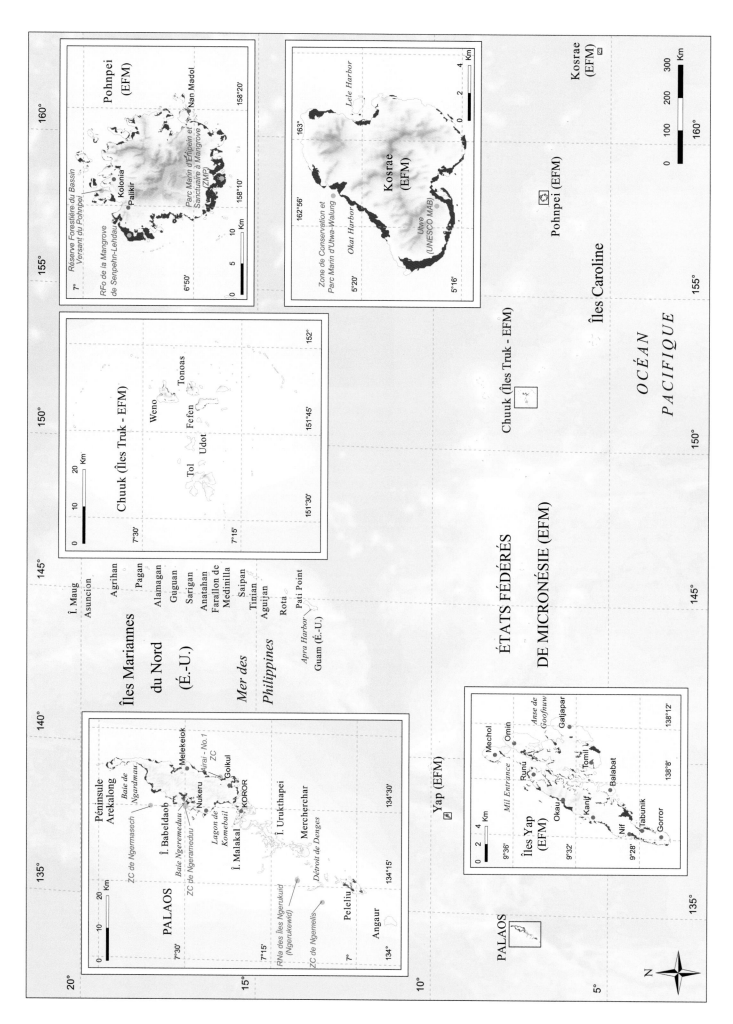

Carte 10.5 La Micronésie occidentale

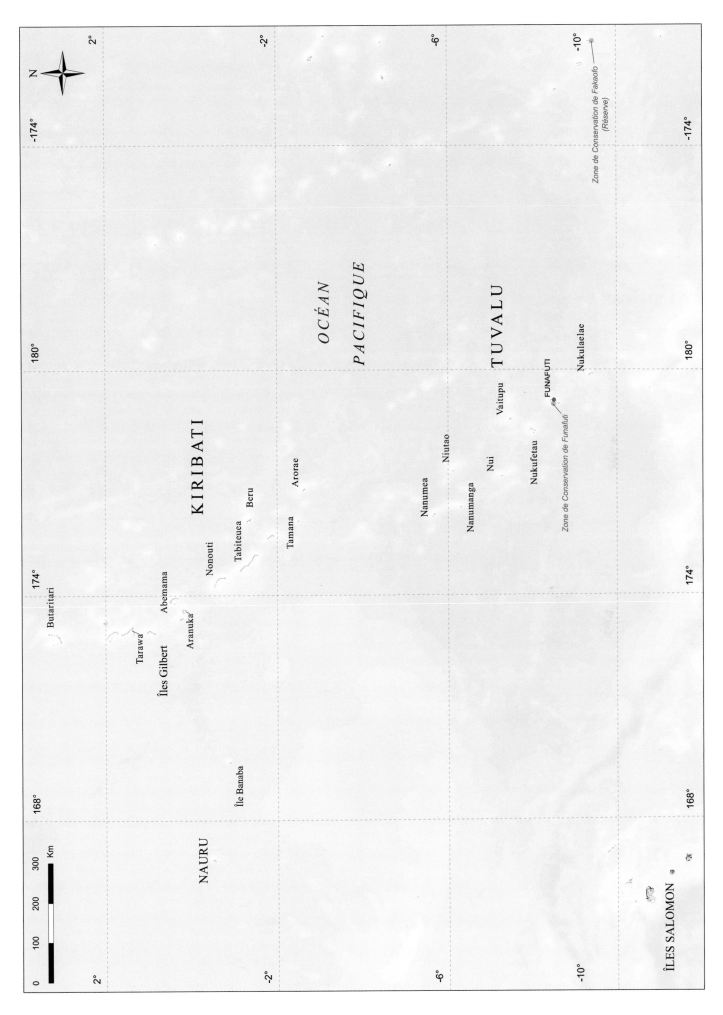

Carte 10.6 Kiribati et Tuvalu

À Kiribati, l'élévation du niveau des mers est l'une des principales menaces pesant sur l'existence de la nation toute entière. Depuis 2005, ISME a mis en œuvre un projet de plantation de palétuviers en collaboration avec le gouvernement de Kiribati, avec le soutien du groupe pétrolier Cosmo (Cosmo Oil Company). Les plantations ont été réalisées avec l'aide de groupes de jeunes sensibilisés à l'environnement et des écoliers le long de la chaussée de Tarawa pour réduire l'érosion (en haut, et au milieu le même endroit un an plus tard). Quatre ans plus tard (en bas), les mangroves ont déjà formé une barrière.

Photos Mami Kainuma (en haut et au centre) et Shigeyuki Baba (en bas)

Presque partout, les mangroves sont en bon état et bien développées malgré des prélèvements de bois probablement trop élevés par endroits sur Kosrae (Allen *et al.,* 2000 ; Naylor *et al.,* 2002). Le dépôt d'ordures dans les mangroves est aussi largement pratiqué sur cette île (GlobalWorks, 2004). Des mangroves ont été défrichées pour la construction d'habitations ou pour agrandir le périmètre agricole sur la plupart des îles. La protection légale reste limitée. Signalons quelques aires protégées, dont la Réserve de Biosphère de l'UNESCO d'Utwe sur Kosrae. Dans la Réserve Marine de Nan Madol à Pohnpei, les mangroves se développent le long des chenaux traversant des ruines de monuments funéraires anciens sur basaltes.

Guam Carte 10.5

Guam est la plus grande des îles du groupe des Mariannes. Ses mangroves autrefois étendues ont été réduites à quelques fragments résiduels sur la frange littorale et dans les estuaires. Elles sont généralement basses, bien que certains palétuviers puissent atteindre 12m. 10 espèces y sont toujours répertoriées.

Les pertes les plus importantes ont eu lieu entre 1945 et le milieu des années 1980. Elles étaient dues au développement côtier, dont la construction de la base navale d'Apra Harbor, celle d'une route côtière, d'une marina et de bassins d'aquaculture. La plus grande formation restante se situe à l'Est d'Apra Harbor. Elle a souffert d'une importante marée noire en 1980, mais elle a ensuite bénéficié d'efforts de restauration fructueux (Scott, 1993). Les causes directes de destruction des mangroves sont en régression. D'autres impacts continuent d'affecter les mangroves, comme les pollutions urbaine et agricole, les décharges et les accumulations sédimentaires provoquées par une déforestation de grande ampleur (Porter *et al.,* 2005).

L'intérêt croissant pour la conservation de l'environnement maritime, tient en partie au moins au développement du tourisme et à l'engouement pour les récifs coralliens. Trois aires protégées comportent des mangroves (Burdick, 2006).

Kiribati Carte 10.6

Ce pays comporte 33 atolls et îles très dispersés, s'étendant sur 4500km (plus de 10% de la circonférence planétaire). Les mangroves forment de petites communautés buissonnantes sur plusieurs atolls du groupe occidental des îles Gilbert, dont Tarawa, Butaritari (Makin), Aranuka et Abemama, où elles sont généralement restreintes à de petites criques ou lagons peu profonds et semi-fermés qui pénètrent à l'intérieur de certaines îles. Sur Butaritari, la petite mangrove comporte des arbres de 10m de hauteur. Il n'y a pas de véritable peuplement de mangroves sur les îles du groupe oriental (Phoenix et les îles Line), bien que *Pemphis acidula* ait été répertorié sur des roches coralliennes comme faisant partie de la flore terrestre. En outre, sur l'atoll de Canton, quelques *Conocarpus erectus* ont été plantés en 1950 et se sont développés vers d'autres parties de l'atoll (Fosberg and Sachet, 1987 ; Fosberg and Stoddart, 1987 ; Scott, 1993).

Les mangroves du sud de Tarawa ont été affectées par un accroissement de la population, entraînant des défrichements pour le développement urbain et une pollution croissante. Des efforts sont de plus en plus perceptibles pour la restauration des mangroves. Un projet conduit par la Société Internationale pour les Écosystèmes de Mangroves (International Society for Mangrove Ecosystems – ISME), en association avec le Club Environnement de la jeunesse locale (Environment Youth Club) et le gouvernement, a pour objet la plantation de mangroves au sud de Tarawa pour réduire l'érosion côtière. Le gouvernement fait aussi des évaluations plus complètes de ses mangroves et a entrepris des démarches pour rejoindre la Convention Ramsar (Baba, 2008).

Les îles Marshall

Ce groupe est formé d'îles et d'atolls dispersés dans l'Est de la Micronésie. De petites forêts de palétuviers se situent dans le sud, notamment sur les atolls de Jaluit, Arno et Ailinglapaplap. Plus au nord, bien que les conditions deviennent plus sèches, un certain nombre de dépressions intérieures portent des mangroves, avec notamment *Bruguiera gymnorhiza* qui est bien représenté sur la plupart des atolls. Il est fort probable que ces formations septentrionales aient été plantées par la population Marshallese consciente de leur importance pour leur approvisionnement en bois (Mueller-Dombois and Fosberg, 1998 ; Spenneman, 1998). Il semble bien en effet que cette espèce ait été introduite sur les îles Marshall, même s'il n'existe pas de moyen sûr de tester cette hypothèse (Spenneman, 1998).

Toutes les espèces de palétuviers de ces îles ont été largement utilisées dans des usages traditionnels comme le bois de chauffe, la fabrication de harpons et de pièges à poissons, la construction de bateaux et d'habitations. Outre l'utilisation de son bois, l'écorce de *Bruguiera* était utilisée pour fabriquer des cordages et des cordelettes pour les filets de pêche. En pharmacopée locale, cette espèce était en particulier utilisée pour traiter les empoisonnements par les poissons. Les propagules bouillies donnent une teinture largement utilisée, et les fleurs étaient et sont parfois utilisées de nos jours pour confectionner des guirlandes de fleurs, ou *lei* (Merlin, date inconnue ; Spenneman, 1998).

Les pressions humaines directes sur les mangroves sont probablement faibles. À l'exception de l'atoll Jaluit, qui a été déclaré zone de conservation et site Ramsar, la protection officielle des mangroves est imperceptible.

Nauru Carte 10.6

Cette petite nation ne comprend qu'une île qui est un atoll. Il ne s'y trouve qu'une très petite formation de *Bruguiera gymnorhiza*, maintenant séparée de la côte par une route et par quelques habitations. *Rhizophora*

apiculata a été répertoriée par le passé, mais sa présence actuelle reste à confirmer (FAO, 2007).

Les îles Mariannes du Nord Carte 10.5

Les seules mangroves répertoriées sont trois petits peuplements situés sur la frange littorale à l'ouest de l'île de Saipan, composés de *Bruguiera gymnorhiza*. Elles ont pu être plus étendues par le passé, l'île ayant connu un fort développement (Scott, 1993).

Palaos Carte 10.5

Les mangroves sont étendues autour des principales îles de Palaos, protégées de l'océan par une barrière de corail et par un vaste lagon. Les plus grandes étendues sont situées sur la côte ouest de Babeldaob ; il s'agit notamment des formations estuariennes de la baie de Ngermeduu. On y observe une transition à l'intérieur des terres, vers des forêts inondées situées en amont des cours d'eau Ngermeskang Ngetpang et Tabecheding. Plusieurs espèces ont été répertoriées, dont *Avicennia alba*, *Rhizophora apiculata*, *R. mucronata* et *Sonneratia alba*. Outre les formations côtières et estuariennes, on rencontre aussi des mangroves autour de plans d'eau marins enclavés au sud du pays (Bauman *et al.*, 1995 ; Donnegan *et al.*, 2007 ; Baba, 2008).

Les espèces associées comprennent un certain nombre de poissons importants d'un point de vue commercial qui utilisent les mangroves au cours de leur vie, ainsi que des invertébrés comme les crabes de palétuviers et les palourdes de palétuvier. Des crocodiles marins ont été observés dans certaines mangroves, et une population de dugongs vivant dans les eaux côtières s'aventure dans les chenaux à mangroves (Bauman *et al.*, 1995).

Outre leur rôle important pour les activités de pêche, les mangroves sont utilisées par endroits pour le bois d'œuvre et combustible. Elles sont aussi considérées comme importantes pour prévenir l'érosion côtière et atténuer les conséquences de la sur-sédimentation (liés à la déforestation à l'intérieur des terres et à la construction de routes) qui affectent les récifs coralliens. Le tourisme est ici une industrie majeure et la principale source de devises étrangères. Les activités proposées aux visiteurs sont notamment la pêche et le kayak dans les mangroves (Bauman *et al.*, 1995).

Des mangroves ont déjà disparu sur ces îles. De nombreuses autres pertes sont à prévoir en raison de l'accroissement urbain autour de Babeldaob qui a récemment été facilité par l'ouverture d'une route côtière. Le développement de complexes touristiques comporte aussi des risques. Les mangroves sont souvent préférentiellement défrichées en raison de la complexité des règlementations qui protègent les autres propriétés à l'intérieur des terres (Bauman *et al.*, 1995).

Palaos s'est récemment beaucoup intéressé à la conservation, en particulier celle du milieu marin. Ce pays est à l'origine d'un défi micronésien (Micronesia Challenge), visant à préserver au moins 30% du milieu marin proche du rivage et 20% des ressources forestières de Micronésie d'ici à 2020 (Office of Environmental Response and Coordination, 2007). Des aires protégées existent déjà comportant des mangroves (PCS, 2004), et la baie de Ngaremeduu a été déclarée réserve de biosphère de l'UNESCO.

La Polynésie

Les îles Samoa américaines

Ce petit territoire des États-Unis constitue la partie orientale de l'archipel des Samoa. Les Samoa américaines marquent la limite orientale d'espèces de mangroves propres au Pacifique : *Bruguiera gymnorhiza*, *Rhizophora samoensis* et *Xylocarpus moluccensis*. Les plus grandes forêts se trouvent sur les îles Tutuila et Aunu'u, où des formations dominées par *B. gymnorhiza* sont situées dans des baies protégées et dans des estuaires bénéficiant d'apports d'eau douce. De plus grands sites comme Pala Lagoon (Nu'uuli Pala) sur l'île de Tutuila et le lac Pala sur celle de Aunu'u comportent tous les deux des arbres de 8 à 16m de hauteur (Scott, 1993 ; Gilman *et al.*, 2007a).

Les mangroves favorisent les pêcheries locales, y compris une forte production de crabes. Les prélèvements de bois de chauffe ont entraîné des dégradations. Les pertes de mangroves les plus importantes se sont produites à la suite de conversions pour le développement côtier, surtout entre 1971 et 1990 (Scott, 1993). Les mangroves de ce territoire ont aussi été étudiées pour tenter d'évaluer les conséquences de l'élévation du niveau des mers. Les mesures effectuées à partir de marégraphes indiquent une élévation moyenne du niveau de la mer de près de 2mm par an au cours des 55 années avant 2004, et des études détaillées portant sur les ceintures de palétuviers situées sur le front de mer suggèrent un retrait de la mangrove, infime mais détectable, de 25 à 72mm par an sur une période de 10 ans (Gilman *et al.*, 2007a).

Des efforts de restauration des mangroves à petite échelle ont été entrepris, avec l'implication des populations locales, à Nu'uuli Pala (Gilman and Ellison, 2007). De petites aires protégées ont aussi été établies pour protéger les mangroves à Nu'uuli Pala et à Leone Pala.

La Polynésie Française

Le vaste territoire de la Polynésie Française comprend cinq archipels distincts. Les mangroves ne sont répertoriées que sur les îles de la Société et on n'y trouve que *Rhizophora stylosa*, ainsi que la fougère *Acrostichum aureum*. Même sur ces îles, les mangroves ne se développent pour la plupart d'entre elles que sur les littoraux occidentaux de Tahiti, sur Moorea et à Bora Bora. Compte-tenu des distances très grandes qui la séparent de son aire de répartition naturelle, il est généralement admis que *Rhizophora stylosa* a été introduite. Les mangroves actuelles ont été datées du début du 20ième siècle. Cependant, la datation réalisée à partir de pollen fossile a montré que ces mangroves étaient présentes dès l'arrivée des premiers polynésiens. Il est aussi probable que ces mangroves étaient présentes au moment de la deuxième visite de Cook au 18ième siècle. Une possibilité serait que *Rhizophora* ait été introduite par les Polynésiens, mais que son étendue ait été fortement réduite au moment de l'exploration de la région par les Européens (Smith, 1996). La présence de mangroves, comme celle de la végétation côtière spontanée d'*Hibiscus tiliaceus* est maintenant compromise par le développement urbain accéléré et par celui des complexes touristiques le long des rivages de ces îles.

Hawaï

Parce qu'elles sont à la fois isolées et géologiquement jeunes, les îles de Hawaï ne comportaient pas de palétuviers. En 1902, sept espèces ont été plantées sur la côte méridionale de Molokai pour stabiliser le rivage et soutenir l'apiculture. Plus tard, en 1922, 14 000 propagules provenant des Philippines ont été introduites à Oahu. La plupart des espèces ne s'y sont pas établies, à part *Bruguiera* sp. encore présente sur Oahu, et *Conocarpus erectus* sur trois îles. Par contre *Rhizophora mangle* s'est développé sur toutes les grandes îles et continue de s'étendre. Ces mêmes mangroves sont un refuge pour un certain nombre d'espèces invasives comme les crabes de palétuviers. Leur développement a aussi beaucoup réduit les littoraux disponibles pour des oiseaux côtiers comme l'échassier de Hawaï, le foulque et un canard. Par contre, les mangroves abritent souvent des oiseaux côtiers qui se protègent d'espèces terrestres qui tendent à se multiplier comme les mangoustes et les rats. Malgré des efforts localisés de défrichement, la plupart des mangroves continuent de s'étendre (Demopoulos, 2002).

Depuis son introduction au début du 20ième siècle, *Rhizophora mangle* s'est répandu sur le principal archipel hawaïen. Ici il est en train de se développer sur des roches volcaniques de la plus grande île, Hawaï.

Photo Mami Kainuma

Niue

Cette petite île, qui est politiquement alignée sur la Nouvelle-Zélande, est un atoll soulevé dominé par des rivages rocheux. Malgré la présence de quelques bosquets de palétuviers, dont des *Pemphis acidula* et des *Excoecaria agallocha*, associés à la forêt littorale, on ne peut pas dire que cette île renferme des écosystèmes de mangroves à proprement parler (FAO, 2007 ; Gilman *et al.,* 2007b).

Les îles Samoa

La plus grande partie occidentale de l'archipel des Samoa est composée de deux îles montagneuses, comprenant toutes deux des mangroves. Les communautés les plus importantes sont situées sur Upolu, où *Rhizophora samoensis* domine en front de mer, atteignant 5 à 10m, tandis que *Bruguiera gymnorhiza* occupe la ceinture végétale située vers l'intérieur des terres. Cette dernière espèce a des canopées pouvant atteindre plus de 15m, en particulier lorsque des arrivées d'eau douce sont disponibles (Boon, 2001). Notons la présence d'un petit peuplement de *Xylocarpus moluccensis* sur l'île de Savai'i.

Bien que les mangroves soient valorisées pour leur rôle de soutien de la pêche et comme source de bois et d'autres produits, la surexploitation est l'un des impacts humains redouté, au même titre que le déversement d'ordures, les défrichements pour l'exploitation agricole et le développement côtier, dont le développement de complexes touristiques. La surexploitation halieutique est un problème en bien des endroits (Boon, 2001 ; Suluvale, 2001).

Les arbres appartenant à *Bruguiera gymnorhiza* peuvent former des canopées de plus de 15m de hauteur à Samoa.

Photo Miguel Clüsener-Godt

Les droits coutumiers maritimes ont leur importance sur ces îles et ils sont étendus aux mangroves. Des efforts récents ont visé à améliorer la gestion des ressources naturelles. Ils comprennent en particulier la mise en place de plans de gestion villageois pour les activités de pêche et des mesures de conservation assurés par les populations locales. Nombre d'entre eux mentionnent une protection officielle des mangroves (Tiitii *et al.*, 2001 ; Boon, 2002 ; So'o and Kelemete, 2002).

Tokelau

Ce petit groupe de trois atolls n'a pas de véritables mangroves, même si *Pemphis acidula* pousse le long du littoral.

Tonga

Les mangroves sont dispersées sur ce vaste archipel. Les plus grandes formations sont sur Tongatapu, autour d'un lagon fermé sur Nomuka dans le groupe Ha'apai, et en plusieurs endroits le long du littoral complexe de Vava'u. Huit espèces de palétuviers y sont observées, mais on ne dispose d'aucune étude sur la structure et la productivité de ces forêts.

Les mangroves sont importantes pour leur rôle dans le maintien des stocks halieutiques. Le bois de mangrove est utilisé pour fabriquer des pièges à poisson, et les tanins contenus dans l'écorce ont un usage traditionnel de protection des filets de pêche. Ce bois est aussi utilisé comme combustible et pour la construction. L'écorce de *Bruguiera* était largement utilisée pour produire une teinture marron foncé pour décorer l'étoffe faite d'écorces du nom de *tapa*, utilisée dans les Tonga (et dans une moindre mesure dans les pays voisins). Un déclin abondant de cette espèce a conduit à utiliser l'écorce de *Rhizophora* pour le même usage (Baba, 2008). Une étude économique détaillée portant sur une petite mangrove près du village de Pangaimotu sur Vava'u a montré que le modèle économique optimal pour la gestion des mangroves serait leur protection stricte. Cela renforcerait le secteur de la pêche et amènerait de plus amples bénéfices commerciaux que le défrichement des mangroves pour le développement agricole ou de complexes touristiques (Rohorua and Lim, 2006).

De vastes zones de mangroves ont été converties en espaces urbains ou agricoles, en particulier autour de l'île principale de Tongatapu. Il y a eu quelques efforts de replantation à petite échelle (Gilman *et al.,* 2006). Trois mangroves font parties d'aires protégées.

Tuvalu Carte 10.6

Ce petit archipel corallien compte plusieurs peuplements de mangroves, dont celles qui sont actuellement enclavées sur les îles de Niutao et de Nanumanga, cette dernière comportant une vaste formation littorale dominée par *Rhizophora* sur 29ha tout autour d'un lagon. Sur l'île de Vaitupu, des mangroves se sont développées autour de deux petits lagons, où les arbres atteignent 6m. Les atolls de Nui et de Funafuti portent aussi de petites mangroves. Cette dernière île est maintenant presque entièrement transformée et de vastes mangroves ont été converties ou dégradées par l'activité humaine. Il en reste une formation avec des *Rhizophora stylosa* atteignant 15m de haut près de la piste d'atterrissage (Scott, 1993 ; Baba, 2008).

Tuvalu, et en particulier son île de Funafuti, est devenu célèbre par des études sur l'élévation du niveau des mers en raison de l'extrême vulnérabilité de l'île principale, qui est très étroite et très basse. Les meilleures estimations sur la montée des mers sont ici proches de la moyenne globale de 2mm ± 1mm par an. Cette île n'est donc pas un cas isolé. Cependant la menace a pu être exacerbée par des problèmes d'activités minières sur les plages et de subsidence causée par le pompage d'eau douce des nappes phréatiques. Les plus fortes marées inondent déjà certaines parties de l'île, dont des cultures et des routes (Church *et al.,* 2006 ; Patel, 2006).

Wallis et Futuna

Dans ce petit territoire français le développement des mangroves est limité à la frange littorale au sud et à l'ouest de Wallis. Ces formations ont généralement une hauteur de 3 à 4m, et sont dominées par *Bruguiera gymnorhiza*, avec aussi *Rhizophora samoensis. Pemphis acidula* est observée ailleurs, parmi la végétation littorale (Morat and Veillon, 1985 ; MEDD, 2004).

Le développement économique moderne n'est pas répandu sur ces îles. La pêche est toujours une activité importante et le tourisme très modeste. Actuellement, on n'y compte aucune aire protégée (MEDD, 2004).

Références

Allen, J. A., Ewel, K. C., Keeland, B. D., Tara, T. and Smith III, T. J. (2000) 'Drowned wood in Micronesian mangrove forests', *Wetlands*, vol 20, pp169–176

Baba, S. (2008) 'Review comments on draft text for *World Atlas of Mangroves*', Sent to M. Spalding

Bauman, A., Daniels, E., Dendy, J., Hinchley, D., Holm, T., Kitalong, A., Matthews, E., Miles, J. and Olsen, A. (1995) *Republic of Palau: National Biodiversity Strategy and Action Plan (draft)*, Palau, Ad-Hoc Committee of the Palau National Environmental Protection Council

Bird, E. C. F., Dubois, J.-P. and Iltis, J. A. (1984) *The Impacts of Opencast Mining on the Rivers and Coasts of New Caledonia*, Tokyo, Japan, United Nations University Press

Boon, J. (2001) 'A socio-economic analysis of mangrove degradation in Samoa', *Geographical Review of Japan*, vol 74, pp159–186

Boon, J. (2002) 'Community-based conservation of mangroves in Samoa', *Ningen-bunka-ronso (Ochanomizu University, Tokyo)*, vol 5, pp441–448

Boucher, T., Aulerio, M. and Sengebau, U. (2003) *Babeldaob Vegetation Map: Landsat 7 (2003)*, Arlington, VA, The Nature Conservancy

Burdick, D. R. (2006) *Guam Coastal Atlas*, University of Guam Marine Laboratory, www.uog.edu/marinelab/coastal.atlas/, accessed 4 July 2008

Church, J. A., White, N. J. and Hunter, J. R. (2006) 'Sea-level rise at tropical Pacific and Indian Ocean islands', *Global and Planetary Change*, vol 53, pp155–168

Dance, S. K., Lane, I. and Bell, J. D. (2003) 'Variation in short-term survival of cultured sandfish (*Holothuria scabra*) released in mangrove–seagrass and coral reef flat habitats in Solomon Islands', *Aquaculture*, vol 220, pp495–505

David, G. and Cillaurren, E. (1992) 'National fisheries development policy for coastal waters, small-scale village fishing, and food self-reliance in Vanuatu', *Man and Culture in Oceania*, vol 8, pp35–58

Demopoulos, A. W. (2002) 'Introduced mangroves in the Hawaiian islands: Their history and impact on Hawaiian coastal ecosystems', in *The Ecological and Socio-Economic Impacts of Invasive Alien Species on Island Ecosystems: Report of an Experts Consultation*, Honolulu, Hawaii, Global Invasive Species Programme

Donnegan, J. A., Butler, S. L., Kuegler, O., Stroud, B. J., Hiserote, B. A. and Rengulbai, K. (2007) *Palau's Forest Resources, 2003*, Portland, OR, US Department of Agriculture, Forest Service

DOS (Directorate of Overseas Surveys) (1971) *Tongatapu Island, Kingdom of Tonga: 1:50,000*, Series X773 (DOS 6005) Sheet Tongatapu, 1st edition, Directorate of Overseas Surveys, UK and Ministry of Lands and Survey, Tonga

Duke, N. C. (2008) 'Review comments on draft text for *World Atlas of Mangroves*', Sent to M. Spalding

Ellison, J. (2004) *Vulnerability of Fiji's Mangroves and Associated Coral Reefs to Climate Change*, Review for the World Wildlife Fund, Tasmania, Australia, World Wildlife Fund

FAO (2007) *Mangroves of Oceania 1980–2005: Country Reports, Forest Resources Assessment Working Paper No 138*, Rome, FAO

Fosberg, F. and Sachet, M.-H. (1987) 'Flora of the Gilbert Islands, Kiribati, checklist', *Atoll Research Bulletin*, vol 295, p32

Fosberg, F. and Stoddart, D. (1987) 'Flora of the Phoenix Islands, Central Pacific', *Atoll Research Bulletin*, vol 393, p60

Gilman, E. L. and Ellison, J. (2007) 'Efficacy of alternative low-cost approaches to mangrove restoration, American Samoa', *Estuaries and Coasts*, vol 30, pp641–651

Gilman, E., Van Lavieren, H., Ellison, J., Jungblut, V., Wilson, L., Areki, F., Brighouse, G., Bungitak, J., Dus, E., Henry, M., Sauni, I., Kilman, M., Matthews, E., Teariki-Ruatu, N., Tukia, S. and Yuknavage, K. (2006) *Pacific Island Mangroves in a Changing Climate and Rising Sea*, Nairobi, Kenya, United Nations Environment Programme, Regional Seas Programme

Gilman, E., Ellison, J. and Coleman, R. (2007a) 'Assessment of mangrove response to projected relative sea-level rise and recent historical reconstruction of shoreline position', *Environmental Monitoring and Assessment*, vol 124, pp105–130

Gilman, E., Ellison, J., Sauni, I. and Tuaumu, S. (2007b) 'Trends in surface elevations of American Samoa mangroves', *Wetlands Ecology Management*, vol 15, pp391–404

GlobalWorks (2004) *Final Report – August 2004, Volume III of IV: Kosrae State Water Supply Improvements, Omnibus Infrastructure Development Project*, Kosrae, GlobalWorks

Hunnam, P., Jenkins, A., Kile, N. and Shearman, P. (2001) *Marine Resource Management and Conservation Planning. Bismarck-Solomon Seas Ecoregions: Papua New Guinea Solomon Islands*, Suva, World Wide Fund for Nature

IFRECOR (Initiative Française pour les Récifs Coralliens) (undated) *Les milieux coralliens de Nouvelle-Calédonie*, www.ifrecor.nc/milieu-nc2.htm, accessed 10 October 2007

Keu, S. T. (2007) *Distribution of Mangrove Forest Stand in Kimbe Bay – West New Britain Province*, Papua New Guinea, The Nature Conservancy

Lal, P. (2003) 'Economic valuation of mangroves and decision-making in the Pacific', *Ocean & Coastal Management*, vol 46, p823

Landcare Research New Zealand Ltd (2003) *Pohnpei Vegetation Map*, Pohnpei, Federated States of Micronesia, Landcare Research New Zealand Ltd, Prepared for The Nature Conservancy, FSM, with funding from the United Nations Development Programme Global Environment Fund

Lugo, A. E. (1990) *Mangroves of the Pacific Islands: Research Opportunities, General Technical Report PSW-118*, Berkeley, CA, Pacific Southwest Research Station, Forest Service, US Department of Agriculture

McKenzie, L., Campbell, S. and Lasi, F. (2006) *Seagrasses and Mangroves: Solomon Islands Marine Assessment*, Brisbane, Australia, Indo-Pacific Resource Centre, The Nature Conservancy

MEDD (Ministère de l'écologie et du développement durable) (2004) *Les récifs de l'outre-mer, Wallis et Futuna*, www.ecologie.gouv.fr, accessed 10 August 2007

Merlin, M. (undated) *Plants and Environments of The Marshall Islands: The Mangrove Forest*, University of Hawaii, www.hawaii.edu/cpis/MI/VegTypes/Mangrove.html, accessed 14 August 2007

Morat, P. and Veillon, J. M. (1985) 'Contribution à la connaissance de la végétation et de la flore de Wallis et Futuna', *Bulletin du Museum National d'Histoire Naturelle – Section b, Adansonia*, vol 4, pp259–329

Mueller-Dombois, D. and Fosberg, F. R. (1998) *Vegetation of the Tropical Pacific Islands*, New York, NY, Springer-Verlag

Naylor, R. L. and Drew, M. (1998) 'Valuing mangrove resources in Kosrae, Micronesia', *Environment and Development Economics*, vol 3, pp471–490

Naylor, R. L., Bonine, K. M., Ewel, K. C. and Waguk, E. (2002) 'Migration, markets, and mangrove resource use on Kosrae, Federated States of Micronesia', *AMBIO: A Journal of the Human Environment*, vol 31, p340

Nedwell, D. (1975) 'Inorganic nitrogen metabolism in a eutrophicated tropical mangrove estuary', *Water Research*, vol 9, pp221–231

Office of Environmental Response and Coordination (2007) *Micronesia Challenge: Island Partnership for Natural Resource Conservation*, Koror, Office of Environmental Response and Coordination, Office of the President of the Republic of Palau

Patel, S. S. (2006) 'A sinking feeling', *Nature*, vol 440, pp734–736

PCS (Palau Conservation Society) (2004) *Fact Sheet: Palau Conservation Areas*, www.palau-pcs.org/pdfs/fsPalau.pdf, accessed 4 July 2008

Porter, V., Leberer, T., Gawel, M., Gutierrez, J., Burdick, D., Torres, V. and Lujan, E. (2005) *The State of Coral Reef Ecosystems of Guam: The State of Coral Reef Ecosystems of the United States and Pacific Freely Associated States: 2005*, Silver Spring, MD, National Oceanic and Atmospheric Administration

Rocklin, D. (2006) *La pêche au crabe de palétuvier à Voh (Nouvelle-Calédonie): Typologie de la pêcherie et proposition d'indicateurs*, Nouméa, Agrocampus Rennes and Organisme d'accueil IRD Noumea

Rohorua, H. and Lim, S. (2006) 'An inter-sectoral economic model for optimal sustainable mangrove use in the small island economy of Tonga', Paper presented to the New Zealand Agricultural and Resource Economics Society Ltd Annual Conference 2006, New Zealand

Scott, D. A. (1993) *A Directory of Wetlands in Oceania*, Slimbridge, UK, and Kuala Lumpur, Malaysia, International Waterfowl and Wetlands Research Bureau and Asian Wetland Bureau

Senibulu, M. (2000) 'The role of the national government in the economic development of mangroves in Fiji', Paper presented to the International Workshop Asia-Pacific Cooperation Research for Conservation of Mangroves, 26–30 March 2000, Okinawa, Japan, LandBase

Sheaves, M. (2002) *A Rapid Environmental Assessment of Mangrove Systems of Western Kimbe Bay*, Brisbane, Australia, The Nature Conservancy

Smith, J. M. B. (1996) 'Perspectives on an invasion of paradise: *Rhizophora stylosa* on Moorea, French Polynesia', *Australian Geographical Studies*, vol 34, pp81–87

So'o, A. and Kelemete, L. (2002) 'Wise practice management and related issues in the Sa'anapu/Sataoa, Samoa', in Elias, D. (ed) *Regional Workshop for the Asia-Pacific University Twinning Network 'Exploring Wise Practice Agreements'*, Khuraburi, Thailand, UNESCO

Spalding, M. D., Ravilious, C. and Green, E. P. (2001) *World Atlas of Coral Reefs*, Berkeley, CA, University of California Press

Spenneman, D. H. R. (1998) *Traditional Utilization of Mangroves in the Marshall Islands*, Albury, http://marshall.csu.edu.au/Marshalls/html/mangroves/mangroves.html, accessed 25 April 2007

Suluvale, E. A. (2001) 'Environmental change of selected mangrove areas in Samoa', Paper presented to the 2000 National Environment Forum, Apia, Samoa, Ministry of Natural Resources and Environment

Thollot, P. (1996) *Les poissons de mangrove du lagon sud-ouest de Nouvelle-Calédonie*, Marseille, Institut de Recherche pour le Développement

Tiitii, U., Trevor, A. and Kallie, J. (2001) 'Community-owned protected areas in Samoa', Paper presented to the 2000 National Environment Forum, Apia, Samoa, Ministry of Natural Resources and Environment

UNESCO (United Nations Educational, Scientific and Cultural Organization) (2009) *The World Network of Biosphere Reserves*, www.unesco.org/, accessed 4 February 2009

URI (University of Rhode Island) (2002) 'Sustainable coastal resources management for Fiji', Paper presented to Fiji National Workshop on Integrated Coastal Management, 9–11 April, Suva, Fiji, University of Rhode Island

URS Corporation (2003) *Solomon Islands Forestry Management Project, Phase 6: National Forest Resource Assessment*, Canberra, URS Corporation, on behalf of AusAID

USGS (United States Geological Survey) (1983) *Topographic Map of the Island of Truk (Chuuk), Federated States of Micronesia: 1:25,000*, Denver, Colorado, USGS

USGS (2001) *Topographic Map of the Island of Kosrae, Federated States of Micronesia: 1:25,000*, Denver, Colorado, USGS

USGS (2003) *Topographic Map of the Yap Islands (Waquab), Federated States of Micronesia: 1:25,000*, Denver, Colorado, USGS

Vuki, V. C., Appana, S., Naqasima, M. R. and Vuki, M. (2000) 'Vanuatu', in Sheppard, C. (ed) *Seas at the Millennium: An Environmental Evaluation*, The Netherlands, Elsevier Science Ltd

Walsh, J. P. and Nittrouer, C. A. (2001) 'Mangrove sedimentation in the Gulf of Papua, Papua New Guinea', Paper presented to the American Geophysical Union, Fall Meeting 2001, American Geophysical Union

Walsh, J. P. and Nittrouer, C. A. (2004) 'Mangrove-bank sedimentation in a mesotidal environment with large sediment supply, Gulf of Papua', *Marine Geology*, vol 208, pp225–248

Womersley, J. S. (ed) (1978) *Handbooks of the Flora of Papua New Guinea. Volume 1*, Carlton, Australia, Melbourne University Press for the Government of Papua New Guinea

Cartes

Fidji. Les forêts naturelles des Fidji ont été numérisées à partir d'une carte de la couverture forestière au 1:500 000, préparée par le Ministère des Forêts, Fidji, à partir d'un relevé datant de 1985. Les types de forêts ont été ajoutés avec l'aide de Maruia Society, Auckland, Nouvelle-Zélande, à partir d'informations de l'Inventaire des Forêts des Fidji de 1966 à 1969 (publié en 1972, en 29 cartes au 1:50 000, par le Directorate of Overseas Surveys, London).

Micronésie (États Fédéraux de). Pour Yap, Chuuk et Kosrae, les données ont été procurées par The Nature Conservancy et sont issues de graphes numérisés provenant de cartes topographiques à haute résolution (USGS, 1983, 2001, 2003). Les images sources pour Yap et Kosrae datent de 1996 et 2001, respectivement, avec des données plus

anciennes pour Chuuk. Les données pour Pohnpei ont été préparées à partir de stéréo-photographies aériennes prises en 2002, cartographiées par interprétation stéréoscopique et validées par deux semaines de vérifications sur le terrain (Landcare Research New Zealand Ltd, 2003).

Guam. De nouvelles données ont été préparées par la FAO à partir d'images Landsat.

Kiribati. Aucune donnée cartographiée n'était disponible.

Les îles Mariannes du Nord. Aucune donnée cartographiée n'était disponible.

Nauru. Aucune donnée cartographiée n'était disponible.

Les îles Marshall. Aucune donnée cartographiée n'était disponible.

Palaos. Des données ont été procurées par The Nature Conservancy (Boucher *et al.*, 2003) et ont pour source des images Landsat 7 de 2003.

La Nouvelle-Calédonie. Les données ont été procurées par le Service des Méthodes Administratives et de l'Informatique (SMAI), Département Géomatique et Imagerie, Responsable du Pôle de Télédétection. Aucun détail supplémentaire n'a été donné sur la source, les méthodes et les dates de saisie des données.

La Papouasie-Nouvelle-Guinée. Les données ont été largement préparées par l'UNEP-WCMC à partir d'images Landsat. Celles-ci ont été modifiées par une technique de filtre majoritaire pour supprimer un grand nombre de pixels isolés considérés comme étant peu précis.

Les îles Samoa américaines. Les données ont probablement été fournies par le Département du Commerce (DOC), l'Administration Océanique et Atmosphérique Nationale (NOAA), le Service National des Océans (NOS), les Centres Nationaux de Science Océanique Côtière (NCCOS), et le Centre d'Évaluation et de Contrôle Côtier (CCMA), Programme de Biogéographie, 2004.

Niue. Aucune donnée cartographiée n'était disponible.

Les îles Samoa. Aucune donnée cartographiée n'était disponible.

Tokelau. Aucune donnée cartographiée n'était disponible.

Tonga. Les données proviennent de DOS (1971), avec pour source des photographies aériennes prises en 1968 et vérifiées sur le terrain en 1972. Noter que les données ne portent que sur Tongatapu. Le total pour le reste du pays est probablement du même ordre de grandeur.

Tuvalu. Aucune donnée cartographiée n'était disponible.

Wallis et Futuna. Aucune donnée cartographiée n'était disponible.

Polynésie Française. Aucune donnée cartographiée n'était disponible.

Les îles Salomon. De nouvelles données ont été préparées par la FAO à partir d'images Landsat. The Nature Conservancy a aussi procuré des données pour ces îles. Elles ont été considérées comme légèrement plus précises et ont été utilisées pour le calcul des surfaces. Elles proviennent de la Corporation URS (2003). Nous n'avons pas de détails supplémentaires sur la méthode cartographique, mais les cartes ont été préparées lors d'un projet d'une durée de quatre ans qui a permis de produire de nouvelles cartes des forêts de 1999 à 2003.

Le Vanuatu. De nouvelles données ont été préparées par la FAO à partir d'images Landsat.

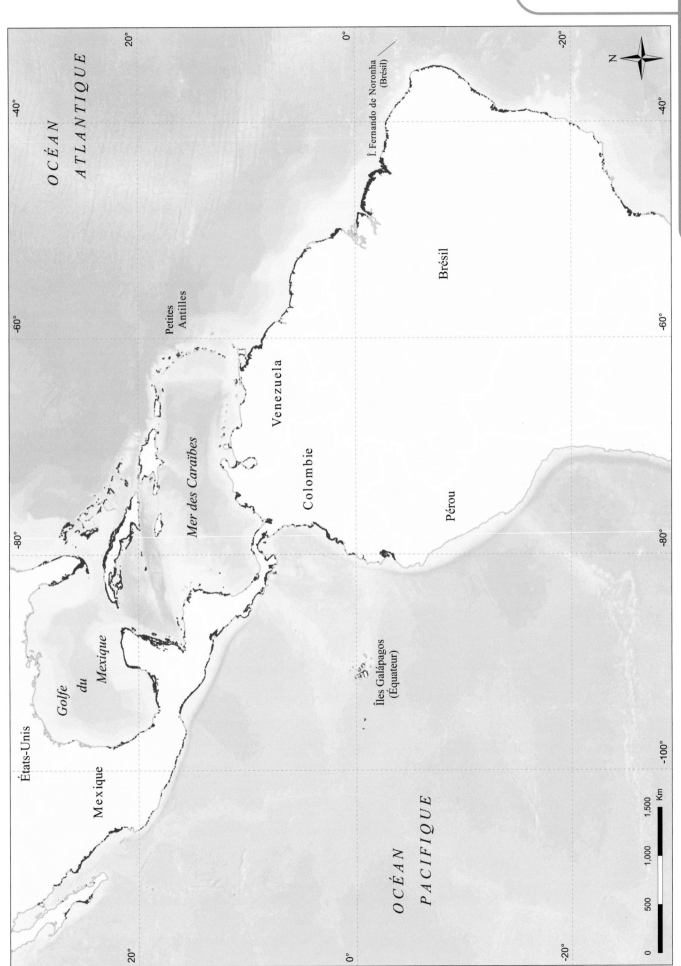

OCÉAN ATLANTIQUE

OCÉAN PACIFIQUE

Mer des Caraïbes

Golfe du Mexique

États-Unis

Mexique

Petites Antilles

Venezuela

Colombie

Brésil

Pérou

Î. Fernando de Noronha (Brésil)

Îles Galápagos (Équateur)

N

Km

0   500   1,000   1,500

L'aigrette tricolore est régulièrement observée dans les mangroves et d'autres zones humides de l'Amérique tropicale et subtropicale.

L'Amérique du Nord, centrale et les Caraïbes

11

En Amérique du Nord et du Centre, l'étendue et la structure des mangroves sont fortement influencées par le climat. Les températures de l'air qui peuvent être fraîches limitent le développement au nord et au centre du Golfe du Mexique, tandis qu'au sud de la Floride, des conditions plus chaudes et des apports abondants d'eau douce ont permis le développement de vastes forêts. Le Mexique a la plus grande étendue de mangroves de toute cette partie du monde, dont de vastes étendues répertoriées le long de ses littoraux désertiques et semi-désertiques du Pacifique et du Golfe du Mexique. Au sud et à l'Est de ces territoires secs, l'humidité augmente en Amérique centrale. Elle détermine le développement de vastes forêts dotées de hautes canopées dans des lagunes protégées et dans des estuaires. Les îles des Caraïbes s'étendent au cœur de cette partie du monde. Les mangroves y sont largement distribuées, notamment sous forme de franges littorales et autour de lagunes côtières. L'aridité restreint le développement de nombreuses forêts dans les Bahamas et sur les Petites Antilles, mais on trouve de grandes forêts, notamment sur les îles les plus grandes et les plus montagneuses. Cuba émerge dans les statistiques.

Partout dans cette région, les mangroves sont d'une importance considérable pour les activités de pêche, jusqu'au large, dans les herbiers marins et les récifs coralliens. L'utilisation des mangroves pour le bois de construction et comme combustible n'est pas très répandue. Le tourisme est une industrie d'importance majeure pour de nombreux pays. Bien que cela ait conduit à un développement côtier ayant eu des conséquences néfastes, il existe aussi un tourisme respectueux de la nature, comprenant des promenades en bateau, des sorties ornithologiques et la pêche sportive, autant d'incitations économiques favorisant les efforts pour protéger les mangroves par endroits.

Les principaux responsables de la destruction des mangroves ont été l'urbanisation et le développement touristique, avec aussi des conversions à l'agriculture et dans une moindre mesure à l'aquaculture, l'aquaculture étant notamment présente au Mexique et en Amérique centrale. Les ouragans sont l'une des principales menaces pesant sur les mangroves de ces pays. Ils peuvent être très destructeurs. Le rétablissement naturel des mangroves peut prendre ici des années ou des décennies. Plusieurs pays s'intéressent maintenant beaucoup à la protection de leurs mangroves, parmi eux, les États-Unis, le Mexique et Cuba. Ces derniers, et d'autres, ont défini de vastes systèmes d'aires protégées intégrant des mangroves. Ils ont en plus développé une protection générique légale, conférant une protection supplémentaire à toutes les mangroves.

Les Bahamas Carte 11.8

Les Bahamas sont une vaste nation d'archipels comportant 900 îles, dont 30 seulement sont habitées. Les mangroves sont très répandues, notamment sur les littoraux protégés des vents de secteur Est dominants et des vagues. Les plus grandes mangroves sont, de loin, celles de la grande île d'Andros, où la population est éparse. Des mangroves de taille importante sont aussi situées sur le rivage nord de Grand Bahama, sur le littoral occidental de l'île Great Abaco, autour de la baie d'Aklins (entre l'île Crooked et l'île d'Aklins), et autour de Great Inagua. Les quatre espèces de palétuviers observées sur ces îles présentent souvent une zonation très nette. En allant de la mer vers l'intérieur des terres on trouve *Rhizophora mangle*, *Avicennia germinans*, *Laguncularia racemosa*, et au plus loin de la mer, *Conocarpus erectus*. Une combinaison de facteurs, dont les faibles apports d'eau douce, des sols pauvres et de fréquentes perturbations par les ouragans, empêche presque partout le développement de forêts à hautes canopées (Kjerfve, 1998). Malgré cela, de nombreuses mangroves sont importantes pour la reproduction, la migration et l'hivernage de nombreuses espèces d'oiseaux d'eau, dont le flamant des Caraïbes. Les tortues de mer pénètrent dans les eaux des mangroves. Ces écosystèmes procurent en outre un habitat et une source de nourriture pour de nombreuses espèces de poissons, dont les vivaneaux, les gorettes, les poissons-perroquet et des poissons importants pour la pêche amateur, comme le bonefish, le tarpon et la carangue pompaneau (Buchan, 2000 ; UNEP, 2005).

L'utilisation directe du bois de palétuvier est limitée, bien que certains arbres, dont *Conocarpus erectus*, soient prélevés comme bois de chauffe. Du point de vue de la pêche, les mangroves sont d'une importance considérable. Une source a estimé que 75% des poissons pêchés par des professionnels et 80 à 90% de ceux pêchés par les amateurs passent une partie de leur vie dans les mangroves (Sullivan-Sealey *et al.*, 2002). Ces deux activités contribuent à l'économie. La pêche commerciale rapporte 92 millions de $US par an (TNC, 2006). Le tourisme, qui est d'une importance économique cruciale, utilise aussi les mangroves. Leur accès est rendu possible par des passerelles et des sentiers de randonnée, de nombreux opérateurs proposent des tours guidés et des sorties en kayak de mer. Les visites ornithologiques et la pêche continuent à être populaires. Le bonefish est l'un des poissons les plus importants de la région. Il est pêché dans les eaux peu profondes et dans la zone intertidale, parmi les mangroves. Les Bahamas sont l'une des principales destinations pour cette pêche, incitant fortement à la conservation naturelle et au maintien de ces vastes habitats côtiers.

Aux Bahamas, des sédiments sableux et une pluviométrie faible conduisent à des mangroves basses ou buissonnantes. Ici des racines très étendues d'un buisson d'*Avicennia* sont bien tracées par les pneumatophores réguliers qui pointent à travers le sable.

Photo Mark Spalding

Le développement côtier a conduit à des défrichements de mangroves et à leur conversion à d'autres usages. Il en est résulté un accroissement de l'érosion littorale et des phénomènes d'envasement dans la périphérie. Les complexes touristiques et les marinas ont causé ce type de problèmes sur des milieux autrefois intacts. À Bimini, par exemple, un nouveau complexe touristique et un casino ont nécessité le défrichement de vastes étendues de mangroves. Une campagne de grande envergure se poursuit afin de préserver le lagon du détroit du nord de Bimini. L'augmentation de la pollution par les eaux usées et par des déversements d'hydrocarbures, ainsi que les décharges, accompagnent souvent le développement côtier.

Malgré ces problèmes, il reste toujours de vastes mangroves intactes. L'opinion reconnait maintenant l'importance du littoral, dont les mangroves, pour le développement socio-économique des Bahamas. Cela a entraîné des niveaux croissants de protection et la déclaration de nouvelles aires marines protégées. Au moins 10 sites comportent des mangroves, notamment le Parc National d'Inagua, qui est aussi un site Ramsar depuis 1997, le Parc National d'Andros Centre, le Parc de Moriah Harbour Cay et le Parc National de Lucayan.

Le Belize Carte 11.1

Bien que ce soit un petit pays, le Belize détient des mangroves importantes et diversifiées. Un grand récif au large abrite un littoral bas porteur de mangroves abondantes, notamment dans les complexes de lagunes côtières et aux embouchures de sept grands cours d'eaux. Les mangroves sont aussi très répandues sur les îles du large et forment des forêts étendues sur Turneffe, l'un des trois atolls coralliens situés au-delà de la barrière de corail.

Les mangroves peuvent être classées en formations distinctes, dont celles des franges littorales situées sur des îles et des lagons, les mangroves fluviales, et celles des dépressions côtières (*basin and overwash formations*). *Rhizophora* prédomine presque partout, représentant 60% de la surface totale de mangroves. La plupart des palétuviers sont de taille petite à moyenne, mais certaines formations atteignent 15m par endroits. Lorsque l'influence de la marée et les entrées d'eau douce sont faibles, les mangroves sont rabougries et ouvertes, présentant sur le terrain une transition progressive vers des marécages salés (Murray *et al.*, 2003). Vers l'intérieur des terres, de vastes territoires n'ont pas encore connu de développement. Les mangroves présentent souvent une

Beaucoup de poissons des récifs coralliens comme ce vivaneau passent leur phase juvénile dans les eaux peu profondes se déplaçant parmi les herbiers marins et les mangroves.

Photo Mark Spalding

transition progressive vers les forêts de terre ferme.

Les mangroves du Belize jouent un rôle important dans la protection côtière, bien qu'elles puissent être dégradées par de très violents ouragans. Elles aident à la rétention des sédiments apportés de l'intérieur des terres vers le littoral, et réduisent ainsi les conséquences que ces mêmes sédiments pourraient avoir sur les herbiers marins

et sur les récifs coralliens proches. Ces mangroves sont le lieu de vie de nombreuses espèces animales associées, comme les crocodiles Américain et de Morolet et nombre de lamantins des Caraïbes vivant dans les chenaux. Les oiseaux sont nombreux, dont le savacou huppé, le tantale d'Amérique, les aigrettes et les ibis. Comme ailleurs où mangroves, herbiers marins et coraux se côtoient, les espèces animales se déplacent souvent d'un habitat à l'autre. C'est important pour les fonctions de l'écosystème considéré au sens large, mais aussi pour des raisons économiques. En effet, de nombreux poissons importants d'un point de vue commercial, dont les vivaneaux, les gorettes et les poissons-perroquet passent leur phase juvénile dans la mangrove (Mumby *et al.,* 2004).

La plupart des mangroves originelles du pays se sont maintenues, bien qu'il y ait eu des pertes dues au développement côtier autour de la ville de Belize et sur des sites touristiques. De petites mangroves ont été converties à l'aquaculture dans le sud, autour du lagon de Placencia. De tels développements peuvent représenter une menace de plus en plus grande pour d'autres mangroves du pays (Harborne *et al.*, 2000).

La part du tourisme dans l'économie du pays est importante. Ici, le tourisme est fortement centré sur l'environnement naturel. Il comporte des promenades en bateau et des sorties ornithologiques dans les mangroves, à la fois près des centres touristiques comme à Ambergris Cay, mais aussi dans les aires protégées plus éloignées comme sur le lagon d'Ycacos, où il est possible d'observer des échassiers, des pontes de tortues et des lamantins qui se rapprochent des savanes et des habitats forestiers. Comme aux Bahamas, la pêche sportive en eaux peu profondes proches de nombreuses mangroves est une activité qui s'est développée, notamment autour d'Ambergris Cay et de l'île de Turneffe. Les retours économiques élevés de cette industrie constituent une réelle incitation à la protection de l'environnement.

Le Belize a une forte tradition de la législation environnementale. Depuis 1989, des permis sont nécessaires pour toute extraction ou destruction de mangroves (FAO, 2007). Il existe désormais un réseau étendu d'aires protégées terrestres et marines, assurant la protection des mangroves, celle des bassins versants adjacents et celle des habitats situés au large. Plusieurs de ces sites, dont les « cayes » à mangroves, ont été désignés sites du Patrimoine Mondial du Récif de la Barrière du Belize. Tout au sud du pays, une zone diversifiée de mangroves appartenant aux types fluviales, littorales, de dépressions (*basin*), ou mixtes est désormais protégée, en tant que partie du Parc National Sarstoon Temash et site Ramsar.

Les Bermudes

Les mangroves des Bermudes comprennent des formations étroites de la frange littorale et d'autres situées autour de dépressions salées à l'intérieur des terres. Ces dernières reçoivent toujours l'influence des marées, grâce à des brèches naturelles de la roche mère. Ce sont les mangroves les plus septentrionales au monde (32°20'N). Malgré cela, trois espèces arrivent à survivre grâce à l'absence de gel due à l'influence du Gulf Stream. La

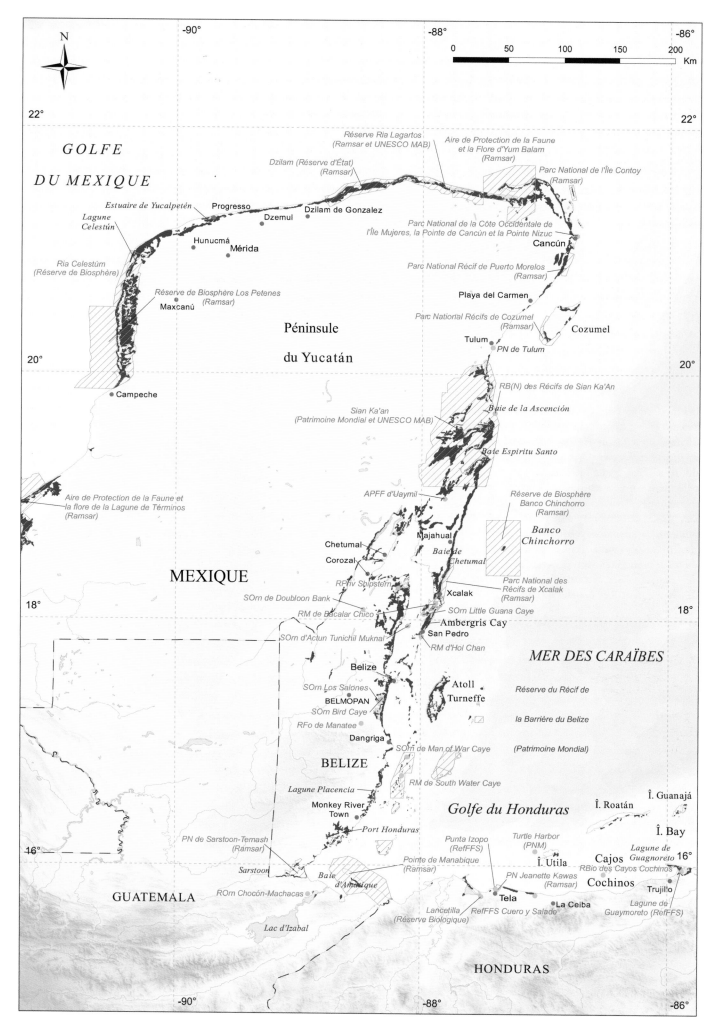

Carte 11.1 Le Yucatán, Le Belize et le nord-ouest du Honduras

plupart des palétuviers sont bas. Dans la baie de Hungry cependant, *Avicennia germinans* atteint près de 10m, et *Rhizophora mangle* forme en front de mer une canopée de 6m. *Conocarpus erectus*, est souvent éloigné des autres espèces de mangroves et se développe parmi les flores dunaires. Il a été dit que ces mangroves pourraient être les plus isolées au monde. Il a été montré que leur présence aux Bermudes a été discontinue pendant l'Holocène, ce qui suggère que de nouvelles propagules ont atteint l'île à plusieurs reprises (Ellison, 1996).

Les Bermudes sont un archipel densément peuplé où toutes les formations naturelles subissent une pression anthropique considérable. Sans aucun doute les mangroves y ont subi des pertes, notamment dues à leurs conversions à d'autres usages, à la présence de bateaux, au développement portuaire et aux décharges. Rien ne dit que ces mangroves furent jadis étendues. Certaines dont les plus importantes sont maintenant bien protégées. Quatre figurent dans des sites Ramsar.

Les îles Caïmans Carte 11.2

Les îles Caïmans sont un territoire britannique composé de trois îles basses de nature calcaire. Bien qu'elles soient de petites tailles, elles hébergent de nombreuses mangroves, notamment dans le Central Swamp de 50km² du lagon de Grand Caïman. Là, les mangroves se développent sur des couches tourbeuses assez profondes, formées par les mangroves elles-mêmes. *Rhizophora mangle*, *Avicennia germinans* et *Laguncularia racemosa* poussent en une mosaïque complexe sans zonation claire (Bush, 1998). *Conocarpus erectus,* peu commun, croît sur les franges continentales. Petit Caïman comporte aussi des mangroves étendues, en particulier à l'ouest. Ces deux îles renferment un certain nombre de mangroves, à l'intérieur des terres ou de type « *basin* », autour d'étendues d'eaux saumâtres et chargées en sels. Les mangroves étaient autrefois le lieu de vie de nombreux crocodiles, mais ils ont été chassés par le passé, jusqu'à l'extinction. Elles restent importantes pour un certain nombre d'espèces d'oiseaux, dont une forte population (en augmentation) du canard siffleur, le dendrocygne des Antilles, qui est une espèce menacée. Près de 5000 couples de fous à pieds rouges nichent dans les mangroves de Booby Pond sur Petit Caïman – un tiers de la population des Caraïbes (NTCI, 2007 ; Ramsar, 2009). Le perroquet endémique de Grand Caïman niche aussi régulièrement dans les mangroves.

Les mangroves de Grand Caïman joueraient un rôle important de maintien des réserves d'eau douce dans les nappes des terres environnantes. La population insulaire dépend de cette eau pour sa consommation et pour l'irrigation (NTCI, 2007). Les mangroves sont aussi importantes comme nurserie et pour la reproduction de nombreux poissons et invertébrés ainsi que pour la survie et la régulation des flux hydriques et de nutriments vers les herbiers marins et les récifs coralliens adjacents. Ceci revêt une importance toute particulière pour un pays dont l'économie est étroitement dépendante de la pêche et du tourisme. C'est une destination réputée pour la plongée sous-marine. Certains tours opérateurs offrent des excursions dans les mangroves aux populations locales, aux groupes scolaires et aux touristes.

D'importantes mangroves ont été perdues à l'ouest de Grand Caïman et à l'extrême ouest de Caïman Brac, à cause des développements urbain et touristique, dont des marinas et des terrains de golf. Une grande partie des mangroves restantes sont des propriétés privées. L'achat de ces terrains pourrait être nécessaire pour les sauvegarder. Certaines mangroves bénéficient actuellement d'une protection légale. Booby Point and Rookery a aussi été déclaré site Ramsar.

Le Costa Rica Carte 11.7

Le Costa Rica possède de vastes étendues de mangroves sur son long littoral tortueux du Pacifique. Au nord-ouest, où sévit une longue saison sèche (décembre à avril), les mangroves ont tendance à être plus basses – celle de Potrero Grande mesurent généralement 12m et viennent au contact des forêts tropicales sèches parmi les plus importantes de la région. Juste un petit plus au sud, près de Tamarindo, certains *Rhizophora mangle* dominants mesurent de 25 à 30m, et 45cm de diamètre dans des conditions plus estuariennes. Au sud-est, la plus grande formation est celle du système deltaïque des rivières Térraba et Sierpe, où une vaste forêt est entrecoupée de chenaux. Là, *Pelliciera rhizophorae* et *Rhizophora racemosa* sont les espèces les plus fréquentes et dominantes (Polanía, 1993) pouvant atteindre 45m de hauteur.

La côte Atlantique est très différente – il s'agit d'un littoral à houle assez forte, dominé par des côtes sableuses. Des zones humides tidales protégées par un système de barrière côtière existent bien dans le nord, mais elles sont dominées par des espèces d'eau douce. La plus grande mangrove se situe dans le sud, dans la lagune de Gandoca, où 250ha de forêt entourent un lagon profond (Cortes, 1998).

Le pays se situe à la limite du centre régional de diversité des mangroves. Deux espèces de palétuviers dont l'aire de répartition est restreinte, *Mora oleifera* et *Tabebuia palustris*, ont leur limite septentrionale sur la côte Pacifique. Les espèces associées aux mangroves comprennent deux espèces de crocodiles et de nombreux oiseaux. Le dendrocygne des Antilles, la spatule rosée, l'anhinga et des cormorans vigua nichent dans le nord-ouest. À Térraba-Sierpe, le jacana du Mexique, le savacou huppé, la talève violacée, le dendrocygne à ventre noir, la spatule rosée et l'ibis blanc sont tous communs. Une population importante de lamantins existe ici, dans la lagune de Gandoca. On y trouve aussi beaucoup d'huîtres.

Les usages traditionnels de la mangrove ont inclus l'extraction de tanins de l'écorce de *Rhizophora*, ainsi que des utilisations toujours en cours du bois, la production de charbon et le prélèvement de grandes quantités de coques de palétuvier, notamment dans le golfe de Nicoya, à Térraba-Sierpe et dans le golfe Dulce (MacKenzie, 2001). Le tourisme tourné vers la nature est l'une des principales ressources économiques du pays et l'utilisation des mangroves ne cesse de grandir, souvent par le biais de promenades en bateau, dont des tours ornithologiques spécialisés.

Historiquement, l'extraction excessive du bois pour la production de tanins a affecté certaines mangroves. Au sud, sur les côtes Atlantique et Pacifique, des mangroves ont été largement défrichées pour développer l'agriculture, en particulier les bananeraies, ce qui a provoqué une forte pollution des cours d'eau et des estuaires. Dans les parties les plus sèches de la côte Pacifique, des mangroves ont été défrichées au profit des marais salants et d'autres palétuviers ont été coupés ou dégradés pour obtenir le bois de chauffe nécessaire à la production de sel cristallisé par ébullition. (Polanía, 1993). L'aquaculture n'est pas une industrie majeure, il en existe néanmoins sur la côte Pacifique. Le développement de complexes touristiques exerce une pression constante sur les mangroves par endroits, ce qui fait craindre des défrichements possibles (Ramsar, 2009).

Le rôle important des mangroves dans le soutien des activités de pêche artisanale et maritime, dans la protection des littoraux et dans le maintien de la qualité de l'eau est de plus en plus reconnu. Cela a conduit à des mesures réglementaires de protection générale des mangroves, et à des restrictions sur les activités de pêche et sur les prélèvements. La plupart des grandes mangroves sont incorporées dans un système national d'aires protégées. Cinq de ces aires sont aussi des sites Ramsar. Manglar de Potrero Grande est une partie du Parc National et site du Patrimoine Mondial de Guanacaste, qui comporte un vaste complexe d'écosystèmes qui s'étend de pics montagneux jusqu'au domaine maritime.

Cuba Carte 11.2

Cuba, la plus grande des îles des Caraïbes, est une importante nation de mangroves, juste après le Mexique, dans l'Amérique du Nord et du Centre. Les mangroves sont disposées tout autour de l'île principale. Les plus importantes sont situées le long d'une série de systèmes de barrières insulaires, et le long des littoraux très abrités par ces barrières. Il s'agit de l'archipel Los Colorados au nord-ouest, de l'archipel Sabana-Camagüey qui s'étend sur toute la côte centrale au nord du pays, de l'archipel Jardines de la Reina au large de la côte centrale dans le sud du pays, et le long de la côte et autour d'îles du golfe de Batabanó. Le plus grand, l'archipel Sabana-Camagüey, s'étend sur 465km le long du plus long des systèmes continus de récifs coralliens des Caraïbes. On compte plusieurs centaines de petites cayes, sur lesquelles les mangroves sont abondantes. Elles se développent également sur les littoraux abrités de l'île principale où la

L'hutia de Cabrera a été décrit pour la première fois en 1974, sur les îles à mangroves au large du littoral méridional de Cuba. Il est omnivore, mais consomme de grandes quantités de feuilles de palétuviers.

Photo Mark Spalding

plus grande mangrove se trouve sur la péninsule de Zapata, à l'Est du golfe de Batabanó.

Les quatre espèces de palétuviers communes sur les îles Caraïbes sont largement distribuées à Cuba. Sur les cayes, elles forment principalement des peuplements forestiers assez bas ; certains peuplements de *Rhizophora mangle* sont ennoyés en permanence par des eaux marines. Là où les apports d'eau douce sont abondants, les mangroves atteignent 20 à 25m de hauteur. Les forêts les plus hautes et les plus productives sont concentrées sur la côte méridionale de l'île principale. Celles de la péninsule de Zapata présentent une transition vers des forêts inondées d'eau douce et vers des prairies humides. Cette région héberge un grand nombre d'espèces endémiques (Páez *et al.*, 2005).

Comme on pouvait le prévoir dans des mangroves d'une telle étendue, elles renferment quantité d'espèces associées : des poissons, dont des lutjanidés, des tarpons, des brochets de mer et des mojarras, de nombreux invertébrés, dont des crabes violonistes et des huîtres de palétuvier importantes commercialement, des oiseaux marins comme les pélicans, les frégates, les aigrettes et les hérons (Padrón *et al.*, 1993). Parmi les espèces les plus insolites se trouvent plusieurs espèces d'hutia (grands rongeurs restreints aux Caraïbes) qui s'alimentent et nichent régulièrement dans les mangroves, dont l'hutia de Desmarest, l'hutia *Mysateles prehensilis*, l'hutia de Cabrera (observé dans les cayes d'Ana Maria, sur le littoral central de la côte sud de Cuba) et l'hutia à grandes oreilles, seulement rencontré au niveau de Cayo Fragoso, une petite île basse située au large de la côte centrale du nord de Cuba (Massicot, 2005).

Au niveau du cours d'eau Máximo, on trouve l'une des concentrations les plus importantes de flamants roses dans les Caraïbes. Le crocodile américain est répandu et le crocodile endémique de Cuba s'aventure de manière occasionnelle dans la mangrove de la péninsule de Zapata et sur l'île de la Juventud. Des populations importantes de lamantins sont signalées en plusieurs endroits, dont la péninsule de Zapata.

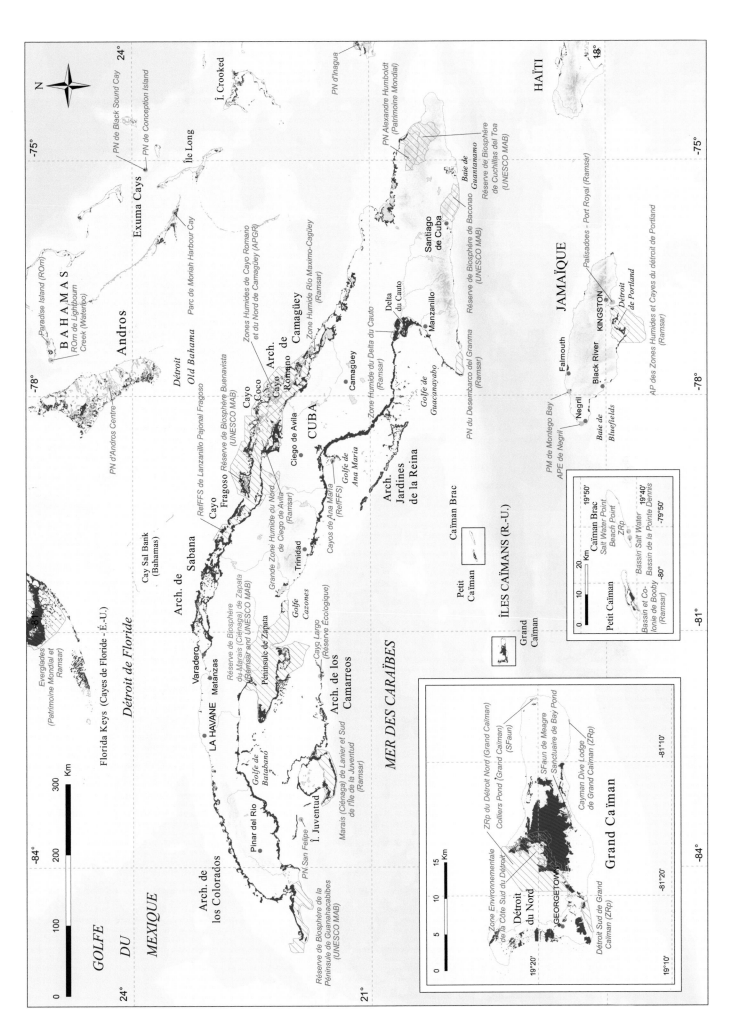

Carte 11.2 Cuba et la Jamaïque

Les coefficients de marée sont faibles aux Caraïbes, mais par endroits, comme ici au sud de Cuba, *Rhizophora mangle* s'est adapté pour vivre avec ses racines échasses submergées en permanence.

Photo Mark Spalding

La pêche commerciale et de subsistance est répandue sur tous les littoraux, avec beaucoup d'espèces utilisant les mangroves au cours de leur cycle. Les plus importantes commercialement sont les langoustes et les crevettes – ainsi que des lutjanidés, des brochets de mer et des harengs. La pêche amateur et les sorties de pêche pour touristes sont de plus en plus répandues, notamment la pêche à la mouche de bonefish, celles des tarpons et des carangues pompaneau dans les eaux peu profondes qui vont souvent de pair avec les mangroves.

Les mangroves sont parfois gérées pour la production de bois. Les forêts adultes sont coupées à blanc, par bandes, avec 20 à 40 porte-graines laissés par hectare pour la reproduction et une rotation de 30 ans, généralement bien suivie. Le bois de palétuvier est utilisé comme bois combustible, pour le charbon et pour le bois d'œuvre. Un autre usage très répandu et durable est la production de miel. On estime à 40 000 le nombre de ruches transportées dans les mangroves, notamment sur la côte méridionale, pendant les quatre mois de la floraison d'*Avicennia*. Elles produisent entre 1700 à 2700 tonnes de miel par an (Suman, 2003).

Selon les estimations, 30% des mangroves de Cuba ont été dégradées ou ont disparu à cause de la pollution, de leur conversion à d'autres usages, de la déforestation illégale, de construction de routes et d'autres projets de développement d'infrastructures qui ont eu des impacts sur l'écoulement des eaux. Les travaux de construction d'une digue (Dique Sur) le long de la côte méridionale de la Province de la Havane, ont eu des conséquences majeures. L'objectif était de stabiliser les intrusions d'eau de mer dans l'aquifère adjacent. Il est incertain que la

digue ait eu un quelconque effet pour résoudre ce problème, mais il a réduit les arrivées d'eau douce jusqu'aux mangroves, ce qui a entraîné leur disparition, et une augmentation de l'érosion et des risques d'inondation côtière. Les usages traditionnels du bois de palétuvier pour la production de charbon perdurent et pourraient encore dégrader les mangroves à certains endroits (Suman, 2003).

Le tourisme international a augmenté de façon spectaculaire à Cuba, avec 2,3 millions de visiteurs en 2005. La plupart des touristes séjournent sur la côte. L'archipel Sabana-Camagüey, dont la péninsule de Varadero (Punta Hicacos), a connu l'une des plus importantes augmentations du nombre d'hôtels et d'infrastructures. Cela a conduit à la disparition de mangroves sur des cayes du large. Plusieurs projets ont eu pour objectif la construction de voies de communication pour relier certaines îles entre elles, ce qui a eu des conséquences sur le régime hydrique. La voie reliant Cayo Coco et Cayo Romano a conduit à la disparition de mangroves (Suman, 2003 ; UNDP, 2006).

La surpêche d'espèces associées aux mangroves a été signalée. Cependant, les efforts pour diminuer le recours à des techniques destructrices ont été rapides et efficaces (Claro *et al.*, 2001). La mariculture n'est pas commune à Cuba. Quelques fermes à crevettes fonctionnent. Il semblerait que l'on s'intéresse de plus en plus à la crevetticulture et à d'autres industries maricoles (Sugunan, 1997).

Entre 1984 et 1994 de nombreux projets ont été mis en œuvre, pour restaurer et pour reboiser. Ils couvrent au total 440km^2 (Suman, 2003). Le plus important se situe le long de la côte méridionale, sur le golfe de Batabanó, directement au sud de la Havane, où une bande côtière de 100km² a bénéficié d'un programme de restauration et de gestion forestière toujours en cours. Parmi les méthodes employées, signalons la plantation directe de jeunes plantules de *Rhizophora*, les semis à la volée de graines d'autres espèces et la régénération naturelle assistée (Padron, 1996).

Les efforts de conservation ont été considérables à Cuba. Depuis 1992, l'archipel de Sabana-Camagüey a été l'objet d'un projet ambitieux à trois phases, le Global Environment Facility (GEF), dont l'objectif est de soutenir la conservation et le développement durable de cet archipel par l'établissement d'aires protégées, de modes de gestion côtière intégrés, et par l'encouragement d'un développement touristique durable (UNDP, 2006). Depuis l'an 2000, un corps législatif étendu et cohérent couvrant l'environnement, la gestion forestière, les aires protégées et la gestion du littoral a considérablement renforcé la protection des mangroves. Au moins 14 aires protégées comportent de vastes mangroves, notamment le long des archipels, sur la péninsule de Zapata et dans le delta du Cauto (Suman, 2003). Deux sites du Patrimoine Mondial ont été déclarés à l'Est du pays, contenant tous deux des mangroves, et des zones plus étendues ont été déclarées sites Ramsar et réserves de biosphère de l'UNESCO.

La République Dominicaine Carte 11.3

La République Dominicaine forme la moitié orientale de l'île d'Hispaniola. Elle est remarquablement différente de sa voisine occidentale, Haïti. Les mangroves sont assez répandues, en particulier le long des littoraux septentrionaux bordés de vastes forêts, notamment autour de Monte Cristi et dans la baie de Samaná. La côte méridionale est sèche et les mangroves y sont éparses, mais elles peuvent couvrir des surfaces importantes, notamment dans les parcs nationaux de Jaragua et del Este. Dans ce dernier, la hauteur moyenne de la canopée n'est que de 4m. Des mangroves de type « *fringing* » et « *basin* » (voir Chapitre 1) couvrent 15km², et comportent les quatre espèces de cette région (Kjerfve, 1998). Le lac Enriquillo est une étendue d'eau salée située à 40m en-dessous du niveau de la mer, au sud-ouest du pays – bien que non soumis à l'influence des marées, le niveau de l'eau y varie considérablement dans l'année et maintient une population de *Rhizophora mangle* et de *Conocarpus erectus* (Ramsar, 2009).

Conocarpus erectus est répandu en Amérique et en Afrique de l'Ouest. Bien que les arbres puissent atteindre 20m de haut, ils sont généralement de petite taille et bas branchus.

Photo Mark Spalding

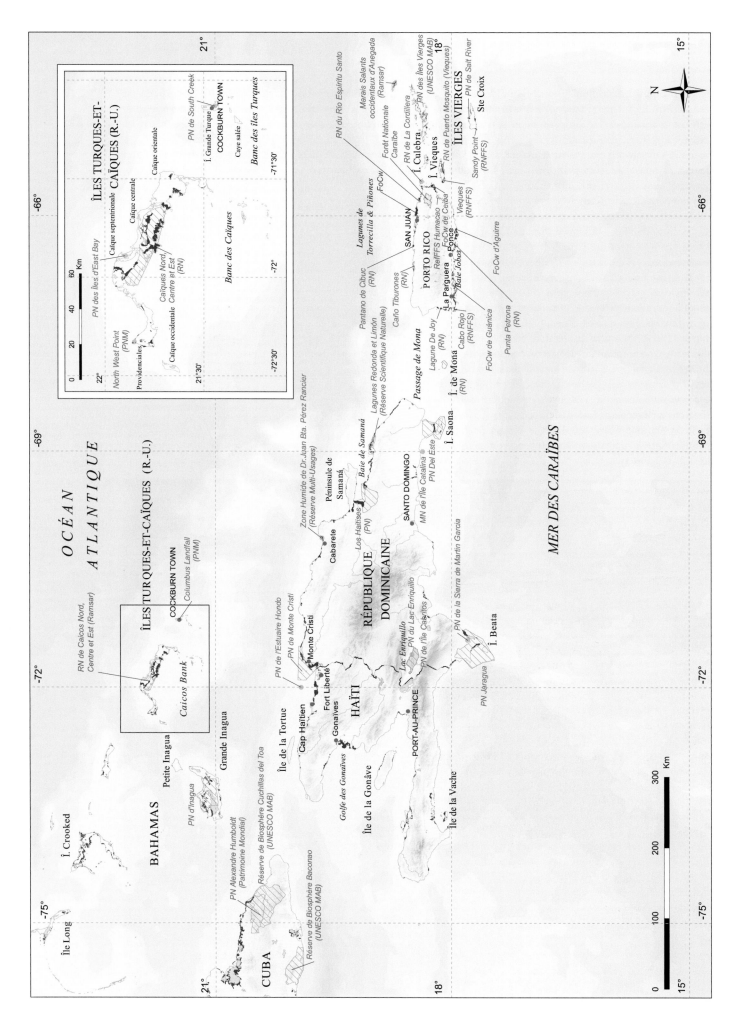

Carte 11.3 Les Grandes Antilles orientales

Les mangroves du Parc National de Los Haitises ont été l'objet de nombreuses études. Ce site a été dévasté par un raz-de-marée en 1947, mais s'était pratiquement reconstitué avant le passage de l'ouragan Georges en 1998. Les mangroves couvraient là une surface de 47km², avec des arbres d'une hauteur moyenne de 24m, les arbres les plus grands atteignant 30m (Sherman *et al.*, 2003). En 1998, l'ouragan Georges est passé à 50km au sud de ce site, causant d'importantes pertes, à la fois au moment de l'ouragan et au cours des 18 mois suivants (Sherman *et al.*, 2001).

Plusieurs pêcheries côtières dépendent des mangroves, notamment les huîtres, les langoustes et les vivaneaux. Le tourisme est une industrie importante qui se développe rapidement dans le pays. Des tours en bateau sont proposés aux visiteurs, dans les mangroves. Le risque provient de la pression considérable qui tend à défricher des mangroves en vue du développement côtier. L'agriculture pose aussi des problèmes. Les mangroves et les zones humides d'eau douce proches de la baie de Samana sont menacées de conversion et souffrent aussi de niveaux élevés de pollution, de sédimentation excessive et de réductions d'apports d'eau douce en raison des prélèvements, y compris ceux de l'irrigation.

Malgré ces pressions, les grandes mangroves sont pour la plupart protégées, et les efforts vont croissants, avec le soutien international, pour renforcer le contrôle et la gestion de ces sites. La région sud-ouest, dont le Parc National de Jaragua et le lac Enriquillo, ont été inclus dans la réserve de biosphère de l'UNESCO. Le lac Enriquillo est aussi un site Ramsar.

Le Salvador Carte 11.7

Le littoral du Salvador est dominé par des côtes balayées par une forte houle, mais un certain nombre de systèmes d'estuaires et de lagunes abritées derrière des barrières sableuses, s'y sont développés. C'est le cas du système de la Barra de Santiago à l'ouest, du vaste système entourant la baie de Jaquilisco au centre du pays, et des systèmes estuariens plus protégés du golfe de Fonseca, à l'Est. Leurs mangroves font partie des forêts les plus importantes du pays, celles de l'intérieur des terres ayant une superficie totale assez faible. En plus des mangroves, la baie de Jaquilisco comporte de nombreux plans d'eau douce, d'eaux saumâtres et d'eau de mer qui hébergent de nombreux oiseaux, dont certains sont des « spécialistes » des mangroves, comme la buse des mangroves, la paruline jaune, l'hirondelle des mangroves et le viréo des mangroves. Les plages sableuses proches sont des lieux de ponte de quatre espèces de tortues marines (Ramsar, 2009).

Les mangroves ont été largement utilisées comme source de bois d'œuvre et comme combustible. Le Salvador est le premier pays en Amérique centrale pour la pêche des coques. Les pêcheurs venant de nombreux villages côtiers très pauvres, en tirent la seule source de revenus pour près de 3000 d'entre eux, essentiellement dans la baie de Jaquilisco (MacKenzie, 2001). Bien qu'aucune étude formelle ne soit citée, les mangroves sont considérées comme importantes pour la stabilisation du littoral, la biofiltration et comme aire nourricière pour de nombreuses espèces de poissons estuariens et marins (Gammage *et al.*, 2002).

Les disparitions de mangroves ont été considérables, liées à l'extraction de bois d'œuvre et comme combustible, à la conversion pour d'autres usages comme l'aquaculture et l'extension des marais salants. La pression anthropique provient des terrains agricoles adjacents et des ranches, et des polluants agricoles. Ces pertes ont probablement déjà affecté les pêcheries de crevettes proches du littoral et certaines pêcheries du large. Les taux de disparition ont probablement été les plus élevés de 1950 à 1978 (estimés à 1887ha par an). Ce taux a chuté considérablement pendant la guerre civile, qui a duré jusqu'en 1992 (estimé à 773ha par an), en grande partie à cause de l'exode rural vers les villes. Les taux de disparition sont restés faibles depuis ce temps-là (estimés à 661ha par an depuis 1992), probablement en raison de l'instabilité des revenus agricoles et au passage à une économie plus industrialisée (Gammage *et al.*, 2002 ; Hecht *et al.*, 2006).

Les préoccupations relatives à la perte de mangroves ont conduit à interdire les coupes de palétuviers en 1992, mais les abattages illégaux des arbres ont continué partout (Gammage, 1997). Il est suggéré que les défrichements de mangroves sont exacerbés par une réglementation complexe qui a différents effets sur l'utilisation des mangroves par les communautés locales, et sur les intérêts économiques comme l'exploitation du bois, l'aquaculture et la production de sel (Gammage *et al.*, 2002). Le tourisme côtier au Salvador est une grande industrie qui se développe rapidement, et qui pourrait conduire à une pression croissante sur les terres du littoral au bénéfice du développement.

Les mangroves qui subsistent sont mal représentées dans le réseau national des aires protégées. Cependant, la baie de Jaquilisco a été déclarée site Ramsar en 2005.

Le Guatemala Cartes 11.1, 11.6 et 11.7

Le littoral Pacifique du Guatemala est dominé par des plages de sable continues entrecoupées de criques. Derrière ces plages, des estuaires et des lagunes sont propices au développement des mangroves. Les plus importantes et les moins perturbées sont celles proches de la frontière avec le Mexique où les cours d'eau Ocós et Naranjo se déversent dans la vaste zone humide de Manchón Guamuchal. Le long de cette côte, des mangroves plus petites se trouvent sur l'estuaire de l'Acome, près de Sipacate et de plus grandes étendues dans les lagunes à l'Est, dont celle de Monterrico.

La côte Atlantique comprend essentiellement des rivages calcaires. Les mangroves sont restreintes à des formations deltaïques et estuariennes, notamment le long du Sarstún (Sarstoon River) et autour de la baie d'Amatique. Les quatre espèces communes aux Caraïbes y sont présentes, dominées par *Rhizophora mangle* et

Avicennia germinans. Les arbres atteignent généralement 11 mètres de haut, et peuvent atteindre 23m par endroits (Yáñez-Arancibia *et al.*, 1995, 1999). Des mangroves pénètrent profondément à l'intérieur des terres le long d'El Golfete et jusqu'au lac Izabal. La marée n'atteint pas ce lac. L'eau de mer y pénètre pendant la saison sèche, ce qui explique la salinité élevée de l'eau et du sol (Lacerda, 1993).

Le bois des mangroves de la côte Pacifique est utilisé comme combustible et pour la construction. Les pêcheurs artisanaux prélèvent des larves de crevettes sauvages destinées à l'enrichissement des bassins d'aquaculture. De vastes mangroves ont été défrichées pour être converties en terres agricoles (Rollet, 1986) et plus récemment, pour étendre l'industrie de la crevette. Des plantations bananières intensives se sont répandues dans les plaines côtières adjacentes, polluant et eutrophisant des lagunes. Des modifications du régime hydrique et sédimentaire ont aussi été constatées (Heyman and Kjerfve, 2001 ; Eisermann, 2006).

L'importance des mangroves a été reconnue par la loi forestière nationale (Forestry Law). En 1998, une réglementation interdisant la conversion des mangroves pour d'autres usages a été adoptée (Redmanglar, 2007). Certaines parmi les mangroves les plus vastes sont maintenant intégrées à des aires protégées. Le site Ramsar de Manchón Guamuchal renferme de bonnes surfaces de mangroves, bien qu'il ne dispose pas d'une protection totale et qu'il appartienne principalement à des propriétaires privés. Le Parc National de Sipacate-Naranjo contient d'importantes lagunes à mangroves. Sa faune souffre de la chasse et de prélèvements d'oiseaux. Des poissons meurent par suite de la pollution agricole. Certaines mangroves autour de Monterrico bénéficient d'une protection partielle au sein d'une aire protégée multi-usage mais restent sujettes à la surexploitation et à la pollution (Eisermann, 2006).

Haïti Carte 11.3

Formant la partie occidentale de l'île d'Hispaniola, Haïti est la nation la plus pauvre d'Amérique. Elle a souffert d'instabilité politique et d'une dégradation environnementale extrême de ses forêts et de ses sols. Néanmoins des mangroves existent toujours. Ce sont des formations basses par suite des dégradations anthropiques et de climats relativement secs. Elles sont de types « *basin* » et « *fringing* ». Le long de la côte septentrionale, la baie de Caracol, protégée par une barrière récifale, renferme une vaste forêt de palétuviers. Dans la baie profonde de Fort Liberté et dans la lagune aux Bœufs toute proche, les mangroves forment de petits peuplements. Plus petites encore sont celles du golfe des Gonaïves. La plus grande formation d'un seul tenant se situe juste au sud de la ville de Gonaïves et à l'embouchure de l'Artibonite. Ce littoral est sec. Plus à l'ouest, les mangroves littorales présentent une transition progressive vers de vastes marais salants, principale industrie de cette région. La plus grande étendue de mangroves le long de la côte méridionale se situe dans une dépression côtière aux extrémités nord et est de l'île de la Vache.

Les mangroves sont probablement très importantes dans ce pays très pauvre pour leur rôle de soutien aux ressources halieutiques, dont les huîtres de palétuvier, mais aussi comme source de bois d'œuvre et de chauffe. Malheureusement, la surexploitation halieutique est très répandue sur la plupart des côtes, et la surexploitation du bois de palétuvier a conduit à des dégradations. À l'intérieur des terres, la déforestation a entraîné l'érosion des sols et des taux très élevés de sédimentation côtières. Ces alluvionnements excessifs doivent affecter les mangroves. En revanche, elles retiennent une partie de ces sédiments, protégeant ainsi les récifs coralliens. La frange côtière est très peuplée, ce qui pose des problèmes de décharges et de pollution, dont le déversement d'eaux usées, même dans les principaux centres urbains (FAO, 1980 ; UNESCO, 1997). Malgré leur importance considérable, les efforts directs de conservation des mangroves sont minimes.

Le Honduras Carte 11.7

Le long de la côte Caraïbe du Honduras, les mangroves sont très répandues, notamment dans les lagunes abritées et dans les estuaires. Les lagunes de Guaymoreto, de Brus, d'Ibans et de Caratasca à l'Est possèdent de vastes mangroves, généralement dominées par *Rhizophora mangle*. Les «Îles de la Baie » (Islas de la Bahia) comportent des mangroves sur leurs rivages méridionaux. La côte Pacifique, dans le golfe abrité de Fonseca, est dominée par des sédiments bas et des estuaires qui portent de grandes mangroves.

En octobre et novembre 1998, l'ouragan Mitch, l'un des ouragans les plus dévastateurs jamais répertoriés sur l'Atlantique, a traversé le Honduras. Les mangroves des îles de Bahá ont été lourdement affectées – notamment sur l'île de Guanaja où 97% des mangroves ont été détruites. Les écosystèmes les plus touchés n'ont connu qu'un léger rétablissement. La subsidence des sédiments restés en place, générée par la destruction des enracinements et par la disparition des sols tourbeux, a persisté durant les années suivantes. Il est préoccupant de constater que le rétablissement naturel est ici très lent voir inexistant (Cahoon *et al.*, 2003). Sur la côte centrale des Caraïbes, l'érosion de la plage s'est étendue jusqu'à 50m vers l'intérieur des terres. Sur la côte Pacifique, les violentes précipitations ont entraîné de très forts dépôts sédimentaires sur les sols des mangroves, compris entre 15 et 100cm, jusqu'en amont de l'estuaire du Conchalitos (Cahoon and Hensel, 2002). Beaucoup de mangroves ont disparu. De grandes quantités de polluants ont été déversées dans le Golfe de Fonseca par les fleuves et par les élevages de crevettes. De nombreux bassins d'aquaculture ont subi des dégâts considérables. Le rétablissement est en cours presque partout, bien que des changements de la structure dans ces mangroves soient probablement en cours, *Laguncularia racemosa* se rétablissant plus rapidement que d'autres espèces (Cahoon and Hensel, 2002).

A travers le pays, les palétuviers sont toujours utilisés comme combustible et pour la production de tanins à partir de leur écorce. Le maintien des ressources halieutiques est favorisé par la présence des mangroves. Malheureusement, l'accroissement de la population a engendré des pratiques non durables, en particulier là où les forêts de palétuviers ont été converties à la crevetticulture, à l'agriculture ou en espaces urbains. Le tourisme côtier le long du littoral des Caraïbes et en particulier sur les îles de Bahá a nécessité des défrichements pour l'installation de nouveaux équipements. L'écotourisme dans les mangroves est une activité peu répandue.

Malgré les dégâts causés par l'ouragan Mitch, le Golfe de Fonseca est un centre majeur de crevetticulture. La surface de cette aquaculture est passée de 5800ha en 1985, à plus de 16 000ha en 2000. Le développement de cette industrie sur des terrains appartenant autrefois à l'État a conduit à la disparition de mangroves ainsi qu'à celle de lagunes côtières et de marécages salés. Il s'y ajoute des problèmes considérables liés à des pollutions aquatiques par les nutriments et par le déversement d'agents pathogènes dans les eaux du Golfe de Fonseca. Les populations locales ont souffert de diminutions de la réserve halieutique et d'un accès restreint aux mangroves et aux ressources côtières. En conséquence, de nombreux conflits sont nés entre les crevetticulteurs et les pêcheurs. À la fin des années 1990, les tensions se sont quelque peu détendues à la suite d'efforts accomplis pour contrôler l'expansion de cette industrie et pour rendre la pratique de crevetticulture plus durable (Benítez *et al.*, 2000 ; Marquez, 2001 ; Stanley and Alduvin, 2002 ; CODDEFFAGOLF, 2007).

La solution pour résoudre les conflits du Golfe de Fonseca a été trouvée en partie en instaurant un système de refuges de la faune et la flore sauvages couvrant la plupart des mangroves. Ces mêmes secteurs ont aussi été déclarés sites Ramsar. Le long de la côte Atlantique, presque toutes les grandes lagunes côtières font partie d'aires protégées, mais ces aires protégées restent menacées par un certain empiètement. La Réserve de Biosphère du Río Plátano est l'une des plus grandes aires protégées de forêt tropicale en Amérique centrale. Elle offre une protection à la quasi-totalité des écosystèmes du bassin versant de ce cours d'eau, jusqu'aux étendues de mangroves du littoral. Ce site a été listé au Patrimoine Mondial. Une partie de ce site ainsi que deux autres lagunes le long de la côte nord sont des sites Ramsar.

La Jamaïque Carte 11.2

La troisième plus grande île des Caraïbes, la Jamaïque, a un littoral très diversifié, porteur de grandes zones urbaines et industrielles, de nombreux équipements touristiques et de quelques zones naturelles importantes. Les mangroves subsistent, notamment le long du littoral méridional près de la baie de Bluefields, sur l'estuaire de Black River, dans le détroit de Portland et sur la péninsule la plus à l'Est de l'île. Il en existe d'autres au nord, et une importante formation de type « basin » à l'ouest de

Falmouth. Cette dernière comporte de grands palétuviers, de 16m en moyenne. Les conditions plus sèches du littoral méridional, mis à part les estuaires, impliquent des morphologies plus basses, de 5 à 8m le long de la côte centrale (McDonald *et al.*, 2003). Les plus grandes mangroves de Jamaïque étaient autrefois le lieu de vie d'importantes populations de lamantins et de crocodiles, mais les deux sont maintenant extrêmement rares.

Les mangroves jouent un rôle dans le maintien des réserves halieutiques, notamment au niveau du détroit de Portland, où 3000 pêcheurs prélèvent des huîtres et des crevettes dans les mangroves, des langoustes, des conques et des vivaneaux dans les eaux adjacentes. Il existe aussi d'importantes pêches artisanales, dont une petite pêcherie de crevettes autour de Black River au sud-ouest du pays. Plusieurs fermes ostréicoles ont été installées près des mangroves. La protection côtière et la rétention de sédiments sont considérées comme des fonctions importantes de l'écosystème. L'utilisation du bois d'œuvre et combustible continue par endroits (NRCA, 1997).

Le développement côtier a probablement causé la disparition de mangroves en Jamaïque, avec, parmi les principaux responsables, le développement résidentiel et touristique le long du littoral septentrional et des équipements portuaires et industriels au sud, notamment près de Kingston. Des conversions pour un usage agricole ont aussi eu lieu. Une autorisation est obligatoire pour convertir les mangroves. Néanmoins, de nombreuses zones sont toujours menacées. Les pollutions d'origines urbaine et agricole restent localisées. Les quelques mangroves restantes près de Kingston sont basses, comprenant des arbres morts sur pied ou sénescents, laissant apparaître des niveaux très élevés d'eutrophisation et de sédimentation (McDonald *et al.*, 2003). En de nombreux endroits, les mangroves ont été utilisées comme dépotoirs. Leur destruction a produit le déclin de la pêche côtière, notamment dans la baie de Hunts, aux environs du port de Kingston (NRCA, 1997).

Un certain nombre d'aires protégées contiennent des mangroves. Celle du détroit de Portland est largement considérée comme exemplaire, comportant une vaste zone littorale et océanique, ainsi que les bassins versants adjacents. La densité de population y est forte. La population s'implique dans la gestion du site et est consciente des bénéfices considérables produits par sa gestion durable. Ce site, ainsi que deux autres, ont été déclarés zones humides Ramsar.

Les Petites Antilles Carte 11.4

La chaîne d'îles à l'Est de la mer des Caraïbes présente diverses situations politiques et de géographie physique. La surface totale des mangroves est modeste. Des 14 États, 7 sont des territoires appartenant à d'autres nations (la France, les Pays-Bas, le Royaume-Uni et les États-Unis). De nombreuses îles portent de hauts reliefs volcaniques, recevant une pluviométrie élevée, tandis que d'autres sont très basses et relativement arides. Les mangroves sont présentes sur la plupart de ces îles. Elles ont le plus souvent un port buissonnant et sont de type

« *fringing* » ou « *basin* » (voir Chapitre 1). Plusieurs des îles basses ont des marais salants et des marécages salés caractéristiques s'ouvrant à l'océan par des ouvertures intermittentes et bordées de mangroves. Les seules vastes mangroves sont celles de la Martinique et de la Guadeloupe, où de profondes baies abritées et des arrivées d'eau douce assez importantes produisent des conditions idéales. Les espèces prédominantes sont notamment *Rhizophora mangle*, *Avicennia germinans*, *Conocarpus erectus* et *Laguncularia racemosa*, et quelques *A. schaueriana*, une espèce surtout présente dans le sud du continent Américain.

Traditionnellement, les mangroves ont été sporadiquement utilisées pour le bois de construction et pour la production de charbon. Certaines pêcheries dépendent probablement des mangroves. Malgré l'importante variabilité des niveaux de vie et des situations politiques, il existe sur la plupart des îles une pression anthropique comme l'extension urbaine, l'industrialisation et une industrie touristique importante en plein développement. En raison de leur localisation sur un littoral exceptionnel et très recherché, les mangroves subissent une pression particulièrement forte et beaucoup ont déjà disparu. Les efforts pour les gérer et les protéger sont très variables d'une île à l'autre.

Même là où les mangroves n'occupent que de petites surfaces, elles peuvent avoir de la valeur. Ici un pêcheur utilise un épervier dans les mangroves proches de Charles Town, sur l'île de Nevis.

Photo Mark Spalding

La baie Simpson à St Martin, Petites Antilles, était autrefois une lagune bordée de mangroves. La valeur importante des terrains le long du littoral a conduit au défrichement de vastes étendues de mangroves et à leur remplacement par des habitations, des marinas et des complexes touristiques.

Photo Mark Spalding

Anguilla (Royaume-Uni)

Anguilla est une île basse. On ne trouve que quelques mangroves en bordure de petits bassins chargés de sel sur Anguilla et sur l'île voisine de Scrub. Les quatre espèces de palétuviers dominantes sur les îles des Caraïbes y sont observées, bien que la plus répandue soit *Conocarpus erectus*. Certaines mangroves ont été très abîmées par les

ouragans à la fin des années 1990. La plupart sont en cours de rétablissement. Le tourisme est très important pour l'économie insulaire. Le sujet de préoccupation actuel est l'éventuelle disparition de mangroves à cause de nouveaux plans de développement (ANT, 2005 ; FAO, 2007).

Antigua-et-Barbuda

La plus grande des îles d'Antigua et quelques îles du large comportent de nombreuses mangroves de petites tailles, qui sont des formations côtières de type « *fringing* ». D'autres sont au contact de dépressions salées pratiquement nues. Ces dernières mangroves présentent souvent une transition vers des marécages générés par l'affleurement de la nappe phréatique saumâtre à « Manchineel » (*Hippomane mancinella*) avec aussi des *Annona glabra* et des *Acrostichum*. Généralement, les mangroves sont plutôt chétives, mesurant à peine 5m de haut. Barbuda a plusieurs grandes mangroves, notamment sur la lagune de Codrington, où les mangroves accueillent la plus grande colonie des splendides frégates des Caraïbes (plus de 5000 individus), ainsi que la fauvette endémique de Barbuda, la mouette atricille et le dendrocygne des Antilles (BirdLife International, 2009). Ces mangroves ont été utilisées pour le bois de feu et comme zone de pêche, mais l'impact humain le plus fort est dû au tourisme, notamment sur Antigua, où le développement côtier a conduit à des défrichements de mangroves (FAO, 2007).

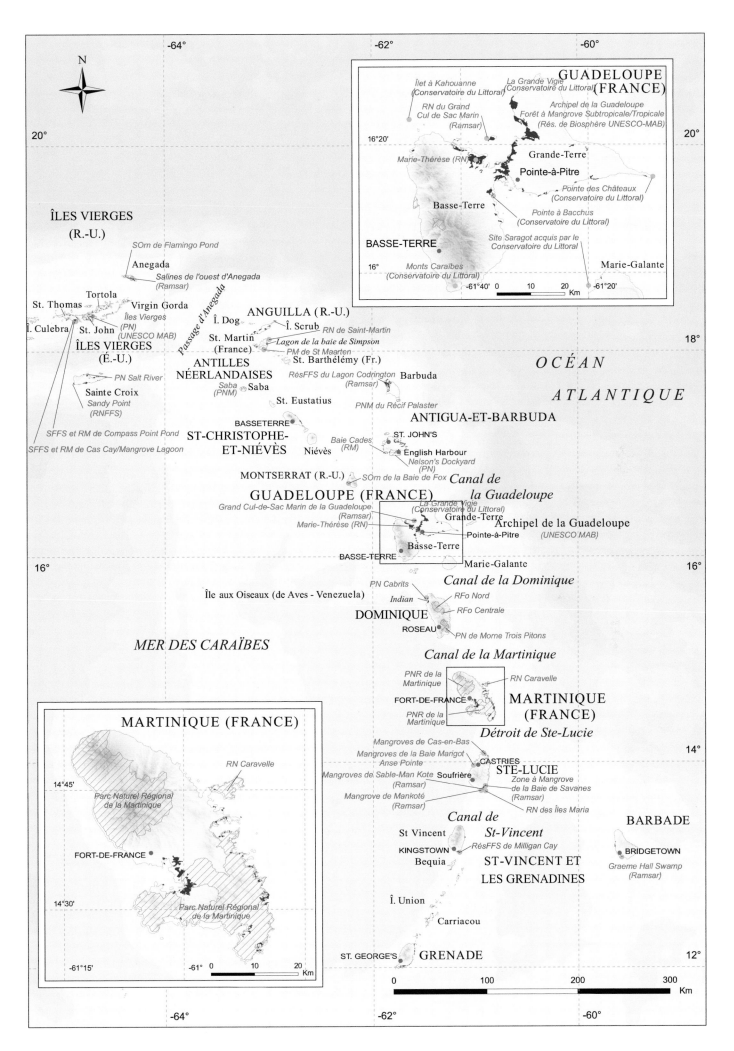

Carte 11.4 Les Petites Antilles

La Barbade

La Barbade est une île assez basse, où le développement agricole et touristique à grande échelle a conduit à la perte de presque toutes les forêts indigènes, y compris les mangroves, et à l'extinction locale d'*Acrostichum aureum* et d'*Avicennia schaueriana* (FAO, 2007). La seule mangrove existante de taille conséquente se trouve à Graeme Hall Swamp. Il s'agit d'une réserve naturelle et d'un site Ramsar. *Rhizophora mangle* et *Laguncularia racemosa* s'y propagent en bordure d'un lac artificiel creusé dans ce site. Quelques 84 espèces d'oiseaux y ont été répertoriées. Bien que légalement protégé, le site est séparé de la côte et de l'action des marées par un cordon sableux sur lequel l'accrétion s'accentue (résultat d'importants projets d'ingénierie côtière). Cela a causé une mauvaise qualité de l'eau et fait peser des menaces sur les mangroves et la faune associée (BMT, 2005 ; FAO, 2007).

Les Îles Vierges britanniques (R.-U.)

Ce sont un groupe de petites îles semi-arides possédant des mangroves basses, de type « *fringing* », clairsemées sur le pourtour de baies et autour de dépressions salées à l'intérieur des terres, dont certaines ont toujours des liens périodiques avec la mer. Les plus grandes mangroves sont situées à l'extrémité orientale d'Anegada. Bien que toutes les mangroves soient légalement protégées, le développement côtier considérable, dont les marinas et les complexes touristiques, a nécessité des défrichements, en particulier le long de la côte méridionale de Tortola où les mangroves étaient autrefois abondantes. Certains défrichements se poursuivent, la mise en application de la réglementation étant minime. Néanmoins, l'importance des mangroves est désormais de plus en plus reconnue. Les touristes peuvent explorer les mangroves à pied ou sur de petits bateaux (Gell and Watson, 2000). De petites mangroves font partie du site Ramsar des Bassins Salés Occidentaux d'Anegada, un complexe d'écosystèmes comprenant des vasières, des mangroves et des lagunes d'eau saumâtre. Ce site héberge d'importantes populations d'oiseaux et comprend de nombreuses espèces végétales. Les flamants des Caraïbes y ont été réintroduits (Ramsar, 2009).

La Dominique

Sur cette île volcanique où les rivages sont majoritairement accidentés, le développement des mangroves se limite à quelques peuplements clairsemés, dont certains comportent des *Avicennia* atteignant une hauteur de 21 mètres. Des coupes et défrichements peu importants ont lieu le long de la rivière Eden sans pour autant qu'il y ait exploitation commerciale. L'éco-tourisme occupe une place centrale dans l'économie. Des promenades en bateau sont proposées dans les mangroves sur le cours d'eau Indian près de Portsmouth. Plusieurs mangroves se situent dans des aires protégées (FAO, 2007).

La Grenade et les Grenadines

Ces îles comportent un certain nombre de petites mangroves, principalement à port buissonnant, notamment sur l'île principale de Grenade et sur Carriacou. Sur la Grenade, la plupart des mangroves sont localisées dans une série de baies le long de la côte orientale exposée au vent et sur la côte méridionale. Les mangroves les mieux développées sont probablement celles situées autour de Levera Pond au nord-est, où les arbres ont une hauteur moyenne de 15m. Des formations importantes sont aussi situées dans la baie de Tyrrel à Carriacou (Government of Grenada, 2000).

Les mangroves ont souffert des activités anthropiques. Les défrichements pour le développement hôtelier, la surexploitation pour le bois d'œuvre et pour la production de charbon, et les dépôts d'ordures sont les premiers responsables. Elles ont aussi été dégradées par l'ouragan Ivan en 2004 (Hamilton, 2005). Leur protection officielle est généralement faible, bien que les mangroves de Levera fassent partie du Parc National de Levera, qui comporte aussi de nombreuses plages sur lesquelles les tortues viennent se reproduire.

La Guadeloupe (France)

Ce territoire administre aussi les îles proches de Saint Barthélemy et la moitié nord de l'île de Saint Martin (la moitié sud faisant partie des Antilles néerlandaises). La Guadeloupe comporte les plus vastes mangroves des Petites Antilles, concentrées dans la baie profonde située entre Grande-Terre et Basse-Terre et le long de l'étroit chenal qui sépare ces deux îles. Ces mangroves sont protégées de la haute mer par une barrière récifale et par un vaste lagon peu profond dominé par des herbiers marins. Autour des autres îles, les mangroves se présentent généralement en petites formations, abritées dans des baies et autour de dépressions salées.

Cinq espèces de palétuviers y sont répertoriées, offrant une zonation claire par endroits, avec *Rhizophora mangle* dominant dans les ceintures extérieures, *Avicennia germinans* et *A. schaueriana* apparaissant sur les substrats plus élevés et plus salés, *Laguncularia racemosa* occupant le côté continental et les sols plus longuement gorgés d'eau, comme *Conocarpus erectus,* mais ce dernier préfère les sols bien drainés. Dans des conditions optimales, les formations peuvent atteindre une hauteur de 21m (Imbert *et al.*, 2000).

Ces mangroves ont été très affectées par l'ouragan Hugo en 1989, mais leur rétablissement a commencé presque aussitôt grâce au développement accéléré des plantules en attente bien avant l'ouragan, sous la canopée (Imbert *et al.*, 2000).

Le plus grand centre urbain, Point-à-Pitre, s'est étendu jusqu'à la limite méridionale des mangroves du Grand Cul-de-Sac Marin. Des défrichements ont été causés par l'urbanisation qui est ici la principale menace. Saint Martin et Saint Barthélemy sont des îles très développées où les mangroves ont largement disparu. Le vaste lagon de la baie Simpson à Saint Martin, qui comportait autrefois des mangroves étendues, comporte toujours quelques formations dans la partie française, où des efforts de reboisement ont été constatés (EPIC, 2005).

Le Parc National de la Guadeloupe comprend une grande partie des mangroves. Une protection plus étendue est offerte à près de la moitié des mangroves de la Réserve Naturelle du Grand Cul-de-Sac Marin. Ces parties de la Guadeloupe sont aussi couvertes par un site Ramsar. Tous ces sites – toute l'île de la Guadeloupe et l'espace marin alentours – ont été déclarés Réserve de Biosphère de l'UNESCO.

La Martinique (France)

Après la Guadeloupe, la Martinique possède les mangroves les plus étendues et les mieux développées des Petites Antilles (Imbert *et al.,* 2000). Cette île est volcanique et montagneuse, caractérisée par un littoral tortueux comportant de nombreuses baies. La plus grande, la baie de Fort-de-France, protège des mangroves estuarienne sur près de 11km². Il existe aussi des forêts plus dispersées dans des baies profondes de la côte Atlantique. Les plus grandes mangroves ont une zonation nette, semblable à celles décrite pour la Guadeloupe. Plus de 80 espèces d'oiseaux ont été répertoriées dans ces forêts (Académie de la Martinique, date inconnue).

Le bois de palétuvier est quelque peu utilisé pour la production de piquets utilisés pour la construction d'enclos et de clôtures. La pêche est aussi pratiquée dans les mangroves et les eaux adjacentes, notamment celle aux crabes de palétuvier. La mangrove est aussi visitée dans le cadre de loisirs, notamment pour des promenades en kayak (Académie de la Martinique, date inconnue).

Malheureusement, les plus grandes mangroves sont assez proches des principaux centres urbains et de périmètres agricoles, et de vastes zones ont été converties. La pollution est aussi un problème près de Fort-de-France (Académie de la Martinique, date inconnue). Bien qu'une grande partie de l'île comprenant des mangroves fasse partie d'un Parc Naturel Régional, le niveau actuel de protection n'est pas très élevé, et il n'y a pas, ici, de désignation internationale.

Montserrat (R.-U.)

Ce territoire a subi des changements spectaculaires provoqués en 1989 par Hugo, un ouragan particulièrement violent. Depuis 1995, l'activité volcanique quasi-continue, et les retombées de cendres sur une grande partie de l'île et des coulées pyroclastiques au sud, perturbent sans cesse les écosystèmes. Il n'y a jamais eu que de petites mangroves sur cette île. L'une des plus importantes, dans la baie de Fox (un sanctuaire ornithologique), a été directement affectée par ces impacts.

Les Antilles néerlandaises et Aruba (Pays-Bas)

Les Antilles néerlandaises comportent trois îles principales au niveau de la chaîne des Petites Antilles (aussi connues sous la dénomination Windward Group), ainsi que deux îles plus proches de la côte du Venezuela (Leeward Group, voir Carte 12.4). Aruba est adjacente à ce dernier groupe, mais a son propre gouvernement. Toutes ces îles dépendent des Pays-Bas.

Dans le groupe Windward, Saba et St Eustatius sont des îles volcaniques pentues, sans mangrove. Par contre, Saint Maarten ou Saint Martin (la moitié méridionale est néerlandaise, la moitié nord est française) est une île basse, économiquement très développée. Le lagon de la baie Simpson comportait autrefois de vastes mangroves, mais les conversions, le dragage et le développement intense ont entraîné leur disparition presque totale.

Aruba et les îles du groupe Leeward, Bonaire et Curaçao sont plus importantes – bien que le climat semi-aride restreigne le développement des mangroves et la diversité des espèces, ces écosystèmes sont présents sur toutes les îles. Sur Aruba, il en subsiste quelques vestiges sur la frange littorale, bordant la lagune de Spaans et sur certaines des îles qui forment une chaîne le long de la côte du sud-ouest. Un peuplement de palétuviers s'est aussi développé dans le lac d'eau saumâtre de Bubali Pond, une ancienne lagune salée désormais alimentée par l'eau douce issue du traitement des eaux usées. Sur Curaçao on ne trouve que quelques peuplements sur la frange littorale, et Bonaire a des formations de type « *fringing* » plus étendues au sud-est, autour du Lac Bay (Het Lac), dominées par *Rhizophora*, atteignant 8m de haut en moyenne. Le développement côtier exerce une pression continue sur les mangroves de ces îles, bien que Het Spaans Lagoen à Aruba et Het Lac sur Bonaire aient été déclarés sites Ramsar et soient maintenant protégés de manière plus stricte.

Saint-Christophe-et-Niévès

Ces petites îles volcaniques ne comportent que quelques petites taches de mangroves. Les cinq espèces régionales y sont répertoriées, notamment dans les dépressions salines au sud-est de la Péninsule de Saint-Christophe. Sur Niévès, *Laguncularia racemosa* et *Conocarpus erectus* sont les espèces les plus communes. De nombreux oiseaux migrateurs et résidents dépendent des mangroves pour se nourrir et nicher (FAO, 2007).

Les mangroves de ces îles ont fortement diminué en surface et ont perdu de leur vigueur à cause d'un éventail de facteurs de dégradation communs aux Antilles. D'un point de vue historique, les mangroves situées autour des plus grandes dépressions salées ont été dégradées par la production industrielle de sel. Les pertes plus récentes, dont une formation importante à Greatheeds Pond, ont été le résultat de facteurs adverses multiples dont les travaux de drainage, les conversions, l'utilisation pour le traitement des eaux usées, les décharges, leur incorporation à des terrains de golf et le développement de complexes touristiques (Childress and Hughes, 2001). De nouveaux aménagements sur la péninsule sud-est menacent actuellement des mangroves restantes à Saint-Christophe.

Sainte-Lucie

Sainte-Lucie comporte un certain nombre de mangroves bien développées, principalement localisées le long de la côte orientale. Il s'agit de formations estuariennes et de peuplements de type « basin ». Les cinq espèces de palétuviers y ont été répertoriées. Par endroits elles forment de belles forêts, certains arbres atteignant 23m de hauteur, comme à Esperance Harbour. Elles sont largement utilisées par les oiseaux résidents et migrateurs et elles contribuent aux rendements des pêcheries du large, y compris une production importante de langoustes.

Certaines mangroves ont disparu ou ont été dégradées par l'extraction de bois pour la production de charbon qui a toutefois fortement décru. Certaines mangroves ont aussi été défrichées en raison du développement côtier et de la multiplication des décharges. La prise de conscience de l'importance de ces écosystèmes a induit des mesures de protection, l'établissement d'aires protégées, et une gestion plus attentive des sites. Deux sites dans le Sud, Mankoté et la baie de Savanes, ont été déclarés sites Ramsar, et les sorties ornithologiques sont encouragées.

Saint Vincent et les Grenadines

Cette petite nation ne comporte que des mangroves clairsemées, sur l'île principale de Saint Vincent et sur les îles plus petites des Grenadines. Ces mangroves, petites et buissonnantes, sont de types « basin » et « fringing ». L'un des plus grands sites est celui de la lagune d'Ashton sur l'île Union. Ce site a été affecté par un projet manqué de construction d'une marina qui a coupé la circulation de l'eau à l'Est de la baie. Cependant, des mangroves ont survécu et il est probablement possible de restaurer les écosystèmes en supprimant les chaussées (Goreau, 2003 ; Ramsar, 2007). Les décharges et la conversion pour le développement économique font peser des menaces sur les mangroves toujours en place dans ce pays.

Les Îles Vierges des États-Unis (E.-U.)

Comme les îles Vierges britanniques, ces îles ont un relief collinéen et un climat sec. Les mangroves sont de type « fringing » clairsemées sur le pourtour de baies abritées, en particulier autour de dépressions salées et de lagunes. Il reste de belles mangroves autour de Great Pond, en bordure des lagunes de Salt River et d'Altona sur Sainte Croix, et autour de la lagune de Cas Cay/Mangrove au sud-est de St Thomas.

Les mangroves ont été assez lourdement affectées par le développement touristique et urbain. De nombreuses mangroves de taille conséquente ont été complètement converties – par exemple, un port pour conteneurs, une raffinerie pétrolière et un complexe industriel se dressent désormais à l'emplacement de ce qui était autrefois la plus grande mangrove, dans la lagune de Krause, sur l'île de Sainte Croix. Des constructions hôtelières et touristiques ont entraîné le défrichement des mangroves sur toutes les îles. Les ouragans ont aussi affecté les mangroves par endroits (DPNR, 2005).

L'intérêt pour les mangroves a grandi considérablement. Les sorties ornithologiques, les promenades en kayak et la pêche récréative sont en plein essor. Il est obligatoire d'obtenir un permis pour défricher une mangrove. Un certain nombre de sites sont protégés, dont la plupart des mangroves le long du littoral de St John dans le Parc National des îles Vierges (aussi Réserve de Biosphère de l'UNESCO). La restauration de mangroves doit être signalée, dont la plantation de 21 000 arbres dans la baie de Sugar à St Croix (à côté de Salt River) pour réhabiliter les secteurs détruits par l'ouragan en 1989, et à Compass Point Pond (près de Cas Cay/Mangrove Lagoon, sur St Thomas) après le rétablissement du régime hydrique naturel qui avait été rompu, quelques années auparavant, suite à la construction d'une route côtière (DPNR, 2005).

Le Mexique Cartes 11.1, 11.5 et 11.6

Avec plus de 7 700km², le Mexique détient la plus grande surface de mangroves de la région. On les trouve sur une grande diversité de milieux sur les côtes très étendues de l'Atlantique et du Pacifique, dans des eaux tropicales et subtropicales, dans des conditions arides, jusqu'aux climats tropicaux humides.

Les mangroves les plus septentrionales de la côte Pacifique se trouvent en marge du désert – la plupart comportent des arbres au port bas, mais elles forment des forêts étendues. Le long de la côte occidentale de la Péninsule de Basse Californie, les *Rhizophora mangle* les plus septentrionaux sont situés juste au nord de la lagune San Ignacio, tandis que les premiers *Laguncularia racemosa* apparaissent un peu plus au sud. Les mangroves sont quasiment continues sur 100km de longueur dans le système de lagunes qui relie le complexe de Magdalena à la baie Almejas, où elles sont abondantes bien que discontinues, sur quelque 100km supplémentaires. Dans le Golfe de Californie, les plus vastes mangroves sont situées le long du littoral continental (à l'Est du Golfe) – les plus septentrionales sont autour et juste au nord de l'île Tiburón, mais deviennent abondantes dans les baies et les estuaires au sud de 28°N.

Dans les eaux au large des côtes septentrionales du Pacifique, la vie marine est foisonnante grâce aux courants océaniques et aux remontées d'eaux froides. Cette région présente une vie marine extraordinairement riche. De nombreux mammifères marins y sont présents comme les baleines grises qui passent l'hiver dans des lagunes bordées de mangroves, ainsi que cinq espèces de tortues, d'importantes populations d'otaries le long des côtes, et de nombreux oiseaux de mer, dont le fou (du genre *Sula*), le noddi et des pélicans (CDELM, 2003 ; Brusca *et al.*, 2006 ; Ulloa *et al.*, 2006).

En allant vers le sud, le long du littoral continental, les arrivées d'eau douce deviennent plus abondantes, depuis la pointe méridionale du Golfe de Californie et au-delà. De vastes mangroves sont situées dans un complexe de baies et de lagunes allant de Los Mochis jusqu'aux baies de Santa Marta et de Pabellones. La plus grande mangrove d'un seul tenant se trouve dans le complexe des Marismas Nacionales, qui s'étend depuis Teacapán jusqu'à la lagune d'Agua Brava dans un système lagunaire complexe d'eaux saumâtres. Ici quatre espèces de palétuviers sont répertoriées, avec des densités pouvant atteindre 3203 arbres par hectare (Flores-Verdugo *et al.*, 2001). 60 espèces végétales « associées » appartenant principalement à des espèces de marécages salés ont été répertoriées (Hernández, 2001). Le long d'une grande partie du reste du littoral Pacifique, les mangroves constituent des formations occasionnelles, assez petites, réfugiées dans des deltas et des lagunes côtières, jusqu'à l'état le plus méridional du Chiapas, où se trouvent de vastes systèmes lagunaires protégés de la forte houle du Pacifique. Là, le grand ensemble de mangroves et de zones humides d'eau douce, celui de Chantuto-Panzacola-El Huyate, comporte des arbres atteignant 30m de haut (Flores-Verdugo *et al.*, 2001 ; CDELM, 2003).

Sur la côte Atlantique, *Avicennia germinans* se développe tout le long du littoral, jusqu'aux États-Unis. La formation la plus septentrionale de *Rhizophora* et de *Laguncularia* bien développés se trouve dans la lagune de Tamiahua (Chapman, 1977). On trouve une vaste mangrove dans la lagune Alvarado. Plus à l'Est, les mangroves sont abondantes dans un certain nombre de lagunes côtières au sud de la baie de Campeche, en particulier dans la lagune de Terminos. Les *Rhizophora* dominants peuvent y atteindre 30m de haut, et les *Avicennia* 15m (Vásquez *et al.*, 2000). Les côtes nord et nord-ouest de la péninsule du Yucatán sont presque entièrement longées de lagunes étroites et d'îles barrières, riches en mangroves. C'est ici que les formations près de Los Petenes et de Ría Celestún hébergent une avifaune spectaculaire dont plus de 20 000 flamants roses. La côte orientale du Yucatán face aux Caraïbes comporte aussi de belles étendues de mangroves dans une série de lagunes côtières, notamment au milieu de la péninsule et au sud (CDELM, 2003).

La pêche est une activité artisanale et commerciale de tout premier plan au Mexique. Celle des crevettes en particulier bénéficie de la présence des mangroves. C'est une industrie majeure au sud du Golfe du Mexique ; en 1997, on dénombrait plus de 5000 bateaux artisanaux dans le seul État de Campeche (Barbier and Strand, 1997). Dans les golfes de Californie et de Tehuantepec, la pêche des crevettes est aussi une activité importante.

Une étude récente a montré que plus de 30% des prises par de petites pêcheries dans le Golfe de Californie dépendaient des mangroves et estimait la valeur halieutique de la mangrove la plus productive (5 à 10m de large, principalement des *Rhizophora*) à 37 500$US par hectare et par an, probablement la valeur halieutique la plus élevée jamais répertoriée pour une mangrove (Aburto-Oropeza *et al.*, 2008). Cette estimation constitue un argument de taille face aux projets de développement

De vastes mangroves se trouvent au sud-est du Golfe du Mexique, comme dans la Réserve de Biosphère Ría Celestún. Par endroits, l'aridité et la salinité élevée empêchent le développement des mangroves (en haut), mais ailleurs, notamment là où arrivent les suintements d'eau douce, de grandes forêts aux canopées pouvant atteindre 30m de hauteur se développent (au milieu). Elles sont très caractéristiques de la région et sont connues son le nom de végétation de petenes (ou hammock). Ailleurs les mangroves ont généralement une physionomie basse (en bas).

Photo Koichi Tsuruda (en haut) et Toyohiko Miyagi (au milieu et en bas)

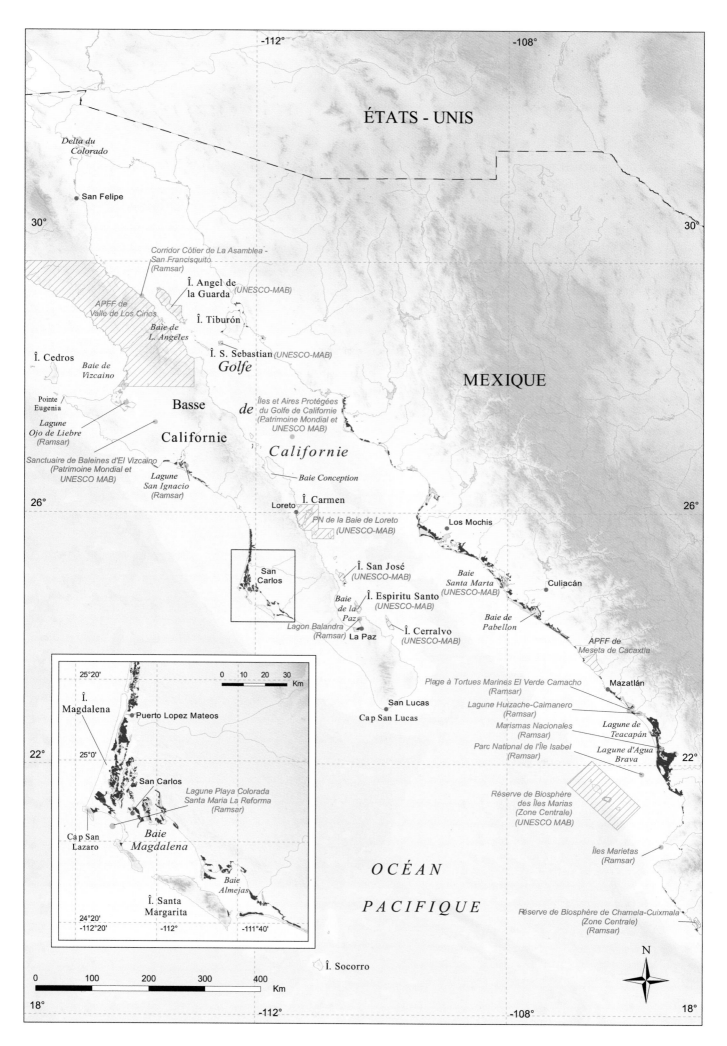

Carte 11.5 Le Golfe de Californie

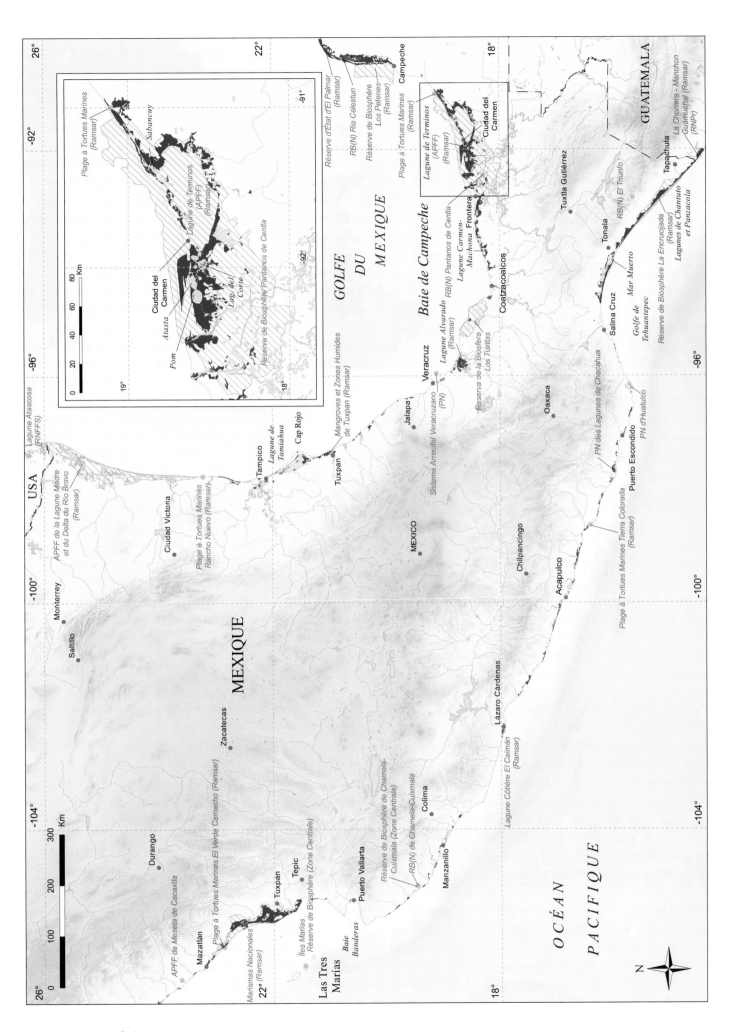

Carte 11.6 Le Golfe du Mexique

Par endroits, comme au niveau de Ría Celestún, les mangroves sont devenues une attraction majeure pour les loisirs locaux et le tourisme international.

Photo Toyohiko Miyagi

de la crevetticulture entraînant la perte et la dégradation des mangroves. Le prélèvement de bois d'œuvre et de combustible fait partie des usages traditionnels de la mangrove. Les usages médicinaux, notamment par les groupes autochtones, sont aussi assez répandus. De nombreuses utilisations sont répertoriées dans le Golfe de Californie, dont l'usage des feuilles d'*Avicennia* dans la préparation d'infusions pour le traitement des maladies gastriques (Hernández-Cornejo *et al.*, 2005).

Des efforts ont été faits pour cartographier les mangroves du pays. En raison des différences de méthodes employées, des différentes résolutions, des critères de précision et peut-être même des différentes définitions, les résultats obtenus présentent un large

La planification insuffisante au moment de la construction des routes côtières, comme la nouvelle route de La Paz, en Basse Californie, peut avoir des effets néfastes sur le drainage côtier et entraîner la mort de palétuviers à cause de l'augmentation ou de la réduction des inondations et de la salinité.

Photo Mark Spalding

éventail d'estimations des surfaces totales de mangroves (Ruíz-Luna *et al.*, 2008). L'estimation la plus fiable est probablement de 7701km² (CONABIO, 2009), beaucoup moins que la surface figurée sur la carte (9640km², également établie par les services gouvernementaux). Avec des données aussi diversifiées, il

est difficile d'estimer les changements réels des surfaces couvertes par les mangroves. Cependant, l'Institut National de l'Écologie a estimé une perte annuelle comprise entre 1 et 2,5% entre 1976 et 2000 (INE, 2005). Les pertes ont été occasionnées par de multiples facteurs, dont la conversion à l'agriculture et en pâturages pour les ranches, en bassins d'élevages de crevettes et en marais salants (Moreno-Casasola, 2004). Les menaces indirectes sont notamment la pollution agricole et urbaine, les modifications hydrologiques et les prélèvements d'eau douce.

La crevetticulture est un domaine économique vaste et en pleine expansion, notamment dans les états côtiers du Golfe de Californie, et sur la partie méridionale du Golfe du Mexique. En 2004, 400 fermes étaient déjà implantées dans les états de Sonora, de Sinaloa et de Nayarit, couvrant 50 000ha. Elles produisaient davantage de crevettes que les captures dans le milieu naturel dans la même région. La plupart de ces fermes ont été établies à côté des mangroves, mais des défrichements ont été pratiqués. De nouveaux problèmes sont apparus, liés à la pollution et aux modifications hydrologiques causées par les fermes. Au même moment, les pêcheurs de crevettes dans leur milieu naturel voient leurs rendements diminuer dans le Golfe du Mexique, et plus encore, dans le Golfe de Californie. Ceci est dû principalement à la surexploitation, la perte de mangroves étant probablement une cause secondaire. Les tensions entre les industriels de la pêche des crevettes et les acteurs de la crevetticulture sont de plus en plus fortes dans le Golfe de Californie. Les activités de crevetticulture sont montrées du doigt car elles dégradent les mangroves, nécessitent le prélèvement de larves de crevettes et l'extraction de grandes quantités de poissons pour la production des farines nécessaires à l'alimentation des animaux d'élevage. L'importance des mangroves pour l'avenir de la pêche des crevettes est un concept partagé, ainsi que l'importance de ces écosystèmes pour la pêche côtière en général, y compris les activités de pêche nécessaires au maintien de l'industrie aquacole (Barbier and Strand, 1997 ; Paez-Osuna *et al.*, 2003 ; Brusca *et al.*, 2006 ; Cruz-Escalona *et al.*, 2007).

Le tourisme côtier est une industrie importante et en pleine croissance au Mexique, en particulier sur la côte Pacifique du nord-ouest et le long du littoral des Caraïbes dans le Yucatán. L'éco-tourisme demeure minime par rapport au tourisme hôtelier très développé et qui demande un développement côtier de grande ampleur. Cancún est l'un des exemples les plus extraordinaires, où une petite lagune bordé de mangroves a été remplacée, en seulement quelques décennies, par un complexe d'hôtels élevés et par un développement immobilier comptant parmi les plus chers dans le pays. Les nouvelles constructions en cours plus au sud, le long de ce littoral, vont sans aucun doute avoir des conséquences sur les mangroves de ce secteur, alors que la long de la côte Pacifique le projet de l'Escalera Náutica (Escalier Nautique) a été entrepris et il projette d'agrandir ou de construire 24 ports et marinas, de nombreux aéroports,

Encart 11.1 La restauration des mangroves encouragée par les interactions plantes-microorganismes dans l'environnement aride du sud de la Basse Californie, Mexique.

Yoav Bashan, Luz E. de-Bashan *(tous les deux au Groupe de Microbiologie Environnementale, Centre de Recherche en Biologie du nord-ouest (CIBNOR), La Paz, Mexique, et le Department of Soil, Water and Environmental Science, Université del'Arizona, Tucson, Arizona, É.-U.) et* **Gerardo Toledo** *(Synthetic Genomics, Inc., San Diego, Californie, É.-U.).*

Vers 1991-1992, deux secteurs de la forêt de palétuviers de la lagune de Balandra, dans la Péninsule de Basse Californie au Mexique, ont été illégalement coupées à blanc. Il n'en restait que des espaces dénudés piquetés de souches d'arbres (voir Figure 11.1). La régénération naturelle des mangroves sous climat aride est un phénomène très lent qui peut prendre de nombreuses années si elle n'est pas confortée par un reforestation artificiel à partir de plantules multipliées sous serre. En 1995, cette zone était toujours quasiment nue, portant seulement quelques petites mangroves arbustives développées naturellement et de grandes étendues de marécages salés à halophytes, *Salicornia bigelovii*. Le reforestation conventionnel de toute la zone détruite n'a pas pu se faire, par manque de ressources suffisantes et en raison du peu d'intérêt que le gouvernement portait à ce moment-là à la restauration des mangroves. C'est pourquoi nous avons pris la décision de mener à bien une approche innovante.

partie centrale de la lagune et à la forêt de palétuviers restée intacte. La zone n'a subi aucun traitement particulier si ce n'est un désherbage annuel des *Salicornia*, pendant 3 ans, pour éviter des problèmes de compétition (Toledo *et al.*, 2001).

En 2007, les mangroves restaurées étaient florissantes, seulement distinguable des forêts naturelles primaires par des arbres de plus petite taille (voir Figure 11.2). En 2005, un inventaire a montré que les populations de crabes dans la partie restaurée n'avaient pas encore atteint les tailles de celles des mangroves restées intactes. Peut-être qu'une durée plus longue est nécessaire pour le développement de cette faune. Cependant, les activités microbiennes du cycle de l'azote, de la zone coupée à blanc, s'étaient complètement rétablies au début de l'année 2007.

Figure 11.1 Zone de mangroves coupées à blanc, en milieu aride, dans la lagune de Balandra, Basse Californie, Mexique, circa 1994

Source Yoav Bashan

Figure 11.2 La même zone, après restauration, dans la lagune de Balandra, Basse Californie, Mexique, en 2007

Source Yoav Bashin

Une pépinière a été mise en place en septembre 1994 en utilisant des pots remplis de sable, dans lesquels ont été plantées des graines d'*Avicennia germinans*, irriguées avec de l'eau de mer. Certaines plantes ont été inoculées avec des cyanobactéries *Microcoleus* fixatrices d'azote. L'idée était de faciliter l'établissement et le développement des plantules (Bashan *et al.*, 1998). Cette bactérie fait partie en effet du groupe des micro-organismes favorisant la croissance des plantes (BFCP), capables de recycler les nutriments rares, comme l'azote et le phosphore, au sein des écosystèmes de mangroves (Holguin *et al.*, 2001).

Quatre mois plus tard, 500 plantules ont été transplantées dans des chenaux secondaires peu profonds qui relient la zone défrichée à la

Un résultat surprenant a été l'appréciation par les visiteurs locaux du « nouveau visage » de leur belle forêt verdoyante de palétuviers au milieu du désert. En 2006, quand un promoteur a proposé de convertir le rivage de Balandra en terrain de golf, le public s'y est tellement opposé que le projet a été retardé. En 2008, cette étendue a été déclarée zone humide protégée Ramsar. Nous aimons à croire que le succès de notre restauration a contribué à cette attitude de conservation.

Un autre cas récent de restauration réussie d'une mangrove détruite par un ouragan à Punta del Mogote, Basse Californie méridionale, Mexique (Holguin et al., 2006), est décrit en détail et disponible sur le site www.bashanfoundation.org/conservation2.html.

des hôtels, des routes et des terrains de golf dans la région pour encourager une augmentation massive de l'activité touristique et le nautisme amateur (Escalera Náutica, 2007). Ceci entraînera inévitablement des pressions considérables sur les écosystèmes côtiers comme les mangroves par des destructions, des altérations hydrologiques, la pollution et les impacts dus aux prélèvements d'eau douce.

Sur le littoral Pacifique, au nord du Mexique, les conditions désertiques créent une niche écologique rigoureuse pour les mangroves.

Photo Mark Spalding

La protection légale des espèces de palétuviers a été abrogée en 2004 sous la pression des promoteurs immobiliers, mais elle a été rétablie en protection absolue au début de l'année 2007 – les promoteurs touristiques exercent toujours une pression importante pour revenir à des niveaux plus bas de protection (Brusca *et al.*, 2006 ; Bezaury, 2008). Les populations autochtones, notamment les peuples Yaqui et Seri, ont par endroits la propriété légale des terres côtières, le long de certaines parties du Golfe de Californie. Par endroits aussi, ils contrôlent les droits de pêche dans les espaces maritimes adjacents. Cela ne garantit pas la protection des mangroves ou celle des autres ressources côtières, mais restreint le développement immobilier sur le littoral. Il semble que de plus en plus de projets s'intéressent à un développement plus durable avec la prise en compte de la conservation (Brusca *et al.*, 2006).

La protection légale au sein d'aires protégées est aussi assez répandue. On estime à trente deux le nombre d'aires protégées fédérales comportant environ 43% des surfaces de mangroves du pays. La plupart chevauchent des espaces plus étendus compris dans 45 sites Ramsar, qui comprennent plus de 64% de la surface totale de mangroves (CONABIO, 2007 et Encart 11.1). Ces sites Ramsar comportent bon nombre des plus vastes mangroves comme les Marismas Nacionales (dont le complexe de Teacapán et de la lagune d'Agua Brava), la lagune de Terminos, celle de Tamiahua et bien d'autres. Trois sites ont été déclarés à la fois sites du Patrimoine Mondial et Réserves de Biosphère de l'UNESCO : Sian Ka'an – un complexe de zones humides, mangroves et récifs sur le littoral Caraïbe, les lagunes de San Ignacio et Ojo de Liebre, partie du Sanctuaire des Baleines d'El Vizcaino, et le complexe de sites connu comme les Îles et Aires Protégées du Golfe de Californie.

Le Nicaragua Carte 11.7

Les mangroves sont largement développées sur les côtes Atlantique et Pacifique du Nicaragua. Les mieux développées se trouvent autour du Golfe de Fonseca et ailleurs, le long du littoral nord-ouest du Pacifique dans une série d'estuaires protégés. Dans le plus grand estuaire du Golfe de Fonseca, l'Estero Real, les peuplements de *Rhizophora mangle* atteignent 7m de hauteur, certains arbres dépassant 12m (Ramsar, 2009). Le littoral caraïbe est riche en estuaires et lagunes bordés de mangroves étroitement liées à des marécages d'eau douce, à des forêts galeries, à des herbiers marins et aux récifs coralliens. Des mangroves sont aussi situées sur de petites îles du large. L'aire de distribution restreinte de *Pelliciera rhizophorae* trouve ses limites septentrionales dans ce pays. Les lamantins vivent aux embouchures de nombreux fleuves et dans des lagunes et le petit dauphin d'estuaire, ou *Tucuxi*, est souvent rencontré dans les eaux peu profondes adjacentes aux mangroves (Edwards and Schnell, 2001).

Le littoral caraïbe est l'un des moins développés de la région. Les plus petites implantations humaines sont dominées par des groupes autochtones côtiers, principalement les peuples Miskito, mais aussi Sumos et Ramas. Les activités agricoles sont elles aussi peu développées en raison de la pauvreté des sols, si bien que la principale ressource est la pêche, dont celle de crevettes et de poissons dans les lagunes et des langoustes au large. Des changements sont en cours dans cette région où la population a triplé de 1971 à 1995, et les prises de poisson ont aussi triplé. L'accroissement de la population est particulièrement rapide près des vastes écosystèmes naturels du Río San Juan. La qualité de l'eau en souffre de plus en plus. Depuis la fin de la guerre civile en 1990, on assiste ici à de plus en plus de coupes de bois, d'activités minières et de pêches commerciales (Edwards and Schnell, 2001 ; Ramsar, 2009).

La dépendance envers les mangroves pour le bois d'œuvre et pour le combustible est partout considérable. Il est probable que la surexploitation dégrade les mangroves, en particulier sur le littoral Pacifique au nord du pays et dans le Golfe de Fonseca (Ramsar, 2009).

Depuis les années 1990, il y a eu un développement massif de la crevetticulture dans le Golfe de Fonseca. Cela a entraîné des défrichements, bien que cette activité soit surtout pratiquée sur les vasières salées des arrière-mangroves. Il subsiste toujours des problèmes considérables dus à la surexploitation du bois et aux défrichements liés à la crevetticulture, ainsi qu'aux modifications du drainage et à la pollution (Ramsar, 2009).

Un certain nombre de grandes aires protégées comprennent des mangroves, dont de nombreux estuaires, des lagunes et des îles de la côte caraïbe. Cependant, le niveau de protection réelle procurée par ces sites varie. Par exemple, tous les bassins de crevetticulture des Réserves Naturelles d'Estero Real ont été construits avec des permis délivrés après la désignation du site. Quatre sites Ramsar comprennent de vastes mangroves.

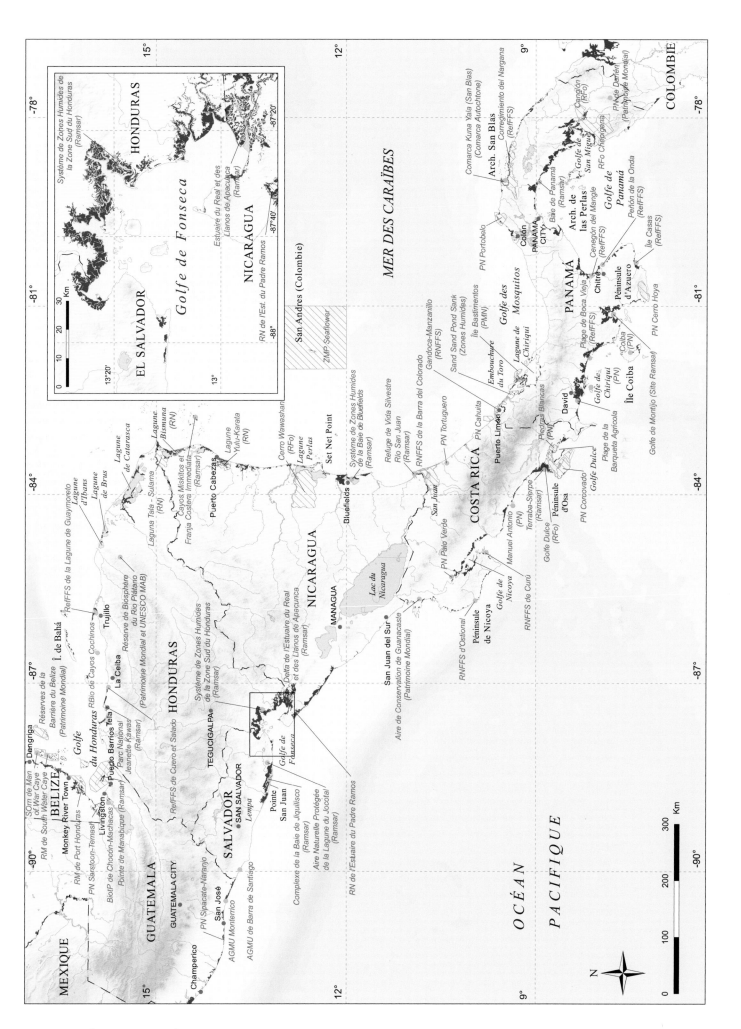

Carte 11.7 L'Amérique centrale

Le Panama Carte 11.7

Grâce à des littoraux sinueux sur les façades Atlantique au nord et Pacifique au sud, et à des précipitations élevées dans tout le pays, le Panama possède de vastes étendues de mangroves. Ce pays se trouve au centre de diversité de la flore de palétuviers occidentale (voir Chapitre 1), avec 11 espèces d'arbres, ainsi qu'une population introduite de *Nypa fruticans* signalée lors de sa floraison en 1991 (Duke, 1991). Les plus grandes mangroves sont sur le littoral méridional, où l'amplitude des marées est forte (jusqu'à 6m) et qui reçoit de nombreux fleuves importants, notamment dans le golfe de Chiriqui à l'ouest et dans celui de San Miguel à l'Est. Ce dernier comporte des arbres parmi les plus hauts dans la région, atteignant 40m (D'Croz, 1993). Les *Rhizophora* ont tendance à dominer, avec d'autres espèces parmi lesquelles *Avicennia germinans* et *Mora oleifera*, dans les estuaires où les eaux sont légèrement moins salées.

Bocas del Toro, sur le littoral caraïbe du Panama, est le lieu de vie de nombreux peuples autochtones qui dépendent des mangroves pour se nourrir, pour prélever du bois et pour d'autres ressources.

Photo Mark Spalding

Sur la côte nord (Atlantique), où l'amplitude des marées est faible, on trouve beaucoup moins de mangroves. Elles se concentrent autour des grandes baies profondes de l'Embouchure du Toro (baie Almirante et lagune de Chiriqui) et le long du littoral protégé s'étendant à l'Est de Porvenir. Cette côte comporte moins d'espèces. Les forêts sont dominées par *Rhizophora mangle* qui forme de peuplements mono-spécifiques sur de vastes étendues dans la baie de Bocas del Toro (Embouchure du Toro). La hauteur des arbres change de manière claire dans la zone de balancement des marées, les plus hauts se trouvant sur la façade marine et aussi dans la ceinture la plus continentale, et atteignant 5m de hauteur (Lovelock *et al.*, 2005). Sur ce littoral, les récifs coralliens sont bien développés. Il existe de nombreuses interactions entre ces communautés (D'Croz, 1993).

L'un des mammifères les plus insolites est le paresseux nain, décrit pour la première fois comme une espèce à part entière en 2001. Il vit sur l'île Escudo, une toute petite île au large de la lagune de Chiriqui à Bocas del Toro. Beaucoup plus petit que d'autres paresseux, il vit exclusivement dans la forêt de *Rhizophora* de cette île, se nourrissant de feuilles. Il a été vu de manière

occasionnelle nageant parmi les palétuviers (Anderson and Handley, 2001).

Les mangroves sont d'une importance considérable, en particulier pour leur rôle dans le maintien des stocks halieutiques. Les crevettes sont une part importante de l'économie. La pêche commerciale au chalut et artisanale (filets maillant) sont très répandues, en particulier le long de la côte Pacifique. Les espèces les plus recherchées sont les crevettes blanches *Litopenaeus*, étroitement liées aux estuaires et aux mangroves. Dans le golfe de San Miguel, environ 1000 personnes vivent de la pêche artisanale près du rivage. Ces pêcheurs se rendent souvent dans les estuaires et les chenaux à mangroves. Cette activité de pêche enregistra 185 tonnes en 2002, pendant que la flotte industrielle toute proche (220 bateaux) capturait 970 tonnes. La crevetticulture démarra pendant les années 1970 le long de la côte Pacifique centrale. À la fin des années 1990, elle occupait 90km² installés sur d'anciens marais salants et d'anciennes mangroves. Depuis les années 1990, des problèmes de maladies ont ralenti le développement de cette industrie mais de nouvelles expansions sont prévues (Suman, 2006). Par endroits, des prélèvements de bois ont lieu dans les mangroves, pour la construction, la production de charbon et pour le chauffage (D'Croz, 1993).

La pollution est un problème autour du canal, en particulier dans la région de la baie de Las Minas près de Colón. Là, les marées noires importantes de 1968 puis de 1986 ont entraîné des pertes de mangroves conséquentes. Les sites les plus exposés ont ensuite considérablement souffert de l'érosion côtière, mais ailleurs le rétablissement naturel ou fruit d'une restauration active a été bon (Duke, 1996). La pollution par les nutriments est aussi un problème dans les eaux estuariennes de la baie de Las Minas, bien qu'il ait été montré que les mangroves jouent un rôle important dans l'absorption des excédents et donc de prévention de l'eutrophication des eaux du large qui peut avoir des conséquences néfastes sur les écosystèmes voisins (Lin and Dushoff, 2004).

Les peuples autochtones représentent 10% de la population panaméenne. Ils ont reçu par endroits une autonomie considérable sur leurs territoires, notamment à l'Est le long du littoral des Caraïbes (le peuple Kuna) et à Darien (peuples Embera et Waouan). Ces territoires, dont des mangroves, offrent au moins une protection partielle face aux développements économiques incontrôlés.

Les mangroves bénéficient aussi d'une protection légale. En 1994, une nouvelle réglementation forestière a défini un diamètre minimum pour les palétuviers pouvant être prélevés, et a aussi imposé une estimation de l'impact environnemental pour tous les nouveaux projets de développement qui pourraient directement ou indirectement affecter les mangroves. Les nouveaux projets aquacoles ou d'expansion des bassins ne peuvent pas être localisés dans les mangroves, mais sont encouragés dans les marécages salés adjacents (Suman, 2002). De nombreuses aires protégées comportent des mangroves le long des deux façades littorales, dont quatre sites Ramsar et les trois grands sites du Patrimoine Mondial, celui de La Amistad, celui du Parc National Darien et celui de l'île Coiba.

Porto Rico Carte 11.3

Bien qu'il y ait eu des pertes massives, des mangroves sont toujours présentes le long de tous les littoraux de Porto Rico. Les plus fortes concentrations sont dans le nord-est et dans le sud-ouest. La plus grande formation est située autour des lagunes de Torrecilla et de Piñones à l'Est de San Juan. Sur la côte méridionale plus sèche, les mangroves sont dominées par des formations de la frange littorale et insulaires. Elles sont très répandues, mais sont concentrées de manière remarquable au niveau de la baie de Jobos et, au sud-ouest, autour de La Parguera. Sur ce dernier site, les vastes mangroves de type « *fringing* » présentent une transition vers des formations de type « *basin* » s'étendant jusqu'à 1,2km vers l'intérieur des terres : *Rhizophora mangle* domine l'extérieur des ceintures de mangroves, atteignant 12 à 14m de hauteur, avec *Avicennia germinans* en milieu plus salin et un mélange des deux avec en plus *Laguncularia racemosa* dans les types « *basin* ». Il existe des liens écologiques étroits entre ces mangroves, les herbiers marins et les écosystèmes coralliens (Garcia *et al.*, 1998).

Traditionnellement, les mangroves ont joué un rôle important dans l'industrie du bois et du charbon, qui a tôt conduit à des efforts de protection et de gestion des mangroves. Aujourd'hui, de telles utilisations sont limitées. Cependant, il est probable que les mangroves jouent toujours un rôle important dans les activités de la pêche côtière, commerciale et de loisir. Le tourisme est une industrie majeure sur l'île. Certaines activités de loisir sont axées sur les mangroves, notamment la pêche et le kayak. Le pays a aussi des exemples spectaculaires de bioluminescence dans certaines baies à mangroves près de La Parguera et sur la côte méridionale de l'île de Vieques. Ce sont des phénomènes naturels causés par la très haute densité de phytoplancton bioluminescent (dinoflagellés). Les visites nocturnes sont une attraction populaire pour les touristes.

Porto Rico avait perdu 75% de ses mangroves originelles à la fin des années 1970, principalement par des conversions à l'agriculture, et à cause du développement côtier pour une utilisation urbaine ou touristique. Depuis les années 1980, les pertes ont continué, bien que les surfaces en mangroves se soient stabilisées par endroits, avec des augmentations remarquables dans les lagunes de Torrecilla et Piñones (EPA, 2006). Toutes les zones côtières sont soumises à la pression continue et forte du développement immobilier pour un usage touristique et résidentiel. Le comblement des plans d'eau et la pollution sont aussi des problèmes persistants. Les eaux autour de San Juan, en particulier, sont de piètre qualité et les sédiments contiennent des polluants toxiques, provenant notamment du déversement d'eaux usées non traitées. Cela a réduit la diversité de la faune benthique. Certains poissons et crustacés de ces estuaires sont impropres à la consommation humaine (EPA, 2006). Même les mangroves assez peu polluées près de La Parguera sont de plus en plus sujettes à des problèmes tels que des déversements d'eaux usées, des défrichements pour la construction d'équipements touristiques et de résidences secondaires, l'altération du régime hydrologique à la suite

de la conversion des marécages salés adjacents pour d'autres usages (Garcia *et al.*, 1998).

La protection légale des mangroves remonte à la règlementation de l'époque coloniale espagnole du 19ième siècle, en grande partie maintenue et étendue par l'administration américaine au début du 20ième siècle (Aguilar-Perera *et al.*, 2006). Aujourd'hui plus de 20 sites protégés à l'échelle nationale comportent des mangroves. Ces sites offrent des degrés divers de protection. La mise en application de la règlementation est souvent limitée. Il y a eu peu d'efforts d'engagement dans des programmes internationaux, bien que la Réserve de Biosphère de Guánica, sur le littoral méridional, comporte des mangroves de type *fringing* et insulaires.

Trinité-et-Tobago Carte 11.6

La petite nation insulaire de Trinité-et-Tobago est parfois classée avec les Petites Antilles, en raison de sa nature insulaire et de sa situation politique et historique, mais d'un point de vue biogéographique, cette nation est bien plus proche du continent sud-américain. *Rhizophora racemosa* et *R. harrisonii* viennent compléter la flore de palétuviers, avec bien d'autres plantes et animaux autrement restreints à l'Amérique du Sud. La plus grande mangrove est celle des marais de Caroni, un écosystème estuarien au sud de Port of Spain. Il subsiste de plus petites mangroves estuariennes vers le sud du golfe de Paria et vers l'intérieur des terres, où elles font partie du vaste complexe de zones humides de la région des Marais de Nariva. Ces forêts peuvent être bien développées, avec des arbres atteignant 23m de haut. Les mangroves des lagunes côtières et de la frange littorale sont aussi très répandues. À Tobago, les mangroves de Bon Accord sont essentiellement de type *fringing* dominées par des arbres de 10 mètres de hauteur en moyenne (Juman, 2005).

Le marais de Nariva, sur la côte orientale de la Trinité, est un vaste complexe de zones humides où les forêts de palétuviers présentent une transition vers des forêts de palmiers et des forêts de marécages d'eau douce.

Photo Mark Spalding

Les écosystèmes de mangroves sont largement utilisés pour leur bois et pour la production de charbon. Ils jouent un rôle important pour la pêche côtière, comprenant les huîtres, les crabes et des crevettes. La forêt de Caroni est remarquable pour sa faune ornithologique. Des promenades en bateau à travers la forêt, en particulier le soir, permettent d'assister à l'arrivée spectaculaire de milliers d'ibis rouges, qui viennent passer la nuit dans les branches des palétuviers.

Ces mangroves ont subi des impacts conséquents depuis le début de la période coloniale. Même la surface du vaste marais de Caroni a été très réduite. Près de 500ha avaient été perdus dans ses parties septentrionales et méridionales en 1985, pour la construction de routes, de bassins de stockage des eaux usées, par les travaux de remblayage et de dragage pour élargir le cours d'eau. Les mangroves voisines ont été défrichées pour être converties à l'ouest de Port of Spain et autour de Point Lisas. Bien que maintenant officiellement protégées, les mangroves du Marais de Caroni s'étendent près du cœur urbain et industriel du pays. Les pressions dues aux pollutions industrielle et agricole perdurent, la salinité a augmenté à la suite de modifications du régime hydrique et de travaux de protection des terres contre les inondations par l'eau de mer. Des mortalités de palétuviers sont observées. Les mangroves ont aussi été défrichées à Tobago, notamment dans le marais de Kilgwyn au sud. Ici, c'est l'extension de l'aéroport qui en est la cause principale à laquelle s'ajoutent des dégradations par suite de la multiplication des décharges. Certaines parties de ce site bénéficient d'efforts de restauration (FAO, 2007).

Les pressions restent donc élevées et la mise en application des mesures de protection demeure un défi réel. Pourtant, l'intérêt de protéger les mangroves s'exprime à la fois dans la politique nationale et dans la désignation d'aires protégées. La plupart des sites les plus importants sont incorporés dans des aires protégées, dont trois ont aussi été déclarés sites Ramsar.

Les îles Turques-et-Caïques Carte 11.3

Les îles Turques-et-Caïques sont un territoire d'outre-mer du Royaume-Uni. D'un point de vue géologique, elles forment la partie sud-est du banc (plate-forme carbonatée) des Bahamas. Ce sont des îles basses, assez arides, partagées entre les îles Turques à l'Est et les îles Caïques plus grandes à l'ouest, s'étendant sur le grand banc des Caïques de faible profondeur. Les mangroves sont présentes sur ces deux groupes d'îles, mais sont particulièrement abondantes près du littoral méridional des îles Caïques septentrionales, centrales et orientales, où elles font partie d'un complexe de zones humides comprenant des vasières salées, des dépôts d'algues, des marécages salés, des herbiers marins et des réseaux de chenaux peu profonds. Les conditions sèches, auxquelles s'ajoute l'hyper-salinité par endroits, ne peuvent produire que des mangroves au port bas, d'une hauteur de 2 à 4m. Il existe de vastes peuplements buissonnants, comprenant des palétuviers de seulement 1 à 2m de hauteur. *Rhizophora mangle* domine la plupart des franges côtières, tandis que les *Avicennia germinans* occupent préférentiellement les bordures des dépressions salées et des lagunes, dans des conditions plus chargées en sel. *Conocarpus erectus* se trouve sur la marge continentale (Bacon, 1993 ; Green *et al.*, 1998).

De nombreuses espèces d'oiseaux utilisent la mangrove, dont une population importante du rare dendrocygne des Antilles, le flamant des Caraïbes, le pélican brun et l'aigrette roussâtre (Ramsar, 2009). Il existe des interactions écologiques importantes entre les divers écosystèmes des zones humides ainsi qu'avec les récifs coralliens, dont de nombreux poissons récifaux et d'autres espèces animales utilisent les mangroves comme espace nourricier durant leurs phases juvéniles.

Le commerce du sel a dominé ces îles au 19ième siècle et a conduit à la conversion de mangroves en marais salants. Aujourd'hui, les principales industries d'exportation sont la pêche bien gérée de conques reines et de langoustes. Cette pêche se pratique tout particulièrement dans les récifs coralliens et dans les milieux peu profonds proches des mangroves, sableux ou couverts d'herbiers marins (DECR, 2007). Pour autant, le tourisme reste la principale industrie. Au cours des dernières années on a construit des équipements touristiques à grande échelle presque partout et des voies de communications entre les Caïques septentrionales et centrales. À ce jour, ces développements n'ont eu que peu de conséquences sur les mangroves.

De nombreuses aires protégées ont été établies sur les îles, dont au moins cinq grands sites comportant des aires protégées (DECR, 2007). Le plus grand de ces sites a aussi été déclaré site Ramsar des îles Caïques septentrionale, centrale et orientale.

Les États-Unis d'Amérique

Sur le territoire américain, les mangroves ne sont répandues qu'en Floride, où elles dominent une grande partie du littoral au sud de la latitude 29°N. Plus au nord, ici et dans le reste du Golfe du Mexique, on ne trouve plus que quelques groupements nains ou buissonnants d'*Avicennia germinans*.

La Floride Carte 11.8

Le long de la côte occidentale de la Floride, de grandes formations de mangroves sont situées dans les baies de Tampa et de Charlotte Harbor. Au sud de Naples, elles dominent de vastes territoires autour de la baie de Floride et des îles Ten Thousand, pénétrant jusqu'à 10 à 20km dans les Everglades de Floride dans les eaux de l'estuaire du Shark. *Rhizophora mangle*, *Avicennia germinans* et *Laguncularia racemosa* sont tous trois communs dans les secteurs les plus méridionaux. *Laguncularia* est dominant sur les terrains plus fertiles en aval de l'estuaire. *Conocarpus erectus* se trouve dans les eaux moins salées (Chen and Twilley, 1999).

La côte orientale de Floride est plus exposée et la zone de balancement des marées est étroite. Cependant, la plus grande partie de cette côte a un système très protégé de lagunes juste derrière les barrières côtières. Les mangroves étaient autrefois étendues dans ces eaux, notamment dans le détroit de Jupiter, autour du lac Worth et de la lagune Indian River.

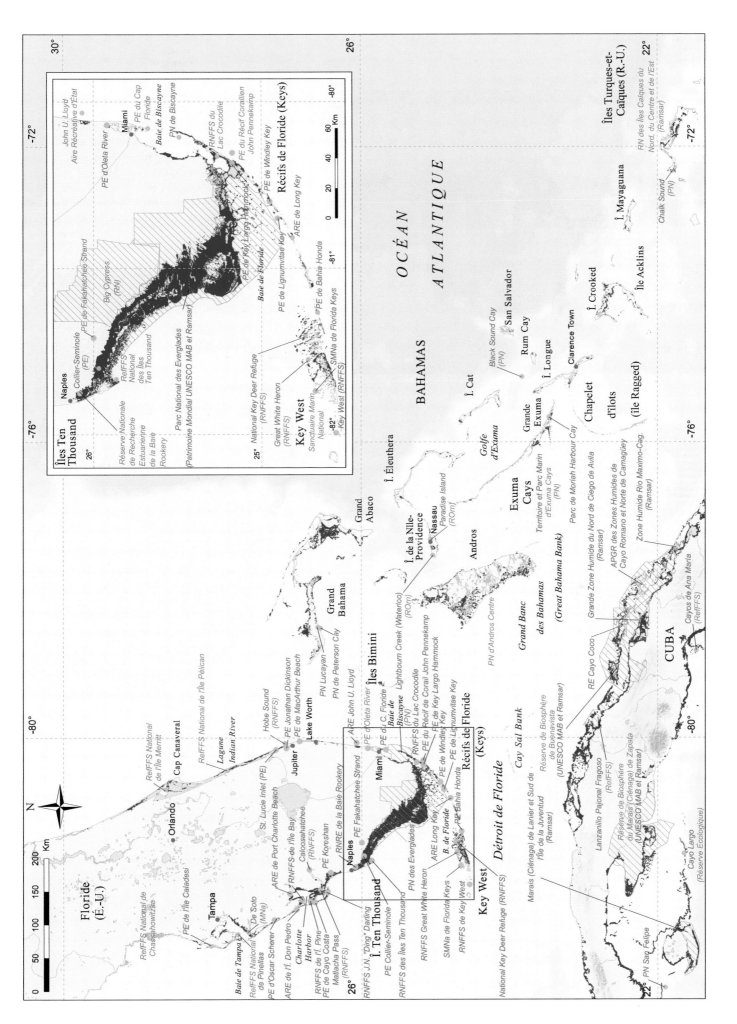

Carte 11.8 La Floride et les Bahamas

Vastes étendues de mangroves le long du Golfe du Mexique, en Floride.

Photo Mami Kainuma

Les dynamiques de la biodiversité des écosystèmes de mangroves du sud de la Floride sont parmi les plus étudiées au monde. Elles donnent un aperçu intéressant de l'écologie des mangroves de cette partie du monde. Quelques 1300 espèces animales ont été répertoriées dans les mangroves, dont 628 vertébrés. Parmi les plus grands vertébrés, nombreux sont les visiteurs opportunistes. D'autres sont des résidents permanents, certains d'entre eux sont rarement rencontrés en dehors des mangroves. Ces espèces « endémiques des mangroves » comportent le viréo à moustaches, le coulicou manioc, la paruline jaune, la paruline des prés de Floride et la spatule rosée, et des poissons comme le killi des mangroves et la gambusie des mangroves. On compte d'autres espèces remarquables comme un certain nombre de reptiles vivant dans les eaux saumâtres comme le crocodile Américain, le serpent des mangroves et des marécages salés et la tortue diamant. Le cerf des Keys est une espèce menacée qui ne survit que sur quelques petites îles (keys) au sud de la Floride et qui dépend des mangroves pour une importante partie de son régime alimentaire. L'ours noir de Floride et la panthère de Floride s'aventurent régulièrement dans les mangroves. De nombreux chenaux et bassins proches des mangroves sont habités par le lamantin des Caraïbes.

Les ouragans ont eu des conséquences importantes sur ces mangroves. Les informations les plus précises sont probablement celles qui concernent l'ouragan Andrew en 1992 qui a engendré des pertes « catastrophiques » de mangroves dans certaines parties du Parc National des Everglades. Les périmètres les plus affectés avaient perdu 80 à 95% de leurs palétuviers par déracinements et troncs brisés (Smith *et al.*, 1994). Des conséquences tout aussi dramatiques ont été observées dans les mangroves du sud de Charlotte Harbor, à la suite de l'ouragan Charley, en 2006. La régénération naturelle qui a suivi ces événements est très variable à l'échelle locale. Certains sites ont été définitivement transformés, si bien que d'autres peuplements végétaux apparaissent, tandis que de nouveaux emplacements sont devenus favorables à l'établissement de mangroves (Meyers *et al.*, 2006).

L'importance et la valeur des mangroves sont reconnues depuis longtemps en Floride. En 2007, quelques 7,26 millions de personnes se sont rendues en Floride pour y pratiquer la pêche de loisir dans les eaux marines et côtières (NOAA, 2008). Nombreux sont les pêcheurs qui se sont rendus dans les mangroves ou ont ciblé des espèces utilisant les mangroves au cours de leur cycle de vie. Les promenades en bateau sont aussi très populaires, notamment le kayak pratiqué dans les eaux calmes des mangroves, où l'observation de la faune est une attraction majeure.

Les alligators américains ne sont présents qu'au sud des États-Unis, où ils sont souvent rencontrés dans les mangroves, là où la salinité est la moins élevée.

Photo Mark Spalding

A plusieurs égards, la Floride a un paysage extraordinairement imbriqué, des zones urbanisées où le terrain coûte très cher, bordant des aires protégées. À l'intérieur des terres, l'agriculture intensive occupe une place importante. Les conséquences environnementales qui en découlent sont des prélèvements d'eau excessifs et l'utilisation intensive de produits chimiques. Le très fort développement urbain a détruit de nombreuses étendues de mangroves en Floride, notamment le long des lagunes de la côte orientale. Depuis les années 1940, 80 à 95% des mangroves de la baie Biscayne, du lac Worth et de l'Indian River ont été défrichées. Les pertes sont moindres mais restent considérables dans les Keys de Floride et le long de la côte occidentale. La plupart ont été converties en espaces urbains, mais d'autres ont souffert de travaux d'endiguement dans le cadre de programmes de démoustication ou de construction de routes, qui ont relevé le niveau de l'eau de manière permanente, tuant toutes les mangroves. D'autres problèmes proviennent du dragage des chenaux, du largage de sédiments, de la pollution, des déchets chimiques et même de l'élagage des arbres très répandu (Parkinson *et al.*, 1999). Même les secteurs en apparence protégés comme les Everglades ont été affectés par des modifications des flux hydriques. En effet, la réduction des apports d'eau douce a entraîné des changements dans la composition floristique, bien que cela n'ait pas toujours conduit à la réduction de surfaces de mangroves – dans les Everglades et à Charlotte Harbor, les mangroves ont gagné du terrain sur d'anciens marécages salés adjacents.

Le relèvement du niveau moyen des océans, par suite des changements climatiques, aura probablement plusieurs conséquences sur les mangroves de Floride. Là où les processus sédimentologiques et écologiques pourront continuer sans restriction, la surface totale des mangroves restera probablement stable, les mangroves pouvant migrer vers les habitats voisins plus continentaux. Par contre, au niveau des terres agricoles et des périmètres urbanisés, une telle migration sera probablement impossible, entraînant des pertes considérables.

Il est probable que la période de dégradation des mangroves la plus rapide est maintenant révolue grâce à la prise de conscience de l'importance des mangroves qui a conduit à la mise en place de nombreuses mesures de protection. De vastes mangroves sont protégées en un réseau de plus de 40 aires protégées, dont les Everglades de Floride, classées au Patrimoine Mondial, Réserve de Biosphère et site Ramsar. Au-delà des aires protégées, des efforts sont faits pour préserver les mangroves encore en place. Il est obligatoire de minimiser l'impact anthropique dans les nouveaux projets de développement (on impose de replanter des mangroves en d'autres endroits quand des palétuviers ont été défrichés), et de préserver les flux hydriques – par exemple, en permettant ou en restaurant les échanges lors des marées, dans les secteurs où des digues ou des retenues ont été construites (MacPherson and Halley, 1996 ; USFWS, 1999).

Le Nord du Golfe du Mexique

En allant vers le nord de la Floride et dans les États voisins du Golfe du Mexique, les mangroves sont peu à peu remplacées par des marécages salés. Par endroits les deux communautés co-existent, les mangroves occupant la façade marine. L'apparition de gelées régulières empêche la présence d'espèces de palétuviers autres qu'*Avicennia*. Le long des côtes des autres États du Golfe, les palétuviers ne forment ni des forêts ni des peuplements denses. Certains palétuviers forment des habitats relativement éphémères, sujets à des mortalités naturelles très conséquentes lors des années froides, ou lors d'événements extrêmes. Les mangroves des îles Chandleur, dans le Refuge National de la Faune et la Flore Sauvages de Breton, ont été sévèrement affectées par la tempête tropicale Arlene et par l'ouragan Katrina en 2005. Des vagues ont tout balayé et créé de nouveaux chenaux sur de nombreuses îles (USFWS, date inconnue). Au Texas, *Avicennia* est restreint à la lagune Madre et à l'embouchure du Río Grande.

Références

Aburto-Oropeza, O., Ezcurra, E., Danemann, G., Valdez, V., Murray, J. and Sala, E. (2008) 'Mangroves in the Gulf of California increase fishery yields', *PNAS*, vol 105, pp10456–10459

Académie Martinique (undated) *La flore de la mangrove*, www.peda.ac-martinique.fr/svt/flor5a.shtml, accessed 28 June 2007

Aguilar-Perera, A., Scharer, M. and Valdes-Pizzini, M. (2006) 'Marine protected areas in Puerto Rico: Historical and current perspectives', *Ocean and Coastal Management*, vol 49, p961

ANAM-OIMT (2003) *Informe final de resultados de la cobertura boscosa y suo del suelo de la república de Panamá: 1992–2000*, Autoridad Nacional del Ambiente, www.anam.gob.pa

Anderson, R. P. and Handley J. R. C. (2001) 'A new species of three-toed sloth (Mammalia: Xenarthra) from Panama, with a review of the genus *Bradypus*', *Proceedings of the Biological Society of Washington*, vol 114, pp1–33

ANT (Anguilla National Trust) (2005) 'Anguilla National Trust homepage', www.axanationaltrust.org/index.htm, accessed 28 June 2007

Bacon, P. R. (1993) 'Mangroves in the Lesser Antilles, Jamaica and Trinidad and Tobago', in Lacerda, L. D. (ed) *Conservation and Sustainable Utilization of Mangrove Forests in Latin America and Africa Regions. Part I – Latin America*, Okinawa, Japan, International Society for Mangrove Ecosystems

Barbier, E. B. and Strand, I. (1997) 'Valuing mangrove-fishery linkages: A case study of Campeche, Mexico', Paper presented to the Eighth Annual Conference of European Association of Environmental and Resource Economics, Tilburg University, The Netherlands

Bashan, Y., Puente, M. E., Myrold, D. D. and Toledo, G. (1998) 'In vitro transfer of fixed nitrogen from diazotrophic filamentous cyanobacteria to black mangrove seedlings', *FEMS Microbiology Ecology*, vol 26, pp165–170

Benítez, M., Machado, M., Erazo, M., Aguilar, J., Campos, A., Guadalupe Durón, Aburto, C., Chanchan, R. and Gammage, S. (2000) *A Platform for Action For the Sustainable Management Of Mangroves in the Gulf of Fonseca*, Washington, DC, International Centre for Research on Women

Bezaury, J. (2008) 'Review comments on draft text for *World Atlas of Mangroves*', Sent to M. Spalding

Birdlife International (2009) *Data Zone: Species Factsheets*, www.birdlife.org, accessed 1 February 2009

BMT (Barbados Marine Trust) (2005) *The Problems of Sandy Beach and Graeme Hall Swamp*, www.barbadosmarinetrust.com/sandy_beach.htm, accessed 28 June 2007

Bravo, J. and Rivera, L. (1998) *Humedales de Costa Rica (9 maps: 1:200,000)*, 1st edition, San Pedro, Programa Uso y Conservacion de Humedales, Escuela de Ciencias Ambientales, Universidad Nacional, Cartografia Tecnica y Litografia por el Instituto Geografico Nacional

Brusca, R. C., Cudney-Bueno, R. and Moreno-Baez, M. (2006) *Gulf of California Esteros and Estuaries: Analysis, State of Knowledge and Conservation Priority Recommendations*, Arizona, Arizona-Sonora Desert Museum

Buchan, K. C. (2000) 'The Bahamas', in Sheppard, C. (ed) *Seas at the Millennium: An Environmental Evaluation*, The Netherlands, Elsevier Science Ltd

Bush, P. G. (1998) 'Grand Cayman, British West Indies', in Kjerfve, B. (ed) *Caribbean Coastal Marine Productivity (CARICOMP): Coral Reef, Seagrass, and Mangrove Site Characteristics*, Paris, UNESCO

Cahoon, D. R. and Hensel, P. (2002) *Hurricane Mitch: A Regional Perspective on Mangrove Damage, Recovery and Sustainability, USGS Open File Report 03-183*, Lafayette, LA, United States Geological Society

Cahoon, D. R., Hensel, P., Rybczyk, J. M. K. L., Kee, C. E. P. and Perez, B. C. (2003) 'Mass tree mortality leads to mangrove peat collapse at Bay Islands, Honduras after Hurricane Mitch', *Journal of Ecology*, vol 91, pp1093–1105

CDELM (Centro de Documentacion Ecosistemas Litorales Mexicanos) (2003) 'Centro de Documentacion Ecosistemas Litorales Mexicanos homepage', http://investigacion.izt.uam.mx/ocl/base.html, accessed 1 August 2007

Chapman, V. J. (ed) (1977) *Wet Coastal Ecosystems*, Amsterdam, Elsevier Scientific

Childress, R. B. and Hughes, B. (2001) 'The status of the West Indian whistling-duck (*Dendrocygna arborea*) in St Kitts-Nevis, January–February 2000', *El Pitirre*, vol 14, pp107–112

Chen, R. and Twilley, R. (1999) 'Patterns of mangrove forest structure and soil nutrient dynamics along the Shark River estuary, Florida', *Estuaries and Coasts*, vol 22, pp955–970

CIAT and PNUMA (Centro Internacional de Agricultura and Programa de las Naciones Unidas para el Medio Ambiente) (1998) *Cobertura vegetal y suelos El Salvador*, Digital map prepared at 1:2,080,000, San Salvador, CIAT and PNUMA

Claro, R., Lindeman, K. and Parenti, L. R. (2001) *Ecology of the Marine Fishes of Cuba*, Washington, DC, Smithsonian Institution Press

CODDEFFAGOLF (2007) 'Comité para la Defensa y Desarrollo de la Flora y Fauna del Golfo de Fonseca homepage', www.coddeffagolf.net/, accessed 4 June 2007

CONABIO (Comisión Nacional para el Conocimiento y Uso de la Biodiversidad) (2007) *Manglares de México: Evaluación de nuestra riqueza natural*, Mexico City, CONABIO

CONABIO (2009) *Manglares de México: extensión y distribución*, Mexico City, CONABIO

Cortes, J. (1998) 'Cahuita and Laguna Gandoca, Costa Rica', in Kjerfve, B. (ed) *Caribbean Coastal Marine Productivity (CARICOMP): Coral Reef, Seagrass, and Mangrove Site Characteristics*, Paris, UNESCO

Cruz-Escalona, V. H., Arreguin-Sanchez, F. and Zetina-Rejon, M. (2007) 'Analysis of the ecosystem structure of Laguna Alvarado, western Gulf of Mexico, by means of a mass balance model', *Estuarine, Coastal and Shelf Science*, vol 72, p155

D'Croz, L. (1993) 'Status and uses of mangroves in the Republic of Panamá', in Lacerda, L. D. (ed) *Conservation and Sustainable Utilization of Mangrove Forests in Latin America and Africa Regions: Part I – Latin America*, Okinawa, Japan, International Society for Mangrove Ecosystems

DECR (Department of Environment and Coastal Resources) (2007) *Turks and Caicos Islands*, www.environment.tc/about/index.htm, accessed 25 September 2007

DoE (Department of the Environment) (1998) *Maps of Undisturbed Vegetation in the Cayman Islands*, Grand Cayman, DoE

DOS (Directorate of Overseas Surveys) (1978) *Cayman Islands: 1:25,000, Series: E821 (DOS 328)*, 2nd edition, Cayman Islands, DOS, UK and Survey Department, Cayman Islands

DOS (1984) *Turks and Caicos Islands: 1:200,000, Series: DOS 609*, 2nd edition, Cayman Islands, DOS

DPNR (Division of Fish and Wildlife: Department of Planning and Natural Resources) (2005) *US Virgin Islands Marine Resources and Fisheries Strategic and Comprehensive Conservation Plan*, St Thomas, DPNR, USVI

Duke, N. C. (1991) '*Nypa* in the mangroves of Central America: Introduced or relict', *Principes*, vol 35, pp127–132

Duke, N. C. (1996) 'Mangrove reforestation in Panama: An evaluation of planting in areas deforested by a large oil spill', in Field, C. (ed) *Restoration of Mangrove Ecosystems*, Okinawa, Japan, International Society for Mangrove Ecosystems

ECNAMP (Eastern Caribbean Natural Area Management Programme) (1980) *Eastern Caribbean Natural Area Management Programme: Preliminary Data Atlas series*, St Croix, US Virgin Islands, Caribbean Conservation Association and School of Natural Resources of the University of Michigan

Edwards, H. and Schnell, G. (2001) 'Status and ecology of *Sotalia fluviatilis* in the Cayos Miskito Reserve, Nicaragua', *Marine Mammal Science*, vol 17, pp445–472

Eisermann, K. (2006) *Evaluation of Waterbird Populations and their Conservation in Guatemala*, Guatemala City, Sociedad Guatemalteca de Ornitologia

Ellison, J. C. (1996) 'Pollen evidence of late Holocene mangrove development in Bermuda', *Global Ecology and Biogeography Letters*, vol 5, p315

EPA (US Environmental Protection Agency) (2006) *Puerto Rico National Estuary Program Coastal Condition, National Estuary Program Coastal Condition Report*, Washington, DC, US EPA, Chapter 7

EPIC (Environmental Protection in the Caribbean) (2005) *Mangrove Restoration*, www.epicislands.org/mangroves%20restoration .htm, accessed 28 June 2008

Escalera-Nautica (2007) 'Escalera Nautica homepage', www.escaleranautica.com/, accessed 30 July 2007

FAO (Food and Agriculture Organization of the United Nations) (1980) *Aquaculture Development in the Caribbean: Report of a Mission to Antigua, Haiti, Jamaica, Montserrat and St. Lucia*, Rome, FAO

FAO (2007) *Mangroves of North and Central America 1980–2005: Country Reports*, Forest Resources Assessment Working Paper No 137, Rome, FAO

Flores-Verdugo, F. J., Lanza-Espino, G. D. L., Contreras Espinosa, F. and Agraz-Hernandez, C. M. (2001) 'The Tropical Pacific Coast of Mexico', in Seeliger, U. and Kjerfve, B. (eds) *Ecological Studies: Coastal Marine Ecosystems of Latin America*, Berlin, Springer-Verlag

Gammage, S. (1997) *Estimating the Returns to Mangrove Conversion: Sustainable Management or Short Term Gain?*, Environmental Economics Programme Discussion Paper, 97-02, London, International Institute for Environment and Development

Gammage, S., Benitez, M. and Machado, M. (2002) 'An entitlement approach to the challenges of mangrove management in El Salvador', *Ambio*, vol 31, pp285–294

Garcia, J., Schmitt, C., Heberer, C. and Winter, A. (1998) 'La Parguera, Puerto Rico, USA', in Kjerfve, B. (ed) *Caribbean Coastal Marine Productivity (CARICOMP): Coral Reef, Seagrass, and Mangrove Site Characteristics*, Paris, UNESCO

Gell, F. and Watson, M. (2000) 'UK overseas territories in the northeast Caribbean: Anguilla, British Virgin Islands, Montserrat', in Sheppard, C. (ed) *Seas at the Millennium: An Environmental Evaluation*, The Netherlands, Elsevier Science Ltd

GLCF (Global Land Cover Facility) (2000) *Landsat GeoCover 2000*, NASA, EarthSat, and GLCF, www.landcover.org/portal/geocover/ index.shtml, accessed 2 February 2009

Goreau, T. J. (2003) *A Strategy for Restoration of Damaged Coral Reefs and Fisheries at Ashton Harbour*, Union Island, the Grenadines, Global Coral Reef Alliance

Government of Grenada (2000) *National Biodiversity Strategy and Action Plan – Grenada*, Convention on Biological Diversity

Green, E. P., Mumby, P. J., Edwards, A. J., Clark, C. D. and Ellis, A. C. (1998) 'The assessment of mangrove areas using high resolution multispectral airborne imagery', *Journal of Coastal Research*, vol 14, pp433–443

Hamilton, W. (2005) *Status of Mangrove Forest Post Hurricane Ivan*, Grenada, The Ministry of Agriculture, Lands, Forestry and Fisheries, Government of Grenada

Harborne, A. R., McField, M. D. and Delaney, E. K. (2000) 'Belize', in Sheppard, C. (ed) *Seas at the Millennium: An Environmental Evaluation*, The Netherlands, Elsevier Science Ltd

Hecht, S. B., Kandel, S., Gomes, I., Cuellar, N. and Rosa, H. (2006) 'Globalization, forest resurgence and environmental politics in El Salvador', *World Development*, vol 34, pp308–323

Hernández, J. I. V. (2001) *Flora vascular de los manglares de Marismas Nacionales, estado de Nayarit*, Texcoco, Mexico, Colegio de Postgraduados, Instituto de Recursos Naturales

Hernández-Cornejo, R., Koedam, N., Luna, A. R., Troell, M. and Dahdouh-Guebas, F. (2005) 'Remote sensing and ethnobotanical assessment of the mangrove forest changes in the Navachiste-San Ignacio-Macapule Lagoon Complex, Sinaloa, Mexico', *Ecology and Society*, vol 10, p16

Heyman, W. D. and Kjerfve, B. (2001) 'The Gulf of Honduras', in Seeliger, U. and Kjerfve, B. (eds) *Ecological Studies: Coastal Marine Ecosystems of Latin America*, Berlin, Springer-Verlag

Holguin, G., Vazquez, P. and Bashan, Y. (2001) 'The role of sediment microorganisms in the productivity, conservation, and rehabilitation of the mangrove ecosystems: An overview', *Biology and Fertility of Soils*, vol 33, pp265–278

Honduran Forestry Development Corporation (2000) *Mapa de Ecosistemas Vegetales de Honduras*, AFE-COHFEFOR-BCO.MUNDIAL-SAG-UNAH

Imbert, D., Rousteau, A. and Scherrer, P. (2000) 'Ecology of mangrove growth and recovery in the Lesser Antilles: State of knowledge and basis for restoration projects', *Restoration Ecology*, vol 8, pp230–236

INE (Instituto Nacional de Ecología) (2005) *Evaluación Preliminar de las Tasas de Pérdida de Superficie de Manglar en México*, Mexico City, INE

INEGI (Instituto Nacional de Estadística y Geografía) (2002) *Conjunto de Datos Vectoriales de la Carta de Uso del Suelo y Vegetación, Escala 1:250 000 Serie III Continuo Nacional*, Mexico, INEGI

INRA (Instituto Nicaraguense de Recursos Naturales y del Ambiente) (1991) *Estado Actual de la Vegetación Forestal de Nicaragua*, Nicaragua, INRA, Dirección de Administración de Bosques Nacionales

Instituto Nacional de Bosques (2001) *Mapa de Ecosistemas Vegetales de Guatemala*, Guatemala, Departamento de Sistemas de Informacion

Juman, R. A. (2005) 'Biomass, litterfall and decomposition rates for the fringed *Rhizophora mangle* forest lining the Bon Accord Lagoon, Tobago', *Revista de Biología Tropical*, vol 53, pp207–217

Kjerfve, B. (1998) *Caribbean Coral Reef, Seagrass and Mangrove Sites*, Paris, UNESCO

Lin, B. B. and Dushoff, J. (2004) 'Mangrove filtration of anthropogenic nutrients in the Rio Coco Solo, Panama', *Management of Environmental Quality: An International Journal*, vol 15, p131

Lovelock, C. E., Feller, I. C., McKee, K. L. and Thompson, R. (2005) 'Variation in mangrove forest structure and sediment characteristics in Bocas del Toro, Panama', *Caribbean Journal of Science*, vol 41, pp456–464

MacKenzie, C. L. (2001) 'The fisheries for mangrove cockles, *Anadara* spp., from Mexico to Peru, with descriptions of their habitats and biology, the fishermen's lives, and the effects of shrimp farming', *Marine Fisheries Review*, vol 63, pp1–39

Marquez, J. V. (2001) 'The human rights consequences of inequitable trade and development expansion: The abuse of law and community rights in the Gulf of Fonseca, Honduras', in Barnhizer, D. (ed) *Effective Strategies for Protecting Human Rights: Economic Sanctions, Use of National Courts and International Fora and Coercive Power*, Aldershot, UK, Ashgate

Massicot, P. (2005) *Animal Info: Cuba*, Science NetLinks, www.animalinfo.org/country/cuba.htm, accessed 10 July 2007

McDonald, K. O., Dale, F. and Webber, M. K. (2003) 'Mangrove forest structure under varying environmental conditions', *Bulletin of Marine Science*, vol 73, pp491–505

McPherson, B. F. and Halley, R. (1996) *The South Florida Environment – A Region Under Stress*, Denver, Florida, US Geological Survey

Meerman, J. (2005) *Belize Ecosystems Map Version 2004*, El Progresso, Cayo District, Belize, Jan Meerman

Meyers, J. M., Langtimm, C. A., Smith III, T. J. and Pednault-Willett, K. (2006) *Wildlife and Habitat Damage Assessment from Hurricane Charley: Recommendations for Recovery of the J. N. 'Ding' Darling National Wildlife Refuge Complex*, Florida, US, US Geological Survey

Moreno-Casasola, P. (2004) 'Mangroves, an area of conflict between cattle ranchers and fishermen', in *Mangrove Management and Conservation: Present and Future*, Tokyo, United Nations University Press

Mumby, P. J., Edwards, A. J., Arias-González, J. E., Lindeman, K. C., Blackwell, P. G., Gall, A., Gorczynska, M. L., Harborne, A. R., Pescod, C. L., Henk, R., Wabnitz, C. C. C. and Llewellyn, G. (2004) 'Mangroves enhance the biomass of coral reef fish communities in the Caribbean', *Nature*, vol 427, pp533–536

Murray, M. R., Zisman, S. A., Furley, P. A., Munro, D. M., Gibson, J., Ratter, J., Bridgewater, S., Minty, C. D. and Place, C. J. (2003) 'The mangroves of Belize: Part 1. Distribution, composition and classification', *Forest Ecology and Management*, vol 174, p265

NOAA (National Oceanic and Atmospheric Administration) (2008) *Marine Recreational Information Program*, www.st.nmfs.noaa.gov/mrip/index.html, accessed 1 July 2008

NRCA (Natural Resources Conservation Authority) (1997) *Mangrove and Coastal Wetlands Protection Draft Policy and Regulation: Negril Case Study*, Kingston, NRCA, Coastal Zone Management Division

NTCI (National Trust for the Cayman Islands) (2007) *Central Mangrove Wetland*, www.nationaltrust.org.ky/info/centralmangrove.html, accessed 16 September 2008

Padrón, C. M. (1996) 'Mangroves ecosystem restoration in Cuba: A case study in Havana Province', in Field, C. (ed) *Restoration of Mangrove Ecosystems*, Okinawa, Japan, ISME

Padrón, C. M., Llorente, S. O. and Menendez, L. (1993) 'Mangroves of Cuba', in Lacerda, L. D. (ed) *Conservation and Sustainable Utilization of Mangrove Forests in Latin America and Africa Regions. Part I – Latin America*, Okinawa, Japan, International Society for Mangrove Ecosystems

Páez, A. K., Stotz, D. F. and Shopland, J. M. (2005) *Rapid Biological Inventories 07: Cuba, Peninsula de Zapata*, Chicago, The Field Museum

Paez-Osuna, F., Gracia, A., Flores-Verdugo, F., Lyle-Fritch, L. P., Alonso-Rodriguez, R., Roque, A. and Ruiz-Fernandez, A. C. (2003) 'Shrimp aquaculture development and the environment in the Gulf of California ecoregion', *Marine Pollution Bulletin*, vol 46, pp806–815

Parkinson, R. W., Perez-Bedmar, M. and Santangelo, J. A. (1999) 'Red mangrove (*Rhizophora mangle* L.) litter fall response to selective pruning (Indian River Lagoon, Florida, U.S.A.)', *Hydrobiologia*, vol 413, p63

Polanía, J. (1993) 'Mangroves of Costa Rica', in Lacerda, L. D. (ed) *Conservation and Sustainable Utilization of Mangrove Forests in Latin America and Africa Regions. Part I – Latin America*, Okinawa, Japan, International Society for Mangrove Ecosystems

Ramsar (2007) *World Wetlands Day Celebration in Union Island Clean-Up of Ashton Lagoon Wetland February 1, 2007*, Ramsar Convention Secretariat, accessed 28 June 2007

Ramsar (2009) *Ramsar Sites Information Service*, www.wetlands.org/rsis/, accessed 3 February 2009

Redmanglar (2007) 'Redmanglar Internacional home page', www.redmanglar.org, accessed 1 May 2007

Rollet, B. (1986) *Ordenacion integrada de los manglares: sintesis de siete seminarios nacionales en America Latina*, Rome, Italy, FAO

Ruíz-Luna, A., Acosta-Velázquez, J. and Berlanga-Robles, C. A. (2008) 'On the reliability of the data of the extent of mangroves: a case study in Mexico', *Ocean & Coastal Management*, vol 51, pp342–351

Sherman, R. E., Fahey, T. J. and Martinez, P. (2001) 'Hurricane impacts on a mangrove forest in the Dominican Republic: Damage patterns and early recovery', *Biotropica*, vol 33, pp393–408

Sherman, R. E., Fahey, T. J. and Martinez, P. (2003) 'Spatial patterns of biomass and aboveground net primary productivity in a mangrove ecosystem in the Dominican Republic', *Ecosystems*, vol 6, pp384–398

Smith, T. J., III, Robblee, M. B., Wanless, H. R. and Doyle, T. W. (1994) 'Mangroves, hurricanes and lightning strikes', *BioScience*, vol 44, pp256–262

Stanley, D. and Alduvin, C. (2002) *Science and Society in the Gulf of Fonseca: The Changing History of Mariculture in Honduras*, World Bank, NACA, WWF, FAO Consortium Program on Shrimp Farming and the Environment

Sugunan, V. V. (1997) *Fisheries Management of Small Water Bodies in Seven Countries in Africa, Asia and Latin America*, Rome, FAO

Sullivan-Sealey, K., Brunnick, B., Harzen, S., Luton, C., Nero, V. and Flowers, L. (2002) *An Ecoregional Plan for the Bahamian Archipelago*, Jupiter, Florida, Taras Oceanographic Foundation

Suman, D. (2002) 'Panama revisited: Evolution of coastal management policy', *Ocean and Coastal Management*, vol 45, pp91–120

Suman, D. (2003) 'Can you eat a mangrove? Balancing conservation and management on mangrove ecosystems in Cuba', *Tulane Environmental Law Journal*, vol 16, pp619–652

Suman, D. (2006) 'The case of the shrimp industry in Eastern Panama (Darién Province): Unsustainable harvest of a valuable export product and its limited impact on local community development', in Harris, R. L. (ed) *Globalization and Sustainable Development: Issues and Applications*, Tampa, Florida, D. Kiran C. Patel Center for Global Solutions, University of South Florida

TNC (The Nature Conservancy) (2006) *Andros Island Conservation Assessment*, Nassau, TNC

Toledo, G., Rojas, A. and Bashan, Y. (2001) 'Monitoring of black mangrove restoration with nursery-reared seedlings on an arid coastal lagoon', *Hydrobiologia*, vol 444, pp101–109

Ulloa, R., Torre, J., Bourillón, L. and Alcantar, N. (2006) *Golfo de California y costa occidental de Baja California Sur: Planeacion Ecorregional para la Conservacion Marina*, Guaymas (Mexico), The Nature Conservancy

UNDP (United Nations Development Programme) (2006) *Mainstreaming and Sustaining Biodiversity Conservation in three Productive Sectors of the Sabana Camaguey Ecosystem*, UNDP Project Document, Havana, UNDP

UNEP (United Nations Environment Programme) (2005) *The Bahamas State of the Environment Report*, The Bahamas, College of the Bahamas

UNESCO (United Nations Educational, Scientific and Cultural Organization) (1997) *Costs of Haiti: Resource Assessment and Management Needs*, Paris, Coastal Region and Small Island Papers 2, UNESCO

USFWS (United States Fish and Wildlife Service) (undated) *Southeast Louisiana National Wildlife Refuges: Breton National Wildlife Refuge*, www.fws.gov/breton/ accessed 13 April 2007

USFWS (1999) *South Florida Multi-Species Recovery Plan: Mangroves*, Atlanta, Florida, US Fish and Wildlife Service

Vázquez, F., Rangel, R., Quintero-Marmol, A. M., Fernández, J., Aguayo, E., Palacio, A. and Sharma, V. K. (2000) 'Southern Gulf of Mexico', in Sheppard, C. (ed) *Seas at the Millennium: An Environmental Evaluation*, The Netherlands, Elsevier Science Ltd

Yáñez-Arancibia, A., Zárate Lomelí, D. and Terán Cuevas, A. (1995) *Evaluation of the Coastal and Marine Resources of the Atlantic Coast of Guatemala: EPOMEX*, CEP Technical Report No 34, Kingston, Jamaica, UNEP Caribbean Environment Programme

Yáñez-Arancibia, A., Zarate Lomelí, D., Gomez Cruz, M., Godinez Orantes, R. and Santiago Fandino, V. (1999) 'The ecosystem framework for planning and management the Atlantic coast of Guatemala', *Ocean & Coastal Management*, vol 42, p283

Cartes

Anguilla. Les données de la carte sont issues d'ECNAMP (1980), mais exagèrent probablement la surface des mangroves et pourraient inclure des lieux où les mangroves ne sont plus présentes.

Antigua-et-Barbuda. Les données ont été extraites par The Nature Conservancy du GLCF (2000) et sont issues d'images Landsat de 1997 à 2000.

Aruba. Les données ont été extraites par The Nature Conservancy du GLCF (2000) et sont issues d'images Landsat de 1997 à 2000.

Les Bahamas. De nouvelles données ont été préparées par la FAO à partir d'images Landsat. Il est à noter que la surface résultante est considérablement plus petite que de nombreuses estimations précédentes. Ces données sont probablement plus précises, les statistiques précédentes étant fondées sur une fraction estimée de la surface totale de zone humide, cette donnée elle-même étant issue d'une estimation d'expert. La cartographie des mangroves des Bahamas représente un défi. De nombreuses mangroves étant éparses ou buissonnantes, ont pu échapper aux observateurs.

La Barbade. Les localisations approximatives des mangroves ont été données par l'UNEP-WCMC sous la forme d'annotations du Professeur Sean Carrington, University of West Indies.

Le Belize. Les données sont de Meerman (2005). Cette carte est composée de cartes de végétation antérieures avec des mises à jour à partir de données de télédétection de 2004 et des enquêtes de terrain. Elle inclut six classes de végétation de mangrove. L'estimation surfacique est plus importante que les statistiques précédentes, ce qui pourrait être dû à une saisie plus large des classes de mangroves.

Les Bermudes. Les mangroves ont été numérisées par le Department of Conservation Services, Gouvernement des Bermudes, à partir de photos aériennes au 1:30 000 (50cm de résolution) prises en 1997 par la Société Zoologique des Bermudes. L'échelle exacte à laquelle ces photos ont été numérisées n'a pas été spécifiée. (Malheureusement, en raison d'une erreur cartographique lors d'une étape finale, il n'a pas été possible de représenter ces mangroves sur les cartes, bien qu'elles aient été utilisées dans les statistiques).

Les îles Vierges britanniques. Les données de la carte sont issues d'ECNAMP (1980), mais exagèrent probablement de façon considérable la surface des mangroves et pourraient représenter des lieux où les mangroves ne sont plus présentes.

Les Îles Caïmans. Les données de Grand Caïman proviennent de DoE (1998), et sont fondées sur des images satellitaires améliorées par des relevés de terrain. Pour Petit Caïman et Caïman Brac, les données proviennent de DOS (1978).

Le Costa Rica. Les données sont de Bravo and Rivera (1998), numérisées par l'UNEP-WCMC. La source de cette carte n'est pas précisée.

Cuba. De nouvelles données ont été préparées par la FAO à partir d'images Landsat.

La Dominique. Les données de la carte sont issues d'ECNAMP (1980), mais exagèrent probablement de façon considérable la surface des mangroves et pourraient représenter des lieux où

les mangroves ne sont plus présentes.

La République Dominicaine. Les données ont été extraites par The Nature Conservancy de GLCF (2000) et ont pour source des images Landsat de 1997 à 2000.

Le Salvador. Les parties orientales ont été préparées par l'UNEP-WCMC à partir d'images Landsat. Les parties occidentales proviennent de CIAT et PNUMA (1998), qui fait partie d'une initiative cartographique de la végétation régionale. La carte a été publiée au 1:2 080 000.

Grenade. Les données proviennent de la campagne terrain de The Nature Conservancy en 2007. Elles ont été numérisées à l'écran à partir d'images IKONOS acquises en 2001-2002 en couleur (affinage global) à 1m de résolution, numérisation suivie de vérifications sur le terrain.

La Guadeloupe. De nouvelles données ont été préparées par la FAO à partir d'images Landsat. L'estimation surfacique résultante est considérablement plus importante que celle donnée par beaucoup d'autres sources. Cependant, nous la pensons précise et il se peut qu'elle soit plus importante parce qu'elle inclut des mangroves d'îles voisines et St Martin.

Le Guatemala. Les données portant sur les mangroves de la côte Atlantique ont été procurées par The Nature Conservancy à partir du programme du Récif Méso-Américain et proviennent de sources multiples. Les mangroves de la côte Pacifique proviennent de l'Institut National des Forêts (2001).

Haïti. Les données ont été extraites par The Nature Conservancy du GLCF (2000) et sont issues d'images Landsat de 1997 à 2000.

Le Honduras. Les données pour le littoral Atlantique proviennent de la Corporation Hondurienne pour le Développement Forestier (2000). Les données pour la côte Pacifique ont été préparées par l'UNEP-WCMC à partir d'images Landsat.

La Jamaïque. Les données proviennent du Département de la Forêt, Jamaïque, en 1998, à partir de cartes d'occupation du sol au 1:250 000.

La Martinique. De nouvelles données ont été préparées par la FAO à partir d'images Landsat.

Le Mexique. Les données proviennent de la troisième version de la carte nationale de la végétation (INEGI, 2002), préparée au 1:250 000 à partir d'images Landsat accompagnée de vérifications sur le terrain. Il y a eu un nombre considérable d'investigations sur l'estimation de la surface totale de mangroves. L'estimation préférée, utilisée dans les statistiques de cet ouvrage, proviennent du CONABIO (2009), qui incluent une nouvelle couverture complète d'images SPOT à haute résolution acquises pour la plupart de 2005 à 2006. Cela donne une surface de mangroves de 7701km², alors que notre carte en fait apparaît 9640km² – une différence qui pourrait être en partie expliquée par la résolution améliorée et d'autres causes méthodologiques. Malheureusement, ce nouveau jeu de données n'était pas disponible au moment où nous avons élaboré nos cartes.

Montserrat. Les données de la carte sont issues d'ECNAMP (1980), mais exagèrent probablement de façon considérable la surface des

mangroves et pourraient représenter des lieux où les mangroves ne sont plus présentes.

Les Antilles néerlandaises. Les données de la carte sont issues d'ECNAMP (1980), mais exagèrent probablement de façon considérable la surface des mangroves et pourraient représenter les lieux où les mangroves ne sont plus présentes.

Le Nicaragua. Les données ont été largement préparées par l'UNEP-WCMC à partir d'images Landsat. Celles-ci ont été modifiées par une technique de filtre majoritaire pour enlever un grand nombre de pixels isolés considérés comme étant peu précis. Une zone non couverte par ces données au niveau de la côte Atlantique méridionale a été comblée à partir des travaux de l'INRA (1991).

Le Panama. Les données proviennent d'ANAM-OIMT (2003), du projet « Fortalecimiento Institucional del Sistema de Información Geográfica de la ANAM para la Evaluación y el Monitoreo de los Recursos Forestales de Panamá con miras a su Manejo Sostenible ». Ces dernières sont issues d'images Landsat TM5 et TM7 acquises de 1999 à 2001 avec une vérification géoréférencée utilisant un GPS. La résolution est de 25m x 25m, au 1:50 000.

Porto Rico. Les données ont été extraites par The Nature Conservancy de GLCF (2000) et sont issues d'images Landsat de 1997 à 2000.

Saint-Christophe-et-Niévès. Pour Saint-Christophe, de nouvelles données ont été préparées par la FAO à partir d'images Landsat. Pour Niévès, les données ont été extraites par The Nature Conservancy du GLCF (2000) et sont issues d'images Landsat de 1997 à 2000.

Sainte-Lucie. De nouvelles données ont été préparées par la FAO à partir d'images Landsat.

Saint-Vincent-et-les-Grenadines. Les données sont issues de la campagne de terrain de The Nature Conservancy en 2007. Elles ont été numérisées à l'écran à partir d'images IKONOS acquises en 2001-2002 en couleur (affinage global) à 1m de résolution, accompagnées de vérifications sur le terrain.

Trinité-et-Tobago. Les données ont été extraites par The Nature Conservancy du GLCF (2000) et sont issues d'images Landsat de 1997 à 2000. Des données de surface de mangroves mises à jour et précises ont été reçues après la publication et donnent 93.7km². Ces données ont été obtenues à partir d'images IKONOS acquises de 2005 à 2007 et à partir de données de terrain (Juman, R. A. and Ramsewak, D. (2010) 'The state of mangrove forests in Trinidad and Tobago', Research Report, Institute of Marine Affairs, Hilltop Lane, Chaguaramas)

Les îles Turques-et-Caïques. Les données proviennent du DOS (1984) pour le World Mangrove Atlas de 1997.

Les États-Unis d'Amérique. De nouvelles données ont été préparées par la FAO à partir d'images Landsat.

Les îles Vierges des États-Unis. Les données ont été fournies à The Nature Conservancy. Elles sont issues de l'Évaluation Écologique Rapide des îles Vierges, reposant sur des photos aériennes de 1994 couplées à des vérifications de terrain. Préparées au 1:10 000.

L'Amérique du Sud

12

Avec ses longs littoraux du Pacifique, des Caraïbes et de l'Atlantique, ses nombreux fleuves et ses précipitations abondantes en de nombreux endroits, l'Amérique du Sud renferme beaucoup de mangroves. Les plus étendues sont situées sur les littoraux les plus humides, dont ceux du Pacifique et les côtes occidentales des Caraïbes en Colombie, et de vastes zones s'étendant sur 3000km depuis le delta de l'Orénoque au Venezuela jusqu'au nord du Brésil. Dans les parties plus sèches comme sur la côte nord de la Colombie et du Venezuela et sur les littoraux méridionaux d'Équateur et du Pérou, le développement des mangroves est plus limité, mais elles restent abondantes dans les estuaires et dans les lagunes côtières. La limite méridionale de distribution des mangroves est probablement déterminée par l'aridité croissante le long de la côte Pacifique, et par l'abaissement des températures le long de la côte Atlantique.

Certains groupes ethniques parmi les plus anciens de l'Amérique du Sud, ont vécu à proximité des mangroves, et encore aujourd'hui les Indiens Warao du delta de l'Orénoque, par exemple, maintiennent des liens étroits avec les mangroves, comme ils le font depuis 7000 ans. Parmi les usages répandus, on compte dans la plupart des pays, la collecte de coquillages, le prélèvement de bois d'œuvre et combustible et l'extraction de tanins. Les pêcheries commerciales, près du rivage et au large, dépendent des mangroves comme lieu de reproduction et espace à la fois protecteur et nourricier des juvéniles. Dans cette partie du monde aussi, on note une prise de conscience croissante du rôle des mangroves dans la protection côtière et dans la stabilisation des sédiments.

De vastes mangroves subsistent, mais il y a eu des pertes considérables, notamment en Équateur et au nord du Pérou, où la crevetticulture a transformé de grandes étendues, tandis que dans l'Est du Guyana, ce sont les défrichements au profit des terres agricoles qui ont entraîné la destruction des mangroves. L'effondrement de la crevetticulture en raison de maladies et de la chute des exportations ont mis en évidence les incertitudes qui pèsent sur les conversions des mangroves à d'autres usages. Au Guyana, la menace d'inondations et le coût élevé des travaux de protection côtière sont très préoccupants.

Dans l'ensemble, les mangroves de cette partie du monde restent abondantes et leurs atouts sont largement appréciés. Cela a conduit à accroître leur protection, grâce à des législations spécifiques et à la prise de conscience grandissante au sein des populations. Certains pays comme le Brésil et le Venezuela ont mis en place de vastes aires protégées renfermant des mangroves.

Le Brésil

Après l'Indonésie, le Brésil détient la plus grande étendue de mangroves. Elles couvrent 13 000km², soit 8,5% du total de la superficie mondiale. De vastes mangroves dominent son littoral septentrional. Elles sont plus intermittentes dans le nord-est du pays où elles apparaissent de loin en loin, dans les estuaires et dans les lagunes côtières. Cette distribution discontinue se poursuit vers le sud, jusqu'à 29°S. Compte-tenu des surfaces considérables et de la diversité à la fois des peuplements forestiers et des utilisations par l'homme, cette section est subdivisée en trois sous-sections auxquelles nous ajoutons une sous-section dans laquelle la conservation des mangroves au Brésil est examinée.

Le Nord du Brésil : Amapá, Pará et Maranhão Carte 12.1

Plus de 80% des mangroves du Brésil se trouvent dans ces complexes deltaïques qui se situent tout le long de la côte des trois états du nord du Brésil. Cette région est humide, la pluviométrie annuelle étant comprise entre 1200mm et 2800mm. Pendant la saison sèche de juillet à décembre, la pluviométrie mensuelle est inférieure à 50mm. Les conditions sont idéales pour les mangroves, par le nombre de fleuves et de rivières, par la forte amplitude des marées et les quantités de sédiments apportés. Par ailleurs, la houle est assez faible.

Les embouchures et les îles de l'Amazone occupent une vaste région. Les eaux de l'Amazone et ses sédiments,

Les mangroves au nord et à l'est de Belém sont parmi les plus grandes d'un seul tenant au monde, et les conditions d'humidité permettent le développement de canopées très élevées.

Photo Takayuki Tsuji

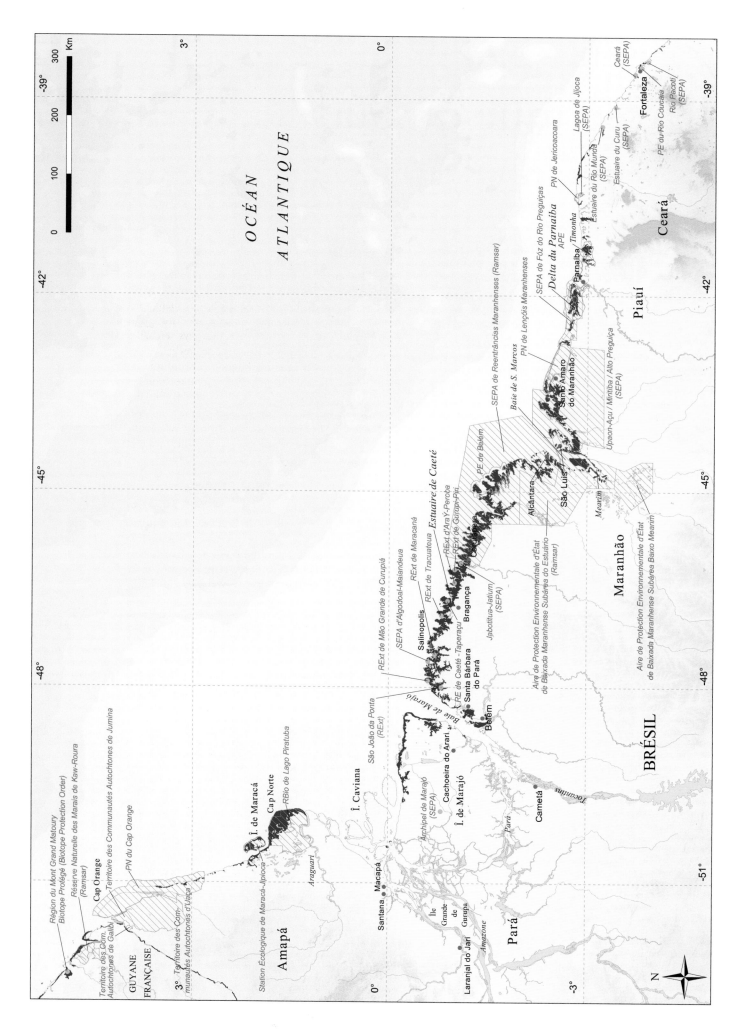

Carte 12.1 Le nord du Brésil

Km
0 100 200 300

OCÉAN ATLANTIQUE

GUYANE FRANÇAISE

Région du Mont Grand Matoury
Biotope Protégé (Biotope Protection Order)
Réserve Naturelle des Marais de Kaw-Roura (Ramsar)
Cap Orange
Territoire des Communautés Autochtones de Jumina
PN du Cap Orange
Territoire des Communautés Autochtones de Galibi
3° Territoire des Communautés Autochtones d'Uaça

Amapá

Station Ecologique de Maracá-Jipioca
Î. de Maracá
Cap Norte
RBio de Lago Piratuba

Araguari

Amazone
Macapá
Santana
Laranjal do Jari
Île Grande de Gurupá
Î. Caviana
Archipel de Marajó (SEPA)
Cachoeira do Arari
Î. de Marajó
São João da Ponta (RExt)
Baie de Marajó
Cametá
Tocantins
Pará

Pará

Belém
Santa Bárbara do Pará
RE de Caeté - Taperaçu
Bragança
Curuçá
Jabotitua-Jatium (SEPA)
RExt de Gurupi-Piri
RExt d'Araý-Peroba
Estuaire de Caeté
RExt de Maracaná
RExt de Tracuateua
SEPA d'Algodoal-Malandeua
RExt de Mão Grande de Curupiá
Salinopolis

PE de Belém

Baie de S. Marcos
Alcântara
São Luís
Santo Amaro do Maranhão
PN de Lençóis Maranhenses
SEPA de Reentrâncias Maranhenses (Ramsar)

Aire de Protection Environnementale d'État de Baixada Maranhense Subárea do Estuário (Ramsar)
Aire de Protection Environnementale d'État de Baixada Maranhense Subárea Baixo Mearim
Mearim

Maranhão

BRÉSIL

Upaon-Açu / Miritiba / Alto Preguiça (SEPA)
SEPA de Fôz do Rio Preguiças
Delta do Parnaiba APE
Parnaiba / Timonha
PN de Jericoacoara
Lagoa de Jijoca (SEPA)
Estuaire du Rio Mundã (SEPA)
Estuaire du Curu (SEPA)
Ceará (SEPA)
Fortaleza
PE du Rio Coucaia (SEPA)
Rio Pacoti (SEPA)

Ceará

Piauí

N

poussés vers l'ouest par les courants dominants, influencent la dynamique littorale jusqu'au delta de l'Orénoque au Venezuela. Les fleuves Amazone et Pará subissent l'influence de la marée (l'Amazone sur plusieurs centaines de kilomètres), sans pour autant subir fortement celle de la salinité, si bien que les forêts riveraines portent essentiellement des formations inondées d'eau douce, tandis que le périmètre des mangroves est restreint à la façade océanique de l'île de Marajó qui sépare ces fleuves. Des mangroves plus étendues se trouvent au cap Norte, juste au nord de l'embouchure de l'Amazone, et dans une série de peuplements échelonnés le long de la côte de l'Amapá. Là les dynamiques côtières sont semblables à celles des Guyanes (voir Guyane Française). Sur les sédiments fraîchement déposés, les littoraux qui progradent sont dominés par des *Avicennia* dont les canopées mesurent de 15 à 20m de haut. Les mangroves s'étendent jusqu'à 20km à l'intérieur des terres dans les estuaires, où *Rhizophora mangle* est plus commun, souvent devancé par *Laguncularia racemosa* et parfois par une *Araceae* arborescente tolérant les inondations par les eaux saumâtres, *Montrichardia* (Schaeffer-Novelli *et al.*, 1990).

A l'Est de l'embouchure du Pará et de la baie de Marajó, le littoral est complexe, avec une série d'anses estuariennes profondes et un système de barrières de dunes très dynamiques (Krause *et al.*, 2001). Bien qu'il y ait de petites discontinuités dans l'espace naturel et autour des centres urbains, cette étendue de mangroves est l'une des plus vastes formations quasi-continue au monde, couvrant 7700km² entre Belém et les limites du Parc National de Lençóis Maranhenses, soit plus de 5% des mangroves du monde. L'espèce la plus répandue est *Rhizophora mangle*, dominant dans les estuaires les plus exposés. *R. racemosa* et *R. harrisonii* sont moins répandues, préférant des lieux à salinité plus basse comme dans la baie de Marajó ; ces espèces n'ont jamais été observées à l'Est de Maranhão. *Avicennia germinans* est aussi répandue, tolérant des salinités plus élevées, préférant les lieux plus élevés et moins soumis aux inondations. *A. schaueriana* et *Laguncularia racemosa* sont présents occasionnellement, le premier dans des conditions plus sableuses et le deuxième dans des lieux plus ouverts où les salinités sont très variables. Dans cette région, les forêts adultes peuvent avoir des canopées de 25 à 30m de haut, certains arbres atteignant 40m. Un large éventail de structures forestières ont été répertoriées. Dans les zones les moins inondées et les plus hyper-salines, des formations naines à *A.germinans* sont observées avec des arbres de 2,5m (Menezes *et al.*, 2008).

Au-delà des mangroves, vers l'intérieur des terres, bien d'autres habitats naturels sont présents. À Amapá, les mangroves laissent place à des forêts inondées, des savanes et des forêts tropicales humides. À l'embouchure de l'Amazone, les importantes arrivées d'eau douce ont conduit au développement d'une forêt d'eau douce largement dominée par des palmiers connue sous le nom de *várzea*. Plus à l'Est, les vastes mangroves côtières de Pará et de Maranhão présentent une transition vers des marécages salés, des forêts tropicales humides ou des forêts régionales typiques connues sous le nom de *restinga*. Ces dernières se développent sur des sols sableux, acides

et pauvres en nutriments ; elles renferment une faune riche et unique. Les cours d'eau orientaux, notamment le Mearim, qui est influencé par la marée sur 170km, présentent aussi une transition vers des forêts tidales inondées de manière saisonnière (*várzeas*). L'influence de la salinité est plus prononcée que dans les systèmes de l'Amazone (National Geographic et WWF, date inconnue ; Ramsar, 2009).

On sait que beaucoup d'espèces animales sont associées aux mangroves, bien que cette question soit peu étudiée dans de nombreuses régions. Des estimations faites dans les années 1980 ont suggéré que 326 000 oiseaux Néartiques, côtiers et migrateurs, étaient présents sur la côte entre Belém et São Luís, alors qu'au début des années 1990 environ 150 000 avaient été répertoriés pour le seul golfe de Maranhão, ce qui confère à cette partie du monde une importance internationale pour sa faune ornithologique. Les oiseaux résidents comportent les hérons, les aigrettes, les spatules, l'ibis rouge et le tantale d'Amérique. Les chenaux à mangroves sont un habitat important pour le dauphin Tucuxi et pour les lamantins, le fleuve Mearim hébergeant probablement la plus grande population de lamantins du pays. On y trouve aussi de nombreux poissons et invertébrés, dont les moules de palétuviers, les huîtres et les crabes de palétuviers importants commercialement (National Geographic et WWF, date inconnu ; Ramsar, 2009).

Ce littoral est peu peuplé. Les populations vivant près des mangroves les utilisent beaucoup. Autour de l'estuaire de Caeté, environ 83% des ménages ruraux collectent des ressources naturelles dans les mangroves (Saint-Paul, 2006). Les mangroves sont importantes pour la pêche artisanale et pour la pêche à petite échelle. Les prélèvements de crabes de palétuviers, de crevettes d'estuaires à petites échelle, et les pratiques mettant en œuvre divers types de pièges ou des filets sont précisément décrits (Krause *et al.*, 2001). Par endroits le taret (*Teredo*, un mollusque perforateur du bois) est collecté sur le bois en décomposition, et certains arbres sont délibérément abattus et livrés au pourrissement pour encourager le développement des tarets (Lacerda, 2003). Il existe aussi une pêche régionale importante de crevettes dans les eaux proches du rivage. Il est probable que les mangroves jouent un rôle important dans le soutien de cette industrie (FAO/Western Central Atlantic Fishery Commission, 2000). La pêche des crabes dans l'estuaire de Caeté fait vivre 60% des ménages de pêcheurs de subsistance et la moitié des pêcheurs commerciaux. Ces derniers travaillent sur leurs bateaux à moteur souvent en groupes pouvant réunir 25 personnes. Ils ne sélectionnent pas toujours leurs prises et le nombre de conflits avec les pêcheurs de subsistance est en augmentation. De même, le nombre de secteurs surexploités et de stocks qui se s'amenuisent augmente (Krause *et al.*, 2001).

Les mangroves sont assez largement utilisées pour le bois d'œuvre et comme combustible. Dans l'estuaire de Caeté de grandes quantités sont prélevées pour être brûlées dans des fours à briques et des boulangeries, et le bois d'œuvre est utilisé pour la construction d'habitations, de bateaux et de pièges à poissons. L'écorce de palétuvier est aussi utilisée pour le tannage du cuir (Saint-Paul, 2006). L'extraction de bois d'œuvre à petite échelle, bien qu'illégale, se poursuit, mais les plus grands arbres ne sont que rarement prélevés. Les feuilles de palétuviers sont utilisées localement dans la médecine traditionnelle et *Avicennia germinans* est aussi une source populaire de miel pendant la floraison (Menezes *et al.*, 2008).

Les pertes directes de mangroves ne portent que sur des périmètres locaux. Certaines zones ont été défrichées pour cultiver du riz près de Bragança, mais ces champs ont été abandonnés et le rétablissement des mangroves n'a été que partiel. De petites zones ont été affectées par des modifications des flux hydriques dus à la construction de routes, l'extraction d'argile et la production de sel. D'importantes mortalités naturelles de mangroves sur leurs marges extérieures ont été inventoriées le long des littoraux des États de Pará et de Maranhão, principalement liées à la migration de sables vers le continent, à l'ensevelissement sous les vases et aussi à l'érosion littorale. À l'intérieur des terres, de petites augmentations des surfaces de mangroves ont été enregistrées, elles ont gagné sur des vasières surélevées portant des herbacées. Ces deux phénomènes ont été corrélés à la montée du niveau des mers (Cohen and Lara, 2003). L'expansion urbaine sur l'île de São Luís a eu des conséquences considérables par la conversion directe de mangroves en zones urbaines, mais aussi par la surexploitation pour le bois combustible. Les mangroves restantes ont été affectées par des niveaux de plus en plus élevés de pollution par les eaux usées et par les décharges (Robelo-Mochel, 1997).

Malgré ces préoccupations, les grandes étendues de mangroves et la faible densité de population permettent à ces mangroves d'être parmi les mieux préservées du pays. Elles restent peu connues d'un point de vue scientifique, bien que des efforts de recherche considérables soient désormais en cours, notamment dans les zones estuariennes au nord de Bragança (Lara, 2003).

Le nord-est du Brésil : de Piauí à Sergipe
Cartes 12.1 et 12.2

En allant à l'Est et au sud de l'État de Piauí jusqu'à celui de Pernambuco, le climat devient semi-aride au nord, mais à nouveau plus humide au sud de Recife. Une saison humide prononcée s'étend d'avril à juin au nord, et environ deux mois plus tard plus au sud. La longue saison sèche, parfois exacerbée par une aridité exceptionnelle, conduit au développement de vasières hyper-salines. En général, les mangroves ne mesurent qu'une dizaine de mètres de hauteur. Elles se limitent aux estuaires et aux lagunes côtières, souvent en retrait et protégées des fortes houles littorales par des bancs de sable ou par des systèmes de dunes plus étendus (Schaeffer-Novelli *et al.*, 1990 ; Maia *et al.*, 2006). Sur les îles océaniques lointaines de Fernando de Noronha, une petite formation à *Laguncularia racemosa* se situe dans une baie profonde sur

Le bois de chauffage provenant des mangroves est une ressource importante de par le monde. Ce site au Brésil, dévasté par une tempête, est nettoyé, et le bois conservé pour un usage local.

Photo Takayuki Tsuji

la côte méridionale, où des arbres atteignent 7m de haut en moyenne (Pessenda *et al.*, 2008).

Dans les estuaires de l'État de Ceará, toutes les principales espèces de palétuviers ont été répertoriées. *Rhizophora mangle* prédomine en bordure des chenaux, produisant des arbres d'environ 20m dans les zones préservées. Ils laissent place à *Laguncularia racemosa*, *Avicennia germinans* et *A. schaueriana* sur les sols plus sableux et souvent plus salins – ces espèces atteignent des hauteurs de 15 à 18m, et sont souvent en retrait, avec *Acrostichum aureum*, ainsi qu'avec des espèces de marécages salés comme *Portulaca oleracea*, *Batis maritima* et *Cyperus* spp. (Meireles *et al.*, 2008). Dans l'estuaire de Mamanguape à Paraíba, les plus grands *R. mangle* atteignent 25m et certains *A. germinans* répertoriés mesurent jusqu'à 30m (Alves and Nishida, 2004). Quelques 70 espèces de poissons ont été inventoriées dans le chenal de Santa Cruz bien étudié, entre l'île d'Itamaracá et le continent. Un nombre semblable d'espèces d'oiseaux comporte les migrateurs néarctiques, ainsi que les résidents des mangroves comme les conirostres bicolores, les hérons striés et les martins-pêcheurs verts à ventre roux. Bien qu'ils soient très menacés, les lamantins sont toujours présents dans certaines mangroves parmi les plus importantes côtoyées par des herbiers marins. Ils sont présents dans l'estuaire de la Timonha et on a estimé à 400 le nombre d'animaux vivant dans le chenal de Santa Cruz (Medeiros *et al.*, 2001).

De nombreuses mangroves sont proches des grands centres urbains, comme le long du Potengi à Natal et du Paraíba à João Pessoa. Les activités de pêche sont importantes, avec quantités de prélèvements de crabes de palétuviers et d'huîtres. La production de sel dans la zone de balancement des marées était autrefois répandue. De nombreux marais salants ont été abandonnés. Soulignons que cette industrie perdure dans l'État de Rio Grande do Norte (Maia and Hislei, 2006).

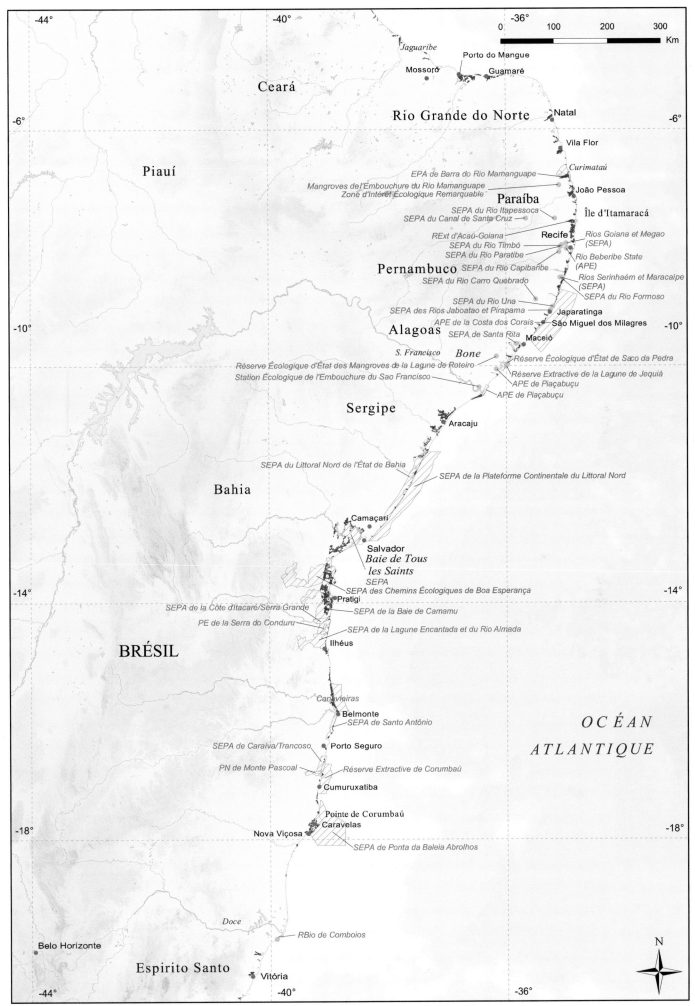

Carte 12.2 Le nord-est du Brésil

Les surfaces des mangroves des États du nord depuis celui de Piauí jusqu'à Pernambuco ont augmenté depuis le début du 20ième siècle, la plus grande expansion se situant à la fin des années 1970. Cette expansion est liée à la re-colonisation graduelle des marais salants abandonnés, à des salinités croissantes et à une sédimentation plus forte dans les estuaires, souvent liée à la construction de barrages en amont et aux prélèvements d'eau douce (Maia *et al.*, 2006 ; Maia and Hislei, 2006).

Derrière cette tendance générale se cachent des pertes de mangroves. Depuis la fin des années 1990, la crevetticulture s'est fortement développée, notamment dans les États de Ceará et de Rio Grande do Norte. On estimait à 150 km² la surface des bassins de crevettes en 2004. Seule une petite partie de ces bassins à nécessité le défrichement de mangroves. Néanmoins, les conséquences sur les écosystèmes voisins, ainsi que les hausses de la pollution et les changements hydrologiques, ont affecté de nombreuses mangroves, entraînant le déclin d'activités de pêcheries dépendant des mangroves. L'industrie de la crevetticulture a connu des pertes majeures depuis 2004. C'est la conséquence de la chute des valeurs à l'exportation, d'une mauvaise gestion environnementale des fermes et de l'apparition de maladies dans les stocks (Meireles *et al.*, 2008).

Les pertes de mangroves ont aussi été liées à l'expansion urbaine et au développement côtier. La pollution urbaine et industrielle a eu d'autres conséquences, comme le largage de mercure dans le chenal de Santa Cruz (Medeiros *et al.*, 2001 ; FAO, 2007). À certains endroits, les mangroves ont aussi été ensevelies par le déplacement des dunes, et ce problème a pu être exacerbé par des sécheresses exceptionnelles, notamment liées à El Niño (Maia *et al.*, 2006 ; Maia and Hislei, 2006).

Le sud du Brésil : de Bahia à Santa Catarina
Carte 12.3

En allant vers le sud, les lagunes et les estuaires prédominent, un certain nombre de mangroves importantes se développant derrière des îles «barrières». On trouve aussi un certain nombre de baies profondes, structurellement complexes, dans lesquelles des mangroves de type « *fringing* » se sont étendues. Les précipitations deviennent moins saisonnières et plus constantes presque partout dans cette région, en particulier au sud et à l'ouest de Rio de Janeiro. La limite méridionale d'*Avicennia germinans* se situe à l'embouchure du Rio Paraiba do Sul. Les formations les plus méridionales d'*A. schaueriana* et de *Rhizophora mangle* sont situées près de Florianópolis, bien que des bosquets de 2m de hauteur aient été répertoriés plus au sud, à Laguna. Quelques pieds de palétuviers sont aussi signalés le long de la rivière Ararangua à 28°53'S (Lamardo *et al.*, 2000 ; Lacerda, 2002 ; Maia *et al.*, 2006). Ces limites méridionales sont probablement dues aux basses températures hivernales (Schaeffer-Novelli *et al.*, 1990). Dans ces secteurs méridionaux, les sédiments récents sont souvent d'abord colonisés par une herbacée des marécages salés, *Spartina alterniflora*, qui peut se

maintenir et former une bande étroite au devant des mangroves (Schaeffer-Novelli *et al.*, 1990).

Un important complexe lagunaire estuarien se situe près de Cananéia où *Rhizophora mangle* domine avec des arbres atteignant 9 à 10m de hauteur. Il faut noter la présence de peuplements plus mélangés, dans lesquels *Avicennia schaueriana* et *Langucularia racemosa* se trouvent au sein des mangroves et sur des sédiments plus stables. Une forêt à *L. racemosa*, de 2,5m de hauteur, est située sur des dépôts plus sableux. *Conocarpus erectus* n'est que rarement présent (Tundisi and Matsumura-Tundisi, 2001). Des mangroves assez semblables et étendues se trouvent dans les baies voisines de Paranaguá et de Laranjeiras. Ce complexe d'écosystèmes côtiers est l'un des moins altéré du sud du Brésil. On trouve encore d'importants restes de la Forêt Atlantique et de *restingas* (forêt de dune, sur sols pauvres) adjacents aux mangroves et de petites étendues d'herbiers marins (Lana *et al.*, 2001).

Malgré la pollution et d'autres impacts, il y a toujours des mangroves dans la baie de Guanabara, avec des peuplements de type *fringing* à d'*Avicennia schaueriana*, *Rhizophora mangle* et *Laguncularia racemosa*. Elles portent une avifaune importante de 68 espèces, dont la spatule rosée et la talève violacée toutes deux résidentes (Kjervfe *et al.*, 2001).

Quelques 200 espèces de poissons (66 importantes commercialement) ont été répertoriées dans la baie de Paranaguá. Beaucoup sont des juvéniles de passage, mais l'on compte aussi des résidents, mulets, brochets de mer et poissons-chats. Les cétacés de la baie comportent le Tucuxi et le Franciscana, ou le dauphin de la La Plata (Lana *et al.*, 2001). Des enquêtes sur la faune piscicole de la lagune de Cananéia ont répertorié 68 espèces de poissons appartenant à 23 familles (Tundisi and Matsumura-Tundisi, 2001).

Les mangroves sont largement utilisées pour leur bois et pour d'autres produits, mais les utilisations les plus importantes sont partout celles qui touchent à la pêche. Quelques 6000 pêcheurs travaillent dans les eaux de la baie de Guanabara (Kjervfe *et al.*, 2001). On compte une cinquantaine de communautés de pêcheurs dans la baie Paranaguá (Lana *et al.*, 2001). Mulets, poissons-chats, l'acoupa royal et le maigre sont des cibles importantes, ainsi que les invertébrés comme les crabes de palétuvier, les crevettes, les huîtres et les palourdes de Vénus (Lana *et al.*, 2001 ; Tognella-de-Rosa *et al.*, 2006). De nombreuses activités de pêche ont décliné dans les années 1990, probablement à cause de la surexploitation, mais aussi à cause de pratiques de chalutage non durables et de la pêche à la seine sur le plateau continental tout proche (Lana *et al.*, 2001).

La forte densité humaine a affecté les mangroves, notamment près des baies profondes de Todos os Santos à Bahia et autour de la baie de Guanabara, où plusieurs villes se sont établies, dont Rio de Janeiro qui à elle seule compte 11 millions d'habitants. De vastes étendues de mangroves ont été perdues à cause de ce développement urbain. Par ailleurs, la pollution pétrolière a elle causé des dégradations supplémentaires et elle tend à empêcher le rétablissement des mangroves.

Avicennia schaueriana est la seule espèce de mangrove dont l'aire de distribution est limitée au littoral Atlantique et qui se développe dans le sud de l'Amérique.

Photo Ulf Mehlig

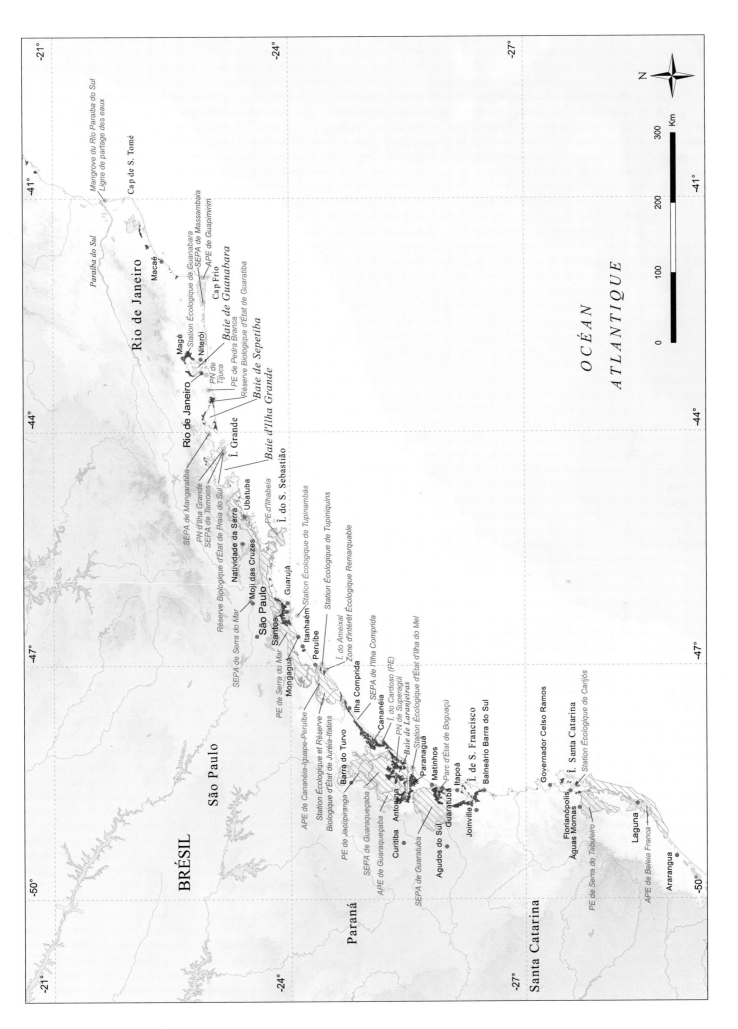

Carte 12.3 Le sud du Brésil

L'eutrophication due aux eaux usées est un problème exacerbé par les polluants industriels comprenant les métaux lourds. Ces problèmes ont conduit à un déclin de 90% des activités de pêche, mais étonnamment quelques mangroves subsistent (Kjerfve *et al.*, 2001 ; Freitas *et al.*, 2002).

Conservation et gestion

D'une manière générale, les mangroves du Brésil sont vastes, et les menaces, bien que localement intenses, ne sont pas répandues. Des efforts de replantation et de réhabilitation sont constatés au centre et au sud du pays, totalisant une surface de 100km². Des études ont commencé pour montrer les avantages importants de la présence des mangroves en zone urbaine et autour de sites d'enfouissement des déchets près de Rio de Janeiro – mis à part l'amélioration visuelle d'un point de vue esthétique, les mangroves attirent des oiseaux qui réduisent le nombre d'insectes et de rongeurs, et semblent aider à filtrer les polluants, dont les métaux lourds (Lacerda, 2003).

Les efforts de protection des mangroves sont considérables. La plus ancienne protection légale des mangroves dans la région remonte à 1760, quand le roi

De vastes mangroves au Brésil font partie d'aires protégées. Il existe aussi des efforts croissants pour restaurer ou réhabiliter des mangroves disparues ou dégradées.

Photo Mami Kainuma

du Portugal, préoccupé par la perte de sources potentielles de tanins, émit un édit pour restreindre les coupes de palétuviers destinées au bois de chauffage sauf si leur écorce était aussi utilisée. Aujourd'hui toutes les mangroves, comme les végétations des dunes et d'autres végétations côtières, sont protégées par la Loi Forestière Fédérale. Par ailleurs, la législation relative au développement touristique et à la crevetticulture procure une protection supplémentaire pour les mangroves. Malheureusement, cette réglementation n'est pas suffisamment mise en application dans beaucoup de régions (Lacerda, 2003).

Outre les lois qui leurs sont spécifiques, la plupart des mangroves font partie d'aires protégées nationales, d'État ou municipales. Elles ont été très importantes pour prévenir des défrichements, bien qu'il y ait eu des cas où les lois protégeant ces sites aient été ignorées ou outrepassées. La mise en place d'un certain nombre de grandes réserves extractives au nord du Brésil offre une

approche de gestion alternative. Dans de telles réserves, le contrôle et la propriété des ressources naturelles sont transmis aux populations locales qui sont encouragées à utiliser les mangroves selon des pratiques durables. Elles peuvent aussi réguler l'accès et l'utilisation du bois et des ressources halieutiques. Des approches similaires appliquées dans le bassin de l'Amazone, dont certaines concernent des forêts inondées, ou *várzeas*, ont été plus efficaces que la protection fédérale (Saint-Paul, 2006). L'importance internationale de certaines aires protégées a été reconnue. C'est le cas des très vastes sites Ramsar de Reentrâncias Maranhenses et de Baixada Maranhenses (totalisant plus de 44 000km² dont de vastes mangroves), des deux sites déclarés Patrimoine Mondial et d'une Réserve de Biosphère, qui couvrent de grandes étendues des vestiges de la Forêt Atlantique, mais qui comprennent aussi des zones côtières et des mangroves.

La Colombie Cartes 12.4 et 12.5

En Colombie, les littoraux sont très étendus sur la côte Pacifique comme sur celle des Caraïbes. Nous sommes ici à cheval sur le centre régional de diversité des mangroves. Le littoral oriental des Caraïbes, aride, porte des mangroves naines ou buissonnantes de type « *fringing* » autour de petites îles et de lagunes côtières. Vers l'intérieur des terres, ces mangroves entrent en contact avec des marécages salés, des vasières hyper salées, et des formations végétales désertiques ou semi-désertiques (Casas-Monroy, 2000). *Rhizophora mangle* prédomine, avec *Avicennia germinans*. Plus à l'ouest les conditions s'améliorent et certaines des plus vastes mangroves sont situées dans le complexe deltaïque et estuarien du fleuve Magdalena, près du complexe de lacs, dont la Ciénaga Grande de Santa Marta qui couvre 450km². D'un point de vue historique, ce complexe de zones humides était inondé par de l'eau douce pendant la saison humide, devenant salin sous l'influence des marées pendant la saison sèche de décembre à avril, puis de juillet à la mi-août. De nos jours, de vastes étendues sont dégradées par suite de modifications hydrologiques (voir ci-dessous). *R. mangle* prédomine dans les ceintures les plus basses des mangroves, et *A. germinans* est abondante sur les parties plus hautes où la salinité est élevée. *Laguncularia racemosa* se trouve aussi sur les parties hautes. *Conocarpus erectus* préfère les milieux faiblement salés (Ramsar, 2009). Juste au sud de Cartagena, d'importantes mangroves se trouvent dans la zone deltaïque et estuarienne du Canal del Dique, à l'embouchure du Sinú et dans la baie de Cispatá adjacente, où les hauteurs moyennes des canopées sont d'environ 11m, les plus grandes arbres atteignant 28m (Sánchez-Páez *et al.*, 2004 ; INVEMAR, 2005). Plus au sud, des mangroves sont cartographiées dans le golfe d'Urabá et à l'embouchure du fleuve Atrato. Les conditions climatiques deviennent beaucoup plus humides vers l'ouest, la pluviométrie moyenne annuelle atteignant 3000mm à la frontière avec le Panama. *Pelliciera rhizophorae*, une espèce dont l'aire de répartition est limitée à ces parties du monde, est plus répandue ici, à l'extrémité occidentale, sur des terrains sensiblement surélevés.

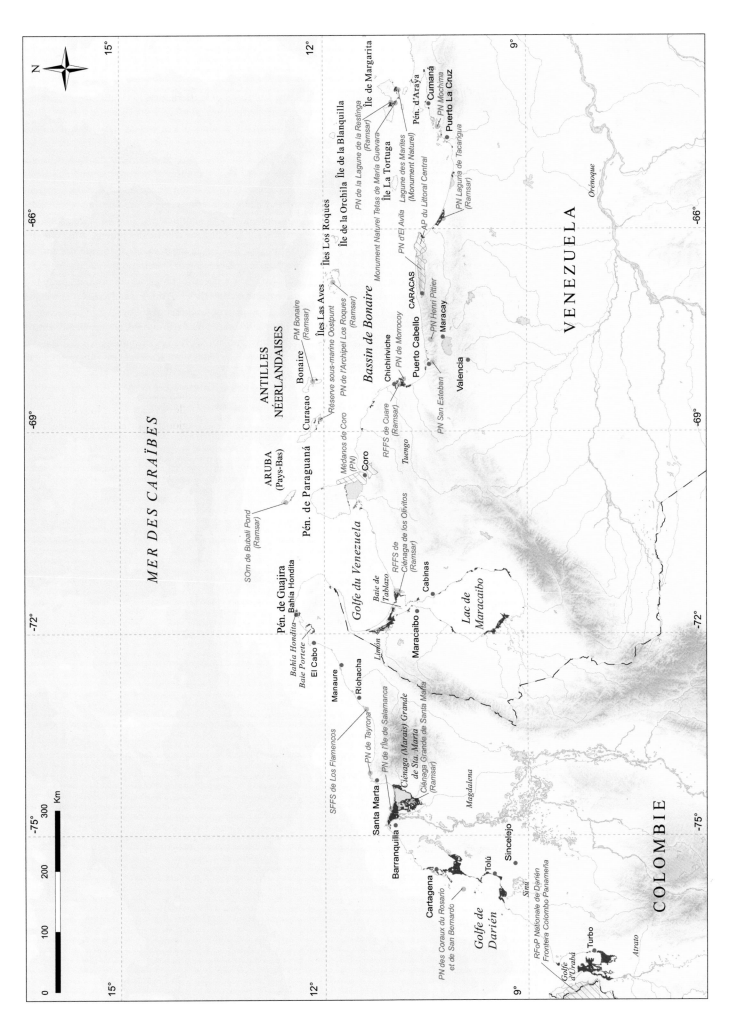

Carte 12.4 Le nord de la Colombie et l'ouest du Venezuela

Les gros fruits de *Mora oleifera*, qui contiennent les plus grosses graines de toutes les dicotylédones. Ce palétuvier est l'une des espèces de palétuviers dont la distribution est la plus restreinte. On la trouve le long de la côte Pacifique de l'Équateur, de la Colombie et du sud de l'Amérique centrale.

Photo Takayuki Tsuji

Au large, dans la mer des Caraïbes, les îles colombiennes de San Andrés et de Providencia, des destinations touristiques populaires, sont assez densément peuplées. Aucune n'a de vastes mangroves, mais les deux ont des formations de mangroves lagunaires sur leurs littoraux orientaux.

La côte Pacifique héberge plus de 75% des mangroves du pays. Au nord, elles se trouvent surtout dans des baies ou des lagunes qui se sont formées derrière des bancs de sable. (Jaramillo and Bayona, 2000). Au sud du cap Corrientes, les mangroves sont abondantes. Lorsqu'elles n'ont pas été perturbées, elles forment des forêts spectaculaires. Près de la baie de Buenaventura, les mangroves riveraines atteignent 35m de hauteur. Les types « *fringing* » sont moins hauts, mais atteignent tout de même 9m (Cantera and Blanco, 2001). Ailleurs des palétuviers atteignant 40m ont été répertoriés, portés par des racines échasses s'élevant à 10m au-dessus du sol. Les forêts riveraines peuvent pénétrer jusqu'à 20km à l'intérieur des terres, aidées par la très forte amplitude des marées (Alvarez-LeÓn and Garcia-Hansen, 2003). Les espèces sont semblables à celles des Caraïbes : *Rhizophora mangle* et *R. racemosa* dominant les ceintures proches du plan d'eau, tandis qu'*Avicennia germinans* et *A. bicolor,* une espèce endémique du Pacifique oriental se situent en arrière. Ces espèces peuvent se développer sur des alluvions récentes et assez fluides, alors que *Pelliciera rhizophorae* est plus abondante sur les sédiments plus consolidés et plus haut dans la zone de balancement des marées, parfois en vastes formations mono-spécifiques. La transition vers des forêts de terre ferme est marquée par une zone de *Mora oleifera*, autre espèce endémique du Pacifique oriental (Alvarez-Léon, 1993 ; Casas-Monroy, 2000 ; Cantera and Blanco, 2001).

La faune associée aux mangroves est particulièrement riche dans tout le pays. La région du Magdalena héberge beaucoup d'oiseaux, dont des hérons, des aigrettes et d'autres échassiers, et de nombreuses espèces de palmipèdes résidents et migrateurs. C'est uniquement ici que le colibri de Lillian, espèce menacée, a été observée. Il est connu pour être largement restreint aux mangroves (Kjerve *et al.*, 1997 ; UICN, 2006). Les lamantins et les petits dauphins Tucuxi ont été observés par endroits le

long du littoral des Caraïbes (García and Trujillo, 2004). Les crocodiles américains et les caïmans à lunettes se trouvent sur les deux côtes et pénètrent régulièrement dans les mangroves (Ramsar, 2009 ; Ulloa-Delgado, 2009). Les mammifères terrestres comme le daguet rouge, le pécari et l'alouate ou singe hurleur s'aventurent parfois dans les mangroves depuis les forêts adjacentes (Ramsar, 2009). La faune marine compte des poissons importants commercialement comme les brochets de mer, les vivaneaux, les poissons-chats et les mulets, ainsi que des crabes, des huîtres et des coques. Bien que des faunes marines semblables soient présentes sur les deux littoraux, elles sont souvent composées d'espèces apparentées mais différenciées dans leur évolution par suite d'une longue séparation géographique.

L'utilisation des mangroves des Caraïbes par l'homme a débuté depuis 7000 ans au moins. Des restes de céramiques des Amériques parmi les plus anciennes viennent de peuples qui collectaient des coquillages dans les mangroves (Alvarez-León, 1993). Les activités artisanales et commerciales de pêche de poissons, de crustacés et de mollusques sont toujours d'une importance considérable. Les quantités de coques de palétuvier collectées sur la côte Pacifique font de la Colombie le second pays après l'Équateur. On compte 4000 pêcheurs pour la partie sud seulement, où les coques sont prélevées pour la consommation locale et pour l'exportation (MacKenzie, 2001). Les mangroves sont aussi largement utilisées comme source de bois d'œuvre, pour la production de poteaux et comme combustible, en particulier sur la côte Pacifique.

Dans les parties les plus sèches du littoral des Caraïbes, notamment autour de Manaure, les marais salants industriels et artisanaux ont remplacé certaines mangroves. L'expansion de la crevetticulture a aussi entraîné des pertes considérables de mangroves, en particulier dans les baies de Barbacoas au sud de Cartagena, et de Cispatá et sur la côte Pacifique dans la baie de Buenaventura (Cantera and Blanco, 2001 ; WRM, 2001).

L'urbanisation, le développement industriel et le tourisme menacent aussi de nombreuses mangroves autour de Cartagena, bien que, dans l'ensemble, leur surface dans cette région semble rester stable, les mangroves ayant gagné du terrain sur les marécages salés et sur les écosystèmes terrestres (Casas-Monroy, 2000 ; INVEMAR, 2005). Sur la côte Pacifique, près de Buenaventura, elles ont aussi été défrichées localement pour le développement agricole. Des problèmes considérables de pollution sont apparus à la suite du déversement des eaux usées, de métaux lourds et d'hydrocarbures provenant de rejets industriels et de l'activité minière à l'intérieur des terres (Cantera et Blanco, 2001). Les forêts du Pacifique ont aussi été très exploitées pour le bois d'œuvre pendant plus de 400 ans, avec une augmentation rapide de l'exploitation de *Rhizophora* pour les tanins au cours des années 1960. Il semble que la présence d'abondants *Acrostichum aureum* dans quelques baies soit récente. Elle pourrait correspondre à la colonisation par cette espèce opportuniste des clairières produites par la coupe de gros arbres (Jaramillo and Bayona, 2000 ; Cantera and Blanco, 2001).

Les modifications hydrologiques ont aussi causé des perturbations des écosystèmes, notamment dans la Ciénaga Grande de Santa Marta, où le développement de routes et d'autres infrastructures pendant les années 1960 et 1970 a grandement altéré l'hydrologie naturelle, phénomène exacerbé par une augmentation de la charge sédimentaire à cause de modifications dans l'occupation du sol en amont (Sánchez-Páez *et al.*, 2000 ; Ramsar, 2009 ; Ulloa-Delgado, 2009). En tout, 280 km² de mangroves ont été dégradés à cause d'une hausse des niveaux salins. Depuis, des efforts ont été menés pour restaurer en partie le système hydrologique, et une récente collaboration entre le gouvernement et l'Organisation Internationale des Bois Tropicaux (OIBT) de 2000 à 2004 a conduit à la réhabilitation de plus de 5 km² (Sánchez-Páez *et al.*, 2000 ; Ulloa-Delgado, 2009 et Encart 12.1).

Dans l'ensemble, les mangroves ont décliné et continuent à décliner dans de nombreuses parties du pays, mais on a noté aussi des expansions naturelles localisées. En outre des efforts de reboisement ont été réalisés à l'initiative du gouvernement et d'industries (INVEMAR, 2005). D'importantes mangroves sont situées dans des aires protégées. La baie de Magdalena et le delta du fleuve Baudó ont été déclarés sites Ramsar. Des efforts continus sont faits pour sectoriser et gérer les mangroves selon un cadre plus précis (Encart 12.1). Les mangroves de la côte Pacifique font l'objet de moins d'attention bien que cette région ait encore de vastes étendues de mangroves, en dehors du réseau des aires protégées.

L'Équateur Carte 12.5

Les mangroves étaient autrefois très répandues, principalement dans les estuaires, tout le long du littoral. Au nord, la pluviométrie est élevée (plus de 3000mm par an), et des surfaces importantes de mangroves naturelles subsistent dans le complexe fluvial de Cayapas-Mataje. En allant vers le sud, les précipitations diminuent rapidement, bien qu'elles soient élevées lors des années influencées par El Niño. Il existe des mangroves, notamment dans des estuaires tels que ceux de Muisne, de Cojimíes et de Chone, mais elles se limitent presque entièrement à d'étroites bandes entourées de vastes bassins de crevetticulture. Au sud du pays, le golfe de Guayaquil comporte toujours la plus grande surface de mangroves, notamment dans la partie nord du golfe, le long du fleuve Guayas et dans ses chenaux, où elles pénètrent sur 50km en amont, mais aussi dans le sud dans plusieurs estuaires plus petits, autour de l'archipel Jambeli, un vaste complexe insulaire d'origine sédimentaire. Bien qu'abondantes, il ne reste plus dans le golfe qu'une fraction des mangroves originelles qui ont été très largement converties en bassins d'aquaculture.

Les espèces de *Rhizophora* prédominent, avec *Avicennia germinans*, *Laguncularia racemosa* et *Conocarpus erectus*, alors que *Pelliciera rhizophorae* est restreinte aux forêts septentrionales. Des canopées de 30m de hauteur ou plus sont situées le long des cours d'eau faiblement salés, dans le nord, où des arbres de 50m ont été décrits

(Bodero, 1993). Dans le golfe de Guayaquil, les plus hautes mangroves mesurent généralement de 15 à 20m de hauteur. La végétation des alentours comprend des forêts inondées d'eau douce et des forêts humides sempervirentes très diversifiées dans le nord, alors que plus au sud, *Acrostichum aureum* et plusieurs halophytes herbacées de marécages salés se trouvent à proximité des

mangroves lorsque la salinité est élevée (Ramsar, 2009).

La réserve écologique près de Cayapas-Mataje héberge une faune riche, dont 173 espèces d'oiseaux appartenant à 45 familles, dominées par les hérons, les spatules, les pélicans et les cormorans, mais aussi des rapaces et un certain nombre de limicoles migrateurs. Quelques 53 mammifères ont été répertoriés, dont le grand noctilion (chauve-souris pêcheuse), le paresseux tridactyle et des loutres. Les crocodiles américains et les caïmans sont abondants. Dans les mangroves les plus méridionales les faunes ont été plus perturbées. Les oiseaux restent abondants. Les ratons crabiers sont répandus. Quelques crocodiles américains subsistent dans le golfe de Guayaquil (Ramsar, 2009). La faune des invertébrés est, bien sûr, abondante et bien documentée, en particulier dans le golfe de Guayaquil. Les invertébrés importants

De vastes mangroves en Équateur ont été converties à la crevetticulture (en haut, dans la Province de Manabi). En quelques endroits, en particulier dans le nord, de grandes forêts avec de hautes canopées subsistent (en bas, Majagual).

Photo Takayuki Tsuji

Encart 12. 1 Expériences d'aménagement durable et de restauration des mangroves en Colombie

Heliodoro Sánchez *(Ingénieur Forestier, Université de Francisco José de Caldas District, Bogotá, Colombie)*

La Colombie a de vastes mangroves. C'est le seul pays d'Amérique du Sud ayant des littoraux sur les Caraïbes et sur l'Océan Pacifique. Dans cette étude sont résumés les aspects pertinents d'expériences menées pour une gestion durable des mangroves et pour leur restauration en Colombie.

De 1995 à 2000, un projet de grande ampleur sur la Conservation, la Gestion Multi-Usage et le Développement de Marais à Mangroves en Colombie a été mené avec des fonds de l'Organisation Internationale des Bois Tropicaux (OIBT) et le soutien du Ministère de l'Environnement, la Corporation Nationale de Recherche et de Développement Forestiers (CONIF) et l'Association Colombienne de Reforestation (ACOFORE). Les corporations Régionales Autonomes ont aussi coopéré, et les populations locales y ont activement participé (Sánchez *et al.*, 2000).

Lors d'une première étape ont été réalisées une description détaillée et une répartition en zones préliminaires. Des données portant sur les

éléments biologiques et socio-économiques clés ont été répertoriées, dont la structure des forêts, les perturbations, les usages traditionnels, les besoins des populations locales et les actions envisagées dans l'immédiat. Des cartes au 1/100 000 montrant la localisation précise des mangroves ont été produites pour la première fois.

Pour la côte Pacifique de la Colombie, entre 1969 et 1996, la surface de mangroves a diminué d'environ 14 000ha. Bien que cela ne représente qu'un taux de perte relativement peu élevé, il y a aussi eu d'importantes perturbations sur les mangroves restantes, allant de 20 à 50% de la couverture totale. Grâce à un découpage en zones préliminaires, il a été possible de démarquer 35 unités de gestion, avec 13 unités réservées à la conservation, 8 unités identifiées dans un objectif de restauration et 14 unités désignées pour un multi-usage.

Pour la région des Caraïbes, il a été déterminé qu'en 1996, environ 21 000ha, soit 25% du total, avaient été perdus par conversion directe

Figure 12.1 Chenal artificiel pour la restauration des mangroves, Canal de Dique Delt, État de Bolívar

Photo Giovanni Ulloa-Delgado

Figure 12.3 Pépinière de palétuviers pour le programme de restauration, Ciénaga Grande de Santa Marta, État de Magdalena

Photo Giovanni Ulloa-Delgado

Figure 12.2 Activités d'inventaires pour le Plan de Gestion Intégral, baie de Cispatá, État de Córdoba

Photo Giovanni Ulloa-Delgado

Figure 12.4 *Rhizophora mangle* planté à Ciénaga Grande de Santa Maria, État de Magdalena

Photo Giovanni Ulloa-Delgado

Encart 12. 1 Expériences d'aménagement durable et de restauration des mangroves en Colombie (suite)

ou par des pratiques ou usages de collecte inadéquats. Cette répartition en zones a permis d'allouer environ 80% de la surface totale à des objectifs de conservation et de restauration, et 20% à un usage durable et au multi-usage.

La phase II de ce même projet a duré environ quatre ans et avait cinq principaux centres d'intérêt :

1. les dynamiques de développement des mangroves, leur phénologie et leur régénération naturelle ;
2. la restauration des mangroves dégradées ;
3. la mise en place de pépinières, de production et de plantation de plantules de palétuviers :
4. le contrôle de l'eau dans les mangroves ;
5. le développement de projets pilotes.

Toutes ces actions ont été menées avec les participations actives et continues des populations locales.

De 2002 à la fin 2004, CONIF, avec la coopération des corporations autonomes régionales, en concertation avec le Ministère de l'Environnement, de l'Habitat et du Développement Territorial, a mis en œuvre un projet réussi sur la Gestion Durable et la Restauration des Forêts de Palétuviers par les Communautés locales sur la côte des Caraïbes de Colombie avec des fonds de l'OIBT (Sánchez *et al.*, 2004). Des activités majeures ont inclus la restauration de 450ha de mangroves dégradées, l'étude des dynamiques dans le développement des mangroves au niveau de 15 parcelles de croissance permanente, la formation des communautés locales à la gestion des mangroves, le développement et la mise en œuvre de plans de gestion pour les zones d'utilisation durable de l'estuaire de la baie Cispatá (Córdoba, 4500ha) (Ulloa and Tavera, 2005) et autour de Caimanera (Sucre, 1500ha) ; et le développement et l'application d'indicateurs d'estimation de la gestion durable des forêts de palétuviers.

Grâce aux activités menées à bien jusqu'à présent par les corporations régionales autonomes, et après la réalisation d'enquêtes détaillées sur les surfaces de mangroves, une grande partie de la région littorale des Caraïbes en Colombie présente une division en zones avec

une réglementation portant sur la gestion de l'aménagement du territoire pour les mangroves en place. Cette division en zones a impliqué cinq départements du littoral des Caraïbes, sur une superficie totale de 35 000ha. 28% ont été désignées comme zones de conservation, 29% zones de restauration et 43% zones d'utilisation durable. En d'autres mots, 57% de la surface a été allouée à des objectifs de conservation et de restauration, et 43% est sujette à des prélèvements. Sur la côte Pacifique, seules les mangroves sous la juridiction de Valle del Cauca avaient été divisées en zones.

Des expériences utiles portant sur la restauration des mangroves ont été menées à travers deux projets avec des fonds OIBT. Des restaurations partielles de mangroves perturbées ou dégradées ont été effectuées avec la participation active des communautés locales de pêcheurs et des bûcherons. Les procédures ont inclus :

- Le rétablissement des flux hydriques par l'ouverture manuelle de chenaux et de ruisseaux pour assurer des conditions optimales au développement des plantules et à leur plantation ultérieure après abaissement de la salinité des sols et de l'eau ;
- La mise en place et le fonctionnement de pépinières communautaires ;
- Les plantations directes de plantules collectées dans le milieu ou de régénération naturelle ;
- La plantation de plantules produites dans les pépinières communautaires ;
- Le suivi de la restauration.

La restauration a été menée en utilisant principalement des palétuviers rouges (*Rhizophora mangle*). Dans l'ensemble, 18 pépinières communautaires ont été créées, et des plantations ont été menées sur plus de 2000ha.

---

commercialement comprennent les huîtres, les coques, les moules, les crabes de palétuvier et 5 espèces de crevettes pénéides (Twilley *et al.*, 2001).

Les îles volcaniques des Galápagos se trouvent à 1000km du continent. Elles n'ont jamais été reliées au continent et elles sont essentiellement arides. Elles renferment pourtant d'importantes mangroves constituées de 4 espèces de palétuviers : *Rhizophora mangle*, *Avicennia germinans*, *Laguncularia racemosa* et *Conocarpus erectus*. Il s'agit en général d'arbres nains, n'atteignant que quelques mètres de hauteur, développés sur sols pauvres. Mais ils ont une grande importance écologique, étant très utilisés par les espèces terrestres et marines comme lieux de rassemblement, de reproduction et de nidation. Le passereau endémique des mangroves vit et se reproduit uniquement dans ces écosystèmes – il est maintenant éteint sur l'île de Fernandina, la population restante est restreinte au nord-ouest de l'île

d'Isabela. Le flamant des Galápagos est observé dans les zones humides associées aux mangroves, et les frégates nichent souvent dans les mangroves. Les eaux adjacentes sont des espaces nourriciers importants pour des espèces rares et peu communes comme le manchot des Galápagos, la mouette obscure, l'otarie à fourrure des Galápagos et l'iguane marin (Ramsar, 2009).

Des amas de coquillages anciens ou « middens », trouvés dans le golfe de Guayaquil, témoignent d'une longue histoire de l'utilisation des mangroves par l'homme. La pêche artisanale perdure dans les mangroves, avec des collectes de crabes, d'huîtres et de coques, notamment dans la région de Cayapas-Mataje (Bodero, 1993 ; Ramsar, 2009). On a estimé à 5000 environ le nombre de personnes qui récoltent des coques. Ils sont donc plus nombreux que dans tout autre pays de la région. Cependant, l'expansion de l'aquaculture a créé des tensions, les pêcheurs de coques devant se déplacer sur de

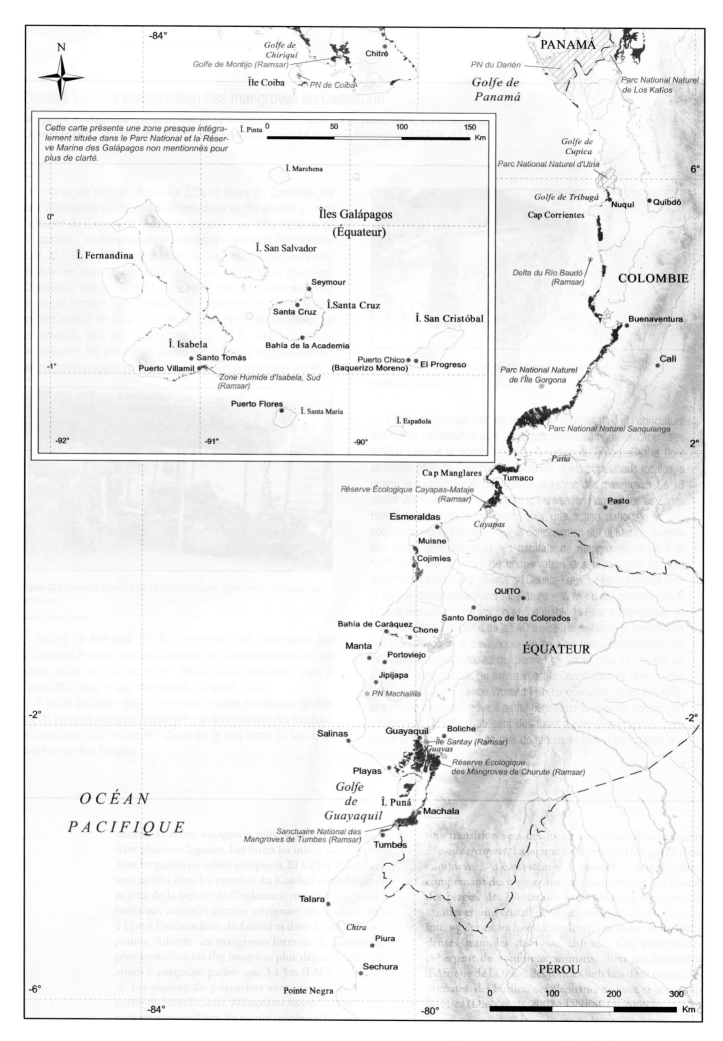

plus grandes distances tandis que leurs prises ont diminué (MacKenzie, 2001). L'utilisation commerciale de l'écorce de palétuviers pour la production de tanins a commencé à la fin du 19ième siècle et les prélèvements de bois d'œuvre et comme combustible ont été sans aucun doute importants tant que les mangroves étaient abondantes près des centres urbains.

Dans l'ensemble, les mangroves de ce pays ont subi des pertes considérables. On estime à 400km² la surface convertie en pâturages pour l'élevage de bovins, et à 100km² celle qui a profité aux cocoteraies (Bodero, 1993). Cependant, les pertes les plus importantes ont été liées aux conversions massives des terrains situés dans la zone de balancement des marées en bassins de crevetticulture, une industrie introduite pour la première fois en 1968. Quelques 1500km² étaient en production en 2007. Des surfaces considérables ont été abandonnées et nécessitent une réhabilitation pour le retour des mangroves. Des estimations plus anciennes ont montré qu'environ un tiers des activités aquacoles ont été établies sur des terres autrefois occupées par des mangroves et un autre tiers sur des vasières salées situées juste derrière les mangroves (le reste correspondant à d'anciens terrains agricoles). En 1978, une interdiction des défrichements de mangroves pour le développement de l'aquaculture a été adoptée, mais il est clair qu'elle n'a eu que peu d'influence et que de vastes étendues de mangroves ont disparu après cette date (Bodero, 1993). Puis, cette industrie a été assaillie de problèmes. Tout récemment en 1999, l'apparition de maladies l'a presque anéantie. Les traitements à base de fongicides, d'antibiotiques et de pesticides ont généré la pollution des bassins qui a gagné les mangroves adjacentes. La réduction des densités de crevettes et l'utilisation plus modérée de produits chimiques, combinées à l'utilisation d'aliments naturels, a amélioré la résistance aux maladies et réduit la pollution, de telle sorte que la productivité a commencé à se rétablir en 2004. De plus, les bassins recevant l'influence des marées mais demeurant faiblement salés ont été utilisés pour un accroissement rapide de l'élevage du tilapia. Certains aquaculteurs se sont convertis à la production biologique (Gill, 2007). Cependant, la pollution de l'eau reste un problème très répandu à laquelle viennent s'ajouter celles des eaux usées et des déchets industriels, notamment dans le fleuve Guayas (Twilley *et al.*, 2001).

Depuis le milieu des années 1970, la législation tente d'empêcher le défrichement de mangroves. Cela n'a pas été suivi d'effets. Plus récemment, la prise de conscience de la valeur des mangroves dans la protection du littoral, dans le maintien de l'aquaculture et pour les activités de la pêche côtière, a fortement incité à leur conservation. Les demandes de protection et de restauration de mangroves sont de plus en plus répandues. Des efforts de reboisement sur de petites surfaces ont été faits. En outre, de grandes étendues de mangroves ont été incorporées à des aires protégées, et trois sites continentaux ont été reconnus sites Ramsar. L'archipel des Galápagos est presque entièrement protégé depuis de nombreuses années. Certaines populations animales ne sont pas encore totalement consolidées. Ici, les mangroves sont stables et ne sont pas menacées.

La Guyane Française Carte 12.6

Le littoral de la Guyane Française, comme les littoraux de l'Amapá, au Brésil, et jusqu'au delta de l'Orénoque au Venezuela, à l'ouest, est en mouvement permanent en raison des flux sédimentaires provenant de l'Amazone. Les courants qui longent les littoraux rassemblent ces sédiments en vastes bancs de vase – généralement de 30km de long et plusieurs kilomètres de large, s'élargissant en forme de coin vers l'ouest – qui migrent vers l'ouest, à une vitesse pouvant atteindre 2km par an. *Avicennia germinans* et *Laguncularia racemosa* prédominent sur ces sédiments. *Rhizophora racemosa* et *R. mangle* sont plus communs dans les mangroves des estuaires. Une transition progressive entre ces mangroves et les forêts inondées d'eau douce en amont existe ici (Fromard *et al.*, 2004 ; Plaziat and Augustinus, 2004). Une autre transition, au sud-est celle-là, concerne le passage progressif des mangroves et des forêts de palmiers vers de vastes prairies marécageuses : c'est le marais de Kaw (Ramsar, 2009).

L'évolution des mangroves le long d'un littoral aussi dynamique présente un intérêt considérable (Encart 12.2). Elles sont capables de coloniser rapidement de nouvelles surfaces dans la zone de balancement des marées et contribuent probablement à la rétention temporaire des boues, mais lorsque les phases d'érosion commencent, elles peuvent rapidement disparaître. Ce dynamisme donne aussi une image claire de la zonation et de la succession, dans laquelle des semis bas initiaux d'*A. germinans*, avec quelques *L. racemosa,* se développent pour devenir de grands peuplements dominés par *A. germinans* dont la hauteur oscille entre 18 et 22m, parfois ponctués d'espèces du genre *Rhizophora*. Les forêts adultes peuvent gagner en hauteur et en biomasse, avec l'apparition en sous-bois d'un étage à *Acrostichum aureum*. Par endroits la diversité spécifique augmente, lorsque des espèces de la forêt marécageuse viennent se mélanger avec les palétuviers. La mortalité massive de forêts adultes est très

Le littoral situé entre l'Amazone et l'Orénoque est dominé par des sédiments très dynamiques, rapidement colonisés par les mangroves, et s'érodant en de nombreux points. Ici des formations adultes homogènes d'*Avicennia germinans* dominent au premier plan (à droite). Les *Rhizophora* suivent les berges du cours d'eau présentant une transition vers les forêts inondées d'eau douce (en bas à gauche)

Photo Christophe Proisy

Encart 12.2 Dynamique côtière et conséquences sur la structure et le fonctionnement des mangroves en Guyane Française

François Fromard *(EcoLab – Laboratoire d'écologie fonctionnelle, UMR 5245 (CNRS-UPS-INPT), Toulouse, France et*

Christophe Proisy *(Institut de Recherche pour le Développement (IRD), UMR AMAP, Montpellier, France)*

D'énormes quantités de sédiments, déversés par le fleuve Amazone, sont charriés du Brésil en direction du nord-ouest par des courants marins et les alizés. Ces sédiments sont transportés sur 1600km de littoral, dont ceux de la Guyane Française, du Suriname et du Guyana, jusqu'au delta de l'Orénoque au Venezuela. Connu sous le nom de *Système de Dispersion Amazonien*, il est à l'origine de la dynamique très active caractérisant la ligne de côte guyanaise le long de laquelle les sédiments organisés en bancs de vase mobiles, migrent à une vitesse d'environ 2km par an le long du littoral et traversent des phases cycliques d'accrétion et d'érosion. Les mangroves, dominées par *Avicennia germinans*, colonisent rapidement ces bancs de vase, formant des forêts qui peuvent s'étendre sur plusieurs kilomètres vers l'intérieur des terres jusqu'aux limites de l'influence de la marée (voir Figure 12.5 et photo p. 229). Les dynamiques et le fonctionnement de la végétation ont été observées et décrites, en particulier en Guyane

Française où un écosystème pratiquement non perturbé subsiste toujours (Baltzer *et al.*, 2004).

L'utilisation de photographies aériennes et d'images SPOT et Landsat a grandement facilité la cartographie des mangroves au cours des 50 dernières années (voir Figure 12.6). Des travaux plus récents, réalisés à partir d'images radar à synthèse d'ouverture et d'images à très hautes résolutions des satellites Ikonos et Quickbird, montrent un potentiel prometteur pour caractériser des paramètres forestiers et pour évaluer la biomasse des mangroves (Proisy *et al.*, 2000; Lucas *et al.*, 2007). Dans ce contexte, nous avons récemment développé une méthode d'analyse de texture fondée sur l'analyse de Fourier (Fourier-Based Textural Ordination – FOTO), et le calcul d'indices de texture des canopées (Proisy *et al.*, 2007). Ce travail a mis en évidence une bonne corrélation entre la texture de la canopée et les paramètres de la forêt, permettant d'utiliser cette méthode pour analyser la dynamique de

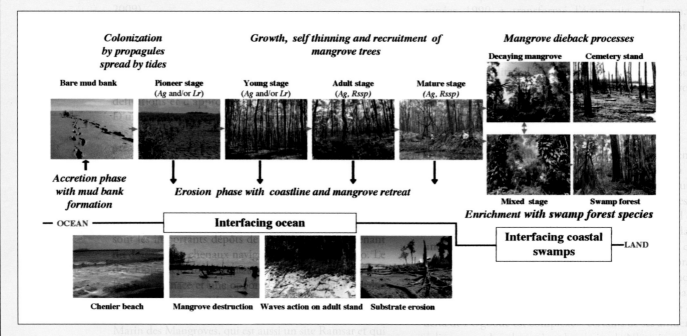

Figure 12.5 Schéma des dynamiques des mangroves en Guyane Française, déterminées par les phases alternées d'accrétion et d'érosion et par le Système de Dispersion Amazonien

Note Ag = Avicennia germinans, Lr = Laguncularia racemosa, Rsp Rhizophora mangle et Rhizophora racemosa
Source François Fromard et Christophe Proisy

Figure 12.6 Exemple d'évolution d'un paysage de mangrove au cours de plusieurs décennies dans la région du Sinnamary, Guyane Française

Photo François Fromard

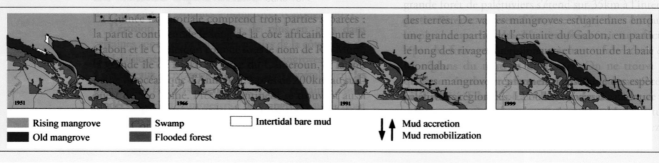

Encart 12.2 Dynamique côtière et conséquences sur la structure et le fonctionnement des mangroves en Guyane Française (suite)

croissance des peuplements. Nous avons aussi pu utiliser cette méthode pour cartographier la biomasse, même pour des mangroves inexplorées et difficiles d'accès (voir Figure 12.7).

La télédétection offre aussi la possibilité de prévoir et de modéliser

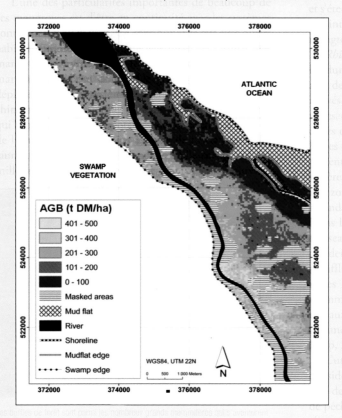

Figure 12.7 Carte de la biomasse aérienne du site de Kaw, Guyane Française, obtenue par la méthode FOTO.

Source Francois Fromard et Christophe Proisy

les déplacements des sédiments (Gardel and Gratiot, 2005). Compte-tenu de l'influence qu'ont ces sédiments instables sur l'économie régionale via la pêche, le tourisme et en particulier par leur influence sur la navigation, un tel potentiel de prévision est très important. Bien sûr, à une échelle régionale, le Système de Dispersion Amazonien est aussi lié aux dynamiques du fleuve Amazone et de son bassin hydrographique. Les perturbations affectant le bassin amazonien, comme des anomalies de précipitations ou des changements de l'occupation du sol peuvent interférer avec le régime sédimentaire et affecter les dynamiques des mangroves de l'ensemble de la région littorale de l'Amazone. Des événements globaux, aussi, auront une influence, comme des phénomènes naturels de type El Niño, ou des changements climatiques. Compte-tenu de la faible élévation du littoral en Guyane Française et dans les pays voisins, un relèvement moyen du niveau des mers de quelques centimètres pourrait causer l'inondation de plusieurs centaines d'hectares de mangroves, et un recul considérable du littoral.

Les écosystèmes de mangroves non perturbés par l'homme ont développé sur cette côte une résilience face aux considérables modifications environnementales. Cette connaissance intéressera, sans aucun doute, tous ceux qui sont impliqués dans la réhabilitation, la conservation et la gestion des littoraux menacés sous les tropiques.

répandue. Elle semble être un phénomène propre à cette partie du monde. Ce phénomène est causé par la sédimentation très rapide et l'asphyxie des racines aériennes. De tels «cimetières de mangroves» peuvent être ensuite recolonisés par de nouvelles arrivées de plantules de palétuviers (Fromard *et al.*, 2004).

Dans beaucoup de secteurs, la limite continentale des mangroves n'est pas claire parce qu'elles présentent une transition vers des forêts inondées d'eau douce renfermant un mélange de palétuviers et de palmiers, notamment le pinot (*Euterpe oleracea*). Malgré le dynamisme globalement très fort de ce littoral, il apparaît à l'échelle de plusieurs centaines d'années qu'une certaine stabilité persiste, par rapport à un rivage Holocène de référence stable à partir duquel s'exercent les phénomènes de progradation et d'érosion (Plaziat and Augustinus, 2004).

Avec de si vastes étendues de forêts naturelles et des écosystèmes adjacents non perturbés, la biodiversité animale associée à ces écosystèmes est importante. Les vasières et les mangroves sont utilisées par des centaines de milliers d'oiseaux migrateurs Néarctiques. La diversité en hérons, aigrettes et rapaces est élevée. Quelques espèces

sont peu communes comme l'ibis rouge, la spatule rosée, le tantale d'Amérique et l'hoatzin. Quelques mammifères s'aventurent aussi parfois dans les mangroves, dont les ratons crabiers, les singes hurleurs roux de Guyane et les jaguars, ainsi que des lamantins dans les chenaux des mangroves. Les plages du nord-ouest comprennent des secteurs parmi les plus vastes au monde pour la ponte des tortues luth (de Thoisy *et al.*, 2003 ; Ramsar, 2009).

Les prélèvements de bois sont limités. Les mangroves sont importantes pour la petite activité de pêche côtière et artisanale, des crustacés et des poissons-chats. Une importante activité de chalutage des crevettes au large de la Guyane est dépendante de la fonction nourricière des mangroves et des estuaires. Les chutes de rendements de crevettes pendant les années 1990, liées à la surexploitation, semblent avoir été maîtrisées (FAO/Western Central Atlantic Fishery Commission, 2000). Le tourisme est peu développé, mais beaucoup de touristes sont intéressés par l'environnement naturel et prennent part à des sorties ornithologiques ou privilégient d'autres séjours en lien avec la nature (Ramsar, 2009).

Il existe ici un certain développement côtier et des pressions croissantes pour convertir des mangroves et des écosystèmes voisins, au bénéfice de la riziculture par exemple. Cependant, dans l'ensemble, les pressions sur les mangroves sont assez faibles. De vastes zones ont été incorporées à des aires protégées, dont deux grands sites Ramsar.

Le Guyana Carte 12.6

Les mangroves du Guyana ont des affinités avec leurs voisines du Suriname et de la Guyane Française (voir ci-dessus pour plus de détails sur ces peuplements de palétuviers caractéristiques et sur les processus côtiers). Les plus grandes étendues se trouvent dans la moitié nord du pays, notamment dans la partie connue sous le nom de Shell Beach, entre le Pomeron et le Waini. À l'Est du Pomeron jusqu'à la frontière avec le Suriname, la plupart des mangroves ont été remplacées par des terrains agricoles. Les formations qui subsistent sont coincées entre la mer et des digues et des murs maçonnés. Par endroits, l'accrétion intense favorise l'expansion de ces mangroves tandis qu'ailleurs, c'est l'érosion qui a emporté les vestiges de mangroves et qui menace les protections côtières. Il existe aussi des formations estuariennes, notamment dans l'estuaire du Berbice (GSD, 2005 ; Guyana Forestry Commission, date inconnue).

La population du Guyana est principalement côtière. Elle est fortement dépendante de l'agriculture, le riz et la production sucrière contribuant à 20% du produit intérieur brut (PIB). L'appauvrissement des sols des plaines fluviales a conduit à des conversions de terrains côtiers à l'agriculture au 18ième siècle (GSD, 2005). Aujourd'hui l'essentiel de l'agriculture intensive au Guyana se situe le long de la côte, souvent sous le niveau de la mer. Ces terrains sont très vulnérables. Lorsque les protections contre les intrusions marines ont été endommagées, la salinisation a dévasté les sols. Les rendements on alors chuté ce qui explique l'abandon des terrains agricoles. C'est pourquoi les mangroves existantes sont désormais perçues comme essentielles à la protection côtière. Le coût d'une digue maçonnée est estimé à 2200 $US par mètre linéaire, alors qu'une barrière de mangroves avec un simple talus de terre à l'arrière donne le même résultat pour une fraction du coût (Allan *et al.*, 2002 ; Guyana Forestry Commission, date inconnue). Les mangroves sont aussi considérées comme importantes pour les activités de pêche, comprenant un secteur artisanal de 4000 pêcheurs et une vaste activité de pêche commerciale au large. Toutes ces activités sont hautement dépendantes des mangroves pour leur fonction de nurserie. Le déclin des rendements de crevettes depuis les années 1980 pourrait être lié à la surexploitation (FAO/Western Central Atlantic Fishery Commission, 2000). L'impact de la perte de surfaces de mangroves pendant la même période peut aussi avoir son importance.

L'écorce de *Rhizophora* est toujours collectée par les amérindiens autochtones dans les mangroves septentrionales pour être utilisée dans l'industrie nationale du tannage du cuir. Même si la production nécessite l'abattage d'arbres, l'échelle de production est considérée comme durable. D'autres usages incluent le bois d'œuvre, le bois de chauffe et la production de perches pour la pêche artisanale. Le bois combustible est à usage domestique et il sert aussi à la combustion dans les fours à briques. Les mangroves contribuent également à la production de miel. L'industrie touristique est peu développée au Guyana. Néanmoins, elle est hautement dépendante des écosystèmes naturels du pays, dont les mangroves (Allan *et al.*, 2002).

Les pertes de mangroves se poursuivent sur de nombreux sites. La construction de canaux et la concentration des écoulements d'eau douce en quelques chenaux ont réduit les apports d'eau douce dans beaucoup de mangroves situées sur la façade marine. Ces travaux ont entraîné des dégradations et des pertes de mangroves (GSD, 2005). Celles qui ont subsisté, à l'intérieur des terres, protégées par des digues, ont été considérées comme des surfaces légitimement destinées au défrichement pour le développement agricole et urbain (Allan *et al.,* 2002). La surexploitation est un problème localisé à l'Est du pays. Les mangroves ont aussi été utilisées comme décharges et comme sites de remblayage (GSD, 2005).

La reconnaissance de la valeur des mangroves pour le bois d'œuvre et la pêche, et pour la protection des terres fertiles contre l'érosion et contre les inondations a conduit à un certain nombre de propositions visant à mieux les gérer. Des aires protégées ont été esquissées, des efforts de sensibilisation des populations ont été faits, et des projets de restauration de mangroves ont été lancés. Malgré cela, aucune aire protégée n'a été désignée à cette date (GSD, 2005 ; Guyana Forestry Commission, date inconnue).

Le Pérou Carte 12.5

Les mangroves du Pérou sont presque entièrement restreintes aux alentours de Tumbes, sur la frontière avec l'Équateur, où elles sont contiguës aux mangroves du sud du golfe de Guayaquil. Le climat est semi-aride. Au cours des années El Niño, la Convergence Intertropicale se déplace, perturbant le climat en augmentant la pluviométrie, ce qui a causé des inondations certaines années, conduisant à des pertes de mangroves localisées. Comme dans le sud de l'Équateur, les mangroves ont été réduites à d'étroites bandes autour des vastes bassins d'aquaculture. Seules quelques belles forêts de palétuviers subsistent, notamment dans l'aire protégée de Tumbes. Les espèces dominantes sont *Avicennia germinans*, *Laguncularia racemosa*, *Rhizophora harrisonii* et *R. mangle*, avec une petite population de *Conocarpus erectus*. Sur les sols plus salés, les mangroves sont attenantes aux marais salants et aux marécages salés. Plus loin, à l'intérieur des terres, la végétation naturelle est composée de formations sèches buissonnante ou forestière. Plus au sud, de petites mangroves sont situées dans l'estuaire du Chira. À l'embouchure du Piura se trouvent les mangroves les plus méridionales de la côte Pacifique américaine. Elles sont composées d'*A. germinans* qui poussent dans un estuaire lagunaire protégé par une longue barre sableuse côtière (Ramsar, 2009).

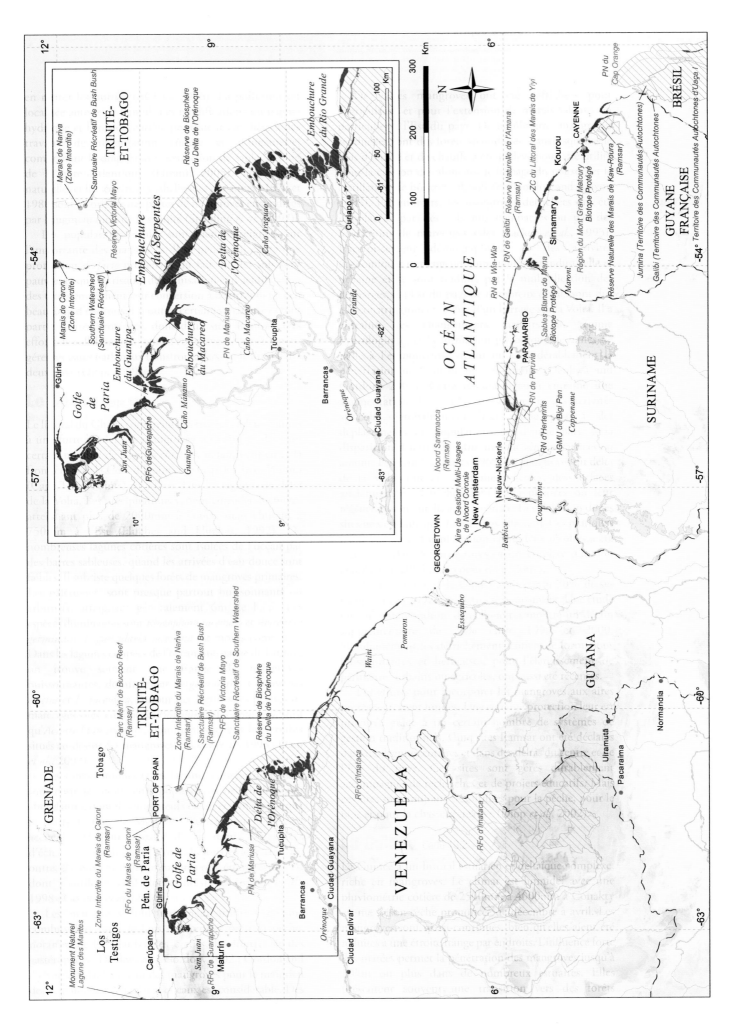

Carte 12.6 L'Est du Venezuela et les Guyanes

Les mangroves de Tumbes accueillent d'importantes populations d'oiseaux. 120 espèces ont été répertoriées le long des littoraux, dont le râle gris et la buse noire des mangroves. Des animaux plus grands, dont les crocodiles américains, les loutres et les ratons crabiers sont toujours observés dans les mangroves, mais ils deviennent de plus en plus rares. Quelques 93 espèces de poissons ont été répertoriées ainsi que de nombreux invertébrés, dont les crevettes importantes commercialement, les coques de palétuvier et les crabes (ParksWatch, 2006).

Depuis des millénaires, des ressources sont prélevées dans les mangroves. La collecte de crabes et de coques reste une activité importante, bien que la productivité ait considérablement baissé à la suite de la conversion des mangroves en bassins d'aquaculture (MacKenzie, 2001). La surexploitation est aussi responsable de la chute des rendements (ParksWatch, 2006). Des perturbations écologiques ont aussi été constatées, conséquences de prélèvements trop conséquents de larves de crevettes sauvages pour les besoins de la crevetticulture (Ramsar, 2009).

A la suite des défrichements extensifs induits par la construction de bassins d'aquaculture de crevettes dans le périmètre de Tumbes, les mangroves résiduelles sont aujourd'hui sous la menace de la surexploitation pour leur bois que l'on utilise notamment pour la production de perches dans les fermes d'élevages de crevettes. La pollution par les effluents et par les activités minières en amont est un problème (Ramsar, 2009). Les effluents provenant des élevages de crevettes les plus intensifs sont directement déversés dans les mangroves, ce qui a entraîné par endroits leur disparition et celle de la faune associée (ParksWatch, 2006).

Le Sanctuaire National de Tumbes a favorisé le maintien d'une grande partie des mangroves résiduelles du Pérou. Ce secteur a été déclaré site Ramsar.

Le Suriname Carte 12.6

Le Suriname, comme ses voisins, la Guyane Française et le Guyana, a un littoral très dynamique sur lequel se développent des étendues de mangroves (voir la Guyane Française pour une description générale). Les mangroves de la frange littorale sont distribuées sur presque tout le littoral et remontent loin en amont des estuaires. Elles font apparaître généralement une transition vers des marais à palmiers ou des lagunes côtières, et sont au contact de forêts ou de savanes, parfois aussi de terrains agricoles, surtout à l'ouest du pays.

Comme en Guyane Française, la biodiversité associée aux mangroves est riche. On a répertorié jusqu'à 1,2 million d'oiseaux littoraux dans la réserve naturelle de Coppename Monding. Une colonie de 20 000 ibis rouges niche dans les mangroves (Ramsar, 2009). Les plages littorales sont des lieux de ponte importants pour les tortues vertes et luth.

Les mangroves sont essentielles au rendement de la pêche côtière locale et pour l'industrie de la pêche maritime. Le manque de gestion et la surexploitation de la pêche maritime sont tenus pour responsables du déclin

progressif des rendements depuis 1995 (FAO/Western Central Atlantic Fishery Commission, 2000). Les mangroves ont également un rôle important de protection du littoral, et dans le traitement des eaux usées (UN, 2002). Le tourisme axé sur la nature est un secteur en plein développement, pour lequel les mangroves sont une ressource importante.

La plupart des habitants du pays vivent sur le littoral, mais le pays est globalement peu peuplé. Les principales concentrations humaines sont localisées à Paramaribo. La chasse au gibier d'eau est assez commune. Elle touche des espèces rares, comme l'ibis rouge. Certaines mangroves ont été surexploitées de manière localisée, pour le bois et le charbon. Il est arrivé aussi que des mangroves aient été converties à d'autres usages, dont la riziculture dans la région de Bigi Pan. L'expansion de cette activité a cessé. Des rapports indiquent une augmentation de l'érosion, liée aux défrichements de mangroves, dans les secteurs de Paramaribo et de Nickerie. La salinité des lagunes côtière a augmenté après la construction d'une route littorale reliant Coppename à Nickerie, ce qui pourrait affecter les mangroves. Le pays recèle d'importantes réserves pétrolières le long du littoral et au large. Lorsqu'elles entreront en production, elles constitueront de nouvelles menaces en bien des points (UN, 2002 ; Ottema, 2006).

Une grande partie du littoral, dont les vasières maritimes et les systèmes d'eau douce côtiers, font partie d'aires protégées, et les 120km² de la réserve naturelle de Coppename Monding ont été déclarés site Ramsar.

Le Venezuela Cartes 12.4 et 12.6

Les littoraux du Venezuela peuvent être subdivisés en trois secteurs : le très vaste complexe de baies estuariennes à l'ouest, la longue côte septentrionale semi-aride, avec ses îles au large, et le littoral deltaïque humide allant du golfe de Paria à la frontière avec le Guyana à l'Est.

Les baies complexes du golfe du Venezuela et le lac de Maracaibo créent des conditions uniques de protection et de salinité. Les rivages sableux prédominent dans le golfe. On ne trouve que de petites mangroves basses dans quelques embouchures. Les conditions estuariennes prédominent dans le détroit de Maracaibo et dans la baie de Tablazo, où les mangroves sont assez répandues, s'étirant jusqu'à l'embouchure du Limón. Dans le Lac de Maracaibo la salinité est très faible. Il s'agit essentiellement d'eau douce, sauf sur une étroite bande tidale. On y trouve des ceintures étroites de palétuviers souvent en mélange avec une végétation non halophytique. Les plus grandes mangroves sont situées au sud-ouest du lac, aux arrivées de petits cours d'eau. Dans ces zones humides on note une transition vers des forêts inondées d'eau douce. *Rhizophora mangle* domine, avec *Avicennia germinans*. Les arbres sont souvent petits, mais certains atteignent 15 à 20m de hauteur à l'embouchure du Limón. *Conocarpus erectus* et *Laguncularia racemosa* ont été répertoriés dans la Ciénaga de Los Olivitos, à l'Est de la baie de Tablazo (Medina and Barboza, 2003 ; Ramsar, 2009).

L'ibis rouge est l'un des oiseaux des mangroves de l'Amérique du Sud. Il utilise son long bec pour chercher des crustacés et autres invertébrés dans la vase.

Photo Shigeyuki Baba

Le long du littoral septentrional, les précipitations annuelles sont faibles, souvent inférieures à 1000mm. La saison sèche prononcée se situe de décembre à avril. Les mangroves sont discontinues. Elles se développent en général dans de petites baies et des lagunes, notamment à Morrocoy et Tacarigua, ainsi que sur les îles du large, comme celles de Los Roques et de Margarita. Dans le golfe de Cuare, à partir de Chichiriviche et dans le Parc National de Morrocoy adjacent, se trouvent de vastes formations de type *fringing* près de vasières peu profondes et de bancs de corail, et en bordure des lagunes. *Rhizophora mangle* prédomine, mélangé à *Laguncularia racemosa* côté continental. *Avicennia germinans* et *Conocarpus erectus* sont plus rares. Les arbres sont souvent de petites tailles, 8m en moyenne à Morrocoy, certains arbres pouvant atteindre 15m. Les herbiers marins sont abondants dans les eaux du large, et par endroits les mangroves sont en contact avec des marais salants (Bone *et al.*, 1998 ; Ramsar, 2009). Les lagunes de Tacarigua et de Restinga sur l'île de Margarita sont structurellement semblables, portant des mangroves de type *fringing*, mais aussi de nombreux îlots de grandes mangroves dans les lagunes (Conde and Alcarón, 1993 ; ParksWatch, 2006 ; Ramsar, 2009).

Le littoral nord-est, allant vers le sud depuis le golfe de Paria jusqu'à la frontière avec le Guyana, reçoit des précipitations beaucoup plus abondantes, et la saison sèche ne dure que deux à trois mois, de janvier à avril. Les débits fluviaux sont importants dans la rivière San Juan et dans les systèmes deltaïques Turuépano-Guariquén au nord, mais plus particulièrement dans le delta de l'Orénoque, le quatrième fleuve au monde par ses écoulements totaux. Il se déploie en éventail pour former l'un des deltas les moins perturbés au monde. Les trois-quarts au moins des mangroves du Venezuela se trouvent ici. *Rhizophora mangle*, *R. racemosa* et *R. harrisonii* sont dominants, mais de vastes formations ont une composition floristique plus diversifiée avec en plus *A. germinans* et *L. racemosa*. Des canopées de 35 à 40m sont

caractéristiques des bordures des voies d'eau. Les arbres deviennent plus bas en s'en éloignant (Echezuría *et al.*, 2002). Des arbres atteignant 45m de hauteur ont été répertoriés dans le Parc National de Turuépano (ParksWatch, 2006). Vers l'intérieur des terres et en amont des cours d'eau, les mangroves présentent généralement une transition vers des forêts marécageuses d'eau douce et de palmiers, dominées par *Symphonia globulifera*, *Pterocarpus officinalis* et des palmiers comme *Euterpe oleracea*. On y trouve aussi de grandes plaines marécageuses dans lesquelles la fougère des mangroves, *Acrostichum aureum*, se mêle aux espèces de marécages salés et occasionnellement à de petites mangroves arbustives (Conde, 2001 ; ParksWatch, 2006).

La faune associée aux mangroves dans les baies occidentales est quelque peu diminuée par la proximité de centres densément peuplés et de terres agricoles. Cependant, des mangroves plus étendues sont importantes pour la faune ornithologique notamment pour de nombreux échassiers et pour les flamants des Caraïbes. Dans la Ciénaga de Los Olivitos, on a encore répertorié des lamantins, des caïmans, des tortues marines et des *Tamanduas* (des fourmiliers) (Ramsar, 2009).

Le long de la côte septentrionale, la faune ornithologique reste importante dans les mangroves les plus étendues, dont des hérons, des cormorans, des flamants des Caraïbes, des cigognes, des ibis rouges, les râles gris et des canards comme le canard des Bahamas. Deux oiseaux menacés, le râle de Levraud et le hocco de Daubenton sont restreints à la partie centrale du nord du Venezuela et tous deux s'aventurent dans les mangroves. Sur l'île de Margarita une sous espèce endémique de râle gris ne se trouve que dans les mangroves. Les reptiles comprennent le crocodile américain et plusieurs espèces de tortues marines qui peuvent chercher de la nourriture dans les mangroves et qui pondent sur les plages adjacentes. Les mammifères terrestres qui s'aventurent dans les mangroves comprennent le raton crabier et le grand noctilion (chauve-souris pêcheuse). Quelques 52 espèces de poissons ont été répertoriées dans la lagune de Tacarigua appartenant à 27 familles, dont des espèces marines, estuariennes et d'eau douce (ParksWatch, 2006 ; Ramsar, 2009).

Les mangroves deltaïques orientales hébergent une diversité remarquable d'espèces associées. Au moins 178 espèces d'oiseaux ont été répertoriées dans le delta de l'Orénoque, dont l'ibis rouge, l'ibis blanc, des hérons et des aigrettes, et de nombreux rapaces. À part les oiseaux d'eau, les espèces caractéristiques de la mangrove comprennent le toridostre tacheté, la buse buson et le coulicou de Vieillot. Nous ne disposons pas d'études détaillées, mais 97 espèces de poissons y ont été répertoriées. La faune des mammifères est riche dans les écosystèmes les plus vastes qui abritent des espèces forestières s'aventurant dans les mangroves, dont le renard des savanes, le singe hurleur roux, l'ocelot, le jaguarondi et la loutre géante. Les chenaux à mangroves sont aussi le lieu de vie d'importantes populations de lamantins des Caraïbes (Conode, 2001 ; ParksWatch, 2006).

Les mangroves regorgent de ressources importantes pour les populations humaines. Quelques 20 000

Des interactions étroites existent entre les mangroves et les récifs coralliens le long du littoral septentrional du Venezuela et sur les îles du large. Des poissons importants commercialement comme ces vivaneaux se déplacent souvent entre ces habitats.

Photo Mark Spalding

personnes appartenant à la communauté autochtone des Warao vivent dans le delta de l'Orénoque. Leur présence ici remonte probablement à 7000 ans. Leur nom signifie « peuple des pirogues ». Ils sont semi-nomades, hautement dépendants de la pêche, ont une petite activité agricole et pratiquent aussi la chasse. Ils utilisent le bois de palétuvier pour les constructions de bateaux et d'habitations (Conde, 2001). La pêche est aussi largement pratiquée dans les lagunes et les eaux côtières près de Maracaibo et le long de la côte septentrionale. D'une manière générale, les prises les plus importantes comprennent des mulets, des poissons-chats, des brochets de mer, des huîtres et des crustacés comme le crabe terrestre bleu et le crabe de palétuvier. Par endroits, les marécages salés situés à l'arrière des mangroves sont exploités commercialement pour la production de sel. Le tourisme autour des mangroves est important localement, notamment près de Morrocoy et sur l'île de Margarita où 93 opérateurs proposent des promenades en bateau dans les mangroves (ParksWatch, 2006).

Malgré les bénéfices qu'elles procurent, nombreuses sont les mangroves qui sont menacées. L'expansion urbaine et agricole a entraîné des défrichements, notamment près de Maracaibo. Le tourisme donne beaucoup de valeur aux terres côtières, ce qui représente un risque. Les tentatives de sylviculture de mangroves dans la réserve forestière de Guarapiche ont été abandonnées, mais elles ont eu des conséquences écologiques considérables (Conde and Alarcón, 1993 ; Conde, 2001 ; ParksWatch, 2006). Malgré la faible densité de population et les difficultés d'accès, le delta de l'Orénoque a aussi été affecté. Le trafic est dense sur le

chenal le plus méridional du fleuve Grande qui est régulièrement dragué. Des inquiétudes portent sur les conséquences potentielles pour les peuples autochtones et pour les écosystèmes de l'exploration et de l'extraction pétrolière, étant donné que de grandes quantités d'hydrocarbures lourds gisent sous le delta.

Les altérations hydrologiques, liées à la construction de routes ou à l'utilisation de l'eau des rivières, ont été lourdes de conséquences. Dans la lagune de Tacarigua, le taux de sédimentation a considérablement augmenté, résultat de la déforestation à l'intérieur des terres et de la déviation d'un cours d'eau qui se déverse maintenant dans la lagune. Sa profondeur moyenne est passée de 7m au début du 20ième siècle à seulement 2m aujourd'hui, alors que l'embouchure de la lagune s'est de plus en plus obstruée pendant la saison sèche, ce qui contribue largement à l'augmentation de la salinité (ParksWatch, 2006). Un exemple plus dramatique encore a résulté de la construction d'une petite retenue sur le Caño Mánamo dans le delta de l'Orénoque en 1966. Elle a été construite pour dévier les eaux vers d'autres chenaux pour aider à la conversion de terres et pour réduire les inondations dans Tucupita, la capitale de l'État. Le résultat est la perte quasi-totale des écoulements fluviaux dans le nord du delta, désormais dominé par l'influence des marées. Cela a conduit à une spectaculaire expansion des mangroves venues remplacer les forêts marécageuses d'eau douce en amont. Les mangroves pénètrent désormais de façon continue sur 60km en amont, et des *Rhizophora* se développent près de Tucupita, 160km en amont. Les modifications du régime sédimentaire ont entraîné la formation de nouvelles îles et de nouveaux rivages à l'embouchure du Guanipa, qui ont été rapidement colonisés par les mangroves, mais ailleurs l'érosion s'est amplifiée et des sédiments fins se mêlent au sable dans certains chenaux orientaux. Certaines écosystèmes herbacés qui devaient être convertis en terrains agricoles suite aux changements hydrologiques, ont souffert de l'apparition de sols sulfatés acides, entraînant des diminutions de la diversité et de productivité (Echezuría *et al.*, 2002).

Malgré tout, de grandes étendues de mangroves ont été incorporées à des aires protégées au Venezuela, dont certaines sont bien gérées et bien pourvues en personnel. Cinq sites le long du littoral septentrional ont été déclarés sites Ramsar. Il existe aussi une réglementation plus large relative à la protection des écosystèmes (Conde and Alarcón, 1993).

Références

Allan, C., Williams, S. and Adrian, R. (2002) *The Socio-Economic Context of the Harvesting and Utilisation of Mangrove Vegetation*, Georgetown, Guyana Forestry Commission

Alvarez-León, R. (1993) 'Mangroves ecosystems of Colombia', in Lacerda, L. D. (ed) *Conservation and Sustainable Utilization of Mangrove Forests in Latin America and Africa Regions. Part I – Latin America*, Okinawa, Japan, International Society for Mangrove Ecosystems

Alvarez-León, R. and Garcia-Hansen, I. (2003) 'Biodiversity associated with mangroves in Colombia', *ISME/GLOMIS Electronic Journal*, GLOMIS, vol 3, no 1, pp1–2

Alves, R. and Nishida, A. (2004) 'Population structure of the mangrove crab *Ucides cordatus* (Crustacea: Decapoda; Brachyura) in the estuary of the Mamanguape River, northeast Brazil', *Tropical Oceanography, Recife*, vol 32, pp23–37

Baltzer, F., Allison, M. and Fromard, F. (2004) 'Material exchange between the continental shelf and mangrove-fringed coasts with special reference to the Amazon- Guianas coast', *Marine Geology*, vol 208, pp115–126

Bodero, A. (1993) 'Mangroves ecosystems of Ecuador', in Lacerda, L. D. (ed) *Conservation and Sustainable Utilization of Mangrove Forests in Latin America and Africa Regions. Part I – Latin America*, Okinawa, Japan, International Society for Mangrove Ecosystems

Bone, D., Perez, D., Villamizar, A., Penchaszadeh, P. E. and Klein, E. (1998) 'Parque Nacional Morrocoy, Venezuela', in Kjerfve, B. (ed) *Caribbean Coastal Marine Productivity (CARICOMP): Coral Reef, Seagrass, and Mangrove Site Characteristics*, Paris, UNESCO

Cantera, J. R. and Blanco, J. (2001) 'The estuary ecosystem of Buenaventura Bay, Colombia', in Seeliger, U. and Kjerfve, B. (eds) *Coastal Marine Ecosystems of Latin America*, Berlin, Springer-Verlag

Casas-Monroy, O. (2000) 'Estado de los manglares en Colombia año 2000', in INVEMAR (Instituto de Investigaciones Marinas y Costeras) (ed) *Informe del Estado de los Ambientes Marinos y Costeros en Colombia: Año 2000*, Santa Marta, Colombia, INVEMAR

Cohen, M. C. L. and Lara, R. J. (2003) 'Temporal changes of mangrove vegetation boundaries in Amazonia: Application of GIS and remote sensing techniques', *Wetlands Ecology and Management*, vol 11, pp223–231

Conde, J. E. (2001) 'The Orinoco River Delta, Venezuela', in Seeliger, U. and Kjerfve, B. (eds) *Coastal Marine Ecosystems of Latin America*, Berlin, Springer-Verlag

Conde, J. E. and Alarcón, C. (1993) 'The status of mangroves from the coast of Venezuela', in Lacerda, L. D. and Field, C. D. (eds) *Proceedings of a Workshop on Conservation and Sustainable Utilization of Mangrove Forests in Latin America and Africa Regions*, Okinawa, Japan, International Society for Mangrove Ecosystems

de Thoisy, B., Spiegelberger, T., Rousseau, S., Talvy, G., Vogel, I. and Vié, J.-C. (2003) 'Distribution, habitat, and conservation status of the West Indian manatee *Trichechus manatus* in French Guiana', *Oryx*, vol 37, pp431–436

Echezuría, H., Córdova, J., González, M., González, V., Méndez, J. and Yanes, C. (2002) 'Assessment of environmental changes in the Orinoco River delta', *Regional Environmental Change*, vol 3, pp20–35

FAO (Food and Agriculture Organization of the United Nations) (2007) *Mangroves of South America 1980–2005: Country Reports, Forest Resources Assessment Working Paper No 139*, Rome, FAO

FAO/Western Central Atlantic Fishery Commission (2000) *Report of the Third Workshop on the Assessment of Shrimp and Groundfish Fisheries on the Brazil-Guianas Shelf*, Belém, Brazil, 24 May–10 June 1999, Rome, FAO

Freitas, H., Guedes, M. L. S., Smith, D. H., Oliveira, S. S., Santos, E. S. and Silva, E. M. D. (2002) 'Characterization of the mangrove plant community and associated sediment of Todos os Santos Bay, Bahia, Brazil', *Aquatic Ecosystem Health & Management*, vol 5, pp217–229

Fromard, F., Vegaa, C. and Proisy, C. (2004) 'Half a century of dynamic coastal change affecting mangrove shorelines of French Guiana: A case study based on remote sensing data analyses and field surveys', *Marine Geology*, vol 208, nos 2–4, pp265–280

García, C. and Trujillo, F. (2004) 'Preliminary observations on habitat use patterns of the marine tucuxi, *Sotalia fluviatilis*, in Cispatá Bay, Colombian Caribbean coast', *LAJAM*, vol 3, pp53–59

Gardel, A. and Gratiot, N. (2005) 'A satellite image-based method for estimating rates of mud bank migration, French Guiana, South America', *Journal of Coastal Research*, vol 21, no 4, pp720–728

Gill, N. (2007) 'Ecuador - September 2007. Country's fisheries sector makes a comeback with shrimp, tilapia', *Seafood Business*, September 2007

GSD (Guyana Sea Defences) (2005) 'Special Edition on Mangroves: Institutional Capacity Building Activities on Guyana Sea Defences', *Guyana Sea Defences Shore Zone Management System, Newsletter 6*, April 2005

Guyana Forestry Commission (undated) *Mangrove Action Plan*, Georgetown, Guyana, Guyana Forestry Commission

INVEMAR (2005) 'Estado de los estuarios y manglares en Colombia', in INVEMAR (ed) *Informe del Estado de los Ambientes Marinos y Costeros en Colombia: Año 2004*, Santa Marta, Colombia, Panamericana Formas e Impresos Ltda

IUCN (World Conservation Union) (2006) *IUCN Red List of Threatened Species*, www.iucnredlist.org, accessed 12 September 2007

Jaramillo, C. and Bayona, G. (2000) 'Mangrove distribution during the Holocene in Tribuga Gulf, Colombia', *Biotropica*, vol 32, pp14–22

Kjerfve, B., Lacerda, L. D. and Diop, E. H. S. (1997) *Mangrove Ecosystem Studies in Latin America and Africa*, Paris, UNESCO

Kjerfve, B., Lacerda, L. D. and Dias, G. T. M. (2001) 'Baía de Guanabara, Rio de Janeiro, Brazil', in Seeliger, U. and Kjerfve, B. (eds) *Coastal Marine Ecosystems of Latin America*,

Berlin, Springer-Verlag

Krause, G., Schories, D., Glaser, M. and Diele, K. (2001) 'Spatial patterns of mangrove ecosystems: The Bragantinian mangroves of northern Brazil (Braganca, Para)', *Ecotropica*, vol 7, pp93–107

Lacerda, L. D. (2002) *Mangrove Ecosystems: Function and Management*, Berlin, Germany, Springer-Verlag

Lacerda, L. D. (2003) 'Brazil', in Macintosh, D. J. and Ashton, E. C. (eds) *Report on the Central and South America Regional Workshop on the Sustainable Management of Mangrove Forest Ecosystems*, Washington, DC, ISME/cenTER Aarhus

Lamardo, E. Z., Bicego, M. C., Castro Filho, B. M., Miranda, L. B. and Prosperi, V. A. (2000) 'Southern Brazil', in Sheppard, C. (ed) *Seas at the Millennium: An Environmental Evaluation*, The Netherlands, Elsevier Science Ltd

Lana, P. C., Marone, E., Lopes, R. M. and Machado, E. C. (2001) 'The subtropical estuarine complex of Paranaguá Bay, Brazil', in Seeliger, U. and Kjerfve, B. (eds) *Coastal Marine Ecosystems of Latin America*, Berlin, Springer-Verlag

Lara, R. J. (2003) 'Amazonian mangroves – a multidisciplinary case study in Pará State, north Brazil: Introduction', *Wetlands Ecology and Management*, vol 11, pp217–221

Lucas, R. M., Mitchell, A. L., Rosenqvist, A., Proisy, C. and Ticehurst, C. (2007) 'The potential of L-band SAR for quantifying mangrove characteristics and change: Case studies from the tropics', *Aquatic Conservation: Marine and Freshwater Ecosystems*, vol 17, no 3, pp245–264

MacKenzie, C. L. (2001) 'The fisheries for mangrove cockles, *Anadara* spp., from Mexico to Peru, with descriptions of their habitats and biology, the fishermen's lives, and the effects of shrimp farming', *Marine Fisheries Review*, vol 63, pp1–39

Maia, L. P. and Hislei, L. (2006) 'Changes in mangrove extension along the Northeastern Brazilian coast (1978–2003)', *ISME/GLOMIS Electronic Journal*, GLOMIS, vol 5, 1–5

Maia, L. P., Lacerda, L. D., Monteiro, L. H. U. and Souza, G. M. (2006) *Atlas dos Manguezais do Nordeste do Brasil*, Fortaleza, Ceará, LABOMAR/SEMACE/ISME

Medeiros, C., Kjerfve, B., Araujo, M. and Neumann-Leitao, S. (2001) 'The Itamaraca Estuarine Ecosystem, Brazil', in Seeliger, U. and Kjerfve, B. (eds) *Coastal Marine Ecosystems of Latin America*, Berlin, Springer-Verlag

Medina, E. and Barboza, F. (2003) 'Manglares del sistema del lago de maracaibo: Caracterización fisiografica y ecológica', *Ecotropicos*, vol 16, pp75–82

Meireles, A. J. D. A., Cassola, R. S., Tupinambá, S. V. and Queiroz, L. D. S. (2008) 'Impactos ambientais decorrentes das atividades da Carcinicultura ao longo do litoral Cearense, Nordeste do Brasil', *Mercator – Revista de Geografia da UFC*, vol 6, pp83–106

Menezes, M. P. M. D., Berger, U. and Mehlig, U. (2008) 'Mangrove vegetation in Amazonia: A review of studies from the coast of Pará and Maranhão states, north Brazil', *Acta Amazonica*, vol 38, pp403–420

National Geographic and WWF (World Wide Fund for Nature) (undated) *Terrestrial Ecoregions of the World*, www.nationalgeographic.com/wildworld/terrestrial.html, accessed 28 November 2008

Ottema, O. (2006) *Waterbirds in Suriname*, Paramaribo, STINASU Foundation for Nature Conservation Suriname

ParksWatch (2006) 'ParksWatch, homepage', www.parkswatch.org/main.php, accessed 10 April 2007

Pessenda, L. C. R., Gouveia, S. E. M., Ledru, M.-P., Aravena, R., Ricardi-Branco, F. S., Bendassolli, J. A., Ribeiro, A. D. S., Saia, S. E. M. G., Sifeddine, A., Menor, E. D. A., Oliveira, S. M. B. D., Cordeiro, R. C., Freitas, Â. M. D. M., Boulet, R. and Filizola, H. F. (2008) 'Interdisciplinary paleovegetation study in the Fernando de Noronha Island (Pernambuco State), northeastern Brazil', *Anais da Academia Brasileira de Ciências*, vol 80, pp677–691

Plaziat, J.-C. and Augustinus, P. G. E. F. (2004) 'Evolution of progradation/erosion along the French Guiana mangrove coast: A comparison of mapped shorelines since the 18th century with Holocene data', *Marine Geology*, vol 208, pp127–143

Proisy, C., Couteron, P. and Fromard, F. (2007) 'Predicting and mapping mangrove biomass from canopy grain analysis using Fourier-based textural ordination of IKONOS images', *Remote Sensing of Environment*, vol 109, no 3, pp379–392

Proisy, C., Mougin, E., Fromard, F. and Karam, M. A. (2000) 'Interpretation of polarimetric signatures of mangrove forest', *Remote Sensing of Environment*, vol 71, pp56–66

Ramsar (2009) *Ramsar Sites Information Service*, www.wetlands.org/rsis/, accessed 3 February 2009

Rebelo-Mochel, F. (1997) 'Mangroves on São Luís Island, Maranhão, Brazil', in Kjerfve, B., Lacerda, L. D. and Diop, E. H. S. (eds) *Mangrove Ecosystem Studies in Latin America and Africa*, Paris, UNESCO

Saint-Paul, U. (2006) 'Interrelations among Mangroves, the local economy and social sustainability: A review from a case study in north Brazil', in Hoanh, C. T., Tuong, T. P., Gowing, J. W. and Hardy, B. (eds) *Environment and Livelihoods in Tropical Coastal Zones*, Wallingford, UK, CAB International

Sánchez-Páez, H., Ulloa, G. A., Alvarez-León, R., Gil-Torrez, W. O., Sánchez-Alférez, A. S., Guevara-Mancera, O. A., Patiño-Callejas L. and Páez-Parra, F. E. (2000) *Hacia la Recuperación de los Manglares del Caribe de Colombia, Proyecto PD 171/91, Fase II Etapa II, Conservación y Manejo para el Uso Múltiple y el Desarrollo de los Manglares en Colombia*, Bogotá, Colombia, Ministry for Environment, Colombian Reforestation Association and ITTO

Sánchez-Páez, H., Ulloa-Delgado, G. A. and Tavera-Escobar, H. A. (2004) *Manejo Integral de los Manglares por Comunidades Locales, Caribe de Colombia, Proyecto PD 60/01 Manejo Sostenible y Restauración de los Manglares por Comunidades Locales del Caribe de Colombia*, Bogotá, Colombia, Ministry for Environment, Housing and Land Development, National Corporation for Forest Research and Development, and ITTO

Schaeffer-Novelli, Y., Cintron-Molero, G., Adaime, R. R. and Camargo, T. M. (1990) 'Variability of mangrove ecosystems along the Brazilian coast', *Estuaries*, vol 13, pp204–218

Spalding, M. D., Blasco, F. and Field, C. D. (1997) *World Mangrove Atlas*, Okinawa, Japan, International Society for Mangrove Ecosystems

Tognella-de-Rosa, M. M. P., Cunha, S. R., Soares, M. L. G., Schaeffer-Novelli, Y. and Lugli, D. O. (2006) 'Mangrove evaluation – an essay', *Journal of Coastal Research*, vol SI39, pp1219–1224

Tundisi, J. G. and Matsumura-Tundisi, T. (2001) 'The lagoon region and estuary ecosystem of Cananéia, Brazil', in Seeliger, U. and Kjerfve, B. (eds) *Coastal Marine Ecosystems of Latin America*, Berlin, Springer-Verlag

Twilley, R. R., Cardenas, W., Rivera-Monroy, V. H., Espinoza, J., Suescum, R., Armijos, M. M. and Solorzano, L. (2001) 'The Gulf of Guayaquil and the Guayas River Estuary, Ecuador', in Seeliger, U. and Kjerfve, B. (eds) *Coastal Marine Ecosystems of Latin America*, Berlin, Springer-Verlag

Ulloa-Delgado, G. (2009) 'Review comments on draft text for *World Atlas of Mangroves*', Sent to M. Spalding

Ulloa-Delgado, G. A. and Tavera-Escobar, H. A. (2005) *Plan de Manejo Integral de los Manglares de la Zona de Uso Sostenible de la Bahía de Cispatá*, Córdoba and Montería, Colombia, CVS–CONIF

UN (United Nations) (2002) *Suriname Country Profile*, Johannesburg Summit 2002, UN

WRM (World Rainforest Movement) (2002) *Mangroves: Local Livelihood vs Corporate Profit*, Montevideo, Uruguay, and Moreton-in-Marsh, UK, WRM

Cartes

Le Brésil. De nouvelles données ont été préparées par la FAO à partir d'images Landsat.

La Colombie. De nouvelles données ont été préparées par la FAO à partir d'images Landsat. Une étude nationale importante publiée en 1997 a utilisé diverses photographies aériennes, des données radar et des images satellitaires au 1:100 000 pour produire une estimation de la surface totale des mangroves qui s'élève à 3712,5km² pour la FAO (2007). Par souci de cohérence entre les différentes approches cartographiques entre les pays, nous avons opté pour les nouvelles statistiques générées à partir de nos propres cartes.

L'Équateur. De nouvelles données ont été produites par la FAO à partir d'images Landsat.

La Guyane Française. De nouvelles données ont été produites par la FAO à partir d'images Landsat. La statistique des surfaces issue de ce jeu de données est probablement considérablement plus précise que les estimations beaucoup plus faibles de la FAO (2007). Ceci semble globalement confirmé par Fromard (2004).

Le Guyana. De nouvelles données ont été produites par la FAO à partir d'images Landsat. Le déclin apparent des surfaces depuis l'estimation de 1992 de 800km², citée dans FAO (2007) pourrait en partie résulter de méthodes de cartographie différentes, mais pourrait aussi être le reflet, au moins en partie, de déclins réels de la surface des mangroves au Guyana.

Le Pérou. De nouvelles données ont été produites par la FAO à partir d'images Landsat.

Le Suriname. De nouvelles données ont été produites par la FAO à partir d'images Landsat. Le World Mangrove Atlas (Spalding *et al.*, 1997) et la FAO (2007) suggèrent une surface beaucoup plus importante, mais nous considérons que cela est une exagération considérable, de vastes étendues ayant été converties à l'agriculture.

Le Venezuela. De nouvelles données ont été produites par la FAO à partir d'images Landsat.

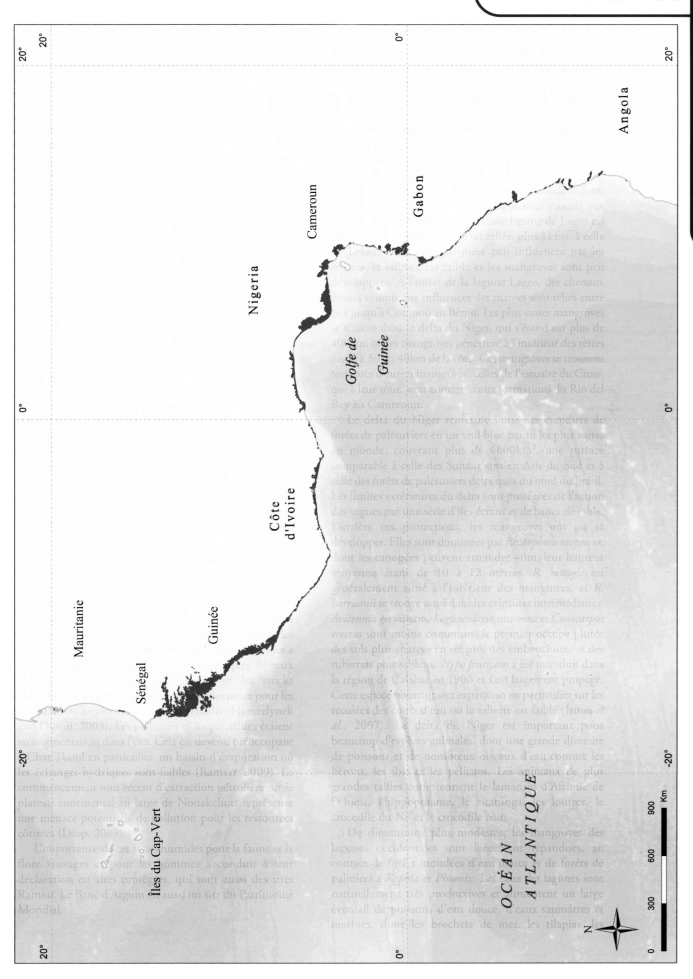

Le delta du Saloum au centre du Sénégal est la vaste étendue de mangrove la plus septentrionale d'Afrique de l'Ouest. Pendant la longue saison sèche, les entrées d'eau douce sont minimes et de grandes étendues deviennent hypersalines (estuaires inversés). Par conséquent, les plus grands arbres se trouvent le long des chenaux, avec à l'arrière, des peuplements plus bas ou buissonnants.

Photo Jean-François Hellio et Nicolas Van Ingen

L'Afrique de l'Ouest et centrale

13

Les mangroves sont répandues sur les côtes de l'Atlantique. Elles traversent les tropiques depuis la Mauritanie au nord jusqu'à l'Angola au sud. À leurs latitudes extrêmes, la diversité est faible, les arbres sont nains et leur distribution est limitée par l'aridité et par le manque de sites abrités. En allant vers l'équateur, les précipitations et le débit des fleuves deviennent plus importants et varient moins au cours des saisons. À l'ouest, l'un des littoraux les plus riches en mangroves au monde, connu sous le nom de Les Rivières du Sud, s'étend de l'estuaire du Saloum au Sénégal, à l'île de Sherbo au Liberia. Il y a là 7900km² de mangroves distribuées en une série de formations deltaïques et estuariennes, bénéficiant d'une faible houle et d'importants débits fluviaux. Vers l'Est, la côte est dominée par un littoral de sable soumis à une forte houle. La plupart des mangroves du Liberia au Nigeria sont confinées dans des lagunes côtières, séparées de la mer par de grands bancs de sable. Les mangroves du delta du Niger couvrent plus de 6600km² – l'une des étendues de mangroves d'un seul tenant les plus vastes au monde, et en allant vers l'Est se trouvent d'autres formations estuariennes/deltaïques très vastes depuis le Cameroun jusqu'au Gabon. Enfin, dans le sud, la plupart des mangroves sont des formations estuariennes ou lagunaires plus étroites et plus dispersées, les conditions devenant plus arides le long du littoral de l'Angola.

Malgré leur vaste étendue, seules sept espèces de palétuviers sont représentées en Afrique de l'Ouest et centrale. Malgré leur isolement, aucune n'est endémique à la région. Là où les densités humaines sont faibles, les mangroves sont étroitement liées aux écosystèmes adjacents : les marécages salés et les marais salants dans les régions sèches, ou les forêts de palmiers, celles des marécages d'eau douce, les forêts sempervirentes humides ou les savanes ailleurs. Les mangroves hébergent une biodiversité considérable, dont de nombreux oiseaux d'eau paléarctiques en hivernation. Les visiteurs des écosystèmes adjacents font des mangroves un lieu de rencontre insolite, où de grands vertébrés marins comme les tortues, les dauphins, les lamantins et les baleines viennent au contact direct de grandes espèces terrestres comme les crocodiles, les hippopotames, les éléphants des forêts, les gorilles et les chimpanzés.

Les mangroves sont très importantes pour les activités de pêche et comme source de bois d'œuvre et combustible. L'aquaculture reste rare, bien que dans certaines régions centrales, des palissades de branchages ou des systèmes de pêche connus sous le nom d'« acadja » soient confectionnés pour pêcher dans les lagunes et dans les chenaux. Certaines mangroves ont été défrichées pour le développement de la riziculture dans la région des Rivières du Sud. Les mangroves restantes sont considérées comme importantes pour cette culture, pour leur rôle dans la protection des littoraux et pour le recyclage des nutriments. La valeur du riz va à l'encontre de certains projets d'ingénierie hydrologique en amont.

Des défrichements de mangroves très étendus ont été provoqués par des conversions en terrains agricoles ou urbains, et par la mise en place de marais salants dans les régions arides (souvent accompagnés de prélèvements de bois de palétuviers utilisé pour chauffer puis évaporer l'eau salée dans les dernières étapes de production de sel). Des activités d'extraction pétrolière et de gaz sont en cours dans plusieurs pays autour du golfe du Biafra jusqu'à Cabinda au sud. Les conséquences de cette industrie ont été particulièrement graves dans le delta du Niger, où elle a provoqué la dégradation et la destruction de mangroves, la pollution de l'eau potable et des dégâts sur les réserves halieutiques.

Les préoccupations concernant ces pertes sont très variables, mais quelques pays – la Guinée-Bissau, le Cameroun et le Gabon sont des exemples parfaits – ont créé des réseaux étendus d'aires protégées, comprenant des mangroves. Dans certains cas, des efforts considérables visent à impliquer les populations locales et à recueillir un large soutien pour aller vers une utilisation durable des mangroves. Au contraire, de nombreux pays ne se sont que peu souciés de la protection des mangroves. De grandes étendues, comme la presque totalité du delta du Niger, restent non protégées.

L'Angola Carte 13.5

L'Angola marque la limite méridionale des mangroves, en Afrique centrale. Le pays comporte l'enclave géographiquement isolée de Cabinda, qui reçoit des précipitations modérées (1300mm par an) et qui abrite de belles mangroves, notamment au niveau de la baie de Chicamba et de l'estuaire du Chiloango. Le pays est aride le long du principal littoral, avec une pluviométrie côtière diminuant de 850mm près du fleuve Congo à seulement 320mm à Luanda. Néanmoins, un certain nombre de cours d'eau saisonniers et permanents parviennent jusqu'au littoral, créant des estuaires abrités influencés par la marée où les mangroves peuvent se former. Les plus grandes sont situées sur la rive méridionale du fleuve Congo, où elles se développent jusqu'à 70km vers l'intérieur des terres et s'étendent sur 175km². En allant vers le sud, des mangroves se trouvent dans des estuaires, notamment autour du Zenza dans la baie de Bengo. Quelques formations se trouvent toujours dans des eaux

La collecte de bois de chauffage dans les mangroves de l'estuaire du Congo en Angola. Les arbres dans ces vastes forêts atteignent souvent entre 20 et 30m de haut.

Photo Lucy W. Keith

calmes, abritées par la longue Péninsule de Mussulo au sud de Luanda. Il en subsiste de grands peuplements dans l'estuaire du Cuanza. Plus au sud, de nombreux cours d'eau sont saisonniers. Les courants côtiers favorisent la formation de barres sableuses aux embouchures, endiguant des bassins d'eau douce qui empêchent le développement des mangroves. Les plus méridionales ont été observées à l'embouchure du Catumbelo au sud de Lobito (Hughes and Hughes, 1992).

Dans les mangroves les plus septentrionales, les franges extérieures et les sédiments récents sont dominés par *Rhizophora racemosa* et *R. mangle*, avec des arbres mesurant généralement 20 mètres de haut, pouvant atteindre 30m par endroits. Les milieux légèrement plus élevés renferment de nombreux *R. harrisonii*. Les *Avicennia* dominent en conditions plus sèches et plus salines, où ils forment des forêts ouvertes, avec quelques peuplements plus petits de *Laguncularia racemosa* et *Conocarpus erectus* et quelques taches d'*Acrostichum aureum*. Dans ces zones plus sèches, les mangroves sont au contact de dépressions nues, hypersalées, ou *salines*, sur le pourtour desquelles on trouve parfois des espèces de marécages salés comme les *Sesuvium* et *Sporobolus*. En allant vers le sud, la diversité diminue. Près de Lobito, à l'embouchure du Catumbelo, seule *Avicennia germinans* croît sous forme arbustive, jusqu'à 1m de hauteur.

Les espèces animales rencontrées dans les mangroves les plus imposantes de Cabinda et du fleuve Congo comprennent le crocodile nain, l'hippopotame et un certain nombre de primates, dont le talapoin ou singe des palétuviers d'Angola, un petit singe qui préfère les habitats de mangroves et de forêts marécageuses, où il se nourrit d'insectes et de fruits, et peut nager.

De vastes mangroves ont été défrichées ou ont été sévèrement dégradées par des coupes régulières, notamment pour le bois combustible, alors qu'à Cabinda des mangroves ont été perturbées dès le début de l'exploration pétrolière. La conversion pour des usages agricoles ou urbains est aussi un problème par endroits.

Les efforts de conservation sont limités, bien que les embouchures de la Longa et de la Cuanza, influencées par les marées, forment les limites nord et sud du Parc National de Kisama.

Le Bénin Carte 13.4

Le littoral sableux de ce petit pays se maintien grâce à un transport actif de sédiments le long du rivage, en dépit d'une houle assez forte. À l'arrière, parallèlement à la côte, s'étendent des lagunes quasi-continues, avec seulement deux ouvertures sur l'Atlantique. Des lacs d'eaux saumâtres sont liés à ces lagunes côtières – le lac Ahémé à l'ouest et les lacs Nokoué et de Porto Novo à l'Est. Les mangroves de type « *fringing* » sont situées autour des lagunes côtières, ainsi que dans les grands lacs en formations plus petites. Le pays se situe sur la marge orientale de la troué du Bénin sec (ancien Dahomey). La pluviométrie annuelle passe de 800mm à l'ouest à environ 1300mm à Cotonou, avec deux saisons des pluies. La profondeur, l'étendue et la salinité des grands lacs côtiers varient considérablement entre la saison des pluies et la saison sèche.

Les mangroves ne sont pas très étendues et beaucoup sont dégradées. Elles représentent ce qui reste de formations autrefois nettement plus grandes. *Rhizophora racemosa* et *Avicennia germinans* dominent la plupart des forêts de palétuviers. Elles sont généralement de petite taille, avec cependant des canopées atteignant 12m à l'ouest de Cotonou, quelques arbres pouvant mesurer jusqu'à 20m. Ailleurs, des secteurs influencés par les marées ont été défrichés, et des formations végétales secondaires se sont développées, à *Acrostichum aureum* et graminéennes à *Paspalum*. Plus à l'ouest, près de Grand-Popo, il subsiste une formation importante de *Laguncularia racemosa* et de *Conocarpus erectus* (Akambi, 2003).

Bien que la faune associée soit peu documentée, 51 espèces de poissons ont été répertoriées dans les mangroves de l'ouest du pays, dominées par les tilapias, les mulets et les mojarras (Corcoran *et al.*, 2007).

Les mangroves et les eaux adjacentes sont très utilisées par des populations humaines, denses autour des lagunes. Beaucoup de ces écosystèmes ont été sévèrement dégradés par la surexploitation pour le bois d'œuvre, comme combustible et pour la production de sel. Par endroits, en effet, le bois de palétuvier sert à chauffer et à faire évaporer l'eau de la saumure pour obtenir le sel cristallisé. La pêche est intense dans les lagunes. On utilise des filets fixes, et un mode de pêche appelé « acadja », qui consiste à entreposer des branchages dans lesquels les poissons se réfugient. Pour cette dernière technique, des tas de branches (sur une surface de quelques mètres carrés à 2ha), sont submergés en eau peu profonde, procurant un habitat artificiel où les poissons sont ensuite prélevés avec une méthode de pêche sélective ou en entourant les branchages de filets qui sont ensuite fermés lentement quand le bois est retiré (Welcomme, 1972 ; Hachimou, 1993). Par endroits, la disparition des mangroves est probablement l'une des causes des déclins halieutiques (Hachimou, 1993). La construction d'un barrage hydroélectrique sur le fleuve Mono entre le Bénin et le Togo a altéré le régime d'inondation et accru la salinité des lagunes côtières. Cela a favorisé les espèces marines et estuariennes de poissons, mais on ne sait pas si cela a directement affecté les mangroves (Corcoran *et al.*, 2007).

Des crevettes et de petits poissons des lagunes côtières du Bénin sont fumés pour prolonger leur conservation avant d'être vendus sur les marchés.

Photo Emily Corcoran

Des efforts concertés ont été menés pour reboiser. Plus d'1 million de plantules ont été plantés, notamment le long des lagunes orientales, mais aussi 200 000 plantules le long des lagunes méridionales, où le taux de survie a été estimé à 62%, un an après la plantation (Akambi, 2003). Il n'y a pas d'aire protégée majeure au niveau national, mais les sites Ramsar au niveau des lacs Ahémé et Nokoué comprennent des mangroves. De petites mangroves sont aussi protégées par des croyances religieuses et des traditions culturelles. Elles sont ainsi sanctuarisées et préservées.

Le Cameroun Carte 13.4

Les mangroves sont situées le long de la plupart des côtes du Cameroun, les plus vastes se trouvant au niveau de deux grandes baies estuariennes/deltaïques au nord du littoral. L'estuaire du Rio del Rey, sur la frontière avec le Nigeria, est alimenté par plusieurs cours d'eau, dont les estuaires du Ndian et du Mémé. Près du Mont Cameroun, volcanique, ces mangroves sont interrompues par un littoral pentu et balayé par les vagues. De vastes zones à mangroves sont situées autour de la baie de Douala, ou estuaire du Cameroun, alimenté par le Mungo, le Wouri et le Dibamba. Les partie méridionales

du littoral ne portent que des surfaces très limitées de mangroves, notamment dans les estuaires du Sanaga, du Nyong et du Ntem (van Campo and Bengo, 2004 ; Gabche and Smith, 2006). Dans les baies septentrionales, l'abondance des sédiments et les basses salinités ont permis le développement de hautes forêts fluviales à *Rhizophora racemosa*, atteignant 40m dans l'estuaire du Wouri. *R. racemosa* est dominant dans le pays, représentant plus de 90% des mangroves. *R. mangle* est souvent confiné aux marges continentales plus sèches et plus salines. *R. harrisonii*, forme généralement des forêts de petite taille de 6m de haut. *Avicennia germinans* est généralement situé sur des zones plus élevées et sur des sols plus pauvres. *Laguncularia racemosa*, *Conocarpus erectus* et *Acrostichum aureum* sont beaucoup moins abondants (van Campo and Bengo, 2004). *Nypa fruticans*, introduit d'Asie du Sud-Est, s'est probablement propagé à partir du Nigeria à l'estuaire du Wouri (Beentje and Bandeira, 2007).

Une faune riche de vertébrés a été décrite, dont les lamantins d'Afrique de l'Ouest, les dauphins à bosse de l'Atlantique et les crocodiles. Des recensements ont répertorié 30 000 oiseaux appartenant à 60 espèces. Bien que moins documentées, les faunes des poissons et celle des invertébrés aquatiques sont aussi importantes. Une importante activité de pêche commerciale existe sur ce côtes, dont celle de crevettes, qui bénéficient grandement de la fonction nourricière offerte par les mangroves (Corcoran *et al.*, 2007).

Les mangroves sont donc très utiles pour les activités de pêche (artisanale, commerciale et de loisir) et comme source de bois pour la construction d'habitations. Les palmes des *Nypa* couvrent les toits de chaume. Le bois des palétuviers est aussi utilisé comme combustible pour cuisiner et pour fumer le poisson.

La surface des mangroves a considérablement diminué depuis la deuxième moitié du 20ième siècle, à cause des défrichements pour les infrastructures urbaines et pour l'agriculture. Les pollutions de l'industrie pétrolière et celle provenant des produits chimiques de l'agriculture dans les grandes plantations de caoutchoucs, de palmiers à huile et de bananiers, affectent probablement les mangroves. Les *Nypa* sont largement utilisés. Les *Rhizophora* de leur côté, sont aussi très touchés, en de nombreux endroits (FAO, 2007).

L'intérêt pour la conservation est de plus en plus fort dans le pays (voir Encart 13.1) qui a défini un certain nombre d'aires protégées, dont l'estuaire du Rio del Rey dans son intégralité. De plus en plus d'efforts de gestion des mangroves sont faits en collaboration avec des partenaires locaux, nationaux et internationaux (Corcoran *et al.*, 2007).

Le Congo Carte 13.5

Le développement des mangroves au Congo est presque entièrement restreint aux formations de lagunes côtières et d'estuaires, la majeure partie du littoral étant soumise à une forte houle. Les plus grands estuaires sont ceux du Loémé, du Noumbi et du Kouilou. Dans le nord on trouve de vastes mangroves dans la lagune de Conkouati et dans ses estuaires associés soumis à l'influence des

Encart 13.1 La conservation des mangroves au Cameroun

Longonje S. Ngomba *(Département de l'Environnement, Université de Buea, Buea, Cameroun) et*
Dave Raffaelli *(Département de l'Environnement, Université du York, Heslington, York, R.-U.)*

Les mangroves sont répandues sur 30% du littoral du Cameroun, les plus importantes se trouvant à l'embouchure du Rio del Rey et dans l'estuaire du Cameroun. Elles sont dominées par trois espèces de *Rhizophora*. L'espèce pionnière est *Rhizophora racemosa*. Elle contribue pour 90 à 95% de la surface totale de mangroves. Parmi les autres espèces se trouvent *Avicennia germinans*, *Laguncularia racemosa*, *Conocarpus erectus*, *Acrostichum aureum*, *Pandanus candelabrum* et le palmier introduit *Nypa fruticans*. Ces forêts sont largement utilisées comme source de nourriture, de combustible et de matériaux de construction (voir les Figures 13.1 et 13.2). Des estimations préliminaires ont montré un niveau important de dépendance des communautés locales vis à vis de ces ressources (Longonje, 2002).

Figure 13.1 Feuilles de *Nypa fruticans* utilisées pour les toits de chaume des cases

Source Longonje S. Ngomba

Figure 13.2 Paniers de poisson fumé. Le bois de palétuvier est largement utilisé pour fumer le poisson.

Source Longonje S. Ngomba

Malgré le rôle joué par les mangroves, cet écosystème est grandement menacé. Leur dégradation et leur destruction persistent. De fortes pertes ont eu lieu entre 1980 et 2000, largement dues à l'exploitation pour le bois combustible (Longonje, 2002).

À cause de déclins récents, un certain nombre d'options de gestion ont été étudiées avec pour objectif général de promouvoir des fonctions économiques, écologiques et sociales sur le long terme au sein d'un cadre de gestion intégrée.

L'Organisation des Nations Unies pour l'alimentation et l'agriculture (la FAO) en collaboration avec des organisations non-gouvernementales (ONGs) comme la Société de Conservation de la faune et la flore sauvages (Wildlife Conservation Society) et les populations locales, a promu une utilisation et une gestion durables des mangroves. Le 13 janvier 2006, le Cameroun a ratifié la Convention Ramsar sur les Zones Humides qui procure un cadre pour une action nationale et une coopération internationale pour la conservation et l'utilisation durable des zones humides, dont les habitats de mangroves. Suite à la ratification, les activités de conservation des mangroves se sont amplifiées au sein de la réserve de Douala-Edea. Le Fond Mondial pour la Nature (World Wide Fund for Nature – WWF) a été commissionné pour préparer une proposition afin d'établir le Parc à Mangroves de Ndongere. Un autre projet de la FAO a aidé à sensibiliser à l'importance des mangroves, et à développer un type de fumage optimisant les dépenses de combustibles qui permet de fumer plus de poisson en utilisant moins de bois. Un exemple est la Coopérative de Poisson des Femmes de Limbe (Limbe Women Fish co-operative – LIWOFISHCO), une entreprise coopérative à petite échelle de fumage du poisson, où les femmes du village utilisent des fours à bois plus efficaces pour fumer le poisson, ce qui permet de réduire le taux d'exploitation des mangroves.

marées. D'autres mangroves plus petites se développent dans plusieurs lagunes. Les forêts les mieux développées, dans lesquelles les arbres atteignent 20 à 25m de hauteur, sont situées dans les estuaires du Kouilou et du Noumbi et près de la lagune de Conkouati, mais il y a aussi des forêts aux canopées fermées atteignant une hauteur de 8 à 15m à l'embouchure du Loémé et dans des lagunes plus petites. Ailleurs, les mangroves forment des mosaïques plus morcelées ou des bosquets plus dégradés avec des arbres n'atteignant parfois que 3 à 5m (FAO, 2007).

Les espèces de palétuviers sont communes à cette partie du monde, avec *Rhizophora racemosa* dominante presque partout. Dans les parties protégées, ils présentent une transition vers des forêts à palmiers dominées par *Phoenix reclinata*. La lagune de Conkouati fait partie d'un complexe d'écosystèmes naturels remarquable, comprenant des espaces marins, saumâtres, d'eau douce, des plages, des formations buissonnantes côtières, des savanes et un éventail de végétations forestières, dont les forêts-galeries, les forêts inondées d'eau douce et les forêts denses humides de basse altitude. Ces écosystèmes hébergent de nombreux animaux, dont des lamantins d'Afrique de l'Ouest, des tortues luth lors de la ponte, des primates, des buffles, des éléphants de forêt et beaucoup d'autres (Diop *et al.*, 2002 ; UNESCO, 2009).

Les mangroves ont disparu ou ont été dégradées par endroits, notamment dans le sud du pays où l'accroissement démographique (en particulier autour de Pointe Noire) a entraîné des niveaux de plus en plus élevés de prélèvements de bois de feu et d'exploitation halieutique. Les défrichements pour le développement urbain ont augmenté et des pertes ont été causées par la pollution. La pollution par les hydrocarbures est de plus en plus répandue (FAO, 2007).

De plus en plus d'efforts sont faits pour éveiller les consciences à l'importance des mangroves. La lagune de Conkouati et ses écosystèmes voisins font partie d'un site Ramsar et ont été recommandés pour être listés au Patrimoine Mondial (Diop *et al.*, 2002 ; UNESCO, 2008).

La Côte d'Ivoire Carte 13.3

La partie occidentale du littoral de la Côte d'Ivoire est relativement surélevée. Le littoral comporte un certain nombre de petits systèmes lagunaires/estuariens. Certains de ces systèmes sont isolés de l'Atlantique par des bancs de sable pendant une partie de l'année au moins, mais les cours d'eau importants comme la Cavally et la Sassandra sont ouverts sur la mer en permanence. À l'Est de Fresco, sur des côtes plus basses, de grandes étendues de lagunes saumâtres se sont développées dont celle du Grand Lahou, Ebrié et Aby, reliées entre elles par une série de canaux artificiels. Ces lagunes ont des salinités très variables, plus salines en se rapprochant de leurs sorties océaniques, mais devenant totalement salines pendant la durée de la longue saison sèche de janvier à avril (Adingra *et al.*, 2000).

Les mangroves de type « *fringing* » sont dominées par *Rhizophora racemosa*. *Avicennia germinans* se développe mieux dans des milieux à salinité plus élevée. La présence, plus rare par endroits, de *Conocarpus erectus*, est à noter. On trouve dans la lagune N'gni près de Fresco des mangroves parmi les mieux développées où trois espèces d'arbres atteignent 40m (Egnankou, 1993). Les mangroves font apparaître une transition vers des systèmes mixtes renfermant des arbustes et des arbres comme des *Dalbergia*, des *Hibiscus* ou des palmiers du genre *Phoenix* et des *Pandanus*. Ailleurs la transition se fait vers des marécages salés, souvent avec *Acrostichum aureum* et de graminées comme *Paspalum* (Diop, 1993 ; Egnankou, 1993).

Plus de 150 espèces de poissons ont été répertoriées dans la lagune d'Ébrié. Ce sont des espèces d'eau saumâtre et marine comme les mulets qui dominent. On rencontre aussi dans ces lagunes le lamantin d'Afrique de l'Ouest, les crocodiles nains et du Nil, et même des éléphants de forêt, des chimpanzés, d'autres singes et le rare hippopotame pygmée. Aucune d'entre elles n'est spécifiquement associée aux mangroves, mais toutes y pénètrent occasionnellement. Toutes deviennent de plus en plus rares (Adingra *et al.*, 2000 ; Ramsar, 2009).

Les usages traditionnels de la mangrove et des lagunes comprennent les produits de la pêche, les crevettes et les crabes, la collecte d'huîtres, et les prélèvements de bois d'œuvre et combustible. La pisciculture est développée à petite échelle dans les eaux ouvertes de certaines lagunes (Egnankou, 1993).

La majeure partie de la population du pays vit le long du littoral, ce qui cause des problèmes de surexploitation, de dégradation ou de destruction des ressources côtières. De vastes étendues de mangroves ont été perdues au moment du développement d'Abidjan, de Sassandra et d'autres villes côtières. L'agriculture, dont la riziculture, s'est développée sur d'anciennes mangroves. Il a été dit que ces terres avaient perdu leurs mangroves avant d'être converties à l'agriculture (Egnankou, 1993). La plupart des eaux usées de ces villes ne sont toujours pas traitées et bien qu'il y ait des échanges avec l'océan, la pollution par les déchets urbains et industriels a affecté la productivité et les activités de pêche. Plusieurs parties de la lagune d'Ébrié sont anoxiques. La surexploitation des mangroves pour le bois d'œuvre et comme combustible est un problème persistant dans les lagunes du Grand Lahou et de N'gni près de Fresco. *Conocarpus erectus* pourrait avoir totalement disparu de la lagune N'gni (Adingra *et al.*, 2000 ; Corcoran *et al.*, 2007 ; Ramsar, 2009).

Un certain nombre d'aires protégées nationales comprenant des mangroves ont été établies, bien que toutes n'offrent pas une protection suffisante sur le terrain. En outre, six sites Ramsar ont été déclarés au niveau des lagunes côtières du pays.

La République Démocratique du Congo Carte 13.5

La République Démocratique du Congo a un littoral de 40km, qui comprend la rive septentrionale du Congo. Ce fleuve, deuxième après l'Amazone en terme de débit et de taille du bassin versant, a un débit très important et assez régulier toute l'année. La partie estuarienne du fleuve est peu peuplée. Elle porte de vastes mangroves, dont certaines ont une largeur de 10km sur les rivages septentrionaux. La rivière se divise en plusieurs bras comprenant de nombreuses îles bordées ou entièrement couvertes de mangroves. Elles pénètrent à l'intérieur des terres sur 70km, jusqu'à Boma, où l'influence des marées s'arrête. Le long du littoral de l'Atlantique, une grande partie de la côte est surélevée et retombe sur des rivages sableux. Les mangroves sont confinées à quelques petits estuaires, au sud ; mais en allant vers la frontière de l'enclave angolaise de Cabinda les peuplements de palétuviers sont plus continus dans des systèmes lagunaires parallèles à la côte (Hughes and Hughes, 1992 ; Thieme *et al.*, 2008 ; Ramsar, 2009).

Du côté du plan d'eau, les ceintures de végétation sont dominées par *Rhizophora racemosa*, tandis que *R. harrisonii* et *R. mangle* se trouvent dans les parties centrales. Ces espèces peuvent atteindre 25 à 30m de haut. *Conocarpus erectus* domine l'arrière des mangroves par endroits, et *Avicennia germinans* est situé en milieu plus sableux et plus salin près des embouchures. Il est fréquent que les forêts de palétuviers présentent une transition vers des forêts marécageuses d'eau douce ou des prairies inondées. La faune et la flore sont riches, comprenant de nombreux oiseaux dont le héron goliath, des pélicans et des aigrettes. Les parties du fleuve Congo

Une guenon se cache dans les racines entrelacées de palétuviers qui longent le fleuve Congo sur 70km.

Photo Lucy W. Keith

influencées par la marée ont une faune ichtyologique riche et peu étudiée, comprenant des espèces endémiques comme les cichlidés *Tylochromis praceox* et *Oreochromis lepidurus*. Les lamantins d'Afrique de l'Ouest sont observés dans ces eaux (Thieme *et al.*, 2008 ; Ramsar, 2009).

Bien que certains travaux montrent des déclins importants de la surface des mangroves au cours des 60 dernières années, il n'est pas certain que les différences obtenues par les mesures effectuées à plusieurs dates soient réelles. Elles pourraient être le résultat de définitions et d'approches cartographiques différentes. D'une manière générale, les mangroves du Congo ne sont pas encore très dégradées, bien qu'il existe désormais des pressions exercées par l'accroissement démographique, à la fois dans les régions côtières et à l'intérieur des terres autour de Boma. Les prélèvements de bois combustibles et les conversions en terrains agricoles ou urbains ont augmenté. Le risque de pollution lié à l'exploitation pétrolière et aux raffineries est préoccupant, comme le sont les importants dépôts de sédiments fins provenant du dragage des chenaux navigables du fleuve Congo. Le développement touristique sur la côte pourrait être à la fois une menace et une opportunité pour aller vers plus d'efforts de conservation.

La plupart des mangroves font partie du Parc National Marin des Mangroves, qui est aussi un site Ramsar et qui s'étend le long du cours inférieur du fleuve Congo et le long d'une grande partie de la côte Atlantique (Thieme *et al.*, 2008 ; Ramsar, 2009).

La Guinée Équatoriale Carte 13.4

La Guinée Équatoriale comprend trois parties séparées : la partie continentale le long de la côte africaine entre le Gabon et le Cameroun connue sous le nom de Rio Muni, la grande île de Bioko au large du Cameroun, et la très petite île océanique d'Annobon, à près de 200km au sud-ouest de São Tomé. Près du continent se trouvent aussi plusieurs îles situées sur le plateau continental, dans la baie de Corisco, au large du Gabon.

Les mangroves les plus importantes sont situées sur le continent dans trois grands estuaires, le Ntem (Campo) sur la frontière avec le Cameroun, le Mbini au centre, et le Muni sur la frontière méridionale avec le Gabon. Ce dernier a des mangroves s'étendant loin vers l'intérieur des terres sur plusieurs affluents. Des conditions idéales d'abris, de pluviométrie et d'arrivées d'eau douce permettent aux ceintures de *Rhizophora* d'avoir une largeur atteignant 500m, et des canopées de 30m de hauteur. Ces forêts comprennent toutes les espèces de palétuviers de la région et présentent généralement une transition vers des marais à palmiers dominés par les genres *Pandanus*, *Phoenix* et *Raphia*. Sur l'île de Bioko de petites mangroves comprennent *Laguncularia racemosa* et *Avicennia germinans*, l'une sur la côte ouest, l'autre sur le littoral septentrional au niveau de la baie de Vénus (Hughes and Hughes, 1992 ; GGCG, 1999). Annobon est une petite île avec des côtes principalement rocheuses et élevées et seulement quelques plages de sable – aucune mangrove n'y a été répertoriée.

Les mangroves sont quelque peu utilisées dans le pays pour la chasse, la pêche et les prélèvements de bois de construction et comme combustible. Ces pratiques seraient durables depuis plusieurs années. La découverte de réserves pétrolières dans les eaux côtières pendant les années 1990 a transformé l'économie. La menace nouvelle de la pollution liée au développement côtier accompagne cette mutation.

Des aires protégées comportant des mangroves ont été déclarées sur le littoral continental. Deux de ces aires sont aussi des sites Ramsar. Peu d'informations sont disponibles sur le niveau effectif de gestion.

Le Gabon Carte 13.5

Le Gabon est un grand pays peu peuplé, où les revenus sont assez élevés, liés aux bénéfices de l'extraction de pétrole et de gaz. Le pays est très boisé. Les infrastructures routières sont limitées. Les mangroves sont répandues le long du littoral. Dans la moitié sud du pays, le littoral est dominé par des rivages sableux dynamiques. Cependant une série de lagunes côtières recevant l'influence des marées comportent des mangroves sur la frange littorale et remontent le long des cours d'eau. Dans la moitié nord du pays, les mangroves sont situées dans des baies deltaïques et estuariennes plus ouvertes. La structure du delta de l'Ogooué est complexe – certains de ses affluents s'alimentent dans le système lagunaire de Nkomi au sud, tandis que le flux principal entre dans un vaste delta protégé des vagues de l'Atlantique par une langue de terre qui longe le littoral. Enfin un certain nombre d'affluents s'écoulent dans la baie du Cap Lopez au nord où une grande forêt de palétuviers s'étend sur 35km à l'intérieur des terres. De vastes mangroves estuariennes entourent une grande partie de l'estuaire du Gabon, en particulier le long des rivages méridionaux, et autour de la baie de la Mondah.

Ces mangroves renferment l'ensemble des espèces de palétuviers régionales. Là où les arrivées d'eau douce sont suffisantes, comme dans les parties orientales de l'estuaire du Gabon ou du Komo et à l'Est de la baie Lopez, les canopées de *Rhizophora* atteignent 30m. Les secteurs dans lesquels la salinité est plus élevée portent des formations basses et quelquefois, les mangroves sont assez étroites ou font place à des sols hyper-salés, dénudés. *Rhizophora* domine généralement près de l'océan, alors qu'*Avicennia germinans*, *Conocarpus erectus*, *Acrostichum aureum* et *Laguncularia racemosa* ont tendance à se développer sur des franges plus sèches, dans la transition avec les systèmes terrestres (Corcoran *et al.*, 2007).

L'une des particularités importantes de beaucoup de ces mangroves est d'être en continuité avec les systèmes continentaux ou marins. Ce continuum se fait avec divers habitats comme ceux des marécages salés, des savanes, des marais à papyrus, des forêts denses humides et marécageuses d'eau douce. De grands mammifères se déplacent entre ces systèmes, amenant des éléphants, des chimpanzés et des gorilles près de lagunes et d'estuaires qui hébergent des hippopotames, des lamantins d'Afrique de l'Ouest et des dauphins à bosse de l'Atlantique. La faune ornithologique est abondante. Elle comprend des milliers d'échassiers hivernant comme les pluviers

Les buffles de forêt sont parmi les nombreux grands mammifères qui s'aventurent dans les mangroves du Gabon, à partir des habitats adjacents restés primaires.

Photo Lucy W. Keith

argentés, les bécasseaux minute et cocorli, ainsi que des résidents comme le pélican blanc, le boubou fuligineux, la souris sunbird et la paruline Apalis.

Dans le nord, les mangroves autour de la baie de la Mondah et de l'estuaire du Gabon (Komo) sont utilisées par plusieurs groupes ethniques, ainsi que par la population urbaine de Libreville, pour le bois de feu, la pêche et la chasse. Le tourisme se développe. Les menaces sur les mangroves y sont de plus en plus perceptibles à la suite de la surexploitation et de l'expansion urbaine (Ramsar, 2009). L'exploration et l'extraction pétrolières constituent une menace potentielle. L'exploration sismique pour trouver de nouvelles réserves pétrolières a conduit au défrichement de quelques petites surfaces. L'extraction de bois d'œuvre est une industrie importante dans le pays. Elle est largement concentrée sur les forêts terrestres. Aucune extraction commerciale des mangroves n'a été décrite.

Le Gabon a mis en place beaucoup d'aire protégées, dont plusieurs comportent de vastes mangroves, comme les parcs nationaux d'Akanda et de Pongara dans le sud, qui s'étendent sur 200km de littoral, comprenant les lagunes Ngobe (Iguela) et Ndogo. Cinq de ces sites sont aussi des sites Ramsar.

La Gambie Carte 13.1

La Gambie forme une enclave dans le Sénégal qui s'étend sur 320km à l'intérieur des terres. Les mangroves continuent le long du fleuve Gambie sur plus de 200km et s'étendent aussi en amont de nombreux affluents, dont le Bintang Bolong affluent de la rive sud qui porte des mangroves floristiquement riches, sur 40km.

Rhizophora racemosa est l'espèce dominante en bordure du fleuve, tandis que *R. harrisonii* à *R. mangle*, avec des *Avicennia germinans* lui font suite sur les sols plus relevés, mieux drainés et plus salins. Vers l'intérieur des terres, de grands *R. racemosa*, atteignant 20m, longent les cours d'eau, mais font place ensuite à des forêts claires basses d'*A. germinans*. Il est fréquent que les mangroves présentent une transition vers des marécages salés et des vasières salines nues. Beaucoup plus en amont apparaît une zonation naturelle vers des marécages à palmiers ou à Pandanus, ou vers des forêts marécageuses d'eau douce. Dans les marais de Tanbi, près de Banjul, 362 espèces d'oiseaux ont été répertoriées. Les lamantins d'Afrique occidentale sont toujours observés dans le fleuve et dans ses affluents. Les sites plus vastes et préservés comme les zones humides de Baobolon renferment des faunes mammaliennes très diversifiées, des loutres, le cobe des roseaux (une antilope semi-aquatique) et des primates comme les babouins et les colobes rouges (RCMP, 2003 ; Diop, 2009).

L'utilisation des mangroves par l'homme est considérable, même à Banjul, la capitale, qui s'étend à côté des vastes mangroves de Tanbi. L'importante activité de pêche au canoë pratiquée dans l'estuaire porte sur les aloses et les crevettes. Les femmes collectent les huîtres dans les mangroves (ACCC, 2006). Les coquilles d'huîtres sont utilisées pour produire de la chaux. Le bois d'œuvre et de chauffe sont les principaux usages. Les mangroves sont aussi utilisées de manière occasionnelle pour des applications médicinales et préparer une boisson proche du thé (Hirani, 2005). En Gambie l'industrie touristique est importante. Elle est certes dominée par le tourisme de plage mais elle comprend aussi des tours dans les mangroves, des sorties ornithologiques, la pêche sportive, l'observation des dauphins et des visites culturelles dans les villages de pêcheurs (Hirani, 2005). Les mangroves jouent un rôle important dans le soutien de la riziculture dans les secteurs soumis à l'influence de la marée (voir la Guinée-Bissau pour une analyse plus complète) (Bos *et al.*, 2006). Elles pourraient aussi aider au maintien des réserves d'eau des nappes, à la rétention des sédiments et au contrôle des inondations (Ramsar, 2009).

Les surfaces de mangroves du pays semblent rester assez stables, malgré des menaces persistantes de conversion à l'agriculture ou de dégradations à cause de leur surexploitation. Par endroits, les personnes collectant les huîtres abîment les arbres en coupant les racines pour

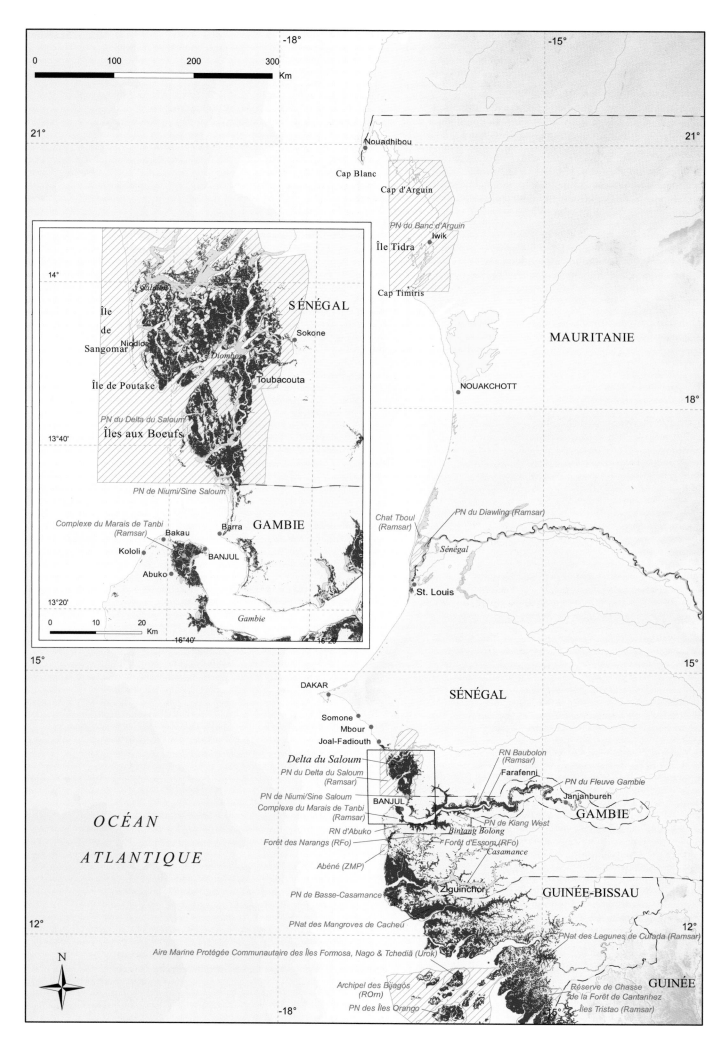

Carte 13.1 De la Mauritanie à la Guinée

en retirer les huîtres (ACCC, 2006). La pollution est localisée autour de Banjul. Les modifications du régime hydrique et l'érosion côtière pourraient être liées à des travaux de restauration côtière et d'ingénierie, comprenant le dragage avec extraction de sable, le long de la côte Atlantique (Hirani, 2005). Des causes naturelles et les sécheresses sahéliennes des années 1970 et 1980 sont à l'origine des pertes de mangroves engendrées par l'augmentation de la salinité (Spalding *et al.*, 1997).

Les populations locales sont bien renseignées sur l'importante des mangroves. Il se peut qu'il existe une protection *de facto* provenant du fait que les sols sont pauvres et que les risques de salinisation et d'acidification des terres empêchent leur conversion à d'autres usages en beaucoup d'endroits. En outre, certaines mangroves font partie d'aires protégées, dont deux sites Ramsar. Des efforts de collaboration sont en cours avec le Sénégal pour gérer les parcs nationaux transfrontaliers sur le littoral des deux pays (Diop, 2009).

Le Ghana Carte 13.3

Le littoral du Ghana comprend des rivages sableux soumis à une forte houle. Les mangroves sont situées dans un certain nombre de lagunes côtières, notamment entre la frontière avec la Côte d'Ivoire et le Cap des Trois Pointes (Cape Three Points), et à l'Est dans les lagunes du delta de la Volta. Les précipitations varient considérablement, atteignant plus de 2000mm à l'ouest mais chutant à 750mm à l'Est (Hughes and Hughes, 1992). De nombreuses lagunes côtières sont isolées de l'océan par des barres sableuses, quand les arrivées d'eau douce sont faibles. Il subsiste quelques forêts de mangroves primaires. Les palétuviers sont presque partout buissonnants ou arbustifs, atteignant généralement 6m de haut. Les espèces dominantes sont *Rhizophora racemosa* et *Avicennia germinans*. *Laguncularia racemosa* est moins commune. Dans les lagunes coupées de l'océan une partie de l'année, on trouve souvent une frange de mangroves buissonnantes, dominée par *A. germinans*, *Conocarpus erectus* et *L. racemosa*. Autour des lagunes les plantes de marécages salés, comme les *Paspalum* et les *Sesuvium*, ainsi qu'*Acrostichum aureum*, dominent souvent les terrains situés au-dessus des mangroves (Sackey *et al.*, 1993 ; Diop *et al.*, 2002).

Les zones humides et les lagunes côtières du Ghana sont connues pour leurs populations ornithologiques abondantes, dont des migrateurs en hiver. On estime que la petite lagune de Muni à 50km à l'ouest d'Accra accueille 23 000 oiseaux d'eau, dont 27 espèces d'échassiers, et plusieurs ternes, hérons et aigrettes. En outre, 21 espèces de mammifères ont été répertoriées, dont 5 antilopes et 2 espèces de singes (Rubin *et al.*, 1998 ; Gordon *et al.*, 2000).

Les mangroves sont largement utilisées comme combustible, pour le bois d'œuvre et pour la pêche, notamment les tilapias, les crabes, les huîtres et des gastéropodes (Dankwa and Gordon, 2002 ; Gordon and Ayivor, 2003). La valeur des mangroves pour le maintien des activités de pêche dans ses eaux est considérable. Des études ont montré que la biomasse et la biodiversité d'espèces cibles étaient plus élevées dans les environs des mangroves qu'ailleurs (Dankwa and Gordon, 2002).

De vastes mangroves ont été défrichées pour l'agriculture et pour l'extension de marais salants, en particulier à l'Est du pays. De nombreuses mangroves résiduelles sont des forêts secondaires, dans lesquelles le bois d'œuvre et de chauffe a été prélevé pour être utilisé pour la cuisson des aliments, le fumage du poisson et la distillation de boissons alcoolisées (Gordon and Ayivor, 2003). Par endroits, les mangroves défrichées ont été remplacées par des sols nus compactés ou par des formations de marécages salés (Sackey *et al.*, 1993). L'accroissement démographique et des activités économiques ont engendré une pollution industrielle et urbaine et se sont traduits par la multiplication des décharges. À l'Est du pays de nombreux dégâts sont dus à la construction, en 1964, d'un barrage sur la Volta. Il a entraîné des changements majeurs du régime hydrologique, et la formation périodique de bancs de sable à l'embouchure, réduisant considérablement la pénétration de l'eau de mer en amont (Dankwa and Gordon, 2002). Cette retenue a aussi entraîné une augmentation du nombre de villages et des activités agricoles, probablement liées d'une part à des déplacements de populations et, d'autre part, à la disparition d'activités suffisamment rémunératrices en amont. Pendant les années 1960, les mangroves du delta de la Volta ont été activement gérées, des surfaces anciennement défrichées ont été replantées ou leur régénération naturelle a été favorisée. L'exploitation de ces sites ne s'est faite que 12 à 15 ans plus tard. Ces pratiques n'ont pas duré. L'exploitation entre deux récoltes a été raccourcie dans les mangroves encore en place (Gordon and Ayivor, 2003 ; Corcoran *et al.*, 2007).

On a estimé que le Ghana avait perdu 70% de ses mangroves en 1992. Ces pertes se poursuivent. Une étude plus récente conduite dans l'ouest a montré un déclin supplémentaire de 27% entre 1990 et 2000. Simultanément les défrichements côtiers de formations buissonnantes et herbeuses, pour l'élargissement de périmètres urbains ou agricoles, ont aussi été recensés.

Les efforts pour incorporer les mangroves aux aires protégées restent limités. Une certaine protection leur est procurée grâce à un certain nombre de systèmes de gestion traditionnels. Cinq sites Ramsar ont été déclarés dans des lagunes côtières et dans des deltas du centre et de l'Est du pays. Ces sites sont gérés durablement accompagnés de recherches et de projets éducatifs. Mais ces sites sont toujours très utilisés pour la pêche, pour le bois et pour la chasse récréative (Diop *et al.*, 2002).

La Guinée Carte 13.2

La Guinée a un littoral estuarien et deltaïque complexe, riche en mangroves. Le climat est humide, avec une pluviométrie côtière de 2500mm à 4000mm à Conakry et une saison sèche prononcée de décembre à avril. Les mangroves sont quasi-continues, bien qu'elles aient été réduites à une étroite frange par endroits. L'influence forte des marées permet la pénétration des mangroves jusqu'à 20km ou plus dans de nombreux estuaires. Elles présentent souvent une transition vers des forêts marécageuses d'eau douce, saisonnièrement inondées, pouvant recevoir l'influence des marées pendant la saison humide (Hughes and Hughes, 1992).

Certaines des mangroves parmi les plus vastes se trouvent sur les îles de Tristao et sur des zones côtières situées près de la frontière avec la Guinée-Bissau. Le fleuve Pongo comporte des mangroves primaires intactes, abritant une faune riche. L'Est et le sud du delta du Konkouré qui alimente la baie de Sangaréa en renferme aussi de grandes étendues (Hughes and Hughes, 1992 ; Ramsar, 2009).

Les mangroves comprennent l'ensemble des espèces de palétuviers de cette partie du monde, dominées par *Rhizophora racemosa*. *Avicennia germinans* occupe les milieux plus salés. *Laguncularia racemosa* est généralement situé dans des zones plus élevées et plus en amont. Des peuplements non dégradés de *R. racemosa* peuvent avoir des canopées de 15 à 20m de hauteur. Les plus hétérogènes ont des canopées mesurant de l'ordre de 8m, avec quelques émergeants épars. Par endroits, les mangroves font place à des marécages salés ou à des sédiments nus. Il peut s'agir du résultat de dégradations anthropiques ou plus naturellement de la forte salinité des milieux (Diallo, 1993 ; FAO, 2007). La faune associée est riche, comprenant d'importantes populations d'oiseaux comme la spatule d'Afrique, l'ibis sacré, le pélican à bec tacheté, la cigogne épiscopale, l'ombrette africaine, le pygargue vocifère, le héron goliath, la grue couronnée, le pigeon capucin et le balbuzard. Des flamants roses et nains ont été observés sur les vasières proches des mangroves. Les lamantins d'Afrique de l'Ouest bien qu'ils soient rares, circulent dans certains chenaux. Les hippopotames ont été observés sur les îles Tristao (Ramsar, 2009).

Le poisson et le bois de feu sont deux des bénéfices importants procurés par les mangroves aux populations côtières, ici sur le littoral guinéen.

Photo Emily Corcoran

Les mangroves sont traditionnellement importantes comme source de combustible, pour la production de charbon et pour leur bois de construction. Elles sont aussi prisées pour la pêche et pour la collecte d'huîtres. La pêche est particulièrement intensive dans le nord du pays. Le bois de palétuvier est aussi utilisé pour fumer le poisson consommé dans tout le pays (Diallo, 1993). Les

feuilles de *Laguncularia racemosa* sont utilisées comme pesticide naturel dans les rizières (FAO, 2007).

Quelques 50 000 personnes travaillent dans la riziculture en Guinée, où de vastes surfaces de mangroves ont été converties en rizières. Les plus grands systèmes de riziculture sont protégés des intrusions d'eau de mer par des digues et sont irrigués par des canaux. Une grande proportion est soumise à l'influence de la marée et utilise les cycles naturels des marées pour l'irrigation, grâce à un système complexe de gestion de l'eau. De nombreux sols de la région sont décrits comme étant potentiellement sulfatés acides, devenant très acides et stériles lorsqu'ils sont exposés à l'air. Pour prévenir ce risque, les champs sont maintenus gorgés d'eau, en utilisant l'eau de mer pendant la saison sèche, puis inondés avec de l'eau douce avant les plantations de la saison humide. Ces cultures se situent dans les parties hautes des estuaires, si bien que l'inondation pendant la saison des pluies provient du refoulement de l'eau douce par la marée. La salinité est ainsi neutralisée. Des forêts de palétuviers ont été converties en rizières. Les mangroves sur pied jouent un rôle déterminant dans l'apport de nutriments, dans la consolidation des sédiments et dans la protection contre l'érosion. La valeur économique du riz est un argument économique de taille contre de nouvelles interférences sur le régime hydrologique. En effet, la construction de nouveaux barrages en amont, entraînerait une diminution de la quantité d'eau douce de refoulement nécessaire à l'irrigation et une réduction des apports d'alluvions fertilisantes. (Bos *et al.*, 2006).

Ailleurs, de nombreuses rizières ont été abandonnées. Certaines sont devenues des pâturages, d'autres des marais salants. Cette production de sel exerce une pression supplémentaire sur les mangroves, leur bois étant utilisé pour chauffer l'eau salée jusqu'à l'ébullition, afin d'obtenir le sel cristallisé. Des expérimentations de crevetticulture sur d'anciennes rizières ont été tentées. Elles pourraient montrer une utilisation efficace de ces champs abandonnés (Diallo, 1993). Une petite mangrove a été défrichée au moment de l'expansion du port de Kamsar. Ce préjudice a été réparé par la plantation ailleurs, d'une surface comparable (FAO, 2007).

De vastes mangroves au nord de Conakry ont été déclarées sites Ramsar (quelques palétuviers subsistent aussi sur l'île Blanche, un petit site Ramsar sur les îles de Los, au large de Conakry). Ces sites n'ont pas d'autre statut de protection, mais les terres sont propriété de l'État, qui exerce des contrôles sur les coupes de bois. La volonté existe de développer une gestion plus active ainsi que des programmes éducatifs (Ramsar, 2009).

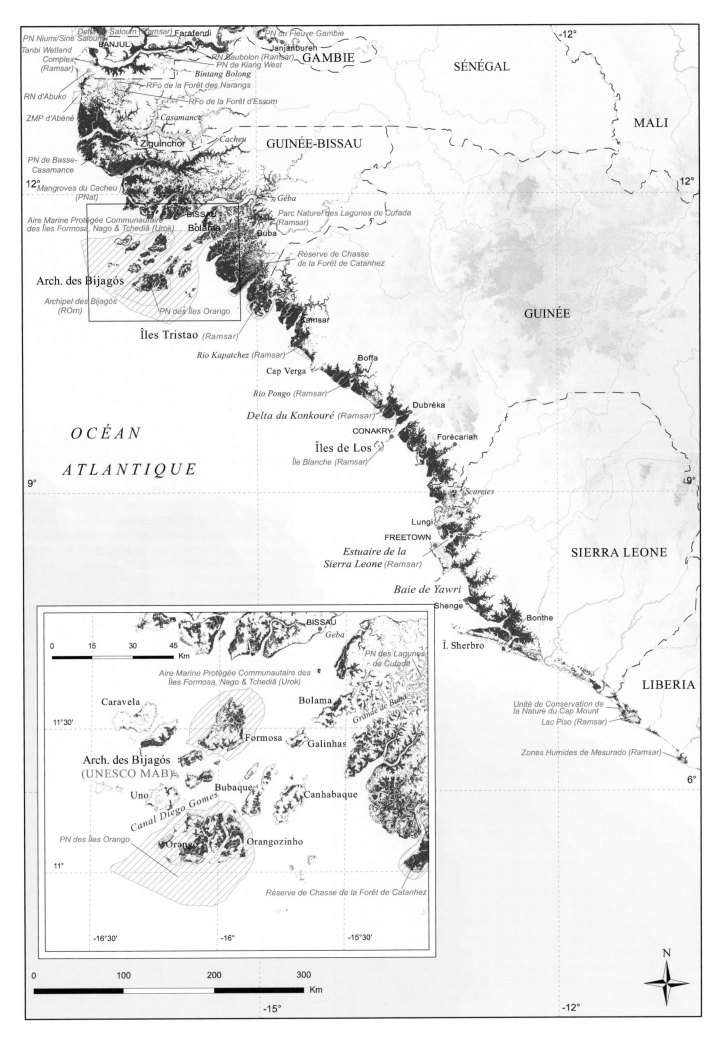

Carte 13.2 De la Guinée-Bissau à la Sierra Leone

La Guinée-Bissau Carte 13.2

Le littoral de la Guinée-Bissau est formé d'un système complexe de chenaux estuariens, de plaines et d'îles deltaïques basses. Avec une forte amplitude des marées, ce pays offre des conditions idéales pour les mangroves, qui totalisent environ 3000km² – la plus grande nation à mangroves de la région après le Nigeria. Certaines des forêts parmi les plus vastes sont situées le long du Cacheu dans le nord, où elles s'étendent jusqu'à 100km à l'intérieur des terres, sur une largeur pouvant atteindre 15km sur la rive nord. Dans les parties non perturbées, ces forêts montrent une transition vers des forêts de palmiers et des forêts inondées d'eau douce, auxquelles font suite des savanes, sur les plus hautes terres de l'intérieur. Il est fréquent que les mangroves les plus développées soient situées le long des chenaux, derrière lesquelles apparaissent des formations chétives, des marécages salés ou même des dépressions nues chargées en sel. Au large du cours d'eau Géba se trouve l'archipel des Bijagós, un groupe de 88 îles au relief peu marqué, d'origine deltaïque, entourées de vasières et d'étendues de mangroves (Hughes and Hughes, 1992 ; FAO, 2007).

Les mangroves sont dominées par *Rhizophora racemosa*. *Laguncularia racemosa* est assez abondant dans l'archipel des Bijagós. Généralement, les mangroves atteignent une hauteur de 5m, mais par endroits les canopées de *R. racemosa* atteignent 10m. Les plus grandes mangroves abritent des faunes nombreuses et diversifiées, notamment des oiseaux d'eau. On estime que les Bijagós hébergent chaque année 800 000 oiseaux d'eau migrateurs Paléarctiques, venant s'ajouter aux oiseaux résidents et aux populations en nidification, ce qui en fait le deuxième site après le Banc d'Arguin en Mauritanie.

Au moins 180 espèces d'oiseaux ont été répertoriées à l'embouchure du Cacheu, ainsi que 40 mammifères terrestres. Cinq espèces de tortues marines se trouvent dans l'archipel, qui profitent de grands espaces de ponte sur les plages. Parmi les autres grands vertébrés souvent rencontrés dans les mangroves, dans les Bijagós et sur le

Les mangroves sont une source importante de matériaux pour la construction d'habitations et la production de piquets de clôtures et de pièges à poissons en Afrique de l'Ouest.

Photo Giotto Castelli

L'archipel des Bijagós au large du littoral de Guinée-Bissau comporte de vastes mangroves, où des hippopotames et des crocodiles du Nil résident. Elles sont Réserve de Biosphère de l'UNESCO.

Photo Jean-François Hellio et Nicolas Van Ingen

continent, citons les hippopotames, le lamantin d'Afrique de l'Ouest, le dauphin à bosse de l'Atlantique, le crocodile du Nil et le crocodile nain (RCMP, 2003 ; Corcoran *et al.*, 2007).

Les populations humaines utilisent depuis longtemps les mangroves en Guinée-Bissau, pour le bois d'œuvre et comme combustible. La pêche concerne les huîtres, les crabes et les poissons. 70% de la production nationale de poisson est liée aux mangroves (ACCC, 2006). Les crevettes aux stades juvéniles utilisent les mangroves avant de migrer vers le large. Elles sont capturées dans les mangroves pour la consommation locale. Leur pêche sur le plateau continental est une activité industrielle développée (ACCC, 2006). La culture de riz qui utilise le rythme des marées pour l'irrigation, est importante aussi en Guinée-Bissau (voir la Guinée pour une description plus détaillée) (Bos *et al.*, 2006).

Les mangroves sont toujours menacées par les défrichements pour l'expansion des zones urbaines et celle des terrains agricoles. Les mangroves qui se sont maintenues, en particulier près des centres urbains en pleine expansion, sont victimes de surexploitation. Malgré tout, la surface totale des mangroves du pays est considérée comme assez stable (Bos *et al.*, 2006 ; Corcoran *et al.*, 2007).

Des efforts considérables ont été faits pour protéger les mangroves en Guinée-Bissau, avec la création de trois parcs nationaux, et la déclaration de l'archipel des Bijagós réserve de biosphère de l'UNESCO. Un petit site Ramsar comprend une frange de mangroves sur la rive méridionale du Corubal.

Le Liberia Carte 13.3

Le Liberia est l'un des pays les plus humides d'Afrique, la partie occidentale recevant généralement 4000mm de pluie par an, sans saison sèche marquée. Le littoral présente un relief principalement élevé, aux rivages sableux soumis à une forte houle. D'importantes mangroves se sont développées dans plusieurs lagunes côtières et dans la plupart des estuaires. Les plus étendues sont situées autour du lac Piso à l'ouest, dans les zones humides de Mesurado derrière Monrovia, et dans les zones humides Marshall à la confluence des trois cours d'eau, et aux embouchures du St John et du Sehnkwehn tout proche (Hughes and Hughes, 1992).

Rhizophora racemosa est dominant, avec *R. mangle* et *R. harrisonii*. *Avicennia germinans* est aussi assez répandu, et *Acrostichum aureum* est commun à beaucoup d'endroits. *Conocarpus erectus* a été observé à l'Est du pays. *Laguncularia racemosa* est présent au lac Piso. La plupart des mangroves sont secondaires, souvent buissonnantes, mais il existe des formations primaires et des peuplements de 30m hauteur dans l'estuaire du Sehnkwehn et dans les zones humides de Marshall. En beaucoup d'endroits, les mangroves sont situées à côté d'autres végétations de zones humides ; des stades de transition existent entre mangroves, Raphiales, forêts de palmiers, et forêts denses humides (Corcoran *et al.*, 2007 ; Ramsar, 2009).

Les mangroves et leurs lagunes hébergent une faune associée diversifiée, comprenant des oiseaux dont la spatule d'Afrique, la glaréole à collier, l'aigrette des récifs et des courlis dont l'œdicnème vermiculé. Le crocodile nain et le crocodile du Nil ont tous deux été observés dans ces mangroves. Plusieurs primates comme les chimpanzés et le colobe vert olive s'aventurent parfois dans les mangroves. Le colobe rouge, espèce menacée, est un visiteur plus régulier. Des lamantins d'Afrique de l'Ouest ont été observés dans le lac Piso (Ramsar, 2009).

Les mangroves sont très utilisées pour leur bois et comme combustible. Elles soutiennent les activités de pêche. Les palourdes, les huîtres et les bigorneaux, directement collectés dans les mangroves, sont une source majeure de protéines pour de nombreuses populations côtières. Le poisson est aussi important. Les zones humides Marshall sont assez régulièrement fréquentées par des pêcheurs amateurs, mais les réserves halieutiques ont été dégradées par la pêche à la dynamite près de l'embouchure du fleuve (Corcoran *et al.*, 2007 ; Ramsar, 2009).

Les mangroves sont dégradées et menacées à beaucoup d'endroits, dont les zones humides de Mesurado et autour du lac Piso, par des déversements d'ordures, par la pollution des eaux usées, par la pollution industrielle, par la surexploitation halieutique et par la surexploitation du bois de construction et de chauffe. Certaines mangroves ont aussi disparu à la suite de l'expansion urbaine, de la construction de routes et de la conversion à la riziculture. En beaucoup d'endroits, les pressions sur les mangroves ont été grandement exacerbées par les troubles sociaux qui ont tourmenté le pays entre 1990 à la fin de 2003. Des populations entières ont été déplacées et sont venues s'installer dans les principales villes côtières, ce qui a entraîné une surexploitation des ressources naturelles au-delà de leur durabilité (Corcoran *et al.*, 2007 ; Ramsar, 2009).

Trois zones importantes, le lac Piso et les zones humides Marshall et de Mesurado ont été déclarées sites Ramsar. La législation nationale relative à leur protection et aux interventions pour une gestion active reste limitée (Ramsar, 2009).

La Mauritanie Carte 13.1

La Mauritanie est un pays aride dont les côtes sont soumises à une forte houle. Les mangroves sont restreintes, d'une part à quelques petites formations, au sud, sur les berges du fleuve Sénégal et sur les vasières voisines, et d'autre part, quelques 300km au nord, autour du Banc d'Arguin, où subsistent de petits peuplements buissonnants. Comme c'est le cas de toute formation végétale marginale, le rôle des mangroves sur ces deux sites est probablement assez insignifiant d'un point de vue écosystémique plus large. Mais ces mangroves présentent tout de même un intérêt par leur capacité à survivre dans un milieu aux conditions extrêmement rigoureuses. Le fleuve Sénégal forme un système semblable à un delta, séparé de l'Océan Atlantique par une barrière de sable. Les marécages salés dominent les peuplements littoraux. Cependant, des *Avicennia germinans*, avec probablement aussi des *Rhizophora racemosa*, ont été répertoriés au niveau du lac de Diawling et à Chat Tboul. Ils mesurent entre de 3 à 4m de hauteur.

Dans les grands systèmes lagunaires peu profonds du Banc d'Arguin, seule *A. germinans* est présente en petites formations ou sous forme de petits ligneux dispersés

Les oiseaux migrateurs d'Europe, comme ces courlis corlieu, hivernent en grand nombre dans les mangroves d'Afrique de l'Ouest.

Photo Giotto Castelli

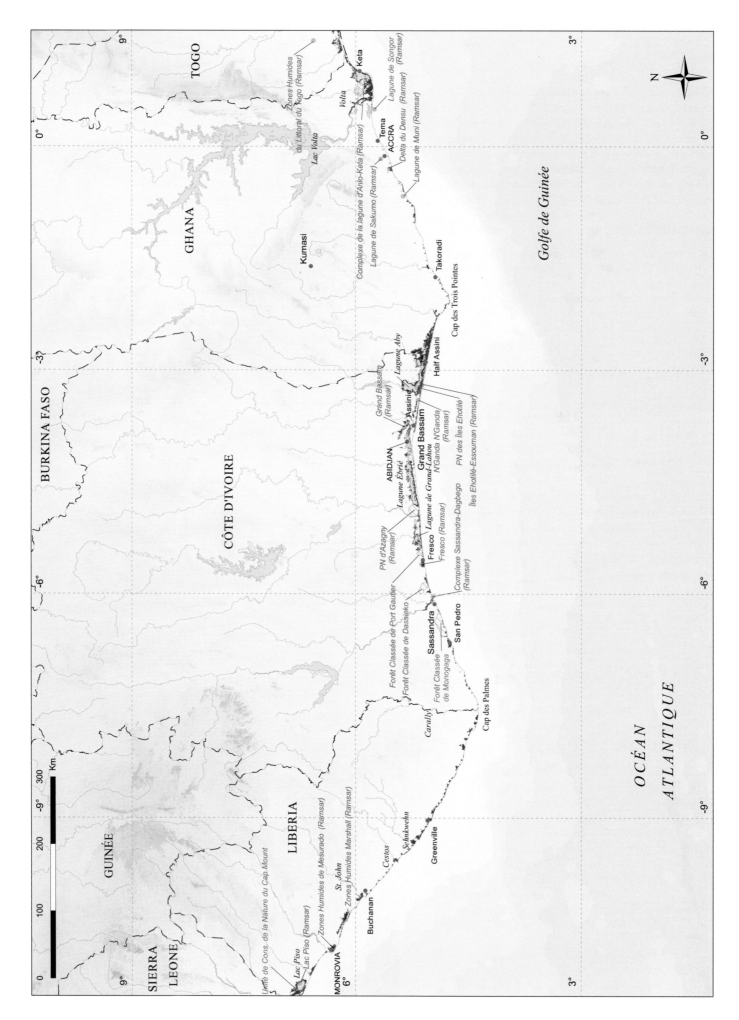

Carte 13.3 Le Liberia, la Côte d'Ivoire et le Ghana

parmi les halophytes des marécages salés, sur les rivages abrités du Cap Timiris et près de l'île Tidra. Les représentants des mangroves les plus septentrionaux sont situés près d'Iwik (Iouik), à 19°54'N. Ils ont été décrits comme des reliques d'un passé estuarien, vivant maintenant dans des conditions hypersalines. Ces buissons ou arbrisseaux se développent très bien. Ils ne mesurent par endroits que 30cm de hauteur, mais fleurissent et produisent de grandes quantités de propagules viables. La germination est bonne dans les lieux abrités des vents violents, des courants et du plein soleil (Hughes and Hughes, 1992 ; Dahdouh-Guebas and Koedam, 2001 ; RCMP, 2003 ; Ramsar, 2009). Les complexes d'écosystèmes les plus vastes, près du Banc d'Arguin, comprennent des marécages salés, des vasières et des herbiers marins très étendus. Ils sont riches et productifs. C'est ici que l'on trouve la plus importante agrégation d'échassiers hivernant au monde, 2,3 millions d'oiseaux, ainsi que nombreux autres résidents, dont des aigrettes, des hérons, des flamants et des spatules (RCMP, 2003 ; Ramsar, 2009).

Les mangroves ont été très affectées dans le delta du Sénégal. De vastes mangroves ont été converties à la riziculture et surexploitées pour leur bois et comme combustible. La réalisation du barrage de Diama, en 1985, et la construction de l'enceinte autour du réservoir qui a suivi en 1990, a conduit à des altérations profondes des flux hydriques. Les faibles précipitations de 1990 ont empêché l'écoulement de l'eau douce vers l'aval où la salinité a augmenté. Les fortes marées de printemps ont ensuite apporté des eaux très chargées en sels dans certaines zones humides, causant la mortalité de nombreuses mangroves et de formations herbeuses, un véritable désastre pour les populations locales de pêcheurs. Dans un recensement des oiseaux d'eau en 1994, seules trois espèces ont été répertoriées dans le nouveau Parc National du Diawling. Heureusement, depuis le milieu des années 1990, une série d'interventions ont permis de restaurer de grands espaces grâce à des inondations artificielles saisonnières à partir de vannes installées dans le périmètre de la retenue. Le rétablissement rapide des écosystèmes est apparu, dont la repousse des *Avicennia* à partir de propagules provenant des quelques ligneux restants. Les formations d'herbacées et les stocks halieutiques, tous deux d'une grande importance pour les populations locales, se sont aussi rétablis (Hamerlynck and Duvail, 2003). Les polluants et les pesticides étaient en augmentation dans l'eau. Cela est devenu préoccupant à Chat Tboul en particulier, un bassin d'évaporation où les échanges hydriques sont faibles (Ramsar, 2009). Le commencement tout récent d'extraction pétrolière sur le plateau continental au large de Nouakchott représente une menace potentielle de pollution pour les ressources côtières (Diop, 2009).

L'importance de ces zones humides pour la faune et la flore sauvages et pour les hommes a conduit à leur déclaration en aires protégées, qui sont aussi des sites Ramsar. Le Banc d'Arguin est aussi un site du Patrimoine Mondial.

Le Nigeria Carte 13.4

Le Nigeria détient la plus grande étendue de mangroves en Afrique – plus de 7300km² – et c'est la cinquième nation de mangroves au monde. Son littoral étendu et bas est doté de riches forêts de palétuviers deltaïques, estuariennes et lagunaires, qui pénètrent souvent directement jusqu'aux forêts inondées d'eau douce et jusqu'aux forêts denses humides sur terre ferme. Les précipitations sur la côte varient de 1500mm à 4000mm par an avec une courte saison sèche de décembre à février (Nwilo and Badejo, 2006). Le littoral occidental est dominé par de vastes systèmes lagunaires soumis aux influences des marées. L'importante lagune de Lagos est entourée de mangroves. Elle est reliée, plus à l'Est, à celle de Lekki. Dans cette dernière peu influencée par les marées, la salinité est faible et les mangroves sont peu développées. À l'ouest de la lagune Lagos, des chenaux étroits soumis aux influences des marées sont reliés entre eux jusqu'à Cotonou au Bénin. Les plus vastes mangroves se situent dans le delta du Niger, qui s'étend sur plus de 400km, où les mangroves pénètrent à l'intérieur des terres jusqu'à 30 ou 40km de la côte. Ces mangroves se trouvent tout près d'autres mangroves, celles de l'estuaire du Cross, qui à leur tour, sont contiguës aux formations du Rio del Rey au Cameroun.

Le delta du Niger renferme l'une des étendues de forêts de palétuviers en un seul bloc parmi les plus vastes au monde, couvrant plus de 6600km², une surface comparable à celle des Sundarbans en Asie du Sud et à celle des forêts de palétuviers deltaïques du nord du Brésil. Les limites extérieures du delta sont protégées de l'action des vagues par une série d'îles écrans et de bancs de sable. Derrière ces protections, les mangroves ont pu se développer. Elles sont dominées par *Rhizophora racemosa*, dont les canopées peuvent atteindre 40m, leur hauteur moyenne étant de 10 à 12 mètres. *R. mangle* est généralement situé à l'intérieur des mangroves, et *R. harrisonii* se trouve aussi dans les ceintures intermédiaires. *Avicennia germinans*, *Laguncularia racemosa* et *Conocarpus erectus* sont moins communs, le premier occupe plutôt des sols plus chargés en sel près des embouchures et des substrats plus sableux. *Nypa fruticans* a été introduit dans la région de Calabar en 1906 et s'est largement propagé. Cette espèce poursuit son expansion en particulier sur les reculées des cours d'eau où la salinité est faible (James *et al.*, 2007). Le delta du Niger est important pour beaucoup d'espèces animales, dont une grande diversité de poissons et de nombreux oiseaux d'eau comme les hérons, les ibis et les pélicans. Les animaux de plus grandes tailles comprennent le lamantin d'Afrique de l'Ouest, l'hippopotame, le sitatunga, les loutres, le crocodile du Nil et le crocodile nain.

De dimensions plus modestes, les mangroves des lagunes occidentales sont largement répandues, au contact de forêts inondées d'eau douce et de forêts de palmiers à *Raphia* et *Phoenix*. Les eaux des lagunes sont naturellement très productives et alimentent un large éventail de poissons d'eau douce, d'eaux saumâtres et marines, dont les brochets de mer, les tilapias, les

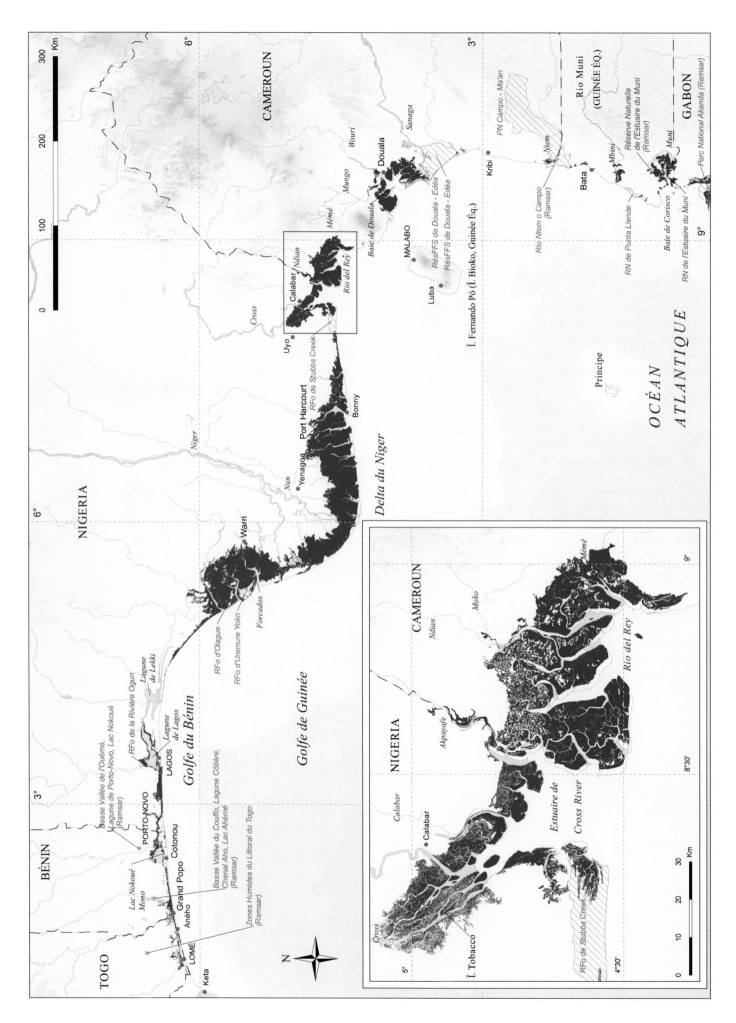

Carte 13.4 Le Golfe de Guinée

carangues, les poissons-chats et les mulets (Hughes and Hughes, 1992).

La densité de population vivant dans les mangroves et aux alentours est forte. Vingt millions de personnes appartenant à 40 groupes ethniques, vivent dans le delta du Niger. L'importance des mangroves pour ces populations est considérable. Les activités de pêche dans les lagunes, dans les eaux du large et dans les mangroves, sont une activité majeure. Les poissons, les crevettes, les crabes, les huîtres et les coques, représentent 80 à 100% de la consommation de protéines animales pour beaucoup de communautés côtières. L'une des méthodes de pêche locale consiste à immerger des branches dans les eaux des lagunes, jouant le rôle d'un dispositif d'attraction des poissons (*acadjas*, voir le Bénin pour une description plus complète) (Isebor, 2003). Les eaux riches et productives du delta du Niger sont aussi le lieu de reproduction de poissons vivant au large et d'espèces d'invertébrés, déterminantes pour les pêcheries d'une grande partie du Golfe de Guinée. L'intérêt pour le développement d'une aquaculture côtière va grandissant, bien que l'acidité élevée dans les sédiments au nord du delta du Niger puisse présenter des défis considérables. Les prélèvements de bois de construction et comme combustible sont aussi répandus, le bois des mangroves étant utilisé dans la construction de bateaux, de pièges et de piquets pour la pêche, de clôtures et d'habitations (Corcoran *et al.*, 2007).

Certaines utilisations humaines ont été durables pendant des siècles. La pression anthropique récente est intense. De vastes mangroves des lagunes occidentales ont été défrichées pour l'expansion agricole et urbaine. Les problèmes de pollution urbaine et industrielle sont considérables. La surexploitation halieutique a fortement affecté le secteur de la pêche (Hughes and Hughes, 1992).

Le delta du Niger est considéré comme l'un des écosystèmes les plus sévèrement touchés par les activités pétrolières dans le monde (Federal Ministry of Environment *et al.*, 2006). Les premières extractions de pétrole et de gaz ont débuté en 1958 dans le delta du Niger. En 2005 on dénombrait plus de 600 puits pétrolifères (à peu près également répartis entre les installations des rivages et celles du large), produisant 2,7 millions de barils par jour en 2006. De grandes raffineries dans le delta se trouvent près de Port Harcourt et de Warri. Quatre ports pour accueillir les pétroliers ont été construits sur le delta. L'accroissement démographique très fort dans cette région a certes conduit à la conversion de mangroves en espaces urbains, mais l'industrie du pétrole et du gaz a eu des conséquences beaucoup plus graves. L'exploration et l'extraction ont conduit à des défrichements pour construire des plates-formes, des oléoducs et gazoducs, des voies de communication, et ont nécessité des destructions pour conduire les études sismiques. Des estimations montrent que la régénération des mangroves défrichées prend de 30 à 40 ans, même sur des sédiments favorables situés dans la zone de balancement des marées. Assez souvent cette régénération est dominée par *Nypa fruticans*, remplaçant les espèces indigènes. Le dragage des chenaux et le creusement de nouveaux canaux, ont entraîné des modifications du régime hydrique et de la salinité, des phénomènes d'érosion et d'envasement. Le déversement des produits du dragage dans les palétuviers riverains a étouffé leurs racines et détruit de nombreuses mangroves. Progressivement ces espaces ont été remplacés par des forêts d'eau douce ou par des formations herbacées (Nwilo and Bajedo, 2006 ; Corcoran *et al.*, 2007).

Les déversements accidentels de pétrole sont très fréquents. Ils ont été estimés, au minimum, entre 9 à 13 millions de barils en 50 ans, à partir de sources gouvernementales (Federal Ministry of Environment *et al.*, 2006). Ces chiffres correspondent à des milliers d'incidents (par exemple 2097 incidents ont été répertoriés de 1997 à 2001) dans le delta du Niger et dans les eaux du large adjacentes (Nwilo and Badejo, 2006). Près de 50% de ces déversements sont liés à des infrastructures vieillissantes et à une mauvaise maintenance des oléoducs, mais les sabotages représentent un problème majeur, ainsi que le vandalisme pratiqué sur les oléoducs pour voler du pétrole brut, ce qui conduit régulièrement à des déversements et à des explosions, souvent dans des lieux isolés. Cette situation peut entraîner des pertes directes de mangrove. Ce fut le cas en 1980, pour 340ha, à la suite de l'une des plus importantes explosions survenues au large. Les conséquences chroniques à long-terme sur la croissance des arbres, sur la pêche et sur la santé sont aussi à prendre en compte (Chindah *et al.*, 2007). De tels impacts environnementaux sont une cause majeure de tensions politiques et d'instabilité sociale dans le delta. De nombreux groupes ethniques locaux se considèrent exclus de la richesse générée par l'industrie pétrolière, alors qu'ils souffrent du déclin des réserves halieutiques, de la mauvaise qualité de l'air et de la pollution de l'eau qu'ils consomment (Nwilo and Badejo, 2006).

La surface totale de mangroves dans le delta du Niger a chuté de 200km² entre 1986 et 2003, conséquence des nombreux impacts mentionnés ci-dessus (James *et al.*, 2007). En fait, cette surface est assez faible : seulement 3% du total. De vastes zones avaient déjà disparu avant cette date. Il est probable que de telles estimations, fondées sur l'imagerie satellitaire, ne prennent pas en compte des dégradations de l'habitat là où aucune perte de mangroves n'est encore visible.

Les efforts formels de conservation restent minimes. Il existe bien un cadre légal ayant pour objet de réduire les déversements accidentels de pétrole et des efforts grandissants sont faits pour empêcher les sabotages. Certaines compagnies pétrolières essaient de s'engager avec les populations locales et investissent dans des projets locaux pour réduire les atteintes à l'environnement. Il est remarquable qu'aucune aire protégée ne comporte des mangroves, bien que certaines réserves forestières comprennent de petites mangroves, ce qui peut leur offrir une protection légale très limitée.

São Tomé et Príncipe Cartes 13.4 et 13.5

La petite nation de São Tomé et Príncipe comprend deux îles volcaniques principales qui émergent loin du continent. Le relief est pentu. Les mangroves n'y ont probablement jamais été étendues, mais de petites mangroves croissent dans plusieurs estuaires. Sur São Tomé, la mangrove la plus importante forme une petite frange dans la lagune de Malanza (Ministry of Natural Resources and the Environment, 2007). Les autres sites sont les plages Shell et Tamarinos, Pantufo, Izé Water et Lapa (Corcoran *et al.*, 2007). Sur Príncipe, on trouve aussi de petites mangroves, au sud, entre Praia Seca et Praia Grande. Les espèces répertoriées comprennent *Rhizophora mangle*, *R. racemosa* et *Avicennia germinans*. *Acrostichum aureum* est aussi probablement présent (Ministry for Natural Resources and the Environment, 2007).

Il est probable que les mangroves ont été défrichées par endroits à cause de conversions à l'agriculture et à d'autres usages. Malheureusement les aires protégées actuelles ne comprennent pas de mangroves (Corcoran *et al.*, 2007; Ministry of Natural Resources and the Environment, 2007).

Le Sénégal Carte 13.1

Le Sénégal fait transition entre un environnement de type tropical humide et un environnement aride. Au nord, à St Louis, la saison humide dure deux mois et on enregistre moins de 400mm de pluie par an, alors qu'à Ziguinchor la saison humide est de cinq mois (juin à octobre) et la pluviométrie moyenne annuelle est d'environ 1500mm. Certains cours d'eau, notamment le Saloum et la Casamance, forment des estuaires inverses. La salinité augmente en allant vers l'amont, résultat d'une forte évaporation et des faibles apports d'eau douce pendant la longue saison sèche (Diop, 1988). Le fleuve Sénégal marque la frontière avec la Mauritanie au nord. On y trouve quelques petites mangroves, dans un paysage végétal de marécages salés, de dépressions chargées en sel, d'écosystèmes terrestres essentiellement dunaires. Plus au sud, à 200 kilomètres environ, apparaît la première petite mangrove, abritée dans une anse de l'îlot de Somone. Les premières mangroves de taille conséquente apparaissent dans le complexe estuarien/deltaïque du Saloum, à côté de dépressions salées, de savanes et de fourrés. Au sud du fleuve Gambie, les mangroves sont étendues dans les deltas et loin à l'intérieur des terres, le long de l'estuaire de la Casamance, qui reçoit l'influence des marées jusqu'à 150km de la côte.

Rhizophora racemosa a tendance à dominer, en particulier le long des cours d'eau, parfois suivi par des peuplements plus dispersés d'*Avicennia germinans* et de *Laguncularia racemosa*. Au nord, *A. germinans* devient dominant. La surface de cette espèce a augmenté à la suite des sécheresses. *R. mangle* et l'hybride *R. harrisonii* ont aussi été signalés. *Conocarpus erectus* constitue des fourrés bas en bordure de certains marécages salés. (Diaw, 2003 ; RCMP, 2003). Dans la plupart des régions, les mangroves sont basses et sont en contact, dans l'arrière mangrove, avec des marais salants ou des dépressions très salées.

Un nombre spectaculaire d'oiseaux de mer sont répertoriés dans le delta du Saloum, avec 120 000 oiseaux nidifiant, hivernant ou migrateurs de passage, appartenant à plus de 300 espèces, dont de nombreux hérons, échassiers et sternes (RCMP, 2003). Les eaux sont poissonneuses. On y rencontre des populations de lamantins d'Afrique de l'Ouest, ainsi que des cétacés dont le dauphin à bosse de l'Atlantique (Ramsar, 2009). Une population très isolée de 500 colobes rouges d'Afrique de l'Ouest a été régulièrement observée dans les mangroves (Galat-Luong and Galat, 2005). Cette espèce est menacée

Une parcelle de terre surélevée constitue une île couverte de végétation mais exempte de mangrove, dans le delta du Saloum, au Sénégal.

Photo Jean-François Hellio et Nicolas Van Ingen

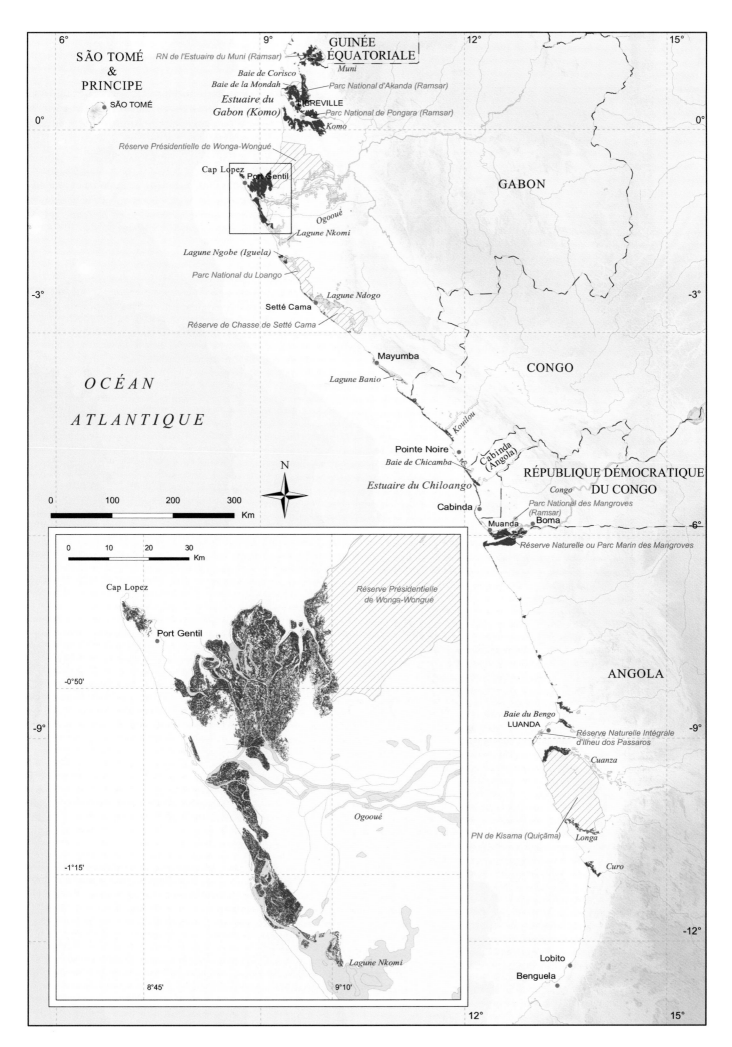

Carte 13.5 Du Gabon à l'Angola

Collecte d'huîtres sur les racines de *Rhizophora*. Les femmes de 14 villages du delta du Saloum, au Sénégal, ont appris à ramasser les huîtres sans couper les racines, ce qui assure la survie à long terme de la mangrove et des réserves d'huîtres.

Photo Jean-François Hellio et Nicolas Van Ingen

au Sine Saloum. Le parc national de Basse Casamance héberge une faune diversifiée, dont des lamantins, des hippopotames et des crocodiles.

Les hommes ont utilisé les mangroves de la région pendant de nombreuses années. Ils sont hautement dépendants de leurs ressources pour le poisson, le bois de construction et comme combustible. Quelques 70% de l'apport protéique du pays proviennent du poisson et des fruits de mer, dont les coquillages prélevés dans les chenaux à mangroves (Diaw, 2003). La collecte d'huîtres est répandue, réalisée généralement par les femmes (Corcoran *et al.*, 2007). La riziculture sous l'influence des marées est répandue (voir la description en Guinée) (Bos *et al.*, 2006). Le tourisme côtier est aussi une activité important. Il a conduit à une augmentation des équipements côtiers. Il est, pour l'essentiel, centré sur les plages, mais il y a un certain intérêt pour les mangroves et pour les sorties ornithologiques qui pourraient apporter une valeur ajoutée aux aires protégées.

La surexploitation halieutique et celle du bois menace l'intégrité de nombreuses mangroves. L'expansion de l'agriculture est une menace particulière, liée à l'accroissement rapide de la population du pays. Les changements naturels dans les mangroves semblent être liés aux sécheresses, en particulier aux sévères sécheresses qui ont sévi au Sahel au début des années 1970 et 1980 (Kjerve *et al.*, 1997). Elles ont considérablement augmenté la salinité en amont des estuaires, causant la mortalité de mangroves et un élargissement des dépressions très chargées en sel, quasiment nues, ou tannes. Les pluviométries se sont légèrement améliorées, mais restent toujours inférieures aux quantités de pluies mesurées avant les grandes sécheresses. Ceci a permis un certain rétablissement des mangroves. Par endroits *Rhizophora* a été remplacée par *Avicennia*, plus tolérant au sel (Bos *et al.*, 2006). La percée naturelle d'une partie de la barre sableuse en face le delta du Saloum a entraîné un accroissement local de l'érosion.

Il existe ici une prise de conscience considérable de l'importance des mangroves, et plus généralement de l'importance des ressources forestières. C'est l'une des conséquences de la menace réelle de désertification qui pèse sur de vastes territoires. Plusieurs aires protégées comprennent des mangroves, notamment dans le delta du delta du Saloum, qui fait partie d'une réserve de biosphère de l'UNESCO et d'un site Ramsar. Des efforts pour une gestion durable sont de plus en plus mis en œuvre par les populations locales du delta du Saloum où des villages sont impliqués dans la création de pépinières, dans des opérations de reboisements de parcelles, ainsi que dans la gestion des activités de pêche (Diop, 1993 ; Diop *et al.*, 2002 ; UNESCO, 2009).

La Sierra Leone Carte 13.2

Les deux tiers septentrionaux du littoral de la Sierra Leone sont dominés par des formations estuariennes/deltaïques complexes, alors que le tiers méridional est un littoral sableux affecté par une forte houle. De grandes étendues de mangroves sont situées sur la frontière avec la Guinée, bien qu'elles aient été défrichées sur les parties basses aux embouchures du fleuve Scarcies. Plus au sud, les grandes mangroves se trouvent derrière la péninsule de Freetown, dans le complexe de cours d'eau alimentant l'estuaire du fleuve Sierra Leone. De minces franges de mangroves longent une grande partie de la baie de Yawri et s'étendent sur plus de 20km à l'intérieur des terres, le long des trois estuaires qui rejoignent cette baie. Des mangroves parmi les plus vastes longent le chenal (connu sous le nom de fleuve Sherbro) entre l'île de Sherbro et le continent. Enfin, le long de la côte jusqu'au sud-est de Sherbro, une barrière de sable de 110 km de long a été formée par un courant côtier. Derrière cette barre, s'est développé un système lagunaire comportant plusieurs zones humides pleines de méandres alimentés par des cours d'eau, abritant des mangroves d'une étendue limitée (Hughes and Hughes, 1992).

Toutes les espèces de palétuviers de l'Afrique de l'Ouest sont représentées. *Rhizophora racemosa* est dominante, souvent en association avec *Avicennia germinans*, alors que *Laguncularia racemosa* colonise les nouvelles vasières par endroits. Le long des berges les mieux drainées, *R. racemosa* et *A. germinans* atteignent des hauteurs de 23m. En s'éloignant des cours d'eau et des mouvements de marées, les arbres deviennent chétifs. *A. germinans* domine là où la salinité est élevée. Par endroits ces dernières mangroves laissent place à des marécages salés ou à des dépressions dénudées chargées en sel. En amont, *R. mangle* devient plus abondant. Dans les peuplements non perturbés, les mangroves présentent une transition vers des forêts à *Pandanus* ou à *Raphia*, puis vers des forêts inondées d'eau douce (Johnson and Johnson, 1993).

Ces mangroves sont un lieu de ressources important pour beaucoup d'espèces animales, dont les oiseaux d'eau migrateurs. L'estuaire du fleuve Sierra Leone est régulièrement fréquenté par plus de 20 000 oiseaux d'eau, avec globalement des populations d'espèces importantes, dont des pluviers grand-gravelot et des pluviers à collier interrompu, des bécasseaux sanderling, le bécasseau cocorli et le chevalier gambette (BirdLife International, 2009 ; Ramsar, 2009).

Les littoraux des Rivières du Sud s'étendent du Sénégal à la Sierra Leone. Bien que les mangroves ne soient pas toujours hautes, elles représentent l'un des plus grands systèmes de mangroves au monde.

Photo Giotto Castelli

L'utilisation des mangroves est considérable pour le prélèvement de bois de construction et comme combustible. L'agro-foresterie est quelque peu développée (Corcoran *et al.*, 2007). Des invertébrés comme les crabes et les huîtres sont régulièrement collectés dans les mangroves, et on pêche des crevettes et des poissons dans les cours d'eau et chenaux.

La surexploitation a conduit à la disparition de grands arbres en beaucoup d'endroits, notamment près de Freetown. Les mangroves ont aussi été défrichées pour faire place à des parcelles de riziculture et à des marais salants, qui ont accentué les prélèvements de bois pour les besoins de la production de sel. La pollution et des envasements existent ici aussi. Les marées noires accidentelles provenant de tankers sont une menace bien présente au port de Freetown. Pendant la guerre civile, au cours des années 1990, les pressions sur les mangroves ont été beaucoup plus fortes. Elle se sont traduites par leur surexploitation pour l'alimentation et pour le bois, et, pour certaines d'entre elles, par leur conversion à l'agriculture (Corcoran *et al.*, 2007).

Peu d'efforts ont été faits pour protéger les mangroves. L'estuaire du fleuve Sierra Leone a été reconnu site Ramsar, mais il ne fait pas partie d'une aire protégée au niveau national.

Le Togo Carte 13.4

Le littoral sableux du Togo, qui porte des lagunes côtières, s'étend sur seulement 50km. Une seule ouverture, souvent bloquée par une barre de sable durant la saison sèche, relie les lagunes à l'océan, à Aného (Blivi *et al.*, 2002). D'autres liaisons avec l'océan se font via le système lagunaire du Bénin voisin. Les mangroves sont rares, bien que la fougère *Acrostichum aureum* soit présente au bord des lacs d'eau douce et saumâtre (Hughes and Hughes, 1992). *Rhizophora racemosa* et *Avicennia germinans* sont présents dans quelques petites formations, sur la frontière avec le Bénin, le long du chenal Gbaga parallèle à la côte et sur le fleuve Mono adjacent, qui marque la frontière avec le Bénin. Leurs peuplements mesurent jusqu'à 50m de large et certains arbres peuvent atteindre 20m de hauteur (Akpagana *et al.*, 1993).

Bien qu'ils n'aient jamais été vastes, les petits peuplements de mangroves, notamment ceux du chenal Gbaga, ont considérablement décliné, leur surface estimée à 40km^2 en 1988 étant passée à seulement 8km^2 en 2004. Les premières causes de leur disparition sont notamment la surexploitation du bois de palétuviers, les défrichements pour l'agriculture, les pollutions, urbaine, industrielle et minière, et les changements du régime hydrologique liés à la construction de la retenue hydroélectrique de Nangbeto sur le fleuve Mono (Johnston *et al.*, 2001 ; ANCE, 2008 ; Blivi, 2009).

L'intérêt pour la protection des mangroves résiduelles, pour la restauration des types dégradés ou défrichés grandit (ANCE, 2008). Un site Ramsar a été déclaré. Il couvre d'importantes zones du littoral du pays.

Références

ACCC (Adaptation to Climate and Coastal Change in West Africa) (2006) 'Inventory of coastal resources vulnerable to climate and shoreline changes: Cape Verde, The Gambia, Guinea Bissau, Mauritania and Senegal', in *Adaptation to Climate Change: Responding to Shoreline Change and its Human Dimensions in West Africa through Integrated Coastal Area Management*, Dakar, ACCC, UNDP/GEF and UNESCO/IOC

Adingra, A., Arfi, R. and Mouassi, A. (2000) 'Côte d'Ivoire', in Sheppard, C. (ed) *Seas at the Millennium: An Environmental Evaluation*, The Netherlands, Elsevier Science Ltd

Akambi, L. (2003) 'Benin', in Macintosh, D. J. and Ashton, E. C. (eds) *Report on the Africa Regional Workshop on the Sustainable Management of Mangrove Forest Ecosystems*, Washington, DC, ISME/cenTER Aarhus

Akpagana, K., Bowessidjaou, E., Edorh, T., Guyot, M. and Roussel, B. (1993) 'Mangrove ecosystems of Togo', in Diop, E. S. (ed) *Conservation and Sustainable Utilization of Mangrove Forests in Latin America and Africa Regions: Part II – Africa*, Okinawa, Japan, International Society for Mangrove Ecosystems

ANCE (Alliance Nationale des Consummateurs et de l'Environnement du Togo) (2008) *Mangrove Project*, www.ancetogo.globalink.org/, accessed 5 November 2008

Beentje, H. and Bandeira, S. (2007) *Field Guide to the Mangrove Trees of Africa and Madagascar*, London, Kew Publishing

BirdLife International (2009) *Data Zone: Species Factsheets*, www.birdlife.org, accessed 1 February 2009

Blivi, A. (2009) 'Review comments on draft text for *World Atlas of Mangroves*', Sent to M. Spalding.

Blivi, A., Anthony, E. J. and Oyédé, L. M. (2002) 'Sand barrier development in the Bight of Benin, West Africa', *Ocean & Coastal Management*, vol 45, p185

Bos, D., Grigoras, I. and Ndiaye, A. (2006) *Land Cover and Avian Biodiversity in Rice Fields and Mangroves of West Africa*, Veenwouden, The Netherlands and Dakar, Senegal, Altenburg and Wymenga, Wetlands International

Chindah, A. C., Braide, S. A., Amakiri, J. and Onokurhefe, J. (2007) 'Effect of crude oil on the development of mangrove (*Rhizophora mangle* L.) seedlings from Niger Delta, Nigeria', *Revista Científica UDO Agrícola*, vol 7, pp181–194

Coleman, T. L., Manu, A. and Twumasi, Y. A. (2005) 'Application of Landsat data to the study of mangrove ecologies along the coast of Ghana', Paper presented to the 31st International Symposium on Remote Sensing and the Environment, St Petersburg, Russia

Corcoran, E., Ravilious, C. and Skuja, M. (2007) *Mangroves of Western and Central Africa*, Cambridge, UK, UNEP-Regional Seas Programme/UNEP-WCMC

Dahdouh-Guebas, F. and Koedam, N. (2001) 'Are the northernmost mangroves of West Africa viable? A case study in Banc d'Arguin National Park, Mauritania', *Hydrobiologia,* vol 458, pp241–253

Dankwa, H. R. and Gordon, C. (2002) 'The fish and fisheries of the Lower Volta mangrove swamps in Ghana', *African Journal of Science and Technology (AJST) Science and Engineering Series*, vol 3, pp25–32

Diallo, A. (1993) 'Mangroves of Guinea', in Diop, E. S. (ed) *Conservation and Sustainable Utilization of Mangrove Forests in Latin America and Africa Regions: Part II – Africa*, Okinawa, Japan, International Society for Mangrove Ecosystems

Diaw, A. T. (2003) 'Senegal', in Macintosh, D. J. and Ashton, E. C. (eds) *Report on the Africa Regional Workshop on the Sustainable Management of Mangrove Forest Ecosystems*, Washington, DC, ISME/cenTER Aarhus

Diop, E. S. (1988) 'Environmental modifications, research and management in the estuaries and mangroves of the 'Southern Rivers' (West Africa)', Paper presented to the Third International Wetlands Symposium, 19–23 September 1988, Rennes, France

Diop, E. S. (1993) *Conservation and Sustainable Utilization of Mangrove Forests in Latin America and Africa Regions: Part II – Africa*, Okinawa, Japan, International Society for Mangrove Ecosystems

Diop, E. S. (2009) 'Review comments on draft text for *World Atlas of Mangroves*', Sent to M. Spalding

Diop, E. S., Gordon, C., Semesi, A. K., Soumaré, A., Diallo, N., Guissé, S., Diouf, M. and Ayivor, J. (2002) 'Mangroves of Africa', in Lacerda, L. D. (ed) *Mangrove Ecosystems: Function and Management*, Berlin, Springer

Egnankou, W. M. (1993) 'Mangroves of Côte d'Ivoire', in Diop, E. S. (ed) *Conservation and Sustainable Utilization of Mangrove Forests in Latin America and Africa Regions: Part II – Africa*, Okinawa, Japan, International Society for Mangrove Ecosystems

FAO (Food and Agriculture Organization of the United Nations) (2007) *Mangroves of Africa 1980–2005: Country reports, Forest Resources Assessment Working Paper No 135*, Rome, FAO

Federal Ministry of Environment, NCF (Nigeria Conservation Foundation), WWF UK (World Wide Fund for Nature UK) and CEESP-IUCN (Commission on Environmental, Economic and Social Policy – World Conservation Union) (2006) *Niger Delta Natural Resource Damage Assessment and Restoration Project: Phase 1 – Scoping Report*, Abuja, Nigeria, Federal Ministry of Environment, NCF, WWF UK and CEESP-IUCN

Gabche, C. E. and Smith, S. V. (2006) *Cameroon Estuarine Wetlands*, LOICZ, Biogeochemical Modelling Node, http://nest.su.se/MNODE/Africa/Cameroon/cameroonintro.htm, accessed 31 October 2008

Galat-Luong, A. and Galat, G. (2005) 'Conservation and survival adaptations of Temminck's red colobus (*Procolobus badius temmincki*) in Senegal', *International Journal of Primatology*, vol 26, pp585–603

GGCG (Gulf of Guinea Conservation Group) (1999) *Bioko: Flora and Vegetation*, www.ggcg.st, accessed 2 February 2009

Gordon, C. and Ayivor, J. (2003) 'Ghana', in Macintosh, D. J. and Ashton, E. C. (eds) *Report on the Africa Regional Workshop on the Sustainable Management of Mangrove Forest Ecosystems*, Washington, DC, ISME/cenTER Aarhus

Gordon, C., Ntiamoa-Baidu, Y. and Ryan, J. M. (2000) 'The Muni-Pomadze Ramsar Site', *Biodiversity and Conservation*, vol 9, pp447–464

Hachimou, I. (1993) 'Mangroves of Benin', in Diop, E. S. (ed) *Conservation and Sustainable Utilization of Mangrove Forests in Latin America and Africa Regions: Part II – Africa*, Okinawa, Japan, International Society for Mangrove Ecosystems

Hamerlynck, O. and Duvail, S. (2003) *The Rehabilitation of the Delta of the Senegal River in Mauritania*, Gland, Switzerland, and Cambridge, UK, IUCN

Hirani, P. (2005) *Ethnoecological Study of the Mangroves of the Tanbi Wetland Complex, The Gambia*, Brussels, Laboratory of General Botany and Nature Management

Hughes, R. H. and Hughes, J. S. (1992) *A Directory of African Wetlands*, Gland, Switzerland; Nairobi, Kenya; and Cambridge, UK, IUCN (World Conservation Union), UNEP (United Nations Environment Programme) and WCMC (World Conservation Monitoring Centre)

Isebor, C. E. (2003) 'Nigeria', in Macintosh, D. J. and Ashton, E. C. (eds) *Report on the Africa Regional Workshop on the Sustainable Management of Mangrove Forest Ecosystems*, Washington, DC, ISME/cenTER Aarhus

James, G., Adegoke, J., Saba, E., Nwilo, P. and Akinyede, J. (2007) 'Satellite-based assessment of extent and changes in the mangrove ecosystem of the Niger Delta', *Marine Geodesy*, vol 30, pp249–267

Johnson, R. and Johnson, R. G. (1993) 'Mangroves of Sierra Leone', in Diop, E. S. (ed) *Conservation and Sustainable Utilization of Mangrove Forests in Latin America and Africa Regions: Part II – Africa*, Okinawa, Japan, International Society for Mangrove Ecosystems

Johnston, D., Blivi, A., Houedakor, K., Kwassi, A. and Sena, N. (2001) *Le littoral du Togo: Données et gestion intégrée, CoastGIS 2001: Managing the Interfaces*, Halifax, Nova Scotia, Canada

Kjerfve, B., Lacerda, L. D. and Diop, E. H. S. (1997) *Mangrove Ecosystem Studies in Latin America and Africa*, Paris, UNESCO

Longonje, S. N. (2002) *Utilisation of Mangrove Wood Product amongst Subsistence and Commercial Users*, MSc thesis, Brussels, Free University of Brussels

Ministry for Natural Resources and the Environment (2007) *National Report on the Status of Biodiversity in São Tomé and Príncipe*, São Tomé, Directorate General for Environment, Ministry for Natural Resources and the Environment

Nwilo, P. C. and Badejo, O. T. (2006) *Impacts and Management of Oil Spill Pollution along the Nigerian Coastal Areas: Administering Marine Spaces – International Issues*, Copenhagen, Denmark, International Federation of Surveyors

Ramsar (2009) *Ramsar Sites Information Service*, www.wetlands.org/rsis/, accessed 3 February 2009

RCMP (Regional Marine Conservation Programme) (2003) *Regional Strategy for Marine Protected Areas in West Africa*, RCMP, comprising Subregional Fisheries Commission, IUCN, WWF, the International Foundation for the Banc D'Arguin, and UNESCO

Rubin, J. A., Gordon, C. and Amatekpor, J. K. (1998) 'Causes and consequences of mangrove deforestation in the Volta Estuary, Ghana: Some recommendations for ecosystem rehabilitation', *Marine Pollution Bulletin*, vol 37, pp441–449

Sackey, I., Laing, E. and Adomako, J. (1993) 'Status of the mangroves of Ghana', in Diop, E. S. (ed) *Conservation and Sustainable Utilization of Mangrove Forests in Latin America and Africa Regions: Part II – Africa*, Okinawa, Japan, International Society for Mangrove Ecosystems

Spalding, M. D., Blasco, F. and Field, C. D. (1997) *World Mangrove Atlas*, Okinawa, Japan, International Society for Mangrove Ecosystems

Thieme, M., Shapiro, A., Colom, A., Schliewen, U., Sindorf, N. and Toham, A. K. (2008) *Inventaire Rapide des Zones Humides Représentatives en République Démocratique du Congo*, Institut Congolais pour la Conservation de la Nature, Ramsar Convention Secretariat and World Wide Fund for Nature

UNESCO (United Nations Educational, Scientific and Cultural Organization) (2008) *World Heritage Centre*, http://whc.unesco.org, accessed 15 October 2008

UNESCO (2009) *The World Network of Biosphere Reserves*, www.unesco.org/, accessed 4 February 2009

Van Campo, E. and Bengo, M. D. (2004) 'Mangrove palynology in recent marine sediments off Cameroon', *Marine Geology*, vol 208, pp315–330

Welcomme, R. L. (1972) 'An evaluation of the *acadja* method of fishing as practised in the coastal lagoons of Dahomey (West Africa)', *Journal of Fish Biology*, vol 4, pp39–55

Cartes

Les données pour tous les pays ont été préparées par l'UNEP-WCMC à partir d'images Landsat et publiées dans Corcoran *et al.* (2007). De brèves explications supplémentaires sur les estimations des surfaces en mangroves de deux pays sont proposées ici.

Le Bénin. Les statistiques concernant les surfaces devraient être traitées avec prudence. Des sources plus anciennes semblent donner des estimations beaucoup plus faibles (17km² dans Spalding *et al.*, 1997).

Le Congo. Bien que nous n'ayons pas de meilleure source, il est possible que la surface soit considérablement sous-estimée, des estimations précédentes ayant donné des chiffres beaucoup plus élevés (64-100km², selon la FAO, 2007)

Descriptions des espèces et cartes de répartition

Dans cette annexe, nous produisons les cartes de répartition des 65 espèces de palétuviers (aucun hybride n'est présenté). Une première version de ces cartes a d'abord été préparée par deux des auteurs (Mark Spalding et Lorna Collins) à partir d'un certain nombre de sources, notamment les cartes de répartition du premier atlas mondial des mangroves – *World Mangrove Atlas* (Spalding *et al.*, 1997) et les cartes de Duke (2006). Des notes détaillées des sources ont été faites pour toutes les données de distribution, tout particulièrement pour les limites des distributions.

Ces premières versions et annotations ont été produites lors d'une réunion de travail aux Philippines, à l'initiative de l'Union Internationale pour la Conservation de la Nature (UICN), à laquelle un certain nombre d'experts régionaux ont été invités pour les annoter et les corriger. Chaque fois que cela a été possible, ces corrections, comme les cartes d'origine, ont été justifiées par des références renvoyant à des publications.

Voici la liste des experts ayant contribué à ce travail: Norm Duke, Joanna Ellison, Edwino S. Fernando, Wim Giesen, Kandasamy Kathiresan, Nico Eric Koedam, Toyohiko Miyagi, Vien Ngoc Nam, Jin Eong Ong, Januel R. Peras, Jurgenne Primavera, Severino G. Salmo III, Sukristijono Sukardjo, Yamin Wang, Jean Wan-Hong Yong.

A la suite à cette réunion, la révision des cartes s'est poursuivie par des échanges, et les cartes finales ont été produites par Lorna Collins et le Global Marine Species Assessment, une initiative conjointe de l'UICN et de Conservation International. L'un des objectifs importants de la réunion de travail était d'évaluer la menace d'extinction de chaque espèce de palétuvier dans le monde, selon les catégories et critères de la Liste Rouge des espèces menacées (cf. www.uicn.fr/La-Liste-Rouge-des-especes.html). Les cartes ont été établies en utilisant une zone tampon de 50km, à la fois vers l'intérieur des terres et au large. Dans un souci de présentation, nous avons aussi ajouté la distribution de l'habitat des mangroves sur les cartes ci-dessous.

Les lignes tracées sont pour la plupart issues du travail de Giesen *et al.* (2006), avec la contribution de Wetlands International. D'autres lignes, pour *Avicennia germinans*, *Laguncularia racemosa*, *Luminitzera racemosa*, *Rhizophora mangle* et *Rhizophora racemosa* proviennent des travaux de Beentje H. and Bandeira (2007) avec la contribution de Juliet Williamson.

Une brève description des espèces a été élaborée par Hung Tuck Chan, Mark Spalding et Mami Kainuma, en se fondant sur les travaux de Tomlinson (1986), Jiménez (1994), Kitamura *et al.* (1997), Primavera *et al.* (2004), Duke (2006), Beentje and Bandeira (2007), et Giesen *et al.* (2007).

Acanthus ebracteatus
Acanthaceae
buisson ou herbacée,
limbe profondément lobée, dentée,
fleur blanche

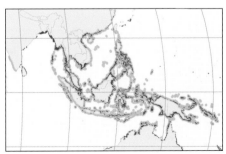

Acanthus ilicifolius
Acanthaceae
buisson ou herbacée,
feuille légèrement lobée, limbe dentés,
fleur bleu clair ou violette

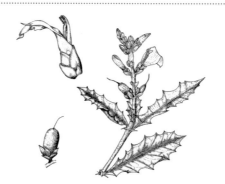

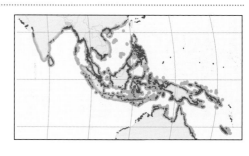

Acrostichum aureum
Pteridaceae
fougère, 3m, jeunes pinnules
rougeâtres,folioles aux extrémités
épointées

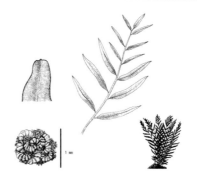

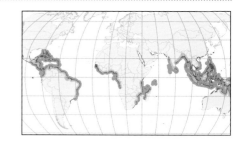

Acrostichum danaeifolium
Pteridaceae
fougère, nombreux pinnules se
chevauchant

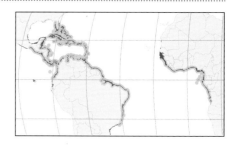

Acrostichum speciosum
Pteridaceae
fougère, 1,50m, jeunes pinnules
rougeâtres, feuilles acuminées

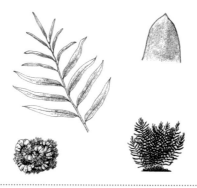

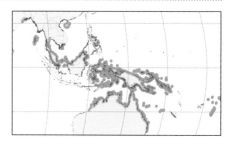

Aegialitis annulata
Plumbaginaceae
Buisson, fleur blanche, face supérieure des
feuille terne

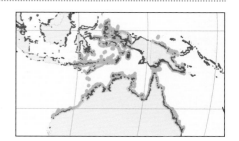

Aegialitis rotundifolia

Plumbaginaceae
buisson, fleur blanche, face supérieure des
feuilles luisante

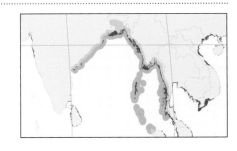

Aegiceras corniculatum

Myrsinaceae
petit ligneux, fleur blanche et odorante,
fruit très incurvé

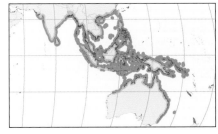

Aegiceras floridum

Myrsinaceae
petit ligneux, fleur blanche à odeur aigre,
fruit légèrement incurvé

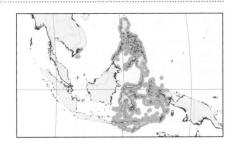

Aglaia cucullata

Meliaceae
arbuste muni de contreforts et de
pneumatophores, fleur jaunâtre

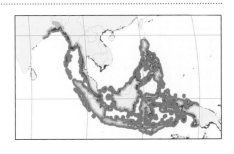

Avicennia alba

Avicenniaceae
arbre, feuille elliptique et blanchâtre sur
la face inférieure, fruit allongé et pointu,
pneumatophores

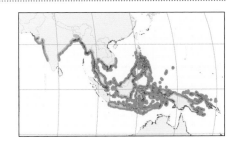

Avicennia bicolor
Avicenniaceae
arbre, feuille elliptique-obovale et blanche
sur la face inférieure, fleur blanche, jaune
au centre,
pneumatophores

Avicennia germinans
Avicenniaceae
arbre, feuille elliptique parcheminée, fruit
ellipsoïde, fleur blanche, jaune au centre,
pneumatophores

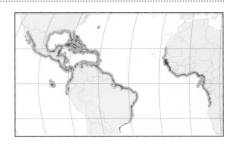

Avicennia integra
Avicenniaceae
arbre, feuille elliptique-ovoïde, fruit
ellipsoïde,
pneumatophores

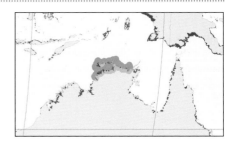

Avicennia marina
Avicenniaceae
arbre, fruit cordiforme muni d'un éperon,
pneumatophores

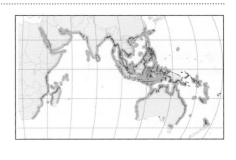

Avicennia officinalis
Avicenniaceae
arbre, feuille obovale, gros fruit,
cordiforme et ridé, pneumatophores

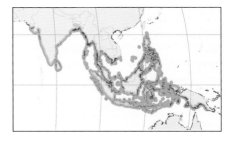

Avicennia rumphiana
Avicenniaceae
arbre, feuille obovale à face inférieure
brunâtre, petit fruit cordiforme,
pneumatophores

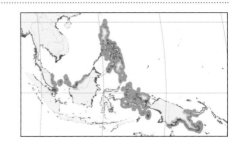

Avicennia schaueriana
Avicenniaceae
arbre, feuille obovale, fleur blanche, jaune
au centre, fruit plat et cordiforme,
pneumatophores

Bruguiera cylindrica
Rhizophoraceae
arbre, feuille vert pâle, inflorescence à 3
fleurs, calice vert clair, hypocotyle en
forme de crayon, racines « genouillées »

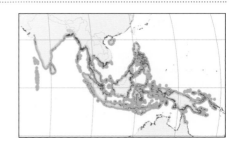

Bruguiera exaristata
Rhizophoraceae
arbre, calice vert jaunâtre, hypocotyle en
forme de doigt, racines « genouillées »

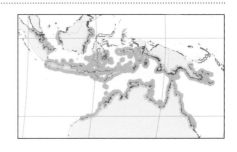

Bruguiera gymnorhiza
Rhizophoraceae
arbre, inflorescence à 1 fleur, calice rouge,
hypocotyle robuste,
racines « genouillées »

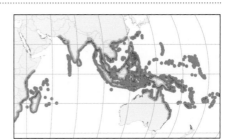

Bruguiera hainesii
Rhizophoraceae
arbre, calice vert pâle, hypocotyle en
forme de cigare, racines « genouillées »

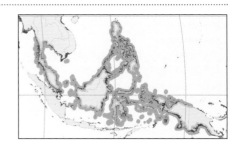

Bruguiera parviflora
Rhizophoraceae
arbre, inflorescence à 3-4-fleurs, calice
jaune-vert, hypocotyle mince, racines
« genouillées »

Bruguiera sexangula
Rhizophoraceae
arbre, calice jaune-orange, hypocotyle
robuste, racines « genouillées »

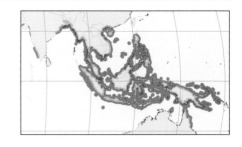

Camptostemon philippinense
Bombacaceae
arbre, feuille obovale écailleuse sur sa face
inférieure, fleur blanche

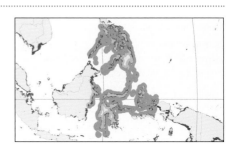

Camptostemon schultzii
Bombacaceae
arbre, feuille elliptique écailleuse sur sa
face inférieure

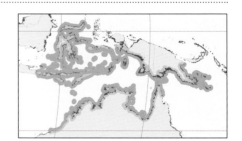

Ceriops australis
Rhizophoraceae
arbre ou arbuste, hypocotyle lisse

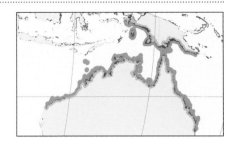

Ceriops decandra
Rhizophoraceae
arbre ou arbuste, hypocotyle strié,
collerette rouge

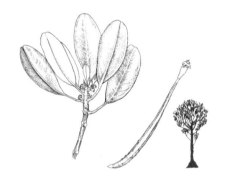
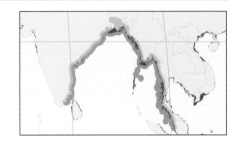

Ceriops tagal
Rhizophoraceae
arbre ou arbuste, hypocotyle strié avec
apex pointu, collerette jaune

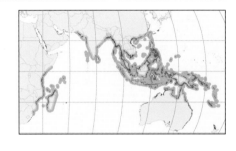

Conocarpus erectus
Combretaceae
arbre ou arbuste, écorce fissurée, dioïque

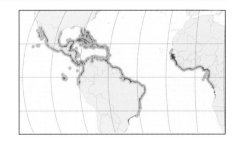

Cynometra iripa
Caesalpiniaceae
arbre ou arbuste, feuille à 2-4 folioles,
fleur blanche, gousse à 1 graine

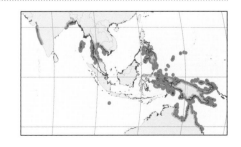

Diospyros littorea
Ebenaceae
arbre ou arbuste, écorce grise finement
fissurée, fruit baie à 5-6 graines

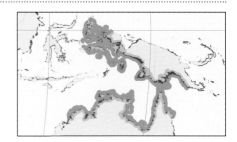

Dolichandrone spathacea
Bignoniaceae
arbre, feuille à folioles ridés, fleur blanche
en forme de trompette, fruit en forme de
haricot

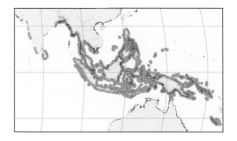

Excoecaria agallocha
Euphorbiaceae
petit arbre, feuilles à bords dentés, décidu,
latex blanc, dioïque

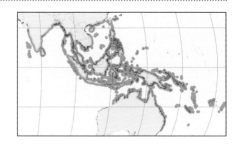

Excoecaria indica
Euphorbiaceae
petit arbre, feuilles à bords dentés, décidu,
latex blanc, dioïque

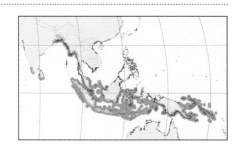

Heritiera fomes
Sterculiaceae
arbre, fruit en forme de carène,
pneumatophores

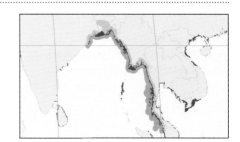

Heritiera globosa

Sterculiaceae
arbre, fruit en forme de gousse arrondie,
contreforts en planches

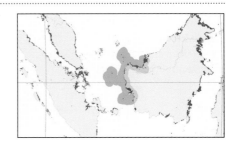

Heritiera littoralis

Sterculiaceae
arbre, fruit en forme de carène,
contreforts en planches

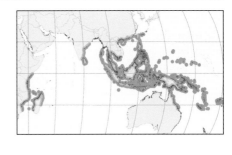

Kandelia candel

Rhizophoraceae
arbuste, feuille elliptique-oblongue, fleur
blanche, sépale vert clair

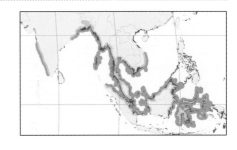

Kandelia obovata

Rhizophoraceae
arbuste, feuille obovale, sépale blanc

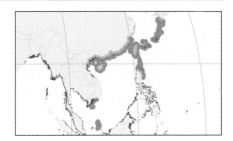

Laguncularia racemosa

Combretaceae
arbre ou buisson, feuille parcheminée,
obovale ou elliptique, pétiole rouge
glanduleux, fleur blanchâtre en forme de
clochette

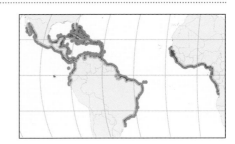

Lumnitzera littorea
Combretaceae
arbre, fleur rouge vif,
pneumatophores « genouillés »

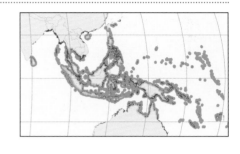

Lumnitzera racemosa
Combretaceae
arbre, fleur blanche,
pas de pneumatophores

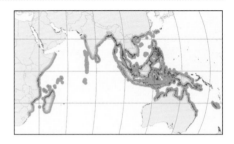

Mora oleifera
Caesalpiniaceae
arbre, feuille à deux paires de folioles,
fleur mimosoïde, fruit à une graine à
structure ligneuse, l'une des graines les
plus grandes parmi les dicotylédones,
contreforts

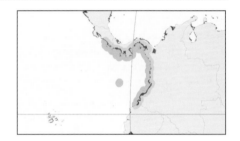

Nypa fruticans
Arecaceae
palmier, acaule, muni d'un rhizome, fruit
sphérique

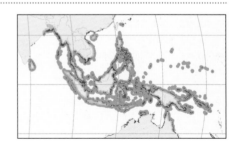

Osbornia octodonta
Myrtaceae
buisson ou petit arbre,
feuille obovale, aromatique à apex
émarginé et pétiole rouge

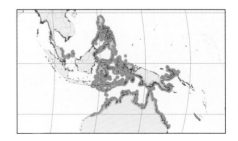

Pelliciera rhizophorae
Pellicieraceae
petit arbre, fleur voyante blanche ou
rouge, contreforts cannelés

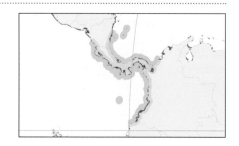

Pemphis acidula
Lythraceae
buisson multicaule, fleur blanche

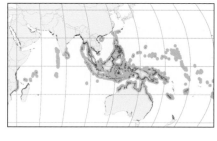

Rhizophora apiculata
Rhizophoraceae
arbre, feuille elliptique à extrémité éfilée,
fleurs en paires, hypocotyle à extrémité
abrupte, collerette rouge, racines échasses

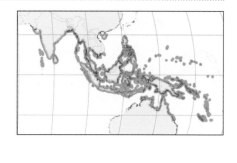

Rhizophora mangle[1]
Rhizophoraceae
arbre, inflorescence comprenant quelques
fleurs, racines échasses

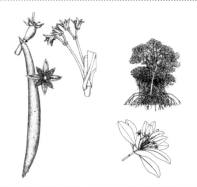

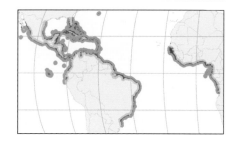

Rhizophora mucronata
Rhizophoraceae
arbre, extrémité de la feuille mucronée,
long hypocotyle (80 cm)
racines échasses

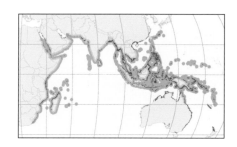

Rhizophora racemosa
Rhizophoraceae
arbre, inflorescence très ramifiée avec de
nombreuses fleurs,
racines échasses

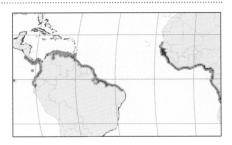

Rhizophora samoensis[*1]
Rhizophoraceae
arbre, semblable morphologiquement à *R.
mangle*
racines échasses

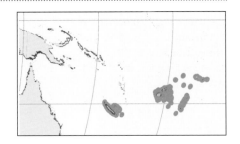

Rhizophora stylosa
Rhizophoraceae
arbre, extrémité de la feuille avec acumen
proéminent, inflorescence à 4-8 fleurs,
style allongé, hypocotyle à extrémité
pointue,
racines échasses

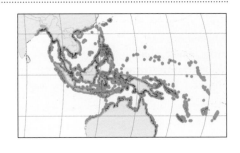

Scyphiphora hydrophyllacea
Rubiaceae
arbuste, feuilles luisantes arrondies, petites
fleurs blanches

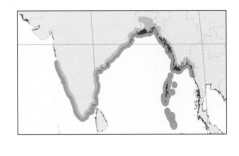

Sonneratia alba
Sonneratiaceae
arbre, fleur blanche, apex de la feuille
arrondi, pneumatophores

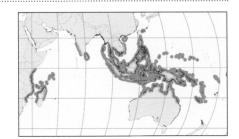

Sonneratia apetala
Sonneratiaceae
arbre, feuille étroite,
pneumatophores

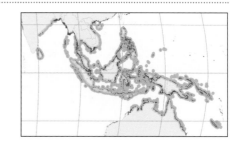

Sonneratia caseolaris
Sonneratiaceae
arbre, fleur rouge,
feuille elliptique à extrémité incurvée,
pneumatophores

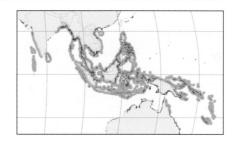

Sonneratia griffithii
Sonneratiaceae
arbre, feuille obovale, fleur blanche
verdâtre, pneumatophores

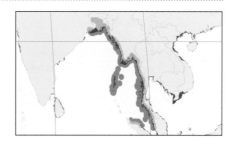

Sonneratia lanceolata
Sonneratiaceae
arbre, fleur blanche, feuille lancéolée,
pneumatophores

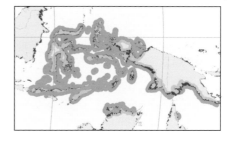

Sonneratia ovata
Sonneratiaceae
arbre, fleur blanche, feuille ovale,
pneumatophores

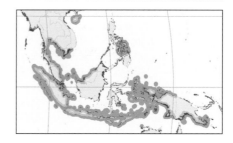

Tabebuia palustris
Bignoniaceae
arbre ou arbuste, feuille trifoliée, fleur
blanche jaune au centre

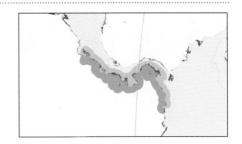

Xylocarpus granatum
Meliaceae
arbre, fruit sphérique (25 cm), écorce
claire orangée, à tâches floconneuses et
lisse, contreforts en planches

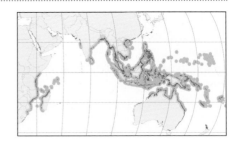

Xylocarpus moluccensis
Meliaceae
arbre, fruit sphériques (8-9 cm), écorce
grise, fissurée verticalement, floconneuse
et rugueuse, pas de contrefort,
pneumatophores « genouillés »

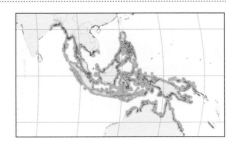

Note

*1 Plusieurs auteurs ont souligné que *Rhizophora mangle*, une espèce répandue du domaine Atlantique-Pacifique Oriental (APO) et *R. samoensis*, qui a été décrite sur quelques îles du Pacifique central seulement, ne sont presque pas distinguables et pourraient bien ne représenter qu'une seule espèce. Duke et Allen (2006) proposent que ces deux espèces restent séparées dans l'attente de recherches plus poussées, mais que la séparation des espèces correspond au bloc continental des Amériques, tous les arbres de la côte ouest des Amériques étant des *R. samoensis*. Cette affirmation n'a pas été largement acceptée. Dans l'attente d'une confirmation, nous avons maintenu la distinction traditionnelle qui considère comme distincte la population des îles du Pacifique.

Références

Beentje H and Bandeira S (2007) *Field guide to the mangrove trees of Africa and Madagascar*, London, Kew Publishing

Giesen G, Wulffraat S, Zieren M and Scholten L (2006) *Mangrove guidebook for Southeast Asia*, Rome and Copenhagen, FAO and Wetlands International

Duke, N. C. (2006) *Australia's Mangroves: The Authoritative Guide to Australia's Mangrove Plants*, University of Queensland, Brisbane, Australia

Duke, N. C., Allen, J. A. (2006) 'Atlantic–East Pacific red mangrove: *Rhizophora mangle, R. samoensis, R. racemosa, R. x harrisonii*', in Elevitch, C. R. (ed) *Traditional Trees of Pacific Islands: Their Culture, Environment, and Use*, Permanent Agriculture Resources, Holualoa, Hawaii, pp623–640

Jiménez Ramón, J. A. (1994). *Los manglares del Pacífico de Centroamérica* Heredia: Editorial Fundación UNA

Kitamura S, Anwar C, Chaniago A and Baba S (1997) *Handbook of mangroves in Indonesia-Bali and Lombok-*, Okinawa, Japan, Japan International Cooperation Agency and International Soceity for Mangrove Ecosystems

Primavera J, Sadaba R, Lebata M and Altamirano J (2004) *Handbook of mangroves in the Philippines-Sanay*, Iloilo, Philippnies, SEAFDEC Aquaculture Department

Spalding, M. D., Blasco, F. and Field, C. D. (1997) *World Mangrove Atlas*, Okinawa, Japan, International Society for Mangrove Ecosystems

Tomlinson, PB (1986) *The Botany of Mangroves* Cambridge, UK. Cambridge University Press

Liste des espèces par pays

Les tableaux qui suivent présentent les listes d'esèces par pays. Elles ont été préparées indépendamment des cartes de l'annexe 1, et sont d'une manière générale complémentaires. Les cartes procurent des répartitions globales, issues d'experts, alors que ces tableaux ont été produits indépendamment à partir d'un large éventail de sources. Ils donnent de plus amples détails sur les observations, en particulier pour les petits pays où certaines espèces peuvent être absentes, mais elles mettent aussi en avant de possibles extensions des répartitions. Un travail plus approfondi est nécessaire dans de nombreux cas pour vérifier l'existence des espèces, et certaines des observations répertoriées dans ces tableaux n'ont pas été utilisées par les groupes d'experts dans l'élaboration des cartes. Les tableaux listent aussi des espèces introduites au-delà de leur aire de répartition d'origine, et les extirpations locales.

*contient des données reçues après la publication de la version anglaise de l'Atlas

Région	Afrique de l'Est et du Sud										Moyen-Orient												Asie du Sud						Asie du		
	Comores	Kenya	Madagascar	Maurice	Mayotte	Mozambique	Seychelles	Somalie	Afrique du Sud	Tanzanie	Bahreïn	Djibouti	Égypte	Érythrée	Iran (République Islamique d')	Koweït	Oman	Qatar	Arabie Saoudite	Soudan	Émirats Arabes Unis	Yémen	Bangladesh	Territoire Britannique de l'Océan Inde	Inde	Maldives	Pakistan	Sri Lanka	Cambodge	Indonésie	Malaisie
Acanthus ebracteatus																									X				X	X	X
Acanthus ilicifolius																							X		X			X	X	X	X
Acrostichum aureum				X		X	X		X	X													X		X	X		X	X	X	X
Acrostichum danaeifolium																															
Acrostichum speciosum																									X					X	X
Aegialitis annulata																														X	
Aegialitis rotundifolia																							X		X						
Aegiceras corniculatum																							X		X		X	X	X	X	X
Aegiceras floridum																														X	
Aglaia cucullata																									X						X
Avicennia alba																							X		X				X	X	X
Avicennia integra																															
Avicennia marina	X	X	X		X	X	X	X	X	X	X	X	X	X	INT	X	X	X	X	X	X	X	X		X	X	X	X		X	X
Avicennia officinalis																							X		X			X		X	X
Avicennia rumphiana																														X	X
Bruguiera cylindrica																									X	X		X		X	X
Bruguiera exaristata																														X	
Bruguiera gymnorhiza	X	X	X	X	X	X	X	X	X	X													X		X	X	DIS	X	X	X	X
Bruguiera hainesii																														X	X
Bruguiera parviflora																									X					X	X
Bruguiera sexangula																							X		X			X	X	X	X
Bruguiera x rhynchopetala																															
Camptostemon philippinense																														X	
Camptostemon schultzii																														X	
Ceriops australis																															
Ceriops decandra																							X		X				X	X	X
Ceriops tagal	X	X	X		X	X	X	X	X	X					X								X		X	X	X	X	X	X	X
Cynometra iripa																									X		X				
Diospyros littorea																															
Dolichandrone spathacea																									X			X		X	X
Excoecaria agallocha																							X		X	X		X	X	X	X
Excoecaria indica																							X					X		X	X
Heritiera fomes																							X		X						X
Heritiera globosa																														X	
Heritiera littoralis	X	X	X		X	X				X															X			X	X	X	X
Kandelia candel																							X		X					X	X
Kandelia ovobata																															
Lumnitzera littorea																									X			X	X	X	X
Lumnitzera racemosa	X	X	X		X	X		X	X	X															X	X	X	X	X	X	X

Sud-Est						Asie Orientale			Australie et Nouvelle-Zélande								Îles du Pacifique																	
Myanmar	Philippines	Singapour	Thaïlande	Timor oriental	Vietnam	Chine	Taïwan	Japon	Australie - Nouvelle-Galles du Sud	Australie - Territoire du Nord	Australie - Queensland	Australie - Australie Méridionale	Australie - Victoria	Australie - Australie Occidentale	Île Christmas	Nouvelle-Zélande	Fidji	Micronésie (États Fédérés de)	Guam	Kiribati	Îles Marshall	Nauru	Îles Mariannes du Nord	Palaos	Nouvelle-Calédonie	Papouasie-Nouvelle-Guinée	Samoa américaines	Niue	Samoa	Tonga	Tuvalu	Îles Wallis et Futuna	Îles Salomon	Vanuatu
X*	X	X	X		X	X				X	X			X										X		X								
X	X	X	X	X	X	X				X	X														X	X							X	
X	X	X	X	X	X	X		X																?	X	X						X		
X*	X	X	X			X			X	X	X			X				X						X	X	X								
	X									X	X			X												X								
X			X																															
X	X	X	X	X	X	X			X	X	X			X												X							X	
	X				X																					X								
X	X	X	X		X													X						X		X							X	
										X																								
X	X	X	X	X	X	X	X	X	X	X	X	X	X	X		X			X					X		X							X	X
X	X	X	X		X																					X								
		X	X																							X								
X	X	X	X			X	X				X															X							X	
	X									X	X			X												X								
X	X	X	X			X	X	DIS	X	X	X		X			X		X	X	X	X	X	X	X	X	X			X		X	X	X	X
		X																X								X								
X	X	X	X	X	X	X				X	X			X												X							X	X
X	X	DIS	X		X	X				X	X					X										X							X	
										X	X			X																				
	X																																	
	X									X	X			X												X								
										X	X			X																				
X	X		X		X					X	X															X								
X	X	X	X			X	X	DIS		X	X													X	X	X							X	X
	X		X							X	X														X	?								
										X	X			X				X								X								
X	X	X	X	X	X						X													X	X	X								
X	X	X	X	X	X	X	X	X	X	X				X				X	X					X	X	X				X			X	X
X																						X												
X			X																															
X	X	X	X	X	X	X	X	X			X							X	X	X				X	X	X					X		X	X
X		X	X		X																													
	X					X	X	X	X																									
X	X	X	X	X	X	X					X						X	X	X	X				X	X	X				X	X		X	X
X	X	X	X	X	X						X			X				X							X	X								

Région	Afrique de l'Est et du Sud										Moyen-Orient											
	Comores	Kenya	Madagascar	Maurice	Mayotte	Mozambique	Seychelles	Somalie	Afrique du Sud	Tanzanie	Bahreïn	Djibouti	Égypte	Érythrée	Iran (République Islamique d')	Koweït	Oman	Qatar	Arabie Saoudite	Soudan	Émirats Arabes Unis	Yémen
Lumnitzera x rosea																						
Nypa fruticans																						
Osbornia octodonta																						
Pemphis acidula				X		X	X			X												
Rhizophora apiculata																						
Rhizophora mucronata	X	X	X	X	X	X	X	X	X	X		X	X	X	X				X		INT	X
Rhizophora samoensis																						
Rhizophora stylosa																						
Rhizophora x lamarckii																						
Rhizophora x neocaledonica																						
Rhizophora x selala																						
Scyphiphora hydrophyllacea																						
Sonneratia alba	X	X	X		X	X	X	X		X												
Sonneratia apetala																						
Sonneratia caseolaris																						
Sonneratia griffithii																						
Sonneratia lanceolata																						
Sonneratia ovata																						
Sonneratia x gulngai																						
Sonneratia x hainanensis																						
Sonneratia x urama																						
Xylocarpus granatum		X	X		X	X	X			X												
Xylocarpus moluccensis																						
Grand Total	**7**	**8**	**8**	**4**	**8**	**10**	**9**	**6**	**6**	**10**	**1**	**2**	**2**	**3**	**2**	**0**	**1**	**1**	**2**	**1**	**1**	**2**
Sources	11	12	5	69	74	4	40 et 42	65	65	65	53	55	7	43	45	1	62	8	55	55	16	60

Région	Asie du Sud						Asie du		
	Bangladesh	Territoire Britannique de l'Océan Inde	Inde	Maldives	Pakistan	Sri Lanka	Cambodge	Indonésie	Malaisie
Lumnitzera x rosea									
Nypa fruticans	X		X			X	X	X	X
Osbornia octodonta								X	X
Pemphis acidula		X	X	X		X	X	X	
Rhizophora apiculata	X		X			X	X	X	X
Rhizophora mucronata	X		X	X	X	X	X	X	X
Rhizophora samoensis									
Rhizophora stylosa			X					X	X
Rhizophora x lamarckii			X					X	X
Rhizophora x neocaledonica									
Rhizophora x selala									
Scyphiphora hydrophyllacea			X			X	X	X	X
Sonneratia alba			X			X	X	X	X
Sonneratia apetala	X		X						
Sonneratia caseolaris	X		X	X		X	X	X	X
Sonneratia griffithii			X						X
Sonneratia lanceolata								X	
Sonneratia ovata							X	X	X
Sonneratia x gulngai								X	X
Sonneratia x hainanensis									
Sonneratia x urama								X	X
Xylocarpus granatum	X		X			X	X	X	X
Xylocarpus moluccensis	X		X					X	X
Grand Total	**22**	**2**	**37**	**10**	**4**	**24**	**22**	**45**	**40**
Sources	65 plus B. gymonorhiza (30)	65	33	27	31	32	63	65 plus B. racemosa (3) et X. moluccensis (34)	65, 49 et 14

Clé
INT = Introduced
DIS = Disparu

Sud-Est						Asie Orientale			Australie et Nouvelle-Zélande								Îles du Pacifique																	
Myanmar	Philippines	Singapour	Thaïlande	Timor oriental	Vietnam	Chine	Taïwan	Japon	Australie - Nouvelle-Galles du Sud	Australie - Territoire du Nord	Australie - Queensland	Australie - Australie Méridionale	Australie - Victoria	Australie - Australie Occidentale	Île Christmas	Nouvelle-Zélande	Fidji	Micronésie (États Fédérés de)	Guam	Kiribati	Îles Marshall	Nauru	Îles Mariannes du Nord	Palaos	Nouvelle-Calédonie	Papouasie-Nouvelle-Guinée	Samoa américaines	Niue	Samoa	Tonga	Tuvalu	Îles Wallis et Futuna	Îles Salomon	Vanuatu
	?										X														X	X								
X	X	X	X		X	X		X		X	X								X					X		X							X	
	X									X	X			X				X								X							X	
X	X	X	X		X	X				X	X			X				X	X					X	X	X							X	X
X	X	X	X		X	X					X											X		X		X							X	X
																	X	X						X				X	X	X		X		X
	X	X			X	X	X	X	X	X			X			X		X				X	X	X					X	X		X	X	
	X			X						X	X								X					X	X								X	X
																										X								
																	X	X						X										
X	X	X	X		X	X				X	X			X										X	X								X	
X	X	X	X	X	X	X		X		X	X			X				X				X	X	X									X	X
X																																		
X	X	X	X		X	X					X													X		X								
X			X																															
										X	X															X								
	X	X	X		X	X																				X								
	X										X															X							X	X
																		X																
											X															X								
X	X	X	X	X	X	X				X	X			X			X		X		X			X	X	X				X	X		X	X
X	X	X	X							X	X			X												X	X						X	
34	**41**	**30**	**35**	**12**	**30**	**26**	**7**	**11**	**6**	**32**	**38**	**1**	**1**	**20**	**2**	**1**	**8**	**14**	**10**	**4**	**5**	**2**	**3**	**19**	**23**	**43**	**3**	**2**	**3**	**8**	**3**	**3**	**24**	**16**
50 et 61	65 plus L. littorea et N. fruticans (2, 14, 57); S. ovata (2, 57 et 72); A. annulata (57); X. moluccensis et A. speciosum (2) et K.candel (58)	48	65	70	65	37	28	44 plus P. acidula (65)	14	14	14	14	14	14	59	65	17, avec R. samoensis inversé avec R. mangle (13)	13	13	22, remplaçant L. racemosa avec L. littorea (14 et 19)	13	17	17	13	13	46 et 65, excluant K.candel (67) et C. australis (14), avec ajout de X. moluccensis (14) et D. littorea au lieu de D. ferrea	25 avec R. mangle renommé R. samoensis (13)	17	17, avec X. moluccensis renommé X. granatum (14)	65 avec P. acidula (46)	36	20	17, plus A. ilicifolius et B. cylindrica (13)	13

Région	Amérique du Nord, centrale et les Caraïbes																			
	Bahamas	Belize	Bermudes	îles Caïmans	Costa Rica	Cuba	République Dominicaine	Salvador	Guatemala	Haïti	Honduras	Jamaïque	Petites Antilles	Mexique	Nicaragua	Panama	Porto Rico	Trinité-et-Tobago	îles Turques-et-Caïques	États-Unis
Acrostichum aureum		X			X	X					X	X	X		X	X				X
Avicennia bicolor					X			X	X						X	X				
Avicennia germinans	X	X	X	X	X	X	X	X	X	X	X	X	X	X	X	X	X	X	X	X
Avicennia schaueriana													X					X	X	
Conocarpus erectus	X	X	X	X	X	X	X	X	X	X	X	X	X	X	X	X	X	X	X	X
Laguncularia racemosa	X	X		X	X	X	X	X	X	X	X	X	X	X	X	X	X	X	X	X
Mora oleifera																X				
Pelliciera rhizophorae					X										X	X				
Rhizophora mangle	X	X	X	X	X	X	X	X	X	X	X	X	X	X	X	X	X	X	X	X
Rhizophora racemosa					X			X							X	X		X		
Rhizophora samoensis																				
Rhizophora x harrisonii					X				X					X	X	X		X		
Tabebuia palustris					X											X				
Grand Total	4	5	3	4	10	5	4	6	6	4	5	5	6	6	5	9	11	4	7	5
Sources	66	47	65	35 et 65	18, plus T. palustris (56 et 65)	52	35	24	18, P. rhizophorae (carte de ditribution) enlevée et R. x harrisonii (65 et carte de distribution)	20	51	65	65	21	65	17 et 15	65	65	65	64

Amérique du Sud								Afrique de l'Ouest et centrale																		
Brésil	Colombie	Équateur	Guyane Française	Guyana	Pérou	Suriname	Venezuela	Angola (inl. Cabinda)	Bénin	Cameroun	Congo	Congo (République Démocratique du)	Côte d'Ivoire	Guinée Équatoriale	Gabon	Gambie	Ghana	Guinée	Guinée-Bissau	Liberia	Mauritanie	Nigeria	São Tomé	Sénégal	Sierra Leone	Togo
X	X	X	X			X	X	X	X	X	X	X	X	X	X	X	X	X	X		X	X		X	X	
	X																									
X	X	X	X	X	X	X	X	X	X	X	X	X	X	X	X	X	X	X	X	X	X	X	X	X	X	X
X																										
X	X	X	X	X	X		X	X	X	X	X	X	X	X	X	X	X	X	X	X	X	X	X	X	X	X
X	X	X	X	X	X	X	X	X	X	X	X	X	X	X	X	X	X	X	X	X		X		X	X	
	X																									
	X	X																								
X	X	X	X	X	X	X	X	X		X		X		X	X	X		X	X	X		X		X	X	
X	X	X	X		X		X	X	X	X	X	X	X	X	X	X	X	X		X		X	X	X	X	X
X	X	X			X		X	X	X	X		X	X	X	X	X	X	X	X	X		X	X	X		
	X																									
8	**11**	**8**	**6**	**4**	**6**	**4**	**7**	**7**	**6**	**7**	**5**	**7**	**6**	**7**	**7**	**7**	**6**	**7**	**6**	**6**	**3**	**7**	**4**	**7**	**6**	**3**
39 et 41	65	6 et 10	23	26	68 et 10	20	74 plus A. aureum (71)	65	38	65	9, plus R. mangle A(29)	9	9	29	9	9	9	9	9	9	9	9	65	9	9	9

Références

1 AboEl-Nil MM (2001) Growth and establishment of mangrove (Avicennia marina) on the coastlines of Kuwait. *Wetlands Ecology and Management* 9:421

2 Alcala A, Alava M, Anglo E, Aragones N, Bate E, Guarin F, Hermes R, Lagunzad D, Montebon AR, Miclat R, Palma JA, Pe-Montebon J, Nacorda HM, Perez T, Trono G, Yaptinchay AA (2003) A Biophysical Assessment of the Philippine Territory of the Sulu-Sulawesi Marine Ecoregion, WWF-Philippines

3 BAPPENAS (2003) The State of Biodiversity in Indonesia. In: *Indonesian Biodiversity Strategy and Action Plan: National document, Vol 3.* The National Development Planning Agency (BAPPENAS), p 17–32

4 Barbosa, F., Cuambe, C. & Bandeira, S. (2001) Status and distribution of mangroves in Mozambique. *South African Journal of Botany*, 67, 393–398

5 Bernacsek G (1992) Madagascar. In: Hughes RH, Hughes JS (eds) *A Directory of African Wetlands*. IUCN and UNEP-WCMC

6 Bodero, A (1993) Mangroves ecosystems of Ecuador. In: Lacerda LD (ed) *Conservation and Sustainable Utilization of Mangrove Forests in Latin America and Africa Regions Part I – Latin America.* International Society for Mangrove Ecosystems, Okinawa, Japan, p 55–73

7 Cabahug DM (2002) *Community-based Mangrove Rehabilitation and Ecotourism Development and Management in the Red Sea Coast, Egypt*, FAO, Cairo

8 CBD (2004) National Biodiversity Strategy and Action Plan – Qatar. Convention on Biological Diversity

9 Corcoran E, Ravilious C, Skuja M (2007) *Mangroves of Western and Central Africa*, UNEP-Regional Seas Programme/UNEP-WCMC

10 Cornejo, X. & Bonifaz, C. (2006) *Rhizophora racemosa* G. Mey (Rhizophoraceae) en Ecuador y Per, y el color de los Úvulos: un nuevo caracter en *Rhizophora. Brenesia*, 65, 11–17

11 DGE (2000) Stratégie Nationale et Plan D'action pour la Conservation de la Diversité Biologique en République Fédérale Islamique des Comores. Moroni, Ministére de la Production et de l'environnement: Direction Générale de l'environnement

12 Diop ES (1993) *Conservation and Sustainable Utilization of Mangrove Forests in Latin America and Africa Regions. Part II – Africa*, International Society for Mangrove Ecosystems, Okinawa, Japan

13 Duke NC (2007) Review comments on species lists for the World Atlas of Mangroves. Sent to Spalding, M

14 Duke NC (2006) *Australia's Mangroves. The authoritative guide to Australia's mangrove plants*, University of Queensland, Brisbane, Australia

15 Duke, N.C. (1991) *A systematic revision of the mangrove genus Avicennia (Avicenniaceae) in Australasia*. Australian Systematic Botany, 1991. 4: p. 299–324

16 E.A. (2006) Marine and Coastal Environment Sector Paper, Vol. Environment Agency – Abu Dhabi, Abu Dhabi, United Arab Emirates

17 Ellison JC (1995) Systematics and Distributions of Pacific Island Mangroves. In: Maragos JE, Peterson MNA, Eldredge LG, Bardach JE, Takeuchi HF (eds) *Marine and Coastal Biodiversity in the Tropical Island Pacific Region Volume 1: Species systematics and information management prioritie*s. East-West Center, Honolulu, USA, p 59–74

18 Ellison, A.M., *Wetlands of Central America*. Wetlands Ecology and Management, 2004. 12: p. 3–55.

19 Ellison, J. C. (1999) Status report on Pacific Island Mangroves. IN Eldredge, L. G., Maragos, J. E., Holthus, P. F. & Takeuchi, H. F. (Eds.) *Marine and Coastal Biodiversity in the Tropical Island Pacific Region. Volume 2: Population, Development and Conservation Priorities.* Honolulu, USA, East-West Center

20 FAO (2005) *Global Forest Resources Assessment 2005 Thematic Study on Mangroves*, Forestry Department, Food and Agriculture Organization of the United Nations (FAO), Rome

21 Flores-Verdugo FJ, Lanza-Espino GDL, Contreras Espinosa F, Agraz-Hernandez CM (2001) The Tropical Pacific Coast of Mexico. In: Seeliger U, Kjerfve B (eds) *Ecological Studies: Coastal Marine Ecosystems of Latin America*, Vol 144. Springer-Verlag, Berlin, p 307–312

22 Fosberg, F. and M.-H. Sachet, Flora of the Gilbert Island, Kiribati, Checklist. *Atoll Research Bulletin*, 1987. 295: p. 32.

23 Fromard F, Puig H, Mougin E, Marty G, Betoulle JL, Cadamuro L (1998) Structure, above-ground biomass and dynamics of mangrove ecosystems: new data from French Guiana. *Oecologia* 115:39

24 Gammage S, Benitez M, Machado M (2002) An entitlement approach to the challenges of mangrove management in El Salvador. *Ambio* 31:285–294

25 Gilman E, Ellison J, Coleman R (2007) Assessment of mangrove response to projected relative sea-level rise and recent historical reconstruction of shoreline position. *Environmental Monitoring and Assessment* 124:105–130

26 GSD (2005) Specieal Edition on Mangroves: Institutional Capacity Building Activities on Guyana Sea Defences Guyana Sea Defences Shore Zone Management System: Newsletter 6 April 2005, p 1–8

27 Hameed F (2002) First National Report to the Conference of the Parties to the Convention on Biological Diversity, Ministry of Home Affairs Housing and Environment, Republic of Maldives.

28 Hsueh, M.L. and H.H. Lee, Diversity and distribution of the mangrove forests in Taiwan. *Wetlands Ecology and Management*, 2000. 8: p. 233.

29 Hughes RH, Hughes JS (eds) *A Directory of African Wetlands*. IUCN and UNEP-WCMC

30 Iftekhar MS, Islam MR (2004) Managing mangroves in Bangladesh: A strategy analysis. *Journal of Coastal Conservation 10*:139–146

31 IUCN Pakistan, *Mangroves of Pakistan – Status and Management*. 2005: IUCN Pakistan. 110.

32 Jayatissa LP, Dahdouh G, Koedam N (2002) A review of the floral composition and distribution of mangroves in Sri Lanka. *Botanical Journal of the Linnean Society* 138:29–43

33 Kathiresan K, Qasim SZ (2005) *Biodiversity of Mangrove Ecosystems*, Vol. Hindustan Publishing Corporation, New Dehli, India

34 Kitamura, S., et al., *Handbook of Mangroves in Indonesia – Bali and Lombok*. 1997: ISME

35 Kjerfve B (1998) *Caribbean coral reef, seagrass and mangrove sites, Vol 3*. UNESCO, Paris

36 Lacerda LD (2002) *Mangrove Ecosystems: Function and Management*, Springer-Verlag, Berlin, Germany

37 Li MS, Lee SY (1997) Mangroves of China: a brief review. *Forest Ecology and Management* 96:241–259

38 Macintosh DJ, Ashton EC (2003) Report on the Africa Regional Workshop on the Sustainable Management of Mangrove Forest Ecosystems, ISME/cenTER Aarhus, Washington DC, USA

39 Macintosh DJ, Ashton EC (2003) Report on the Central and South America Regional Workshop on the Sustainable Management of Mangrove Forest Ecosystems, ISME/cenTER Aarhus, Washington DC, USA

40 Macnae, W., Mangroves on Aldabra. *Philosophical Transactions of the Royal Society of London. Series B, Biological Sciences*, 1971. 260(836): p. 237–247

41 Menezes, M.P.M.d., U. Berger, and U. Mehlig, Mangrove vegetation in Amazonia: a review of studies from the coast of Parà and Maranhao States, north Brazil. *Acta Amazonica*, 2008. 38(3): p. 403–420.

42 MES (2003) Coast and Oceans – Mangroves information page. http://www.env.gov.sc/html/mangroves.html. Accessed: 06/09/07. Ministry of Environment Seychelles

43 Ministry of Marine Resources, *Mangrove Vegetation in Eritrea – The basis of present knowledge*, R.E. Division, Editor. 1998, Ministry of Marine Resources, Eritrea. p. 4

44 Miyawaki A (1986) Socio-economic aspects of mangrove vegetation in Japan. In: Kunstadter P, Bird ECF, Sabhasri S (eds) *Man in the Mangroves: The Socio-economic Situation of Human Settlements in Mangrove Forests*. United Nations University Press, Tokoyo, Japan

45 Mokhtari M, Savari A, Rezai H, Kochanian P, Bitaab A (2007) Population ecology of fiddler crab, *Uca lactea annulipes* (Decapoda: Ocypodidae) in Sirik mangrove estuary, Iran. *Estuarine, Coastal and Shelf Science* 76:273–2811

46 Mueller-Dombois D, Fosberg FR (1998) *Vegetation of the Tropical Pacific Islands*, Vol 132. Springer-Verlag, New York

47 Murray MR, Zisman SA, Furley PA, Munro DM, Gibson J, Ratter J, Bridgewater S, Minty CD, Place CJ (2003) The mangroves of Belize: Part 1. distribution, composition and classification. *Forest Ecology and Management* 174:265

48   Ng PKL, Sivasothi N (2001) *A Guide to Mangroves of Singapore. Volume 1: The Ecosystem and Plant Diversity and Volume 2: Animal Diversity*, Vol. Singapore Science Centre, sponsored by British Petroleum

49   Ong, J.E., Plants of the Merbok Mangroves, Kedah, Malaysia and the urgent need for their conservation. *Folia Malaysiana*, 2003. *4*: p. 1–18.

50   Oo N (2004) Changes in Habitat Conditions and Conservation of Mangrove Ecosystem in Myanmar: A Case Study of Pyindaye Forest Reserve, Ayeyarwady Delta, Yangon University of Distance Education, Yangon, Myanmar

51   Ordóñez TMM, House P (2002) Mapa De Ecosistemas Vegetales De Honduras: Manual De Consulta

52   Padrón CM, Llorente SO, Menendez L (1993) Mangroves of Cuba. In: Lacerda LD (ed) *Conservation and Sustainable Utilization of Mangrove Forests in Latin America and Africa Regions Part I – Latin America*. International Society for Mangrove Ecosystems, Okinawa, Japan, p 147–154

53   PCMREW (2006) *Bahrain First National Report To the Convention on Biological Diversity*, Public Commission for the Protection of Marine Resources, Environment and Wildlife, Kingdom of Bahrain

54   Echezuría H, Córdova J, González M, González V, Méndez J, Yanes C (2002) Assessment of environmental changes in the Orinoco River Delta. *Regional Environmental Change* 3:20–35

55   PERSGA/ALECSO (2004) *Status of Mangroves in the Red Sea and Gulf of Aden*. PERSGA Technical Series No. 11., Vol. PERSGA, Jeddah

56   Polanía J (1993) Mangroves of Costa Rica. In: Lacerda LD (ed) *Conservation and Sustainable Utilization of Mangrove Forests in Latin America and Africa Regions Part I – Latin America*. International Society for Mangrove Ecosystems, Okinawa, Japan, pp 129–137

57   Primavera JH (2000) Development and conservation of Philippine mangroves: institutional issues. *Ecological Economics* 35:91

58   Primavera, J.H., et al., *Handbook of Mangroves in the Philippines – Panay*. 2004, Tigbauan, Iloilo, Philippines: Southeast Asian Fisheries Development Center Aquaculture Department (SEAFDEC/AQD) and UNESCO Man and the Biosphere Project (MAB-IBSICA)

59   Ramsar (2009) Ramsar Sites Information Service. www.wetlands.org/rsis/. Accessed: 03/02/09. Wetlands International

60   Rouphael T, Turak E, Brodie J (1998) Seagrasses and Mangroves of Yemen's Red Sea. In: DouAbal A, Rouphael T (eds) *Protection of Marine Ecosystems of the Red Sea Coast of Yemen*. UN Publication, p 41–49

61   San Tha Tun, *General accounts on mangroves of Myanmar, University of Pathein*, Personal communication to Mark D. Spalding, Editor. 2007. p. Written report and species list

62   Scott DA (1995) *A Directory of Wetlands in the Middle East*, IUCN, Gland, Switzerland and IWRB, Slimbridge, U.K., Gland, Swizerland and Slimbridge, UK

63   Smith JD (2001) *Biodiversity, the Life of Cambodia: Cambodian Biodiversity Status Report – 2001*, Cambodia Biodiversity Enabling Activity, Phnom Penh

64   SMS (2000) Species Inventory Homepage. http://www.sms.si.edu/irlspec/index.htm. Accessed: 12/09/07. Smithsonian Marine Station at Fort Pierce

65   Spalding MD, Blasco F, Field CD (1997) *World Mangrove Atlas*, International Society for Mangrove Ecosystems, Okinawa, Japan

66   Sullivan-Sealey K, Brunnick B, Harzen S, Luton C, Nero V, Flowers L (2002) *An Ecoregional Plan for the Bahamian Archipelago*, Taras Oceanographic Foundation, Jupiter, Florida.

67   Sun, M., K.C. Wong, and J.S.Y. Lee, Reproductive biology and population genetic structure of Kandelia candel (Rhizophoraceae), a viviparous mangrove species. *American Journal of Botany*, 1998. 85(11): p. 1631–1637

68   Tarazona J, Gutiérrez D, Paredes C, Indacochea A (2003) Overview and challenges of Marine Biodiversity Research in Peru. *Gayana (Concepción)* 67:206–231

69   Tatayah RV (2007) An Assessment of Pressures on the Biodiversity of the Pointe díEsny Wetland (Mahebourg) and Proposal for a Conservation Management Plan, Mauritian Wildlife Foundation

70   UC (n.d.) Flora and Fauna: East Timor, www.uc.pt/timor/florafauna.html#THE.FLORA. Accessed: 12/09/07. Univesidade de Coimbra

71   Vilarrubia TV, Rull V (2002) Natural and human disturbance history of the Playa Medina mangrove community (Eastern Venezuela). Caribbean Journal of Science 38:66–76

72   Yao, C.E., Philippine mangroves: some potential new finds. *Over Seas: The online magazine for sustainable seas*, 2000. 3(6).

73   Laulan P, Robbe C, M'Changama M, Ali Sifari B, Bartelet F, Rollend R (2006) *Atlas des Mangroves de Mayotte*. Service Environment, Direction de l'Agriculture et de la Foret

Statistiques nationales

Pays et Territoire	Surface (km²)	Surface totale de forêt (km²)	Surface de mangrove (km²)	Age et source des statistiques surfaciques si elles ne proviennent pas de la carte	N° d'espèce de palétuvier (espèces introduites exclues)	Population totale (1000s)
Afrique de l'Est et du Sud						
Comores	1 860	50	1,17	2002 (FAO, 2007)	7	614
Kenya	569 140	35 220	609,51		8	32 447
Madagascar	581 540	128 380	2 991,12		8	17 332
Maurice	2 030	370	1,20	2004 (FAO, 2007)	4	1 234
Mayotte	370	50	7,10		8	172
Mozambique	784 090	192 620	2 909,00	2001 (Fatoyinbo, 2008)	10	19 129
Seychelles	450	400	32,26		9	85
Somalie	627 340	71 310	48,00		6	9 938
Afrique du Sud	1 214 470	92 030	30,54	1999 (FAO, 2007)	6	45 584
Tanzanie	883 590	352 570	1 286,83		10	36 571
Sous-total			**7 916,73**			
Le Moyen-Orient						
Barheïn	710	n,s,	0,65		1	725
Djibouti	23 180	60	9,96		2	716
Égypte	995 450	670	5,12 [*1]	2002 (FAO, 2007)	2	68 738
Érythrée	101 000	15 540*	101,93		3	4 477
Iran	1 636 200	110 750	192,34	1997 (FAO, 2007)	2	66 928
Koweït	17 820	60	0,05	2004 (FAO, 2007)	0	2 460
Oman	309 500	90	10,88	1995 (FAO, 2007)	1	2 659
Qatar	11 000	n,s,	12,27		1	637

* contient des données reçues après la publication de la version anglaise de l'Atlas
[*1] Voir p. 84 pour les données récentes

Croissance annuelle de la population	Population rurale (% du total)	PIB per capita (US$)	Nombre d'aires protégées comportant des mangroves	Aires protégées internationales	Amplitude des marées de printemps (m)	Température moyenne (écart moyen de température)(°C) (ville)	Précipitations (amplitude des précipitations) (mm) (ville)
2,4	64,4	361	1			25,3 (23,1-26,9) (Moroni)	2 700 (97-364) (Moroni)
1,7	59,5	343	11	2	3,93 (Kilindini Harbour)	26,3 (24,1-28,4) (Mombassa)	1 059 (15-240) (Mombassa)
2,6	73,2	239	6	1	2,37 (Antsiranana) 3,24 (Tulear)	26,7 (24,4-27,9) (Mahajanga)	1 486 (0,7-401,7) (Mahajanga)
1,0	56,5	4 289	6			23,7 (21-26,3) (Plaisance) 26,4 (24,8-27,6) (Port Louis)	1 707,4 (55,6-249,8) (Plaisance) 1 840,5 (83,3-272,4) (Port Louis)
					3,89 (Dzaoudzi)	25 (24-27) (Mamoudzou)	123,1 (0,9-35,2) (Mamoudzou)
1,8	63,2	270	6	1	3,65 (Maputo)	23,1 (Maputo)	803,3 (9,7-166,2) (Maputo)
1,3	49,9	6 573	5	2		27 (26-28) (Seychelles)	2 327,4 (93,2-339) (Seychelles)
3,2	64,6		1		2,93 (Mogadishu)	26,9 (25,8-28,5) (Mogadishu)	411,7 (0-80,5) (Mogadishu)
	42,6	3 307	14	3	2,14 (Durban)	20,8 (16,6-24,6) (Durban)	1 009 (28-120) (Durban)
1,9	63,6	322	24	1	3,9 (Mtwara) 4,31 (Zanzibar)	25 (23-27) (Tanga) 26 (24-28) (Zanzibar)	1 327 (33-278) (Tanga) 614 (47-401) (Zanzibar)
1,9	9,9		1		2,47 (Mina Salman)	26,5 (17,1-34,3) (Manama)	70,8 (0-16,0) (Manama)
1,4	15,9	861	1	1	2,57 (Djibouti)	30 (25-35) (Djibouti)	259,3 (0,1-59,1) (Djibouti)
1,7	57,8	1 663	4		0,8 (Shadwan)	24,2 (16,6-31,3) (Hurghada)	5,26 (0-2,0) (Hurghada)
2,0	79,6	163			0,78 (Assab)	29,9 (25,6-34,7) (Assab)	70,9 (0,5-16,8) (Assab)
1,3	32,7	1 812	8	4	3,87 (Bandar Abbas)	26,9 (17,8-34,3) (Bandar Abbas)	171,4 (0-47,5) (Bandar Abbas)
2,6	3,7				3,06 (Mina Al Ahmadi)	25,6 (12,6-35,6) (Koweït)	263 (0-25,5) (Koweït)
2,3	21,9		2		3,03 (Muscat)	28,6 (21,4-35,4) (Muscat) 26,3 (23,2-29,7) (Salalah)	97,7 (0-19,7) (Muscat) 108,3 (1,2-26,2) (Salalah)
2,1	7,8				2,16 (Ad Dawhah)	27,1 (17,3-35,3) (Doha)	75,2 (0-17,1) (Doha)

Pays et Territoire	Surface (km²)	Surface totale de forêt (km²)	Surface de mangrove (km²)	Age et source des statistiques surfaciques si elles ne proviennent pas de la carte	N° d'espèce de palétuvier (espèces introduites exclues)	Population totale (1000s)
Le Moyen-Orient (suite)						
Arabie Saoudite	2 149 690	27 280	204,00		2	23 215
Soudan	2 376 000	675 460	9,80		1	34 356
Émirats Arabes Unis	83 600	3 120	68,21		1	4 284
Yémen	527 970	5 490	9,27	1993 (FAO, 2007)	2	19 763
Sous-total			**624,48**			
L'Asie du Sud						
Bangladesh	130 170	8 710	4 951,36		22	140 494
Territoire Britannique de l'Océan Indien	80	30	0,11	2006 (Hillman, 2007)	2	1
Inde	2 973 190	677 010	4 325,92		37	1 079 721
Maldives	300	10			10	300
Pakistan	770 880	19 020	977,34		4	152 061
Sri Lanka	64 630	19 330	88,82		24	19 444
Sous-total			**10 343,55**			
L' Asie du Sud-Est						
Brunei Darussalam	5 270	2 780	173,10			361
Cambodge	176 520	104 470	728,35	1997 (FAO, 2007)	22	13 630
Indonésie	1 811 570	884 950	31 893,59		45	217 588
Malaisie	328 550	208 900	7 097,30		40	25 209
Myanmar	657 550	322 220	5 029,11		32	49 910

Croissance annuelle de la population	Population rurale (% du total)	PIB per capita (US$)	Nombre d'aires protégées comportant des mangroves	Aires protégées internationales	Amplitude des marées de printemps (m)	Température moyenne (écart moyen de température)(°C) (ville)	Précipitations (amplitude des précipitations) (mm) (ville)
3,0	12,0	9 259	4		1,96 (Ra's al Qulay`ah)	28,4 (23,2-32,6) (Jeddah)	56,8 (0-25,7) (Jeddah)
2,4	60,2	448				28,3 (23,1-33,9) (Port-Soudan)	135,8 (0-57,4) (Port-Soudan)
	14,7		4		1,89 (Mina Zayed) 2,05 (Ash Shariqah)	27 (17,8-35,1) (Abou Dabi)	88,9 (0-42,0) (Abou Dabi)
3,0	74,0	550	1		2,63 (Aden)	29 (26-32) (Aden)	40 (Aden)
1,7	75,4	396	5	2	5,58 (Chittagong)	25,87 (13,9-32,3) (Chittagong)	2 919,1 (5,6-727) (Chittagong)
						26 (26-28) (Ponit Marianne)	2 509 (134-322) (Ponit Marianne)
1,4	71,5	538	33	5	5,71 (Kolkata) 4,95 (Bombay)	26,9 (20-30,7) (Kolkata) 27,6 (24,6-30,3) (Bombay)	1 813,9 (11,4-394,2) (Kolkata) 2 165 (0-719,1) (Bombay)
2,2	70,7	2 693				28,2 (27,7-28,9) (Male)	1 901,4 (38,1-231,1) (Male)
2,4	65,5	566	4	3	3,48 (Karachi)	26,3 (18,4-31,7) (Karachi)	171,4 (0-65,8) (Karachi)
1,1	79,0	965	9	2	0,94 (Colombo)	27,5 (26,8-28,4) (Colombo)	2 313 (61,5-354,7) (Colombo)
1,4	23,2		3			27,5 (26,9-28,2) (Bandar Sri Begawn)	2 913,3 (118,7-339,9) (Bandar Sri Begawn)
1,7	80,8	328	4	1	1,59 (Kampong Saom)	28,2 (25,9-30,1) (Phnom Penh)	1 635,6 (11,5-318,9) (Phnom Penh)
1,4	53,3	906	91	8	2,97 (Surabaya, Java) 2,52 (Belawan, Sumatra) 5,59 (Merauke, Papua)	27,5 (26,4-28,1) (Jakarta)	1 903,2 (54,4-402,8) (Jakarta)
1,7	35,6	4 221	88	4	2,46 (Melaka) 2,69 (Sandakan)	27 (26,3-27,6) (Kuala Lumpur)	2 389,7 (125,3-286,6) (Kuala Lumpur)
1,1	70,0		4		6,68 (Yangon) 6,44 (Mergui)	27,5 (24,9-30,9) (Yangon)	2 261,6 (1,3-485,5) (Yangon)

Pays et Territoire	Surface (km²)	Surface totale de forêt (km²)	Surface de mangrove (km²)	Age et source des statistiques surfaciques si elles ne proviennent pas de la carte	N° d'espèce de palétuvier (espèces introduites exclues)	Population totale (1000s)
L' Asie du Sud-Est (suite)						
Philippines	298 170	71 620	2 564,82		42	82 987
Singapour	670	20	4,60		30	4 335
Thaïlande	510 890	145 200	2 483,62		35	62 387
Timor oriental	14 870	7 980	18,02	2000 (FAO, 2007)	12	925
Vietnam	325 490	129 310	1 056,08		30	82 162
Sous-total			**51 048,59**			
L' Asie Orientale						
Chine	9 327 420	1 972 900	207,56		26	1 326 544
Chine (Taïwan)					7	
Japon	364 500	248 680	7,44	1999-2001 (ISME, pers comm.)	11	127 764
Sous-total			**215,00**			
L' Asutralie et la Nouvelle-Zélande						
Australie	7 682 300	1 636 780	9 910,04	2008 (Wilkes, 2008)	40	20 120
Nouvelle-Zélande	267 990	83 090	260,50		1	4 061
Sous-total			**10 170,54**			

Croissance annuelle de la population	Population rurale (% du total)	PIB per capita (US$)	Nombre d'aires protégées comportant des mangroves	Aires protégées internationales	Amplitude des marées de printemps (m)	Température moyenne (écart moyen de température)(°C) (ville)	Précipitations (amplitude des précipitations) (mm) (ville)
1,8	38,2	1 079	52	5	2,02 (Manille) 2,66 (Cebu)	27,5 (25,8-29,1) (Manille)	1 714,9 (4,1-409,3) (Manille)
2,0	0,0	23 636	2		3,85 (Sembawang)	27,4 (26,3-28,3) (Singapour)	2 087,3 (120,2-299,8) (Singapour)
0,6	67,8	2 399	23	7	3,93 (Bangkok)	28,6 (26,2-30,5) (Bangkok)	1 529,6 (5,6-345,3) (Bangkok)
5,3	92,3	355				25 (24-27) (Dili)	879 (12-136) (Dili)
1,0	73,8	500	17	5	4,94 (Hongay) 4,5 (Vung Tau)	23,5 (16-29) (Hanoï) 28 (26,1-30,2) (Ho Chi Minh)	1 704,2 (10,9-322) (Hanoï) 1 931 (4,1-327,1) (Ho Chi Minh)
0,6	60,4	1,162	29	5	5,55 (Xiamen) 2,7 (Hong Kong) 4,32 (Zhanjiang)	21,3 (13,2-18,9) (Xiamen) 24,4 (17,7-29,2) (Haikou)	1 199 (25-196) (Xiamen) 1 625 (22-225) (Haikou)
					1,32 (Kaohsiung)	23 (17-28) (Tainan)	1 790 (10-400) (Tainan)
0,2	34,4	39 195	8	2	2,74 (Naha)	22,9 (16,7-28,9) (Naha)	2 036,7 (100,7-233,8) (Naha)
1,2	7,7	22 074	158	22	3,25 (Cairns) 2,01 (Sydney) 0,96 (Melbourne) 1,14 (Bunbury) 7,89 (Darwin)	24,9 (20,9-29) (Cairns) 18 (12,2-22,9) (Sydney) 15,6 (10,3-20,8) (Melbourne) 18,2 (13,1-24,9) (Perth) 27,6 (24,9-29,3) (Darwin)	168,9(29-395) (Cairns) 1 132,1 (58-138,1) (Sydney) 1 659,2 (41,8-71,3) (Melbourne) 745,2 (6,6-149,3) (Perth) 1 826,8 (0,3-484,3) (Darwin)
1,3	14,1	14 984	11	1	3,63 (Aukland) 2,01 (Ohiwa)	15,1 (10,5-19,8) (Aukland)	1 136,6 (74,3-125,6) (Aukland)

Pays et Territoire	Surface (km²)	Surface totale de forêt (km²)	Surface de mangrove (km²)	Age et source des statistiques surfaciques si elles ne proviennent pas de la carte	N° d'espèce de palétuvier (espèces introduites exclues)	Population totale (1000s)
Les Îles du Pacifique						
MÉLANÉSIE						
Fidji	18 270	10 000	424,64	1991 (FAO, 2007)	8	848
Nouvelle-Calédonie	18 280	7 170	227,14		23	229
Papouasie-Nouvelle-Guinée	452 860	294 370	4 264,82		43	5 625
Îles Salomon	27 990	21 720	602,52		24	471
Vanuatu	12 190	4 400	20,51		16	215
MICRONÉSIE						
États Fédérés de Micronésie	700	630	86,99		14	127
Guam	550	260	0,97		10	164
Kiribati	730	20	2,58	1995 (FAO, 2007)	4	98
Îles Marshall	180	n,s,			5	60
Nauru	20	0	0,02	1991 (FAO, 2007)	2	13
Îles Mariannes du Nord	460	330	0,07	1976 (FAO, 2007)	3	77
Palaos	460	400	48,53		19	20
POLYNÉSIE						
Samoa américaines	200	180	0,52		3	57
Polynésie Française	3 660	1 050			1	246
Hawaï	16 637	4 375			0	1 275
Niue	260	140	30,00	1981 (FAO, 2007)	2	2
Samoa	2 830	1 710	3,70	1999 (FAO, 2007)	3	179
Tokelau	10	0			1	1

Croissance annuelle de la population	Population rurale (% du total)	PIB per capita (US$)	Nombre d'aires protégées comportant des mangroves	Aires protégées internationales	Amplitude des marées de printemps (m)	Température moyenne (écart moyen de température)(°C) (ville)	Précipitations (amplitude des précipitations) (mm) (ville)
1,5	47,5	2 232	1		2,01 (Suva)	25,1 (23,1-26,9) (Nadi)	1 873,7 (43,9-330,3) (Nadi)
1,9	38,6		3		1,7 (Noumea)	23,1 (19,9-26,0) (Noumea)	1 071,5 (39,2-128,7) (Noumea)
2,2	86,8	622	12	1	2,7 (Port Moresby)	27,3 (26,2-28,1) (Port Moresby)	898,8 (12-192,2) (Port Moresby)
3,1	83,2	621	10	1	1,16 (Honiara)	26,5 (25,9-26,9) (Honiara)	2 048 (87,1-341,1) (Honiara)
2,3	76,7	1 110	5		1,57 (Port-Vila)	25,5 (24,1-26,6) (Luganville)	2 255,5 (87,1-302,1) (Luganville)
1,8	70,3	1 745	6	1	0,91 (Chuuk)	28 (27-28) (Ulithi Atoll)	2 420 (50-630) (Ulithi Atoll)
1,4	6,2		3		1,18 (Apra Harbor) 1,13 (Marianas)	26,3 (25,4-27) (Agana)	2 553 (106,6-428,2) (Agana)
1,5	51,3	532			2,43 (Tarawa)	28 (27,8-28,1) (Tarawa)	2 309,9 (104,2-281,5) (Tarawa)
	33,6	1 738	1	1	2,09 (Majuro)	27,4 (27,1-27,6) (Majuro)	3 328,4 (179,1-348,8) (Majuro)
					2,34 (Nauru)	27 (27-28) (Yaren district)	2 080 (100-280) (Yaren district)
					0,93 (Saipan)	27 (26-28) (Saipan)	490 (30-70) (Saipan)
	31,6	6 360	7	1	2,47 (Koror)	27,7 (27,4-28,1) (Koror)	3 735,7 (205,1-441,4) (Koror)
			2		1,29 (Pago Pago)	27 (26-27) (Pago Pago)	3 140 (160-360) (Pago Pago)
1,2	47,9				0,34 (Mataiva)	25,9 (24,4-27,2) (Tahiti)	1 761,2 (46,3-317,0) (Tahiti)
1,1		32 625			1,01 (Honolulu)	25,1 (21-29) (Honolulu)	520,7 (Honolulu)
					1,01 (Alofi)	25 (22-27) (Alofi)	2 070 (80-300) (Alofi)
0,6	77,6	1 417	2		1,38 (Apia)	26,3 (25,6-26,8) (Apia)	2 972,1 (115-472,7) (Apia)
						28 (28-28) (Atafu Atoll) 27 (27-27) (Nukunono)	2 845 (175-372) (Atafu Atoll) 2 742 (167-359) (Nukunono)

Pays et Territoire	Surface (km²)	Surface totale de forêt (km²)	Surface de mangrove (km²)	Age et source des statistiques surfaciques si elles ne proviennent pas de la carte	N° d'espèce de palétuvier (espèces introduites exclues)	Population totale (1000s)
Les Îles du Pacifique (suite)						
POLYNÉSIE (suite)						
Tonga	720	40	3,36	1972 (FAO, 2007)	8	102
Tuvalu	30	10	0,40	1993 (FAO, 2007)	3	12
Îles Wallis et Futuna	200	50	0,25	2005 (FAO, 2007)	3	16
Sous-total			**5 717,02**			
Amérique du Nord et Centrale						
Bahamas	10 010	5 150	875,05		4	320
Belize	22,800	16,530	957,53		5	283
Bermudes	50	10	0,18		3	64
Îles Caïmans	260	120	78,30	1998 (FAO, 2007)	4	44
Costa Rica	51 060	23 910	418,40	2000 (FAO, 2007)	10	4 061
Cuba	109 820	27 130	4 944,05		5	11 365
République Dominicaine	48 380	13 760	212,15	1998 (FAO, 2007)	4	8 861
Salvador	20 720	2 980	252,00		6	6 658
Guatemala	108 430	39 380	177,27	1999 (FAO, 2007)	6	12 628
Haïti	27 560	1 050	135,56		4	8 592
Honduras	111 890	46 480	628,00		5	7 141
Jamaïque	10 830	3 390	97,55		5	2 665

Croissance annuelle de la population	Population rurale (% du total)	PIB per capita (US$)	Nombre d'aires protégées comportant des mangroves	Aires protégées internationales	Amplitude des marées de printemps (m)	Température moyenne (écart moyen de température)(°C) (ville)	Précipitations (amplitude des précipitations) (mm) (ville)
0,3	66,2	1 638	3		1,68 (Nuku'alofa)	23 (21-25) (Nuku'alofa) 23 (21-26) (Pea)	1 610 (90-210) (Nuku'alofa) 1 703 (93-223) (Pea)
					2,2 (Funafuti)	28 (27,8-28,2) (Funafuti)	3 543,9 (205,1-435,9) (Funafuti)
						26 (26-27) (Mata-Utu)	3 099 (147-345) (Mata-Utu)
0,8	10,3		11	1	1,45 (Nassau)	24,8 (21,5-28) (Nassau)	1 374,6 (46-234,3) (Nassau)
3,2	51,5	3,669	15	2	0,45 (Belize)	26,4 (24,1-28,8) (Belize)	2 011,7 (35,7-292,3) (Belize)
0,3	0,0		9	4	1,44 (St, Georges)	22 (17,7-27,2) (Hamilton)	1 410 (83-131) (Hamilton)
	57,3		11	1	0,93 (Grand Caïman)	26,6 (24,2-28,3) (Grand Caïman)	1 431 (23-217) (Grand Caïman)
1,4	38,8	4 534	16	6	3,04 (Punta Arenas)	22,4 (18,7-20,6) (San Jose)	1 985,9 (8,7-372) (San Jose)
0,3	24,2		27	13	0,79 (Havana)	24,8 (22-27,3) (Havana)	1 243,4 (50,2-185,6) (Havana)
1,4	40,3	2 450	9	1	0,57 (Santo Domingo)	26,3 (24,7-27,4) (Santo Domingo)	1 462 (53,8-196,4) (Santo Domingo)
1,9	40,2	2 124	3	1	3,73 (La Unión)	23,3 (22,2-24,7) (San Salvador)	1 773 (4,0-333,6) (San Salvador)
2,6	53,3	1 676	5	2	0,97 (Guatemala) 0,97 (Rio Dulce entrance)	18,7 (16,9-20,1) (Guatemala)	1 035,7 (5,8-240,2) (Guatemala)
1,8	61,9	437			14,57 (Port-au-Prince)	28 (27-30) (Port-au-Prince)	1 320 (30-210) (Port-au-Prince)
2,5	54,0	952	16	7	0,71 (Port Royal, Isla de Roatan) 0,48 (Puerto Castilla) 0,29 (Puerto Cortes)	30 (28-32) (Mosquito Coast)	2,400 (Mosquito Coast)
0,8	47,8	2 975	4	3	0,67 (Montego Bay) 0,44 (Port Royal) 1,21 (South Negril Point)	27,6 (26-29,1) (Kingston)	740,4 (19,5-149,6) (Kingston)

Pays et Territoire	Surface (km²)	Surface totale de forêt (km²)	Surface de mangrove (km²)	Age et source des statistiques surfaciques si elles ne proviennent pas de la carte	N° d'espèce de palétuvier (espèces introduites exclues)	Population totale (1000s)
Petites Antilles						
Anguilla	80	60	0,90	1991 (FAO, 2007)	6	13
Antigua-et-Barbuda	440	90	8,43			80
Aruba	190	n,s,	0,71			99
Barbade	430	20	0,04	2004 (FAO, 2007)		272
Îles Vierges britanniques	150	40	5,87	2001 (FAO, 2007)		23
Dominique	750	460	0,10	1991 (FAO, 2007)		71
Grenade	340	40	1,36			106
Guadeloupe	1 690	800	52,90			449
Martinique	1,060	460	17,05			433
Montserrat	100	40	0,05	1991 (FAO, 2007)		9
Antilles néerlandaises	800	10	11,34			222
Saint-Christophe-et-Niévès	360	50	0,68			47
Sainte-Lucie	610	170	1,91			164
Saint Vincent et les Grenadines	390	110	0,90			108
Îles Vierges des États-Unis	340	100	2,57			113
Mexique	1 908 690	642 380	7 700,57	2005 (CONABIO, 2009)	5	103 795
Nicaragua	121 400	51 890	670,68		9	5 604
Panama	74 430	42 940	1 744,44		11	3 028

Croissance annuelle de la population	Population rurale (% du total)	PIB per capita (US$)	Nombre d'aires protégées comportant des mangroves	Aires protégées internationales	Amplitude des marées de printemps (m)	Température moyenne (écart moyen de température)(°C) (ville)	Précipitations (amplitude des précipitations) (mm) (ville)
						27 (26-29) (The Valley)	1 020 (40-110) (The Valley)
2,7	61,9	9 608	2	1		26,7 (25,2-28,2) (St, John's Antigua)	1 051,6 (37,6-140,5) (St, John's Antigua)
			1	1		28 (27-29) (Oranjestad)	
0,4	47,7			1		26 (25-27) (Gibbons)	1 182 (39-163) (Gibbons)
			1	1		26 (25-27) (Road Town)	1 105 (49-147) (Road Town)
0,4	27,6	3 534	1		0,68 (Roseau)	25 (24-26) (Roseau)	1 936 (70-1,810) (Roseau)
1,1	58,6	3 798				25 (25-26) (Saint George)	1 909 (72-228) (Saint George)
			2	2	0,71 (Pointe-a-Pitre)	26,3 (24,5-27,7) (Le Raizet)	1 779 (64,0-236,0) (Le Raizet)
			1		1,56 (Fort-de-France)	26,2 (24,9-27,3) (Le Lamentin)	1 970,3 (87,7-270,2) (Le Lamentin)
			1			27,2 (25,6-28,5) (Plymouth)	1 789 (65-235) (Plymouth)
0,8	30,1		4	1			552 (19-99) (Curacao)
0,6	68,0	7 427				26 (25-28) (Basseterre)	1 165 (49-132) (Basseterre)
1,9	69,1	4 276	14	2	0,72 (Vieux-Fort)	27,3 (24,5-30,0) (Vieux-Fort)	1398,6 (51,1-198,5) (Vieux-Fort)
-0,8	40,7	3 382	1		0,96 (Kingstown)	25,3 (23,9-26,2) (Kingstown)	1 928 (71-242) (Kingstown)
1,4	6,2		6	1	0,24 (Charlotte Amalie) 0,46 (St, Thomas)	27 (26-28) (Charlotte Amalie)	
1,5	24,2	5 968	36	51	2,25 (Mazatlan) 1,2 (Veracruz) 1,99 (La Paz)	24,1 (19,6-28,2) (Mazatlan) 26,5 (24,1-28,7) (Merida)	778 (0,1-227,1) (Mazatlan) 1 050,4 (25,4-173,7) (Merida)
2,2	42,3	778	5	4	0,79 (Cabo Gracias a Dios)	26,9 (26-28,7) (Chinandega)	1 989 (0-404) (Chinandega)
1,5	42,5	4 373	19	7	6,66 (Balboa)	26,9 (26-27,8) (Panama City)	1 907,2 (10,1-330,7) (Panama City)

Pays et Territoire	Surface (km²)	Surface totale de forêt (km²)	Surface de mangrove (km²)	Age et source des statistiques surfaciques si elles ne proviennent pas de la carte	N° d'espèce de palétuvier (espèces introduites exclues)	Population totale (1000s)
Petites Antilles						
Porto Rico	8 870	4 080	73,94		4	3 929
Trinité-et-Tobago	5 130	2 260	65,72 *2		7	1 323
Turques-et-Caïques	430	340	236,00	1988 (FAO, 2007)	5	21
États-Unis	9 158 960	3 030 890	3 029,55		5	293 507
Sous-total			**22 401,75**			
L' Amérique du Sud						
Brésil	8 459 420	4 776 980	12 999,47		8	178 718
Colombie	1 038 700	607 280	4 079,26		11	45 300
Équateur	276 840	108 530	1 582,61		8	13 213
Guyane Française	88 150	80 630	692,65		6	196
Guyana	196 850	151 040	396,44		4	772
Pérou	1 280 000	687 420	53,12		6	27 547
Suriname	156 000	147 760	509,78		4	443
Venezuela	882 050	477 130	3 569,11		5	26 127
Sous-total			**23 882,44**			

*2 Voir p. 207 pour les données récentes

Croissance annuelle de la population	Population rurale (% du total)	PIB per capita (US$)	Nombre d'aires protégées comportant des mangroves	Aires protégées internationales	Amplitude des marées de printemps (m)	Température moyenne (écart moyen de température)(°C) (ville)	Précipitations (amplitude des précipitations) (mm) (ville)
0,8	3,1		22	1	0,88 (San Juan) 0,64 (Veracruz I,) 0,59 (Puerto Real)	26 (25-28) (San Juan) 26 (25-28) (Fajardo) 25 (23-27) (Humacao)	1 340 (50-140) (San Juan) 1 410 (40-180) (Fajardo) 2 017 (67-258) (Humacao)
0,8	24,2	7 921	6	3	1,14 (Port of Spain)	26,9 (25,5-28,1) (Port of Spain)	1 408 (16,9-244,0) (Port of Spain)
			9	1	1,12 (Hawks Nest Anchorage) 0,98 (Sandy Point)	26 (24-28) (Grand Turk)	600 (20-90) (Grand Turk)
0,9	19,6	36 790	47	4	1,47 (Miami)	24,8 (20,1-28,6) (Miami)	1 403,3 (49,7-205,4) (Miami)
1,2	16,4	3 675	101	5	3,51 (Belem) 2,99 (Fortaleza) 2,79 (Salvador) 0,49 (Laguna)	26,7 (26,3-27,1) (Belem) 26,7 (25,7-27,7) (Fortaleza) 25,5 (23,7-26,9) (Salvador) 19,6 (16,2-22,8) (Sao Paulo)	2 893,1 (111,8-436,2) (Belem) 1 642,3 (13,4-348,1) (Fortaleza) 2 006,6 (85,7-349,3) (Salvador) 1 570,6 (46,3-253,2) (Sao Paulo)
1,6	23,1	2 069	12	4	0,68 (Cartagena) 4,74 (Buenaventura) 0,68 (Turbo)	28 (27,1-28,7) (Cartagena) 13,3 (13-13,8) (Bogota)	1,017 (1-235) (Cartagena) 870,4 (33,5-114,7) (Bogota)
1,6	37,7	1 435	6	6	4,38 (Guayaquil)	25,3 (23,8-26,7) (Guayaquil)	1 049,4 (0,3-277,6) (Guayaquil)
			5	2	3,02 (Cayenne)	26,3 (25,9-26,8) (Rochambeau)	3 673,7 (73,5-599,1) (Rochambeau)
0,4	62,0	962			2,78 (Georgetown)	27,3 (26,5-28,1) (Georgetown)	2 314,4 (86,2-321) (Georgetown)
1,5	25,8	2 207	1	1	2,07 (Talara)	25 (18-32) (Tumbes)	130 (10-80) (Tumbes)
1,1	23,4	2 388	8	1	2,84 (Paramaribo) 3,17 (Nickerie River)	27 (26-28) (Paramaribo) 26,6 (25,7-27,9) (Zanderij)	2 220 (90-290) (Paramaribo) 2,351,6 (105,3-316,2) (Zanderij)
1,8	12,1	4 575	18	5	1,56 (Malecon) 2,85 (Punta Gorda)	26 (24,4-27,4) (Caracas)	488,3 (14,2-56,2) (Caracas)

Pays et Territoire	Surface (km²)	Surface totale de forêt (km²)	Surface de mangrove (km²)	Age et source des statistiques surfaciques si elles ne proviennent pas de la carte	N° d'espèce de palétuvier (espèces introduites exclues)	Population totale (1000s)
Afrique de l'Ouest et du centrale						
Angola	1 246 700	591 040	311,72		7	13 963
Bénin	110 620	23 510	65,66		6	6 890
Cameroun	465 400	212 450	1 961,84		7	16 400
Congo	341 500	224 710	16,66		7	3 855
Côte d'Ivoire	318 000	104 050	99,62		5	17 142
République Démocratique du Congo	2 267 050	1 336 100	193,07		6	54 775
Guinée Équatoriale	28 050	16 320	253,24		7	506
Gabon	257 670	217 750	1 597,52		7	1 374
Gambie	10 000	4 710	581,29		7	1 449
Ghana	227 540	55 170	136,87		6	21 053
Guinée	245 720	67 240	2 033,45		7	8 073
Guinée-Bissau	28 120	20 720	2 982,21		6	1 533
Liberia	96 320	31 540	109,18		6	3 449
Mauritanie	1 025 220	2 670	1,39		3	2 906
Nigeria	910 770	110 890	7 355,57			139 824
São Tomé et Príncipe	960	270	1,36		4	161
Sénégal	192 530	86 730	1 279,45		7	10 455
Sierra Leone	71 620	27 540	1 048,89		6	5 436
Togo	54 390	3 860	10,89		3	4 966
Sous-total			**20 039,88**			
Grand Total			**152 359,98**			

n.s.   = non significatif, indiquant une valeur très petite

Croissance annuelle de la population	Population rurale (% du total)	PIB per capita (US$)	Nombre d'aires protégées comportant des mangroves	Aires protégées internationales	Amplitude des marées de printemps (m)	Température moyenne (écart moyen de température)(°C) (ville)	Précipitations (amplitude des précipitations) (mm) (ville)
3,2	63,6	887	2		1,75 (Luanda)	24,4 (Luanda)	339,4 (0-132,2) (Luanda)
2,5	54,7	389		2		27,2 (25,2-28,8) (Cotonou)	1 229,7 (12-309,3) (Cotonou)
1,9	47,9	651	3		2,73 (Douala)	26 (25-26) (Douala)	361 (5-62) (Douala)
2,6	46,1	956			1,77 (Pointe-Noire)	24,9 (21,8-27) (Pointe-Noire)	1 142,8 (0,3-213,3) (Pointe-Noire)
1,8	54,6	583	6	7	0,97 (Abidjan)	26,5 (24-28) (Abidjan)	1 732,4 (15,4-496,5) (Abidjan)
3,0	67,7	89	1	1	1,83 (Santo Antonio)	25,6 (22,5-27,2) (Kinshasa)	1 500 (25-250) (Kinshasa)
2,4	51,0	3 989	3	2	1,68 (Bata)	24,8 (24-26) (Bata)	222 (10-48) (Bata)
2,2	15,6	3 859	7	5	2,14 (Libreville)	25,9 (24,3-27,1) (Libreville)	2 841,7 (6,6-490,0) (Libreville)
1,9	73,9	344	5	2	1,94 (Banjul)	26 (23,7-27,4) (Banjul)	976,9 (0-346,8) (Banjul)
1,8	54,2	285		5	1,73 (Takoradi)	27,1 (25,1-28,4) (Accra)	806,8 (10,9-221,0) (Accra)
2,1	64,3	433		5	3,74 (Conakry)	26,5 (25,4-27,7) (Conakry)	3 622,5 (0,2-1,110) (Conakry)
2,9	65,2	137	4	1	5,63 (Bissau)	26,9 (25,5-27,7) (Bissau)	1 469,1 (0-504,4) (Bissau)
2,2	52,7	120	1	3	1,49 (Monrovia)	26,1 (24,6-27,2) (Robertsport)	2 869,6 (15,1-560,9) (Robertsport)
2,0	37,0	396	2	4	1,89 (Nouadhibou)	25,2 (21,1-29,2) (Nouakchott)	80,5 (0,1-34,6) (Nouakchott)
2,4	52,5	361	4	1	2,47 (Bonny) 1,35 (Lagos Bar)	26,5 (25,3-27,7) (Port Harcourt)	2 258,8 (22,6-353,8) (Port Harcourt)
2,0	62,1	342			1,92 (Santo Antonio)	25 (24-26) (São Tomé)	
2,1	49,7	504	3	2	1,77 (Dakar)	23,9 (20,2-27,5) (Dakar)	351,5 (0-141,8) (Dakar)
1,9	60,5	206		1	3,3 (Freetown)	26,9 (25,7-28) (Freetown)	2 946 (3-791) (Freetown)
2,1	64,3	294		1	1,87 (Lomé)	26,9 (25-28,5) (Lomé)	1 778,4 (7,2-188) (Lomé)

Références bibliographiques

Les surfaces sont des statistiques de 2005 de FAOSTAT : http://faostat.fao.org.

Les surfaces totales de forêts comprennent les forêts naturelles et plantées ainsi que des bois assez ouverts et sont issues du *Global Forest Resources Assessment 2005* de la FAO (2006), Rome, Département des Forêts, Organisation des Nations Unies pour l'Alimentation et l'Agriculture (FAO).

Dans la plupart des cas, les statistiques surfaciques de mangroves découlent directement des données cartographiées dans ce volume. Pour les pays pour lesquels de meilleures sources alternatives de statistiques surfaciques étaient disponibles, ces dernières ont été utilisées et suivies d'une date et d'une référence de la source d'origine. Des références détaillées des cartes sont en effet disponibles dans les chapitres correspondants, ainsi qu'une explication des raisons de leur sélection.

Le nombre total d'espèces de palétuviers estimées par pays se fonde sur des observations de terrain et sur des publications, comme listé en annexe 2. Il est à noter que ces données font référence aux espèces natives – les espèces introduites ou extirpées n'ont pas été incluses.

Les données démographiques et économiques (population et PIB) sont issues des *World Development Indicators* de la Banque Mondiale (2005), http://publications.worldbank.org/WDI.

Aires protégées : ce sont les données des aires protégées connues comprenant des mangroves. Les listes d'aires protégées proviennent de la Base de Données Mondiale sur les Aires Protégées (www.wdpa.org) ; les sites connus pour comprendre des mangroves ont été anotés par les auteurs. Les sites sont anotés sur les cartes.

La Base de Données Mondiale sur les Aires Protégées (WDPA) est un projet commun à l'UNEP et l'UICN, produit par l'UNEP-WCMC et l'UICN WCPA. Les données utilisées sont issues d'une version procurée le 21 janvier 2008. Vous pouvez contacter à ce sujet protectedareas@unep-wcmc.org.

Aires protégées internationales : celles-ci sont le total combiné des sites Ramsar et des sites du Patrimoine Mondial ou réserves de biosphère de l'UNESCO (cf. chapitre 2). Comme ci-dessus, les données proviennent de la Base de Données Mondiale sur les Aires Protégées (WDPA). Les sites sont anotés sur les cartes.

Les statistiques d'amplitude des marées de printemps ont été calculées à partir des multiples sources suivantes :

- le Xtide Tide Predictor (cf. WWW Tide and Current Prediction, http://tbone.biol.sc.edu/tide/). Les données ont été généreusement extraites par Dean Pentcheff et ont été utilisées pour générer une différence entre les hauteurs de marées minimale et maximale sur une période de 20 années commençant le 1er janvier 1990 jusqu'au 31 décembre 2010. Pour quelques autres localisations, nous avons utrilisé Xtide Tide Prediction Server directement (www.mobilegeographics.com:81/) pour obtenir l'amplitude des hauteurs de marées de janvier à décembre 2009.

- le site internet de NOAA Tide and Currents (http://coops.nos.noaa.gov/index.shtml) a procuré la hauteur moyenne et les données de basse mer de 1983 à 2001 ont été obtenues et la différence calculée.

- The Australian Government the Bureau of Meteorology, South Pacific Sea level and climate monitoring project (www.bom.gov.au/oceanography/projects/spslcmp/tidecalendars.shtml) a procuré les hauteurs de plus basse et plus haute mer de 2008 à 2009 ; les différences ont ensuite été calculées.

Les données climatiques incluent la température annuelle moyenne, les précipitations annuelles moyennes et les moyennes mensuelles de ces deux statistiques pour les mois les plus hauts et les plus bas. Elles sont issues des sources suivantes :

- Japan Meteorology Agency (http://ds.data.jma.go.jp/tcc/tcc/products/climate/world_map.html). Les informations climatologiques se fondent sur des valeurs moyennes d'une période de 30 ans allant de 1971 à 2000.

- World Meteorological Organization, World Weather Information (www.worldweather.org/). Les informations climatologiques se fondent sur des valeurs moyennes d'une période de 30 ans allant de 1961 à 1990.

- Weatherbase (www.weatherbase.com/). Ce site résume des données collectées de diverses sources publiques, dont le National Climatic Data Centre. Généralement, les données sont des résumés de périodes allant de quelques années à plusieurs décennies.

- National Astronomical Laboratory (Japon) (ed) (2001) *Chronological Scientific Tables*, 8ième édition. Les informations climatologiques se fondent sur des valeurs moyennes de 1971 à 1998.

Pour les aires de forêt d'Hawaï, les données économiques, démographiques et climatiques proviennent de State of Hawaii Data Book (2005). http://hawaii.gov/dbedt/info/economic/databook/db2005

Index alphabétique

Index des cartes

Les noms des cours d'eau sont en italique